1 MONTH OF
FREE
READING

at

www.ForgottenBooks.com

By purchasing this book you are eligible for one month membership to ForgottenBooks.com, giving you unlimited access to our entire collection of over 1,000,000 titles via our web site and mobile apps.

To claim your free month visit:
www.forgottenbooks.com/free393924

ISBN 978-0-483-24403-0
PIBN 10393924

TRAITÉ

DE

NUMISMATIQUE

MODERNE ET CONTEMPORAINE

PAR

Arthur ENGEL

ANCIEN MEMBRE DES ÉCOLES FRANÇAISES DE ROME ET D'ATHÈNES

ET

Raymond SERRURE

EXPERT

———

PREMIÈRE PARTIE

ÉPOQUE MODERNE (XVIᵉ-XVIIIᵉ SIÈCLES)

363 illustrations dans le texte

PARIS

ERNEST LEROUX, ÉDITEUR

28, RUE BONAPARTE, 28

———

1897

TRAITÉ

DE

NUMISMATIQUE

MODERNE ET CONTEMPORAINE

AVANT-PROPOS

Ce *Traité de numismatique moderne et contemporaine* est destiné à faire suite au *Traité de numismatique du moyen âge* dont le premier volume a paru en 1891, le deuxième en 1894, et dont le troisième et dernier est actuellement en voie d'achèvement. Conçu sur le même plan que ce livre, il a été exécuté suivant la même méthode, et nous n'avons jamais perdu de vue le principe de Mader et de Grote concernant l'obligation de faire marcher de pair l'histoire monétaire et la géographie historique. Nous avons, comme pour le moyen âge, borné nos recherches aux pays de civilisation latine et grecque, laissant de côté, en Europe, les contrées livrées à la barbarie ottomane, mais franchissant les limites du vieux monde pour suivre au dehors les merveilleux résultats de la colonisation européenne.

Au point de vue chronologique, nous avons observé deux divisions inégales. La première partie de notre *Traité,* consacrée à la *numismatique moderne,* reprend l'histoire monétaire à l'apparition des monnaies d'argent à flan épais dont l'emploi se généralise au commencement du xvie siècle, et va jusqu'à l'adoption en France du système décimal et jusqu'aux bouleversements politiques de l'époque napoléonienne. La seconde partie comprend la *numismatique contemporaine.*

Le sujet, comme on voit, est vaste. Les écueils étaient donc nombreux. Nous sommes persuadés que les numismates dont les études se
sont spécialisées n'auront pas beaucoup de peine à trouver des omissions
ou des inexactitudes de détail dans les chapitres qui les concernent.
Mais des livres comme le nôtre ont droit à un jugement d'ensemble. Ce
jugement, nous croyons pouvoir l'attendre sans crainte, d'une critique
impartiale.

A. E.   R. S.

PREMIÈRE PARTIE

CHAPITRE PREMIER

LA FRANCE

DEPUIS L'APPARITION DES PIÈCES D'ARGENT A FLAN ÉPAIS SOUS LOUIS XII,
JUSQU'A L'ADOPTION DU SYSTÈME DÉCIMAL.

SOURCES : Le Blanc, *Traité historique des monnoyes de France avec leurs figures, depuis le commencement de la monarchie jusqu'à présent*, Paris, 1690, in-4. — Delombardy, *Catalogue des monnaies françaises de la collection de M. Rignault, comprenant les monnaies royales et nationales depuis le XIIe siècle jusqu'en 1848, avec le résumé des ordonnances qui intéressent leur fabrication*. Paris, 1848, in-8. — Hoffmann, *Les monnaies royales de France, depuis Hugues Capet jusqu'à Louis XVI*, Paris, 1878, in-fol. — F. de Saulcy, *Histoire numismatique de François Ier, roi de France*, Paris, 1876, in-4. — P. Mailliet, *Catalogue descriptif des monnaies obsidionales et de nécessité*. Bruxelles, 1866-73, 2 vol. in-8 et 2 atlas in-4 oblong. — A. Barre, *Graveurs généraux et particuliers des monnaies de France. Contrôleurs généraux des effigies*, dans l'*Annuaire de la Soc. franç. de Numism.*, t. II, 1867, pp. 146-172. — A. Engel et R. Serrure, *Répertoire des sources imprimées de la numismatique française*, 3 vol. in-8, 1887-89.

§ I. — *Louis XII.*

C'est en 1513, à la fin du règne de Louis XII (1498-1515) et après la perte du duché de Milan, que commença en France la fabrication des monnaies d'argent à flan épais, à l'instar de celles qui se frappaient depuis le milieu du xve siècle en Italie. Il y eut désormais deux pièces à joindre à celles qui composaient le système monétaire de France à la fin du moyen âge : une pièce valant dix sous tournois et sa subdivision valant cinq sous. La première, dit Le Blanc, était à 11 deniers 6 grains ¼ d'argent fin, à la taille de 25 exemplaires ⅓ au marc, ce qui lui donnait un poids de 7 deniers 12 grains ⅓.

Ces monnaies nouvelles portèrent l'effigie royale, et la présence de la *teste* du souverain sur leur face principale leur fit donner le nom de *testons.* Par une dérogation aux usages reçus jusqu'alors dans la composition des coins, et sans doute pour montrer leur sérieuse valeur intrinsèque, les *testons* et les *demi-testons* de Louis XII ont au revers la

Fig. 1

légende **XPS VINCIT XPS REGNAT XPS IMPERAT**, réservée aux espèces d'or pendant tout le moyen âge (fig. 1).

Les pièces à flan épais furent émises en petit nombre pendant les deux années au cours desquelles celui qu'on surnommait le Père du Peuple put les faire battre en France. Les exemplaires en sont très rares aujourd'hui, et la fabrication semble en avoir été restreinte à trois ateliers : Paris, Lyon et Tours.

§ II. — *François I* (1515-1547).

Le monnayage de François I appartient tout entier à l'époque moderne, bien qu'il continue, pour le plus grand nombre des pièces, le système en usage sous les règnes précédents. Lorsqu'on envisage l'ensemble de la collection numismatique du vainqueur de Marignan, on constate l'émission en France de dix pièces diverses :

OR : *Écu* et *demi-écu.*

ARGENT : *Teston* et *demi-teston.*

BILLON BLANC : *Douzain, sizain* et *liard.*

BILLON NOIR : *Double tournois* et *denier tournois.*

Il y eut en outre deux monnaies spécialement frappées pour la Provence, le *couronnat* et le *patard.* En Dauphiné et en Bretagne, les espèces, bien que frappées suivant le système français, conservèrent des types propres.

Pendant tout le règne de François 1, on frappa des *testons*. Il en existe une série de variétés très considérable qui permet de suivre les modifications successives apportées par l'âge aux traits du visage du roi. Sur les plus anciens, nous trouvons un buste juvénile aux cheveux longs et plats (fig. 2); puis la physionomie s'accuse davantage et le roi porte une moustache; plus tard, une barbe nourrie couvre les joues et le menton (fig. 3); enfin sur les *testons* les plus récents, François a l'aspect d'un homme brisé par l'âge et les soucis (fig. 4). Les détails du costume royal varient aussi suivant l'inspiration du graveur ou les caprices de la mode. Dans les premières années de son règne le roi est coiffé d'une simple couronne fermée; vient ensuite un bonnet couronné, posé d'abord droit sur la tête, puis incliné sur l'oreille gauche; enfin la couronne reparaît seule, parfois fermée, parfois ouverte et radiée à l'antique. La poitrine de François est tour à tour vêtue d'un pourpoint, couverte d'un manteau à épaulières ou serrée dans une cuirasse richement damasquinée.

Fig. 2   Fig. 3   Fig. 4

Les revers des *testons* et des *demi-testons* présentent toujours des armoiries, mais avec des ornementations de détail, des combinaisons de légendes qui méritent une sommaire description. Voici les types les plus nettement caractérisés :

1. **NO NOBIS DNE SED NOI TVO DA GLORIA.** Écu de France couronné, accosté de deux **F** couronnés, soit romains, soit cursifs.

2. **XPS VINCIT XPS REGNAT XPS IMPERAT.** Même écu entre deux **F** couronnés.

3. *Bretagne.* **DEVS IN ADIVTORIVM MEVM INTENDE.** Même écu entre deux hermines couronnées.

4. *Dauphiné.* **NO NOBIS DNE,** etc. Champ écartelé aux armes de France et de Dauphiné.

5. *Dauphiné.* **SIT NOMEN DNI BENEDICTVM.** Écu écartelé de France et de Dauphiné.

6. **XPS VINCIT,** etc. Écu de France couronné dans une épicycloïde.

7. *Bretagne.* **DEVS·IN·ADIVTORIVM,** etc. Même écu accosté de deux hermines couronnées dans une épicycloïde.

8. *Bretagne*, **XPS VINCIT**, etc. Type précédent, mais l'hermine de gauche remplacée par un **F**.

9. **XPS VINCIT**, etc. Écu de France couronné, accosté de deux **F** non couronnés.

Sous le rapport du type des espèces d'or et de billon, le monnayage de François I comprend trois périodes de durée très inégale, dont les années de départ furent 1515, 1540 et 1541. Nous examinerons rapidement les types employés pendant chacune de ces périodes.

1re *période.* — Le point de départ de cette période est une ordonnance du 23 janvier 1515 créant le monnayage de François .I. De 1515 à 1540, on frappa, en or et en billon, les pièces suivantes :

' 1. *Écu d'or au soleil.* **FRANCISCVS DEI GRACIA FRANCORVM REX.** Écu de France couronné et parfois accosté de deux lis, de deux **F** couronnés, etc. Au-dessus de la couronne, un soleil. ℞. **XPS VINCIT.** Croix fleurdelisée, parfois cantonnée de deux couronnes et de deux **F** couronnés, de quatre **F**, etc., suivant les ateliers d'émission.

2. *Demi-écu d'or.* Mêmes types.

3. *Écu d'or de Bretagne.* Types analogues, mais l'écu est accosté de deux hermines couronnées ou d'un **F** et d'une hermine couronnée. La légende du revers est **DEVS IN·ADIVTORIVM·MEVM·INTENDE.**

4. *Écu d'or du Dauphiné.* Armes écartelées de France et de Dauphiné occupant tout le champ du droit.

5. *Douzain à la couronne.* Écu de France dans un trilobe, entouré soit de trois couronnes, soit de deux lis et d'une couronne, d'une couronne et de deux **F**. Les pièces pour la Bretagne ont une hermine couronnée comme détail accessoire. Au revers, la croix est toujours longue et le plus souvent pattée.

6. *Sizain à la couronne.* Types analogues.

7. *Douzain de Dauphiné.* Écu écartelé de France et de Dauphiné.

8. *Hardi* ou *liard.* Type reproduisant celui des anciennes pièces aquitaniques de ce nom, c'est-à-dire l'image du roi à mi-corps, tenant l'épée et le sceptre.

9. *Double tournois.* Trois lis dans un trilobe. En Provence, on frappe, au lieu de cette pièce, des patards provençaux portant à l'avers deux lis et un **F** et au revers une croix de Jérusalem.

10. *Denier tournois.* Deux lis dans un trilobe.

En 1519, le 19 juillet, une ordonnance vint créer le *dizain* dit *Franciscus* dont la frappe se continua jusqu'en 1539. Il y eut de ces monnaies pour la France et pour la Bretagne ; leur type est un grand **F** couronné, accosté soit de deux lis, soit d'un lis et d'une hermine.

Le 24 février 1540, une ordonnance modifia le type des monnaies d'or et de billon. On frappa des *écus d'or*, des *demi-écus*, des *douzains* et des *sixains* dits *à la salamandre*, parce qu'une petite salamandre entre comme détail accessoire dans la composition du type des trois premières et occupe le champ du sixain.

Avec la création des monnaies « à la salamandre », dont la frappe cessa au commencement de l'année 1541, concorde une innovation importante introduite dans le monnayage. Sous Louis XII et pendant la première partie du règne de François I, les ateliers d'origine des monnaies se reconnaissaient à des *points secrets* placés sous l'une des lettres des légendes, mode qui avait été créée sous Charles VI. François I substitua à l'usage des points secrets celui des *lettres monétaires*, par édit du 14 janvier 1540.

Voici l'indication de ces différents, d'après les listes les plus complètes qui nous en aient été conservées :

A Paris	Q Châlons-sur-Marne
B Rouen	R Villeneuve-Saint-André
C Saint-Lô	S Troyes
D Lyon	T (et V) Turin
E Tours	X Villefranche
F Angers	Y Bourges et ? Romans.
G Poitiers	Z Grenoble
H La Rochelle	ſt (*st*) Aix.
I Limoges	*Écu de la ville*, Marseille.
K Bordeaux	* Chambéry
L Bayonne	*un monde*, Montélimar
M Toulouse	Ƨ Rennes
N Montpellier	*une couronne*, Crémieux.
O Saint-Pourçain	(?) Montferrand
P Dijon	(?) Nantes

Il y aurait donc eu pendant tout le règne trente et un ateliers monétaires [1]. Quelques listes, postérieures il est vrai à François I, et par le fait sujettes à caution, donnent une variante :

T Nantes	X Aix
V Amiens	Ƨ Rennes

L'atelier de Marseille fut ouvert en 1539-46. Celui d'Aix ne semble avoir eu qu'une existence toute temporaire, en 1543. L'atelier de Montferrand fut établi en 1531, mais ramené le 27 avril 1535 à Saint-Pourçain. Turin fonctionna pendant l'occupation du Piémont.

---

1. M. Roger Vallentin a signalé un atelier à Aramon (Gard), cité pour la première fois dans un document de 1531. Cf. *Annuaire de la Soc. franç. de numism.*, 1890.

Le 19 mars 1541 François I introduisit dans ses monnaies une troisième et dernière modification de type. Il créa les pièces dites *à la croisette* ou *à la croix blanche* :

1º *Écu d'or à la croisette.* Écu de France couronné. ℟. XPS·VIN-
CIT etc. Dans une épicycloïde ornée de trèfles aux angles sortants, une
petite croix à branches égales, massives et taillées à angles droits.

2º *Demi-écu d'or à la croisette.* Même type.

3º *Écu d'or pour le Dauphiné.* Même type, mais, à l'avers, un écu
écartelé de France et de Dauphiné.

Fig. 5

4º *Douzain à la croisette.* Écu de France couronné dans une épicycloïde. Au revers la croix décrite plus haut, dans un quadrilobe.

5º *Douzain du Dauphiné.* Même type, mais à l'avers l'écu est écartelé
de France et de Dauphiné.

Cette série se complétait par des *doubles tournois,* des *deniers tournois,* des *liards* marqués d'un F couronné, des *liards au Dauphin* pour
le Dauphiné, etc.

Outre les monnaies que nous venons de passer en revue, le règne de
François I a produit une suite nombreuse et remarquable d'essais,
dont quelques-uns sont un acheminement vers la frappe de l'écu d'argent que nous ne verrons paraître que sous Louis XIII. Il y eut aussi
des pièces d'or frappées à titre d'épreuve sur flan d'argent, ou des monnaies d'argent battues sur flan d'or, mais nous ne pouvons dans ce manuel nous étendre sur cette série de pièces, qui ne sont pas des monnaies proprement dites.

Nous avons donné plus haut la liste des *lettres particulières* dont
sous François I on marqua, à partir de 1540, les différentes espèces
pour connaître leur atelier d'origine. Ces lettres étaient placées bien en
évidence, soit sous le buste, soit sous l'écusson. En outre, presque toutes
les pièces portent le différent du maître qui les avait fait frapper et ce
différent se plaça généralement à la suite des légendes. Le plus souvent
les maîtres choisirent leurs initiales comme marques particulières des
espèces forgées sous leur responsabilité. C'est ainsi que Jacques Ber-

geron, directeur de l'atelier de Dijon en 1543, mettait JB à la fin des légendes, que Pierre Vincent, maître de l'atelier de Grenoble en 1532, avait choisi PV et une rose. Les recherches de M. de Saulcy ont fait connaître un nombre très considérable de ces différents qui donnent à la numismatique de François I un grand attrait; M. Hoffmann en donne un relevé très complet dans son grand ouvrage sur les *Monnaies de France.*

Lorsqu'en 1521 la guerre éclata entre François I et l'empereur Charles Quint, celui-ci commença ses opérations militaires par le siège de Tournai. La ville se rendit le 3 décembre après cinq mois d'investissement. Il résulte de documents conservés aux archives locales que le gouverneur fit forger, pendant le siège, des monnaies d'argent pour la solde de ses gens d'armes, et qu'à partir du 25 décembre, les pièces de six gros « *naguère forgiées au chastel* » n'eurent plus cours que pour « *cinq gros le pièche* ». Ces obsidionales tournaisiennes sont de la plus haute rareté. Leur type se compose des armes de la ville, une tour, surmontées d'une fleur de lis et accostées de deux F couronnés; au-dessous est placée la date 1521 (fig. 6).

Fig. 6

§ III. — *Henri II* (1547-1559).

Henri II, fils de François I, monta sur le trône le 31 mars 1547. Son règne tient une place très importante dans l'histoire du monnayage français : pour la première fois en France, on tente de substituer à l'ancienne fabrication manuelle, à la frappe *au marteau,* le travail mécanique. Le roi fit installer au jardin des Étuves, sur l'emplacement actuel de la place Dauphine, un outillage complet pour la frappe des espèces, laminoir, emporte-pièce et balancier, tel qu'il fonctionnait dans un grand nombre d'ateliers monétaires allemands.

La nouvelle installation prit le nom de *Monnaie au moulin,* parce que les roues du laminoir étaient établies dans un bateau amarré au quai de la Seine, et, dès 1551, elle fonctionna simultanément avec l'ancien hôtel des Monnaies, et reçut comme premier maître particulier Claude Rouyer.

Une autre réforme du règne de Henri II est la création d'une charge de *Tailleur général des monnaies de France.* « Jusque-là, dit M. Hoffmann, les fers avaient été taillés, dans chaque atelier, par des graveurs qui se transmettaient leur art de père en fils. Toutes les fois qu'on introduisait un type nouveau, les généraux-maîtres leur en communiquaient une empreinte sur parchemin ou sur carte. Mais ces tailleurs héréditaires, habitués à dessiner des croix ou des écussons, étaient incapables de reproduire l'effigie du prince, et ils l'avaient prouvé par les testons de François I ». Henri II, par ordonnance donnée au mois d'août 1547, institua l'office de tailleur général. Voici les termes principaux de cet édit qui eut tant d'influence sur l'art monétaire en France : « *Henry, par la grâce de Dieu..... sçavoir faisons que..... pour obvier aux falsifications des escus et monnoyes qui se forgent et ouvrent journellement en nostre royaulme, provenans par l'erreur et ignorance des tailleurs, graveurs et sculpteurs des formes et figures taillées et gravées sur les coings des dits escus et monnoyes....., soit très requis et nécessaire, pour plus facilement discerner, congnoistre la vraye et bonne monnoye en laquelle l'art de sculpture a esté gardé et observé, avec la faulse et adultérine manifeste congneue par le deffault de sçavoir dudit art, commettre personnaige sçavant et expérimenté au faict et congnoyssance de tailler les dites formes et figures..... Pour ce est-il que nous, ce considéré, avons créé et érigé et estably et par ces présentes créons..... ung tailleur sculpteur et graveur, en titre d'office formé, pour tailler et sculper et graver les formes et figures en coings des escus et aultres espèces de monnoye qui se forgeront et ouvreront doresnavant en nostre royaulme..... »*

Le premier titulaire de cette charge fut Marc Béchot. Défense fut faite « *à tous maistres de monnoyes de ne forger, baptre ne ouvrer escus et demys escus, testons et demy testons, à aultres coings que ceux qui seront taillés, sculpés et gravés par ledit Béchot..... »*

Les types monétaires d'Henri II témoignent également du désir d'innover. L'or reçoit l'effigie du prince, et souvent l'emblème personnel du roi, le croissant, apparaît sur les espèces comme accessoire de l'ornementation. La devise royale: *Dum totum compleat orbem*, est parfois substituée aux anciennes légendes. Le millésime se montre pour la première fois en 1549; enfin l'usage s'introduit de désigner le roi par son numéro d'ordre.

Nous donnerons la description sommaire des diverses monnaies frappées sous Henri II, en rappelant pour chacune d'elles les observations auxquelles elles peuvent donner lieu :

1. *Écu d'or à la croisette.* Types analogues à ceux de François I.

2. *Écu d'or aux croissants.* Écu de France entre deux croissants. ℞. CHRS· VINCIT·CHRS·REGNAT·CHRS·IMP. Croix fleurdelisée, cantonnée de deux croissants et de deux H. Cette pièce fut frappée en 1552.

3. *Demi-écu d'or aux croissants*. Cette pièce n'existe qu'à l'état d'essai.

4. *Henri d'or* (1er type), 1549. HENRICVS 2 ·DEI·GRA·FRANCOR· REX. Buste du roi à droite; la tête est couronnée. ℞. ·XPS·VINCIT, Écu couronné entre deux H couronnés.

5. *Demi-henri d'or*. Même type, mais au revers l'écu n'est pas accosté des initiales du roi.

Un essai de *double henri d'or* faisant partie de cette série est gravé dans Le Blanc, mais il n'a pas encore été retrouvé. Il devait avoir d'un côté la tète couronnée du roi et de l'autre une croix formée de quatre H couronnés avec la légende : DVM TOTVM COM-PLEAT ORBEM.

6. *Double henri d'or* (2e type). Le type adopté diffère, par l'avers seulement, de celui resté à l'état de projet, dont il vient d'être question : le buste du roi est cuirassé et la tête est nue.

7. *Henri d'or*. Même type.

8. *Demi-henri d'or*. Même type.

Fig. 7

En 1553 parut un projet de *double henri*, d'*henri* et de *demi-henri* qui ne fut pas adopté, sans doute parce que le type s'éloignait trop de toutes les monnaies frappées jusqu'alors. A l'avers, le buste du roi lauré et damasquiné occupe le champ; au revers, nous trouvons la France assise sur un monceau d'armes et tenant sur la main une Victoire. La légende circulaire est OPTIMO PRINCIPI; à l'exergue, on lit : GALLIA. Ce type est visiblement inspiré d'un de ceux employés sous Trajan : nous sommes en pleine Renaissance (fig. 8).

Fig. 8　　　　　　Fig. 9

Il est à remarquer qu'Henri II ne frappa aucune monnaie d'or spéciale pour le Dauphiné.

9. *Teston d'argent* (1er type), 1549. Buste du roi à droite; la tête couronnée. ℞. Écu couronné entre deux H couronnés.

10. *Demi-teston*. Même type.

11. *Teston d'argent* (2e type). Buste lauré du roi à droite. ℟. **DVM TOTVM COMPLEAT ORBEM**. Croissant sous une couronne.

12. *Demi-teston*. Même type.

Ces deux pièces ne furent frappées qu'à l'atelier du Moulin, à Paris. Il en existe des essais divers, parmi lesquels le plus curieux est celui du teston à légendes françaises : **HENRY II ROY DE FRANCE — IVSQVES A SA PLENITVDE**. 1551, à l'avers duquel figure un buste d'Henri II drapé à l'antique, la tête coiffée d'un casque romain.

13. *Teston d'argent* (3e type), 1552. Tête laurée du roi à droite (fig. 9.). ℟. Écu couronné.

14. *Demi teston*. Même type.

Ces deux pièces n'ont été frappées qu'à l'atelier du Moulin.

15. *Teston d'argent* (4e type), 1554. Buste lauré du roi à droite (fig. 9). ℟. Écu couronné.

16. *Demi-teston*. Même type.

Ces deux pièces n'ont été frappées qu'à l'atelier du Moulin.

17. *Teston d'argent* (5e type). Buste cuirassé du roi à droite ; la tête nue ou laurée. ℟. Écu couronné accosté de deux **H** couronnés.

18. *Demi teston*. Même type.

Il existe une grande variété de coins pour ces deux dernières pièces qui furent battues au marteau dans les ateliers de province. L'ordonnance de 1547 relative à la création du *tailleur général* ne fut jamais appliquée avec rigueur, car elle eut contre elle l'opposition de la Cour des monnaies.

19. *Teston du Dauphiné*. Les pièces de cette catégorie ne diffèrent des précédentes que par les armes placées au revers.

20. *Demi-teston du Dauphiné*. Même type.

Toutes les monnaies du Dauphiné ont été frappées au marteau.

21. *Gros de Nesle*. Grand **H** couronné placé entre trois lis. ℟. **SIT NOMEN DNI BNEDICTVM**. Croix fleurdelisée.

22. *Demi-gros de Nesle*. Même type.

Ces deux monnaies de billon valaient, l'une 2 sols 6 deniers, l'autre un sol 3 deniers. Elles correspondaient au double sol et au sol parisis. Henri II les créa en 1549, et elles furent frappées dans un atelier spécial ouvert le 25 mars de cette année à Paris, à l'Hôtel de Nesle, qui s'élevait près de l'emplacement actuel de l'Hôtel des Monnaies.

23. *Douzain à la croisette*. Cette monnaie, frappée seulement au début du règne, répète un type que nous avons signalé pour François I. On y substitua de bonne heure la pièce suivante :

24. *Douzain aux croissants*. Écu de France entre deux croissants

généralement couronnés. ℞. Croix fleurdelisée, formée parfois de huit croissants entrelacés.

25. *Douzain aux croissants du Dauphiné.* Même type, mais avec l'écu écartelé de France et de Dauphiné à l'avers.

26. *Douzain aux* H. Écu de France entre deux H. ℞. Croix fleurdelisée.

27. *Liard à l'*F. Répétition d'un type de François I.

28. *Liard à l'*H. La lettre H couronnée.

29. *Double tournois.* Trois lis dans un trilobe.

30. *Denier tournois.* Deux lis dans un cartouche.

31. *Patard de Provence.* La lettre P surmontée de deux lis. ℞. Croix de Jérusalem.

Les différents monétaires adoptés par les ateliers d'Henri II restent les mêmes que sous le règne précédent.

A la numismatique d'Henri II se rattachent les monnaies frappées à Montalcino par les partisans de la France émigrés de Sienne. Nous reviendrons sur cette curieuse série lorsque nous nous occuperons en détail de l'Italie.

§ IV. — *François II* (1559-1560).

Il n'existe pas de monnaies françaises au nom de François II. Pendant les dix-sept mois que dura son règne, on continua à se servir des coins d'Henri II en changeant seulement le millésime.

§ V. — *Charles IX* (1560-1574).

Ce monnayage posthume d'Henri II continua pendant les premiers mois du règne de Charles IX, et l'on trouve jusqu'en 1561 des pièces d'or et d'argent portant le nom et l'image du roi décédé en 1559.

Le règne de Charles IX marque une réaction sous le rapport monétaire. On cesse l'émission des monnaies d'or à effigie, pour en revenir à l'ancien système. La fabrication mécanique est suspendue pour les monnaies courantes et le moulin des Étuves ne frappe plus que des essais ou des piéforts.

L'usage du millésime et du numérotage du nom royal est conservé ; mais on emploie tantôt des chiffres romains, tantôt des chiffres arabes. « Le nom du roi, observe M. Hoffmann, est quelquefois orthographié avec un K ; son numéro d'ordre s'écrit indistinctement IX ou VIIII ;

mais sur les monnaies delphinales et de l'atelier de Bayonne on n'emploie que le chiffre arabe. »

Voici le tableau complet des monnaies de Charles IX :

OR :	ARGENT :	BILLON :
Écu au soleil.	Teston.	Double sol parisis.
Écu du Dauphiné.	Demi-teston.	Douzain.
Demi-écu au soleil.	Teston du Dauphiné.	Douzain du Dauphiné.
	Teston dit morveux.	Sol parisis.
	Demi-teston morveux.	Sol parisis du Dauphiné.
		Double tournois.
		Double tournois du Dauphiné.
		Denier tournois.
		Denier tournois du Dauphiné.
		Liard au C.
		Liard delphinal.

Au point de vue du type, la pièce la plus intéressante est incontestablement le *teston*, sur lequel on peut suivre les modifications de l'effigie royale. Nous donnons ici les trois types les plus caractéristiques ; la tête du roi enfant, celle des testons dits *morveux* que les huguenots frappèrent à Orléans, celle enfin du monarque dans la force de l'âge (fig. 10 à 12).

Fig. 10   Fig. 11   Fig. 12

Dans la série des monnaies de billon de Charles IX, on voit paraître deux pièces nouvelles, le *sol* et le *double sol parisis,* qui vinrent remplacer le *gros* et le *demi-gros de Nesle* émis sous Henri II. Le type du *double sol* est formé de trois fleurs de lis sous une couronne ; le *sol* porte, à l'avers, l'écu couronné, et au revers, une croix fleurdelisée formée de quatre C.

Charles IX compléta le personnel artistique de la Monnaie en créant, le 29 octobre 1572, en faveur du grand sculpteur Germain Pillon, une charge de contrôleur général des effigies. Les différents des ateliers monétaires ne subirent, sous ce règne, aucune modification. M. Roger Vallentin a signalé l'existence en 1569 de deux ateliers monétaires, ceux d'Aramon et de Sérignac (Gard) ; leurs différents sont inconnus.

§ VI. — *Henri III* (1574-1589).

Au début du règne de Henri III, jusqu'au 26 juillet 1575, on se servit, pour la frappe des espèces, des coins du roi Charles IX, tout en modifiant le millésime. Nous avons vu comment, grâce à un monnayage posthume analogue, François II n'a pas eu de monnaies qui lui fussent propres : il y a plus d'un exemple de faits de ce genre dans l'histoire monétaire.

On l'a déjà fait remarquer avant nous, le monnayage d'Henri III forme une transition entre la numismatique des Valois et celle des Bourbons. Les premières monnaies d'or du règne, *écus* et *demi-écus*, sont identiques pour le type aux pièces de Charles IX, à cette différence près que les armes de France sont accostées de deux H couronnés. Sur quelques émissions postérieures, et notamment sur les rares *doubles écus* frappés en 1549, la croix du revers affecte une forme différente de celle qu'elle avait eue jusqu'alors.

Les premières espèces d'argent d'Henri III furent le *teston* et le *demi-teston*, mais leur frappe ne se prolongea pas au delà de l'année 1577. Ils furent complètement remplacés par le *franc* et ses divisions, créés par ordonnance du 31 mai 1575.

Le *franc* porte à l'avers l'effigie royale tournée à droite, tantôt avec col rabattu (fig. 13), tantôt le cou entouré d'une fraise à godrons. La légende est celle de toutes les pièces d'Henri III : HENRICVS·III·D·G·FRANC·ET·POL·REX. Au revers, nous lisons SIT·NOMEN·DOMINI·BENEDICTVM ; le type est formé d'une croix à quatre fleurons fleurdelisés réunis autour d'un H, comme au revers du double écu d'or.

Fig. 13

En 1578 [1], nous assistons à la création de deux pièces d'argent nouvelles, correspondant au *quart* (IIII) et au *huitième* (VIII) de l'*écu d'or*, c'est-à-dire à 15 sols et à 7 sols 6 deniers. Le type de ces deux monnaies fut le même : à l'avers, l'écu de France couronné ; au revers, une croix fleurdelisée à triples bandes. Il n'y eut de différence entre elles que le module et l'indication de la valeur : II-II ou V-III, accostant l'écu.

Les monnaies de billon d'Henri III portent les désignations suivantes, avec lesquelles nos lecteurs sont déjà familiarisés : *gros de Nesle, demi-*

1. Roger Vallentin, *Date de la fabrication des quarts d'écu d'Henri III*, dans la *Rev. belge de numism.*, 1890.

gros de Nesle, double sol parisis, douzain, douzain du Dauphiné, double tournois, et diverses espèces de *liards.*

Une innovation très importante dans la fabrication des monnaies de France se rattache au règne d'Henri III : l'emploi de cuivre pur pour la confection des espèces. C'est en 1575, dit Le Blanc, qu'on fit pour la première fois des *doubles deniers tournois* et des *deniers tournois* de cuivre fin, uniquement parce que le billon faisait défaut : on tailla les doubles à 78 au marc et les deniers à 156.

Toutes les monnaies de Henri III ont été forgées au marteau, à l'exception des pièces de cuivre pur frappées a Paris. Ces pièces furent battues au moulin des Étuves, auquel depuis 1585 la fabrication des espèces d'or, d'argent et de billon fut formellement interdite.

Nous ne pouvons quitter la numismatique d'Henri III sans rappeler les intéressants *quarts d'écu* que le duc de Longueville, gouverneur de Picardie, fit battre en 1589, pendant la guerre de la Ligue, dans la ville de Saint-Quentin restée fidèle au roi. Ces monnaies de nécessité furent frappées avec le métal que le duc et le sire de Halewin avaient tiré de leur vaisselle ; il en existe deux variétés ; celle que nous donnons (fig. 14), et une

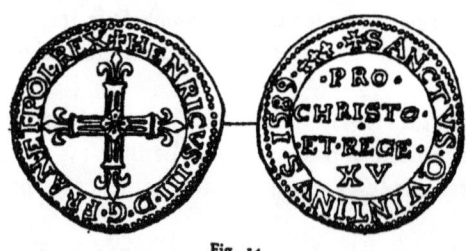

Fig. 14

autre où la légende circulaire du revers est : + H·DORLEANS·D·A· LONGVAVIL FACIEBAT. Les coins de ces *quarts d'écu* furent gravés par Mathieu Salé ; la frappe fut faite par l'orfèvre saint-quentinois Pierre Cotte, sous la surveillance des magistrats municipaux.

§ VII. — *Charles X, cardinal de Bourbon.*

La mort d'Henri III, le dernier souverain de la maison de Valois, fit passer la couronne à la branche de Bourbon, dont Henri, roi de Navarre, était le représentant légitime ; mais les ligueurs refusèrent de reconnaître un prince appartenant à la religion calviniste, et le Parlement de Paris proclama roi de France Charles de Bourbon, cardinal archevêque de Rouen, qui se trouvait prisonnier à Fontenay-le-Comte depuis l'assassinat des Guise. Toutes les villes de la Ligue approuvèrent ce choix.

Le 15 décembre 1589, des lettres patentes au nom de Charles X ordonnèrent qu'on cesserait la fabrication des espèces au nom d'Henri III et qu'on battrait à partir du 1er janvier suivant, sous le nom du nouveau souverain, des *écus au soleil* et des *demi-écus d'or,* des *quarts d'écu* et des *huitièmes d'écu* d'argent, des *douzains* de billon, le tout du poids, loi, cours, brassage et forme du précédent règne. La série monétaire de Charles X fut complétée par l'émission de *francs* d'argent, de *doubles sols parisis* et de *liards au* C de billon, de *doubles tournois* et de *deniers tournois* de cuivre. La donnée générale des types est la même que sous Henri III.

Le *franc* de Charles X que nous reproduisons ici (fig. 15) est une des monnaies les plus rares de la troisième race. A son émission se rattache

Fig. 15

·un curieux épisode que nous ne pouvons passer sous silence. Lors de la proclamation du cardinal-roi, Philippe Danfrie, l'ancien tailleur général des monnaies, partisan d'Henri IV, s'était réfugié à Tours. La cour des Monnaies, dont les membres étaient presque tous ligueurs, ordonna aux maîtres-graveurs Nicolas Roussel, Philippe Regnault et Pierre Mérigot, d'exécuter chacun un poinçon de l'effigie royale, suivant le modèle en cire présenté par Germain Pillon. Le célèbre sculpteur, nommé juge du concours, choisit l'épreuve de Philippe Regnault, dont il avait, paraît-il, guidé le burin. C'est le premier concours de gravure monétaire qui ait eu lieu en France.

On a relevé jusqu'à présent onze ateliers ayant ouvré pour Charles X. En voici l'indication avec leurs différents :

A Paris	O Riom	X Amiens
B Rouen	P Dijon	Y Bourges
D Lyon	S Troyes	99 Dinan
L Bayonne	T Nantes	

Charles X mourut à Fontenay le 9 mai 1590. Le 12 du même mois, Henri IV, alors au camp de Chelles, décria toutes les pièces fabriquées au nom de son oncle, par lettres adressées à la Chambre des Comptes séant à Tours, tenant la Cour des Monnaies. Les ligueurs persistèrent néamoins à frapper au nom du cardinal dans les villes à leur dévotion. En Bretagne, province gouvernée par Philippe Emmanuel de Lorraine, duc de Mercœur, ce monnayage posthume continua jusqu'en 1597. Dans le Languedoc, notamment dans l'atelier de Toulouse, on continua jusqu'en 1590, et peut-être plus longtemps encore, à monnayer au nom de Henri III.

Le Blanc et quelques autres numismates ont attribué au parti des Politiques, qui conservait entre les catholiques et les protestants une prudente neutralité, l'émission d'un certain nombre de pièces où le nom royal est remplacé par la devise SIT NOMEN DOMINI BENEDICTVM, répétée au droit et au revers. Cette ingénieuse interprétation n'est plus universellement admise aujourd'hui, et l'on croit plus volontiers se trouver en présence de pièces hybrides, dues à un mélange accidentel de coins.

§ VIII. — *Henri IV* (1589-1610).

Aussitôt après la mort du dernier Valois, Henri de Bourbon, roi de Navarre et seigneur de Béarn, prit le titre de roi de France; il fut reconnu comme tel par les protestants et par une partie des catholiques qui étaient restés fidèles à Henri III. En juillet 1593, Henri IV se convertit au catholicisme; l'année suivante il fit son entrée solennelle dans Paris.

Fig. 16

Le système monétaire resta à peu près ce qu'il avait été sous Henri III. Le roi prit sur les espèces les titres de : *Henricus IIII Dei gratia Franciae et Navarrae rex,* usage qui fut suivi par tous ses successeurs jusqu'à la Restauration ; sur quelques pièces ces titres sont encore suivis de BD ou BRD abréviation de *Benearni dominus.* Les types subirent peu de modifications ; mais pour l'argent, un *demi-écu,* devenu très rare, vient augmenter la série, qui se compose des monnaies suivantes :

1. *Double écu d'or.* Écu de France couronné et accosté de deux H couronnés. ℞. Croix fleurdelisée cantonnée de deux H et deux fleurs de lis.

2. *Écu d'or.* Écu de France couronné. ℞. Croix fleurdelisée. Cette croix présente trois variétés importantes, suivant que les bras sont formés de trois bandes, de l'initiale d'Henri ou d'entrelacs.

3. *Demi-écu d'or* présentant les mêmes types que l'écu.

4. *Demi-écu d'argent.* Buste drapé et lauré à droite. A l'exergue, isolés du champ par un filet, les mots **DEMI·ESCV**. ℞. Écu de France accosté de deux H. On ne connaît cette monnaie que pour l'atelier de Saint-Lô et l'année 1589.

5. *Quart d'écu d'argent.* Le type reste ce qu'il était sous les précédents règnes.

6. *Huitième d'écu d'argent.* Même observation. Pour cette monnaie, comme pour la précédente, une certaine variété règne toutefois dans la forme de la croix du revers, qui est fleurdelisée à Paris, terminée par des couronnelles à Saint-Lô, et feuillue dans un grand nombre d'ateliers.

7. *Franc d'argent.* Cette monnaie cessa d'être mise en circulation ; elle ne se trouve pour le règne d'Henri IV que sous forme d'essais frappés au moulin. Le type, à l'effigie royale près, reste celui des francs d'Henri III.

8. *Demi-franc d'argent* (fig. 16).

9. *Quart de franc d'argent.*

10. *Gros de Nesle.*

11. *Douzain.*

12. *Liard.*

13. *Double tournois de cuivre.*

14. *Denier tournois.*

La donnée générale du type de ces diverses monnaies reste la même que sous Henri III.

Sous Henri IV, trois provinces, le Dauphiné, la Navarre et le Béarn, tout en suivant le système monétaire national, eurent des espèces d'argent, de billon et de cuivre à types régionaux. La série dauphinoise se distingue par la présence, sur toutes les monnaies ornées, d'un écusson aux armes écartelées de France et de Dauphiné, au lieu des armes fleurdelisées simples. Sur les autres pièces, des dauphins sont substitués aux lis français dans certains détails d'ornementation.

Les monnaies frappées pour la Navarre ont les armes parties, ou rarement écartelées, des lis de France et de l'escarboucle. En Béarn, l'écu est parti au 1er de France, au 2e coupé de Navarre et de Béarn. Sur les *liards*, dits *vaquettes*, le champ est écartelé de deux vaches béarnaises et de deux H couronnés. Sur toutes les monnaies de ces provinces, la légende GRATIA DEI SVM ID Q(uod) SVM remplace le SIT NOMEN DOMINI BENEDICTVM des pièces françaises.

Les monnaies d'Henri IV sont forgées au marteau, à l'exception des *doubles* et *deniers tournois*, émis par l'atelier des Étuves transféré vers 1600 au rez-de-chaussée de la grande galerie du Louvre. Ce même atelier produisit un certain nombre de pièces de plaisir, d'essais et de piéforts qui portent sur la tranche PERENNITATI PRINCIPIS GALLIAE RESTI-TVTORIS. Parmi les essais, les plus curieux sont peut-être les pièces en argent de six sous et de quatre sous parisis : leur type se compose au droit du buste lauré, au revers du chiffre de valeur VI ou IIII accompagné de la date 1602 et entouré de la légende CIVITAS PARIS.

Les poinçons originaux des monnaies d'Henri IV furent gravés successivement par Philippe Danfrie l'ancien et Nicolas Briot, d'après les modèles des contrôleurs généraux des effigies, Philippe Danfrie le jeune (1596-1604), Jean Pillon et Guillaume Dupré (1604-1608) qui, à partir de 1608, reste seul en possession de l'office. Malgré les prescriptions formelles de la Cour des Monnaies, les graveurs particuliers de certains ateliers de province ne se conformèrent pas toujours strictement aux poinçons envoyés de Paris : parfois, dans le détail des types, dans la forme des croix, par exemple, ils introduisirent des modifications assez importantes.

Les marques monétaires restent sous ce règne ce qu'elles étaient sous les Valois, mais, par suite de l'annexion de la Navarre et du Béarn, deux ateliers nouveaux, Pau et Morlaas, viennent s'ajouter à ceux du royaume. Pendant les troubles, Rouen et Riom se trouvant aux mains des Ligueurs, des ateliers provisoires furent ouverts à Dieppe et à Clermont. D'autres ateliers temporaires furent créés dans certaines provinces, par l'autorité des gouverneurs ; c'est ainsi qu'en 1572 une forge monétaire fut établie à Nyons [1]. A la faveur des guerres de religion, les faux-monnayeurs inondèrent le royaume de pièces grossièremeut imitées. Les maîtres de quelques monnaies n'hésitèrent même pas, sur divers points de la France, à profiter des désordres pour jeter clandestinement dans la circulation des espèces de billon n'ayant ni le titre, ni le poids prévus par les ordonnances. Des faits analogues eurent lieu dans l'atelier de Nyons.

---

1. Cf. Roger Vallentin, *Un atelier monétaire à Nyons (1592)*, dans le *Bull. d'archéol. et de statistique de la Drôme*, 1891.

§ IX. — *Louis XIII* (1610-1643).

Louis XIII avait neuf ans, lorsque la mort d'Henri IV l'appela au trône de France. Jusqu'à sa majorité, il resta sous la tutelle de sa mère Marie de Médicis.

L'histoire monétaire de son règne se divise en deux périodes. Pendant la première, qui va de son avènement jusqu'à l'année 1640, on continua à fabriquer les monnaies d'après le système en vigueur sous Henri IV. Il y eut des *écus* d'or, des *quarts d'écu* d'argent, des *demi-francs* et leurs subdivisions ; le poids et l'aloi des pièces restent les mêmes, et le type ne subit d'autres modifications que celles nécessitées par la modification de l'effigie.

L'histoire numismatique de cette période serait des plus monotones, si l'on n'avait à y donner place aux tentatives faites par Nicolas Briot pour perfectionner la fabrication des espèces. Cet artiste, qui occupa de 1605 à 1625 l'office de tailleur général des monnaies de France, conçut le projet de faire lever l'interdit qui, depuis 1585, s'opposait à la fabrication. Dans un intéressant travail, M. Dauban[1] a retracé les luttes que Briot eut à soutenir contre la Cour des Monnaies, les épreuves solennelles qui eurent lieu dans l'atelier du graveur, rue Quincampoix, en présence des ouvriers de la Monnaie et de MM. de Boissise et de Marillac, commissaires du roi, enfin la ruine de Briot, qui passa en Angleterre pour se soustraire aux poursuites de ses créanciers.

Les machines proposées par Briot semblent avoir présenté certaines défectuosités qui légitimaient jusqu'à un certain point l'insuccès des démarches de leur auteur. Il n'en est pas moins vrai que les essais laissés par l'artiste sont fort beaux (fig. 17). On possède des épreuves du *quart d'écu*, du *franc*, du *teston*, du *demi-franc* de Briot. Quelques-unes de ces pièces sont signées, et sur trois d'entre elles les légendes monétaires habituelles sont remplacées par celle-ci : ESPREVVE FAICTE PAR LEXPRES COMMANDEMENT DV ROY LOVIS XIII. Les piéforts portent généralement sur la tranche : PERENNITATI IVSTISSIMI REGIS.

Pendant la période dont nous nous occupons, deux ateliers nouveaux, Arras et Stenay, viennent s'ajouter à ceux de la couronne. En 1635, Louis XIII avait déclaré la guerre à l'Espagne, et, le 6 août 1640, la capitale de l'Artois avait dû se rendre aux armées françaises. L'atelier monétaire espagnol qui y était établi ne fut pas supprimé et ouvra dorénavant pour Louis XIII. Les monnaies frappées à Arras portent un double

---

1. *Nicolas Briot et la Cour des Monnaies*, dans la *Rev. numismatique*, 1857, p. 14 et suiv.

différent : le rat, qui était la marque de l'atelier sous la domination espagnole, et les initiales **AR** liées.

L'atelier de Stenay [1] fut ouvert en 1633 pendant l'occupation de quelques parties de la Lorraine à la suite du traité de Liverdun. On y frappa au moulin une monnaie de cuivre, le *double lorrain;* l'émission ne paraît pas s'être prolongée au delà de 1642.

Le 31 mars 1640 marque, dans l'histoire métallique de Louis XIII, le début d'une seconde période. Une déclaration royale fut expédiée pour la fabrication des *louis d'or* que l'atelier au moulin du château du Louvre avait commencé à émettre dès le 24 février. Le *louis d'or* de la valeur de 10 livres était à 21 3/4 carats de fin; on en frappait 36 et quart au marc. Le *demi-louis* valait en proportion cinq livres et le *double louis*

Fig. 17   Fig. 18   Fig. 19

vingt livres. Il y eut aussi des pièces de 4, 6, 8 et 10 *louis,* mais elles n'eurent point cours et ne furent considérées que comme pièces de fantaisie, ou, ainsi qu'on disait alors, comme « pièces de plaisir » [2].

Le 23 décembre 1641, Louis XIII ordonna la fabrication d'une nouvelle monnaie d'argent, le *louis d'argent* ou *écu blanc de 60 sols,* avec ses fractions de 30, 15 et 5 sols. Toutes ces pièces furent frappées au moulin du Louvre.

Les coins de l'or de 1640 et de l'argent de 1641 furent gravés par le Liégeois Jean Warin [3], qui depuis 1628 était maître garde et conducteur du balancier. Cet artiste porta l'art monétaire à une perfection à laquelle on n'avait point atteint en France depuis Henri II. Les *louis d'or,* leurs divisions et leurs multiples portent à l'avers la tête laurée du roi (fig. 18); au revers, une croix formée de huit **L** et de quatre couronnes, cantonnée de quatre fleurs de lis. L'argent porte le buste royal et au revers les armes

1. Colin, *L'atelier monétaire de Stenay et les doubles lorrains,* dans l'*Annuaire de la Soc. franç. de numism.,* t. IX, 1885, p. 62 et suiv.

2. L'ordonnance de Louis XIII donne le nom de *double louis* à la pièce qui, à partir de Louis XIV, fut désignée sous le nom de *louis.* Nous avons fait usage ici de cette appellation universellement admise.

3. A. Blanchet, *Jean Warin, notes biographiques,* dans l'*Annuaire de la Soc. franç. de numism.,* t. XII, 1888, p. 84 et suiv.

couronnées de France. Quelques essais de *louis d'argent* (fig. 19) de 30, 15 et 7 1/2 sols reproduisent au revers la croix des pièces d'or, et, sur un essai de l'écu, nous trouvons au revers la Monnaie assise, tenant ses balances et la corne d'abondance, avec ces légendes : **ARTE MEA BIS IVSTVS-MONETA LVD·IVST**. 1641. Les piéforts de Warin portent sur la tranche **+ LVDOVICO XIII MONETÆ RESTITVTORI** ou **+ EXEMPLVM PRO-BATI NVMISMATIS**. La frappe des monnaies de Warin n'arrêta pas, tant à Paris qu'en province, celle d'un certain nombre de pièces existantes. On continua à les frapper, comme précédemment, au marteau.

En juin 1660, un édit du roi, daté de Varennes, porta que les douzains auraient cours à l'avenir pour 1 denier chacun, les pièces de 15 deniers pour 18, et celles de 2 sols 6 deniers pour trois sols, à charge de les porter dans les deux mois aux hôtels des monnaies *pour les faire contremarquer d'une petite fleur de lis*.

En 1640, la Catalogne, dont les privilèges venaient d'être supprimés par le roi Philippe IV, se souleva contre l'Espagne et se livra spontanément aux Français pour faire partie intégrante du royaume. Nous parlerons, au chapitre consacré à l'Espagne, des curieuses monnaies qu'émirent au nom et à l'effigie du roi de France un grand nombre de villes catalanes, Barcelone, Belpuig, Camprodon, Cervera de Urgel, Girone, Oliana, Puigcerda, Sanahuja, Solsona, Tarreja, Valls, Vich, Villafranca del Panadès [1] ; mais

Fig. 20

nous avons à mentionner ici une série d'essais de Warin, frappés au moulin du Louvre comme projet d'une monnaie royale catalane. Il en existe deux variétés ; dans l'une, dont on ne possède que l'écu d'argent et la pièce de cinq sols, les pièces ont à l'avers le buste de Louis XIII, et au revers les armes coupées de France et Navarre et de Catalogne, avec cette légende, **CATALONIÆ PRINCEPS** (fig. 20). Sur l'autre variété, cet écusson est remplacé par l'écu simple de France. On fit aussi un essai du *louis d'or*, mais il n'est connu que par l'ouvrage de Le Blanc. Tous ces essais portent le millésime 1642.

Fig. 21

Au règne de Louis XIII se rattachent encore les monnaies obsidionales frappées pendant la lutte entre la France et l'Espagne à Aire-sur-

---

1. A. Colson, *Notice sur des monnaies fr. dans la principauté de Catalogne, le Roussillon et la Cerdagne pendant la révolution de 1640 et l'occupation française jusqu'en 1859*, dans la *Rev. numism.*, 1855, p. 117 et suiv.

la-Lys en 1641, par ordre du gouverneur Aiguebert. Ces pièces, de deux modules différents, sont carrées et unifaces. Elles portent, disposée en sept lignes, la légende : LVD. XIII. — REX PIVS — IVSTVS — IN- VICTVS — ARIA VNO A° — BIS·OBSES — 1641 (fig. 21). La ville capitula le 24 décembre.

§ X. — *Louis XIV* (1643-1715).

Louis XIV succéda à son père le 14 mai 1643, sous la tutelle de sa mère Anne d'Autriche et la direction politique de Mazarin.

On continua à fabriquer les monnaies au même poids, titre et cours que pendant le règne de Louis XIII, conformément aux édits de 1640 et 1641 [1]. On trouve donc simultanément, en or, des *écus* et des *demi-écus au soleil* frappés au marteau, et des *louis*, des *double louis* et des *demi-louis*, frappés au moulin ; des *quarts d'écu* et des *huitièmes d'écu* d'argent de l'ancien système, en même temps que des *écus blancs de 60 sols* et leurs subdivisions.

Le monnayage des pièces de l'ancien système fut supprimé par un édit de 1648, puis repris et continué jusqu'en 1652, époque à laquelle il disparut définitivement.

En 1653, une monnaie nouvelle, le *lis,* parut à titre d'essai, mais la fabrication n'en commença sérieusement qu'en décembre 1655, et fut arrêtée le 2 février 1657. Ce monnayage interrompt la fabrication des *louis* et des *écus blancs.* Il se compose des pièces suivantes, dont nous fixerons le type pour n'avoir plus à y revenir.

1. *Lis d'or.* LVDOVIC·XIIII, etc. Croix formée de quatre lis couronnés. ℟. DOMINE ELEGISTI LILIVM TIBI. Deux anges soutenant l'écu de France. Le *lis d'or* valait sept livres.

2. *Lis d'argent,* émis pour 20 sols. Buste juvénile du roi, lauré et cuirassé. ℟. Croix de huit L adossés et couronnés, cantonnée de quatre lis.

3. *Demi-lis.* Même type.

4. *Quart de lis.* Même type.

Si l'on excepte cette courte période de l'émission des *lis* d'or et d'argent, les types monétaires de Louis XIV ne sont, depuis le commencement du règne jusqu'en 1689, que la continuation pure et simple de

---

1. Dans l'atelier d'Arras on continua jusqu'en 1645 à frapper des *écus d'or* au nom de Louis XIII. Cf. Deschamps de Pas, *Une singularité numismatique,* dans la *Rev. numism.,* 1859, p. 450.

ceux qui avaient été adoptés sous Louis XIII. Les différences consistent dans l'effigie royale et dans les modifications que vient y apporter l'âge du roi. Sous ce rapport, il y eut cinq périodes caractéristiques marquées par l'adoption successive de cinq poinçons de buste différents :

1. Buste dit poupard, 1643 (fig. 22).
2. Buste poupard à la mèche longue, 1646. Il ne diffère du précédent que par la longueur de la boucle de cheveux, descendant jusqu'au vêtement.
3. Buste adolescent, 1668 (fig. 23).

Fig. 22   Fig. 23   Fig. 24   Fig. 25

4. Buste dit « du parlement » à la petite perruque, 1672 (fig. 24).
5. Buste dit « du parlement » à la grande perruque, 1686 (fig. 25).

On possède de ces différents types les *écus blancs* et leurs plus grandes divisions. La première série, celle du buste poupard, comprend toutes les fractions, le demi-écu, le quart, le douzième, le vingt-quatrième et le quarante-huitième ; mais ces dernières n'ont jamais été mises en circulation.

Outre le monnayage pour le royaume de France, qui est caractérisé

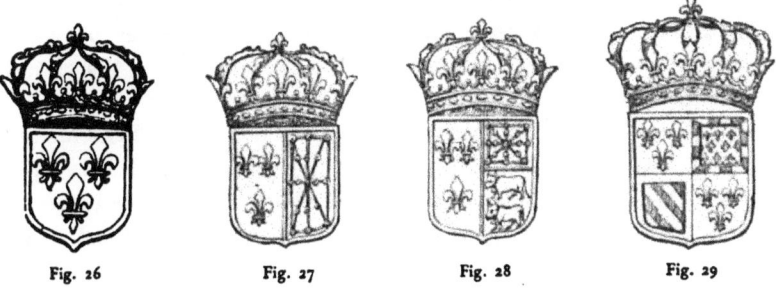

Fig. 26   Fig. 27   Fig. 28   Fig. 29

par la présence au revers de l'écu couronné, à trois lis (fig. 26), il existe pour le second, le troisième et le quatrième types des séries, plus ou moins complètes, frappées pour la Navarre (fig. 27) ou le Béarn (fig. 28).

Aprèsla conquête de la Flandre, on frappa, pour l'usage exclusif de cette province, à Paris, Lille et Amiens, des pièces d'argent de 4, 2, 1 livre, 10 et 5 sols, pour l'usage exclusif de cette province. Ces pièces, appelées *caramboles*, portent au revers les armes écartelées de France, Bourgogne ancien et Bourgogne moderne (fig. 29). L'atelier de Lille fut créé en septembre 1685, mais il ne commença la fabrication qu'en 1686.

Pendant la période dont nous venons de nous occuper, nous voyons apparaître, à côté des anciens *douzains* et *sixains,* un certain nombre de monnaies divisionnaires nouvelles. En 1644, une ordonnance prescrivit l'émission de petites pièces d'argent valant *trente* et *quinze deniers ;* leur type n'est qu'une réduction de celui des écus au buste poupard. Une seconde émission de ces monnaies eut lieu en 1657.

Dès.le début du règne, les ateliers frappèrent en cuivre le *double* et le *denier tournois.* En 1649, on créa des *liards* de trois deniers dont la fabrication, faite à Paris, fut interrompue par les troubles de la Fronde. Le type de ces *liards* est d'un côté la tête royale, et de l'autre un grand L couronné, accosté de deux lis. La valeur de la pièce en deniers est indiquée à l'exergue en chiffres romains ou arabes. La fabrication des *liards* fut reprise en 1654 et, cette fois, les pièces portèrent au revers, en trois lignes : LIARD·DE·FRANCE. L'émission, continuée jusqu'en 1658, fut répartie entre plusieurs ateliers, dont quelques-uns ouverts spécialement à cet effet :

A Corbeil 1.	E Meung-sur-Loire et Châtellerault.
B Pont-de-l'Arche et Acquigny.	G Lusignan et Montreuil-Bonnin.
C Caen.	I Limoges.
D Vimy, localité appelée ensuite Neuville-sur-Saône 2.	K Bordeaux.
	R Nîmes.

En avril 1674, une ordonnance prescrivit l'émission de *pièces de quatre* et *de deux sols* dites « *des Traitants* ». La première de ces pièces a au revers quatre lis posés en croix et formant losange en cœur ; la seconde, deux fleurs de lis dans le champ. L'avers porte le buste royal.

En décembre 1689 commence une nouvelle période de l'histoire monétaire de Louis XIV. Un édit prescrivit la refonte générale des espèces et une modification radicale du type : l'or prit le revers de l'argent, et l'argent celui de l'or. Il y eut donc des *louis* chargés au revers de l'écu

---

1. Cf. A. Dufour, *Un atelier monétaire à Corbeil de 1654 à 1658,* dans les *Annales de la Soc. hist. et archéol. du Gâtinais,* 1884, p. 1.

2. N. Rondot, *La Monnaie de Vimy ou de Neuville dans le Lyonnais,* dans la *Rev. numism.,* 1890.

de France et des *écus* d'argent ayant au revers la croix formée de huit L
(fig. 31). Sur l'argent, le buste royal (fig. 30) abandonne le jabot de den-
telles de la série « du parlement »; on l'avait déjà figuré de la sorte sur
les « caramboles ».

Fig. 30   Fig. 31

Cette émission dura jusqu'en 1693. Elle avait été complétée en 1691
par des pièces de trois sols portant au revers deux L cursifs feuillus,
affrontés et entrelacés, accompagnés de trois fleurs de lis et surmontés
d'une couronne.

L'écu d'argent aux huit L, émis pour 66 sols, subit des abaissements
de cours successifs; en juillet 1692, il ne valut plus que 65 sols; en
décembre, 64 sols; en juin 1693, 63 sols; enfin, en août de la même
année, 62 sols seulement. Nous assistons pour la première fois à une
de ces spéculations monétaires connues dans l'histoire sous le nom de
réformations. Voici, dit l'abbé Hanauer, dans ses remarquables *Études
économiques sur l'Alsace*, en quoi consiste la manœuvre, que nous
allons voir se produire pendant toute la dernière période du règne de
Louis XIV et pendant le règne de Louis XV : « Les espèces qui sont
dans la circulation sont amenées, par une série de décris successifs, à un
taux qui équivaut, ou peu s'en faut, à leur valeur intrinsèque. Ce terme
atteint, on les prohibe ; la Monnaie s'en empare, les marque d'un signe
quelconque, sans les refondre, et les rend au public à un cours élevé,
bénéficiant de toute la différence qui existe entre le prix de rachat et le
taux de la nouvelle émission. Quelque temps après, quand les pièces
réformées se trouvent placées, et que le désir d'opérer une nouvelle spéculation se fait sentir, les décris recommencent et se succèdent, jusqu'à
ce que la valeur de change de ces pièces se confonde de nouveau avec leur
valeur intrinsèque. Alors intervient une autre *réformation*, destinée à
parcourir les mêmes phases. »

De 1693 à la fin du règne, il y eut quatre de ces *réformations* : les
monnaies portées aux ateliers reçurent une empreinte nouvelle, sans

être refondues, de sorte que leur frappe est des plus défectueuses, le type étant très fréquemment défiguré par la présence partielle de l'ancienne empreinte.

Fig. 32   Fig. 33   Fig. 34

En septembre 1693, les monnaies émises à la suite de l'édit de 1689 furent retirées de la circulation et remplacées par une série de pièces analogues, d'un type nouveau. Les *louis* portèrent au revers une croix

Fig. 35   Fig. 36

formée de quatre lis couronnés, cantonnée de quatre L. Les *écus* d'argent et leurs subdivisions eurent du même côté un écu rond soutenu par deux palmes (fig. 32 à 34). Il existe de cette série des pièces pour la

Fig. 37   Fig. 38

France et pour le Béarn-Navarre; en Flandre, une modification analogue fut apportée aux « caramboles ». Les monnaies frappées en exécution de l'édit de 1693 furent *réformées* en 1701.

Au mois de septembre de cette année parut une ordonnance qui modifia le type de la manière suivante, A l'or, on mit une croix formée de huit L adossés deux par deux et couronnés, la croix brochant sur deux insignes (sceptre et main de justice en sautoir). A l'argent, on donna un écu rond brochant sur les mêmes insignes. La série des monnaies d'argent existe non seulement pour la France et le Béarn-Navarre, mais encore pour le Dauphiné, à l'exception toutefois de l'*écu*. L'atelier de Grenoble ne semble avoir frappé que des *demi-écus*, des *huitièmes* et des *seizièmes*. En Flandre, les monnaies régionales dites *caramboles* reçurent également le type aux insignes (fig. 35 à 38).

En mai 1704 un nouvel édit vint changer les louis. Les *louis d'or* portèrent, jusqu'à nouvel ordre, une croix formée de quatre lis couronnés, brochant sur deux insignes en sautoir. Pour les espèces d'argent, on en revint à la croix formée de huit L, mais le centre de cette croix qui,

Fig. 39

Fig. 40

dans l'émission de 1689, était réservé à la lettre monétaire, reçut les armes de France ou de Béarn-Navarre (fig. 39). Les coins des *caramboles* de Flandre s'éloignent cette fois de la donnée générale : on en refond l'écu de 1685 en le posant sur les insignes en sautoir (fig. 40).

Fig. 41

Fig. 42

La dernière *réformation* du règne de Louis XIV fut opérée par l'édit de mai 1709. Le buste fut mis en rapport avec l'âge du monarque (fig. 41).

Le revers des *louis d'or* fut empreint d'une croix formée de huit L, cantonnée de fleurs de lis. Les monnaies d'argent portèrent trois couronnes rangées en triangle (fig. 42).

Dans le résumé qui précède nous avons négligé de parler de quelques monnaies divisionnaires d'argent, ainsi que des pièces de billon et de cuivre. Par édit d'octobre 1692, les *douzains* furent supprimés et remplacés par un *sol de quinze deniers tournois* : le type de cette pièce qui existe pour la France, pour la Navarre et pour le Béarn, est à l'avers une croix formée de huit L et au revers un écu couronné.

En mars 1702 parut une *pièce de cinq sols* et en mai 1703 une *pièce de dix sols* en argent; elles portent l'une et l'autre à l'avers le buste du roi et au revers deux insignes en sautoir cantonnés de trois lis et d'une couronnelle. Le 9 août 1707 une déclaration royale vint compléter cette série par une *pièce de vingt sols*.

Par édit de septembre 1709 on créa des *pièces de trente deniers* dont voici le type: à l'avers deux L adossés sous une couronne. Au revers une croix cléchée, cantonnée de lis, est entourée de la légende française PIECE DE XXX DENIERS. Il y eut également des *pièces de quinze deniers* au même type.

Les monnaies de Louis XIV furent toutes frappées au balancier après 1645. Le 8 mars de cette année, une ordonnance supprima le monnayage au marteau, et le monnayage mécanique fut introduit dans tous les ateliers. Par un perfectionnement qui sous les règnes précédents avait été réservé aux piéforts, les *écus* et *demi-écus* d'argent de Louis XIV reçurent une inscription sur la tranche; cette inscription est: *Domine salvum fac regem*. Les pièces dites *caramboles*, d'un modèle plus grand, ajoutent *christianissimum*.

Nous avons signalé plus haut les ateliers temporaires qui furent créés sous Louis XIV, à la suite de l'édit de 1654 relatif à la fabrication des liards. Voici la liste des ateliers qui eurent une existence plus solide et une destination moins restreinte:

A Paris	H La Rochelle
AA Metz, ouvert en 1662	I Limoges
AR Arras	K Bordeaux
B Rouen	L Bayonne
BB Strasbourg, depuis 1696	LL puis L *couronné*, Lille
C Saint-Lô, jusqu'en 1793, puis Caen	M Toulouse
ƆC Besançon	N Montpellier
D Lyon	O Clermont
E Tours	P Dijon
F Angers	Q Narbonne, jusqu'en 1710, puis Perpignan
G Poitiers	

R Saint-André-les-Avignon, puis vers la fin du règne, Orléans.
S Troyes
S *et la Sainte Ampoule,* Reims.
T Nantes
W (depuis 1674), Lille
X Amiens

Y Bourges
Z Grenoble
& Aix en Provence
9 Rennes
Une vache, Pau
Un petit écu de Navarre, Saint-Palais

A Paris, l'existence simultanée de deux ateliers prit fin. L'officine du Louvre ne frappa plus que des jetons et des médailles à partir de 1660. Les graveurs-généraux du règne de Louis XIV furent :

> Jean Warin, 1646-1672.
> François Warin, son fils, 1672-1681.
> Joseph Roettiers, né à Gand et auparavant graveur de la monnaie de Londres, 1682-1703.
> Norbert Roettiers, neveu du précédent, 1704-1727.

Les guerres que le grand roi eut à soutenir et les annexions qui en furent la conséquence, donnèrent lieu à l'émission d'un assez grand nombre de monnaies locales. Nous avons déjà parlé des *caramboles* frappés spécialement pour la Flandre. Cette série s'enchâsse si bien dans les monnaies françaises proprement dites que nous avons cru ne pas devoir l'en séparer. Il n'en est pas de même des monnaies frappées à Strasbourg après son annexion.

La ville libre alsacienne était depuis la fin du moyen âge en possession du droit de battre monnaie. Dans l'acte de capitulation signé à Illkirch, le 30 septembre 1681, Louis XIV avait conservé à Strasbourg la disposition de son atelier municipal. Cette liberté reçut cependant une restriction, car si la ville continua par son autorité directe à battre sur l'ancien pied ses monnaies d'or, ses jetons de présence du conseil, ses deniers et ses oboles, les officiers de la monnaie reçurent l'ordre de fabriquer des espèces nouvelles d'argent conformes au système de la monnaie française. Il y eut des pièces de 30, 15, 10, 4, 2 sols et d'un sol. Leur type reste essentiellement local ; elles ne portent aucune mention royale ; à l'avers, on lit : **MONETA NOVA ARGENTINENSIS**, autour de la grande fleur de lis strasbourgeoise ; le revers a la légende : **GLORIA IN EXCELSIS DEO** et, dans le champ, en trois lignes, l'indication de la valeur et du millésime.

Lorsque le gouvernement français entra dans la voie des *réformations,* une ordonnance royale vint, le 9 mars 1690, défendre aux officiers de la monnaie de Strasbourg de continuer leur travail, pour les empêcher de participer aux bénéfices résultant de l'opération de réforme. Le magistrat

protesta contre cette violation évidente de la capitulation de 1681 ; mais
le gouvernement passa outre et la ville ne conserva plus que le droit
d'émettre sur l'ancien pied les pièces d'or et d'argent, dont elle s'était réservé la fabrication.

Ce droit semble avoir disparu lorsque, le 6 octobre 1693, Louis XIV
eut décidé d'ouvrir à Strasbourg un atelier monétaire pour son propre
compte. L'annexion monétaire de l'Alsace à la France ne fut néanmoins
pas complète, car le roi entreprit la fabrication de pièces ayant un cours
réservé à la province et portant un type spécial. Il y eut des *demi-écus* et
des *quarts d'écus* portant d'un côté, avec la légende **SIT NOMEN DO-
MINI BENEDICTVM**, le type ordinaire des monnaies françaises de la
série dite « aux palmes ». Par une concession à l'amour-propre local, le
revers porte la fleur de lis strasbourgeoise et les mots **MONETA NOVA
ARGENTINENSIS**. C'est sur ces pièces que nous trouvons pour la première fois le différent monétaire **BB** signalé plus haut dans notre liste
des ateliers.

Les *réformations* successives des monnaies eurent leur contre-coup à
Strasbourg, et le type des pièces locales subit des modifications graduelles
qui le rapprochèrent peu à peu des monnaies du royaume. En 1710 le buste
et le nom de Louis XIV font leur apparition. C'est la dernière étape. L'annexion complète suivra de près ; à partir de 1716, les monnaies frappées à
Strasbourg ne se distinguent plus de celles des autres ateliers français.

Pas plus que nous ne l'avons fait aux précédents règnes, nous ne parlerons ici des monnaies franco-espagnoles émises sous Louis XIV en
Roussillon et en Catalogne, ni des pièces que le roi battit à Modène
pendant l'occupation de cette ville. Il nous reste toutefois à nous occuper
des *obsidionales* frappées en France ou dans des localités frontières pendant les nombreuses campagnes du grand roi, à Saint-Venant, à
Mayence, à Landau, à Lille, à Tournai, à Aire et à Bouchain.

En 1657, la ville de Saint-Venant en Artois était assiégée par le maréchal de Turenne. Manquant d'argent pour le
payement de la solde de ses troupes, l'illustre
capitaine fit convertir sa vaisselle d'argent en
monnaies improvisées, de 30 et de 20 sols. Ces
monnaies, qui constituent un très rare exemple
de pièces de nécessité émises par un *assiégeant*
et non par un *assiégé*, sont de simples morceaux
de métal découpés dans de la vaisselle plate et
contre-marqués d'une fleur de lis ; la pièce de 30 sols porte en outre
une inscription gravée au burin (fig. 43).

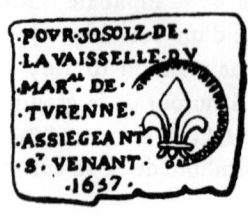

Fig. 43

La ville de Mayence, assiégée en 1689 par les Impériaux et défendue par M. d'Uxelles, frappa d'intéressantes obsidionales d'argent, mais ces pièces fabriquées avec l'outillage régulier d'un atelier officiel n'ont pas l'aspect d'un numéraire improvisé. La série se compose de *florins* ou */, de rixdale, de *demi-florins* ou tiers de rixdale, de *doubles sols* et de *sols.* On lit à l'avers : MONETA NOVA ARGENTEA, autour d'un écusson couronné renfermant un chiffre formé de quatre L entrelacés. Le type du revers se compose de l'indication de la valeur, avec GLORIA IN EXCELSIS DEO.

A Landau, en 1702, pendant le siège que la ville eut à soutenir contre les Impériaux, le gouverneur, M. de Mélac, convertit sa vaisselle en monnaie, comme l'avait fait Turenne devant Saint-Venant. Les morceaux d'argent portent à Landau diverses estampilles, des fleurs de lis, les armes de M. de Mélac (fig. 44), le nom de la place investie, le millésime et les indications des valeurs : 4 livres 4 sols, 2 l. 2 s. ou 1 l. 1 s.

Fig. 44

Le siège de Lille par les alliés en 1708 donna lieu à une monnaie obsidionale de fabrication plus parfaite. C'est que le maréchal de Boufflers avait à sa disposition, comme M. d'Uxelles à Mayence, un atelier bien outillé. On émit à Lille des pièces de cuivre de vingt, dix et cinq sols. Leur type se compose, d'un côté, des armes de M. de Boufflers, posées sur deux bâtons de maréchal mis en sautoir et sur un manteau ducal. Elles sont entourées des trois ordres de Saint-Louis, de Saint-Michel et du Saint-Esprit. L'empreinte du revers est simplement épigraphique : elle donne, en six lignes horizontales, la valeur d'émission, la légende PRO DEFENSIONE VRBIS ET PATRIÆ et la date. Suivant un renseignement recueilli par M. Van Hende, le savant auteur de la *Numismatique lilloise,* il fut frappé 100,000 exemplaires des pièces lilloises de 20 et de 5 sols et 150,000 de celles de 10 sols.

Le 27 juin 1709, les troupes alliées investirent Tournai où commandait au nom de la France Charles de Hautefort, marquis de Surville : Le 13 juillet, la Cour approuva l'émission, par ordre du gouverneur, d'obsidionales en argent : « *Sur le réquisitoire du procureur général du Roy, contenant que quoy qu'il n'appartienne qu'audit seigneur Roy d'ordonner la fabrication et l'évaluation de la monnoye, les commandans des villes assiégées ont souvent pratiquez de faire frapper des espèces pour avoir cours dans la nécessité ..... Messire de Surville ..... avoit ordonné aux orphèvres de fabriquer des pièces d'argent du poids d'un quart d'écu ..... et d'employer les dittes pièces au payement des trouppes ..... sur le pied de vingt patars ou vingt-cinq sols, avec promesse de les reprendre sur le même pied après la fin du siège ..... la cour ordonne que les dittes pièces seront reçues dans le public ...* » Ces pièces carrées, unifaces, découpées dans la vaisselle des habitants, portent la tête du

gouverneur à gauche, accompagnée de son nom : **M. DE SVRVILLE**. Le 20 juillet, un nouvel arrêt autorisa la circulation des pièces de cuivre rondes, de huit et de deux patars. Les premières représentent « *d'un côté les armes dudit sieur marquis de Surville* (d'or à trois forces hautes de sable) *et de l'autre cette inscription :*

Fig. 45 **MONETA IN OBSIDIONE TORNACENSI CVSA** ».

Les pièces de deux patars sont unifaces et empreintes d'une tour, armes de la ville, avec la légende **TORNACO OBSESSO** 1709. Tournai capitula le 29 juillet [1].

Le 2 septembre 1710, l'armée des alliés commandée par Marlborough et le prince Eugène mit le siège devant Aire-sur-la-Lys. Le marquis de Guébriant, qui commandait la garnison, donna le 28 octobre, aux orfèvres

de la ville, pour la valeur de 4,000 écus de sa vaisselle, afin qu'ils la convertissent en pièces de 25 et 50 sols. Les coins dont on se servit pour la fabrication de ces pièces étaient ronds, mais les flans sont de toutes formes. Le type de ces monnaies unifaces est un écu rond aux armes de Guébriant : *d'azur à la fasce d'or*, surmonté d'une couronne à cinq fleurons. La légende circulaire

Fig. 46 est : **PRO REGE ET PATRIA ARIA OB**s. Dans le

champ ou sous l'écu est placée la date 1710, et au-dessus de la couronne se trouve l'indication de la valeur. Le siège d'Aire se termina par une capitulation, le 9 novembre.

Les obsidionales dont nous avons eu à parler jusqu'ici sont toutes métalliques. Les pièces dont se servit M. d'Affry de la Monnoye, gouver-

 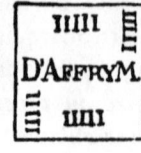

neur de Bouchain, assiégé en 1711 par les alliés, sont simplement en carton. On en connaît de 25 et de 5 sols. Les premières ont au droit un cachet de cire rouge : Cupidon portant une lanterne sourde et cette devise :

Fig. 47 **SANS ECLAT**. Les autres ont un cachet aux

armes du gouverneur, *d'argent à trois chevrons de sable* (fig. 47). Au

---

1. Cocheteux, *Du marquis de Surville et des monn. obsidionales fr. à Tournai en 1709,* dans la *Rev. belge de numism.,* 1855, p. 22. — Chaudruc de Crazannes, *Sur la monn. obsidionale de Tournai, dite de Surville,* dans le même recueil, 1854, p. 59.

dos des deux pièces est inscrit : **DAFFRY M** et l'indication de la valeur, **XXV** ou **IIIII**, placée aux quatre coins de la carte.

Avant de quitter l'histoire monétaire de Louis XIV, rappelons que, sous son règne, les ateliers français frappèrent pour la première fois un numéraire destiné aux colonies. Nous en parlerons en détail lorsque nous esquisserons la numismatique du Canada.

§ XI. — *Louis XV* (1715-1774).

Louis XV, né le 15 février 1710, succéda à son bisaïeul le 1 septembre 1715, sous la régence de Philippe, duc d'Orléans.

Le règne commençait sous de fâcheux auspices ; les premières années et surtout celles qui s'étendent de 1718 jusqu'à 1722 furent désastreuses pour les finances, par suite des opérations de la fin du règne de Louis XIV. Le 13 août 1715, Louis XIV avait déclaré « que le prix des espèces et matières demeurerait fixé pour toujours et sans aucun changement ». Le régent, à peine arrivé au pouvoir, avait renouvelé, le 12 octobre, la même promesse, mais dès le mois suivant, il s'était donné, dit M. Hanauer, un éclatant démenti. Les réformations reprirent de plus belle. Une refonte générale des espèces pratiquée pendant l'administration du duc de Noailles procura un bénéfice d'un cinquième par le surhaussement de la valeur nominale qu'on donna à la monnaie nouvelle.

En 1716, Law commença l'application de son système. Depuis le 2 mai, il avait été autorisé à créer des *billets de banque* et, le 10 avril 1717, leur cours était devenu obligatoire pour les caisses de l'Etat. Au mois d'août de cette dernière année, il avait fondé par commandite la *Compagnie d'Occident*, et obtenu, grâce à la faveur du Régent, la direction réelle des finances du Royaume. Le 1 juillet 1719, Law fut nommé fermier général des monnaies, et au mois de décembre le célèbre financier commença une refonte générale des espèces. Il les remplaça par le *quinzain* d'or, la *livre* d'argent, le *sol*, le *demi-sol* et le *liard* de cuivre.

« Law, dit M. Hanauer, était alors au comble de sa gloire. Les actions de la Compagnie des Indes, émises à 500 l. en billets d'Etat, 160 l. en valeur réelle, valaient 10,000 l. Il croyait toucher à la réalisation de son rêve : la suppression du numéraire et son remplacement par le papier-monnaie. C'était à ses yeux la pierre philosophale, le gage d'une prospérité désormais sans nuage et sans limite. Appuyé sur le Crédit et armé d'une presse, il défiait la disette et tous les désastres publics. Comme la

3

hausse dans le prix des denrées n'est qu'apparente, quand elle correspond à un accroissement parallèle des ressources publiques, il prétendait prévenir toute cherté effective. Il se croyait en état de maintenir toujours un équilibre parfait entre le renchérissement possible des choses et la somme de la fortune sociale : une émission de billets de banque suffirait pour rendre ce renchérissement inoffensif ».

Law, pour hâter le triomphe du papier-monnaie, prit contre la monnaie métallique une série de mesures prohibitives dont la plus violente, prise le 6 avril 1720, frappait de nullité toute stipulation de payement en numéraire. Le but poursuivi par le financier écossais semblait atteint, mais son « système » s'écroula, et le papier-monnaie sombra dans la plus désastreuse des banqueroutes.

Jusqu'en 1726, les variations, dans le prix des matières, continuèrent d'affliger l'Etat, mais sous le ministère du cardinal Fleury, on s'occupa sérieusement de rétablir l'ordre dans les finances. Les monnaies reçurent au point de vue du titre, de leur valeur légale, et même de leur type, une fixité qui devait durer jusqu'à la fin du siècle.

Nous allons examiner maintenant en détail les types monétaires du règne de Louis XV ; quelques-uns d'entre eux sont d'une élégance charmante, c'est le reflet de l'art du XVIIIᵉ siècle dans toute sa richesse et toute sa pureté.

1715. — Les premières monnaies du règne sont la continuation pure et simple des pièces dont la frappe avait été décidée sous Louis XIV par l'édit de mai 1709. Les *louis* d'or ont au revers une croix formée de huit L couronnés, avec fleurs de lis dans les cantons. Les *écus* d'argent sont empreints aux trois couronnes. La modification ne consiste que dans l'effigie ; le buste du vieux roi fait place au joli profil de Louis XV enfant. L'argent de cette émission est aujourd'hui de la plus haute rareté.

Fig. 48   *Décembre 1715.* — Par un édit de cette date fut ordonnée une réforme des pièces fabriquées en exécution de l'édit de mai 1709. Le type des *louis, doubles* et *demi-louis*, des *écus* d'argent et de leurs quatre divisions, fut un écu rond de France placé sous une grande couronne. Pour l'or, l'écu broche sur deux insignes en sautoir. A l'avers, le buste reste le même que sur les pièces de l'émission précédente. C'est le type dit *vertugadin*.

Novembre 1716. — Nouvelle fabrication de monnaies d'or. Ce sont les pièces dites « *de Noailles* ». Il existe de ce type des *louis*, des *doubles louis* et des *demi-louis*. D'un côté la tête du roi enfant couronné, avec longue chevelure flottante et tourné à gauche ; de l'autre, une croix formée de deux écussons de France et deux de Navarre, avec lis dans les cantons.

Mai 1718. — Refonte générale des espèces. Sur l'or, la tête du roi est tournée à droite et laurée ; au revers, le champ est occupé par une *Croix*

Fig. 49   Fig. 50

de Malte. Les monnaies d'argent portent au revers un écu échancré, écartelé de France et de Navarre. La série se compose du *louis* et du *demi-louis d'or*, de l'*écu*, du *demi-écu*, du *quart* et du *dixième*.

Décembre 1718. — A cette date est ordonnée une émission de *sixièmes* et de *douzièmes* d'écu. Le type est le même que celui des pièces qui précèdent, mais l'écu du revers est accosté de l'indication de la valeur XX — S ou X — S.

Mai et juillet 1719. — Deux édits dus à l'inspiration de Law vinrent créer des monnaies de cuivre de 12, 6 et 3 deniers, c'est-à-dire de *sols,* de *demi-sols* et de *liards.* Leur type se compose à l'avers de la tête du roi, à longue chevelure, tourné vers la droite; au revers, d'un écu de France couronné.

Décembre 1719. — Fabrication de la *livre* d'argent de Law, par les soins de la Compagnie des Indes. Son type est un buste enfantin à droite et, au revers, deux L adossés sous une couronne. Par une étrange méprise, contre laquelle nous mettons nos lecteurs en garde, cette monnaie a été décrite et gravée par M. Hoffmann parmi les monnaies coloniales de Louis XV.

Mars 1720. — Par édit daté de ce mois, il fut ordonné une fabrication de *louis* d'argent valant trois livres. Le type du revers est une répétition de la croix aux huit L couronnées.

Septembre 1720. — Nous assistons à une réformation des *louis* d'or et des *écus* d'argent. La tête ou le buste du roi est lauré. Au revers des pièces d'or figurent deux L adossées sous une couronne, accompagnées, dans le champ, de trois lis. Au revers de l'argent prend place un écu de France ordinaire.

Août 1723. — Nouvelles pièces d'or : *louis, double louis* et *demi-louis*, appelés par le peuple *mirlitons*. Leur revers est occupé par deux L cursives enlacées, couronnées et entourées de palmes.

Fig. 51   Fig. 52

Septembre 1724. — C'est la première émission de la majorité de Louis XV. On frappa de nouvelles pièces d'argent, *écus* et subdivisions, portant au revers une croix formée de quatre lis couronnés, cantonné de huit L adossées deux par deux. Le buste royal est serré dans une armure dont la cuirasse porte une tête de Méduse.

Janvier 1726. — Refonte générale des espèces. En or, il y eut des *louis* et des *demi-louis ;* en argent,· des *écus,* des *demi-écus,* des *cinquièmes*, des *dixièmes* et des *vingtièmes d'écu.*

Le type de l'or est à l'avers le buste (et non la tête) drapé et tourné à gauche ; le revers porte deux écus ovales, l'un de France et l'autre de Navarre, surmontés d'une couronne. Ce type, qui fut conservé jusqu'à la fin du règne, a fait donner par le peuple, aux monnaies d'or frappées ·après 1726, le sobriquet de *louis aux lunettes.*

Fig. 53   Fig. 54   Fig. 55

Les pièces d'argent portent le buste du roi à gauche, avec habit brodé, cordon bleu et plaque de l'ordre du Saint-Esprit. Au revers, un écu ovale aux trois lis est placé sous une couronne et embrassé par deux branches de laurier. Ce type de revers fut conservé jusqu'à la fin du règne.

Fin 1740. — Modification de l'effigie, mise en rapport avec l'âge du roi. L'or et l'argent ne portent que la *tête* royale à gauche, les cheveux flottants retenus par un bandeau et le col tranché. Les subdivisions de l'argent deviennent le *demi-écu* et les *pièces de 24, de 12* et de *six sols.*

Octobre 1738. — On frappe des *double sol* et des *sols* de billon. Leur type est à l'avers une grande L couronné, accompagnée de trois fleurs de lis ; au revers, deux L feuillues, affrontées et croisées sous une couronne.

1767. — Emission de *sols, demi-sols* et *liards* de cuivre, ayant à l'avers la tête laurée et vieillie du roi et, au revers, un écu couronné : la partie supérieure de l'écu eñ forme de cartouche. Ce poinçon, d'une exécution très imparfaite, fut employé dans certains ateliers jusqu'en 1773, mais à Paris et dans quelques villes de province, il fut remplacé dès 1768 par un autre mieux gravé ; les armes de France sont placées dans un écu simple sur les pièces de cette nouvelle frappe.

1770. — Modification de l'effigie mise en rapport avec l'âge du roi. Les types des revers de l'or et de l'argent restent ce qu'ils étaient, mais la tête à col tranché est remplacée par un buste lauré, avec légère draperie aux épaules. Ce changement est le dernier du règne.

Les lettres monétaires des ateliers de Louis XV restèrent les mêmes que sous Louis XIV, mais quelques villes cessèrent d'avoir un hôtel dans leurs murs. Dans l'atelier de Paris, le directeur, Renard du Tasta, met sur les pièces frappées sous sa direction un renard comme différent.

Les graveurs généraux du règne furent Norbert Roettiers (1704-1727), Joseph-Charles Roettiers (1727-53, 1772-74), et Charles-Norbert Roettiers (1753-72). Les initiales de ce dernier se lisent sur la tranche du cou, des monnaies d'argent dites « au bandeau ».

Sous Louis XV, toutes les séries monétaires provinciales ou locales furent supprimées. Jamais on ne battit pendant son règne de pièces spéciales ni au Dauphiné, ni en Navarre, ni au Béarn [1]. Le privilège strasbourgeois fut seul respecté pendant la première année de la minorité : il existe une pièce de 40 sols de 1716 portant au revers, autour de l'écu de France : **MONETA NOVA ARGENTINENSIS.** C'est le dernier souvenir d'une prérogative locale. L'édit de mai 1718 omit de parler des pièces d'Alsace et le cours des espèces devint dans cette province ce qu'il était par toute la France.

Il y eut sous Louis XV un certain nombre d'émissions de pièces desti-

---

1. Les pièces frappées dans l'atelier de Pau portent, outre le différent à la vache, le monogramme D B, *Dominus Benearni,* à la fin de la légende de l'avers. Cette particularité fut continuée sous Louis XVI.

nées à circuler aux colonies d'Amérique. Nous en parlerons lorsque nous traiterons des monnaies du Nouveau-Monde.

§ XII. — *Louis XVI.*

Les monnaies de Louis XVI forment deux groupes. Le premier se compose des pièces frappées depuis l'avènement du roi jusqu'en 1791 ; le second, qui correspond à la période de royauté constitutionnelle, comprend les monnaies émises de 1791 jusqu'à la mort du prince.

Ire *période* (1774-1791).

Les pièces du premier groupe ne sont que la répétition, appropriée au nouveau règne, des dernières monnaies de Louis XV.

23 mai 1774. — Une déclaration du roi, datée du château de la Muette, ordonna « le changement des poinçons pour la fabrication des espèces, sans que néanmoins le titre, le poids et la valeur en soient changés », de sorte que les nouvelles espèces à battre auraient cours concurremment avec les pièces de Louis XV.

Les figures jointes aux exemplaires imprimés de la déclaration royale représentent un *louis* d'or et un *écu* d'argent portant à l'avers le buste de Louis XVI avec

Fig. 56

habit, plaque et cordon du Saint-Esprit, et au revers un écu aux angles coupés, couronné, brochant sur deux insignes en sautoir et embrassé par deux palmes.

La déclaration du 23 mai 1774 ne reçut d'exécution qu'en ce qui concerne les *louis* d'or. On ne connaît de l'*écu* d'argent que des essais en plomb.

18 septembre 1774. — Une nouvelle déclaration parut à cette date. Le roi y ordonne « que les poinçons des revers des Espèces d'or et d'argent, prescrits par l'Edit de 1726, continueront d'avoir lieu pour celles qui seront fabriquées à l'avenir ». Sauf pour l'effigie royale, on en revint donc purement, pour les *doubles louis, louis* et *demi-louis*, au type dit « des lunettes » et pour les diverses espèces d'argent, au type dit « aux lauriers ».

Le cuivre de Louis XVI, *doubles sols, sols* et *liards*, conserva aussi, pour le revers, le coin des dernières pièces de Louis XV; à l'avers, vint prendre place la tête du nouveau roi, tournée à gauche.

Août 1779. — Des lettres patentes autorisent l'Hôtel monétaire de

Paris à fabriquer des pièces de 6 et 12 sols avec les coins de Louis XV de 1770. Cette mesure avait pour but d'accélérer la fabrication des menues espèces d'argent.

1785-86. — Le buste du roi est changé pour le *louis d'or* en 1785, et remplacé par la tête royale, aux cheveux longs et flottants. On conserve néanmoins au revers le type dit « des lunettes ». L'année suivante, ce revers est modifié : les *louis* et *doubles louis* frappés dorénavant portent deux écus accolés sous une couronne. L'arrêt de la Cour des monnaies ordonnant la déformation des matrices et poinçons qui ont servi à la fabrication des anciennes espèces d'or est daté du 14 décembre 1785.

Notons en passant un détail qui intéressera les collectionneurs. Le graveur des coins de l'atelier de Perpignan avait mis, par erreur, sur les *écus de six livres* frappés en 1786, l'indication **LVD XI.** au lieu de **LVD XVI...** Un arrêt de la Cour des monnaies du 19 août supprima ces espèces. Nous ignorons si des écus de coin fautif ont été conservés jusqu'à ce jour.

A la première période du règne de Louis XVI se rattachent un certain nombre d'émissions, faites en France, de monnaies destinées aux Colonies.

Les ateliers de Louis XVI sont beaucoup moins nombreux que ceux de ses deux prédécesseurs. En février 1786, l'Hôtel d'Aix fut supprimé et transféré à Marseille. En 1789, les ateliers étaient réduits au nombre de dix-sept :

A Paris.	Q Perpignan.
B Bouen.	R Orléans.
D Lyon.	T Nantes.
H La Rochelle.	AA Metz.
I Limoges.	BB Strasbourg.
K Bordeaux.	W Lille.
L Bayonne.	MA en monogramme, Marseille.
M Toulouse.	Une vache, Pau.
N Montpellier.	

Dans l'atelier de Paris, deux différents sont successivement employés par les directeurs ; sur les pièces frappées par Dupeyron de la Coste, nous trouvons une grue ; sur celles de son successeur, Roettiers de Mon-taleu, un lion.

Tous les coins des monnaies de Louis XVI, roi de droit divin, ont été gravés par B. Duvivier. Sous le ministère de M. de Calonne (1783-87), un graveur suisse, Jean-Pierre Droz, fit des essais remarquables, mais sans réussir à les faire adopter. Les *louis* et les *écus* de Calonne peuvent être rangés au nombre des plus beaux monuments que nous ait laissés l'art monétaire en France.

2ᵐᵉ *période* (1791-1793).

Dans sa remarquable *Histoire numismatique de la Révolution française*, Hennin a résumé d'une manière fort complète tout ce qui se rattache au monnayage de cette période agitée. Son travail, fait avec un soin minutieux, n'est pas à refaire, et nous nous bornerons à le résumer.

L'Assemblée Nationale s'occupa des monnaies dès les premiers mois de l'année 1790. Le 8 mai, elle rendit un décret dont le but était l'établissement d'un système complet sur le titre et le poids des espèces. Par décret du 11 septembre suivant fut établi un comité de sept membres, chargé de tout ce qui avait rapport à la législation monétaire.

Le 9 avril 1791, l'Assemblée Nationale, après avoir entendu son comité des monnaies, décréta ce qui suit :

« *Art. 1ᵉʳ. L'effigie du Roi sera empreinte sur toutes les monnaies du royaume, avec la légende :* LOUIS XVI, ROI DES FRANÇAIS.

II. Le revers de la monnaie d'or, des écus et demi-écus, aura pour empreinte le génie de la France, debout devant un autel, et gravant sur des tables le mot CONSTITUTION, *avec le sceptre de la raison, désigné par un œil ouvert à son extrémité. Il y aura à côté de l'autel un coq, symbole de la vigilance, et un faisceau, emblème de l'union et de la force armée.*

III. Le revers portera pour légende ces mots : RÈGNE DE LA LOI.

IV. Il sera gravé sur la tranche : LA NATION, LA LOI ET LE ROI.

V. Les pièces de trente sous et de quinze sous porteront les mêmes empreintes, à l'exception du coq et du faisceau.

Fig. 57   Fig. 58

VI. La monnaie de cuivre portera la même effigie du Roi et la même légende ; le revers seul sera différent.

VII. L'empreinte du revers sera un faisceau traversé par une pique surmontée du bonnet de la Liberté ; autour, une couronne de chêne, avec la légende : La Nation, la Loi et le Roi.

VIII. Sur toutes les monnaies, le millésime sera en chiffres arabes, suivi de l'année de la liberté.

IX. Il sera, sans délai, procédé à la formation de nouveaux coins et matrices.

X. Tous les artistes pourront concourir à leur gravure, et la préfé-rence sera jugée sur l'avis de l'Académie de peinture et·sculpture ».

Ce décret fut sanctionné par le roi le 15 avril.

Un décret du 20 mai ordonna que les flans existant dans divers hôtels des monnaies et manufactures du royaume, à la taille anciennement en usage, seraient monnayés avec les anciens coins, jusqu'à ce que les nouveaux fussent prêts à servir. Il y eut donc un monnayage à l'ancien type royal, simultanément avec le monnayage à l'empreinte constitutionnelle.

Dans le but de favoriser les petites transactions, en multipliant la menue monnaie, l'Assemblée nationale rendit le 25 juin 1791 le décret suivant :

Article 1er. Les cloches des églises supprimées dans le département de Paris seront fondues et coulées en monnaie au type décrété par l'Assemblée nationale, le 9 avril dernier, et à raison de 24 pièces d'un sou à la livre et de 48 demi-sous.

La fabrication de ces monnaies au métal de cloche fut confiée à des entrepreneurs.

Conformément à l'article X du décret du 9 avril 1791, il avait été établi, par le comité des monnaies de l'Assemblée nationale, un concours pour la gravure de nouveaux coins et pour la place de graveur général des monnaies. Six artistes concoururent : Bertrand Andrieu, Jean-Pierre Droz, Augustin Dupré, Benjamin Duvivier, Nicolas-Marie Gatteaux et François Vasselon. Les essais furent exposés publiquement, et jugés par l'Académie de peinture et sculpture. Par quarante suffrages sur cinquante-sept votants A. Dupré obtint le prix ; un décret de l'Assemblée du 11 juillet 1791 le nomma graveur général des monnaies de France [1].

La série des monnaies de Louis XVI comme roi constitutionnel se compose des pièces suivantes :

1. *Louis d'or.*
2. *Ecu d'argent.*
3. *Demi-écu.*
4. *Pièce de 30 sols d'argent.*
5. *Pièces de 15 sols d'argent.*
6. *Deux sous en métal de cloche.*
7. *Douze deniers en métal de cloche.*
8. *Six deniers.*
9. *Trois deniers.*

Toutes ces pièces furent frappées avec les coins de Dupré. Leur type est tel qu'il fut déterminé par le décret du 9 avril 1791.

Ces pièces portent à l'avers le buste royal à gauche et au revers le faisceau surmonté du bonnet phrygien placé dans une couronne de chêne.

1. Voyez une histoire détaillée de ce concours par M. Sudre, dans l'*Annuaire de la Soc. franç. de numismatique,* de 1885.

Les monnaies en métal de cloche furent fabriquées avec des coins de B. Duvivier. L'exécution du décret du 25 juin relatif à ces pièces avait rencontré de sérieux obstacles; le 3 août, l'Assemblée décréta que leur fabrication aurait lieu dans tous les hôtels des monnaies du royaume, et qu'on se servirait des poinçons et matrices patriotiquement offerts par B. Duvivier.

A la période constitutionnelle du règne de Louis XVI se rattachent un certain nombre de monnaies émises par des particuliers. L'article V de la Déclaration des Droits de l'homme de la Constitution de 1791 était ainsi conçu : « La loi n'a le droit de défendre que les actions nuisibles à la société. Tout ce qui n'est pas défendu par la loi ne peut être em- pêché, et nul ne peut être contraint à faire ce qu'elle n'ordonne pas ».

Un certain nombre de particuliers et de sociétés s'autorisèrent de cet article pour mettre en circulation des monnaies de confiance. Les plus répandues de ces pièces furent les pièces de cuivre de cinq sols et de deux sols des frères Monneron, les pièces de trois sols et de six blancs de la Caisse de Bonne-Foy, les pièces de 20, 10 et 5 sols en argent de Le Fevre, Le Sage et Cie, celles de 20, 7 et 5 sols en argent de la Manufacture de porcelaine rue de Crussol, etc., etc. L'exemple des négo- ciants parisiens fut suivi en province, à Lyon, par Clemenson et Cie, à Clermont-sur-Oise par Leclech et Cie, etc.

Ces émissions furent d'abord tolérées par le gouvernement, à la condi- tion toutefois que le cours des pièces fût facultatif et volontaire ; mais bientôt une foule de discussions surgirent à leur propos, de sorte que, par décret rendu le 3 septembre 1792, leur cours fut supprimé et leur fabrication interdite :

Art. 1er. Il est expressément défendu à tous particuliers de fabri- quer ou faire fabriquer directement ou indirectement, d'introduire et de faire circuler dans le royaume, des monnaies de métal, sous quelque forme ou dénomination que ce soit, telles que médailles de confiance, ou autres généralement quelconques, à peine d'être puni de quinze années de fer, et de confiscation desdites monnaies.

II. Les particuliers qui ont émis de telles monnaies les retireront de la circulation dans le délai d'un mois, à compter du jour de la promul- gation du présent décret, et les échangeront au pair contre des assignats, à bureau ouvert.

Le second article du décret ne fut pas scrupulement exécuté ; les bronzes des frères Monneron se maintinrent assez longtemps.

§ XIII. — *République.*

La journée du 10 août 1792 marque la chute de la royauté française. L'Assemblée suspendit Louis XVI de ses fonctions et l'enferma au Temple. Le 21 septembre, la Convention ouvrit ses séances et proclama la République.

Depuis le 10 août jusqu'en février 1793, aucune disposition législative ne fut prise par l'Assemblée Nationale relative aux monnaies, et les ateliers continuèrent à se servir des coins constitutionnels. C'est ainsi que, par une anomalie extraordinaire, on possède des pièces de Louis XVI au millésime de 1793.

La Convention Nationale, par ses décrets du 5 février 1793 et du 26 avril suivant, fixa le type des nouvelles espèces. Voici le texte de ces deux dispositions :

5 février 1793. — *La Convention Nationale, ouï le rapport de son Comité des finances, décrète ce qui suit :*

Art. 1er. Les monnaies d'or et d'argent de la République française porteront pour empreinte une couronne de branches de chêne ; la légende sera composée des mots : RÉPUBLIQUE FRANÇAISE, *avec désignation de l'année en chiffres romains. La valeur de la pièce sera inscrite au milieu de la couronne.*

Art. II. Le type adopté par le décret d'avril 1791 sera conservé sur le revers de ces monnaies : le faisceau, symbole de l'union, surmonté du bonnet de la Liberté ; le coq, symbole de la vigilance, continueront d'être placés des deux côtés du type. La légende sera composée des mots : RÈGNE DE LA LOI ; *l'exergue contiendra le millésime de l'année en chiffres arabes.*

Art. III. Le cordon des pièces de six livres sera inscrit des deux mots : LIBERTÉ, ÉGALITÉ. *Les pièces de vingt-quatre livres continueront d'être marquées d'un simple cordon.*

Art. IV. Il ne sera fabriqué provisoirement que des pièces de six livres en argent et des pièces de vingt-quatre livres en or.

26 avril 1793. — *La Convention Nationale, après avoir entendu le rapport de son Comité des finances, section des assignats et monnaies, décrète :*

Art. 1er. Les monnaies de cuivre et de bronze de la République française porteront pour empreinte une table, sur laquelle seront inscrits ces mots : LES HOMMES SONT ÉGAUX DEVANT LA LOI ; *au-dessus de cette table sera gravé un œil rayonnant ; aux deux côtés seront gravées une grappe de raisin et une gerbe de blé ; la légende sera composée des deux mots :* RÉPUBLIQUE FRANÇAISE ; *l'exergue désignera l'année de la République, en chiffres romains.*

Art. II. Le revers de la pièce portera pour empreinte une balance dont les deux bassins sont en équilibre, jointe à une couronne civique, surmontée du bonnet de la Liberté. La valeur de la pièce sera gravée au milieu de la couronne. La légende sera composée des deux mots : Liberté, égalité ; l'exergue contiendra le millésime de l'année en chiffres arabes.

Ces deux décrets sont les derniers dont nous ayons à faire mention dans cette partie de notre livre. Le 24 août 1793, la Convention prit une disposition qui fut la première tentative faite pour l'établissement du système décimal.

Nous devons toutefois, avant de clore ce chapitre, parler des obsidionales frappées en 1793, à Mayence et à Lyon, pièces qui se rattachent à l'ancien système.

Mayence avait été prise en octobre 1792, par Custine. Après la retraite de ce général, elle fut investie par les Prussiens, auxquels elle se rendit le 22 juillet 1793. Les monnaies frappées pendant le siège forment une série de trois pièces de cuivre, de cinq sols, de deux sols et d'un sol. Leur type se compose à l'avers du faisceau surmonté du bonnet de la Liberté, placé dans une couronne de chêne ; la légende est : **REPUBLIQUE FRANCAISE**, 1793, **L'AN** 2ᵉ. Au revers, la légende : **MONNOYE DE SIEGE DE MAYENCE** entoure l'indication de la valeur placée en deux lignes. Outre ces monnaies, on émit des assignats obsidionaux de 50, 20 et 3 livres, 20, 10 et 5 sols.

Pendant le siège que Lyon eut à soutenir contre les armées de la Convention, l'ingénieur en chef de l'artillerie lyonnaise, nommé Schmidt, fit faire avec du métal provenant de la fonte de vieux canons, des pièces de vingt, de six et de trois sols, portant à l'avers une épée sur la pointe de laquelle est posé le bonnet de la Liberté, et au revers, un petit lion très grossièrement dessiné, accompagné de fleurons et de l'indication de la valeur. Ces pièces ne furent pas goûtées des autorités lyonnaises, qui préférèrent émettre des assignats obsidionaux de différentes valeurs. Lyon fut pris le 9 octobre 1793.

CHAPITRE DEUXIÈME

TERRES SOUVERAINES ENCLAVÉES DANS LE ROYAUME DE FRANCE

Sources : Poey d'Avant, *Monnaies féodales de France.* Paris, 1858-62, 3 vol. in-4. — Les autres sources sont citées dans le cours du chapitre.

Pendant la période moderne, il n'y eut pas, en France, de véritables monnaies féodales. Quelques terres de l'ancien royaume d'Arles ou quelques francs-aleux conservent leur indépendance vis-à-vis de la couronne et continuent à monnayer au grand déplaisir du roi de France. Quelques pays, nouvellement annexés, comme Metz, Verdun, Strasbourg, sont laissés en possession de leurs privilèges, que la centralisation royale fait graduellement disparaître.

Nous ne nous occuperons pas dans ce chapitre de ce second groupe de monnayages; il importe de ne pas scinder leur histoire en deux parties dont l'une ne se comprendrait pas sans qu'on eût connaissance de l'autre. Le premier groupe comprend les quatre terres souveraines suivantes : Boisbelle, les Dombes, Orange et le Comtat Venaissin.

I. — *Principautés de Boisbelle et Henrichemont.*

La terre de Boisbelle formait un franc-aleu qui fit longtemps partie des domaines de la maison d'Albret. Elle passa ensuite par mariage à la maison de Clèves et aux Gonzague, mais en 1597 Charles de Gonzague la vendit à Maximilien de Béthune, marquis de Rosny, le grand ministre de Henri IV. Ce fut lui qui, en souvenir de son roi, y fit bâtir la ville d'Henrichemont.

Maximilien de Béthune (1597-1641) créa dans sa capitale un atelier monétaire où il frappa en grande quantité des *doubles tournois* de cuivre. La première émission est de 1636 : ces pièces sont des imitations des *doubles* analogues frappés par les rois de France : **MAXI·D·BET·P·S·D'ENRIC·ET·BB.** Buste fraisé à droite. ℞. **DOVBLE· TOVRNOIS.** Trois lis; au centre, l'écusson aux armes de la maison de Béthune : *d'argent à la fasce de gueules.* Sully semble n'avoir jamais émis d'espèces d'argent. On possède cependant un piedfort du même module et du même type que les *demi-francs* de Louis XIII, mais il est probable que le prince de Boisbelle se sera borné à faire frapper de cette pièce quelques exemplaires d'essai (fig. 59).

Fig. 59

Après Maximilien, les terres de Boisbelle et Henrichemont passèrent à Maximilien François de Béthune (1641-1661) son petit-fils. On a de lui quelques *doubles tournois* de cuivre analogues à ceux de son grand-père et portant le millé-sime 1642. Le monnayage semble s'être arrêté vers cette époque; néanmoins les princes conservèrent la juridiction sur le fait des monnaies dans toute l'étendue de leurs domaines, car il existe une ordonnance du duc de Sully contre les faux monnayeurs datée de 1719. Les principautés de Boisbelle et Henrichemont furent réunies à la couronne en 1766.

§ II. — *Principauté de Dombes*[1].

Un arrêt du Parlement avait confisqué en 1527 la principauté de Dombes sur le connétable de Bourbon et l'avait réunie à la couronne; en 1560, elle fut rendue à la famille de Bourbon-Montpensier, qui en jouit jusqu'en 1693.

* Louis II de Bourbon, 1560-1582.
* François II, 1582-92.
* Henri I, 1592-1608.
* Marie, 1608-1626.

* Marie et Gaston d'Orléans, 1626-27.
* Gaston d'Orléans, usufruitier, 1627-50.
* Anne-Marie-Louise, 1650-93.

A la mort d'Anne-Marie-Louise d'Orléans, les Dombes furent réunies à la France et Louis XIV en avantagea le duc du Maine, un de ses bâtards légitimés.

Lorsque la principauté eut été rendue à Louis II de Bourbon, celui-ci restaura l'ancien atelier seigneurial de Trévoux et recommença le monnayage. La première émission eut lieu, suivant Mantellier,

1. Ph. Mantellier, *Notice sur la monnaie de Trévoux et de Dombes*. Orléans, 1844, in-8. — Le même, *Sequins frappés à Trévoux*, dans la *Rev. numism.*, 1857, p. 264. — P.-Ch. Robert, *Monnaies de Louis de Montpensier, prince de Dombes*, dans le même recueil, 1850, p. 139.

en 1573. La série monétaire de Louis II se compose de deux pièces d'or, la *pistole* et la *demi-pistole*, trois pièces d'argent, le *franc, le demi-franc* et le *teston*, deux de billon, le *douzain* et le *liard*, enfin deux monnaies de cuivre, le *double tournois* et le *denier tournois*. Le type de ces pièces reproduit en général celui des monnaies royales. L'or porte l'écu de Bourbon : *d'azur aux trois lis d'or, au bâton péri en bande de gueules*; l'argent et le cuivre montrent l'effigie du prince; enfin sur le billon nous trouvons son écu ou son chiffre.

François II (1582-92) n'émit pas de monnaie d'argent. La monnaie de Trévoux se consacra à la production de l'or, du billon et du cuivre : *sequins* et *pistoles*, pièces de six et de trois *blancs, douzains* et *liards, doubles* et *deniers tournois*. La pièce la plus intéressante est sans contredit le *sequin*, copie fidèle des pièces d'or de Venise; le coin du droit représente le prince, FRANC PRINC, agenouillé, recevant l'étendard des mains de saint Marc; sous la banderolle est placé le mot DVX ; enfin, à gauche et circulairement de bas en haut: S. M. TREVO. Saint Marc était le patron de Trévoux et cette circonstance explique le choix du prototype. Au revers, le Christ bénissant et entouré de seize étoiles, occupe le centre d'une auréole ovale; la circulaire est SIT T X ADIVTO REG ISTE DOMBA, *sit tibi Christe adjutor regis iste Dombarum*.

Sous Henri I (1592-1608), le monnayage de l'or est suspendu, mais nous trouvons quatre pièces d'argent diverses, toutes copiées de celles de France : *teston, demi-teston, demi* et *quart de franc*. En billon, on poursuit la frappe du *douzain* et des *liards*.

La série de Marie (1608-26) comprend l'*écu* et le *demi-écu* d'or, le *teston* et le *quart d'écu* d'argent, le *douzain* de billon, et les monnaies de cuivre déjà connues pour les précédents règnes. Marie était tout à fait en bas âge lorsqu'elle succéda à son père Henri. En 1611, elle fut fiancée à Gaston d'Orléans, frère

Fig. 60

de Louis XIII, et cette alliance fut consommée en 1626. On possède des *écus* d'or, des *demi-francs* et des *testons*, puis des *douzains* et des *liards* aux noms des deux époux; sur les pièces d'argent leurs bustes sont placés en regard (fig. 60). Pour le cuivre, on continua après le mariage de Marie et même après sa mort à se servir des anciens coins, en changeant seulement le millésime (fig. 61).

Gaston d'Orléans devint veuf le 29 mai 1627, n'ayant eu de Marie qu'une fille, Anne-Marie-Louise. Il obtint du roi la garde et la tutelle de son enfant avec l'administration de ses biens et leur usufruit jusqu'à

sa majorité. Gaston commença à monnayer en son nom seul en 1629. Il prend sur ses pièces les titres de frère unique du roi, usufruitier de la principauté de Dombes. Ses espèces sont assez variées; on a de lui, en or, un *quadruple louis* et un *écu*, en argent, un *écu blanc* et ses

Fig. 61

subdivisions, la moitié et le quart, un *teston*, un *quart d'écu* à l'ancien type; trois billons et les deux pièces de cuivre habituelles complètent la série. Toutes ces monnaies sont copiées servilement sur celles du roi. « Dès que celles-ci changent, les monnayeurs de Trévoux, dit Poey d'A-vant, s'empressent de changer également leurs coins. Ainsi, par exemple, quand le célèbre graveur Warin transforme la monnaie royale, en substituant le costume romain au vêtement français, dans le pays de Dombes on opère la même transformation et d'une manière parfaite, ce qui du reste était facile, puisque les coins sont aussi l'œuvre de Warin. Ce qu'il y a de plus saillant encore, c'est que, lorsque Louis XIV enfant succède à Louis XIII déjà vieux, on voit, sur les espèces de Dombes, une tête jeune remplacer la tête vieillie que l'on y avait représentée jusque-là, et qui était en rapport avec l'âge de Gaston. »

A l'avènement d'Anne-Marie-Louise, la Grande Mademoiselle (1650-93), on ne changea pas immédiatement les coins monétaires de l'atelier de Trévoux. Pendant quelques années encore on continua à frapper au nom de Gaston; les pièces les plus anciennes au nom d'Anne-Marie-Louise ne sont pas antérieures à 1657. On n'a pas encore retrouvé de monnaies d'or de ce règne, bien que Boucher d'Argis dise dans un mémoire sur le pays de Dombes « que Mademoiselle fit fabriquer ..... des *sequins* d'or au coin de saint Marc » au grand déplaisir de la république de Venise. Le cuivre, si commun pour Gaston à l'époque où il était usufruitier, manque complètement pour sa fille. La série d'argent comprend l'*écu blanc* et ses divisions, la moitié, le quart et le douzième; enfin il y eut des *liards* de billon. La belle fabrication des douzièmes d'écu de Mademoiselle leur acquit une grande faveur dans les Échelles du Levant; l'atelier de Trévoux en frappa en grande abondance et l'exportation de ces pièces en Asie Mineure et en Syrie devint l'objet d'un commerce très étendu. Des vaisseaux entiers furent chargés de cette monnaie à destination de l'Orient. « La spéculation avait une trop grande réussite, dit Poey d'Avant, pour que la contrefaçon ne s'en mêlât pas. » En Italie, les seigneurs de Tassarolo, de Fos di Novo, de Campi, de Torreglia, la république de Gênes, copièrent les pièces de Dombes en en altérant le métal. Nous reproduisons ici (fig. 62 à 65) quelques imitations italiennes anonymes de ces curieuses petites monnaies dont des exemplaires très nombreux ont été récemment trouvés dans les épaves d'un vaisseau sombré en vue de l'île d'Andros [1]; le côté du buste porte le plus souvent une légende banale, telle que PVLCRA VIRTVTIS IMAGO;

Fig. 62   Fig. 63

au revers la légende est une invocation religieuse, une indication de l'aloi du métal monnayé, une orgueilleuse constatation du cours étendu

Fig. 64   Fig. 65

des pièces. Les *douzièmes d'écu,* acceptés à l'origine en Orient pour dix sols, tombèrent à sept sols et demi; enfin l'excès de la falsification les fit descendre à quatre sols, ce qui équivalait à un décri.

Anne-Marie-Louise est la dernière souveraine de Dombes qui ait fait usage du droit de battre monnaie. Le duc du Maine y renonça, obéissant, suivant toute apparence, à un ordre exprès du roi.

§ III. — *Principauté d'Orange.*

La principauté d'Orange passa à la maison de Nassau en 1530, après la mort de Philibert de Chalon, qui légua par testament tous ses biens à René de Nassau. Ce prince, ayant embrassé le parti de Charles Quint, fut dépouillé de sa principauté par le roi de France : un arrêt du parlement d'Aix, rendu le 30 juin 1543, réunit Orange au domaine de Provence. René de Nassau mourut en 1544 après avoir institué son

---

1. E. Gnecchi, *Il Tesoro di Andros* dans la *Rivista italiana di numismatica,* t. IV, 1891, p. 129 et suiv. Cet article est suivi d'une bibliographie très complète des monnaies frappées en Italie au type de la Grande Mademoiselle.

héritier Guillaume de Nassau-Dillenbourg, son cousin. En 1559, après le traité de Cateau-Cambrésis, Henri II reconnut les droits de Guillaume, qui put prendre possession de la principauté d'Orange.

Guillaume de Nassau rétablit, peu de temps après son avènement effectif, l'ancien atelier monétaire d'Orange. Son monnayage ne paraît pas toutefois avoir eu d'autre but que d'affirmer ses droits souverains, car il semble n'y avoir eu qu'une seule émission très peu nombreuse. Les rares pièces qu'on possède de ce règne portent le millésime 1560; ce sont des *écus* d'argent et des *oboles* de billon. Ces dernières pièces reproduisent l'ancien emblème des princes d'Orange, le cornet. Sur les *écus*, nous trouvons le buste de Guillaume avec sa devise : **MANVTE-NEBO NASSAV**; au revers, la légende **MO: NOVA: GVIL: 3: D: G: PRIN: AVRAI: A: NASS** entoure l'écu du prince[1].

Après l'assassinat de Guillaume, en 1584, la principauté d'Orange passa à son fils Philippe-Guillaume (1584-1618). L'atelier d'Orange reçut sous ce règne une activité beaucoup plus grande; les monnaies elles-mêmes et le petit nombre de documents d'archives arrivés jusqu'à nous permettent de reconnaître trois émissions successives. En 1591 et 1592, on frappa des billons imités des monnaies avignonaises des papes. En 1607, l'émission comprit des *quadruples* et *doubles pistoles* d'or, des *testons*, *demi-testons* et *douzièmes d'écu* d'argent et des *douzains* de billon; l'or et l'argent portent à l'avers le buste du prince, qui s'intitule **PHILIP· G· I· D· G· PRI· AVR· CO·NA**; le revers est occupé par l'écusson couronné et la devise **SOLI DEO HONOR ET GLORIA**, à laquelle les monnayeurs de la principauté d'Orange auront désormais presque exclusivement recours.

Un document publié par M. de Voogt[1] fournit sur la troisième émission de Philippe-Guillaume des renseignements détaillés : « La monnoye de Son Excellence a commencé à travailler le 16e du mois

---

1. Voici les armes de la maison d'Orange-Nassau : Écartelé, au 1er *d'azur semé de billettes d'or, au lion du même, armé et lampassé de gueules, brochant sur le tout* (Nassau); au 2e *d'or, au léopard lionné de gueules, armé, lampassé et couronné d'azur* (Katzeneln-bogen); au 3e *de gueules à la fasce d'argent* (Vianden); au 4e *de gueules à deux léopards d'or, armés et lampassés d'azur, l'un sur l'autre* (Dietz). Sur le tout, écartelé aux 1er et 4e *de gueules à la bande d'or* (Chalon); aux 2e et 3e *d'or à un cornet de chasse d'azur, lié de gueules, virolé et enguiché d'argent* (Orange). Sur le tout du tout *cinq points d'or équi-pollés à quatre d'argent* (Genève). Au point d'honneur du grand écu, un écusson *de sable à la fasce d'argent* (Veere), et en pointe un écusson *de gueules à la fasce bretessée et contrebretessée d'argent* (Buren). — Sur les monnaies, les armes de la maison sont fréquemment simplifiées ou autrement disposées; ainsi l'*écu* d'argent de Guillaume n'a dans les armes du revers ni l'écusson de Veere, ni celui de Buren. Guillaume d'Orange n'acheta le marquisat de Veere qu'en 1581.

d'avril 1616, estant maistre le sieur Jean Filiard »; on frappa *qua-druples pistoles* et *pistoles* d'or au titre de 21 3/4 carats à raison de 37 pistoles au marc, *demi-francs* d'argent à 35 au marc, *douzains* à 105

Fig. 66

au marc. A la demande du maître, on permit aussi la fabrication de *ducatons* ou *écus* d'argent.

L'atelier resta en activité après l'avènement de M a u r i c e (1618-1625), frère et successeur de Philippe-Guillaume. Les monnaies connues de ce prince sont au nombre de six : *quadruple pistole d'or, ducaton* (fig. 66), *demi-ducaton, teston, demi-franc* d'argent, *liard* de billon.

F r é d é r i c - H e n r i (1625-1647), frère de Maurice, recueillit son héri-tage. De son temps la série monétaire, constituée pour l'or et l'argent comme sous les précédents règnes, comprend des pièces de cuivre et des

Fig. 67   Fig. 68

billons unifaces et concaves, vraisemblablement destinés à l'exportation sur les bords du Rhin. L'émission du cuivre commença vers 1637. Voici l'énumération des espèces retrouvées pour le règne de Frédéric-Henri : *quadruples pistoles* d'or, *testons* et *demi-francs* d'argent, *liards*, deniers et oboles concaves, genre *schusselheller*, de billon, *doubles tournois* de cuivre. Les *liards* sont copiés soit de ceux d'Henri III, soit des pièces

1. *Lettre à M. Chalon*, dans la *Rev. belge de numism.*, 1873, p. 383.

papales aux deux clefs en sautoir; les *doubles tournois* reproduisent servilement le type français sans qu'on prenne toujours la peine de modifier la forme des trois fleurs de lis du revers. Nous donnons sous notre fig. 67 l'avers du *demi-franc* de Frédéric-Henri.

Guillaume (1647-1650) succéda à son père et continua les émissions, mais négligeant la menue monnaie, ce prince s'attacha surtout à produire une belle série d'or et d'argent. En or, il émit une *quadruple pistole* et une *double pistole;* en argent, un *écu,* sa moitié (fig. 68) et son quart. Les types sont calqués sur ceux de la monnaie française. L'avers porte toujours le buste du souverain; le revers a un écusson couronné chargé de trois lis déformés avec un petit cornet d'Orange au point d'honneur de l'écusson. La *double pistole* a un revers différent; pour la rendre plus conforme aux *doubles louis* de France, les monnayeurs de Guillaume de Nassau composent une croix formée de quatre N couronnés, avec un G au centre et des lis dans les cantons.

Guillaume mourut en 1650, laissant sa femme Marie-Henriette d'Angleterre, enceinte de son successeur Guillaume-Henri (1650-1673). La série monétaire de ce prince comprend des *sequins* d'or sans date, copiés des pièces de Venise, des *écus, demi-écus, douzièmes d'écus* d'argent, des *doubles* et *deniers tournois* de cuivre. Ces pièces portent des millésimes allant de 1650 à 1666. Notre fig. 69 reproduit l'avers de l'*écu* d'argent.

Fig 69

En 1673, Guillaume-Henri ayant confisqué le marquisat de Berg-op-Zoom et d'autres domaines appartenant à Frédéric-Maurice de la Tour, comte d'Auvergne, le roi de France, par représailles, confisqua la principauté d'Orange et la donna à ce comte, après en avoir fait raser le château et les autres fortifications. Frédéric-Maurice conserva Orange jusqu'en 1679. On possède de son règne deux monnaies, un *écu* d'argent reproduisant le type des *leeuwendaelders* hollandais et un *denier tournois* au type français. Le denier porte la date 1673; l'écu a, par suite d'une évidente erreur de poinçonnage, le millésime 1634 au lieu de 1674[1].

Quand Guillaume-Henri de Nassau fut rentré en possession d'Orange, la fabrication monétaire recommença en son nom, mais l'atelier ne paraît plus avoir émis que des *deniers* de cuivre,

1. R. Chalon, *Curiosités numismatiques,* 6e article, dans la *Rev. belge de numism.* 1864, p. 206 et suiv.

DENIER DORANGE, au millésime 1680. En 1702, le prince d'Orange mourut sans laisser d'héritiers directs ; Louis XIV prétendit que la principauté était par le fait dévolue à la couronne. Un arrêt du parlement de Paris en adjugea le domaine utile au prince de Conti et le haut domaine au roi de France. Le 13 décembre 1714 un arrêt du conseil réunit Orange au Dauphiné.

§ IV. — *Avignon et Comtat Venaissin*[1].

Le commencement de l'époque moderne correspond à peu près, à Avignon, avec un changement dans l'interprétation du droit régalien. Pendant presque tout le moyen âge le nom du pape figurait seul sur les espèces ; à partir du milieu du règne de Jules II, le légat qui administre le Comtat pour le Saint-Siège associe son nom à celui du souverain pontife. Parfois le vice-légat intervient également dans l'émission des espèces sur lesquelles il met ses armes, de sorte qu'on voit trois personnages différents indiqués sur une même monnaie.

L'intérêt d'une série aussi exceptionnelle est facile à saisir, et cependant Avignon attend encore une monographie numismatique sérieuse. De toutes les parties de son ouvrage, celle que Poey d'Avant a consacrée au monnayage du Comtat est peut-être la plus négligée. L'inaccessibilité proverbiale du musée d'Avignon, qui possède une collection numismatique d'une grande richesse, doit être considérée comme la cause première du délaissement dont la série locale a été l'objet.

Notre intention ne pourrait être de suppléer à l'absence d'un travail spécial dont les éléments nous font complètement défaut. Nous nous bornerons à donner — pour la première fois dans un ouvrage numismatique — une liste aussi exacte que possible des légats et vice-légats, puis à fournir sur les types quelques indications sommaires. Nous faisons précéder d'un astérisque les noms des papes dont il existe des monnaies avignonaises et ceux des légats et vice-légats cités dans les légendes ou simplement indiqués par leurs armoiries :

°Jules II de la Rovère (1503-13). *Légats :* °Georges d'Amboise (1503-10), GEORGIVS DE AMBASIA, et Robert de Guibé (1510-13). — *Vice-légats :* Galéas Franchiotti du Roure (1502-4), Louis de Rochechouart (1504-5), François d'Estaing (1505-10) et Jean de Montaigu (1511-13).
°Léon X de Médicis (1513-21). *Légat :* François de Clermont (1513-). — *Vice-légat :* Pierre de Valletariis (1513-17).

1. Cinagli, *Le monete de' Papi.* Fermo, 1848, in-fol. — Vallier, *Petit supplément à la numismatique papale d'Avignon.* Tours, 1883, in-8. — R. Vallentin, *L'atelier monétaire d'Avignon en 1589*, Avignon, 1889, in-8.

Adrien VI Boyens (1522-23). *Légat:* François de Clermont.

*Clément VII de Médicis (1523-34). *Légat:* François de Clermont. — *Vice-légat:* Jean Nicolaï (1524-27).

*Paul III Farnèse (1434-49). *Légats:* François de Clermont (-1541) et *Alexandre Farnèse (1541-) ALEX. FAR. — *Vice-légats:* Jean Ferrier (1534-36), Philibert Ferrier (1541), Alexandre Campegge (1541-45), Antoine Trivulce (1545-47) et Camille Mentuato (1547-).

*Jules III Giocchi (1550-55). *Légat:* *Alexandre Farnèse, ALEX. FAR. — *Vice-légats:* Camille Mentuato (-1553), Théodore-Jean de Clermont-Tallard (1553-54) et Jacques-Marie Sala (1554-).

Marcel II Cervino (1555). *Légat:* Alexandre Farnèse. — *Vice-légat:* Jacques-Marie Sala.

*Paul IV Caraffa (1555-59). *Légat:* *Alexandre Farnèse, ALEX. FAR. — *Vice-légat:* Jacques-Marie Sala (-1559).

*Pie IV Medichino (1559-65). *Légats:* *Alexandre Farnèse (-1565), ALEX. FAR., et *Charles de Bourbon (1565-) CARO. C. DE BORBON. — *Vice-légats:* Alexandre Guidiccione (1560-62) et Laurent de Lenzi (1562-65).

*Pie V Ghislieri (1566-72). *Légat:* *Charles de Bourbon. — *Co-légat:* Georges d'Armagnac (1566-) CARO. CAR. LEGA. GEOR. CAR. COLLE.

*Grégoire XIII Buoncompagno (1572-85). *Légat et co-légat:* *Les mêmes.

*Sixte V Peretti (1585-90). *Légat:* *Charles de Bourbon (-1589), KA·DE·BOURBON. — *Vice-légats:* Guillaume Le Blanc (1585), Dominique de Grimaldi (1585-89), et Dominique de' Petrucci (1589-).

Urbain VII Castagna (1590). Vacance de la légation. — *Vice-légat:* Dominique de' Petrucci.

*Grégoire XIV Sfondrati (1590-91). Vacance de la légation. — *Vice-légat:* Dom. de Petrucci.

Innocent IX Fachinetti (1591-92). Vacance de la légation. — *Vice-légat:* Dom. de' Petrucci.

*Clément VIII Aldobrandini (1592-1605). Vacance de la légation jusqu'en 1594. — *Légats:* *Octave d'Aquaviva (1594-1600), OCT·CAR·DE AQVAVIVA, Cynthio Aldobrandini (1600-). — *Pro-légat:* *Charles de' Conti (1600-04), CAROL·DE COMITIBVS· EPS·ANCON·PROL·AVEN ou CAROL·ANCONI·PROLE·AVEN. — *Vice-légats:* Dominique Grimaldi (1592), Jean-François Bordini (1592), *Silvio Savelli (1592-94), SIL· SABELLVS VICE LEG·AVEN·, Antoine Gianotti (1594-96), Jean-Franç. Bordini (1596-99), Charles de' Conti (1599-1604) et Pierre-Fr. Montorio (1604).

Léon XI de Médicis (1605). *Légat:* Cynthio Aldobrandini. — *Vice-légat:* Pierre-Fr. Montorio.

*Paul V Borghèse (1605-21). *Légats:* Cynthio Aldobrandini (1607), *Scipion Borghèse (1607-21), SCIPIO·CARD·BVRGHESIVS. — *Pro-légat:* Philippe Philonardi (1610-14), PHI·S·R·E·CARD·PHILONARDVS·P.LEG.AVEN. — *Vice-légats:* Pierre-Fr. Montorio (1607), Joseph Ferrier (1607-09), Franç.-Et Dulci (1609-10), Jean-Franç. Bagni (1614-21).

*Grégoire XV Ludovisi (1621-23). *Légat:* *Louis Ludovisi (1621-23), LVD·CARD· LVDOVISIVS CAMER·LEG·AVEN. — *Vice-légats:* Guill. du Broc (1621-22), Octavien Corsini (1622-23).

*Urbain VIII Barberini (1623-44). *Légats:* *François Barberini (1623-33), FRANCISCVS CARD·BARBERINVS, *Antoine Barberini (1633), ANTONIVS CARD·BARBERINVS. — *Vice-légats:* *Cosme Bardi (1623-29), C·BARDVS COM·EPS·CARP·V·LEG·AVEN·, Mario Philonardi (1629-33), *Jules Mazarin (1634-37), Philippe de la Bourdaisière (1637) et Frédéric Sforza.

*Innocent X Pamfili (1644-55). *Légats:* *Antoine Barberini (1644), ANTONIVS CARD·
BARBERINVS, *Camille Pamfili (1644-50), CAMILLVS CARD·PAMPHILIVS, Camille
Astalli (1650-54). — *Pro-légat:* *Laurent Corsi (1647), LAVRENTIVS CVRSIVS PROLE-
GAT·AVEN. — *Vice-légats:* Bernard Pinelli (1645), Dominique de Marinis (1653),
Augustin Franciotti (1654) et Jean-N. Conti (1655).

*Alexandre VII Chigi (1655-67). Vacance de la légation jusqu'en 1657. *Légat:* *Flavio
Chigi '(1657-67) FLAVIVS 'CARD CHISIVS. — *Vice-légats:* *J.-N. Conti (1655-59),
*Gaspard de Lascaris (1659-64), Alexandre Colonna (1664) et Laurent Lomellini
(1665). — En 1663, Louis XIV occupa Avignon et le Comtat: le comte de Mé-
rinville gouverna au nom du roi. En 1665, les domaines pontificaux furent restitués
au Saint-Siège par le traité de Pise.

Clément IX Rospigliosi (1667-70). *Légat:* Jacques Rospigliosi (1667-70). — *Vice-légat:*
Laurent Lomellini (1670).

Clément X Altieri (1670-76). *Légat:* Palluccio Altieri (1670-76). — *Vice-légats:* Azzo
Ariosto (1670), Horace Mattei (1671), Pierre Bargellini, Azzo Ariosto (1672),
Marcel Durazzo (1672), Hyacinthe Libelli (1673), Charles Anguisciola et Hyacinthe
Libelli (1676).

Innocent XI Odescalchi (1676-89). *Légat:* Alderon Cibo (1677-89). — *Vice-légats:*
Hyacinthe Libelli (1677), François Nicolini (1677-85) et Balthasar Conci (1685-88).
— En 1688 le roi se remit de nouveau en possession du Comtat Venaissin et d'Avi-
gnon; l'année suivante, il les rendit encore au pape.

Alexandre VIII Ottoboni (1689-91). *Légat:* Pierre Ottoboni (1690). — *Vice-légat:*
Laurent Fieschi (1691).

*Innocent XII Pignatelli (1691-1700). *Légat:* *Pierre Ottoboni (1692), PETRVS CARD·
OTTHOBONVS LEGAT. — *Vice-légats:* Marc Delphini (1692-96), Pierre-Ant. Gualteri
(1696-1700¹). Après l'expiration des pouvoirs de Pierre Ottoboni, la légation fut
supprimée. Il n'y eut plus que des vice-légats subordonnés à la congrégation d'Avignon instituée à Rome.

Les monnaies de Jules II sur lesquelles le cardinal-légat Georges
d'Amboise met pour la première fois son nom sont un *écu* d'or et un
douzain de billon, visiblement copiés des monnaies similaires frappées
par le roi de France. L'imitation des types français restera du reste une
tradition constante chez les monnayeurs du Comtat jusqu'à la fin des
émissions pontificales.

Le premier *teston* ne remonte, suivant Cinagli et Poey d'Avant, qu'à
la fin du pontificat de Pie IV (1559-65) et à la légation du cardinal de
Bourbon. Sous Sixte V (1585-90), le même légat commence la frappe
des grands *écus* ou *ducatons* d'argent, et sous Clément VIII (1592-1605)
les perfectionnements monétaires comportent l'émission de lourdes mon-

---

1. La liste chronologique qui précède est plus complète que celles données jusqu'à ce
jour. C'est celle de l'*Armorial hist. du diocèse et de l'Etat d'Avignon*, par H. Reynard
Lespinasse, 1874, in-4°, p. 239 et suiv., augmentée des recherches de M. Roger
Vallentin, publiées en 1890 dans les *Mém. de l'Acad. de Vaucluse*.

naies d'or, le *double*, le *quadruple* et l'*octuple écu*. Ces pièces, à l'exception de la dernière, reparaissent sous les successeurs de Clément VIII. Sous Urbain VIII (1623-44), la série d'argent se complète par le *franc* et le *demi-franc*, copies des espèces royales; enfin, nous avons à constater l'apparition des premières monnaies de cuivre pur, imitations des

Fig. 70

doubles tournois au revers desquelles les trois abeilles des armes du cardinal-légat Antoine Barberini simulent adroitement les trois lis de France. Nous reproduisons sous nos fig. 70 et 71 un *quadruple écu* d'or et un *demi-franc* d'argent d'Urbain VIII.

Le monnayage d'Avignon prit fin lors de l'occupation du Comtat par Louis XIV. Lorsque le roi eut remis·le pape en possession de ses domaines français, l'atelier ne fut pas rétabli : peut-être la cessation du monnayage fut-elle une des conditions de la restitution. Quoi qu'il en

Fig. 71

soit, ce ne fut qu'à la fin du xviie siècle, c'est-à-dire à l'époque où l'autorité de la France était momentanément amoindrie, que le légat Pierre Ottoboni restaura l'atelier. La tentative demeura du reste sans succès : l'émission n'eut lieu que pendant l'année 1692 et se borna à de la menue monnaie d'argent.

CHAPITRE TROISIÈME

LES PAYS-BAS DEPUIS CHARLES-QUINT JUSQU'A NAPOLÉON I

SOURCES : A. Heiss, *Descripcion general de las monedas hispano-cristianas*. Madrid, 1865-1869, 3 vol. in-4 (t. III). — L. Deschamps de Pas, *Essai sur l'histoire monétaire des comtes de Flandre de la maison d'Autriche*, dans la *Revue belge de numismatique* de 1875. — Van der Chys, *De Munten der voormalige hertogdommen Braband en Limburg*. Haarlem, 1851, in-4. — Van der Chys, *De Munten der voormalige graven en hertogen van Gelderland*. Haarlem, 1852, in-4. — Van der Chys, *De Munten der voormalige graafschappen Holland en Zeeland*. Haarlem, 1858, in-4. — R. Serrure, *La Monnaie en Belgique*, Verviers, 1881, in-8.

§ I. — *Charles-Quint.*

Les Pays-Bas, tels que nous devons les entendre dans ce chapitre, sont les diverses provinces néerlandaises réunies sous le sceptre de la maison de Bourgogne et qui formaient la partie la plus considérable de l'héritage paternel de Charles-Quint.

A l'avènement de ce prince, les Pays-Bas, que les souverains nommaient leurs « terres de par de ça », comprenaient les duchés de Brabant et de Luxembourg, les comtés de Flandre, de Namur, de Hainaut, de Hollande, de Zélande et d'Artois, enfin la seigneurie de Frise [1].

---

1. Voici les armes de ces diverses seigneuries : Brabant : *de sable au lion d'or armé et lampassé de gueules* ; Luxembourg : *d'arg. à 5 fasces d'azur au lion de gueules cour. d'or brochant sur le tout* ; Flandre : *d'or au lion de sable, armé et lampassé de gueules* ; Namur : *d'or au lion de sable, armé, lampassé et couronné de gueules* ; Hainaut : *écartelé aux 1er et 4e de Flandre aux 2e et 3e de Hollande* ; Hollande : *d'or au lion de gueules* ; Zélande : *d'or au lion issant de gueules, coupé fascé ondé d'argent de six pièces* ; Artois : *de France brisé en chef d'un lambel d'arg. à trois pièces chargées chacune de trois tourelles d'or* ; Frise : *d'azur semé de billettes couchées d'or à deux léopards d'or l'un sur l'autre* ; Tournai : *de gueules à une tour crénelée de cinq pièces d'argent* ; Utrecht : *écartelé aux 1er et 4e de gueules à la croix d'argent, aux 2e et 3e d'or au lion de gueules armé et lampassé d'azur, sur le tout un écu tranché d'argent et de gueules* ; Overyssel : *d'or au lion de gueules armé et lampassé d'azur à la fasce ondée d'azur brochant sur le tout* ; Gueldre : *parti au 1 d'azur au lion d'or couronné et à la queue fourchée et passée en sautoir qui est* Gueldre, *au 2e d'or, au lion couronné et contourné d'azur qui est* Zutphen.

Charles-Quint y ajouta successivement la seigneurie de Tournai, qu'il conquit en 1521 sur François I, les seigneuries d'Utrecht et d'Overyssel, qu'il annexa en 1523, et le duché de Gueldre, dont il s'empara en 1543.

Le commencement de la numismatique moderne remonte dans les Pays-Bas espagnols à l'époque où Charles-Quint fut appelé au trône impérial (1520). Pendant les cinq premières années de la majorité de ce prince (1515 à 1520) on continua le monnayage selon les ordonnances et avec les coins de la minorité; la série numismatique d'alors se rattache encore complètement au moyen âge par le style des pièces, par la forme des lettres employées pour les légendes comme par la minceur des flans et les métaux en usage.

Fig. 72

C'est à Charles-Quint que revient l'honneur d'avoir résolu dans les Pays-Bas espagnols le problème de l'unification des monnaies, dont la solution avait été poursuivie depuis Philippe le Bon. Les anciennes pièces brabançonnes et flamandes avaient toutes la *mite* pour unité de compte; mais *deux mites* de Flandre valaient *trois mites* de Brabant. Toutes les monnaies de Charles-Quint sont des multiples de la *mite* divisibles à la fois par deux et par trois.

L'empereur jeta les bases de son remarquable système monétaire par une ordonnance promulguée à Malines le 4 février 1520; cette ordonnance prescrit l'émission des *réaux*, des *demi-réaux* et des *florins* d'or, des *réaux*, des *demi-réaux*, des *doubles gros* ou *sols*, des *sixains* ou *negenmannekens*. Plus tard, le 11 août 1536, il fit forger les premières pièces d'argent à flan épais, les *vliegers* ou *krabbelaars*, ainsi appelées de leur empreinte, une aigle.

Le 29 octobre 1540, l'empereur prescrivit l'émission des *couronnes* d'or, le 22 février 1542 parut l'ordonnance relative aux *écus carolus* d'argent ayant la même valeur que les anciens *florins* d'or, enfin une dernière mesure remplaça par des pièces de cuivre pur les monnaies d'appoint composées jusqu'alors de mauvais billon.

Le tableau suivant, que nous empruntons à M. C.-A. Serrure, fera saisir l'ensemble du système monétaire de Charles-Quint mieux que ne pourrait le faire une longue explication :

FLANDRE	1) *Courte* valant 2 mites de Flandre.	2) *Sixain* valant 6 mites.	3) *Gros* valant 24 mites.
BRABANT	*Courte* valant 3 mites de Brabant.	*Negenmanneke* valant 9 mites.	*Demi-sol* valant 36 mites.
FLANDRE	4) *Double-gros* valant 48 mites.	5) *Demi-réal* valant 72 mites.	6) *Réal* valant 144 mites.
BRABANT	*Sol* valant 72 mites.	*Demi-réal* valant 108 mites.	*Réal* valant 216 mites.
FLANDRE	7) *Vlieger* valant 192 mites.	8) *Ecu carolus* valant 960 mites.	9) *Florin d'or* valant 960 mites.
BRABANT	*Vlieger* valant 288 mites.	*Ecu carolus* valant 1440 mites.	*Florin d'or* valant 1440 mites.
FLANDRE	10) *Demi-réal d'or* valant 1440 mites.	11) *Couronne d'or* valant 1728 mites.	12) *Réal d'or* valant 2880 mites.
BRABANT	*Demi-réal d'or* valant 2160 mites.	*Couronne d'or* valant 2592 mites.	*Réal d'or* valant 4320 mites.

Les monnaies de Charles-Quint n'avaient pas seulement l'avantage de pouvoir circuler indistinctement dans toutes les provinces des Pays-Bas espagnols. Ainsi qu'on l'a fait maintes fois remarquer, l'or constituait un numéraire international : la *couronne*, empreinte d'un type français, était destinée aux relations avec la France, le *florin* facilitait les transactions commerciales si fréquentes avec les bords du Rhin; enfin le *réal* et le *demi-réal* avaient leurs équivalents dans la série espagnole.

Charles-Quint eut dans les Pays-Bas dix ateliers monétaires : Anvers et Maestricht pour le duché de Brabant, Bruges pour le comté de Flandre, Dordrecht pour le comté de Hollande, Namur qui travailla en 1527 et 1528 pour le comté de ce nom; enfin Nimègue pour le duché de Gueldre, dont l'empereur s'était emparé en 1543. M. Cocheteux ajoute à ces ateliers celui de Tournai, auquel il attribue une *couronne* d'or de 1553 portant une *tour* comme différent; mais cette attribution reste conjecturale. Les différents des ateliers monétaires que nous venons d'énumérer étaient : à *Anvers*, une main ouverte; à *Maestricht,* une étoile à cinq pointes; à *Bruges,* une fleur de lis; à *Dordrecht,* une rose ; à *Namur,* un briquet; enfin à *Nimègue,* une croix recroisetée.

Charles-Quint omet dans les légendes d'un grand nombre de ses

Fig. 73

monnaies les mentions particulières des provinces qui, sur les pièces de ses prédécesseurs, terminaient d'habitude les titres. Le plus souvent il s'intitule simplement CAROLVS D: G: ROM: IMP: Z: HISPA: REX ; les titres de DVX BVRG·Z·B, DVX· BVRG·CO·F; D·GEL; DVX·BVRG·CO·HOL apparaissent par exception. La légende du revers des monnaies est invariablement: DA·MICHI· VIRTVTEM·CONTRA·HOSTES·TVOS. Voici l'indication sommaire des types des diverses espèces frappées sous Charles-Quint :

1. *Réal d'or.* L'empereur à mi-corps, revêtu d'une cuirasse, couronne en tête, portant l'épée nue de la main droite et le globe crucigère dans la main gauche. Rev.: Écu à 16 quartiers posé sur une aigle à deux têtes (fig. 73).

2. *Couronne d'or* ou *écu au soleil.* Écu à 5 quartiers surmonté d'une couronne fermée et accosté de deux briquets avec étincelles. Rev.: Croix à triples bandes, évidée, fleurdelisée et cantonnée de deux aigles et de deux tours.

3. *Demi-réal d'or.* Écu à l'aigle à deux têtes, couronné et posé sur une croix feuillue. Rev.: Écu a 16 quartiers couronné.

4. *Florin d'or.* Mêmes types que le *réal* d'or.

5. *Écu carolus* d'argent. Buste couronné à droite; la poitrine couverte d'une cuirasse damasquinée avec épaulière en forme de mufle de lion. Rev.: Écu à 5 quartiers, couronné et posé sur une croix feuillue. Diamètre: 36 millimètres (fig. 72).

Une seconde émission d'*écus carolus* donna des pièces sensiblement plus petites : 34 millim. de diamètre. Leur type est moins beau que celui des grands écus; le buste impérial n'a ni la cuirasse damasquinée, ni l'élégante épaulière.

6. *Vlieger d'argent.* Aigle à deux têtes couronnée. Rev.: Écu à 16 quartiers, couronné et posé sur une croix de Bourgogne. Diamètre: 34 mm.

7. *Réal d'argent.* Écu à l'aigle à deux têtes, couronné. Rev.: Écu couronné à 16 quartiers posé sur une croix feuillue, dont trois des branches coupent la légende.

8. *Demi-réal* d'argent. Écu à l'aigle à deux têtes, couronné et posé sur une croix pattée dont trois des branches coupent la légende. Rev.: Écu couronné à 16 quartiers.

9. *Double gros, sol* ou *patard.* Petit écusson à l'aigle à deux têtes posé au centre d'une croix qui coupe l'encadrement quadrilobé et la légende. Rev.: Écu couronné à 16 quartiers, accosté de deux petites croix de Bourgogne.

10. *Gros* ou *demi-sol.* Armes à 5 quartiers occupant tout le champ. Rev.: Croix au centre évidé en losange, cantonnée de deux lions et de deux lis.

11. *Sizain* ou *negenmanneke.* Écu à 5 quartiers couronné. Rev.: Croix évidée en losange, cantonnée de deux couronnes et de deux lis.

12. *Courte* de deux mites de Flandre. Grand K couronné. Rev.: Croix évidée en losange. Cette pièce fut frappée en Flandre et en Brabant. Un autre type, spécial à la Flandre, présente à l'avers un lion dans le champ.

13. *Hollantsche penninck* valant trois mites de Flandre. Écu à l'aigle surmonté d'une couronne. Rev.: Croix évidée en losange coupant la légende. Cette pièce fut frappée en Hollande et en Gueldre.

14. *Double mite brabançonne.* Armes en plein champ comme à l'avers du gros. Rev.: Croix brève et pattée avec un petit écu d'Autriche au centre.

15. *Courte namuroise.* Briquet couronné. Rev.: Croix de Bourgogne couronnée. Cette monnaie est spéciale au comté de Namur.

16. *Double mite de cuivre pur.* Tête de l'empereur avec couronne radiée à droite. Rev.: Sans légende. Lion dans une bordure tortillée. Cette monnaie, introduite en 1542, fut frappée en Brabant, en Flandre et en Gueldre.

17. *Mite* de billon. Lion ou K couronné. Rev.: Croix cantonnée de K. V. R. I. Pas de légendes circulaires.

L'identification des menues monnaies de billon, telle que nous la donnons ici, est celle admise par la plupart des auteurs qui ont traité la matière. Peut-être aurait-elle besoin d'être l'objet d'une revision.

§ II. — *Philippe II jusqu'à la pacification de Gand* (1555-1576).

SOURCES: Celles citées au § I. — Van der Chys, *De Munten der bisschoppen, van de heerlijkheid en de stad Utrecht*, Haarlem, 1859, in-4. — Van der Chys, *De Munten der voormalige heeren en steden van Overijssel.* Haarlem, 1854, in-4.

Le 25 octobre 1555, Charles-Quint, épuisé par les fatigues de son règne, abdiqua à Bruxelles en présence des députés des différentes provinces: les Pays-Bas et l'Espagne passèrent à son fils Philippe II. Ce ne fut qu'au mois d'août 1557 qu'on commença à monnayer au nom du nouveau souverain. Les premières émissions sont conformes au système établi par Charles-Quint.

Fig. 74

Toutes les monnaies de Philippe II portent à l'avers ses titres de roi d'Espagne et de souverain particulier de la province où les pièces ont été forgées. Sur les monnaies battues en 1557, 1558 et même 1559, le prince joint le titre de roi d'Angleterre à celui de roi d'Espagne, à cause de son mariage avec Marie Tudor; mais cette princesse mourut le 17 novembre 1558. Nous donnerons le signalement des monnaies de Philippe II en commençant par les pièces dont la valeur est correspondante à certaines espèces de Charles-Quint:

1. *Réal d'or*, Buste couronné à droite. Rev.: Écu du roi couronné et entouré du collier de la toison d'or.

2. *Demi-réal d'or*. Buste sans couronne à droite. Rev.: Même écu sans le collier de la toison d'or.

3. *Florin d'or*. Buste couronné à droite. Rev.: Écu sans le collier. Cette pièce eut une frappe des plus restreintes.

4. *Couronne* ou *écu d'or*. Croix à triples bandes fleurdelisée et cantonnée de deux lions et de deux briquets. Rev.: Écu du roi couronné et accosté de deux P.

5. *Pièce de quatre patards*. Briquet étincelant et couronné brochant sur une croix de Bourgogne. Rev.: Écu couronné accosté de deux P.

6. *Patard*. Croix fleuronnée cantonnée de quatre lions. Rev.: Même écu.

7. *Demi-sou*. Croix analogue cantonnée de deux lions et deux P. Rev.: Armes occupant tout le champ.

8. *Sixain* ou *negenmanneke*. Croix fleurdelisée. Rev.: Mêmes armes.

9. *Pièce de deux mites de Flandre*. Buste couronné. Rev.: Quatre briquets réunis autour d'un quatrefeuille. Pièce de cuivre pur.

En 1561, une ordonnance vint créer une série de monnaies d'argent que nous allons retrouver pour la plupart sous les successeurs de Philippe II.

10. *Philippus daalder* ou *écu d'argent* valant un *demi-réal* d'or. Buste à droite ou à gauche. Rev.: Écu couronné, brochant sur une croix de Bourgogne et accosté de deux briquets.

11. *Demi-écu d'argent*. Mêmes types, le buste toujours à gauche.

12. *Cinquième d'écu d'argent*. Mêmes types, le buste toujours à droite.

13. *Dixième d'écu d'argent*. Même buste. Rev.: Croix de Bourgogne sur laquelle broche un briquet couronné lançant des étincelles.

14. *Vingtième d'écu*. Écu à cinq quartiers couronné et entouré du collier de la Toison d'or. Rev.: Croix feuillue.

15. *Quarantième d'écu*. Mêmes types.

16. *Doubles courtes* créées en 1560 mais se rattachant au système de 1561. Buste nu. Rev.: Écu à cinq quartiers brochant sur une croix de Bourgogne.

17. *Courtes de deux mites de Flandre*. Buste couronné. Rev.: Écu à cinq quartiers couronné.

En 1567, Philippe II créa une nouvelle monnaie d'or et trois pièces d'argent complétant le système.

18. *Florin d'or de Bourgogne*. Saint André debout tenant sa croix. Rev.: Écu couronné à 5 quartiers avec le collier de la Toison d'or (fig. 74).

19. *Écu d'argent de Bourgogne*. Croix de Bourgogne sur laquelle broche un briquet couronné; à droite et à gauche, les chiffres de la date. Rev.: Écu couronné à 5 quartiers, avec le collier de la Toison d'or.

20. *Demi-écu de Bourgogne*. Mêmes types.

21. *Quart d'écu de Bourgogne*. Types analogues.

Toutes les monnaies de Philippe II, à l'exception du n° 9, dont le revers est anépigraphe, portent, comme devise, l'invocation pieuse:

DOMINVS MIHI ADIVTOR. Le roi d'Espagne eut dans les Pays-Bas, pendant la période qui nous occupe, sept ateliers monétaires :

1. Anvers pour le duché de Brabant. Différent, une main ouverte.
2. Maestricht pour le duché de Brabant. Différent, une étoile.
3. Bruges pour le comté de Flandre. Différent, un lis.
4. Nimègue pour le duché de Gueldre. Différent, une croix recroisetée.
5. Dordrecht pour le comté de Hollande. Différent, une rose.
6. Utrecht pour la seigneurie d'Utrecht. Différent, un petit écu taillé d'Utrecht.
7. Hasselt pour la seigneurie d'Overyssel. Différent, une croisette pattée. Cet atelier de Hasselt fut créé par lettres datées de Bruxelles le 6 octobre 1561.

§ III. — *La révolution contre l'Espagne.*

Sources: Sources précédemment citées. — L. Deschamps de Pas, *Les monnaies de Flandre pendant la période des troubles des Pays-Bas* (1577-1584), dans la *Revue belge de numism.* de 1878. — Verkade, *Muntboek bevattende de munten geslagen in de Vereenigde nederlandsche Provincien sedert den vrede van Gent tot op onzen tijd.* Schiedam, 1848, in-4. — P. Mailliet, *Catalogue descriptif des monnaies obsidionales et de nécessité.* Bruxelles, 1870, in-8.

La révolution des Pays-Bas contre l'Espagne a pour date initiale la prise du port de La Brielle par les Gueux de Mer en 1572. Ce succès des mécontents provoqua le soulèvement de la Hollande et de la Zélande, et bientôt les autres provinces furent entraînées dans le mouvement révolutionnaire. Au début, cependant, les états mécontents ne s'attaquèrent pas directement à la personne de Philippe II. C'était au régime espagnol qu'on en voulait, non point au prince. L'histoire monétaire est sous ce rapport le miroir exact de l'histoire politique.

La numismatique de cette époque est excessivement enchevêtrée. Il est presque impossible d'en donner une idée exacte en suivant l'ordre chronologique. Celui que nous avons adopté range les divers monnayages d'après les pouvoirs multiples auxquels ils doivent leur origine.

A. — *Les Etats jusqu'à la déchéance de Philippe II* (1573-1581).

Le 7 février 1573, Guillaume d'Orange promulgua à Delft une ordonnance au nom du roi d'Espagne surélevant le cours des monnaies d'or et d'argent dans les provinces de Hollande et de Zélande, pour augmenter les ressources des États dans la lutte contre le régime espagnol.

C'est vraisemblablement alors que furent contremarquées toutes les espèces circulantes, en Hollande d'un lion dans un grénetis ovale, en Zélande d'un petit écusson aux armes de la Province.

Le 27 août 1575, les États de Hollande décidèrent l'émission d'une monnaie nouvelle. Sur les pièces d'argent, *écus* dits *leeuwendaalders* et leurs subdivisions, toute mention du roi d'Espagne est omise. L'avers

Fig. 75

porte **MO·NO·ARG·ORDIN·HOL** autour d'un guerrier à mi-corps tenant devant lui un écu au lion; le revers, **CONFIDENS·DNO·NON·MOVE-TVR** autour d'un lion debout[1]. Le cuivre conserva encore le nom de Philippe II, mais le type, la Pucelle hollandaise assise dans un enclos, est essentiellement provincial.

Le 8 novembre 1576, les États du Nord et ceux du Sud, dans le but de faire cesser l'anarchie et de lutter efficacement contre la domination étrangère, conclurent le traité d'union célèbre connu dans l'histoire sous le nom de Pacification de Gand. Par l'article 23 de ce traité, il fut décidé que les États généraux aviseraient le plus tôt possible à faire un règlement pour égaliser le cours des monnaies dans toutes les provinces.

Fig. 76

Au mois de janvier 1577, les États généraux, assemblés à Bruxelles, prirent la résolution de s'adresser au Conseil d'État qui gouvernait le

1. Ce type du *leeuwendaalder* fut copié par les seigneurs de la Gueldre, dans la principauté d'Orange et dans plusieurs ateliers seigneuriaux d'Italie. M. E. Gnecchi a publié dans la *Rivista italiana di numismatica*, t. IV, 1891, p. 375 et suiv., une bibliographie très complète de ces imitations.

pays au nom du roi d'Espagne, pour lui demander licence et congé de forger une monnaie nouvelle; et le 18 du même mois, le Conseil d'État, déférant à ce vœu, adressa aux maîtres généraux des monnaies une première ordonnance pour la fabrication des nouvelles espèces. Voici les pièces dont l'émission fut décidée en ces circonstances; elles portent toutes à l'avers le nom et les titres habituels de Philippe, au revers les mots **PACE ET IVSTITIA** qui résumaient les revendications des États :

1. *Double florin* d'or valant 40 sous. Écu à cinq quartiers couronné et entouré du collier de la toison d'or. Rev.: Croix feuillue.

2. *Simple florin* d'or valant 20 sous. Mêmes types.

3. *Écu* d'argent dit *statendaalder* valant 32 sous. Buste cuirassé et couronné de Philippe II de profil à gauche; le buste est à mi-corps et le roi tient un sceptre. Rev.: Écu comme à l'avers des florins (fig. 75).

4. *Demi-écu* d'argent valant 16 sous. Le roi à mi-corps tenant le sceptre et ayant devant lui l'écu à cinq quartiers sur le sommet duquel il appuie la main gauche. Rev.: Croix de Bourgogne formée par quatre monogrammes PH couronnés (fig. 76).

5. *Quart d'écu* d'argent valant 8 sous. Mêmes types que le *demi-écu*.

6. *Huitième d'écu* d'argent valant 4 sous. Écu à cinq quartiers couronné. Rev.: Même croix qu'au revers des deux pièces précédentes.

7. *Pièce de 2 sous*. Même écu. Rev.: Croix de Bourgogne feuillue, dont le centre est formé du monogramme PH couronné.

8. *Sou*. Même écu. Rev.: Croix de Bourgogne feuillue.

9. *Demi-sou*. Même type.

10. *Liard* de cuivre ou pièce de 12 mites de Flandre. Buste à gauche. Rev.: Écu couronné à 5 quartiers avec le collier de la toison d'or.

11. *Demi-liard* ou pièce de 6 mites de Flandre. Même écu sur un cartouche. Rev.: Briquet brochant sur une croix de Bourgogne.

12. *Pièce de deux mites de Flandre*. Buste couronné à droite. Rev.: Écu couronné.

Les monnaies des États n'existent pas en série complète pour chaque province et plusieurs d'entre elles, notamment le *florin* d'or, n'ont pas été retrouvées. Ces pièces furent frappées en Brabant, à Bruxelles, Anvers et Maestricht; l'atelier de Bruges fournit celles de Flandre. Des forges nouvelles furent créées à Mons et à Tournai, pour le Hainaut et le Tournaisis; les marques monétaires furent pour Bruxelles un B, pour Mons et Tournai une tour[1]. A ces ateliers vint encore s'ajouter celui de Bois-le-Duc, créé par octroi de l'archiduc Mathias, le 18 juin 1578, mais réservé à la frappe de cuivre essentiellement local portant le nom et les armes de Philippe II et le nom de la ville, **MON·BVSCIDV**[2].

Dans les provinces septentrionales, les monnaies des États, avec **PACE**

1. A. de Witte, *Numismatique des États de Hainaut et des États de Tournaisis*, dans les *Bulletins de la Soc. hist. et littéraire de Tournai*, t. XXII, 1888.

2. L'octroi de l'archiduc Mathias n'accordait le monnayage à Bois-le-Duc que pour la durée d'un an. En juillet 1579, la ville tomba du reste au pouvoir du prince de Parme. Les pièces de cuivre frappées furent des *liards* ou *oortkens*, des *gigots* ou *negen-*

ET IVSTITIA, ne furent battues qu'à Nimègue pour la Gueldre, à Hasselt pour l'Overyssel, et à Utrecht. La Hollande fit preuve d'intransigeance en continuant l'émission de ses *leeuwendaalders,* imitée bientôt par Utrecht qui dès 1578 abandonna le type de PACE ET IVSTITIA. Profitant du désordre, la ville d'Utrecht voulut s'arroger le droit de monnaie et frappa en 1578 un *écu* d'argent portant d'un côté le lion des *leeuwendaalders* et de l'autre l'écusson municipal couronné et

Fig. 77.

soutenu par deux lions. La légende de cette pièce est MONE·NOVA·CI-VITA·TRAIECT. Ce monnayage dut céder devant les réclamations des provinces, et la ville dut se borner à émettre quelques pièces de cuivre (fig. 77). En 1579, les Ommelanden, pays frisons situés entre l'Ems et le Lauwer, créèrent un atelier à Appingedam et frappèrent des espèces particulières; l'écu d'argent ou *philipsdaalder* porte au revers l'écusson échancré aux armes des Ommelanden entourées de celles des districts de Hunsingo, Fivelingo, Hunsterland, Vredewold et Langewold[1]. L'atelier d'Appingedam fut supprimé en 1580.

Ce manque d'unité dans le monnayage des provinces constituait une sérieuse entrave au commerce. Lorsque, le 1er février 1579, fut conclu entre les États de Gueldre, de Hollande, de Zélande, d'Utrecht et des Ommelanden, le traité connu sous le nom d'Union d'Utrecht, un article recommanda de nouveau aux provinces d'adopter pour le monnayage un règlement uniforme. Peu de temps après, dans le courant de mars, une convention plus explicite fut faite par la Gueldre, Utrecht et la Hollande, mais cette dernière se sépara bientôt des deux autres provinces qui continuèrent à monnayer sur le même pied.

Les monnaies suivantes furent frappées à la suite de l'Union d'Utrecht, tandis que les provinces méridionales poursuivirent l'émission des pièces avec PACE ET IVSTITIA :

1. *Noble* d'or.
2. *Demi-noble* d'or.
3. *Quart de noble* d'or.
} Le type de ces pièces fut celui des *nobles* d'Angleterre : le roi debout, de face, dans un vaisseau.

---

mannekens, et des *deniers* ou *moirkens.* — Cf. Cuypers, *Notice sur la monnaie municipale de Bois-le-Duc,* dans la *Rev. belge de numism.,* 1854, p. 90.

1. Cf. H.-O. Feith, *Het muntregt der Ommelanden.* Groningue, 1857, in-8. — Le titre donné au roi d'Espagne sur les monnaies des Ommelanden est *Philippus, Dei gratia Hispaniarum rex, dominus Frisiae inter Amasim et Lauracum.* Les armes des Ommelanden sont : *d'azur à trois barres d'argent accompagnées de onze cœurs de gueules posés en bande 1,4,4,2.*

4. *Daelder* ou *écu* d'argent.
5. *Demi-daalder* d'argent.
6. *Stuiver* ou *sou* de billon au type habituel des *sous* des États.

Le type des monnaies d'argent est, à l'avers, le buste à mi-corps de Philippe II tenant le sceptre et tourné à gauche; au revers, un écusson échancré et couronné aux armes de la province. Les légendes de l'avers donnent sur toutes ces pièces le nom et les titres du roi d'Espagne; au revers nous trouvons la devise: CONCORDIA RES PARVAE CRES- CVNT. A Utrecht, les *écus* et *demi-écus* de 1579 portèrent à l'avers l'écusson échancré et couronné de la province et au revers le lion de l'Union armé d'une épée et tenant un faisceau de cinq flèches [1].

La tentative d'unification monétaire de l'Union d'Utrecht resta aussi vaine que celle de la Pacification de Gand, malgré tous les inconvénients qui résultaient de la situation. Le 27 novembre 1579, Guillaume d'Orange s'exprimait comme suit, au sujet des monnaies dans une séance des États généraux tenue à Anvers : « L'inégalité du cours des monnaies n'est pas seulement une cause de discorde entre les diverses provinces, mais elle ouvre la porte à de nombreuses fraudes par les marchands qui bornent leurs opérations au change de monnaies transportées par eux d'un lieu dans un autre. C'est à ce désordre des monnaies qu'il faut attribuer la misère du peuple, l'arrêt du travail et l'appauvrissement général de la nation, puisque les marchands riches, au lieu de consacrer leurs capitaux à l'achat des marchandises, se bornent à spéculer sur le change. » Ce qui ajoutait encore au désordre et à la ruine, c'était la défaveur avec laquelle les monnaies des États avaient été accueillies à l'étranger à cause de leur légèreté et de leur aloi affaibli. Dès le 4 mai 1577, la diète monétaire réunie à Nuremberg en avait interdit la circulation dans l'Empire. Cette prohibition devait considérablement gêner les États des provinces belges, habitués, dans leur lutte avec l'Espagne, à chercher en Allemagne des hommes et des armes. Pour re-

médier à cette situation désas- treuse, un édit fut publié à An- vers le 19 décembre 1579. Cet édit, donné au nom du roi, à la délibération de l'archiduc Ma- thias, gouverneur et capitaine général, du prince Guillaume

Fig. 78

d'Orange, lieutenant général, et de l'avis des États généraux, dit que, pour prévenir les fraudes et pour bannir les monnaies affaiblies, fausses

1. Cette représentation figura plus tard dans l'écusson fédéral des Provinces-Unies.

et contrefaites, il ne serait plus forgé dorénavant de nouvelles espèces d'or et d'argent, mais qu'on reprendrait le monnayage aux anciens types royaux. » Conformément à cette résolution, on en revint à l'émission des *couronnes* d'or (fig. 78), des *philippus-daalders* et de leurs subdivisions; le monnayage des États ne fut continué que pour la monnaie de cuivre. Les ateliers d'Anvers, de Bruges, de Gand, de Nimègue, de Hasselt, d'Utrecht, de Dordrecht, de Middelbourg et de Leeuwarden travaillèrent à la fabrication de ces espèces. La Hollande elle-même se rendit, comme on voit, aux nécessités économiques et fit taire son aversion pour un type qui rappelait l'oppresseur. L'atelier de Middelbourg avait été ouvert en 1580 par les États de Zélande, celui de Leeuwarden par les États de Frise, celui de Gand, en 1581, par lettres patentes du 4 janvier. Le différent de Middelbourg fut une tour, celui de Gand, un lion[1].

B. — *Le duc d'Alençon* (1582-1583).

Le 26 juillet 1581, les États des diverses provinces prononcèrent solennellement la déchéance de Philippe II et François d'Anjou, duc

d'Alençon, ayant accédé aux offres des révoltés, fut inauguré duc à Anvers et comte à Gand. Les provinces septentrionales accueillirent froidement le nouveau souverain et ne voulurent jamais monnayer à son nom.

Fig. 79

En Brabant et en Flandre on se hâta de mettre sur les espèces le nom de François d'Anjou : **FRAN· F· FRAN· FRA· VNIC· REG· DVX· BRA** ou **COM·FLA,** *Franciscus filius Franciae, frater unicus regis, dux Brabantiae* ou *comes Flandriae.* Le revers des monnaies porte l'orgueilleuse devise : **AETERNVM MEDITANS DECVS.** La série du duc d'Alençon se compose des pièces suivantes :

1. *Écu* ou *double florin* d'or. Croix feuillue cantonnée de deux lions et de deux F. Rev.: Écu écartelé d'Anjou et de Brabant ou de Flandre.
2. *Demi-écu* d'argent. Buste à droite. Rev.: Même écu accosté de deux F.
3. *Liard* de cuivre. Buste à droite. Rev.: Même écu (fig. 79).
4. *Gigot* de cuivre. Croix analogue à celle de l'écu d'or. Rev.: Même écu.

Les monnaies qui précèdent furent frappées dans les ateliers d'Anvers

---

1. B. de Jonghe, *Deux monnaies frappées en Flandre en 1581,* dans la *Rev. belge de numism.,* 1890, p. 422.

et de Bruges, mais dans le premier on ne fabriqua pas de cuivre et dans le second point d'or. Les pièces de Bruges portent toutes le millésime 1582; pour Anvers, il y en a de 1582, 1583 et même de 1584 et 1585, frappées après le départ de François d'Alençon.

C. — La ville de Gand.

Nous avons dit plus haut que le 4 janvier 1581 un atelier fut ouvert à Gand. Il donna quelques rares monnaies d'argent à l'ancien type de Philippe II, mais ses principales émissions consistèrent en menues espèces de cuivre de XII et de VI mites, d'un aspect tout municipal. L'avers porte autour du lion gantois : GHENT·1581, et au revers la devise adoptée jadis par les États : PACE ET IVSTITIA, autour de l'écu à cinq quartiers couronné et orné du collier de la toison d'or ou placé dans un cartouche. Après la déchéance de Philippe II, la ville de Gand conserva sa monnaie propre. Les registres de la Keure gantoise nous apprennent

que, le 11 novembre 1581, les échevins décidèrent la frappe de *nobles* d'or et de leurs subdivisions. Huit monnaies gantoises appartiennent à cette époque qui concorde avec la reconnaissance du duc d'Alençon comme comte de Flandre.

Fig. 80

1. *Noble* d'or. MO·AVREA·RESTAVR·METROPOL·GAND'·FLAND. Type ordinaire du *noble*. Le guerrier tient un écu au lion et, à la poupe du vaisseau, est placée une bannière fleurdelisée. Rev.: NISI·DNS·CVSTOD·CIVITA·FRVSTRA·VIGILANT·EAM. Croix analogue à celle des *nobles* anglais.

2. *Demi-noble* d'or. Même type.

3. *Quart de noble* d'or. Même type.

4. *Escalin* d'argent. FRANCISCVS F · FR · D · G · DVX BRAB · CO · FLANDR. Le duc d'Alençon galopant à droite sur un cheval caparaçonné aux lis de France ; à l'exergue : FLAND. Sur une rarissime variété, encore inédite, l'exergue porte GAND. Rev.: CONCORDIA · RES · PARVAE · CRESCVNT. Croix feuillue portant au centre l'écu couronné, écartelé d'Anjou et de Flandre, et sur chaque branche les armes d'un des quatre « membres » de Flandre [1].

---

1. Voici les armes des quatre membres de Flandre : Gand : *de sable au lion d'argent, couronné et colleté d'or, une croisette du même pendant au collier* ; Bruges : *fascé d'argent et de gueules de huit pièces, au lion d'azur couronné, lampassé, armé et colleté d'or, une croisette du même pendant au collier* ; Ypres : *de gueules à la croix de vair, au chef d'argent, chargé d'une croix patriarcale de gueules* ; le Franc : *d'argent à la bande d'azur.*

5. *Demi-escalin* d'argent. Même type.

6. *Pièce de douze mites* de cuivre. Le type de l'avers est analogue à celui que nous avons décrit plus haut, mais la légende dit explicitement la valeur de la pièce : XII · MYTEN · GHENT. Au revers, l'écu est écartelé aux armes d'Anjou et de Flandre ; le collier qui entoure l'écu est celui de l'ordre de Saint Michel et la légende est une abréviation de celle des *nobles :* NISI · DNS · FRVSTRA.

7. *Pièce de six mites.* Type analogue; au revers, l'écu, sans collier, et accosté de deux F.

8. *Pièce de quatre mites.* Type analogue.

Les Gantois furent des premiers à se dégoûter du gouvernement de François d'Anjou ; en 1582, ils s'érigèrent en une commune pour ainsi dire autonome ; les monnaies prennent dès lors le caractère de pièces municipales, affranchies de toute marque indiquant l'ingérence d'une puissance supérieure. A cette troisième et dernière période du monnayage gantois se rattachent les monnaies dont voici la nomenclature :

1. *Noble* d'or. Il diffère de celui de l'émission précédente en ce que la bannière, au lieu d'être fleurdelisée, est armoriée au lion de Gand.

Fig. 81

2. *Demi-noble* d'or. Même type.

3. *Quart de noble* d'or. Même type.

4. *Escalin* d'argent ou pièce de six patards. AVXIL· NOST · A· DOMINO. La Pucelle de Gand debout, posant la main droite sur un écu au lion et tenant dans la gauche une bannière au lion. Rev.: MON · ARG · CIVITATIS · GANDAV. Lion (fig. 80).

5. *Demi-escalin* d'argent ou pièce de six patards. Même type.

6. *Pièce d'un sou* d'argent. Mêmes légendes que pour l'*escalin.* Écu au lion, couronné et accosté de I—S. Rev.: Croix coupant la légende et un quadrilobe tréflé ; dans le centre évidé, un écu au lion.

7. *Pièce de douze mites.* Analogue à celle de l'émission contemporaine du duc d'Alençon, mais l'écu est diapré et chargé d'une bande qui porte S. P. Q. G. (fig. 81). Ainsi que le remarque M. Deschamps de Pas, cette inscription *Senatus populusque Gandavensis* caractérise bien cette période de l'histoire des troubles pendant laquelle la ville de Gand s'était érigée en république et cherchait à faire prévaloir cette forme de gouvernement dans les autres villes, qui se seraient unies entre elles par les liens d'une confédération.

8. *Pièce de six mites.* Analogue à celle de l'émission contemporaine du duc d'Alençon, avec la différence signalée pour la pièce précédente.

9. *Pièce de quatre mites.* GHENT et millésime. Grand G couronné. Rev.: NISI · DNS · FRUSTRA· Écu au lion surmonté d'une couronne.

L'émission des monnaies de Gand continua jusque dans le cours de l'année 1584. Il est probable que l'atelier fut fermé après le traité de réconciliation entre Philippe II et les Flamands, conclu sous l'influence du duc de Parme le 20 mai 1584.

D. — *Les États de Brabant et de Flandre.*

Après le départ du duc d'Anjou, les États de Brabant et de Flandre ressaisirent l'autorité. Anvers et Bruges frappèrent une monnaie sans nom de prince qui a tous les caractères d'une monnaie républicaine. Les types sont d'une beauté remarquable et leur composition est empreinte de cette fierté patriotique qui animait Brabançons et Flamands dans leur lutte contre la tyrannie. A Bruges on émit les espèces suivantes :

1. *Lion* d'or valant 5 florins, SIT · NOMEN · DOMINI · BENEDICT. Lion assis à gauche sous un dais gothique. Rev.: MONETA · AVREA · COMITATVS FLAN. Écu au lion brochant sur une croix feuillue.

2. *Demi-lion* valant deux florins et demi. Même type.

3. *Pièce de six patards.* IN · TE · DOMINO · CONFIDO. Lion. Rev.: Légende et type des pièces d'or.

4. *Pièce de trois patards.* Écu couronné au lion entre deux B couronnés. Rev.: Croix feuillue cantonnée de deux lions et de deux B couronnés.

Le 20 mai 1584, Bruges fit sa soumission au prince de Parme et l'émission des monnaies révolutionnaires cessa pour faire place au monnayage royal de Philippe II. A Anvers, on frappa en 1584 et pendant les premiers mois de 1585, les monnaies que voici :

1. *Lion* d'or. MO · BRA · ANTIQVA · VIRTVTĒ · ET · FIDE. Lion assis à gauche sous un dais gothique. Rev.: SIT · NOMEN, etc. Écu aux quartiers bourguignons sur une croix feuillue.

2. *Demi-lion.* Mêmes types.

3. *Écu* d'argent dit *Robuste.* CONFORTARE · ET · ESTO · ROBVSTVS. Guerrier debout tenant un glaive dans la droite et dans la gauche un bouclier ; derrière lui un lion. Rev.: MONETA · DVCATVS · BRABANTIÆ. Écu au lion couronné.

4. *Demi-écu.* Mêmes types.

5. *Quart d'écu* ou pièce de 8 sols. Mêmes légendes Croix évidée à branches feuillues cantonnée de l'écusson des villes de Louvain, Anvers, Bruxelles et Bois-le-Duc [1]. Rev. Écu au lion brochant sur une croix feuillue.

Le 17 août 1585, Anvers se rendit à Alexandre Farnèse après un siège mémorable. Remis sous l'autorité du roi d'Espagne, son atelier redevint un de ceux qui produisirent les espèces de Philippe II restauré.

---

1. Voici les armes de ces quatre villes : Louvain : *de gueules à la fasce d'argent ;* Anvers : *de gueules au château d'argent maçonné de sable, surmonté de deux mains ouvertes d'argent ;* Bruxelles : *de gueules au saint Michel d'or, tenant le glaive du même, et terrassant le dragon de sable ;* Bois-le-Duc : *de sable à l'arbre d'or au franc quartier écartelé de* Brabant *et de* Hollande.

E. — *Monnaies obsidionales et de nécessité.*

La lutte des États révoltés contre l'Espagne a donné lieu à la fabrication d'un grand nombre de monnaies de nécessité, en or, en argent, en plomb, voire en papier. Il nous est impossible, étant donné le cadre de notre *Traité,* d'entrer dans des détails historiques sur les événements qui provoquèrent chaque série obsidionale: c'est le rôle des ouvrages spéciaux comme ceux de Van Loon, de Duby et du colonel Mailliet. Nous nous bornerons à indiquer ici, par ordre alphabétique, les villes assiégées ou besogneuses dont il nous est resté des monnaies particulières :

Alkmaar, assiégée par les Espagnols, en 1573. Monnaies de cuivre et d'étain ayant pour type une tour, meuble des armoiries municipales.

Amsterdam, bloquée par les États en 1578. Les obsidionales amsterdamoises sont en argent, et marquées d'un seul coin sur flan carré ou octogone. Leur type se compose des armes de la ville, *de gueules au pal cousu de sable chargé de trois flanchis d'argent,* parfois soutenu par deux lions (fig. 83).

Audenarde, assiégée par les Espagnols sous les ordres d'Alexandre Farnèse en 1582, frappa des obsidionales carrées en étain[1]. Les pièces de 40, 20, 10 et 5 sols ont pour type un écu au lion avec la légende : SPES NRA DEVS; une autre pièce de 5 sols a comme empreinte des lunettes couronnées, emblème local; la pièce de 2 sols a une croix ornée coupant la légende ; enfin le sol est marqué d'un petit écu d'Audenarde : *fascé d'or et de gueules au lion de sable, lampassé et armé d'argent brochant sur le tout* (fig. 82).

Fig. 82   Fig. 83   Fig. 84

Bréda, assiégée par les États en 1577. Monnaies carrées en argent ou en étain, portant soit les armes de la ville, *de gueules à trois flanchis d'argent* (fig. 84), soit BRE-DÆ en deux lignes[2].

---

1. Cf. Van der Meersch, *Les Monnaies obsidionales d'Audenarde,* dans la *Rev. belge de numism.* de 1850.

2. Cuypers, *Notice histor. sur les monn. obsidion. frappées à Bréda pendant le siège de 1577,* dans la *Rev. belge de numism.* de 1850.

Bruxelles, bloquée par le duc de Parme en 1579-80, reçut des États l'autorisation de frapper une monnaie municipale carrée, d'or et d'argent, aux armes de la ville (fig. 85). Il y eut trois pièces diverses : 1º plaque d'or de 3 florins ou 60 sous ; 2º plaque d'argent de 36 sous ; 3º plaque d'argent de 18 sous. La légende de ces monnaies est **PERFER·ET·OBDVRA·BRVXELLA** [1].

Bruxelles, assiégée par le duc de Parme en 1584, frappa de nouvelles obsidionales en or et en argent. Elles sont carrées comme les précédentes et portent dans le champ, en quatre lignes, l'inscription **D·O·M· BRVXELLA·CONFIRMATA.** La ville se rendit à Alexandre Farnèse le 10 mars 1585.

Fig. 85

Campen, assiégée par les États en 1578. Ce siège est rappelé par des monnaies obsidionales carrées en argent aux armes de la ville et à l'inscription : **EXTREMVM SVBSIDIVM CAMPEN.**

Deventer, assiégée par les États en 1578. Monnaies carrées en argent, aux armes municipales, une aigle, et à la légende : **VRGEN·NECESS· DAVENT.**

Groningue, assiégée par les États en 1577. Monnaies carrées en argent ; leur type se compose des armes locales, *d'or à l'aigle éployée de sable chargée sur la poitrine d'un écusson d'argent à la fasce de sinople.* Devise : **NECESSITATE.**

Haarlem, assiégée par les Espagnols en 1572-73, émit un nombre considérable de monnaies obsidionales en argent. Leur forme est très irrégulière ; le flan est tantôt carré, tantôt en losange, tantôt octogone. Le type se compose de plusieurs poinçons, dont le plus caractéristique est aux armes de la ville : *de gueules à l'épée en pal d'argent emmanchée d'or, sommée d'une croisette pattée et accostée de quatre étoiles à six raies, le tout d'or* (fig. 86).

Fig. 86

Leyden, assiégée par les Espagnols (1573-74). Ce siège célèbre a fourni à la numismatique une suite très nombreuse de monnaies de nécessité. Le type se compose généralement d'un lion tenant un sabre et un bouclier aux armes de la ville, *d'argent à deux clefs de gueules, passées en sautoir, les pannetons en chef,* avec cette légende : **HAEC LIBER-TATIS ERGO** ; au revers, car les pièces de Leyden ont une double empreinte, on voit généralement les armes municipales et **GOTT· BEHOEDE·LEYDEN** (Dieu maintienne Leyden !). Les premières mon-

---

1. A. de Witte, *Des monnaies de nécessité frappées à Bruxelles en 1579 et 1580,* dans la *Rev. belge de numism.* de 1887.

naies de Leyden sont en argent; plus tard, le métal venant à manquer, on fabriqua des pièces en papier, non point des billets de confiance, mais de véritables *monnaies* formées de feuilles de missels collées ensemble, découpées à l'emporte-pièce et frappées ensuite à l'aide de coins. Cette série obsidionale de Leyden est une des plus curieuses que nous ait laissée la période des troubles des Pays-Bas au XVIᵉ siècle.

Maestricht, assiégée par les Espagnols en 1579, frappa des monnaies obsidionales en cuivre. Siège d'un atelier monétaire bien outillé, la ville put émettre des espèces de forme correcte et normale. Les obsidionales

maestrichtoises portent d'un côté l'écusson de Maestricht *de gueules à une étoile à cinq rais d'argent*, et de l'autre une main tenant une épée; les légendes, raccourcies sur les pièces de petite valeur, sont, sur les plus grandes: PROTEGE·DNE·

Fig 87.

POPVLV · TVVM · PROP · NOMI · TVI · GLORIAM et TRAIEC · AB · HIS · OBSES · PRO · IVS · CAVSAE DEFĒSIONE. La série complète se compose de huit pièces : 40, 20, 16, 12, 8 et 2 sols, sol et demi-sol (fig. 87). La ville fut prise le 28 juin 1579[1].

Middelbourg, assiégée par les Zélandais en 1572-73. Monnaies obsidionales carrées en or, argent, cuivre et plomb. Les pièces les plus fortes de la série frappées en 1573 portent en quatre lignes : DEO · REGI · PA · TRIÆ · FIDEL · MIDDELB; des poinçons latéraux marquent l'écu de Zélande et l'écu de Middelbourg qui est *d'argent au château donjonné de trois tours de gueules*.

Oudewater, assiégée par les Espagnols en 1575. Série de monnaies en cuivre et plomb; type: un lion sur une tour, armes de la ville, entouré de cinq poinçons donnant la date, la valeur et l'invocation : GODT · MET · ONS (Dieu est avec nous !)

Schoonhoven, assiégée par les Espagnols en 1575. Monnaies carrées en plomb, de 12, 6, 4, 3, 2 sols et 1 sol. Le type est très simple et ne se compose que de l'initiale de la ville, de l'indication de la valeur et du millésime.

Tournai, assiégée par les Espagnols en 1581. Dans les premiers jours d'octobre, Alexandre Farnèse bloqua la ville héroïquement défendue par Christine de Lalaing, princesse d'Épinoy ; la capitulation fut signée le 30 novembre. Pendant l'investissement, on battit des monnaies de nécessité, carrées, unifaces, en argent et en cuivre. Elles ont pour type une

---

1. Perreau, *Recherches sur la ville de Maestricht et sur ses monnaies*, dans la *Rev. belge de numism.* de 1846.

tour avec la légende: ₅ OCT. 1₅81. **TORNACO OBSESSO** ou **VRGEN· OBSID·TORN·**1₅81. Dans un des angles des pièces figure un petit écusson d'Épinoy : *d'azur à sept besans d'or, posés 3,3, 1, au chef du même.*

Woerden, assiégée par les Espagnols en 1₅7₅-76, a une série obsidionale en argent et en plomb. Les pièces sont carrées ; celles des valeurs les plus élevées portent l'écu de la ville (fig. 88), le millésime et la valeur avec la devise **PRO·ARIS·ET·FOCIS·**

Ypres, assiégée par les Espagnols en 1₅83. La ville, qui était la place d'armes du parti des États en Flandre, se rendit après huit mois d'investissement; sa chute entraîna celle de la plupart des villes du pays. Pendant le siège, le gouverneur de la place, le seigneur de Marquette, ordonna la frappe d'obsidionales en étain. On en connaît de 20 et de 10 sols; elles portent l'écu de Flandre et les devises **QVID·NON·COGIT·NECESSITAS** ou **NIHIL·RESTAT·RELIQVI**[1].

Zierickzée, assiégée par les Espagnols en 1₅7₅-76, émit des obsidionales en argent et en plomb de forme généralement carrée. Le type se compose le plus souvent des armes de la ville.

Fig. 88

§ *IV. — Pays-Bas méridionaux depuis la restauration du pouvoir de Philippe II jusqu'à l'invasion française*

A. — *Philippe II, restauré (....-1598).*

SOURCES : R. Chalon, *Recherches sur les monnaies des comtes de Hainaut,* 1848, in-4. — R. Chalon, *Recherches sur les monnaies des comtes de Namur.* Bruxelles, 1870, in-4. — A. Dewismes, *Numismatique artésienne. Catalogue raisonné des monnaies du comté d'Artois.* Saint-Omer, 1866, gr. in-8. — Ch. Cocheteux, *Monnaies frappées à Tournai sous Philippe II,* dans la *Revue belge de numism.* de 1853. — C.-P. Serrure, *Notice sur le cabinet monétaire de S. A. le Prince de Ligne.* Gand, 1847, in-8.

La Pacification de Gand et l'Édit perpétuel avaient resserré la domination effective de l'Espagne dans les étroites limites du duché de Luxembourg au moment où don Juan d'Autriche fut appelé dans les Pays-Bas pour y rétablir l'autorité du roi. Tous les ateliers monétaires étaient, comme nous l'avons vu, au service des « rebelles ». Don Juan créa dans ces circonstances un atelier à Luxembourg, et y frappa en 1₅78 des monnaies dont un *écu d'argent* est aujourd'hui la seule espèce connue. La forge luxembourgeoise eut peu d'activité et son existence fut courte.

1. A. van den Peerenboom, *Essai de numismatique yproise.* Bruxelles, 1877, in-8.

Aussitôt après la prise de Namur, le gouverneur ouvrit dans cette ville un atelier qui remplaça l'officine luxembourgeoise et travailla depuis 1578 jusqu'en 1592.

Fig. 89

Après la réconciliation des provinces wallonnes, en 1579, le gouvernement espagnol prit possession des deux ateliers de Mons et de Tournai créés par les États. Le 11 juillet 1581, une ordonnance du duc de Parme créa une monnaie à Arras, à la demande de la ville dont les « debtes » étaient « grandement arriérées » par suite des troubles. L'atelier d'Arras, nouveau pour les Bays-Bas espagnols, fut en activité dès 1582 : sur les premières pièces frappées, nous trouvons comme différent soit un petit écu d'Artois, soit un lion portant un écu sur le flanc (fig. 89); mais dans le cours même de l'année qui suivit l'ouverture, la marque fut modifiée et remplacée par un petit *rat*, jeu de mot sur le nom de la ville. Quelques pièces de cuivre, spéciales à l'Artois, reçurent pour type le briquet à la croix de Bourgogne et l'écu du comté (fig. 90).

Fig. 90

En Flandre et en Brabant, le pouvoir de Philippe II ne fut rétabli que par la force des armes. L'atelier de Bruges redevint royal en 1585. A Maestricht, Alexandre Farnèse créa une forge dès 1580; l'année suivante, il en ouvrit une à Bois-le-Duc dont le différent fut un petit arbre. Après la reddition de Bruxelles et d'Anvers, les ateliers qui s'y trouvaient établis travaillèrent encore, mais avec peu d'activité. De 1585 à 1591, l'atelier de Nimègue, retombé au pouvoir de l'Espagne, frappa pour Philippe II comme duc de Gueldre. Enfin, en 1592, une forge fut momentanément rouverte à Namur.

Pendant toute la restauration de Philippe II, les types restèrent ce qu'ils étaient pendant la première période du règne. Plusieurs monnaies cessèrent d'être battues; en revanche on vit paraître quelques nouvelles pièces de cuivre. En général, le monnayage fut moins actif qu'avant la révolution : les émissions se ressentirent de la détresse où les guerres et les troubles avaient jeté le pays.

B. — *Albert et Isabelle* (1598-1621).

Sources : Ch. Cocheteux, *Notice sur les monnaies des archiducs Albert et Isabelle,* dans la *Revue belge de numismatique* de 1877.

Par acte du 6 mai 1598, Philippe II céda les Pays-Bas à Albert d'Autriche et à Isabelle d'Espagne. Ils gouvernèrent en souverains jusqu'à la mort de l'archiduc, arrivée le 15 juillet 1621. Les archiducs mirent tous leurs soins à réparer les maux qu'avaient causés aux pays les troubles et les guerres du règne de Philippe II. Albert, après avoir repris la ville et le port d'Ostende aux Provinces-Unies, cessa la lutte avec elles en concluant en 1609 une *Trêve de douze ans.*

Dès 1599, on monnaya au nom des nouveaux princes, qui prirent les titres suivants, avec les variantes habituelles selon les provinces: **ALBERTVS·ET· ELISABETH DEI GRATIA ARCHIDVCES AVSTRIAE DVCES BVRGVNDIÆ — BRABANTIÆ** & — ou **COMIT FLANDRIÆ** & — ou **DOM. TORN.** Les espèces

Fig. 91

sortirent de six ateliers : Anvers, Bruxelles, Maestricht et Bois-le-Duc pour le Brabant, Bruges pour la Flandre et Tournai pour le Tournaisis. Il n'y eut pas d'atelier pour l'Artois. A partir du 10 février 1616, un atelier fut en activité à Luxembourg, et ses produits furent marqués d'un petit écu luxembourgeois ; de plus les monnaies portèrent à la fin de la légende **LVXEMB**, faisant suite au titre de *ducs de Bourgogne.* Il y eut à Ruremonde un atelier qui battit des espèces locales pour le quartier de Gueldre resté aux mains de l'Espagne. Enfin, les monnaies de cuivre de l'atelier de Bois-le-Duc portèrent les armes de la ville (fig. 92).

Le monnayage d'Albert et Isabelle se divise en deux périodes, dont la première s'étend depuis l'avènement des archiducs jusqu'en 1611.

Voici la liste des pièces frappées pendant cette période :

1. *Double ducat* d'or, valant 150 sols ou patards. Têtes couronnées des archiducs placées en regard. Rev.: Écu couronné avec collier de la Toison d'or (fig. 91).

2. *Double albertin* d'or, valant 100 sols. Même écu. Rev.: Croix de Bourgogne cantonnée d'une couronne, du bijou de la Toison d'or et des chiffres du millésime.

3. *Albertin* d'or, valant 50 sols. Mêmes types.

4. *Florin* d'argent, valant 20 sols. Bustes des archiducs, placés en regard. Rev.: Écu analogue à celui des pièces précédentes.

5. *Demi-florin* d'argent, valant 10 sols. Bustes en regard ; au-dessus, une couronne. Rev.: Croix de Bourgogne ; au-dessus, une couronne ; au-dessous le chiffre X, indice de la valeur.

6. *Quart de florin*, valant 5 sols. Bustes en regard ; au-dessus, une couronne ; au-dessous, le chiffre V. Rev.: Écu couronné comme plus haut.

7. *Huitième de florin*, valant 2 sols 1/2. Même écu. Rev.: Croix ornée et fleuronnée évidée en carré au centre ; deux couronnes et deux lions dans les cantons.

8. *Triple réal* d'argent, valant 15 sols. Bustes conjugués et tournés à droite. Rev.: Écu brochant sur une croix de Bourgogne.

9. *Réal* d'argent, valant 5 sols. Écu couronné avec collier de la Toison d'or. Rev.: Croix double fleuronnée, portant un point en cœur ; le ruban qui l'enlace forme une boucle dans chaque canton ; celle du canton inférieur porte le bijou de la Toison d'or ; une couronne surmonte la boucle du canton supérieur ; dans les cantons latéraux, les initiales A-E.

Fig. 92

10. *Demi-réal* d'argent, valant 2 patards 1/2 ou 5 gros. Écu couronné. Rev.: Grand briquet et bijou de la Toison d'or.

11. *Quart de réal* d'argent, valant 2 gros 1/2. Écu couronné. Rev.: Briquet et bijou de la Toison d'or.

12. *Double denier* de cuivre, valant 1/6 de patard ou 8 mites. Le chiffre Æ couronné. Rev.: Écu sur une croix de Bourgogne.

13. *Simple denier* de cuivre, valant 4 mites. Types analogues à ceux du double denier.

14. *Liard* de cuivre, valant 12 mites. Écu couronné. Rev.: Briquet couronné accosté de trois écussons.

15. *Gigot* de cuivre, valant 6 mites. Écu dans un cartouche. Rev. Briquet sur une croix de Bourgogne.

Vers 1612, le système monétaire est complètement modifié. A la nouvelle période du règne des archiducs se rattachent les monnaies dont la désignation suit :

1. *Double souverain* d'or, valant 12 florins. Les archiducs couronnés, assis, de face, sur un trône. Rev.: Grand écu couronné. Très belle pièce de 40 millimètres de diamètre, copiée d'une monnaie anglaise.

2. *Double tiers du souverain* d'or, valant 4 florins. Les archiducs debout et tournés vers la droite. Rev.: Écu couronné.

3. *Demi-souverain* d'or, valant 3 florins. Écu parti d'Autriche et de Bourgogne, sur une croix. Rev. Écu couronné entre deux monogrammes.

4. *Écu* d'or, valant 3 florins 12 patards. Croix formée des chiffres couronnés des archiducs et cantonné de deux lions et de deux briquets. Rev.: Grand écu couronné entre deux briquets.

5. *Ducaton* d'argent, valant 3 florins ou 60 patards. Bustes conjugués des archiducs à droite. Rev.: Écu couronné soutenu par deux lions léopardés. Belle et large monnaie de 44 mill. de diamètre.

6. *Patagon* ou *souverain* d'argent, valant 48 patards. Briquet sur une grande croix de Bourgogne cantonnée de deux monogrammes, d'une couronne et du bijou de la Toison d'or. Rev.: Grand écu couronné.

7. *Demi-patagon* d'argent, valant 24 patards. Mêmes types.

8. *Quart de patagon* d'argent, valant 12 patards. Mêmes types.

9. *Escalin* d'argent, valant 6 patards. Paon aux ailes éployées portant en cœur l'écu d'Autriche et de Bourgogne. Rev.: Grand écu sur une croix de Bourgogne.

10. *Pièce de trois patards* d'argent. Croix feuillue et fleuronnée avec un lion dans le centre évidé en quatre-feuille. Rev.: Écu couronné dans une épicycloïde.

11. *Patard* d'argent. Croix ancrée fleuronnée portant en cœur le monogramme Æ et posé dans un quadrilobe. Rev.: Écu couronné.

12. *Demi-patard* de billon, valant 1 gros. Même droit que le patard. Rev.: Armes en plein champ.

13. *Double denier* de cuivre. ⎫
14. *Simple denier* de cuivre. ⎭ Mêmes types que les pièces de la première époque.

Sous Albert et Isabelle, la coutume de frapper des monnaies sur flan de poids double et triple, qui s'était introduite sous Philippe II, se généralise. Il n'est pas rare de rencontrer dans les collections des *doubles albertins*, des *doubles souverains*, des *ducatons*, des *patagons*, etc., frappés en piedfort.

C. — *Philippe IV* (1621-1665).

Sources : Catalogues divers et placards originaux.— P. Cuypers, *Notice sur la monnaie frappée en 1626 pour la ville de Bréda*, dans la *Revue belge de numism.* de 1851. — A. Dewismes, *Catalogue raisonné des monnaies du comté d'Artois*. Saint-Omer, 1866, in-8. — Mailliet, *Catalogue descriptif des monnaies obsidionales et de nécessité*. Bruxelles, 1870, in-8 et atlas in-4º oblong.

A la mort de l'archiduc Albert, l'infante Isabelle resta à la tête des affaires des Pays-Bas espagnols en qualité de gouvernante, mais la souveraineté passa à Philippe IV, roi d'Espagne, petit-fils de Philippe II.

Le nouveau prince continua l'émission des espèces selon le système mis en vigueur dans la seconde période du règne des archiducs. Il y eut des ateliers en activité à Anvers, Bruxelles, Maestricht et Bois-le-Duc pour le duché de Brabant; à Bruges pour le comté de Flandre, à Luxembourg et à Tournai pour le duché et la seigneurie de ce nom. En 1622 un atelier fut créé à Arras pour le comté d'Artois.

Les types des grandes monnaies d'or et d'argent de Philippe IV se composèrent toujours de l'effigie du prince. Sur le *double souverain* d'or Philippe IV est représenté en buste cuirassé et coiffé d'une couronne. Sur les autres pièces à effigie, cette couronne est absente. En fait de coins d'invention nouvelle, nous signalerons ceux du *souverain* d'or et de l'*escalin* d'argent représentant un lion debout à gauche, armé d'un glaive et posant la griffe sur un globe ou sur un écusson ovale mi-parti d'Autriche et de Bourgogne. En Artois, quelques pièces de cuivre portent les armes du comté.

La trêve de douze ans conclue en 1609 entre l'archiduc Albert était expirée juste au moment de la mort du prince. Philippe IV eut donc à reprendre les hostilités contre les Hollandais. Ses armes furent d'abord victorieuses ; en 1625 Spinola prit la ville de Bréda ; mais bientôt s'entassèrent revers sur revers et les Hollandais se rendirent maîtres des places importantes de Bois-le-Duc, Venloo, Ruremonde et Maestricht.

Immédiatement après la prise de Bréda, le magistrat de cette ville demanda à l'infante Isabelle, gouvernante des Pays-Bas espagnols, l'autorisation de faire battre de menues espèces pour parer à la disette de monnaie d'appoint qui incommodait au plus haut degré les habitants. A la suite de cette requête, la ville fut autorisée à faire forger dans l'atelier monétaire d'Anvers, pour la valeur de deux mille écus, des *liards* et des *gigots* de cuivre. Ces pièces sont au type habituel de Philippe IV, à cette différence près que l'un des écussons de l'avers du liard porte les armes de Bréda. Toutes ces pièces sont au millésime 1626.

La guerre que le roi d'Espagne eut à soutenir contre Louis XIII, guerre qui lui valut la perte de la ville d'Arras et de la partie méridionale de l'Artois, donna lieu à la fabrication de monnaies obsidionales à Saint-Omer et à Aire. Les pièces frappées à Saint-Omer pendant le siège de 1638 ont tout le caractère des espèces de nécessité. Ce sont de simples rondelles de cuivre portant en contremarque le poinçon suivant : **AVDO·OBSE**. Croix patriarcale, armes de la ville, 1638. Suivant le registre des délibérations des magistrats de Saint-Omer, on dut frapper également des monnaies d'argent ; mais ces pièces n'ont point encore été retrouvées. Le siège de Saint-Omer ne se termina point par la prise de la ville ; le 16 juillet 1638, après deux mois d'investissement, l'armée française se retira. Louis XIII fut plus heureux en 1641 dans son entreprise contre Aire : après un siège de trois mois cette place se rendit.

Pendant le blocus d'Aire, les autorités civiles et militaires décidèrent l'émission d'un numéraire spécial pour pourvoir à l'absence d'espèces dans la ville. Ces monnaies sont en argent et valaient deux livres ou une livre. Frappées sur flan carré et d'un seul côté, elles portent en six lignes l'inscription suivante : **PHIL·IIII — REX — PATER — PATRIAE — ARIA OBS — 1641 II (ou I)**. Outre ces deux pièces assez répandues dans les collections, un récit contemporain du siège d'Aire signale l'existence d'une pièce d'or de quatre florins portant d'un côté l'inscription ci-dessus, et de l'autre l'aigle qui figure dans les armoiries municipales. Cette monnaie n'existe pas en nature aujourd'hui.

Aire se rendit aux Français le 29 juillet ; le 10 août, elle fut investie de nouveau par les Espagnols. Nous avons signalé, en parlant de l'histoire monétaire de Louis XIII, les monnaies battues pendant le second siège de 1641 ; mais nous pensons devoir insister sur ce fait curieux de la fabrication dans la même ville et pendant la même année de numéraires de nécessité émanant tour à tour de chacune des puissances en lutte.

D. — Charles II (1665-1700).

SOURCES : R. Serrure, *La réouverture de l'atelier de Namur sous Charles II*, dans le *Bull. mens. de numism.*, t. II. — P. Cuypers, *Notice sur l'introduction de la presse dans la fabrication des monnaies aux Pays-Bas espagnols*, dans la *Revue belge de numism.* de 1849.

Le système et les types monétaires des Pays-Bas espagnols ne subirent pas de modifications sous le règne de Charles II, mais le nombre des ateliers monétaires fut diminué : on ne monnaya plus qu'à Bruges, à Bruxelles et à Anvers. Cette dernière forge fournit, outre la plupart des espèces brabançonnes, les menues monnaies de cuivre spéciales au duché de Luxembourg et marquées, sur l'une de leurs faces, de l'écu de cette province. En 1692, une Monnaie fut temporairement ouverte à Namur, pour la frappe de *liards*.

En somme, le règne de Charles II présente un intérêt très secondaire. L'événement le plus considérable est l'introduction des engins mécaniques pour la fabrication des espèces et la substitution définitive, vers 1684, de la frappe au moulin à la frappe au marteau.

E. — Philippe V (1700-1711), Maximilien Emmanuel de Bavière (1711-1713), Charles III puis VI (1709-1740).

SOURCES : Catalogues divers. — R. Chalon, *Recherches sur les monnaies des comtes de Namur.* Bruxelles, 1860, in-4. — R. Serrure, *La Monnaie en Belgique.* Verviers, 1881, in-8.

A la mort de Charles II, l'électeur de Bavière, Maximilien Emmanuel, qui gouvernait les Pays-Bas espagnols depuis 1692, reconnut la validité du testament par lequel le dernier descendant mâle de Charles-Quint instituait le duc d'Anjou héritier de ses états. Philippe V fut proclamé souverain des Pays-Bas. A Bruges et à Anvers, c'est-à-dire en Flandre et en Brabant, on s'empressa de monnayer au nom et à l'effigie du nouveau prince. Le système et le type des monnaies restèrent sans modification dans les grandes lignes, mais quelques pièces frappées sous Philippe IV et Charles II cessèrent d'être émises.

Peu après la proclamation de Philippe d'Anjou, l'Angleterre, la Hollande et l'Empire d'Allemagne s'étaient déclarés hostiles à ses droits et s'étaient faits les champions de Charles d'Autriche. La guerre éclata entre les puissances alliées et Louis XIV, soutien naturel de son petit-fils ; mais la bataille de Ramillies (1706) livra bientôt à Charles d'Autriche le Brabant et la Flandre. En 1709 le gouverneur des Pays-Bas, Maximilien Emmanuel, dut se retirer à Namur. Il y établit un atelier monétaire qui produisit au nom de Philippe V des *escalins* d'argent, des *doubles liards* et des *liards* de cuivre.

En 1711, Philippe V désespéré céda ses droits à Maximilien qui fut inauguré à Namur le 17 mai 1712. Le duc de Bavière s'empressa de faire frapper une grande quantité de monnaies d'or, d'argent et de cuivre, sur lesquelles il s'intitule maître *in partibus* des Pays-Bas entiers : **MAX· EMANVEL·D·G·V·B·S·P·B·L·L·&·G·DVX·COM·P·R·S·R·I·AR· ET·ELE·L·L·COM·F·H·&·NA·MA·S·R·I·D·M·** c'est-à-dire *Maximilianus Emanuel, Dei gratia utriusque Bavariae, Superioris Palatinatus, Brabantiae, Limburgi, Luxemburgi et Geldriae dux, comes palatinus Rheni Sacri Romani imperii archidapifer et elector, landgravius Leuchtenbergensis, comes Flandriae, Hanoniae et Namurci, marchio Sacri Romani imperii, dominus Mechliniae.* Cette multiplicité de titres et d'abréviations, dont on trouve d'innombrables exemples sur les monnaies allemandes, est exceptionnelle sur les pièces belges.

Ainsi que nous l'avons dit, le monnayage de Maximilien Emmanuel fut actif. On a de lui des *doubles souverains*, des *souverains*, des *lions* d'or, des *écus*, des *demi-écus*, des *quarts d'écus*, des *escalins*, des *demi-escalins* ou *plaquettes* d'argent ; des *liards* de cuivre. Ce monnayage se termina en 1713 avec la prise de Namur par les alliés.

La paix d'Utrecht rendit Charles d'Autriche seul maître des Pays-Bas espagnols ; déjà le Brabant et la Flandre étaient en son pouvoir. Alors qu'il n'était qu'archiduc, il frappa monnaie sous le nom de Charles III, roi d'Espagne. Lorsqu'il fut parvenu à l'empire après la mort de son frère Joseph I, il prit le nom de Charles VI. Charles battit monnaie à Anvers, Bruxelles et Bruges.

F. — *Marie-Thérèse* (1740-1780), *Joseph II* (1780-1790).

En 1740, Charles VI mourut, laissant ses états à sa fille Marie-Thérèse, à peine âgée de 23 ans. Elle avait épousé, le 12 février 1736, François-Étienne, duc de Lorraine ; dès la première année de son règne, elle l'associa au gouvernement : on a quelques rares monnaies brabançonnes sur lesquelles paraissent les noms et les bustes des deux époux.

Marie-Thérèse monnaya à Anvers, Bruges et Bruxelles. Dans ce dernier atelier furent émises quelques monnaies spéciales au duché de Luxembourg. En 1753, les forges de Bruges et d'Anvers furent supprimées et Bruxelles resta la seule officine des Pays-Bas autrichiens.

Les monnaies sur lesquelles l'effigie de Marie-Thérèse n'est pas associée à celle de son époux se divisent en trois groupes sous le rapport du buste : dans sa jeunesse, sa tête seule est représentée. Plus tard, le col est vêtu ; enfin, sur les pièces de la dernière période, Marie-Thérèse porte des vêtements appropriés à son veuvage. Les titres pris par elle sont : *Maria Theresia Dei gratia Romanorum imperatrix, Galiciae, Hungariae, Bohemiae regina, archiducissa Austriae, ducissa Burgundiae, Brabantiae, comitissa Flandriae.*

Son système monétaire se compose des pièces suivantes[1] :

1. *Double souverain* d'or.
2. *Souverain* d'or.
3. *Ducaton* d'argent ou pièce de 10 escalins.
4. *Demi-ducaton.*
5. *Quart de ducaton.*
6. *Huitième de ducaton.*

Type : Effigie de la souveraine. Rev.: Écu.

7. *Couronne* d'argent ou pièce de 9 escalins.
8. *Demi-couronne.*
9. *Quart de couronne.*

Type : Croix de Bourgogne cantonnée de trois couronnes et de la Toison d'or. Rev.: Écu brochant sur une double aigle. Ces monnaies furent frappées en suite d'une ordonnance du 26 juillet 1755.

10. *Double escalin.*
11. *Escalin.*

Type : Lion debout à gauche armé d'un glaive, la patte posée sur un écu ovale. Rev.: Écu sur un cartouche.

12. *Demi-escalin* ou *plaquette.* Type : Croix de Bourgogne. Rev.: Écu échancré.

13. *Double liard* de cuivre.
14. *Liard* de cuivre.

Type: Effigie. Rev.: La légende : AD USUM BELGII AUSTRIACI et le millésime dans le champ.

Les monnaies spéciales au Luxembourg portent le plus souvent les armes de cette province et parfois le buste ou le chiffre couronné de l'impératrice.

Sous Joseph II (1780-1790) le système resta le même, le type ne subit d'autres modifications que l'effigie, sauf pour les *couronnes* et leurs subdivisions qui portèrent d'un côté le buste impérial et de l'autre la croix de Bourgogne.

G. — *République des États-Belgiques-Unis (1789-1790).*

Sources : G. Cumont, *Les monnaies des États-Belgiques-Unis. Révolution brabançonne.* Bruxelles, 1885, in-8.

Tandis qu'en France le peuple s'insurgeait contre les abus du régime aristocratique et contre la royauté, dans les provinces belgiques, au contraire, c'était l'empereur qui accomplissait la révolution et qui était chassé par le peuple récalcitrant aux réformes. Dès l'année 1787 quelques troubles éclatèrent, mais vers la fin de 1789, l'insurrection balaya partout les troupes autrichiennes, qui se retirèrent dans le duché de Luxembourg, la seule province restée fidèle à l'empereur. Partout, à Bruxelles, à Mons, à Gand, à Namur, les États s'arrogèrent une autorité souveraine et leurs délégués, réunis à Bruxelles, proclamèrent le 4 janvier 1790 l'indépendance de la Belgique.

L'acte d'union consacrant l'alliance des *États-Belgiques-Unis* fut signé le 11 janvier. L'article 5 de ce traité dit que : « *Le congrès aura seul le pouvoir de faire battre monnoye, au coin des États-Belgiques-Unis, et d'en fixer le titre et la valeur* ». Pour faire acte de souveraineté, le congrès ne tarda pas à user de cette prérogative et chargea de la confection des coins Théodore Victor van Berckel, l'habile graveur général de la monnaie de Bruxelles. Voici l'indication exacte des pièces dont se compose la série monétaire de la Révolution brabançonne.

1. *Lion* d'or, valant 14 florins de Brabant (titre : 22 carats 3/4 ; poids : 8 gr. 286.)

DOMINI EST REGNVM. Lion debout, tenant de la griffe droite un glaive et soutenant de la gauche un écusson ovale sur lequel est écrit : LIBERTAS. Rev.: ET·IPSE·DOMINABITVR·GENTIVM. Écussons des onze provinces de l'union, posés en cercle ; au centre un soleil rayonnant. Les écussons sont ceux-ci, en commençant par le Brabant : Brabant, Hainaut, Gueldre, Luxembourg, Flandre, West-Flandre, Limbourg, Namur, Tournai, Tournaisis et Malines (fig. 92).

Fig. 92

2. *Lion* d'argent, valant 3 florins. Mêmes types que la pièce d'or.

3. *Florin* d'argent. Lion debout à droite. Rev.: Deux dextrochères issant de nuages et serrant ensemble onze flèches. Il y eut deux émissions de cette monnaie ; les pièces de la première ont pour légendes : MON·NOV·ARG·PROV·FOED·BELG. — IN·VNIONE SALVS ; celles de la seconde, les mêmes devises que celles des *lions* d'or et d'argent.

4. *Demi-florin* ou *pièce de X sols*. Mêmes types. Mêmes émissions successives.

5. *Double liard* de cuivre. Sans légende. Lion debout à droite tenant dans les griffes une haste surmontée du chapeau de la liberté. Rev.: Dans une couronne : AD USUM FOEDERATI BELGII (fig. 93).

Fig. 93

6. *Liard* de cuivre. Mêmes types.

Toutes ces monnaies furent frappées dans l'atelier monétaire de Bruxelles, le seul en activité au moment de l'insurrection. Elles portent la tête d'ange, marque de cette officine, et le millésime 1790. L'argent divisionnaire a l'indication de la valeur exprimée au revers : I·FLOR. et X. SOLS. Outre les pièces que nous venons d'énumérer, le Congrès souverain avait décidé l'émission de pièces d'un florin et demi, d'un quart de florin et d'un huitième de florin, mais ces monnaies n'ont jamais été battues.

Après la mort de Joseph II, son frère Léopold II (1790-92) parvint à rentrer en possession des Pays-Bas. Son premier soin fut de démonétiser les espèces révolutionnaires, au cours desquelles mit fin un décret du 28 janvier 1791. Léopold II monnaya aussitôt à Bruxelles; mais cet atelier ne fournit que les espèces ordinaires; celles destinées spécialement au Luxembourg furent frappées à Guntzbourg.

Le successeur de Léopold II, François II (1792-1797) fut le dernier souverain autrichien qui monnaya en Belgique; mais son monnayage ne fut jamais bien actif. Après la bataille de Jemmapes, en 1792, le pays avait été envahi et occupé par les armées de la République française; repris, peu de temps après, par les Autrichiens, il fut réuni définitivement à la France par la victoire de Fleurus (1794).

La ville de Luxembourg fut une des dernières qui tinrent contre les forces de la France. Le siège qu'elle eut à subir est rappelé dans les collections numismatiques par des monnaies de nécessité d'argent et de cuivre. L'*écu* d'argent est frappé; il porte à l'avers, en cinq lignes : **AD VSVM LVXEMBVRGI C̄CVALLATI** 1795 et, au revers, l'indication de la valeur : **LXXII ASSES** 13. Les monnaies de cuivre sont coulées; elles ont d'un côté un écu au lion accosté des lettres : **F-II** (François II), de l'autre, dans le champ, en trois lignes : **I SOL** 1795.

Ce monnayage termine la période moderne de la numismatique belge. Les premières pièces désormais frappées dans le sud des anciens Pays-Bas le seront par l'empereur Napoléon I selon le système décimal.

§ V. — *Pays-Bas septentrionaux, depuis la création de la République des Provinces-Unies jusqu'à l'avènement de Louis-Napoléon (1581-1806).*

A. — *République des Provinces-Unies* (1581-1795)

SOURCES : Celles indiquées au § III. — W. J. de Voogt, *Geschiedenis van het muntwezen der provincie Gelderland.* Amsterdam, 1874, in-4. — L. W. A. Besier, *De muntmeesters en hun muntslag in de provinciale en stedelijke munthuizen van de Republiek der Vereenigde Nederlanden,* etc. Utrecht, 1890, in-8. — D. Groebe, *Bijdragen tot de kennis der muntzaken in de Vereenigde Nederlanden.* Amsterdam, 1832, in-8.

Après la déchéance officielle de Philippe II et la constitution définitive, sous le stathoudérat de Guillaume d'Orange, de la République des Provinces-Unies, chaque province continua à monnayer à sa guise. Le désordre monétaire régna de plus belle; il n'y eut aucune unité ni de type, ni de système. Nous nous bornerons à indiquer, pour chaque province en possession d'un atelier, les principales pièces émises. Ce furent, en Hollande, dans l'atelier de Dordrecht (différent : une rose) :

1. *Florin* d'or. VIGILATE DEO CONFIDENTES. Le stathouder debout, tenant une hache et un écu triangulaire au lion, imitation d'un type hongrois. Rev. : 1583. MO. NO. AVR. COMIT. HOL. ZEEL. Écu de Hollande couronné.

Fig. 94

2. *Ecu* d'argent dit *gehelmde rijksdaalder* (fig. 94). Même légende. Buste cuirassé de Guillaume d'Orange, l'épée nue à l'épaule. Rev.: MO. NO. ARG. etc. Écu de Hollande timbré d'un heaume lambrequiné, avec lion issant pour cimier (1583-84).

3. *Demi-écu* d'argent. Mêmes types.

En Zélande, l'atelier de Middelbourg (différent : une tour) frappa les monnaies suivantes :

1. *Noble* d'or au type habituel. Les légendes sont : MO. NOV. AVR. COMITAT. ZELAN. et SI. DEVS. NOBISCVM. QVIS. CONTRA. NOS. Les *nobles* de 1584 diffèrent un peu ; ils ont à l'avers, DOMINE. SERVA. NOS. PERIMVS. ZEL.

2. *Écu* d'argent à la croix de Bourgogne dit *kruisdaalder* (1584). Imitation des monnaies frappées par le roi d'Espagne dans les Pays-Bas.

3. *Demi-écu* au même type (1584).

4. *Escalin.* DOMINVS. SERVA. NOS. PERIMVS. Buste d'un guerrier à mi-corps, à droite, au-dessus de l'écusson de Zélande. Rev. : Croix feuillue (1583 et suiv.)

5. *Demi escalin.* Mêmes types.

6. *Quart d'escalin.* Mêmes types.

Les comptes des Monnaies de Middelbourg et de Dordrecht n'ont pas été retrouvés par M. Besier, de sorte qu'il faut recourir aux monnaies elles-mêmes pour reconstituer le système. Il n'en est pas de même pour la Gueldre; ici les documents écrits abondent. L'instruction adressée au maître de la Monnaie de Nimègue, le 11 octobre 1581, prescrivait la fabrication des espèces suivantes :

1. *Noble* d'or au type habituel, mais avec les armes de la province. Émis pour 7 florins 10 sous.

2. *Lion* d'or. DEVS. CONSTITVIT. REGNA. Lion debout à droite tenant un drapeau. Rev.: MONE. NO. DVC. GEL. CO. ZVT. Écu couronné de Gueldre-Zutphen sur une croix feuillue. Émis pour 4 florins.

3. *Grand cavalier* d'or. Mêmes légendes. Cavalier l'épée au poing, galopant à droite; à ses pieds un petit écu au lion. Rev.: Type analogue au n° 2. Émis pour 6 florins. Cette

pièce et la précédente, ayant été émises à un taux trop élevé, furent aussitôt retirées et remplacées par la suivante.

4. *Cavalier* d'or. Mêmes légendes et même type. Rev. : MONETA. NOVA. AV. DVC. GELRIE. CO. ZVT. 82. Écu parti sous une couronne. Cette pièce fut émise pour 3 florins.

5. *Écu au cavalier* d'argent. Légendes analogues. Cavalier tenant un fanion et galopant à gauche ; à ses pieds un écu parti. Rev. : Deux écussons de Gueldre et Zutphen sous un heaume lambrequiné. Cet *écu* fut émis pour 40 sols.

6. *Demi-écu au cavalier* d'argent. Mêmes types.

7. *Snaphaan*. Cavalier, l'épée levée, galopant à gauche ou à droite. Rev. : Écu parti sur une croix qui coupe la légende ; cette croix est feuillue et terminée à chaque branche par une plume de paon armoriée d'un lion. Pièce émise pour 6 sols.

8. *Demi-snaphaan*. Mêmes types.

En 1582, les États de Gueldre ouvrirent un second atelier monétaire à Zutphen. Cet atelier prit pour marque différentielle le petit écusson municipal coupé d'un lion léopardé et d'une croix ; mais il ne put travailler qu'un an, la ville ayant été prise par les Espagnols en septembre 1583. Les monnaies que le maître de l'atelier de Zutphen devait frapper étaient les mêmes que les espèces émises à Nimègue, mais les émissions se bornèrent à des *cavaliers* d'or, des *snaphanen* et *demi-snaphanen* de billon. Nimègue eut le sort de Zutphen, et Philippe II y entretint de 1585 à 1591 un atelier royal ; dans ces circonstances difficiles, les États de Gueldre transportèrent leur Monnaie à Harderwyk où elle resta désormais. De 1584 à 1586, on y frappa des *nobles* et des *cavaliers* d'or, puis des *écus* et *demi-écus* d'argent dits *kruisdaalders* au type espagnol de la croix de Bourgogne.

Passons aux monnaies frappées par les États d'Utrecht ; l'atelier, situé dans la capitale de la province, marquait ses produits d'un petit écu tranché aux armes locales :

1. *Noble* d'or au type habituel.

2. *Demi-noble* d'or au même type.

3. *Écu à l'aigle* d'argent, dit *arendsrijksdaalder*. MONETA. NOVA. ORDINVM. TRAIEC. Écu échancré écartelé aux 1er et 4e d'une croix, aux 2e et 3e d'un lion. Rev.: CONCORDIA. RES PARVÆ. CRESCVNT. Double aigle portant en cœur l'écu tranché d'Utrecht.

4. *Écu* d'argent dit *rijksdaalder*. Même légende et même type. Rev. : Croix feuillue portant en cœur l'écu d'Utrecht et cantonnée des écus d'Amersfoort, Rhenen, Wyk-by-Duurstede et Montfoort.

5. *Écu au lion* d'argent dit *leeuwendaalder* (1585), type conforme à celui des anciens *leeuwendaalders* de Hollande.

6. *Demi-écu au lion* d'argent. Même type.

7. *Snaphaan* de billon. Type analogue à ceux des *snaphanen* de Gueldre.

8. *Demi-snaphaan* de billon. Même type.

La ville d'Utrecht continua pour son compte l'émission de *stuivers* ou *sols* de billon ; ces pièces portent les armes municipales.

Les États d'Overyssel décidèrent en 1582 que l'ancien atelier espagnol de Hasselt serait transformé en Monnaie provinciale. Le maître nommé par les États fut autorisé à transporter son outillage à Campen, ville impériale qui possédait déjà pour elle-même le droit monétaire. L'atelier provincial d'Overyssel frappa les pièces suivantes :

1. *Ducat* d'or au type hongrois, dit *hongaarsche dukaat.* MON. OR. TRANSISL. VA. VNG. Personnage debout tenant une hache et l'écu d'Overyssel. Rev. : PATRONA. VNGARIE. La Vierge à l'Enfant dans un croissant.

2. *Noble* d'or au type habituel.

3. *Quart de noble* d'or.

4. *Cavalier* d'or analogue à ceux de Gueldre.

5. *Doubles ducats* d'or au type espagnol de Ferdinand et Isabelle (deux bustes en regard). Les légendes sont PHLS. DEI. GRAT. HISPANIAR. REX. et DVCATVS. ORDI. TRANSISS. VAL. HISP. Le nom du roi d'Espagne n'a ici aucune signification politique ; les États le conservaient uniquement pour assurer à leurs espèces un cours plus étendu.

6. *Ducats* d'or au même type. Mêmes légendes.

7. *Écu* d'argent à la croix de Bourgogne, dit *kruisdaalder.*

8. *Demi-écu* d'argent au même type. Cette pièce et la précédente reproduisent également le nom du roi : PHS. D. G. HISP. REX. N. O. TRS. ISSV. et DOMINVS MIHI ADIVTOR. C'est la copie textuelle des pièces frappées dans les provinces méridionales.

9. *Écu au lion* d'argent, dit *leeuwendaalder,* copié sur les pièces hollandaises.

Les documents écrits relatifs à la Frise et aux monnaies que les États de cette province firent frapper à Leeuwarden manquent, mais on connaît en nature les espèces suivantes :

1. *Écu au cavalier* d'argent, dit *rijderdaalder.* Type comme en Gueldre (1582).

2. *Demi-écu au cavalier,* d'argent. Même type (1583).

3. *Écu à l'aigle* d'argent, dit *arendsdaalder.* NISI. DOMINVS. NOBISCVM. 1583. Buste à droite, l'épée à l'épaule, manteau et bonnet de fourrure. Rev. : MONETA. ORDI. FRISI. VAL. IMPE. DAL. Double aigle chargée en cœur de l'écu de la province.

4. *Demi-écu à l'aigle* d'argent. Même type (1583 et 1584).

5. *Snaphaan* de billon. Type analogue à ceux de Gueldre.

6. *Demi-escalin* dit *halve gehelmde schelling.* Écu de Frise heaumé et lambrequiné. Rev. : Écu sur une croix feuillue, comme sur le *snaphaan.*

7. *Stuiver* ou sol. Écu de Frise couronné dans une épicycloïde. Rev. : Croix feuillue portant en cœur l'écu de Leeuwarden.

Les Ommelanden avaient dû supprimer en 1580 leur atelier d'Appingedam par suite des incidents de la guerre, mais en 1584, ils autorisèrent leur maître à monnayer à Gorcum, ville de Hollande qui avait ouvert, de sa propre autorité, un atelier dans ses murs à la faveur des troubles[1]. En 1589, le monnayage de Gorcum s'étant trouvé arrêté, les Ommelanden s'entendirent avec le comte Florent de Culembourg pour

---

1. L'exemple de Gorcum fut suivi par la ville de Bommel, en Gueldre, qui ouvrit également un atelier de sa propre initiative. On possède des *écus* municipaux de 1582, reproduisant le type des *leeuwendaalders* frappés par la ville d'Utrecht en 1579. L'ate-

monnayer dans sa seigneurie. Le différent de l'atelier de Culembourg
est une colonne. Ce monnayage devait comprendre de nombreuses
espèces, mais la seule qui nous soit parvenue est l'*écu* ou *daalder* d'argent de 1589. Les droits monétaires des Ommelanden ne furent pas reconnus par les États; les émissions de Culembourg prirent fin en 1591.

Le désordre des monnaies continua dans les Pays-Bas, jusqu'au moment où le comte de Leicester eut pris en main, avec le titre de gouverneur général, l'administration des provinces [1]. Le 4 août 1586 parut le
placard auquel Leicester laissa son nom, et qui peut être considéré
comme la première tentative sérieuse de réglementation du monnayage
néerlandais. Il y est dit que pendant toute la durée de la guerre contre
l'Espagne, il n'y aura, dans chaque province, qu'une seule Monnaie, sans préjudice néanmoins pour les droits acquis [2]. Le nombre
des ateliers fut ainsi porté à huit : 1° en Hollande, la Monnaie resta à
Dordrecht; 2° en Zélande, à Middelbourg; 3° en Gueldre à Harderwyk;

Fig. 95

4° dans la province d'Utrecht, à Utrecht; 5° en Frise, à Leeuwarden;
6° pour la Westfrise, privée jusqu'alors de monnaies particulières, un
atelier ambulatoire fut créé; il fut placé tour à tour à Hoorn, à Enkhuisen et à Medemblik, d'abord pour un terme de trois ans, plus tard pour
un terme de sept, enfin pour un terme de dix ans; 7° l'atelier d'Overys-

lier de Bommel, comme celui de Gorcum, fut mis par les autorités locales à la disposition de plusieurs petits seigneurs qui y fabriquèrent d'audacieuses contrefaçons de
monnaies étrangères; ces imitations, appelées *haagmunten* dans les documents néerlandais, furent l'objet de fréquents décris de la part des États.

1. En 1586, Leicester créa à Amsterdam un atelier où il frappa des *nobles* d'or, mais
par suite de l'opposition des États de Hollande et Westfrise, cet atelier n'eut qu'une
existence éphémère.

2 Cette réserve faite des droits acquis s'appliquait au *jus monetae* des anciennes villes
impériales : Nimègue, Zutphen, Deventer, Campen, Zwolle et Groningue. Nous
parlerons de leur monnayage lorsque nous traiterons l'histoire monétaire de l'Empire
d'Allemagne (cercle de Westphalie).

sel, également ambulatoire, fut placé tour à tour à Déventer, à Campen et à Zwolle; enfin, 8° pour la province de Groningue, une Monnaie fut ouverte en cette ville. Le système monétaire établi par le comte de Leicester comprenait les espèces suivantes:

1. *Noble* d'or. Type habituel, mais le personnage debout dans le navire est casqué; il tient de la main droite une épée et de la gauche un faisceau de 7 flèches. Au revers, la croix est remplacée par un soleil rayonnant dont le centre est occupé par le faisceau.

2. *Demi-noble* d'or. Même type.

3. *Quart de noble* d'or. Même type.

4. *Ducat néerlandais* d'or. Guerrier debout à droite, tenant l'épée et le faisceau. Rev.: Légende en cinq lignes dans un cartouche carré (fig. 96).

5. *Réal néerlandais* d'argent. Buste lauré, à droite. Rev.: Six écussons provinciaux rangés en étoile autour du faisceau de sept flèches [1]. Cette pièce était émise pour 8 escalins 4 gros.

6. *Demi-réal néerlandais* d'argent. Mêmes types (fig. 95).

7. *Cinquième de réal néerlandais* d'argent. ⎫
8. *Dixième de réal néerlandais* d'argent. ⎬ Nous ignorons si ces pièces furent frappées.

9. *Vingtième de réal néerlandais* d'argent. Même buste. Rev.: Cartouche ovale renfermant le faisceau de sept flèches.

10. *Sol* ou stuiver. Croix feuillue. Rev.: Cartouche comme au n° 9.

11. *Écu* ou *rijksdaalder*. Buste à mi-corps de Leicester, à droite, la tête laurée; la main droite tient l'épée, la gauche le faisceau. Rev.: Écu à six quartiers coupé d'un et parti de deux.

12. *Demi-écu* d'argent. Même type.

13. *Quart d'écu* d'argent. Même type.

Les légendes de ces diverses monnaies sont généralement à l'avers **CONCORDIA· RES· PARVÆ· CRESCVNT** suivi du nom abrégé de la province monnayant; au revers **MO. ORDIN. PROVIN. FOEDER. BELGIÆ**; sur les *rijksdaalders*, on lit à la fin de cette dernière **AD·LEG· IMP**. L'ordonnance de Leicester rencontra une assez vive opposition.

Fig. 96

Elle blessait trop d'intérêts particuliers et portait atteinte à l'autonomie dont les États généraux et les États des provinces étaient si jaloux. Certains ateliers ne s'y soumirent jamais d'une manière complète et, dès 1589, le désordre recommença.

Le 4 janvier 1589, les États de Gueldre, par exemple, ordonnèrent au maître de la monnaie d'Harderwyk de frapper des *nobles*, des *ducats* de Hongrie, des *rijksdaalders*, des *leeuwendaalders* (fig. 97) et demi à l'ancien type hollandais. Le 27 août de la même année, une nouvelle

---

1 Ces six écussons sont ceux des provinces qui accédaient au traité avec la reine d'Angleterre : Gueldre-Zutphen, Hollande-Westfrise, Flandre, Zélande, Utrecht et Frise.

ordonnance créa des *doubles ducats* au type espagnol; sur ces curieuses imitations les noms de **FERNANDVS· ET· ELISABET· D· G· REX· ET** sont reproduits, et pour rendre plus fidèlement encore le modèle, les légendes sont écrites en lettres gothiques. En 1590 on frappa de nouveau quelques pièces conformes au type prescrit par Leicester; l'année suivante on recommença l'émission de *kruisdaalders* ou écus à la croix de Bourgogne, et en 1593, celle de *gehelmde rijksdaalders* analogues à ceux frappés en Hollande en 1583. En 1601, la Frise se mit à frapper des *florins* d'argent ou *gulden,* appelés aussi *achtentwintig* parce qu'ils valaient 28 sous, ou *klapmuts* parce que leur type se composait d'un buste de profil coiffé d'un bonnet à visière.

Fig. 97

Dans toutes les provinces, il y eut des modifications analogues, des retours à d'anciens types, des fluctuations de cours; mais il nous est impossible d'entrer ici dans les détails de l'histoire métallique. Bornons-nous à constater que dans les dernières années du xve siècle, l'anarchie monétaire était aussi grande dans les Provinces Unies qu'au lendemain de la chute définitive du régime étranger.

L'excès du mal amena le remède. La réglementation que les États généraux avaient, à contre-cœur, acceptée du gouverneur général, le comte de Leicester, et à laquelle ils avaient opposé tous les obstacles, ils se virent obligés de l'établir eux-mêmes. Dès 1598 et 1599, les généraux maîtres avaient adressé au pouvoir des remontrances pressantes, mais, comme ils en convenaient dans une missive du 31 mai 1602, il y avait eu tant d'affaires urgentes pour l'État que l'on n'avait pu apporter aux monnaies toute l'attention désirable. Maintenant, à leur avis, la situation devenait trop grave; presque toutes les provinces s'étaient éloignées sensiblement du pied de 1586 et remplissaient le pays de mauvaises espèces. Les plaintes des généraux maîtres furent entendues. Le 21 mars 1606, les États Généraux firent une ordonnance appelée à rester, à quelques dérogations et quelques modifications près, la base de l'organisation monétaire pendant toute la durée de la République. Après avoir constaté le surhaussement des espèces par suite de la guerre et l'invasion toujours grande du numéraire étranger et contrefait, les États Généraux prescrivirent l'émission de nouvelles espèces. Les attributions des officiers des monnaies furent exactement définies. On imposa aux ateliers l'obligation de rester continuellement actifs; aucun autre poids ne pouvait être employé que celui de Troyes, ajusté d'après le dormant de la Chambre des comptes de Hollande. Les diverses opérations monétaires étaient réglées par l'ordonnance, qui se termine par l'exposé des penalités appliquées aux délits et crimes de monnayage. Les principales espèces établies par l'ordonnance de mars 1606 furent :

1. *Double ducat* d'or taillé à 35 du marc de Troyes, de l'aloi de 23 carats 8 grains. Le taux d'émission était de 25 escalins 4 gros. — Type : Guerrier armé de toutes pièces debout à droite, tenant l'épée nue de la main droite et un faisceau de sept flèches dans la gauche ; en légende, la devise CONCORDIA. RES. PARVAE. CRES. suivie du nom abrégé de la province monnayante. Rev. : Cartouche carré portant en cinq lignes : MO. AVR. PROVIN. CONFOE. BELG. AD. LEG. IMP.

2. *Ducat* d'or, taillé à 70 au marc. Même aloi et mêmes types. Émis pour 12 escalins 8 gros.

3. *Grand cavalier* ou *groote rijder* d'or conforme en poids et aloi à la nouvelle Unité de Grande-Bretagne (24 8/13 au marc ; 22 car. 1 gr.). Taux d'émission : 33 esc. 8 gr. — Type : Cavalier galopant à droite et tenant l'épée haute ; au-dessous l'écu de la province monnayant ; en légende : MO. AV. PRO CONFOE. BELG suivie du nom abrégé de la province. Rev. : Écu couronné au lion tenant l'épée levée et le faisceau de flèches. En légende la devise : CONCORDIA · RES · PARVÆ · CRESCUNT.

Fig. 98

4. *Demi-cavalier* d'or taillé à 49 3/13. Taux d'émission : 16 esc. 10 gr. — Même aloi et mêmes types (fig. 98).

5. *Rijksdaalder* d'argent, taillé à 8 72/151, à 10 den. 15 gr. de loi ; taux d'émission ; 7 esc. 10 gr. — Personnage armé, à mi-corps à droite, la tête laurée, tenant de la main droite l'épée appuyée sur l'épaule et de la gauche un nœud de rubans retenant l'écu d'une des provinces. Rev. : Même type que le *grand cavalier* d'or.

6. *Demi-rijksdaalder* d'argent. Même aloi et mêmes types.

7. *Leeuwendaalder* d'argent, taillé à 8 8/9 au marc et de 9 grains d'aloi. — Ces pièces reproduisent le type des anciens *leeuwendaalders* hollandais. Leur légende reste au revers : CONFIDENS. DNO. NON. MOVETVR.

8. *Demi-leeuwendaalder* d'argent. Même aloi et mêmes types.

9. *Escalin* ou pièce de 20 gros, ou 10 stuivers, du poids et de l'aloi des escalins de Jacques roi d'Angleterre, dit l'ordonnance. — Type : Guerrier armé, debout à droite, l'épée à l'épaule et tenant devant lui l'écu de la province. Rev. : analogue à celui du *grand cavalier* d'or, mais aux côtés de l'écu, X — S·

En 1614, le 20 janvier, une résolution des États Généraux compléta le système par la création des monnaies divisionnaires ou, comme on disait alors, des pièces de payement suivantes :

10. *Double-sol* ou *dubbele stuiver*, à 142 2/9 au marc et à 7 deniers d'aloi. — Type : sans légende, lion à gauche, tenant l'épée et le faisceau de flèches accosté de la valeur 2 — S. Rev. : Le nom de la province et le millésime écrits transversalement dans le champ.

11. *Sol* ou *stuiver* à 284 4/9 au marc et à 7 deniers d'aloi. — Même type. Plus tard, vers 1640, le type fut changé ; à l'avers il y eut le faisceau de sept flèches ; au revers, le nom de la province et le millésime.

L'année suivante, on permit aussi la fabrication de deux nouvelles divisions :

12. *Quart de leeuwendaalder* d'argent. Type légèrement différent du *leeuwendaalder*
13. *Demi-stuiver*.

La plus petite monnaie divisionnaire fut la *dute* de cuivre. Son type était, à l'avers, l'écu de la province ; au revers, son nom et le millésime. En Gueldre, la première émission *datée* est de 1625.

Le monnayage ne fut sérieusement modifié qu'en 1659, par une ordonnance des États Généraux datée du 11 août. Cette ordonnance majora le prix payé à la Monnaie pour les matières et créa quatre monnaies nouvelles :

1. *Cavalier* d'argent ou *ducaton* taillé à 7 173/341 au marc, et à 11 d. 7 gr. d'aloi. MO : NO : ARG. : PRO : CONFŒ : BELG : et le nom de la province. Cavalier galopant à droite, l'épée levée ; au-dessous, l'écu d'une des provinces. Rev. : CONCORDIA : RES : PARVÆ : CRESCVNT, et le millésime. Écu couronné au lion néerlandais, soutenu par deux lions couronnés.

2. *Demi-cavalier* d'argent. Mêmes types.

3. *Ducat* d'argent taillé à 8 29/41 au marc ; aloi, 10 d. 11 1/2 gr. Mêmes légendes. Guerrier debout à droite, l'épée nue à l'épaule, et tenant devant lui l'écu d'une des provinces. Rev. : Écu couronné au lion néerlandais.

4. *Demi-ducat* d'argent. Mêmes types.

La création de ces pièces, déjà proposée en 1657, fut provoquée par la grande exportation des matières qui se faisait des Provinces Unies vers les Pays-Bas espagnols. On résolut, pour entraver cette exportation, de monnayer sur le pied du *ducaton* de Brabant [1].

En 1672, dit van Loon dans son Histoire métallique des Pays-Bas, les États de Hollande, pour subvenir à la guerre contre Louis XIV, ordonnaient au peuple de prêter à l'état à 4 o/o d'intérêt, le double de la somme à laquelle ils étaient personnellement taxés pour le 200e denier. Cette somme pouvait être fournie en matière d'or et d'argent. Le métal afflua tellement qu'on ouvrit un atelier temporaire à Amsterdam.

Une instruction des états de Hollande et Westfrise, en date du 6 avril

1. En 1670, on décida de ne plus frapper au marteau en Hollande et en Westfrise.

1680, créa une nouvelle espèce d'argent, la pièce de trois florins, qui fut bientôt acceptée avec ses divisions, par les diverses autres provinces. Ces monnaies nous rapprochent du système néerlandais actuel ; en 1694 elles furent admises comme étalons par les États Généraux :

1. *Pièce de trois florins* ou *driegulden*, taillée à 7 243/331 au marc ; aloi 11 den. 1 gr. Type : La pucelle de Néerlande debout, tenant de la main droite une haste surmontée du chapeau de la liberté ; le bras gauche est appuyé sur une bible placée sur un autel (fig. 99). Rev. : Écu couronné d'une des provinces ; dans le champ, l'indication de la valeur 3 — G.

Fig. 99

2. *Pièce de deux florins* ou *tweegulden*. Même type.

3. *Florin* ou *gulden*. Même type.

4. *Demi-florin* ou *halvegulden*. Même type.

Le monnayage simultané des diverses provinces ne cessa jamais de donner lieu à des récriminations et des compétitions. C'étaient surtout les menues espèces, les « pièces de payement » qui provoquaient les plaintes, mais la monnaie sérieuse, l'or et l'argent, restèrent désormais établis d'une manière solide et uniforme. Concurremment avec les *florins* et leurs multiples on continua néanmoins l'émission de pièces anciennes auxquelles le commerce international était accoutumé. Le *leeuwendaalder*, par exemple, fut frappé jusque dans les premières années du XVIIIe siècle[1].

B. — *Monnaies obsidionales.*

SOURCES : celles indiquées au § III. — G. van Loon, *Histoire métallique des XVII provinces des Pays-Bas*, t. III, IV et V.

Les monnaies obsidionales frappées dans les provinces septentrionales depuis la proclamation de l'indépendance forment trois groupes historiques ; celles de Bergen-op-Zoom, Zaltbommel et Bréda qui se rattachent aux luttes contre l'Espagne ; celles de Campen, Deventer et Groningue qui se rapportent aux guerres de Louis XIV ; enfin celles de Maestricht,

1. On possède pour le XVIIe siècle un grand nombre de pièces néerlandaises ou étrangères *contremarquées* dans les Provinces-Unies. Ces contremarques indiquaient la vérification du poids et du titre dont les pièces avaient été l'objet, et remédiaient aux altérations clandestines. C'est ainsi que, par placard du 11 novembre 1693, les États Généraux ordonnèrent de vérifier et de contremarquer d'un petit faisceau de flèches, toutes les pièces dites *achtentwintig* émises par la Frise et les régions voisines ; déjà quelques provinces avaient devancé cette ordonnance et prescrit la formalité de la contremarque pour les *achtentwintig* circulant dans l'étendue de leur juridiction. On trouve ainsi pour la Hollande, HOL, pour la West-Frise, un écu à ses armes, pour Utrecht, UTR, pour Groningue, GRON, ou GRO, pour la Drenthe, DR, pour l'Overyssel, un écu à ses armes. Un placard du 17 mars 1694 ordonna une mesure analogue pour les *escalins*.

qui remontent à l'invasion française de 1794. Nous rangeons ces monnayages exceptionnels par ordre alphabétique :

Bergen-op-Zoom, assiégée par les Espagnols en 1588. Monnaies d'étain
aux armes locales dans une couronne, avec la légende : D. O. M.
OBSID. LIB. BERGEN. Les armes de Bergen-op-Zoom sont : *d'argent
au mont de sinople surmonté de trois flanchis de gueules* (fig. 100).

Fig. 100   Fig. 101   Fig. 102

Bommel, assiégée par les Espagnols en 1599. La ville frappa dans son
atelier local des *écus, demi-écus,* et *quarts d'écu* d'argent, et quelques
divisions de billon. Le type des pièces d'argent est à l'avers un château
à trois tours avec un canon à l'entrée ; au revers, les armes de la ville,
ayant, pour supports, deux lions s'unissant pour tenir une épée en pal.
Le billon porte les armes de la ville (fig. 101) et, au revers, une croix
longue, évidée et ornée. Les légendes sont : DVRÆ. NECESSITATIS.
OPVS. — NOVA. FACTA. BOEME. avec plus ou moins d'abréviations.

Bréda, assiégée par les Espagnols sous les ordres de Spinola, en 1625.
La vaisselle d'argent fut convertie en monnaies ; il y eut des pièces carrées de 60 sols, 40 sols et 20 sols ; elles portent un lion armé, les armes
de Nassau ou les armes de Bréda. En cuivre, on frappa également des
pièces carrées de 1 et 2 sols ; elles ont pour type l'écusson local.

Campen, assiégée par l'évêque de Munster allié de Louis XIV en 1672.
Ces pièces ne sont pas des obsidionales proprement dites ; elles furent
frappées après la reddition de la ville. Afin d'éviter la confiscation de
l'argenterie municipale par les troupes ennemies, le Magistrat la fit transformer en *écus* d'argent. Ces pièces, régulièrement frappées à l'atelier
monétaire de la ville, portent à l'avers l'écusson et le nom de CAMPEN ;
au revers, en quatre lignes : NE | CESSITAS | ALTERA | 1672.

Deventer, assiégée par l'évêque de Munster en 1672. Le 18 mai, le
magistrat local décida la fabrication d'obsidionales. La ville se rendit
le 20, de sorte que les pièces frappées par l'orfèvre Lucas Lucaszoon
furent émises après la reddition. Il y en avait de quatre sortes : *écus,
demi-écus, quarts* et *huitièmes d'écu ;* elles sont carrées, en argent, et
portent deux poinçons, l'un aux armes de la ville (aigle couronnée),
l'autre au millésime de 1672.

Groningue, assiégée par l'évêque de Munster en 1672. La ville fut investie sans résultat du 17 juillet au 27 août. Le magistrat fit frapper des

pièces de nécessité carrées en argent, valant un *rijksdaalder* ou 50 sols, 25 sols, 12 sols et demi, six sols et demi. Elles sont marquées d'un grand poinçon rond aux armes de la ville (fig. 102) accostées de l'indication de la valeur et entourées de la légende : **IVRE ET TEMPORE**[1].

Maestricht, assiégée par les armées de la République française en 1794. Le siège commença en septembre et dura jusqu'en novembre. En octobre, la disette du numéraire s'étant fait sentir, le magistrat mit en réquisition toute l'argenterie des églises et des couvents en échange d'obligations à 4 o/o, et chargea le métier des orfèvres de fabriquer des obsidionales. Il y eut d'abord des *écus* d'argent portant à l'avers **TRAIECTUM AD MOSAM** et une grande étoile; au revers **IOO STRS** au centre et **URBE 1794 OBSESSA** en légende. Il paraît que le Magistrat trouva ce coin trop compliqué; car il ordonna de fabriquer des pièces rondes, unifaces, qui ne porteraient que le millésime, l'étoile de Maestricht, la valeur de la pièce et la marque de l'essayeur juré; cette émission comprit des pièces de 100 et de 50 stuivers.

C. — *République batave* (1795-1806).

SOURCES : celles précédemment citées. — L. W. A. Besier, *Munt-Kabinet van's Rijks munt te Utrecht. Catalogus der gouden en zilveren speciën geslagen in het tijdvak van het Bataafsch Gemeenebest, het koningrijk Holland en het fransche Keiserrijk.* Utrecht, 1885, in-8.

Le 16 mai 1795, les Pays-Bas septentrionaux, après la fuite de Guillaume V en Angleterre, se constituèrent en République batave, organisée d'après la République française. L'Assemblée Nationale, qui avait dans ses attributions la réorganisation du monnayage, n'aboutit à aucune réforme, bien que, sous l'influence des idées centralisatrices, le principe de l'unité des monnaies eût été inscrit dans la constitution de 1798; conformément aux mêmes tendances, l'Assemblée décida le 8 août 1799 qu'il n'y aurait plus qu'un seul atelier monétaire pour tout le pays.

Cette décision ne fut pas exécutée, et les ateliers provinciaux continuèrent à frapper les *ducats* d'or, les *rijksdaalders*, les *florins* et leurs multiples, les *ducatons*, etc., de l'ancien système. Le millésime seul fut changé. Il existe toutefois une série d'*essais* de monnaies de la République batave, mais il paraît qu'on n'en frappa jamais que deux exemplaires; cette série se compose de cinq pièces d'argent : 3 *florins*, 1 *florin*, 10, 5

---

1. Beaucoup d'obsidionales unifaces de la Hollande furent transformées en médailles commémoratives par leurs possesseurs, qui y ont fait graver soit leurs armes, soit leur nom, soit des devises ou des vers de circonstance. Mailliet a reproduit dans son livre quelques-unes de ces fantaisies, qui n'ont du reste aucun caractère officiel.

et 2 *stuivers*. Le type des trois premières est un génie ailé, tenant une flèche, debout à côté d'un autel ; le même autel figure seul sur les pièces de 5 et de 2 *stuivers*. Au revers, le champ est occupé par l'indication de la valeur dans une couronne. Les légendes sont **EEN EN ONDEELBAAR STERK** (une et indivisible) **BATAAFSCH GEMEENEBEST** (République batave) **'T 6 JAAR** (l'an 6). Le 5 juin 1806, la République batave prit fin par l'avènement de Louis Napoléon au trône de Hollande.

CHAPITRE QUATRIÈME

LES ILES BRITANNIQUES DEPUIS LE MILIEU DU XVIᵉ SIÈCLE JUSQU'A LA FIN DU XVIIIᵉ.

SOURCES : R. Ruding, *Annals of the coinage of Great Britain and its dependencies.* 3ᵉ édition, Londres, 1840, 3 vol. in-4. — E. Hawkins, *The silver coins of England arranged and described.* 3ᵉ édition, Londres, 1887, in-8. — R. L. Kenyon, *The gold coins of England, arranged and described.* Londres, 1884, in-8. — H. Montagu, *The copper, tin and bronze coinage and patterns for coins of England.* Londres, 1885, in-8. — Lindsay, *A view of the coinage of Scotland.* Cork, 1845, in-4. *Supplément,* Cork, 1859, in-4. — Lindsay, *A view of the coinage of Ireland from the invasion of the Danes to the reign of George IV.* Cork, 1839, in-4.— Edw. Burns, *The coinage of Scotland.* Édimbourg, 1887, 3 vol. in-4. — Cochran Patrick, *Records of the coinage of Scotland.* Édimbourg, 1876, 2 vol. in-4. — J. Atkins, *The coins and tokens of the possessions and colonies of the British Empire.* Londres, 1889, in-8.

§ I. — *L'Angleterre depuis Édouard VI jusqu'à l'avènement de Jacques I.*

A. — *Édouard VI* (1547-1553)

Le commencement de la période moderne date, dans la numismatique anglaise, de la fin du règne d'Édouard VI. En 1550, le roi, renon-

Fig 99

çant à la fabrication des espèces de métal affaibli qu'avait battues son père Henri VIII, réforma le monnayage et ordonna la création de pièces d'or fin, *standard gold*, comme on en avait battu depuis Édouard III, jusqu'en 1544. L'année suivante, il créa deux monnaies d'argent à flan épais. On émit ainsi les pièces d'or suivantes :

1. *Double souverain* valant 48 shillings. Type : EDWARD. VI. D. G. ANGLIE. FRANCIE. Z. HIBERN. REX. Le roi assis de face sur un trône à dossier élevé, il tient un sceptre et le globe crucigère ; à ses pieds, une herse. Rev. : IHESV. AVTEM. TRANSIENS. PER. MEDIVM. ILLORVM. IBAT. Grande rose au centre de laquelle est posé un écu écartelé de France et d'Angleterre [1]. Ces pièces ne semblent avoir été frappées qu'à titre d'essai.

2. *Souverain* valant 24 sh. Même type (fig. 99).

3. *Angelot* valant 8 sh. Type des *angelots* d'Henri VIII, c'est-à-dire, saint Michel debout perçant de sa lance la gueule d'un dragon. Rev. : PER. CRVCE. TVAM. SALVA. NOS. XPE. RED. Navire avec cordages portant un écu écartelé de France et d'Angleterre surmonté d'une croix.

4. *Demi-angelot* valant 4 sh. Même type.

Le taux auquel ces monnaies avaient été émises était inférieur à leur valeur réelle ; aussi la spéculation des orfèvres les fit-elle disparaître de la circulation. En 1552, Édouard VI éleva leur cours : le *souverain* circula dorénavant pour 30 sh., l'*angelot* pour 10 sh. et le *demi-angelot* pour 5 sh. Concurremment avec cette hausse du cours, le roi ordonna la fabrication d'espèces nouvelles de métal un peu moins fin, en or à 22 carats, *crown gold*, comme disaient les Anglais. Il y eut ainsi quatre pièces nouvelles :

1. *Souverain nouveau* valant 20 sh. Type : Le jeune roi à mi-corps à droite, couronné et couvert de son armure. Il tient de la main droite son épée et de la gauche le globe crucigère. Rev. : IHS. AVTEM etc. Écu écartelé et couronné soutenu par un lion et un griffon ; au-dessous, un cartouche portant E. R.

2. *Demi-souverain nouveau* valant 10 sh. Même type. Rev. : Écu écartelé accosté des initiales E. R.

3. *Couronne d'or* valant 5 sh. Mêmes types, mais au revers la légende : SCVTVM. FIDEI. PROTEGET. EVM.

4. *Demi-couronne d'or* valant 2 sh. 6 pence. Même types que la couronne.

L'or d'Édouard VI fut frappé à la Tour de Londres et dans l'atelier de Southwark. Les pièces que nous venons de décrire ont encore un aspect qui rappelle le moyen âge ; les légendes sont écrites en caractères gothiques. Ce n'est à vrai dire qu'à l'examen des espèces d'argent que l'on constate l'entrée de l'Angleterre dans une période nouvelle. En 1551, nous voyons paraître pour la première fois au delà du détroit la grosse pièce d'argent correspondant à l'*écu* et au *thaler* continentaux. A partir de cette époque, le système monétaire d'Édouard VI comprit les pièces d'argent suivantes :

---

[1]. Les armes d'Angleterre sont : *de gueules à trois léopards d'or l'un sur l'autre, armés et lampassés d'azur.*

1. *Couronne d'argent*. Type : Le roi à cheval à droite ; il tient l'épée nue au por d'armes ; sous les pieds de la monture, le millésime 1551, 1552 ou 1553, écrit en chiffres arabes. Rev. : POSVI DEVM ADIVTORE' MEVM. Écu écartelé de France et d'Angleterre, l'écartelure faite par une croix à extrémités bifurquées qui coupe la légende. Cette croix reviendra souvent dans nos

Fig. 100

descriptions ; pour fixer les idées et nous éviter des périphrases, nous l'appellerons, une fois pour toutes, *croix anglaise*.

2. *Demi-couronne d'argent*. Mêmes types (fig. 100).

3. *Shilling*. Buste du jeune roi, de face, avec couronne et vêtement d'hermine ; la tête est légèrement tournée vers la gauche ; dans le champ, une rose et le chiffre XII, indiquant la valeur de la pièce en *pence*. Rev. : Type des pièces précédentes.

4. *Six pence* ⎫ Mêmes types que le shilling, sauf l'indication de la valeur.
5. *Three pence* ⎬ Quelques pièces frappées à York ont au revers : CIVITAS EBORACI,
⎭ au lieu de la devise.

6. *Penny*. Il y en a de deux types, correspondant à deux émissions, dont la seconde est de métal affaibli. Les premiers *pennies* représentent le roi assis de face ; les derniers ont une rose dans le champ. La légende de l'avers de ces monnaies est : E. D. G. ROSA. SINE. SPINA.

Édouard VI, dernier représentant mâle de la maison de Tudor, mourut le 6 juillet 1553 à Greenwich, à l'âge de seize ans.

B — *Marie Tudor* (1553-1558)

Marie, sœur d'Édouard VI, fut proclamée reine d'Angleterre à Londres le 19 juillet 1553 et couronnée le 4 octobre suivant. Sa ligne de conduite, en ce qui concerne les monnaies, consista dans l'établissement de l'or comme étalon unique. Elle abolit donc les monnaies de *crown gold* frappées par son frère en 1552 et relégua l'argent au rang de la monnaie d'appoint. Par ordonnance du 20 août 1553, il fut décidé que les monnaies d'or de *standard gold* dorénavant battues seraient le *souverain* de 30 sh., le *demi-souverain* ou *royal* de 15 sh., l'*angelot* de 10 sh. et le *demi-angelot* de 5 sh. Le type du *souverain* et des *angelots* resta tel qu'il était sous Édouard VI ; pour le *royal*, il réédita l'empreinte jadis si accréditée du *noble*. Nous y trouvons en effet, au droit, la reine debout, de face, dans un navire, l'épée dans la main droite et tenant la gauche appuyée sur l'écu écartelé de France et d'Angleterre. La devise inscrite sur les monnaies d'or de Marie est : A. DNO. FACTV. EST. ISTV. Z. EST. MIRA. IN. OCVL. NRIS.

En argent, la reine frappa des *gros*, des *demi-gros* et des *pence* portant

Fig. 101

à l'avers son buste couronné de profil à gauche. Au revers nous retrouvons l'écu écartelé avec la croix anglaise. Une nouvelle devise se montre : VERITAS TEMPORIS FILIA. Marie Tudor emploie invariablement les lettres gothiques dans les légendes de ses monnaies.

Le 25 juillet 1554, la reine d'Angleterre épousa celui qui allait être bientôt le roi d'Espagne Philippe II. Cet événement politique produisit

Fig. 102

une modification dans l'empreinte des espèces. Pour l'or toutefois, métal dans lequel on ne battit que des *angelots* et des *demi-angelots*, le type ne changea point; il n'y eut de différence que dans les légendes : PHILIP. Z. MARIA. D. G. REX. Z. REGINA. Les premières espèces d'argent continuèrent aussi, pendant quelque temps, à porter l'effigie seule de Marie (fig. 101), mais dès la fin de l'année 1554 les coins furent remplacés. Le nouveau monnayage comprit trois pièces :

1. *Demi-couronne d'argent.* PHILIPVS. D. G. R. ANG. FR. NEAP. PR. HISP. Buste à droite ; au-dessus, une couronne ; au-dessous, 1554. Rev. : MARIA. D. G. R. ANG. FR. NEAP. PR. HISP. Buste à gauche ; au-dessus, une couronne et le millésime. Cette pièce semble n'avoir été frappée qu'à titre d'essai.

2. *Shilling.* Bustes du roi et de la reine en regard ; au-dessus, une couronne (fig. 102). Rev. : POSVIMVS. DEVM. ADIVTOREM. NOSTRVM. Cartouche ovale parti des armes de Philippe et de Marie ; au-dessus, une couronne et l'indication de la valeur : X II (pence).

3. *Six pence.* Même type.

Les légendes de ces monnaies sont en caractères romains; le gothique allait bientôt être définitivement abandonné. Marie Tudor mourut le 17 novembre 1558, peu de temps après la perte de Calais, qui venait d'être reconquis par la France.

C. — *Élisabeth* (1558-1603)

Le règne d'Élisabeth est marqué par une sérieuse tentative de progrès dans le monnayage. En 1561, un mécanicien français, Éloi Mestrel, fit recevoir par la monnaie d'Angleterre un moulin ou laminoir de son invention qui supprimait l'ancienne fabrication au marteau. Les monnaies d'Élisabeth frappées par le procédé mécanique sont fort belles et ne le cèdent en rien à celles qu'avait produites peu de temps auparavant, en France, l'engin créé par Aubry Olivier. On possède fort peu de détails sur l'introduction du moulin à monnayer dans les ateliers d'Élisabeth ; mais à défaut de tout document écrit, les pièces elles-mêmes viennent témoigner de l'importance de la réforme.

Nous ne pouvons, dans ce livre forcément sommaire, suivre de près l'histoire de la législation monétaire anglaise, énumérer les diverses émissions, noter les affaiblissements ou les renforcements alternatifs des espèces. Bornons-nous à dire qu'Élisabeth s'inspira surtout, pour régler le signe d'échange, des mesures prises en 1552 par Édouard VI. Voici les diverses espèces frappées en Angleterre pendant le long règne d'Élisabeth.

1. *Souverain* d'or fin valant 30 sh. Il fut frappé de 1552 à 1561 et de 1584 à 1601. Le métal employé est celui dit *standard gold*. Type de la reine assise de face sur un trône, comme sur les pièces analogues de Marie Tudor.

2. *Souverain* d'or à 22 carats dit *crown gold*. Il y en eut trois fabrications différentes : la première de 1561 à 1572, la seconde de 1592 à 1601, la troisième en 1601 et 1602. Le type de ces monnaies se compose du buste de la reine à gauche, avec manteau d'hermine et fraise à godrons ; une couronne fermée coiffe la tête. Au revers, nous retrouvons un dispositif constaté sous Édouard VI : SCVTVM FIDEI PROTEGE EAM. Écu écartelé et couronné, accosté des initiales E. R.

3. *Royal* d'or frappé de 1560 à 1572 et de 1584 à 1601. Type analogue à celui des *royaux* de Marie ; mais la reine, debout dans le navire, tient le globe crucigère au lieu d'un écu écartelé. Cette monnaie est une des rares pièces d'Élisabeth pour les légendes desquelles l'alphabet gothique ait encore été employé.

4. *Demi-souverain* d'or émis de 1556 à 1572 et de 1592 à 1602. Type analogue à celui du *souverain*. En 1561, on fabriqua des *demi-souverains* au moulin.

5. *Angelot* d'or
6. *Demi-angelot* d'or   } Ces pièces conservent l'ancien type, déjà décrit, du saint
7. *Quart d'angelot* d'or   } Michel.

8. *Couronne* d'or
9. *Demi-couronne* d'or   } Leur type est analogue à celui du *souverain*.

Les monnaies d'argent et de billon d'Élisabeth ne sont pas moins nombreuses que ses monnaies d'or : *couronne, demi-couronne, shilling* (fig. 103), *six pence, gros, three pence, demi-gros, three half pence, penny, three farthings, half penny*, etc. Le type se compose du buste couronné de la reine, à l'avers, et de l'écu écartelé avec la croix anglaise au revers. La *couronne* porte l'effigie d'Élisabeth à mi-corps et nous la montre tenant le sceptre et le globe ; cette belle

Fig. 103

monnaie et la *demi-couronne* ne furent frappées que pendant les deux dernières années du règne. La pièce de *three farthings* créée en 1561 ne fut frappée que par Élisabeth. En 1601, quelques essais furent faits pour la fabrication de monnaies de cuivre.

§ II. — *L'Écosse jusqu'à la réunion du royaume avec l'Angleterre.*

A. — *Marie Stuart* (1543-1567).

C'est sous Marie Stuart que nous entrons en Écosse dans la numismatique moderne. L'argent reçoit un flan plus épais que par le passé, le millésime se montre sur les espèces et l'alphabet romain est exclusivement employé dans les légendes. Le monnayage de Marie fut très actif, mais il ne présente aucune difficulté de classement. On peut le diviser au point de vue chronologique en cinq périodes parfaitement distinctes : 1° Pièces frappées avant le mariage de la reine avec François, dauphin de France, 1543-1558. 2° Pièces frappées pendant l'union de Marie et de François, 1558-1560. 3° Monnaies du premier veuvage de la reine d'Écosse, 1560-1565. 4° Monnaies frappées pendant le mariage de Marie avec Henri Darnley, 1565-1567. 5° Monnaies frappées pendant la période qui s'écoule entre l'assassinat de Darnley et l'avènement de Jacques VI en 1567.

Première période. — La série de cette période se compose des pièces d'or suivantes :

1. *Écu* d'or ou *abbey crown:* MARIA. DEI. GRA. REGINA. SCOTORVM. Écu d'Écosse [1] surmonté d'une couronne et accosté de deux quintefeuilles. Rev.: CRVCIS. ARMA. SEQVAMVR. Croix fleurdelisée, cantonnée de quatre fleurs de chardon. Cette pièce fut frappée dès le commencement du règne ; son type reproduit un type de Jacques V.

2. *Demi-lion* d'or émis en 1543. Même type sans les quintefeuilles. Rev.: ECCE. ANCILLA. DOMINI. Dans le champ, les lettres MR liées et couronnées.

3. *Lion d'or* émis en 1553. Écu couronné d'Écosse, accosté des lettres I G, initiales de *Jacobus Gubernator,* Jacques, comte d'Arran, gouverneur du royaume. Rev. : DILIGITE. IVSTICIAM. Monogramme formé des lettres *Maria Regina* sous une couronne.

4. *Demi-lion* d'or du nouveau type émis en 1553. Même avers. Rev.: Monogramme de *Maria* couronné.

5. *Royal* d'or. Buste de la reine à gauche. Rev. : IVSTVS. FIDE. VIVIT. Écu d'Écosse couronné. Cette pièce et la suivante furent frappées de 1555 à 1558.

6. *Demi-royal* d'or. Mêmes types.

Les monnaies d'argent se composent de pièces dites *testons* et *demi-testons.* Les plus anciens, frappés en 1553, ont à l'avers le buste de la reine [2]. A partir de 1555, c'est son initiale couronnée et accostée de deux

---

1. Les armes d'Écosse sont : *d'or au lion de gueules enfermé dans un double trescheur fleuronné et contre-fleuronné du même.*

2. Les *testons* de 1553 furent très probablement frappés, à titre d'essai, à l'atelier des Étuves à Paris. On lit en effet dans un des registres de la Cour des monnaies: « *Ce jourd'hui* XXIe *jour d'octobre mil* Ve LIIJ *a esté permis à Jehan Acheson, tailleur de la monnoie d'Escosse, de graver pilles et trousseaulx aux portraictes de la royne d'Escosse, par lui exhibez à la dite court à la charge de fere les espreuves en la Monnoie de Paris, parentre l'un des gardes, pour icelles faictes estre apportées en ladite court.* »

chardons qui forme le type. Les devises inscrites sur les espèces varient souvent; on trouve tantôt DA PACEM DOMINI, tantôt IN. IVSTICIA. TVA. LIBERA. NOS. DNE, tantôt encore DELICIE. DNI. COR. HV-MILE. Des *testons* et *demi-testons* frappés à partir de 1556 portent à l'avers l'écu écossais couronné, accosté des initiales M R, au revers une croix dite de Jérusalem, et IN. VIRTVTE. TVA. LIBERA. ME.

Les monnaies de billon blanc ou noir de Marie Stuart ont comme types principaux un chardon couronné, une croix de saint André, un buste couronné de face, un lion. On les appelle *bawbees, demi-bawbees, pennies, lions* valant 1 1/2 penny, et *plaques.* Les *bawbees* portent au revers le nom d'Édimbourg ou de Stirling : OPPIDVM EDINBVRGI ou STIRLINGI·

Deuxième période. — Pendant le règne de Marie et du dauphin François de France, la série des pièces émises se compose d'une monnaie d'or, de deux monnaies d'argent, d'un billon blanc et d'un billon noir. En voici les types :

1. *Ducat* d'or dont la frappe fut ordonnée par acte du Conseil privé du 23 janvier 1558, vieux style. FRAN. ET. MA. DG. RR. SCOTOR. DELPHIN.VIEN. Deux bustes en regard au-dessus desquels est une couronne. Rev. : HORVM. TVTA. FIDES. Croix formée de huit dauphins entrelacés et de huit couronnes.

2. *Teston* FRAN. ET. MA. D. G. RR. SCOTOR. D. D. VIEN. Écu brochant sur une croix de Jérusalem. L'écu est parti, au 1er écartelé de France et de Dauphiné, au 2e d'Écosse. Rev. : FECIT. VTRAQVE. VNVM. 1558. Chiffre FM lié et couronné entre deux croix dites de Lorraine.

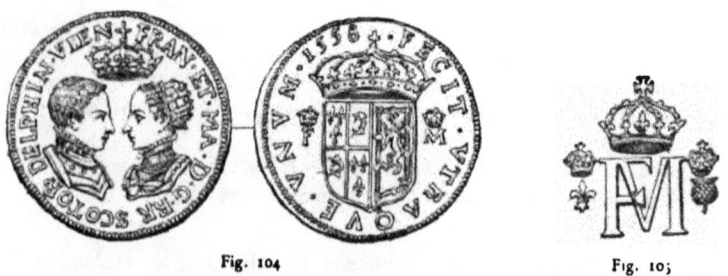

Fig. 104   Fig. 105

3. *Demi-teston.* Mêmes types.

4. *Gros* de 12 pence, en billon blanc. Type du revers des pièces précédentes, mais le chiffre accosté d'un dauphin et d'une fleur de chardon couronnés. Rev. : Carré contenant l'inscription suivante en quatre lignes : IAM. NON. SVNT. DVO. SED. VNA. CARO.

5. *Lion* ou *hardhead* de billon noir Chiffre F M couronné. Rev. : Lion.

Outre ces monnaies il existe de rarissimes essais d'un *teston* en argent aux bustes en regard du dauphin et de la reine. Ces essais furent exécutés à Paris, par Guillaume Martin, qui demanda le 3 octobre 1558, à la Cour des monnaies, une indemnité pour avoir « fait et gravé par son ordre les effigies du Roy-daulphin et de la Reine d'Écosse en carreaulx, pour mettre en tenailles, afin de monnoyer à leur portrait et devise ». Nous reproduisons l'essai d'argent sous notre fig. 104.

Après l'avènement de François au trône de France, sous le nom de François II, les légendes et les armes des *testons* et *demi-testons*, les seules pièces frappées en 1560, subirent une modification. Voici le type nouvellement créé : FRAN. ET. MA· D. G. R. R. FRANCO. SCOTOR. Écu parti de France et d'Écosse sous une couronne. Rev.: VICIT· LEO. DE. TRIBV. IVDA. Le chiffre couronné entre un lis et un chardon couronnés. (fig. 105). François II mourut à Orléans le 5 décembre 1560.

Troisième Période. — Pendant son veuvage, Marie Stuart conserva les armes parties de France et d'Écosse et mit son buste sur les espèces d'argent.

1. *Couronne d'or.* Écu couronné. Rev. : EXVRGAT. DEVS. ET. DISCIPENTVR. INIMICI. Croix formée de quatre M couronnés réunis autour d'une étoile ; dans chaque canton, un chardon.

2. *Teston.* Buste de la reine à gauche, en habits de veuve. Rev. : SALVVM. FAC. POPVLVM. TVVM. DOMINE. Écu parti couronné, accosté de deux M couronnés.

2. *Demi-teston.* Même type.

Quatrième et cinquième périodes. — Il n'y pas d'or émis pendant la période durant laquelle Marie Stuart fut mariée à Henri Darnley, pas plus que pendant le second veuvage de la reine, mais nous voyons paraître pour la première fois en Écosse les grosses pièces d'argent : le *royal* ou pièce de 30 *shillings* (fig. 107), correspondant à nos *écus*, les *deux tiers de royal* et le *tiers de royal.*

Fig 107

Le type reste le même pendant les deux courtes périodes dont nous parlons, mais en 1565-66 les deux noms MARIA HENRIC'· figurent à l'avers des espèces, tandis qu'en 1567, le nom seul de Marie s'y trouve. Ces monnaies sont fort belles de facture. Sur la face principale se montre l'écu écossais couronné et accosté de deux chardons ; au revers est figuré un palmier couronné sur le tronc duquel grimpe un lézard ; un phylactère brochant sur l'arbre à la naissance des feuilles porte : DAT. GLORIA. VIRES, allusion à Darnley qui, après l'assassinat de celui-ci, pouvait s'appliquer à Bothwell, son remplaçant dans le cœur de la reine. La devise écrite autour du type est : **EXVRGAT. DEVSQ. DISSIPENT**[R] **INIMICI. EI'.**

En 1567, Marie Stuart fut jetée dans les prisons d'Élisabeth d'Angleterre et son fils Jacques VI fut proclamé roi d'Écosse.

B. — *Jacques VI* (1567-1603).

Les monnaies de ce règne sont nombreuses et présentent une variété de types très grande. Nous avons à énumérer onze pièces d'or, vingt-cinq pièces d'argent, sans compter le billon et le cuivre. Voici les types des pièces d'or classées dans l'ordre chronologique de leur émission:

1. *Pièce de 20 livres.* Buste du roi à mi-corps ; il tient l'épée nue sur l'épaule et porte dans la main gauche une branche de laurier. A l'exergue, dans un cartouche : IN. VTRVMQVE. PARATVS. Rev. : PARCERE. SVBIECTIS & DEBELARE. SVPERBOS. Écu d'Écosse couronné. Cette monnaie fut émise en 1575 et 1576.

2. *Ducat* ou *pièce de 4 livres.* Buste à gauche, la tête nue. Rev. : EXVRGAT. etc. Écu couronné (1580).

3. *Lion.*
4. *Deux tiers de lion.*
5. *Tiers de lion.*
(1581-87). Lion accroupi de face, tenant une épée et un sceptre. Rev. : DEVS IVDICIVM TVVM REGI DA. Croix formée de quatre monogrammes couronnés.

6. *Noble.* Navire dont le centre est chargé d'un écu d'Écosse. Rev. : Croix avec couronnes et lions ; le centre en est occupé par un chardon. Comme légende : FLORENT. SCEPTRA. PIIS. REGIA. HIIS. IOVA. DAT. NVMERAT. Cette monnaie, communément appelée *thistle noble,* noble au chardon, fut émise en 1588.

7. Pièce dite *hat piece,* pièce au chapeau. Buste du roi à droite, la tête coiffée d'un grand chapeau. Rev. : TE. SOLVM. VEREOR (1591-93). Lion accroupi élevant un sceptre fleurdelisé dans la direction du nom de Jehovah qui brille dans une gloire.

8. *Cavalier* ou *rider* valant 5 livres. Le roi à cheval à droite, tenant l'épée. A l'exergue, le millésime (1593-1601). Rev. : SPERO. MELIORA. Écu d'Écosse couronné.

9. *Demi-cavalier.* Mêmes types.

10. Pièce dite *sword and sceptre* (épée et sceptre), valant 6 livres. Écu d'Écosse couronné. Rev. : SALVS. POPVLI. SVPREMA. LEX. (1601 à 1603). Épée et sceptre en sautoir accostés de deux chardons ; au-dessus, une couronne.

11. Pièce dite *half sword and sceptre.* Mêmes types.

En argent, le roi d'Écosse frappa les pièces suivantes :

1. *Royal* valant 30 sh., appelé aussi *sword dollar.* Écu aux armes d'Écosse, couronné accosté des initiales I. R. couronnées. Rev. : PRO. ME. SI MEREOR. IN. ME. Épée nue en pal, surmontée d'une couronne ; dans le champ, la valeur en chiffres romains et le millésime.

2. *Deux tiers de royal,* valant 20 sh. Même type.

3. *Tiers de royal,* valant 10 sh. Même type.

4. *Half merk* ou *noble* d'argent, valant 6 sh 8 pence. Écu d'Écosse couronné. Rev. : SALVVM FAC. POPVLVM. TVVM. DNE. Croix feuillue cantonnée de deux couronnes et de deux chardons (1572-74).

5. *Quarter merk* ou *demi-noble* d'argent, valant 3 sh. 4 pences. Même type.

6. *Two merk* ou *thistle dollar,* écu au chardon. Écu d'Écosse couronné. Rev. : NEMO ME IMPVNE LACESSET. Chardon accosté des initiales I. R. (1579-80).

7. *Merk* ou *half thistle dollar.* Même type.

8. *Pièce de 16 shillings.* Même type, mais au revers, le chardon surmonté d'une grande couronne (1581).

9. *Pièce de 8 shillings.* Type de la pièce précédente.

10. *Pièce de 4 shillings.* Même type.

11. *Pièce de 2 shillings.* Même type.

12. *Pièce de 40 shillings.* Le roi à mi-corps, de profil à gauche, couronné et tenant l'épée nue. Rev. : HONOR. REGIS. IVDICIVM. DILIGIT. Écu d'Écosse couronné, accosté de I. R. et de XL. S.

13. *Pièce de 30 shillings.* Même type, mais avec XXX. S. au revers (1582).

14. *Pièce de 20 shillings.* Même type, mais avec XX. S. au revers.

15. *Pièce de 10 shillings.* Même type, mais avec X. S. au revers.

16. Pièce dite *balance half merk,* émises en 1591. Écu d'Écosse couronné, accosté de deux chardons. Rev. : HIS. DIFFERT. REGE. TYRANNVS. Balances faussées et glaive.

17. Pièce dite *balance quarter merk.* Même type, sans les chardons à l'avers.

18. *Pièce de 10 shillings.* Buste du roi à droite, la tête nue. Rev. : NEMO. ME. IMPVNE. LACESSIT. Chardon à trois fleurs sous une couronne. Cette pièce, et les trois suivantes, furent frappées de 1593 à 1601.

19. *Pièce de 5 shillings.* Même type.

20. *Pièce de 30 pence.* Même type.

21. *Pièce de 12 pence.* Même type.

22. Pièce dite *thistle merk.* Écu d'Écosse couronné. Rev. : REGEM. IOVA. PROTEGIT. Chardon sous une couronne. Cette pièce, et les trois suivantes, fut émise à partir de 1601.

23. *Demi-thistle merk.* Même type.

24. *Quart de thistle merk.* Même type.

25. *Huitième de thistle merk.* Même type.

Outre les pièces d'or et d'argent, Jacques VI frappa un certain nombre de monnaies de billon : la *plaque* de 18 pence, la *demi-plaque* de 14 pence, la *saltire* de 4 pence, qui portent au revers le nom d'Édimbourg, les pièces d'un penny et de deux pence qui ont pour légende VICIT VERITAS. Le type de ces monnaies se compose des armes d'Écosse, du chardon, d'un lion ou des initiales IR sous une couronne. En 1597, Jacques VI frappa les premières monnaies écossaises de cuivre pur des *twopence* et des *pennies.* En 1603, le roi d'Écosse monta sous le nom de Jacques I sur le trône d'Angleterre.

§ III. — *La Grande Bretagne depuis l'avènement de Jacques I jusqu'en 1800.*

A. — *Jacques I (1603-1625).*

Le 3 avril 1603, Jacques VI, roi d'Écosse, fils de Henri Stuart et de Marie, fut proclamé roi d'Angleterre à Londres, quatre heures après la mort d'Élisabeth, qui l'avait nommé son successeur, comme étant son plus proche parent. Il réunit ainsi dans sa personne les deux royaumes d'Angleterre et d'Écosse et prit bientôt le titre de Jacques I, roi de Grande-Bretagne. Le 21 mai 1603, Jacques rendit un acte pour la fabrication d'espèces à son nom. Il y eut des *souverains, demi-souverains, couronnes* et *demi-couronnes* d'or à 22 carats dit « crown gold », des *couronnes* et *demi-couronnes* d'argent, des *shillings, six pence, demi-gros, pennies* et *half-pennies* d'argent. Ces monnaies donnent au roi le titre suivant : **IACOBVS. D. G. ANG. SCO. FRAN. ET. HIB. REX.** Les armes, au lieu d'être simplement écartelées comme par le passé, furent blasonnées comme suit : *Écartelé : au 1er et au 4e contrécartelé de France et d'Angleterre, au 2e d'Écosse et au 3e d'Irlande.* Voici les types des diverses espèces battues à la suite de l'ordonnance de 1603.

1. *Souverain* d'or valant 20 sh. Buste du roi à mi-corps à droite avec couronne, sceptre et globe crucigère. Rev. : EXVRGAT. DEVS. DISSIPENTVR. INIMICI. Écu couronné accosté des initiales IR.

2. *Demi-souverain* d'or valant 10 sh. Buste couronné à droite. Rev. : Même écu, moins orné.

3. *Couronne* d'or valant 5 sh. Type analogue. La devise du revers est TVEATVR. VNITA. DEVS.

4. *Demi-couronne* d'or valant 2 sh. 6 d. Même type.

5. *Couronne d'argent.* Le roi à cheval à droite, tenant une épée. Rev. : EXVRGAT, etc. Écu orné.

6. *Demi-couronne* d'argent. Même type.

7. *Shilling.* Buste du roi couronné à droite. Rev. : Écu simple.

8. *Six pence.* Mêmes types, mais avec le millésime au-dessus de l'écu.

9. *Demi-gros.* Type du shilling, mais à l'avers I. D. G. ROSA. SINE. SPINA. Pas de légende au revers.

10. *Penny.* Mêmes types.

11. *Halfpenny.* Une herse.

Dans la seconde année de son règne, Jacques I prit officiellement le titre de roi de la Grande-Bretagne : **IACOBVS. D. G. MAG· BRIT· FRAN. ET. HI. REX.** Le 11 novembre 1604 il ordonna d'inscrire ce titre nouveau sur les espèces qui furent à cette occasion légèrement modifiées. De-

Fig. 108

puis 1604, jusqu'à sa mort arrivée en 1625, Jacques I nous donne les espèces d'or et d'argent suivantes :

1. *Royal à la rose,* d'or fin. Ces pièces reproduisent dans leur ensemble le type du

souverain d'or fin des règnes précédents : le prince assis de face sur un trône, tenant le sceptre et le globe.

2. *Unité* d'or à 22 carats. Le type est le même que celui du *souverain* de 1603, mais au revers la légende fait allusion au grand événement du règne : FACIAM EOS IN GENTEM VNAM.

3. *Unité* ou *laurel* d'or, frappé de 1619 à 1625 ; cette pièce remplaça la monnaie précédente. Elle porte à l'avers le buste du roi tourné à gauche et la tête laurée.

4. *Royal à l'éperon* d'or fin, frappé de 1605 à 4619. Le roi dans un navire, comme sur les anciens nobles.

5. *Nouveau royal* d'or fin, frappé de 1619 à 1625 et destiné à remplacer la pièce précédente. Cette monnaie présente un type complètement nouveau dans la numismatique anglaise : Lion accroupi de face, tenant devant lui l'écu écartelé ; l'animal a dans la griffe droite un sceptre et porte la couronne sur la tête. Rev. : Croix étoilée avec fleurs de lis et lions, reproduisant celle des *nobles* (fig. 108).

6. *Double couronne* ou *half-unité*, frappée de 1604 à 1616. Pièce d'or à 22 carats. Son type est à peu près le même que celui du *demi-souverain* de 1603. La légende du revers : HENRICVS. ROSAS. REGNA. IACOBVS, fait allusion à la réunion des couronnes d'Écosse et d'Angleterre.

7. *Double couronne* ou *half-laurel* d'or à 22 carats, valant 10 sh. Cette monnaie, frappée de 1619 à 1625, reproduit le type du *laurel ;* elle porte au revers la même légende que la *half-unité.*

8. *Angelot* d'or fin frappé de 1605 à 1625.

9. *Demi-angelot* d'or fin, frappé de 1612 à 1619.

10. *Couronne britannique* d'or à 22 carats, frappée de 1604 à 1619. Type analogue à celui de la couronne de 1603 ; mais au revers la légende HENRICVS. ROSAS. REGNA. IACOBVS.

11. *Quart de laurel* d'or à 22 carats, frappé de 1619 à 1625. Cette pièce reproduit le type du *laurel.*

12. *Couronne au chardon* ou *thistle crown ;* pièce d'or à 22 carats, émise pour 4 sh. Elle fut frappée de 1604 à 1611. En voici le type : Rose feuillue et tigée sous une couronne et accostée de I — R. Rev. : Chardon avec dispositif analogue : TVEATVR. VNITA. DEVS.

13. *Demi-couronne* d'or à 22 carats, frappée de 1604 à 1619. Types analogues à celui de la demi-couronne de 1603, mais avec I. D. G. ROSA. SINE. SPIN. à l'avers.

14. *Couronne* d'argent. Types analogues à celle de 1603, mais avec QVÆ. DEVS. CONIVNXIT. NEMO. SEPARET au revers.

15. *Demi-couronne.* Mêmes types.

16. *Shilling.* Types analogues à celui de 1603, mais avec QVÆ. DEVS. etc., au revers.

17. *Six pence.* Mêmes types.

18. *Demi-gros.* I. D. G. ROSA. SINE. SPINA. Rose épanouie couronnée. Rev. : TVEATVR. VNITA. DEVS. Chardon couronné.

19. *Penny.* Cette pièce ne diffère de la précédente qu'en ce que les fleurs ne sont point couronnées.

20. *Halfpenny.* Mêmes types, sans légende.

En 1613, Jacques I accorda à Lord Harrington, d'Exton, dans le comté de Rutland, le privilège de la fabrication de monnaies royales de cuivre. Les profits devaient être partagés entre le lord et le roi. Les pièces frappées en vertu de cet octroi portent le nom et les titres de

Jacques I, au droit une couronne brochant sur deux sceptres, et au revers une harpe couronnée. Après la mort de Harrington, le privilège passa à sa veuve, puis à Gérard Malynes et à William Cockayne.

Jacques I mourut le 27 mars 1625, laissant ses états à son fils Charles I.

B. — *Charles I* (1625-1649).

L'histoire monétaire de Charles I est aussi compliquée que son histoire politique. Sous ses prédécesseurs, le monnayage avait été concentré dans l'atelier de la tour de Londres et dans quelques forges de grandes villes comme York. A la faveur des troubles de son règne, les ateliers provinciaux se multiplient : l'or se frappe à Oxford et à Bristol, l'argent à Aberystwith, Bristol, Chester, Oxford, Shrewsbury, Weymouth, Worcester, York, et sans doute dans d'autres localités encore qui ne sont pas connues à l'heure présente. Les types monétaires usités dans certains ateliers de province diffèrent considérablement de ceux qui furent employés à Londres. La numismatique reflète ainsi très exactement l'état d'anarchie dans lequel se trouvait l'Angleterre sous Charles I.

Pour la facilité du lecteur, nous nous occuperons d'abord des pièces frappées à la Tour de Londres. Quelques-unes d'entre elles, d'une gravure et d'une frappe particulièrement belles, sont l'œuvre de Nicolas Briot, qui fut attaché par le roi d'Angleterre à la Monnaie de Londres en 1628. En 1633, il fut nommé graveur général. Les œuvres de Briot sont généralement signées d'un petit B. Voici les diverses espèces frappées à Londres sous Charles I.

1. *Unité* d'or à 22 carats, valant 28 sh. Il existe de cette pièce des variétés de type nombreuses, mais on peut les rapporter à deux différences caractéristiques : a) Buste à gauche ; derrière, xx. Rev. : FLORENT CONCORDIA. REGNA. Écu sur un cartouche couronné ; b) Même buste. Rev. : Même légende. Cartouche ovale armorié et couronné.

2. *Angelot* d'or fin. Cette pièce reproduit une empreinte connue. L'inscription du revers est : AMOR. POPVLI. PRAESIDIVM. REGIS.

3. *Double-couronne* valant 10 shillings. Pièce d'or à 22 carats. Le type est analogue à celui des *Unités*, sauf qu'elles portent, derrière la tête, le chiffre X et qu'au revers on lit CVLTORES. SVI. DEVS. PROTEGIT.

4. *Couronne britannique* d'or à 22 carats, valant 5 sh. Mêmes types que la pièce précédente, mais avec le chiffre V derrière la tête.

5. *Couronne* d'argent. L'avers de cette monnaie porte toujours le roi à cheval à gauche, couronne en tête et tenant une épée nue. Le revers, toujours occupé par l'écu royal, présente de nombreuses variantes quant à la forme de cet écu, tantôt carré, tantôt ovale ; la légende est CHRISTO. AVSPICE. REGNO (fig. 109).

6. *Demi-couronne* d'argent. Types analogues à ceux de la couronne.

7. *Shilling*. Buste couronné à gauche ; derrière la tête, le chiffre XII. Rev. : Types analogues à ceux de la couronne.

8. *Six pence*. Mêmes types.

9. *Demi-gros*. Il y a des demi-gros de trois types différents : *a*) Rose couronnée. Rev. : Chardon couronné ; *b*) Rose couronnée au droit et au revers ; *c*) Type du shilling.

10. *Penny*. *a*) Rose de chaque côté ; *b*) Type du shilling.

11. *Halfpenny*. Rose de chaque côté, sans légende.

Fig. 109

Dans les ateliers d'Aberystwith, de Chester, d'Exeter, de Weymouth, de Worcester et d'York, on suivit pour les pièces qu'on forgea les types usités à Londres. Les *gros* et les *threepence* dont l'émission n'eut pas lieu dans l'atelier central sont également dans la donnée des pièces frappées à Londres. L'atelier d'Aberystwith fut créé en juillet 1637. A cette époque le roi conclut un accord avec Thomas Bushell par lequel il autorisa celui-ci à ouvrir dans cette ville ou dans ses environs immédiats une forge spécialement destinée à monnayer l'argent provenant des mines du pays de Galles. En 1642 les monnayeurs d'Aberystwith furent déplacés à Shrewsbury et à Oxford.

Ces ateliers d'Oxford et de Shrewsbury, ainsi que celui de Bristol, mirent en circulation les monnaies portant au revers EXVRGAT. DEVS. DISSIPENTVR. INIMICI, en légende circulaire, et RELIG. PRO. LEG. ANG. LIBER. PAR, en deux ou trois lignes dans le champ (fig. 110). Cette inscription rappelle la déclaration de Charles I par laquelle il s'engagea à «protéger la religion protestante, les lois reconnues du pays et les justes privilèges et libertés du parlement. » Ce type épigraphique se rencontre sur les pièces suivantes :

Fig. 110

1. *Unité* d'or à 22 carats valant 20 sh. (Oxford et Bristol).
2. *Pièce de trois livres* d'or à 22 carats valant 60 sh. (Oxford).

3. *Double couronne* d'or à 22 carats valant 10 sh. (Oxford et Bristol).
4. *Couronne* d'argent (Oxford et Shrewsbury).
5. *Livre* d'argent (Oxford et Shrewsbury).
6. *Demi-livre* d'argent (Oxford).
7. *Demi-couronne* (Bristol, Oxford et Shrewsbury).
8. *Shillings* (Oxford et Shrewsbury).
9. *Six pence* (Oxford).
10. *Gros* (Bristol et Oxford).
11. *Threepence* (Oxford).
12. *Demi-gros* (Bristol et Oxford).
13. *Penny* (Oxford).

Le 11 juillet 1626, Charles I donna pour une durée de dix-sept ans à la duchesse douairière de Richemond et à sir François Crane, le privilège d'émettre les *farthings* de cuivre. Le type resta le même que sous Jacques I, mais en 1635 la harpe du revers fut remplacée par une rose.

Avant de quitter la numismatique de Charles I, nous devons signaler l'existence des monnaies obsidionales de Carlisle et de Newark. Pendant le siège que soutinrent ces villes, en 1645 et 1646, contre l'armée des Parlementaires, on y battit un numéraire de nécessité portant à l'avers une grande couronne entre les initiales C R, et le chiffre indiquant la valeur de la pièce, et au revers **OBS. CARL.** 1645 ou **OBS : NEWARK** 1645 ou 1646. Ces monnaies sont en

Fig. 111

argent, de forme ronde à Carlisle, carrée ou losangée à Newark (fig. 111).

Le 7 mai 1646, le roi Charles I se remit à la discrétion de l'armée qui assiégeait Newark; cet acte marque la fin de son règne. Le 9 février 1649, l'infortuné monarque eut la tète tranchée devant son palais de Whitehall.

C. — *République* (1649-1660).

Depuis 1642, le Parlement se trouvait en possession de la Tour de Londres et y faisait battre monnaie; mais on n'osa point effacer des coins le nom du roi. Le 7 février 1649 la Chambre des Communes abolit la royauté comme inutile, incommode et dangereuse, et la République fut proclamée. Le 13 mars, on décida qu'une monnaie d'or et d'argent serait frappée par l'autorité immédiate du Parlement. Une résolution du 25 avril et un acte du 17 juillet déterminèrent le type et les légendes des nouvelles espèces. Le système monétaire de la République anglaise se composa des pièces suivantes : En or, *unité* de 20 sh. (fig, 112), *double couronne* de 10 sh. et *couronne britannique* de 5 sh. En argent, *couronne, demi-couronne, shilling, sixpence, twopence, penny* et *halfpenny*.

Le type des monnaies d'or et des quatre plus fortes pièces d'argent est le même : **THE COMMONWEALTH OF ENGLAND**. Dans une couronne formée d'une palme et d'une branche de laurier, l'écu à la croix de Saint-Georges. Rev. : (Millésime). **GOD WITH VS**. Deux écus, l'un à la croix, l'autre à la harpe d'Érin, accolés et surmontés d'un chiffre romain indiquant la valeur de la pièce en shillings pour l'or, en pence pour l'argent. Les *twopence* ou *demi-gros* et les *pennies* sont sans date ni légende. Quant au *halfpenny*, également muet, il porte d'un côté l'écu

Fig. 112

à la croix, et de l'autre l'écu à la harpe. Toutes ces monnaies ont une apparence sévère qui tranche avec l'ornementation, parfois surchargée, des pièces royales. La république anglaise ne

paraît pas avoir frappé d'espèces de cuivre, mais on en connaît un assez grand nombre d'essais.

Le 23 février 1657, on proposa au Parlement de donner à Olivier Cromwell le titre de roi. L'idée d'élever le Protecteur au trône soulevait à cette époque un véritable enthousiasme. C'est ce qui explique, dit M. Kenyon, le fait qu'en 1656 et 1658 les officiers de la monnaie battirent un certain nombre de pièces d'or de 20 sh., en même temps que des monnaies d'argent portant à l'avers la tête de Cromwell et au revers un écu couronné. Ces pièces furent gravées d'une façon remarquable par Simon, et frappées au moulin dont l'usage, abandonné après l'essai de Mistrel et de Briot, fut de nouveau introduit. Le nom et les titres de Cromwell remplacent sur ces belles monnaies la mention de la République anglaise ; on y lit en effet : **OLIVAR D· G· R· P· ANG· SCO· ET· HIB. & PRO**. Il est probable que ces pièces ne furent pas mises en circulation. Elles ne sont citées dans aucune évaluation monétaire, et les exemplaires qui s'en rencontrent aujourd'hui sont d'une conservation généralement parfaite. D'ailleurs on sait, par les monnaies elles-mêmes, que jusqu'en 1660 les pièces du *Commonwealth of England* ne cessèrent d'être frappées.

8

D. — *Charles II* (1660-1685).

Charles II, fils de Charles I, débarqua en Angleterre le 29 mai 1660 ; il y fut reçu avec les plus grands témoignages de joie. Le 23 avril 1661, il se fit couronner avec la solennité ordinaire.

Le nouveau roi ne modifia pas le système monétaire, mais il réintroduisit les types employés par son père, en substituant toutefois son buste au buste de Charles .I. On frappa des *unités,* des *doubles couronnes* et des *couronnes britanniques* d'or, des *demi-couronnes* d'argent, des *shillings,* des *sixpence,* des *gros,* des *threepence,* des *demi-gros* et des *pennies.* Ces monnaies sont fabriquées au marteau, mais ce sont les dernières pour lesquelles on se soit servi de ce mode suranné. En avril 1662, un mécanicien français, Blondeau, fut chargé de fournir à la monnaie de Londres tous les moulins, rouleaux, presses et autres instruments nécessaires pour frapper, arrondir et couper les pièces, les engins pour marquer l'inscription sur la tranche des espèces, de grandes presses pour frapper les monnaies, etc. Thomas Simon et un graveur né à Anvers, Jean Roettiers, furent chargés de fournir ensemble les coins des nouvelles monnaies, mais un différend survint entre eux et chacun présenta son projet. L'œuvre de Roettiers fut préférée, et le roi le chargea d'exécuter les coins et poinçons nécessaires.

Sur toutes les nouvelles pièces de Charles II, l'effigie royale est tournée à gauche. La tête est toujours laurée. Le type du revers se compose, pour l'or et les plus fortes pièces d'argent, d'une croix formée de quatre petits écussons couronnés ; quatre sceptres également placés en croix coupent les angles formés par l'écartement des écussons. La plus grande des monnaies d'or et les deux plus fortes monnaies d'argent ont sur la tranche l'inscription DECVS·ET·TVTAMEN, suivie de l'indication de l'année du règne comptée depuis la mort de Charles I.

Le système monétaire de Charles II, depuis la réforme de 1662 complétée en 1670, se composa des pièces suivantes : En or, pièces de *cinq guinées, deux guinées, une guinée* et *une demi-guinée.* La guinée valait 20 sh. et l'or était à 22 carats. En argent : *couronne, demi-couronne, shilling, sixpence, gros, threepence, demi-gros, penny.* Le type du revers de ces quatre dernières pièces se compose respectivement de quatre, trois, deux C entrelacés, et d'un C. En cuivre : *halfpenny* et *farthing* portant au revers l'image de Britannia, assise et appuyée sur un bouclier ovale aux croix de Saint-Georges et de Saint-André.

Sous le règne de Charles II s'introduisit l'usage, pour les monnaies d'or et d'argent, d'indiquer par un différent l'origine du métal employé pour leur fabrication. Les pièces frappées avec les matières importées de

Guinée par la Compagnie d'Afrique eurent sous le buste un petit éléphant harnaché. Les monnaies d'argent portèrent, de même, une rose ou une plume d'autruche, suivant que le métal avait été recueilli dans les mines de l'Angleterre occidentale ou dans celles du pays de Galles.

E. — *Jacques II et ses successeurs* (1685-1800).

A partir de Jacques II la monnaie anglaise a une grande stabilité de système et de type, et l'on peut grouper, sans inconvénient, en un seul paragraphe tous les souverains qui occupèrent le trône de Grande-Bretagne depuis la fin du xviie siècle jusqu'à la fin du siècle suivant :

Jacques II, 1685-1688.　　　　　Georges I, 1714-1727.
Guillaume et Marie, 1688-1694.　Georges II, 1727-1760.
Guillaume III, 1694-1701.　　　Georges III, 1760-1820.
Anne, 1701-1714.

La série des espèces d'or et d'argent se composa toujours des pièces suivantes : *cinq guinées, deux guinées, guinée, demi-guinée* d'or ; *couronne, demi-couronne, shilling, six pence, gros, three pence, demi-gros* et *penny* d'argent. Georges I frappa des *quarts de guinée*, et en 1797 Georges III créa une pièce d'or de *sept shillings*. Les monnaies portèrent toujours à l'avers le buste du souverain ; sous Guillaume et Marie les deux profils du roi et de la reine sont conjugués. Au revers nous trouvons les armes des royaumes couronnées ou la croix formée de quatre écussons déjà employée sous Charles II. Après l'union définitive de l'Angleterre et de l'Écosse, en 1707, sous la reine Anne, la disposition de ces écussons subit quelques changements ; les armes d'Angleterre, au lieu d'être écartelées de celles de France, furent dorénavant parties d'Écosse, et les armes de France figurèrent séparément.

Nous avons signalé plus haut l'habitude que prit sous Charles II

Fig. 113

l'administration des monnaies d'indiquer par un signe l'origine du métal employé. On trouve ainsi, en 1701 et 1703, sous la reine Anne, le mot VIGO sur les pièces frappées avec les matières capturées en cette ville (fig. 113) ; sous Georges III le mot LIMA rappelle une prise analogue. Mentionnons encore : E·I·C· *East India Company*, S·S·C· *South sea Company*, et W·C·C· *Welsh Copper Company*. Sous Guillaume III de nouveaux ateliers furent créés à Bristol, Chester, Exeter, Norwich et York ; leurs produits sont marqués à l'initiale du nom de ville.

Les monnaies divisionnaires de Jacques II et les plus anciennes du règne de Guillaume et Marie, *halfpennies* et *farthings*, sont frappées sur flans d'étain ayant au centre un petit morceau de cuivre encastré. En 1694, on en revint à l'emploi exclusif du cuivre. Le type de ces menues espèces reste, à peu de variantes près, ce qu'il était sous Charles II.

En 1800, les royaumes de Grande-Bretagne et d'Irlande furent unis, et le 1ᵉʳ janvier suivant, une proclamation fut faite, portant qu'à partir de cette date le titre de Sa Majesté serait *Britanniarum rex, fidei defensor*. C'est cette date de 1800, que nous avons prise comme point de départ de la période contemporaine .

§ IV. — *L'Écosse depuis Jacques I jusqu'en 1707.*

Lorsque Jacques VI eut été proclamé roi d'Angleterre sous le nom de Jacques I, l'Écosse conserva son parlement et ses lois particulières. L'union intime des deux royaumes fut consommée en 1707 sous le règne d'Anne. Pendant cette période d'un peu plus d'un siècle, les monnaies d'or et les grandes pièces d'argent frappées en Écosse furent les mêmes qu'en Angleterre, mais elles se distinguèrent par de légers détails dans l'ordonnance du type : la forme de la couronne et la position des quartiers dans les armoiries royales. Celles-ci furent en effet *écartelées aux 1ᵉʳ et 4ᵉ d'Écosse, au 2ᵉ contrécartelé de France et d'Angleterre, et au 3ᵉ d'Irlande*. L'Écosse conserva sa monnaie de compte propre et, pour faciliter les transactions de détail, on continua l'émission de quelques-unes des menues espèces dont nous avons précédemment parlé.

§ V. — *L'Irlande depuis Édouard VI jusqu'en 1800.*

Bien que la monnaie anglaise circulât en Irlande et y remplît les fonctions essentielles du signe d'échange, les rois d'Angleterre eurent dans leur château de Dublin un atelier destiné à fournir l'île sœur de monnaies particulières. Ces pièces furent parfois en argent, mais le plus souvent on se borna à émettre de mauvaises espèces de billon ou de cuivre. Leur type emprunte le plus fréquemment son sujet principal à la harpe d'Érin, qui figure dans les armes de l'île : *d'azur à la harpe d'or*. L'intérêt de ces monnaies irlandaises est en général assez restreint.

Sous le règne de Charles I, les luttes politiques du roi et des parlementaires viennent cependant donner quelque relief à la série irlandaise. Nous voyons paraître alors les *halfpennies* et les *farthings* dits au Saint Patrick portant les légendes **FLOREAT REX-QVIESCAT PLEBS** frappés sur flans de cuivre ayant au centre un petit morceau d'or (fig. 114), puis les monnaies de nécessité rondes ou carrées, en cuivre, de la ville de Cork. Pendant la République de Cromwell, Cork eut ses *farthings* spéciaux : A CORKE FARTHING. Leur type se compose à l'avers d'un écu à la

croix de Saint-Georges et au revers de l'inévitable harpe. Un grand nombre de villes et de négociants émirent à la même époque un numéraire de confiance, mais ces *tokens* tiennent plutôt du méreau que de la monnaie proprement dite.

Fig. 114

Au règne de Jacques II se rattachent de nouvelles monnaies historiques. Après l'issue désavantageuse de la campagne d'Irlande, les partisans du malheureux roi frappèrent à Limerick des monnaies appelées *hibernias*. Ce sont des *pence* et des *halfpence* de cuivre portant à l'avers le buste lauré du roi, et au revers une harpe couronnée ou Érin assise. Le monnayage irlandais de Guillaume et Marie, de Guillaume III, de Georges I, de Georges II et de Georges III se borne à des pièces de cuivre.

§ VI. — *L'île de Man.*

L'île de Man fut donnée en 1406 par Henri IV à John Stanley; les héritiers de ce seigneur y exercèrent tous les droits de la souveraineté, y compris le droit monétaire. La première émission remonte au règne de John Murrey, en 1668, mais les pièces qui la composent rentrent plutôt, suivant M. Atkins, dans la série des *tokens* que dans celles des monnaies véritables. Il faut remonter aux premières années du xviiie siècle pour trouver un numéraire officiel, *pennies* et *halfpennies* de cuivre portant à l'avers la devise française SANS CHANGER et le cimier des Stanley; au revers, le type est un *triquetrum,* trois jambes attachées à un centre commun, avec la légende : QVOQVNQVE GESSERIS (ou IECERIS) STABIT. On trouve de ces pièces aux millésimes suivants : 1709, 23, 24, 25, 32 et 33.

En 1735, l'île de Man passa au duc d'Atholl. Celui-ci recommença en 1758 le monnayage, mais en remplaçant, à l'avers de ses pièces, le cimier et la devise des Stanley par son chiffre formé des lettres *AD* sous une couronne. En 1765, le Parlement anglais acquit les droits du duc d'Atholl et l'île de Man fut réunie au royaume tout en conservant ses coutumes propres. On possède des *pennies* et des *halfpennies* de Georges III aux millésimes 1786, 1798, etc.; le type local du *triquetrum* est associé sur ces monnaies de cuivre au buste du roi d'Angleterre.

CHAPITRE CINQUIÈME

L'EMPIRE D'ALLEMAGNE DEPUIS LE COMMENCEMENT DU XVIe SIÈCLE JUSQU'A L'ABDICATION DE FRANÇOIS II (1806).

SOURCES : J. Chr. Hirsch, *Des teutschen Reichs Münzarchiv*. Nuremberg, 1756-59, 9 v. in-fol. — [V.-J. Duval], *Monnoies en or et en argent... du cabinet de S. M. l'Empereur...* Vienne, 1756 et 1759. in-fol., 2 vol. et 2 vol. de supplément parus en 1769-70. — J.-D. Köhler, *Vollständiges Ducaten-Cabinet*. Hanovre, 1759-60, in-8, 2 vol. —. D. S. von Madaï, *Vollständiges Thaler-Cabinet in chronologischer Ordnung*. Koenigsberg, 1765-67, gr. in-8, 3 vol. — J.-G. Boehme, *Das neu-eröffnetes Groschen-Cabinet*. Leipzig, 1739-69, petit in-8, 13 vol. et 2 suppl. — Ch. von Schulthess-Rechberg, *Beschreibung aller bekannt gewordenen Thaler*. Vienne, 1840-67, gr. in-8, 6 vol. — J. et A. Erbstein, *Die Ritter von Schulthess-Recherg'sche Münz und Medaillen Sammlung*. Dresde, 1868-69, in-8, 2 vol.— J. Appel, *Repertorium zur Münzkunde des Mittelalters und der neueren Zeit*. Pesth et Vienne, 1820-29, in-8, 7 parties en 4 tomes. — J. Neumann, *Beschreibung der bekanntesten Kupfermünzen*. Prague, 1859-72, in-8, 6 vol.— L.Welzl de Wellenheim. *Verzeichniss der Münz und Medaillensammlung der K. K. Hofrathes L. W. von W.* Vienne, 1844-45, in-8, 2 vol. — W. Rentzmann, *Numismatisches Legenden-Lexicon des Mittelalters und der Neuzeit*. Berlin, 1865, gr. in-8, 2 parties. — Le même, *Numismatisches Wappen-Lexicon*. Berlin, 1876, in-8 et atlas in plano. — F.-W.-A. Schlickeysen. *Erklärung der Abkürzungen auf Münzen der neueren Zeit*, etc. Zweite Auflage von R. Pallmann und H. Droysen. Berlin, 1882, in-8. — J. Leitzmann, *Wegweiser auf dem Gebiete der deutschen Münzkunde*. Weissensee, 1869, in-8. — M. Waldner, *Versuch eines Entwurfes der Hauptmomente des deutschen Münzwesens*. Innsbruck, 1858, in-8. — A. Hanauer, *Études économiques sur l'Alsace ancienne et moderne*. Strasbourg, t. I, 1876, in-8. — Les autres sources sont citées dans le cours du chapitre.

§ I. — *Notions générales.*

a). — *Chronologie, divisions administratives, plan du chapitre.*

L'époque moderne de la numismatique allemande commence avec le XVIe siècle, par les débuts de la fabrication des espèces d'argent à flan épais, et va jusqu'à la dissolution de l'empire, après l'abdication de François II (1806). Pendant ces trois siècles, la couronne impériale fut portée par les princes suivants :

Maximilien I, roi associé 1486, roi 1493, empereur 1508-1519.
Charles-Quint, roi 1519, empereur 1519-56.
Ferdinand I, roi associé 1531, roi 1556, empereur 1558-64.

Maximilien II, roi 1562, empereur 1564-76.
Rodolphe II, roi 1575, empereur 1576-1612.
Mathias, empereur 1612-19.
Ferdinand II, empereur 1619-37.
Ferdinand III, roi 1636, empereur 1637-57. Ferdinand IV, roi 1653-54.
Léopold I, empereur 1657-1705.
Joseph I, roi 1690, empereur 1705-11.
Charles VI, empereur 1711-40.
Charles VII de Bavière, empereur, 1742-45.
François I de Lorraine, empereur 1745-65.
Joseph II, roi 1764, empereur 1765-90.
Léopold II, empereur 1790-92.
François II, roi 1792, empereur 1792-1806.

Le droit monétaire resta à peu près ce qu'il avait été pendant la dernière partie du moyen âge. La haute direction en appartenait à l'empereur qui l'exerçait de concert avec les sept princes électeurs [1]; sans le consentement de ceux-ci, l'empereur ne pouvait accorder aucune concession monétaire nouvelle, et il prenait leur avis chaque fois qu'il s'agissait d'une décision importante en matière de monnayage.

La juridiction des délits commis par les états, le contrôle des espèces frappées, appartenaient aux *cercles* ou *kreise*. C'est donc par *cercles* qu'il faut grouper les souverainetés en possession du *jus monetæ*. Cette division administrative, tentée par Wenceslas et par Albert II, ne fut fermement établie que par Maximilien I. L'Allemagne comprit dès lors dix divisions :

I. Cercle du Bas-Rhin ou cercle électoral.   VI. Cercle de Franconie.
II. Cercle du Haut-Rhin.   VII. Cercle de Bavière.
III. Cercle de Westphalie.   VIII. Cercle de Souabe.
IV. Cercle de Basse-Saxe.   IX. Cercle de Bourgogne.
V. Cercle de Haute-Saxe.   X. Cercle d'Autriche.

La Bohême et la Prusse refusèrent toujours de se laisser incorporer dans aucun cercle. Il y eut au surplus quelques seigneuries de moindre importance qui ne furent jamais inscrites ; nous les rangerons, pour la facilité du lecteur, dans le cercle auquel les rattache leur position géogra-

1. Les sept électeurs (*kurfürsten*) étaient : l'archevêque de Mayence, archichancelier de Germanie ; celui de Trèves, archichancelier de Gaule ; celui de Cologne, archichancelier d'Italie ; le roi de Bohême, archiéchanson ; le comte palatin du Rhin, archiécuyer tranchant ; le duc de Saxe, archimaréchal ; le margrave de Brandebourg, archichambellan. Pendant la guerre de trente ans, la Bavière obtint la dignité électorale enlevée à la maison palatine, et à la paix de Westphalie, on créa en faveur du palatinat un huitième électorat qui fut supprimé en 1779, lorsque la Bavière et le Palatinat furent réunis. En 1702, un nouvel électorat fut créé en faveur de la maison de Brunswick-Lunebourg ou de Hanovre. Dans les dernières années de l'existence de l'empire, le Wurtemberg, le margraviat de Bade et le landgraviat de Hesse-Cassel obtinrent également l'électorat.

phique ou dynastique. La Prusse et la Bohême formeront des paragraphes particuliers.

Suivant l'ordonnance de Ferdinand l, édictée en 1559, les représentants de chaque cercle se réunissaient deux fois l'an, le 1er mai et le 1er octobre, en un *münz-probations-tag* où les affaires monétaires des *münz-genossen* étaient discutées[1]. Ces réunions se tenaient généralement dans une ville impériale. Les cercles voisins étaient autorisés à s'entendre entre eux et formaient des groupes appelés *correspondirende kreise*; on eut ainsi : 1° Le Bas-Rhin, le Haut-Rhin et la Westphalie ; 2° la Haute et la Basse-Saxe ; 3° la Franconie, la Bavière, la Souabe, auxquelles se joignit parfois l'Autriche.

Le cercle de Bourgogne n'était rattaché à l'empire que d'une façon toute nominale, car il appartenait en entier à l'Espagne, qui s'y conduisait à sa guise, sans se préoccuper des règlements impériaux.

Il nous est impossible d'entrer pour la numismatique allemande dans d'aussi grands détails que pour celle d'autres pays ; nous nous exposerions à d'incessantes redites, et un volume entier ne nous suffirait pas. Nous indiquerons pour chaque seigneurie sa situation géographique, la liste de ses souverains, en signalant par un astérique placé devant leur nom ceux qui ont battu monnaie [2], les titres habituellement pris par les souverains, les armes des diverses seigneuries, le saint patron lorsque son image ou son nom paraît sur le numéraire, les ateliers monétaires et quelques-unes des particularités les plus intéressantes de l'histoire métallique. Ce procédé, qui nous mènera déjà fort loin, nous suffira pour atteindre le but que nous nous sommes proposé.

b). — *Réglementation générale du monnayage.*

Vers la fin du xve siècle, l'archiduc Sigismond frappa en Tyrol les premières grandes monnaies d'argent à flan épais; le millésime le plus ancien qui s'y montre est 1486, ou sur quelques essais, 1484. Ce n'est toutefois qu'au début du xvie siècle que le monnayage nouveau prit de l'extension. La découverte de nouvelles mines et l'exploitation plus active

1. Le premier *münz-probations-tag*, prescrit par l'ordonnance de Charles Quint de 1524, se tint le 12 mars 1525. La Franconie devait réunir ses délégués à Wiesheim ; la Bavière, à Ratisbonne ; la Souabe, à Esslingen ; le Haut-Rhin, à Spire ; le Bas-Rhin, à Cologne ; la Saxe, à Magdebourg.

2. Dans nos listes chronologiques de souverains ecclésiastiques, les noms qui suivent les dates indiquent les divers évêchés ou abbayes qui se trouvaient momentanément réunis sous l'administration d'un même personnage. Le cumul des fonctions ecclésiastiques atteignit en Allemagne, au xviie et au xviiie siècles, les proportions les plus abusives.

des mines d'argent existant sur le versant saxon des montagnes du Harz, provoquèrent dans les ateliers monétaires de cette région la fabrication de pièces épaisses et pesantes, appelées *guldengroschen* parce que leur valeur équivalait à celle du *florin* ou *gulden* d'or. Sur le versant bohémien du Harz, les comtes Schlick, possesseurs des mines d'argent, si riches, de Joachimsthal, imitèrent l'exemple de leurs voisins du nord et se mirent à frapper de lourdes monnaies de même poids que les *guldengroschen* ; ces pièces dont l'aloi était un peu plus faible se répandirent en Allemagne sous le nom de *joachimsthalers*, ou abrégé *thalers*, et devinrent les modèles d'un grand nombre de pièces analogues. Parmi les *thalers* les plus anciens, nous rappellerons ceux qui furent frappés par le prince palatin Frédéric le Sage en communauté avec les ducs Georges et Jean, ceux du Wurtemberg, des landgraves de Hesse, de la ville de Cologne, etc. Tous ces *thalers* incunables sont connus des amateurs allemands sous l'appellation vulgaire de *mönchsschriftsthaler*, parce que leurs légendes sont encore écrites en caractères gothiques. Le *thaler* se subdivisait en 15 batzen ou 60 kreutzers.

Avec l'apparition des *guldengroschen* et des *thalers* concordent les premières tentatives des empereurs pour étendre à l'argent la réglementation que les diètes d'Égra (1437) et de Francfort (1442) avaient imposée au monnayage de l'or. C'est ainsi que les diètes tenues à Augsbourg en 1500 et 1510, à Trèves et à Cologne en 1512, cherchèrent à soumettre les espèces d'argent à l'action du pouvoir central; mais ces velléités échouèrent devant la résistance des états possesseurs de mines qui s'opposaient à l'établissement d'un tarif officiel de l'argent fin.

Charles-Quint, après avoir pris l'avis de ses monnayeurs et consulté les princes de l'empire, en 1521, à la diète de Worms, promulgua, le 10 novembre 1524, à Esslingen, le premier règlement général du monnayage édicté en Allemagne. Ce règlement prescrivit l'emploi du marc de Cologne et ordonna l'émission des pièces d'argent suivantes :

1. *Reichs-guldener*, valant 1 florin d'or du Rhin, taillé à 8 au marc et de 15 loths d'aloi.

2. *Demi-guldener*, taillé à 16 au marc et de 15 loths d'aloi.

3. *Oerterer* ou quart de *guldener*, taillé à 16 au marc et de 15 loths d'aloi.

4. *Zehner* ou dixième de *guldener*, taillé à 80 au marc et de 15 loths d'aloi.

5. *Groschen* ou vingt-et-unième de *guldener*, taillé à 136 au marc et à 12 loths d'aloi.

6. *Demi-groschen* ou quarante-deuxième de *guldener*, taillé à 272 au marc et à 12 loths d'aloi.

7. *Klein gröschlein* ou quatre-vingt-quatrième de *guldener*, taillé à 366 au marc et à 8 loths d'aloi.

Indépendamment de ces monnaies appelées *monnaies d'empire*, *reichs-münzen*, il était loisible aux états de frapper des *pfennings* et des *heller* en petite quantité et suivant les besoins locaux, mais taillés de manière à ce qu'un marc fin ne pût fournir plus de 9 *guldener*. Toutes les monnaies devaient porter à l'avers l'aigle, avec cette légende : MO*neta* CA*roli* V .C*Æsaris* ET RO*manorum* IMP*eratoris ;* au revers, les armes du souverain monnayant avec une devise de son choix et le millésime. La fabrication des *florins* d'or à 18 1/2 carats et de 71 1/3 au marc, qui avait été adoptée en 1495 à la diète de Worms, devait être arrêtée et remplacée par une émission de *florins* à 22 carats et de 89 au marc. Comme les monnaies d'argent, les *florins* d'or devaient porter à l'avers les armes impériales.

La *münzordnung* de 1524 fut mal accueillie. L'archiduc Ferdinand, frère de l'empereur, fut le premier à s'y soustraire en déclarant que les lois monétaires de l'empire ne liaient pas les princes de la maison d'Autriche. En Allemagne même, on contesta à Charles-Quint le droit de réglementer une prérogative souveraine ; les états à mines se trouvaient lésés dans leurs intérêts ; au surplus le moment semblait mal choisi pour unifier les relations économiques d'un pays déchiré par les querelles religieuses. L'ordonnance venait enfin contrarier une foule d'habitudes commerciales en substituant un nouveau système de compte aux systèmes en vigueur dans les diverses régions.

Un grand nombre d'ateliers continuèrent leurs émissions sans se préoccuper de la volonté impériale, et les poursuites commencées contre quelques-uns d'entre eux durent être abandonnées par suite des troubles que provoqua la guerre des paysans. De nouvelles conférences, aussi stériles que les précédentes, furent tenues en 1529 à Spire, en 1530 à Augsbourg, en 1532 à Ratisbonne, et de 1542 à 1550 aucune diète ne se réunit sans qu'il y fût question de la situation déplorable des monnaies de l'empire. Le 5 mai 1549, Charles-Quint interdit la fabrication des *thalers* et des monnaies d'or aux états qui ne possédaient pas de mines ; son interdiction ne fut pas observée.

En 1551, à la diète d'Augsbourg, on rédigea une nouvelle ordonnance ou *reichs-beschluss* que Charles-Quint promulgua le 28 juillet. Cette ordonnance conserva un *florin d'or de compte,* non monnayé, à 60 *kreuzer,* et prescrivit l'émission des pièces d'argent suivantes :

1. *Reichs-gulden,* valant 72 *kreuzer,* taillé à 7 1/2 au marc de Cologne et de 14 loths 2 grains d'aloi.

2. *Demi reichs-gulden,* valant 36 kr., taillé à 15 au marc et de même aloi.

3. Pièce de 20 kr. appelée *zwantiger,* taillée à 27 au marc et de même aloi.

4. Pièce de 12 kr. appelée *zwölfer,* taillée à 45 au marc et de même aloi.

5. Pièce de 10 kr. appelée *zehner,* taillée à 54 au marc et de même aloi.

6. Pièce de 6 kr. appelée *sechser.,* taillée à 90 au marc et de même aloi.

7. Pièce de 3 kr. appelée *dreikreuzerer*, taillée à 94 1/2 au marc et de 7 loths 5 gr. d'aloi.

8. *Reichs-kreuzer*, taillé à 237 au marc et de 6 loths 1 gr. d'aloi.

En ce qui concerne le type, l'ordonnance de 1551 renouvelait avec de légères variantes les prescriptions de 1524 : l'avers devait porter l'aigle impériale, mais cette aigle devait avoir sur la poitrine le globe ou *reichs-apfel* chargé de l'indication en chiffres du nombre de *kreuzers* représenté par la pièce; la légende circulaire devait être : CAROL·V·IMP·AVG· G·F·DECRETO.

Les états possèdant des mines furent seuls autorisés à frapper les plus grosses espèces, mais outre les monnaies d'empire, un certain nombre d'états purent émettre des monnaies rappelant leurs anciennes pièces locales, rendues conformes au pied établi par l'ordonnance.

On eut ainsi, chez les quatre électeurs du Rhin et leurs alliés monétaires :

1. *Albus* ou *weisspfenning*, dont 28 faisaient un *florin* de 72 kr., taillé à 76 au marc de Cologne et à 5 loths d'aloi.

2. *Demi-albus*, taillé à 152 1/2 au marc et de même aloi.

3. *Pfenning*, dont 8 faisaient un *albus* et 224 un *florin*, taillé à 688 au marc.

Dans les états ressortissant des cercles de Haute-Saxe et de Franconie, on frappa :

1. *Groschen*, dont 21 faisaient un *gulden* de 60 kr., taillé à 100 au marc de Cologne et à 7 1/3 loths d'aloi.

2. *Demi-groschen*, taillé à 152 au marc et à 5 loths 10 gr. d'aloi.

3. *Klein gröschlein* ou quart de *groschen*, taillé à 276 au marc et à 5 loths d'aloi.

L'électeur de Brandebourg émit les pièces suivantes :

1. Pièce de 8 *märkische groschen*, dont 4 faisaient un *gulden* de 60 kr., taillée à 36 au marc de Cologne et à 14 loths 2 gr. d'aloi.

2. *Märkische groschen*, dont 32 faisaient un *gulden* de 60 kr., taillé à 126 au marc et à 6 loths 1 gr. d'aloi.

3. *Demi-märkische groschen*, dont 64 faisaient un *gulden* de 60 kr., taillé à 253 1/2 au marc et de même aloi.

4. *Pfenning*, dont 254 faisaient un *gulden* de 60 kr., taillé à 693 au marc et à 4 loths d'aloi.

Dans le cercle de Basse-Saxe, on frappa :

1. *Schilling* de Lubeck à 24 pièces au *gulden* de 60 kr., taillé à 109 1/2 au marc de Cologne et à 7 loths d'aloi.

2. *Sechsling* ou *sundische schilling* à 48 au *gulden* de 60 kr., taillé à 173 au marc et à 5 1/2 loths d'aloi.

3. *Dreiling* ou *sundische witten* à 96 au *gulden* de 60 kr., taillé à 318 au marc et à 5 loths d'aloi.

4. *Pfenning* de Lubeck à 288 au *gulden* de 60 kr., taillé à 318 au marc et à 3 1/3 loths d'aloi.

Ailleurs encore, il y eut d'autres monnaies locales, parmi lesquelles nous citerons les pièces suivantes :

1. *Etsch-vierer* de Tyrol, dont 5 valaient un *kreuzer*, taillé à 580 au marc de Cologne et à 2 loths 14 gr. d'aloi.

2. *Pfenning* de Franconie, dont 252 valaient un *gulden* de 60 kr., taillé à 682 au marc et à 4 loths d'aloi.

3. *Pfenning* d'Autriche, dont 4 valaient un *kreuzer*, taillé à 649 au marc et à 4 loths d'aloi.

4. *Pfenning* du Rhin et de Bavière, dont 210 valaient un *gulden* de 60 kr., taillé à 636 au marc et à 4 1/2 loths d'aloi.

5. *Pfenning* de Bade et de Wurtemberg, dont 148 valaient un *gulden* de 60 kr., taillé à 562 au marc et à 5 2/3 loths d'aloi.

6. *Pfenning* de Strasbourg, dont 120 valaient un *gulden* de 60 kr., taillé à 480 au marc et à 6 loths d'aloi.

Tous les états eurent du reste la faculté de frapper des *pfennings* et des *hellers* suivant leurs besoins, mais on ne pouvait tirer pour plus de 11 *gulden* d'un marc d'argent fin.

L'ordonnance de 1551 supprimait le monnayage du *thaler*. Cette proscription rencontra une résistance très vive dans la Saxe, qui provoqua en 1555 la formation d'une confédération particulière dans laquelle entrèrent le duc de Brunswick-Lunebourg, le chapitre d'Halberstadt, les villes de Hildesheim, Goettingue, Hanovre, Eimbeck, Nordheim et Hameln. Cette confédération fut le point de départ du compte par *thaler* à 24 *silbergroschen* ou 32 *mariengroschen*, longtemps usité dans l'Allemagne septentrionale. Dans d'autres régions encore, les états continuèrent à émettre les monnaies locales auxquelles les habitants étaient habitués, sans se préoccuper des ordres de l'empereur.

Les tentatives de Charles-Quint pour doter son empire d'un monnayage unifié échouèrent ainsi les unes après les autres. Il était réservé à Ferdinand I de résoudre ce difficile problème. Dès 1533, ce prince s'était activement occupé des questions économiques dans ses états personnels, et en 1535, il avait pris l'initiative d'une convention à laquelle avaient adhéré les comtes palatins du Rhin, les ducs de Bavière, les villes d'Augsbourg et d'Ulm, et plus tard encore l'archevêque de Salzbourg, les comtes d'Oettingen, de Montfort et de Rattenfels, l'administrateur des évêchés de Ratisbonne et de Passau, l'évêque de Constance et les villes de Ratisbonne, de Constance, de Kempten, d'Isny, de Saint-Gall et de Schaffhouse.

L'année qui suivit son avènement à l'empire, Ferdinand I saisit la diète d'Augsbourg de ses projets monétaires, et le 19 août 1559, il promulgua une ordonnance réglant comme suit l'échelle des espèces à émettre :

1. *Reichs-guldener* d'argent de 60 *kreuzers*, taillé à 9 1/2 au marc de Cologne et à 14 loths 16 grains d'aloi.

2. *Demi-reichs-guldener* de 30 kr., taillé à 19 au marc et de même aloi.

3. Pièce de 10 kr. ou *zehn kreuzerer*, taillée à 57 au marc et de même aloi.

4. Pièce de 5 kr. ou *fünf kreuzerer*, taillée à 114 au marc et de même aloi.

5. Pièce de 2 1/2 kr. ou *drithalb*, taillée à 124 au marc et à 8 loths d'aloi.

6. Pièce de 2 kr. ou *zweikreuzer*, taillée à 155 1/2 au marc et de même aloi.

7. *Kreuzer*, taillé à 243 1/2 au marc et à 6 loths 4 gr. d'aloi.

En ce qui concernait le type, les prescriptions du règlement de 1551 furent répétées, à cette différence près que le nom de Ferdinand devait remplacer le nom de Charles. Pour éviter la multiplication des monnaies d'appoint, il fut décidé que l'acceptation en payement de pièces inférieures à 5 kr. n'était obligatoire que jusqu'à concurrence de 25 *florins*. Les émissions des pièces locales devaient au surplus être limitées aux besoins de chaque pays. Quelques états furent autorisés pour la facilité des transactions à frapper les monnaies d'appoint suivantes :

1. *Reichsgroschen*, dont 21 valaient un *gulden* de 60 kr., taillés à 109 1/2 au marc de Cologne et à 8 loths d'aloi.

2. *Schilling* de Wurzbourg, de Wurtemberg et de Bade, dont 28 valaient un *gulden*, taillés à 145 au marc et à 8 loths d'aloi.

3. *Sundische schilling* ou *sechsling*, dont 48 valaient un *gulden*, taillé à 187 1/2 au marc et à 6 loths d'aloi.

4. Simple *rappenführer*, dont 75 valaient un *gulden*, taillé à 293 1/2 au marc et de même aloi.

5. Petit gros ou *gröschlein*, dont 84 au *gulden*, taillé à 274 au marc et à 5 loths d'aloi.

Chaque état pouvait en outre frapper des *pfennings* et des *heller,* mais à la condition de ne pas tirer plus de 11 *florins* 5 *kr.* au marc. Il n'y eut pas de modification quant à l'or : le *florin* resta taillé à 71 1/3 au marc et à 18 1/2 carats, mais le rapport entre les deux métaux étant mal établi, on en vint bientôt à une taille de 72 au marc, malgré laquelle le cours de la pièce s'éleva à 75 kr. L'ordonnance prévoyait aussi le monnayage de *ducats* d'or à 67 au marc et à 23 carats 8 gr. d'aloi.

De légères modifications furent apportées en 1566 au règlement de 1559 ; les pièces de 5 et de 2 1/2 *kreuzers* furent supprimées et, pour amener l'adhésion de la Saxe, le *thaler* fut admis au nombre des monnaies d'empire, sous le nom de *reichsthaler* (en néerlandais : *rijksdaalder*, en français : *rixdale*). Cette pièce, courant pour 68 kr., était taillée à 8 au marc et avait 14 loths 4 gr. ; elle eut une vogue énorme et supplanta bientôt le *reichsgulden* appelé par analogie de forme *guldenthaler*, qui cessa d'être monnayé.

Grâce à l'édit de 1559, l'Allemagne eut pour quelques années un monnayage presque uniforme, mais l'enchérissement progressif des matières provoqua bientôt des infractions plus ou moins ouvertes des règlements impériaux. La première manifestation du désordre renaissant fut la mise en circulation d'un trop grand nombre de monnaies d'appoint. En 1570, Maximilien II, à la diète de Spire, interdit la fabrication de *pfennings* et de *hellers* sans autorisation spéciale ; pour rendre le contrôle plus facile, on décida qu'il n'y aurait plus dorénavant que trois ou quatre ateliers ou *münzstätten* par cercle. Exception était faite pour les états ayant des mines sur leurs territoires ; mais il fallut dès 1571 interdire à ces derniers d'employer d'autres matières que celles provenant de leurs exploitations. Les ateliers réglementaires furent, pour le cercle de Souabe : Stuttgard, Tettnang, puis Langenargen, Augsbourg et un quatrième laissé au choix du margrave de Bade ; pour le cercle de Franconie, Wurzbourg, Schwabach, Wertheim et Nuremberg ; pour le cercle de Bavière, Munich, Salzbourg et Ratisbonne ; pour le cercle de Haute-Saxe : Leipzig, Berlin, Stettin et Saalfeld ; pour le cercle de Basse-Saxe : Lubeck, Magdebourg, Brème et Brunswick[1].

Les diètes de Ratisbonne et d'Augsbourg tenues en 1576 et 1582 renouvelèrent les défenses relatives au monnayage des petites espèces. Elles ne purent avoir raison de la fraude. Le commerce répondit à l'impuissance des décrets impériaux par l'établissement d'un agio sur les grosses espèces et, en 1585, les négociants assemblés à la foire de Francfort-sur-Main fixèrent, d'un commun accord, un nouveau tarif des espèces :

Le *ducat* d'or fut mis à 114 *kreuzers* au lieu de 104.
Le *florin* d'or. . . . 82. . . . . . . 75.
Le *guldenthaler* de 1559 64. . . . . . . 60.
Le *reichsthaler*. . . . 74. . . . . . . 68.

L'empereur Rodolphe II essaya vainement de réagir contre cette dépréciation des petites espèces, en nommant, le 9 août 1596, des commissaires qui durent suivre les foires, surveiller le change des monnaies, proscrire les mauvaises espèces. Rien ne put arrêter la refonte successive des grosses pièces et l'affaiblissement graduel de l'aloi des pièces plus petites qui les remplaçaient. La guerre de Trente ans, qui éclata en 1618, vint bientôt entraver toute surveillance : des ateliers ouverts sans autorisation[2] dans un grand nombre de seigneuries et de villes émirent d'énormes quantités de monnaies d'appoint, imitant à bas titre, sans la moindre vergogne, les espèces en vogue ; les rogneurs et les billonneurs purent presque impunément se livrer à leur coupable industrie. Les rares monnaies d'or et d'argent circulant encore furent taxées à un

---

1. Chaque membre de l'empire pouvait choisir, pour son monnayage, l'atelier qui lui convenait le mieux, celui-ci fût-il situé hors du cercle dont le souverain faisait partie. Au surplus, les ateliers des cercles ou *kreismünzstätte* pouvaient se charger des travaux monétaires qui leur étaient parfois confiés par des souverains étrangers.

2. Ces ateliers illicites et leurs produits sont appelés *heckmünzen* dans les ouvrages allemands et *haagmunten* dans les textes hollandais.

prix invraisemblable. Au moment de la mort de l'empereur Mathias, en 1619, le *reichsthaler* courait pour 1 fl. 48 kr., le *guldenthaler* pour 1 fl. 36, le *florin* d'or pour 2 fl., et le *ducat* pour 2 fl. 58 kr. En février 1622, le *reichsthaler* avait atteint une valeur nominale de 10 fl., le *guldenthaler* de 8 fl. 30 kr., le *florin* d'or de 12 fl. et le *ducat* de 16 fl. « Il est facile, dit M. Hanauer, de se figurer les conséquences funestes de cette crise financière : le renchérissement excessif quoique en partie factice de toutes les denrées ; la misère inattendue de tous ceux qui vivaient de rentes ou de traitements fixes ; l'appauvrissement de toutes les institutions de bienfaisance ; les pertes énormes des capitalistes dont les créances étaient l'objet de remboursements fictifs, au dixième souvent de leur valeur réelle ; des ruines imméritées et d'un autre côté des fortunes scandaleuses dues à l'agiotage et à des spéculations malhonnêtes ; en un mot le déplacement immoral de la richesse publique et privée. » Cette fatale époque est connue en Allemagne sous les noms de *kipperzeit* ou *wipperzeit*, des mots haut-saxons *kippen*, rogner, et *wippen*, peser, allusions aux opérations des juifs et des orfèvres, qui rognaient les espèces et les pesaient pour refondre les exemplaires les plus lourds[1].

L'excès du mal amena le remède. Dès le mois de mars de l'année 1622, la valeur nominale des grosses espèces diminua. Le cercle de Souabe ouvrit la marche, et en 1623 un grand nombre d'états, surtout ceux du sud, fixèrent un cours plus normal. Le 14 décembre de la même année, l'empereur Ferdinand II publia un important édit pour ses états héréditaires. Le taux des pièces fut fixé ainsi : le *reichsthaler* à 1 fl. 30 kr., le *guldenthaler* à 1 fl. 20 kr., le *florin* d'or à 1 fl. 44 kr. et le *ducat* à 2 fl. 20 kr. Les monnaies affaiblies devaient être retirées de la circulation dans un bref délai.

Les diverses régions de l'Allemagne suivirent la voie tracée par l'empereur et admirent son tarif tout en conservant leurs systèmes de compte propres qu'on essaya de faire concorder. Là où régnait le compte rhénan par *gulden* à 60 kr. ou 240 *pfennings,* c'est-à-dire en Autriche, dans les cercles de Souabe, de Bavière et de Franconie, puis sur le Rhin, le *thaler* à 90 kr. fut compté à 30 groschen ou 1 1/2 gulden, Dans les pays où l'on comptait par *thaler,* le *gulden* de compte fit 2/3 de *thaler* ou 20 *groschen.* Enfin, dans le Nord, en deçà de l'Elbe, l'on continua à compter par *marcs* valant le tiers d'un *thaler* et se subdivisant en 16 *schillings* ou 192 *pfennings.*

1. Il a paru en Allemagne, pendant la *kipperzeit,* une quantité innombrable de pamphlets monétaires, de chansons satiriques, etc. On trouvera une indication sommaire de cette littérature spéciale dans la *Bibliotheca numaria* de Lipsius ; mais il serait à souhaiter qu'un numismate allemand en entreprît une bibliographie raisonnée.

A partir de 1623, les cercles de Haute et de Basse-Saxe entreprirent de frapper, au lieu de leurs *mariengroschen* légers, des pièces meilleures dites *gute groschen* de 12 *pfennings*, dont 24 valurent un *thaler*, 16 un *gulden* et 8 un *marc*.

L'Allemagne jouit ainsi, malgré la guerre de Trente ans, d'un système monétaire assez stable, analogue à celui de 1559 modifié en 1566, quant aux pièces fabriquées, à leur taille et à leur titre, mais différent quant au cours de chacune d'elles et au rapport officiel des métaux précieux. En 1559, ce rapport était onzième et demi ; en 1623, il devint douzième. Cette situation dura jusqu'en 1660. « Les hausses incessantes de l'argent fin nécessitèrent, dit M. Hanauer, la diminution, d'abord dissimulée, puis ouverte, des espèces d'appoint. L'écart entre celles-ci et le *thaler* n'eut plus aucune proportion avec le cours du dernier. Le fait frappait depuis longtemps tous les esprits, lorsque les cercles de Souabe, de Bavière et de Franconie constatèrent, en 1665, l'impossibilité de conserver le tarif de 1623. Ils crurent y remédier en haussant le cours du *thaler*. La diète de Ratisbonne (1667) entra dans ces vues et statua que désormais le *reichsthaler* vaudrait 96 kr., le *ducat* 180 kr. et le *florin* d'or 130 kr. » La Saxe électorale, le Brandebourg et le Brunswick-Lunebourg, pays où les mines d'argent abondaient, refusèrent d'admettre ce tarif qui établissait entre les deux métaux précieux une proportion de 14 1/16. Leurs délégués se réunirent en cette même année 1667 au couvent de Zinna, près de Wittemberg, et créèrent un nouveau pied, connu dans l'histoire économique de l'Allemagne sous le nom de pied de Zinna, *zinnascher-münzfuss*. Suivant la convention arrêtée, le marc colonais d'argent fin devait produire 10 1/2 *thalers* ou 15 3/4 *florins* d'espèces. Le *thaler* conservait le cours de 90 kr. ou 24 *gute groschen*, mais on cessait de le fabriquer. Les monnaies réellement émises devaient être le 2/3, le 1/3 et le 1/6 de *thaler*, qui avaient l'avantage de s'adapter exactement aux trois manières de compter en usage dans l'empire. En effet le 2/3 de *thaler* valait 16 *gute groschen* ou 24 *mariengroschen* d'après le *thaler-system*, 60 kr. ou 1 fl. d'après le *gulden-system*, enfin 2 *marcs* ou 32 *schillings* d'après le *mark-system*. Les états qui acceptèrent le pied de Zinna, mais qui comptaient par *gulden*, frappèrent des *gulden*, des *demi-gulden* et des *quarts de gulden* de même aloi et de même taille que les 2/3, les 1/3 et les 1/6 de *thaler*, en inscrivant sur leurs pièces les nombres 60, 30 et 15, indication de leur valeur en *kreuzer*.

Les terres de la maison d'Autriche et les cercles de Souabe, de Bavière et de Franconie n'acceptèrent pas le *zinnascher-münzfuss*. L'empereur Léopold I le condamna à plusieurs reprises, d'abord par le décret du 4 septembre 1669, puis encore par celui du 18 mars 1676. En 1680, la diète de Ratisbonne vint cependant modifier les règlements qui concernaient les monnaies d'appoint. On put dès lors frapper les pièces suivantes :

1. Pièce de 6 kr. ou *double gros*, taillée à 69 7/12 au marc de Cologne et à 8 loths d'aloi.

2. *Batzen*, taillé à 104 3/8 au marc et de même aloi.

3. *Demi-batzen*, taillé à 199 7/32 au marc et à 7 1/2 loths d'aloi.

4. *Groschen*, taillé à 141 au marc et à 8 loths d'aloi.

5. *Kreuzer*, taillé à 275 au marc et à 5 loths d'aloi.

6. *Dreier* ou pièce de 3 *pfennings*, taillé à 330 au marc et à 4 1/2 loths d'aloi.

7. *Zweier* ou pièce de 2 *pfennings*, taillée à 470 au marc et à 4 loths d'aloi.

8. *Drei-heller* ou pièce d'un *pfenning* et demi, taillée à 548 au marc et à 3 1/2 loths d'aloi.

9. *Pfenning* taillé à 720 au marc et à 3 loths d'aloi.

Cette ordonnance constituait une sérieuse concession aux états monnayants, car, en abaissant l'aloi des monnaies divisionnaires, elle permettait, par le fait, de réaliser un plus grand seigneuriage. Le marc fin rapporta de cette manière 13 1/2 fl. en *thalers*, 13 3/4 en pièces de 6 *kreuzers*, 13 fl. 47 kr. en *batzen* et 16 fl. en *pfennings*. La décision de la diète de Ratisbonne ne parvint pas cependant à satisfaire tout le monde, pas plus que ne le fit un édit impérial de 1681 évaluant le *thaler* à 96 kr., le *ducat* à 210 kr. et le *florin* d'or à 156 kr.

Dans le nord, le pied de Zinna avait lui-même fait son temps et n'était plus en rapport avec le renchérissement progressif de l'argent. Les représentants des états qui l'avaient établi, la Saxe électorale, le Brandebourg et le Brunswick-Lunebourg se réunirent en janvier 1690 à Leipzig et fixèrent un pied monétaire nouveau, connu dans l'histoire économique de l'Allemagne sous le nom de *Leipziger-Münzfusz*. Le marc fin de Cologne fut nominalement évalué à 12 *thaler*, le *thaler* à 24 *gute groschen*, le *gute groschen* à 12 *pfennings*. Le *thaler*, appelé *current-thaler*, n'exista toutefois que comme monnaie de compte, et il ne fut frappé en réalité que des doubles tiers, tiers et sixièmes de *thaler*. Ces dispositions furent complétées en février 1690 dans la réunion de Torgau où l'on s'entendit sur la frappe des menues espèces : *doppel groschen*, *groschen* et *pfennings*. Les anciens *reichsthaler*, monnaies réelles, appelées désormais *species-thaler*, par opposition aux *current-thaler*, monnaies de compte, furent évalués à 2 fl. ; les *ducats* furent cotés 4 fl. et les *florins* d'or 2 fl. 56 kr. Le rapport entre les deux métaux était, de la sorte, comme 1 est à 15 2/9.

Le pied de Leipzig fut adopté par les cercles du Rhin ; en 1693, ceux de Souabe, de Franconie et de Bavière y adhérèrent, et le 21 mars de cette même année, l'empereur lui-même l'introduisit dans ses états héréditaires. L'Allemagne vit ainsi renaître, dans une certaine mesure, l'unité du monnayage, mais le nord et le midi conservèrent chacun leur système particulier de compte par *thaler* ou par *gulden*. Voici le tableau sommaire du rapport des principales monnaies circulantes et des deux systèmes de compte entre eux ; nous négligeons les espèces d'appoint :

Ducat d'or à 67 au marc et à 23 carats 8 gr. = 4 *florins* ou 2 *thaler* 16 *groschen*.
Florin d'or à 72 au marc et à 18 carats 6 gr. = 2 fl. 56 kr. ou 1 th. 23 gr.
Speciesthaler d'argent à 8 au marc et à 14 loths 4 gr. = 2 fl. ou 1 th. 8 gr.
Demi-speciesthaler à 16 au marc et de même aloi. = 1 fl. ou 16 *groschen* (2/3 th.).
Quart de speciesthaler à 32 au marc et de même aloi. = 30 kr. (1/2 fl.) ou 8 gr. (1/3 th.).
Huitième de speciesthaler à 64 au marc et de même aloi. = 15 kr. (1/4 fl.) ou 4 gr. (1/6 th.).

Lubeck et Hambourg, seules, refusèrent d'adhérer à ce système et continuèrent leur compte traditionnel par *marks*, l'ancien *reichsthaler* étant compté pour 3 *marks* ou 48 *schillings* et le *schilling* pour 16 *pfennings*. Voici quelles furent les pièces frappées sur cette base.

1. *Pièce de deux marks* d'argent, taillée à 12 3/4 au marc et à 12 loths d'aloi.
2. *Mark*, taillé à 25 1/2 au marc et de même aloi.
3. *Schilling*, taillé à 216 au marc et de même aloi.
4. *Sechsling* ou *demi-schilling* (8 pf.), taillé à 288 au marc et à 4 loths.
5. *Dreiling* ou *quart de schilling* (4 pf.), taillé à 456 au marc et à 3 loths.

Outre ces pièces, Lubeck et Hambourg frappèrent des pièces d'or, *florins* et *ducats*, leurs divisions et leurs multiples, en se conformant au pied de Leipzig, mais ces pièces, considérées comme simples marchandises, avaient un cours variable.

Observé sans trop d'infractions pendant un certain nombre d'années, promu le 1er décembre 1738 au rang de pied officiel de l'empire ou *Reichs-Münz-Fuss*, le pied de Leipzig eut peu à peu le sort de ceux qui l'avaient précédé. En 1748, après la paix d'Aix-la-Chapelle, l'empereur François I, frappé de l'inexactitude du rapport légal entre les deux métaux, diminua la valeur intrinsèque du *thaler* sans toucher à sa valeur nominale. En 1753, la Bavière entra dans cet ordre d'idées et fit avec l'Autriche une convention qui établissait un pied de 20 florins et un rapport de 1 à 14 11/72. Voici les pièces que les contractants devaient frapper suivant ce nouveau pied, dit *Conventions Fuss* :

1. *Ducat* d'or valant 4 fl. 10 kr., taillé à 67 au marc de Cologne à 23 carats 8 gr. On pouvait frapper des *quarts de ducats*, des *demi-ducats*, des *doubles ducats* et d'autres multiples de même aloi et taillés à l'avenant.
2. *Thaler* d'argent valant 2 fl., taillé à 8 1/3 au marc et à 13 loths 6 gr. d'aloi (soit 10 au marc fin).

3. *Demi-thaler*, valant 1 fl., taillé à 16 2/3 au marc et de même aloi (soit 20 au marc fin).

4. *Quart de thaler*, valant 30 kr., taillé à 33 1/3 au marc et de même aloi (soit 40 au marc fin).

5. Pièce de 20 kr. dite *kopfstück*, taillée à 35 au marc et à 9 loths 6 gr. d'aloi.

6. Pièce de 17 kr., taillée à 38 4/17, au marc et à 8 loth 12 gr. d'aloi. Cette pièce ne devait être frappée qu'en Autriche.

7. Pièce de 10 kr. ou *halb kopfstück*, taillée à 60 au marc et à 8 loths.

8. Pièce de 7 kr., taillée à 72 1/42 au marc et à 6 loths 13 gr. Cette pièce était spéciale à l'Autriche.

9. *Groschen*, valant 3 kr., taillé à 137 1/2 au marc et à 5 loths 9 gr.

Les menues espèces de moins d'un *groschen* restaient à la volonté de chaque état et ne devaient pas circuler chez le co-contractant. L'Autriche frappa ainsi des *demi-groschen* ou *pultura*, des *kreuzer*, des *groeschel* de 3 pf., des *zweer* de 2 pf., des *pfennings*. De son côté, la Bavière émit des pièces de 10 pf. ou *landmünzen* et des *kreuzer*.

Le pied de convention fut adopté en 1761 par les cercles de Souabe et de Franconie, et en 1763 et 1764 par les autres états de l'Allemagne, à l'exception de la Prusse, du Hanovre, des pays suédois-poméraniens et de quelques petites principautés. Certains états n'admirent toutefois la réforme qu'avec des réserves, ceux de l'Allemagne méridionale par exemple qui avaient monnayé antérieurement sur le pied de 24 fl. au marc. « Pour ne rien changer aux habitudes du peuple, dit M. Hanauer, ils conservèrent aux monnaies cette valeur nominale, bien qu'ils se conformassent, pour leur valeur intrinsèque, au pied de convention. Au lieu de 2 fl. le thaler de convention valut donc chez eux 2 fl. 24 kr., et, par suite, toutes les espèces avaient, dans leur territoire, une valeur nominale d'un sixième plus forte qu'en Autriche. » Dans les pays où l'on comptait par *thaler* et *groschen*, comme la Saxe, le marc fin de Cologne fut calculé à raison de 13 1/3 *thalers* de compte ; comme monnaies réelles il y eut :

1. *Speciesthaler*, valant 1 *thaler* 8 *groschen* saxons. = 2 fl. de la monnaie de convention (10 pièces au marc fin de Cologne).

2. Deux tiers de *speciesthaler*, courant pour 16 *gute groschen*. = 1/2 *conventionsthaler* (20 pièces au marc fin).

3. Tiers de *speciesthaler*, courant pour 8 *gute groschen*. = 1/4 de *conventionsthaler* (40 pièces au marc fin).

4. Sixième de *speciesthaler*, courant pour 4 *gute groschen*. = 15 kr. de convention (80 pièces au marc fin).

5. Douzième de *speciesthaler*, courant pour 2 *gute groschen*. = 7 1/2 kr. de convention (160 pièces au marc fin).

6. Vingt-quatrième de *speciesthaler*, courant pour un *gute groschen*. = 3 3/4 kr. de convention (320 pièces au marc fin).

Il y eut en outre des monnaies divisionnaires appelées *sechser, dreier* et *pfenning,* valant 6, 3 et 1 pf., mais leur cours fut limité au pays d'émission et aux besoins des échanges journaliers.

Les monnaies frappées suivant le *Conventions-Fuss* portent, dans quelques états, des légendes indiquant cette particularité, par exemple, **AD LEGEM CONVENTIONIS, AD NORMAM CONVENTIONIS,** ou, en allemand, **NACH DEM CONVENTIONS FVSSE.** Elles portèrent au surplus la mention de la taille des pièces au marc fin ; par exemple, on trouve **V EINE FEINE MARK** sur les doubles *thalers* de Saxe et de Bamberg ; **X** ou **IO,** ou **IO STVCKE EINE FEINE MARK** ou **EINE MARK FEIN SILBER** sur les *thalers ;* **XX** ou **20,** ou **20 STVCKE EINE FEINE MARK** sur les *demi thalers,* etc., etc. En Autriche s'était introduit l'usage de compter au marc de Vienne, plus lourd d'un sixième que celui de Cologne. Quelques pièces frappées en 1775 par Marie-Thérèse, pour la Galicie, bien que valant exactement 30 et 15 kr. de convention, portent l'indication d'une taille au marc de Vienne : **XXXXVIII** et **XCVI EX MARCA PVRA VIEN.** En 1760, l'Autriche commença l'émission de monnaies divisionnaires ou *scheidemünzen* en cuivre pur, ce qui constituait une innovation monétaire, ce genre de pièces ayant toujours été jusque-là fabriquées en bas billon.

Nous avons vu plus haut que la Prusse refusa d'adhérer au pied de convention. En 1751, Frédéric II avait créé un pied de 21 florins ou de 14 thalers. On frappa, sous la dénomination de *koenigliches preussisches courant geld,* les pièces suivantes :

1. *Frédéric* d'or, valant 5 *thalers* de Prusse, taillé à 35 au marc de Cologne et à 21 carats 9 gr. d'aloi. Il y eut également des *demi-frédérics* et des *doubles frédérics* taillés à l'avenant.

2. *Reichsthaler,* valant 24 *groschen,* taillé à 10 1/2 au marc de Cologne et à 12 loths d'aloi.

3. *Demi-reichsthaler* valant 12 *groschen,* taillé à 21 au marc et de même aloi.

4. *Quart de reichsthaler* valant 6 *groschen,* taillé à 42 au marc et de même aloi.

5. *Sixième de thaler* valant 4 *groschen.*

6. *Douzième de thaler* valant 2 *groschen.*

Il y eut en outre quelques *scheidemünzen.* Le système de Frédéric II établissait entre les deux métaux précieux un rapport de 1 à 13 23/29.

Voilà, dans ses grandes lignes, l'histoire de la législation monétaire de l'Allemagne depuis le commencement du xvie siècle jusqu'à la fin du xviiie. Nous la complèterons par des détails qui prendront place dans la suite de ce chapitre.

c). — *Forme des monnaies. Les types, les monogrammes, les légendes, les différents d'atelier.*

Au début de l'époque moderne, les monnaies de l'Allemagne continuèrent à être frappées au marteau et ne se distinguèrent pas des monnaies des pays plus occidentaux. On doit faire cependant une réserve pour les plus petites des monnaies d'appoint qui continuèrent en quelque sorte le système des bractéates et se composèrent d'un flan concave empreint d'un seul côté. Ces pièces sont appelées communément *schüsselpfennings* ou *schüsselheller, pfennings* et *hellers* en forme de coupes. Lorsque l'outillage mécanique se fut généralisé au XVIIe siècle, un grand nombre d'ateliers employèrent, de préférence au *moulin,* le *rouleau* ou *laminoir.* Les monnaies ainsi fabriquées sont légèrement cambrées : on les dirait découpées dans un cylindre.

Les types monétaires de l'Allemagne moderne se composent de portraits de souverains, d'images de saints, de vues de villes, de représentations d'édifices, de sujets allégoriques, d'armoiries ou d'emblèmes héraldiques, d'initiales et de monogrammes, de croix plus ou moins ornées, de chiffres indiquant la valeur ou la taille des pièces, d'inscriptions transversalement disposées dans le champ. A côté des pièces à types monétaires habituels, on frappa fréquemment des monnaies ayant la portée de médailles commémoratives; c'est ce que les numismates allemands appellent *schaumünzen* ou *denkmünzen,* littéralement : monnaies destinées à être regardées ou à consacrer un souvenir. On trouve ainsi, surtout dans la série des *thalers* qui par la largeur de leur flan se prêtaient le mieux à recevoir des empreintes à représentations compliquées, des *geburstagsthaler* frappé à l'occasion de l'anniversaire de la naissance d'un souverain, des *krönungsthaler* frappés à l'occasion du couronnement, des *huldigungsthaler* destinés à rappeler une inauguration, des *vermählungsthaler* qui fixent le souvenir d'un mariage, des *sterbethaler* émis à l'occasion de la mort du prince, des *schiessthaler* servant de prix de tir, des *jubelthaler* émis lors d'un anniversaire, les *rathsherrenthaler* que se distribuaient les membres du conseil de certaines villes et qui faisaient l'office de jetons de présence.

Les monogrammes et les initiales devinrent surtout de mode au XVIIe siècle ; souvent, sur les monnaies divisionnaires, ils ne sont accompagnés d'aucune légende explicative, de sorte qu'il est parfois difficile de les comprendre. M. Schlickeysen a donné la plupart de ces monogrammes dans son livre sur les abréviations monétaires ; nous les réunissons en un tableau où il sera plus facile de les retrouver que si nous les dispersions dans le cours de ce chapitre.

Fig. 115 et 116

Albert-Ernest, prince d'Oettingen
1659-1683

Fig. 117 à 119

Adolphe-Frédéric III et IV,
ducs de Mecklenbourg-Strélitz
1708-52-94

Fig. 120	Fig. 121	Fig. 122	Fig. 123	Fig. 124
Alexis-Frédéric-Christian, duc d'Anhalt-Bernbourg 1796-1834	Bernard, duc de Saxe-Meiningen 1680-1706	Christian-Albert, duc de Holstein-Gottorp 1659-94	Clément-Auguste, électeur de Cologne, évêque de Munster 1723-61	Charles-Edzard, prince d'Ostfrise 1734-44

Fig. 125	Fig. 126	Fig. 127	Fig. 128 et 129
Charles-Frédéric, duc de Holstein-Gottorp 1702-39	Charles, prince de Loewenstein-Wertheim 1735-89	Charles-Joachim, prince de Furstenberg 1796-1804	Christian-Louis I et II, ducs de Mecklenbourg-Schwérin 1658-92 et 1747-56

Fig. 130 à 135

Charles-Louis,
landgrave de Hesse-Cassel
1670-1730

Fig. 136	Fig. 137 et 138	Fig. 139	Fig. 140 et 141
Charles Philippe de Vollraths, évêque de Würzbourg 1749-54	Clément-Wenceslas, électeur de Trèves 1768-1802	Frédéric-Alexandre, comte de Wied 1737-91	François-Georges, électeur de Trèves 1729-95

Fig. 142	Fig. 143 à 145	Fig. 146
François-Josias, duc de Saxe-Cobourg 1729-64	Frédéric 1 et II, landgraves de Hesse-Cassel 1750-51 et 1760-85	Frédéric-Ulric, duc de Brunswick-Lunebourg 1613-34

Fig. 147 à 149
Frédéric-Guillaume I, II, III,
rois de Prusse
1713-40, 1786-97, 1797-1840

Fig 150 et 151
Frédéric-Guillaume,
duc de Mecklenbourg-Schwérin
1692-1713

Fig. 152
Comté de Wied
(Grafschaft Wied)

Fig. 153
Henri,
évêque de Fulda
1759-88

Fig. 154
Jean-Ernest,
duc de Saxe-Weimar
1662-83

Fig. 155
Josse-Edmond,
évêque d'Hildesheim
1688-1702

Fig. 156
Jean-Frédéric-Charles,
électeur de Mayence
1743-63

Fig. 157 et 158
Jean-Georges,
duc de Saxe-Weissenfels
1697-1712

Fig. 159
Jean-Georges IV,
électeur de Saxe
1691-94

Fig. 160
Jean-Louis-Adolphe,
comte de Wied
1706-62

Fig. 161
Jean-Philippe,
électeur de Trèves
1756-68

Fig. 162
Jean-Guillaume,
duc de Saxe-Eisenach
1690-1729

Fig. 163
Louis-Gunther, prince
de Schwarzbourg-Rudolstadt
1767-90

Fig. 164
Louis X, landgrave
de Hesse-Darmstadt
1790-1806

Fig. 165
Louis-Rodolphe, duc de
Brunswick-Lun.-Wolfenbut.
1731-35

Fig. 166
Maximilien-Frédéric,
électeur de Cologne
1761-84

Fig. 167
Maximilien-Joseph,
électeur de Bavière,
duc de Juliers et de Berg
1799-1806

Fig. 168
Marie, landgravine
de Hesse-Cassel
(à Hanau, 1763)

Fig. 169
Maurice-Guillaume,
duc de Saxe-Zeitz
1681-1718

Fig. 170
Nassau-Orange

Fig. 171
Simon-Auguste,
duc de Lippe-Detmold
1734-82

Fig. 172
Guillaume,
duc de Saxe-Weimar-Eisenach
1729-41

Fig. 173 à 179
Guillaume VIII et IX, landgraves de Hesse
1751-1760 et 1785-1802

Des légendes monétaires allemandes sont écrites soit en latin, soit en allemand et généralement rendues peu intelligibles par l'abus des abréviations. Les souverains monnayant se parent volontiers de tous leurs titres et comme ceux-ci sont nombreux, il a fallu les indiquer par de simples initiales. Les ouvrages de M. Rentzmann et de M. Schlickeysen ont précisément pour but de développer ces abréviations ; l'un ou l'autre de ces livres est indispensable à qui veut aborder une étude quelque peu approfondie de la numismatique allemande. Nous nous bornerons à citer, à titre d'exemple, quelques-unes de ces légendes formées de sigles, véritables énigmes dont les savants d'Outre-Rhin hésitent parfois à présenter une solution définitive :

C.A.D.G.A.E.C.S.R.I.P.I.A.C.ET E.M.M.P.B.A.O.T.P.G.E.I.S.M.E.M.H. P.V.B.S.P.A.ET W.D. Clemens Augustus, Dei gratia archi-episcopus coloniensis, Sacri Romani Imperii per Italiam archi-cancellarius et elector, Magni magisterii per Borussiam administrator, Ordinis teutonici per Germaniam et Italiam supremus magister, episcopus monasteriensis, hildesiensis, paderbornensis, Utriusque Bavariae, Superioris Palatinatus, Angariae et Westphaliae dux.

C.TH.D.G.C.P.R.V.B.D.S.R.I.A.D.ET E.ET.I.P.R.S. ET.I.F.PR. ET VIC.I.C. ET M.D.L.L.P.M.M.M.A.Z.C.V.S.M.ET R.D.I.R. Carolus Theodorus, Dei gratia comes Palatinus Rheni, Utriusque Bavariae dux, Sacri Romani Imperii archi-dapifer et elector et in partibus Rheni, Sueviae et juris Franconici provisor et vicarius, Juliaci, Cliviae et Montium dux, landgravius leuchtenbergensis, princeps Meursii, marchio Montis ad Zomam, comes Veldentiae, Sponhemi, Marcae et Ravensbergae, dominus in Ravenstein.

H.D.E.I.L.R.G.V.H.V.P.H.Z.G.C.G.S.V.L. Heinrich der Erste, jüngerer Linie Reuss, Graf und Herr von Plauen, Herr zu Greiz, Cranichfeld, Gera, Schleiz und Lobestein.

V.G.G.A.F.H.Z.M.F.Z.W.G.Z.S.D.L.R.V.S.H. Von Gottes Gnaden Adolph Friedrich, Herzog zu Mecklenburg, Fürst zu Wenden, Graf zu Schwerin, der Lande Rostock und Stargard Herr.

A.G.Z.B.T.S.V.L.H.Z.R.W.H.A.H.F.Z.L.E.Z.C. Adolph, Graf zu Bentheim, Tecklenburg, Steinfurt und Limburg, Herr zu Rheda, Wevelinghoven, Hoya, Alpen, Helfenstein, Freiherr zu Lennep, Erbvoigt zu Cöln.

Les monnaies allemandes portent, comme celles des autres pays, des différents qui indiquent le maître des monnaies ou *münzmeister*, le graveur ou *stempelschneider*, le garde ou *wardein*, l'atelier ou *münzstätte*. Les différents du maître, du graveur et du garde sont un emblème particulier, des monogrammes ou des initiales. Les ateliers sont souvent désignés par des lettres, comme sur les monnaies de France ; nous en empruntons la liste à l'ouvrage de M. Schlickeysen :

A. *Allstädt* sur des monnaies de Saxe-Altenbourg de la *kipperzeit* — *Langenargen* (Argentaria), monn. de Montfort de 1703-26. — *Altenkirchen*, monn. margraviales brandebourgeoises frappées pour le comté de Sayn de 1747-64. — *Vienne*, monn. autrichiennes depuis 1766. — *Amberg*, monn. bavaroises de 1763-95. — *Berlin*, monn. prussiennes depuis 1750. — *Augsbourg*, sur plusieurs monn. des états du cercle de Souabe.

B. *Baireuth*, monn. des margraves de Brandebourg. — *Burgau*, monn. de Wurtemberg-Weilting de 1622-23. — *Breslau*, monn. de Prusse depuis 1750. — *Kremnitz*, monn. autrichiennes depuis 1766. — *Berka*, monn. d'Altenbourg de la *kipperzeit*.

C. *Culmbach*, monn. des margraves de Brandebourg. — *Cham*, monn. bavaroises de 1635-1760. — *Christophsthal*, monn. wurtembourgeoises de 1622-28. — *Cahla*, monn. de Saxe-Altenbourg de la *kipperzeit*. — *Prague*, monn. autrichiennes depuis 1766. — *Clausthal*, monn. hanovriennes depuis 1800. — *Clèves*, monn. prussiennes de 1750-67. — *Cobourg*, monn. de cuivre de Saxe-Cobourg.

D. *Dusseldorf*, monn. de Berg de 1750. — *Aurich*, monn. prussiennes de 1652-68. — *Grätz*, monn. autrichiennes depuis 1766.

E. *Eilenbourg*, monn. saxonnes de la *kipperzeit*. — *Eisleben*, monn. de Mansfeld. — *Königsberg*, monn. prussiennes de 1750-98. — *Karlsbourg* en Transylvanie, monn. autrichiennes depuis 1766.

F. *Furth*, monn. de plusieurs états du cercle de Franconie. — *Fulda*, monn. de Fulda. — *Friedberg*, monn. de Hohenlohe de 1685. — *Magdebourg*, monn. prussiennes de 1750-68. — *Hall*, en Tyrol, monn. autrichiennes depuis 1766.

G. *Glogovie*, monn. impériales pour la Silésie. — *Gotha*, monn. de Saxe-Cobourg de la *kipperzeit* — *Gera*, monn. de Reus de la *kipperzeit*. — *Stettin*, monn. prussiennes de 1758-63. — *Nagybanya*, monn. autrichiennes de 1765-72. — *Gunzbourg*, monn. de plusieurs états du cercle de Souabe, de 1772-80.

H. *Heidelberg*, monn. du Palatinat. — *Gunzbourg*, monn autrichiennes depuis 1762.

I. *Schemnitz*, monn. autrichiennes depuis 1780.

K. *Chemnitz*, monn. saxonnes de la *kipperzeit*. — *Krawinkel*, monn. de Weimar de la *kipperzeit*. — *Königssee*, monn. de Schwarzbourg-Rudolstadt, de la *kipperzeit*. — *Kirchberg*, monn. de Holenlohe de la *kipperzeit*. — *Kremnitz*, monn. autrichiennes. — *Königstein*, monn. de Stolberg. — *Cobourg*, monn. des landgraves de Thuringe.

L. *Luckau*, monn. de Saxe-Altenbourg de la *kipperzeit*. — *Lichtenberg*, monn. des margraves de Brandebourg. — *Leutenberg*, monn. de Schwarzbourg-Rudolstadt de la *kipperzeit*. — *Leipzig*, monn. de Saxe de 1753-62. — *Langenargen*, monn. de Montfort.

M. *Munsa*, monn. de Saxe-Altenbourg de la *kipperzeit*. — *Mittelhausen*, monn. de Saxe-Weimar de la *kipperzeit* — *Mannheim*, monn. du Palatinat.

N. *Neubourg*, monn. du Palatinat supérieur des XVIᵉ et XVIIᵉ siècles. — *Nuremberg*, monn. de plusieurs états du cercle de Franconie. — *Nordlingen*, monn. des comtes de Königstein et Stolberg. — *Naumbourg*, monn. saxonnes de la *kipperzeit*. — *Nobitz*, monn. de Saxe-Altenbourg de la *kipperzeit*. — *Neuenstein*, monn. de Hohenlohe. — *Nidda*, monn. de Hesse.

O. *Oravitza*, monn. autrichiennes de cuivre. — *Cassel*, monn. de Hesse au XVIIᵉ siècle.

P. *Poschwitz*, monn. de Saxe-Altenbourg. — *Prague*, monn. autrichiennes.

Q. *Quedlinbourg*, monn. locales.

R. *Reichenweier*, monn. de Montbéliard. — *Rudolstadt*, monn. de Schwarzbourg. — *Reichenau*, monn. d'Ehrenfels, 1731. — *Roda*, monn. de Saxe-Altenbourg de la *kipperzeit*.

S. *Simmeren*, monn. du Palatinat au XVIᵉ siècle. — *Schwabach*, monn. de plusieurs états du cercle de Franconie. — *Schleusingen*, monn. d'Henneberg. — *Schauenstein*, monn. des margraves de Brandebourg de la *kipperzeit*. — *Sagan*, monn. du duché de Friedland, 1628-32. — *Schwalbach*, monn. des rois de Prusse pour les principautés franconiennes, depuis 1792.

T. *Buchholz*, monn. saxonnes, 1500-70. — *Tübingen*, monn. du Wurtemberg. — *Taucha*, monn. saxonnes de la *kipperzeit*.

V. *Volkerode*, monn. cobourgeoises de la *kipperzeit*.

W. *Breslau* (Wratislavia), monn. de Silésie et de Prusse. — *Wesel*, monn. de Clèves. — *Weimar*, monn. de Weimar de la *kipperzeit*. — *Wittenberg*, monn. saxonnes de la *kipperzeit*. — *Wertheim*, monn. de plusieurs états du cercle de Franconie. — *Vienne*, monn. autrichiennes.

W. S. *Weissenstadt*, monn. du margraviat de Baireuth, 1622.

§ II. — *Cercle du Bas-Rhin.*

Le cercle du Bas-Rhin ou cercle électoral se composait de pays dispersés sur les deux rives du fleuve et séparés les uns des autres par de nombreuses enclaves des cercles du Haut-Rhin et de Westphalie. Le directeur du cercle du Bas-Rhin était le prince-électeur de Mayence et les diètes se tinrent, à partir du XVIIᵉ siècle, à Francfort-sur-Mein.

Pendant toute la dernière partie du moyen âge, les quatre électeurs du Rhin, archevêques de Mayence, de Trèves, de Cologne, et comte palatin, avaient assuré, par de solides alliances monétaires, une circulation métallique régulière et stable aux diverses régions soumises à leur influence ; la même politique économique caractérisa leurs relations pendant la période moderne. Le 15 novembre 1490, les électeurs signèrent une convention nouvelle relative aux espèces d'or ; les dispositions en restèrent observées, à quelques dérogations près, aussi longtemps que les *florins* d'or ou *goldgulden* furent frappés. En 1509, la Hesse adhéra officiellement à cette convention et un grand nombre de seigneurs et de villes y apportèrent, comme jadis, un acquiescement officieux et parfois déloyal. Le type habituel des *florins* d'or rhénans se compose à l'avers de l'image du Christ, nimbé et bénissant, assis, de face, sur un siège à clochetons ; aux pieds du Sauveur est placé l'écusson de l'état monnayant ; en légende circulaire figurent le nom et les titres abrégés du souverain. Au revers, les pièces portèrent les armes des princes confédérés disposées avec symétrie ; l'inscription prescrite comprit les mots : *moneta aurea rhenensis*, plus ou moins écourtés, et le millésime.

La convention relative à l'or s'étendit aux *thalers* d'argent dans le cours du xvie siècle. En 1572, nous voyons apparaître concurremment, chez les quatre électeurs et les landgraves de Hesse, des pièces appelées *münzvereinsthaler*, qui reproduisent au revers les écussons des confédérés avec la légende : *moneta nova rhenorum electorum et principum consociatorum*, très abrégée.

D'autres conventions monétaires resserrèrent encore les liens commerciaux des quatre électorats, c'est ainsi, par exemple, que le 8 octobre 1612 les princes s'entendirent pour la réglementation de la monnaie divisionnaire ; mais, nous l'avons déjà dit, nous ne pouvons entrer dans tous les détails de l'histoire métallique, malgré le vif intérêt qu'ils présentent et la nouveauté du sujet. Il est à peine croyable que la ligue monétaire des électeurs du Rhin n'ait encore tenté la plume d'un seul numismate allemand.

a). — *Archevêché de Mayence* [1].

Le territoire de l'archevêché de Mayence, en allemand *Mainz*, en latin *Mogontia*, se composait de divers tronçons dispersés sur le Rhin, en Franconie, en Thuringe et dans la Hesse. Les archevêques résidaient à Mayence ; ils prenaient le titre de : *Dei gratia archiepiscopus mogontinus, sacri romani imperii per Germaniam archicancellarius, princeps elector*. Les armes de l'archevêché étaient : *de gueules à la roue d'argent*. Saint Martin était le patron de l'église de Mayence.

Voici la liste des archevêques-électeurs depuis la fin du xve siècle jusqu'à la fin du xviiie.

* Berthold d'Henneberg, 1484-1504.
* Jacques de Liebenstein, 1504-1508.
* Uriel de Gemmingen, 1508-1514.
* Albert IV, margrave de Brandebourg, 1514-1545.
  Sébastien de Heusenstamm, 1545-1555.
* Daniel Brendel de Hombourg, 1555-1582.
* Wolfgang de Dalberg, 1582-1601.
* Jean-Adam de Bicken, 1601-1604.
* Jean Schweikhard de Cronberg, 1604-1626.
* Georges-Frédéric de Vollraths, 1626-1629 (Worms).
* Anselme-Casimir Wambolt de Umstadt, 1629-1647.
  (Occupation suédoise, 1631-1635).
* Jean Philippe de Schoenborn, 1647-1673 (Wurzbourg, Worms).

1. Et. Alex. Wurdtwein, *Mainzer Münzen des mittlern und jüngern Zeitalters*. Mannheim, 1769, in-4. — J. Leitzmann, *Das Münzwesen und die Münzen Erfurts*. Weissensee, 1864, in-4.

(Occupation française. 1644-1648).
* Lothaire-Frédéric de Metternich, 1673-1675 (Spire, Worms).
* Damien-Hartard von der Leyen, 1675-1678 (Worms).
* Charles-Henri de Metternich, 1679.
* Anselme-François d'Ingelheim, 1679-1695.
* (Occupation française, 1688-1689).
* Lothaire-François de Schoenborn, 1695-1729 (Bamberg).
* François-Louis de Neubourg, 1729-1732.
  Siège vacant, 1732.
* Philippe-Charles d'Eltz-Kempenich, 1732-1743.
  Siège vacant, 1743.
* Jean-Frédéric Charles d'Ostein, 1743-1763.
  Siège vacant, 1763.
* Emeric-Joseph Breidbach de Burenstein, 1763-1774.
  Siège vacant, 1774.
* Frédéric-Charles-Joseph d'Etrhal, 1774-1802 (Worms).
* (Occupation française, 1792-1793 et 1797-1814).
* Charles de Dalberg, 1802-1813 (Worms, Constance).

Les premières tentatives d'un monnayage de grosses espèces d'argent remontent, à Mayence, au temps d'Albert IV de Brandebourg[1] et aux années 1523 et 1535, mais il s'agit encore là d'essais plutôt que de véritables monnaies courantes : l'introduction définitive de la réforme date de Daniel de Hombourg. Ses plus anciens *thalers* portent le millésime 1567 ; leur type, formé de l'image de saint Martin à cheval donnant la moitié de son manteau à un pauvre, les a fait désigner, dans les nomenclatures allemandes, sous le nom de *bettlerthaler*, thalers au mendiant. En 1572, Daniel de Hombourg renonça à ce type et frappa les *münzvereinsthaler* ; cette émission fut continuée sous Wolfgang de Dalberg, mais dès 1586, on en revint à l'image de saint Martin.

Jean Schweikhard mit son buste à l'avers de ses thalers ; au revers, il plaça une vue du château d'Aschaffenbourg qui venait d'être reconstruit par ses ordres ; la légende est SVB VMBRA ALARVM TVA-RVM. Le buste et les armes formèrent le sujet habituel des empreintes sous les archevêques suivants.

En 1670, le territoire d'Erfurt fut administrativement incorporé à l'archevêché de Mayence. L'électeur conserva pour son compte l'atelier de la ville dont les droits furent supprimés. On possède des *sortengulden* frappés à Erfurt par Damien-Hartard von der Leyen ; ils portent, sous les armes du revers, le mot ERFVRT. Sous les successeurs de

---

1. Le faussaire Becker a gravé le coin d'un faux *thaler* de Mayence, de l'archevêque Thierry d'Erbach (1435-59) ; Grote a prouvé à l'évidence que l'original de cette pièce n'a jamais existé. Becker en a copié le type dans le *Munzbuch* d'Arend, qui lui-même l'avait imaginé en agrandissant le module d'un *florin* d'or de l'année 1438.

Damien-Hartard et jusqu'en 1802, Erfurt continua à avoir des espèces divisionnaires spéciales, conformes au système de la Thuringe, où l'on comptait par *groschen*, tandis qu'à Mayence on comptait par *kreuzer*.

Anselme-François d'Ingelheim frappa à Mayence, sans doute à l'occasion de la paix de Nimègue (1679) quelques *thalers* non datés au revers desquels un dextrochère tient une balance où le poids d'un rameau d'olivier l'emporte sur le poids d'une épée. La légende PAX PRÆVALET ARMIS explique le symbole. Sur ses monnaies ordinaires, Anselme François met sa devise DEXTERA DOMINI EXALTAVIT ME.

Pendant l'occupation française de 1688-89, Nicolas du Blé, marquis d'Uxelles, qui commandait la place de Mayence, frappa des espèces obsidionales ; nous en avons décrit le type, p. 31. Après le départ des troupes de Louis XIV, le monnayage de l'électeur reprit son activité [1]. La devise de Lothaire-François de Schoenborn, IN MANIBVS DOMINI SORTES MEAE, figure habituellement sur ses monnaies.

Au milieu du XVIIIe siècle, les émissions de l'électorat de Mayence furent beaucoup moins nombreuses et moins importantes qu'elles n'avaient été jusqu'alors ; il n'existe de *thalers,* ni pour Philippe-Charles d'Eltz, ni pour son successeur. Leurs ateliers se bornent à mettre en circulation quelques pièces d'or et une grande quantité de billon. Emeric-Joseph Breidbach reprit en 1764 la fabrication des grosses pièces, après avoir adhéré au pied de convention. Ses *conventionsthaler* portent la devise : DEO PATRIÆ ET SVBDITIS.

Mayence fut pris en 1792, par Custine, mais repris l'année suivante, après une belle défense, par les Prussiens et les Autrichiens. L'occupation française donna lieu à l'émission de nouvelles monnaies obsidionales, en bronze et en papier, dont nous avons parlé, p. 44. En 1794, l'électeur Frédéric-Charles-Joseph d'Erthal, voulant se procurer des ressources dans sa lutte contre les armées de la République, fit convertir en *conventionsthaler* l'argenterie des églises. Ces monnaies historiques portent à l'avers le buste de l'archevêque, au revers l'inscription suivante, au milieu du champ : EX VASIS ARGENT·CLERI MOGVNT·PRO ARIS ET FOCIS. Le sacrifice fut inutile. Mayence, cédée à la France, en 1797, par le traité de Campo-Formio, resta jusqu'en 1814 chef-lieu du département du Mont-Tonnerre. Les possessions territoriales de l'archevêque de Mayence furent reconstituées sur la rive droite du Rhin, et Charles de Dalberg fit frapper en 1808 à Francfort-sur-

---

1. Becker a mis en circulation de fausses pièces de nécessité qui auraient été frappées en 1688 par l'électeur de Mayence. Ces pièces sont carrées, aux armes de Mayence, entourées de KVR. F. MAINZ. NOTH. MONZ. Les originaux n'ont jamais existé.

Mein des *conventionsthaler* sur lesquels il prend son nouveau titre de prince primat de la confédération du Rhin : CARL FURST PRIMAS.

b). — *Archevêché de Trèves* [1].

L'archevêché de Trèves, en allemand *Trier*, en latin *Treviri*, se divisait en deux parties : le haut archevêché sur les deux rives de la Moselle, avec Trèves et Berncastel, le bas archevêché avec Coblence et Ehrenbreitstein, résidence ordinaire de l'électeur. Les archevêques de Trèves prennent sur leurs monnaies les titres suivants : *Dei gratia archiepiscopus trevirensis, sacri romani imperii in Gallia et regno arelatense archicancellarius, administrator abbatiae prumensis.* Le patron du diocèse est saint Pierre. Les armes de l'archevêché étaient : *écartelé, aux 1er et 4e d'argent à la croix de gueules,* qui est Trèves, *aux 2e et 3e de gueules à l'agneau tenant une banderole d'argent, posé sur un tertre de sinople,* qui est Prüm. Voici les archevêques qui se succédèrent sur le siège de Trèves depuis le commencement du xvie siècle :

* Jacques II de Bade, 1503-1511.
* Richard de Vollraths. 1511-1531.
* Jean III de Metzenhausen, 1531-1540.
  Jean IV de Hagen, 1540-1547.
  Jean V d'Isenbourg. 1547-1556.
* Jean VI von der Leyen, 1556-1567.
* Jacques III d'Eltz. 1567-1581.
* Jean VII de Schoenenberg. 1581-1599.
* Lothaire de Metternich. 1599-1623.
* Philippe-Christophe de Soetern, 1623-1662 (Spire).

* Charles-Gaspard von der Leyen, 1625-1676.
* Jean-Hugo d'Orsbeck, 1676-1711.
* Charles de Lorraine, 1711-1715.
* Siège vacant. 1715-1716.
* François-Louis de Neubourg. 1716-1729.
* François-Georges de Schoenborn. 1729-1756 (Worms).
* Jean-Philippe de Walderdorf, 1756-1768 (Worms).
* Clément-Wenceslas de Saxe, 1768-1802.

Les monnaies de Jacques II et de Richard frappées à Coblence et à Berncastel appartiennent encore, par leur aspect général, aux séries du moyen âge. Un *schilling* anonyme de 1538, sous Jean III, présente pour la première fois des légendes en caractères romains. Le monnayage, arrêté sous Jean IV et Jean V, reprend sous Jean VI qui s'intitule *princeps elector* et commence la fabrication des *thalers*. Ces pièces sont sans date ; elles portent le buste à mi-corps de saint Pierre, audessus d'un écu aux armes de l'archevêque et de l'archevêché. En 1560, Jean VI frappa des *guldenthaler* ayant au revers l'indication impériale réglementaire. L'atelier trévirois de cette époque était placé à Coblence,

1. J.-J. Bohl. *Die trierischen Münzen.* Coblence, 1823, et Hanovre, 1837, in-8. — M. F. Muller, *Kleine vermischte Beitraege zur Kenntniss der Münzen im Kurfürstenthum Trier.* Trèves, 1827, petit in-4.

où le type resta généralement l'image du prince des apôtres. C'est celle que nous retrouvons notamment sur les *thalers* de Jacques IV d'Eltz, frappés en 1572 en communion avec les autres électeurs du Rhin et les landgraves de Hesse (fig. 180).

Fig. 180

Sous Lothaire de Metternich, un second atelier est créé à Trèves, où les électeurs avaient réussi à étouffer les velléités d'indépendance municipale. La plupart des *thalers* frappés dans cette ville portent sainte Hélène debout, de face, tenant une longue croix. Lothaire de Metternich est, entre tous les archevêques de Trèves de l'époque moderne, celui qui fournit la série monétaire la plus nombreuse. Elle se compose de *florins* d'or, de *thalers* d'argent, et de six pièces divisionnaires : *6 albus, 3 albus, 2 albus, albus* ou *petermännchen* valant *8 pfennigs, pfennig* et *heller*; ces deux dernières monnaies sont unifaces et concaves. En 1615, l'atelier de Coblence émit les premiers *ausbeutethaler* avec l'argent provenant des mines de Vilmar : DONVM DEI EX FODINIS VILMARIENS· ; le type est Notre-Dame, ou le buste de l'archevêque.

A partir de Philippe-Christophe, le buste de l'électeur devient le type courant des espèces. Sous Charles-Gaspard, de nouveaux *ausbeutethaler* de Vilmar font leur apparition. Les monnaies ordinaires portent souvent la devise personnelle de l'archevêque : CONSTANTER ET SINCERE. Les divisions du *thaler* adoptent des inscriptions en langue vulgaire : CHVR TRIERSCHE LANDT MVNTZ·

Pendant la vacance du siège, de 1715 à 1716, le chapitre métropolitain de Trèves fit, pour affirmer ses droits de souveraineté, frapper des *thalers*, demis, quarts et huitièmes de *thaler*, mais ces pièces furent plutôt des médailles monétiformes que des monnaies destinées à une circulation effective. Le type se compose des armoiries capitulaires, saint Pierre issant des nuages et brochant sur la croix de l'archevêché ; au revers, sainte Hélène, **SANCTA HELENA FVNDATRIX ECCLESIAE**, debout, tient devant elle la tunique de Jésus-Christ.

En 1748, François-Georges de Schoenborn frappa les premières pièces tréviroises de cuivre pur, pièces de 1, 2 ou 4 *pfennings*. Sous Jean Philippe de Walderdorf, nous trouvons de 1756 à 1761, pour la dernière fois, des *ausbeutethaler* de Vilmar, et de 1761 à 1763 des pièces analogues frappées avec l'argent des mines de Berncastel : **EX FODINIS BERNCASTELLANIS.**

En 1794, lors de l'invasion française, Clément Wenceslas de Saxe invita les établissements religieux et les particuliers à sacrifier leur argenterie pour les besoins de la défense nationale. L'appel fut entendu et, de janvier à octobre, la monnaie de Coblence mit en circulation des *thalers* au buste et aux armes de l'archevêque, portant au revers ce chronogramme commémoratif : EX VASIS ARGENTEIS IN VSVM PATRIAE SINE CENSIBVS DATIS A CLERO ET PRIVATIS. Ce monnayage patriotique clôt la série locale.

c). — Archevêché de Cologne [1].

L'électorat de Cologne comprenait quatre régions : le haut archevêché ou *oberstift*, où se trouvait Bonn, résidence du prince ; le bas archevêché ou *niederstift*, qui s'étendait autour de Cologne et de Deutz ; le comté de Recklinghausen, situé sur la Lippe, enfin le duché de Westphalie, qui s'étendait depuis la Lippe jusqu'à la principauté de Nassau.

Les archevêques de Cologne prennent sur leurs monnaies les titres suivants : *Dei gratia archiepiscopus* (ou *administrator*, ou *electus*, ou *electus et confirmatus*) *coloniensis, sacri Romani imperii per Italiam archicancellarius, princeps elector, Westphaliae et Angariae dux*. Les armes de l'archevêché étaient : *écartelé, au 1ᵉʳ d'argent à la croix de sable*, qui est Cologne, *au 2ᵉ de gueules au cheval galopant d'argent*, qui est Westphalie, *au 3ᵉ de gueules aux trois cœurs d'or* qui est Angrie, *au 4ᵉ d'azur à l'aigle d'argent*, qui est Arnsberg.

Par la paix de Lunéville, la partie de l'archevêché de Cologne située sur la rive gauche du Rhin fut annexée à la France et distribuée entre les départements de Rhin et Moselle et de la Roer. Nous donnons ci-dessous la liste des électeurs de Cologne, en indiquant les titres qu'ils ont pris sur les monnaies pendant les diverses périodes de leurs règnes :

1. Wallraff. *Beschreibung der cölnischen Münzsammlung des Domhern von Merle.* Cologne. 1792, in-8. — J. Weingärtner, *Die Silber-Münzen von cölnisch Herzogthum Westphalen und Grafschaft oder Vest Recklinghausen.* Munster. 1886, in-8.

*Philippe II de Daun-Oberstein, *electus*, 1508-9, *archiepiscopus*, 1510-15.
*Herman V de Wied, *archiepiscopus*, 1515-46.
* Adolphe III de Schauenbourg, *administrator*, 1546-47, *archiep.*, 1548-56.
*Antoine de Schauenbourg, *electus*, 1556-58.
*Jean-Gebbard de Mansfeld, *electus*, 1558-62.
*Frédéric III de Wied, *electus*, 1562-1568.
*Salentin de Salm, *electus*, 1568-77.
*Gebhard II Truchsess de Waldbourg, *electus et confirmatus*, 1577-83, *confirmatus archiepiscopus*, 1583.
*Ernest de Bavière, *electus*, 1583-87, *archiep.*, 1587-1612 (Liège).
*Ferdinand de Bavière, *archiepiscopus*, 1612-50 (Liège).
*Maximilien-Henri de Bavière, *archiepiscopus*, 1650-88 (Liège).
*Siège vacant, 1688.
*Joseph-Clément de Bavière, *archiepiscopus*, 1688-1723 (Liège).
* Clément-Auguste de Bavière, *archiepiscopus*, 1723-61.
*Siège vacant, 1761.
*Maximilien-Frédéric de Koenigseck-Rothenfels, 1761-84.
Maximilien d'Autriche, 1784-1801.

Suivant Schulthess-Rechberg, la première émission de *thalers* dans l'électorat de Cologne eut lieu en 1547, à Deutz, sous Adolphe III de Schauenbourg, mais dès le règne précédent l'époque moderne s'était manifestée dans le monnayage colonais par la substitution de l'alphabet romain à l'alphabet gothique. Les *thalers* d'Adolphe III portent, à l'avers l'effigie en pied de saint Pierre tenant les clefs et le livre des Évangiles, au revers l'écu heaumé de l'archevêché avec l'indication de l'atelier de Deutz : MO·NO·ARG·TVICIE. Sous ses successeurs, la même représentation fut conservée ou remplacée par le saint à mi-corps surmontant l'écusson particulier de l'archevêque.

Salentin de Salm innova en plaçant sa propre effigie sur ses espèces. Nous la trouvons notamment sur les *thalers* frappés en 1572 conventionnellement avec les autres électeurs du Rhin et les landgraves de Hesse. Sous Gebhard II, le patron du diocèse reprit le plus souvent sa place traditionnelle sur les monnaies colonaises.

En 1582, Gebhard II embrassa le protestantisme et, le 2 février 1583, il épousa à Bonn sa maîtresse Agnès de Mansfeld, abbesse de Gérisheim. La guerre civile éclata aussitôt à Cologne et le pape excommunia l'archevêque. Ernest de Bavière, évêque de Liège, fut élu à sa place par le chapitre et pénétra dans le territoire électoral à la tête d'une armée. Dès le début de la révolte, Gebhard II s'était retiré à Dillenbourg, après avoir confié à son frère Charles la garde de la ville de Bonn. Investie par Ernest de Bavière, Bonn se rendit le 28 janvier 1584. Pendant le siège, Charles de Waldbourg réquisitionna les métaux précieux des couvents et des églises et en fit frapper des monnaies d'argent ; ces obsidionales sont carrées, unifaces et marquées de deux poinçons ; le plus grand, qui occupe le centre, porte l'écu à trois lions rampants de Waldbourg brochant sur la croix de Cologne et surmonté de B-83, le plus petit est l'initiale de Gebhard.

De Dillenbourg, l'électeur dépossédé s'était rendu dans le duché de Westphalie ; il ouvrit un atelier à Werle et y frappa des *florins* d'or, des *thalers* et subdivisions d'argent portant la devise **TANDEM BONA CAVSA TRIVMPHAT**. L'or porte le buste de Gebhard ; l'argent, le mi-corps de saint Pierre au-dessus de l'écu archiépiscopal. Un double *thaler* de 1584, une des dernières pièces émises, a également l'effigie du prince électeur. Sur quelques-unes des pièces divisionnaires, le nom de l'atelier **W·E·R·L** cantonne la croix du revers [1].

Après la prise de Bonn, Ernest de Bavière poursuivit son adversaire en Westphalie. Gebhard II, abandonné par le sort des armes, s'enfuit en Hollande. Ses partisans se maintinrent cependant dans quelques places, notamment à Neuss. Le 10 juillet 1586, cette ville fut investie par Alexandre Farnèse, venu à la demande expresse du pape au secours d'Ernest de Bavière ; le 26 juillet Neuss se rendit aux Espagnols qui s'y signalèrent par leurs atrocités coutumières. Pendant le siège, le gouverneur émit des obsidionales en étain de diverses valeurs aux armes du Palatinat, de Cologne et de Bade.

Ernest de Bavière monnaya à Deutz, puis en Westphalie, à Arnsberg et à Werle. Les *thalers* de Deutz nous rendent l'image en pied du prince des apôtres ; ceux d'Arnsberg ont le buste de l'archevêque. L'atelier de Werle ne frappa que des *scheidemünzen* : pièces de 8 *heller* ou *fettmännchen*.

Sous Ferdinand de Bavière, les *thalers* cessent de porter au revers une légende indiquant l'atelier, sauf un seul qui a l'indication de l'atelier de Bonn. Pour le duché de Westphalie, l'archevêque frappa de menues monnaies spéciales, pièces d'un et de deux *mariengroschen* d'argent, et un certain nombre de pièces de cuivre. Les émissions westphaliennes sont comprises entre 1639 et 1650. Les légendes indiquent en allemand le titre et la valeur des espèces.

Maximilien-Henri de Bavière conserva au duché de Westphalie son monnayage particulier et en autorisa un autre, mais toujours limité aux *scheidemünzen*, dans le comté de Recklinghausen. Deux villes de ce comté, sa capitale et Dorsten, émirent ainsi des espèces portant **NVM**

---

1. Cf. une description détaillée des monnaies de Gebhard II dans la *Numism. Zeitung* de 1865, numéros 18 et 19, p. 143 et suiv.

RICHLINGHVS ou CVSVS DVRST, CVSVS DORSTENÆ. Leur type se compose des armes locales et de celles de l'archevêque de Cologne.

Pendant la vacance du siège qui suivit, en 1688, la mort de Maximilien-Henri, le chapitre métropolitain administrant l'électorat frappa des monnaies ayant comme type l'adoration des mages avec l'inscription BALTHASAR · CASPAR · MELCHIOR.

Sous Joseph-Clément de Bavière les devises personnelles de l'électeur : CANDORE · ET · CONSTANTIA ou RECTE. CONSTANTER ET FORTITER, apparaissent sur un-certain nombre de pièces. Sous son successeur Clément-Auguste, nous trouvons de même NON MIHI SED POPVLO sur les *ducats*.

En 1759, à l'occasion de la réorganisation des règlements des mines, on frappa quelques *ausbeutethaler*, leurs moitiés, leurs quarts et leurs huitièmes. Le type de ces pièces, qui ne furent jamais mises en circulation, mais furent conservées plutôt comme des médailles, se compose du buste de l'électeur et d'une vue des mines de Westphalie : ARGENT· PVR · E · FOD · WESTP. Après la mort de Clément-Auguste, en 1761, le chapitre métropolitain reprit, *sede vacante*, ses émissions au type des rois mages. Sous Maximilien-Frédéric de Koenigseck les monnaies frappées selon le pied de convention portent la devise personnelle du prince : IUSTITIA ET MANSUETUDINE ; le dernier *thaler* émis est de 1777.

d). — *Palatinat* [1].

Le territoire palatin, si l'on en excepte quelques enclaves, formait un tout coupé par le Rhin en deux parties presque égales. Sur la rive droite du fleuve se trouvaient Oppenheim et Bacharach, sur la rive gauche Heidelberg et Mannheim, la résidence de l'électeur. Les titres pris par les comtes palatins étaient très nombreux : *comes palatinus Rheni, sacri Romani imperii archidapifer* (de 1648 à 1779, *archithesaurarius*), *et elector, dux Bavariae.* Après l'avènement de la ligne de Neubourg, on ajouta *Juliaci, Cliviae et Montium, comes Veldentiae, Sponhemi, Marcae, Ravensbergae et Moersiae, dominus in Ravestein.* Les armes du Palatinat sont : *de sable au lion d'or couronné, armé et lampassé de gueules.* A la suite de la paix de Lunéville, la partie occidentale du

---

1. Fr. Exter, *Versuch einer Sammlung Pfältzischer Medaillen, Schau-, Gedächtniss und allerley andern Münzen welche der Chur-Fürsten und Pfalz-Graven von der Bayerischen oder sogenannten alten Chur-Linie Geschichte erläutern.* Deux-Ponts, 1759-75, 2 vol. in-4.

Palatinat fut annexée à la France et versée dans les départements de Rhin-et-Moselle et de Mont-Tonnerre. Voici la liste des comtes depuis le commencement du xvi⁰ siècle :

* Philippe, 1476-1508.
* Louis V, 1508-1544.
* Frédéric II le Sage, 1544-1556.
* Otton-Henri, 1556-1559.
* Frédéric III, 1559-1576.
  Louis VI, 1576-1583.
* Frédéric IV, 1583-1610.
* Jean-Casimir de Lautern, administrateur, 1584-1592.
* Frédéric V, 1610-1623.

* Jean II de Deux-Ponts, tuteur et administrateur, 1610-1614.
  Maximilien de Bavière, 1623-1651.
* Charles-Louis, 1650-1680.
* Charles, 1680-1685.
* Philippe-Guillaume, 1685-1690.
* Jean-Guillaume, 1690-1716.
* Charles-Philippe, 1716-1742.
* Charles-Théodore, 1742-1799.
  Maximilien-Joseph, 1799-1806.

Les premiers *thalers* du Palatinat remontent au temps de Louis V, qui en commença l'émission en 1525. Ces pièces portent son buste à gauche, avec le bonnet électoral et le manteau, l'électeur tient le globe crucigère et l'épée ; la légende est coupée par trois petits écussons ; le revers est conforme aux prescriptions de l'ordonnance caroline de 1524.

De Frédéric III, il existe pour l'année 1572 des *vereinsthaler*, comme nous en avons signalé précédemment chez les co-contractants de l'alliance monétaire, à Mayence, à Cologne et à Trèves. Sur la plupart des autres monnaies, l'électeur palatin inscrit sa devise personnelle, HERR. NACH. DEINEM. WILLEN, *Seigneur ! selon ta volonté*. Jean-Casimir de Lautern, *tutor et administrator* pendant la minorité de Frédéric IV, continua la fabrication des *vereinsthaler*. Cette tutelle prit fin en 1592 ; devenu majeur, Frédéric IV plaça son nom sur les pièces et adopta une devise analogue à celle de son prédécesseur homonyme : REGIER MICH HER NACH DEINEM WORT. Les monnaies divisionnaires ont des légendes mi-latines, mi-allemandes. L'atelier palatin s'était ' trouvé jusqu'alors à Heidelberg ; en 1608, l'électeur créa une seconde Monnaie à Mannheim qu'il venait d'élever au rang de ville. Cet atelier cessa d'ouvrer dans la suite, mais fut réorganisé en 1742.

A partir de l'avènement de la ligne de Neubourg en la personne de Philippe-Guillaume, la titulature devient très étendue et les légendes sont réduites, faute de place, à ces suites de sigles dont nous avons donné des exemples (p. 136). Les armes se compliquent de nombreux écartèlements : Palatinat, Bavière, Juliers, Clèves, Berg, Veldenz, la Marck, Ravensberg et Mœurs. Au xviii⁰ siècle, quelques types monétaires sont d'une composition très originale ; les *ducats* de Charles-Philippe et de son successeur portent au revers une vue de la ville de Mannheim, baignée par le Rhin et éclairée par le soleil : FVLGENT SIC LITTORA RHENI.

e). — *Principauté d'Aremberg.*

La terre d'Aremberg, située dans l'Eiffel, portait : *de gueules aux trois quintefeuilles d'or boutonnées de gueules.* En 1547, Jean de Ligne obtint par son mariage avec Marguerite de la Marck, la seigneurie d'Aremberg, dont il adopta le nom et les armes. Aremberg fut successivement érigé en comté impérial (1549), en principauté (1576) et enfin en duché (1644). Par la paix de Lunéville, le duché fut réuni au département français de Rhin-et-Moselle.

Jean d'Aremberg, 1547-1568.
*Marguerite, 1568-1596.
Charles, 1568-1616.
Philippe-Charles, 1616-1640.
Philippe-François, 1640-1674.

*Charles-Eugène, 1674-1681.
Philippe-Charles-François, 1681-1691.
Léopold, 1691-1754.
Charles, 1754-1778.
*Louis-Engelbert, 1778-1803.

La numismatique d'Aremberg ne donne pas une suite continue. Trois souverains seulement firent usage de leur prérogative régalienne. Les *thalers* de M a r g u e r i t e, **MARGARETA D. G. PRIN. COM. AB AR-BVRGH**, frappés en 1576, immédiatement après l'admission d'Aremberg au rang de principauté, portent ses armes et, au revers, l'Enfant-Jésus dans une gloire : **PROTECTOR MEVS ES TV.**

De C h a r l e s - E u g è n e, nous avons différentes monnaies au millésime 1676. Ses *gulden* d'argent portent l'écu d'Aremberg soutenu par un lion et un griffon, avec le manteau et la couronne ducale ; le revers représente un aigle au sommet d'un rocher regardant le soleil, avec cette légende : **SVA INTENTA SOLI A°** 1676. Charles-Eugène d'Aremberg avait épousé Anne de Croy qui lui avait apporté les titres de duc d'Arschot, prince de Porcéan et de Rebecq ; sur ses espèces divisionnaires, frappées selon le système de Cologne, nous trouvons sa titulature complète.

Le dernier souverain d'Aremberg qui ait fait monnayer, L o u i s E n-g e l b e r t, a laissé des *ducats* d'or et des *conventionsthaler* à son buste et à ses armes.

f). — *Seigneurie de Beilstein.*

La seigneurie de Beilstein, située au nord de la Lahn, appartenait à la ligne de Nassau-Dietz. Au XVIIᵉ siècle, au dire de Leitzmann, il y avait à Beilstein un atelier monétaire qui fut transféré à Dietz en 1692.

g). — *Burgraviat de Rheineck.*

Le burgraviat de Rheineck, sur le Rhin, au nord d'Andernach, appartenait à une maison souveraine qui s'éteignit en 1548. La terre passa par héritage à Jean de Warsperg, qui la vendit en 1654 au comte de Sinzendorf. Les armes de Rheineck étaient : *fascé d'or et de gueules de huit pièces.*

*Georges-Louis de Sinzendorf, 1654-1680.   *Philippe-Louis, 1687-1742.
Chrétien-Louis, 1680-1687.   *Jean-Guillaume, 1742-1766.

Les comtes de Sinzendorf firent frapper quelques monnaies, mais nous ne savons si ce fut comme burgraves de Rheineck ou comme seigneurs souverains de Tannhausen. La première supposition était celle de Leitzmann. Les monnaies connues des comtes de Sinzendorf sont des *ducats* de 1676, 1726 et 1753, des *thalers* et des *gulden* de 1676. Georges-Louis devint en 1654 trésorier héréditaire de l'empire; il s'intitule sur ses pièces : *comes a Sintzendorf, sacri romani imperii thesaurarius, aurei velleris eques*[1].

h). — *Abbaye de Saint-Alban à Mayence.*

L'abbaye noble de Saint-Alban à Mayence reçut le 3 juin 1578 de Maximilien II le droit de faire frapper tous les ans une certaine quantité de *gulden* d'argent. Ces pièces sont en quelque sorte des jetons de présence à valeur monétaire ; elles ont peu circulé. Leur type se compose à l'avers du buste de saint Alban : S. ALBAN, MARTYR, et au revers d'un âne, meuble des armes abbatiales, avec la légende REGNANTE·D· MAXI-MILIAN·CÆSARE· P· F· AVG[2].

§ III. — *Cercle du Haut-Rhin.*

Le cercle du Haut-Rhin se composait, comme le cercle électoral, de pays dispersés sur les deux rives du fleuve. Au nord-ouest, il atteignait le Weser et le cercle de Basse-Saxe; au sud-est, il touchait à la France et à la Franche-Comté. Au sud de cette dernière, il comprenait la Savoie, mais la numismatique savoisienne étant inséparable de celle du Piémont,

1. Les Sinzendorf portaient : *d'azur à trois pierres carrées d'argent entassées en pyramide, le bas de l'écu rempli de gueules ;* comme trésoriers héréditaires de l'empire, ils portaient en outre : *de gueules à la couronne de Charlemagne d'or.* — Cf. sur leurs monnaies, *Numism. Zeitung*, 1864, p. 67.

2. J. G. Reuter, *Albansgulden oder kurze Geschichte des Ritterstiftes zum heil. Alban in Mainz... mit Nachrichten von dessen Münzrechte.* Mayence, 1790, in-8.

nous la réserverons pour en parler au chapitre : *Italie ;* au reste, les ducs de Savoie ne se soumirent pas aux règlements monétaires impériaux. La direction du cercle du Haut-Rhin appartint jusqu'en 1690 au prince-évêque de Worms, mais à partir de cette époque elle fut partagée entre ce prélat et l'électeur palatin, comme prince de Simmeren. Les diètes se tinrent originairement à Worms, mais au xviii° siècle, elles furent convoquées à Francfort-sur-Mein. Les conquêtes d'Henri II, roi de France, enlevèrent au cercle du Haut-Rhin les trois évêchés de Metz, Toul et Verdun ; plus tard, les guerres de Louis XIV et la volonté, librement exprimée, des habitants de Mulhouse réunirent l'Alsace à la France. Le duché de Lorraine fit nominalement partie du cercle du Haut-Rhin, puis du cercle de Bourgogne, mais au point de vue monétaire les règlements impériaux n'y eurent pas d'influence. Nous rattachons au Haut-Rhin diverses seigneuries souveraines comme Sedan, Bouillon, Château-Renaud, Cugnon, Lixheim, etc., qui profitaient de leur situation à la frontière de la France et de l'Empire pour se proclamer franc-aleux et se livraient à ce titre à une imitation frauduleuse des espèces allemandes, belges et françaises.

a). — *Evêché de Worms.*

L'évêché de Worms, *Wormatia,* placé sous le vocable de saint Pierre, ne possédait pas un domaine étendu. L'évêque n'avait dans la cité même que son palais et son église cathédrale ; il n'y jouissait d'aucune autorité. Le territoire épiscopal, coupé en deux parties presque égales par le Rhin, fut partagé, à la paix de Lunéville, entre la France et la principauté de Hesse-Darmstadt. Jusqu'en 1622, l'évêque de Worms résida à Ladenbourg. L'évêché portait : *de sable semé de croisettes d'or, à la clef antique d'argent posée en bande et brochant sur le tout.*

Après un chômage de trois siècles, les évêques recommencèrent leur monnayage sous Thierry II, pour le cesser définitivement après la mort de Guillaume d'Effern :

*Thierry II de Bettendorf, 1552-1580. Philippe II Kratz de Scharffenstein,
*Georges de Schoenenbourg, 1580-1595.   1595-1604.
*Philippe I de Rothenstein, 1595-1604. *Guillaume d'Effern, 1604-1652.

On ne possède de *thalers* que pour les trois premiers épiscopats. Le premier date de 1572, le dernier de 1596. Leur type se compose des armes et de l'effigie en pied du prince des apôtres : **S. PETRVS ECCLE· WORM·PATR.** Les émissions des évêques de Worms ne furent jamais importantes.

b). — *Évêché de Spire* [1].

L'évêché de Spire (lat. *Spira*, all. *Speyer*) était contigu au sud à la Souabe et environné par les terres du Palatinat. L'évêque, privé d'autorité à Spire, résidait à Bruchsal. Depuis 1545, la prévôté princière de Wissembourg, dans la Basse-Alsace, avait été réunie à l'évêché dont les titulaires portaient : *écartelé aux 1er et 4e d'azur à la croix d'argent*, qui est Spire, *aux 2e et 3e de gueules au château à trois portes et à deux tours d'argent, maçonnées de sable, accompagné d'une crosse issant d'argent, couronnée d'or, posée entre les tours*, qui est prévôté de Wissembourg. Depuis la réunion de Spire et de Wissembourg, les évêques s'intitulaient: *Dei gratia, episcopus Spirensis, prepositus Weissenburgensis.*

A la paix de Lunéville, la partie cisrhénane de l'évêché fut annexée à la France, la partie transrhénane fut réunie au duché de Bade.

Philippe I de Rosenberg, 1504-1513.
*Georges, comte palatin, 1513-1529.
Philippe II de Floersheim, 1529-1552.
Rodolphe de Frankenstein, 1552-1560.
*Marquard de Hattstein, 1560-1581.
Eberhard de Dienheim, 1581-1610.
*Philippe-Christophe de Soetern, 1610-1652 (Trèves).
*Lothaire-Frédéric de Metternich, 1652-1675 (Mayence, Worms).
*Jean-Hugues d'Orsbeck 1675-1711 (Trèves).

*Henri Hartard de Rollingen, 1711-1719.
*Damien-Hugues de Schoenborn, 1719-1743 (Constance).
*François-Christophe de Hutten, 1743-1770.
*Auguste-Philippe de Limbourg-Styrum, 1770-1797.
Philippe-François-Wildrich de Waldersdorf, 1797-1802.

Les évêques de Spire n'ont pas une série monétaire continue. Georges, comte palatin, ne frappa que des *rheinische groschen*, des *demi-groschen* et des *schusselpfennigs* à ses armes. Les deux premières espèces portent : MONET.NOVA·RENI·BRVSSEL, indication de l'atelier de Bruchsal. Interrompu sous ses successeurs immédiats, le monnayage reprit sous Marquard qui frappa, en 1571, les premiers *thalers*; ils portent ses armes et la mention de l'empereur Maximilien II. Ce type est reproduit sur les pièces divisionnaires.

Philippe Christophe fit reconstruire la ville d'Udenheim et la mit sous la protection de saint Philippe, ce qui fit abandonner l'ancien nom pour celui de Philippsbourg. Pour lui donner plus d'importance, il y ouvrit un atelier monétaire qui travailla en 1623, 1626, 1630 et 1632. Les émissions se composent de *thalers,* de doubles et de quarts (1623), d'essais

---

1. W. Harster, *Versuch einer speierer Münzgeschichte,* dans les *Mittheilungen des historischen Vereines der Pfalz,* t. X, 1882.

sur flans carrés de monnaies d'or (1626 et 1632), enfin de pièces divisionnaires d'argent. L'argent porte l'effigie de saint Philippe, l'or l'image de la Vierge dans une gloire. Les légendes sont, au revers des *thalers* : **S· PHILIPPVS· PATRONVS VDENHEIMENSIS**; au revers de l'or: **MONETA NOVA AVREA PHILIPPSBVRG**; au revers des pièces divisionnaires : **MONETA NOVA PHILIPPI CASTRENSIS**. Nous ne savons pourquoi Mailliet a placé les monnaies de Philippsbourg dans la série obsidionale. A partir de Lothaire-Frédéric, les monnaies, sans doute frappées à Bruchsal, ne portent pas de nom d'atelier. Jean Hugues met au revers de ses *gulden* et *demi-gulden* l'inscription allemande : **FVRSTLICHE SPEIRISCHE LANDMVNTZ**. Les émissions d'Henri Hartard et de ses successeurs se composent plutôt de *schaumünzen* que de monnaies destinées à une circulation effective ; c'est ainsi qu'en 1726, Damien Hugues célébra par l'émission d'un *ducat* commémoratif la reconstruction du château de Bruchsal, *Bruchsalia Damianoburgum*. En 1765, il y eut cependant une fabrication de *kreuzer* et de *zweipfennig* de cuivre. Le dernier évêque qui fit usage de son droit régalien, Auguste Philippe, se conforma *ad normam conventionis*.

c). — Évêché de Strasbourg [1].

L'évêché de Strasbourg, *Argentoratum, Argentina,* était placé sous le vocable de la Vierge. Son territoire s'étendait sur les deux rives du Rhin et comprenait, en deçà du fleuve, Saverne, résidence de l'évêque, et Molsheim, au delà du fleuve, Oberkirch. Lors de la conquête de l'Alsace par Louis XIV, l'évêque de Strasbourg fut réduit à ses possessions transrhénanes. Les armes de l'évêché étaient : *écartelé aux 1er et 4e d'argent à la bande de gueules,* qui est Strasbourg, *aux 2e et 3e de gueules à la bande fleuronnée et contrefleuronnée d'argent,* qui est landgraviat de Basse-Alsace. La titulature épiscopale était : *Dei gratia episcopus, argentinensis Alsaciae landgravius.*

* Guillaume III de Hohenstein, 1506-1541.
* Erasme Schenk de Limpurg, 1541-1568.
* Jean IV de Manderscheid, *electus* 1569-1578, *episcopus* 1578-1592.
Jean-Georges de Brandebourg, 1592-1593.
* Charles de Lorraine, 1592-1607 (Metz).
Léopold d'Autriche, 1607-1626.
* Léopold-Guillaume d'Autriche, 1626-1662.

* François-Égon de Furstenberg, 1663-1682.
Guillaume-Égon de Furstenberg, 1682-1704.
Armand-Gaston de Rohan, 1704-1749.
Armand de Rohan, 1749-1756.
* Louis-Constantin de Rohan, 1756-1779.
Louis-René de Rohan, 1779-1803.

Le monnayage des évêques de Strasbourg, interrompu pendant toute

---

1. A. Engel et E. Lehr, *Numismatique de l'Alsace,* Paris, 1887, in-4°, p. 145.

la dernière partie du moyen âge, recommença au xvıᵉ siècle. De Guillaume III et d'Érasme, il n'existe que des pièces de *3 kreuzer* à leurs armes et à l'aigle de Charles Quint. En 1570, Jean IV se fit octroyer par Maximilien II un diplôme lui reconnaissant toute liberté d'ouvrir une Monnaie dans sa principauté et d'y frapper toutes pièces d'or et d'argent reçues dans l'empire. La même année, il installa à Molsheim une forge dont l'activité commença en 1573. On a de Jean IV des *florins* d'or, des *doubles thalers*, des *thalers*, des *gulden*, des *demi-thalers* et *quarts de thaler*, des *zehner*, des *3 kreuzer*, des *2 kreuzer*, des *pfennings* unifaces, enfin une pièce exceptionnelle de *6 florins* d'or. Le type ordinaire est, à l'avers, la Vierge nimbée, tenant l'enfant, assise au-dessus de l'écu de l'évêque ; au revers, l'aigle et la mention de Maximilien II. Sur les petites espèces, l'écu remplace souvent la Vierge. Jean IV signe ses espèces en latin ou en allemand : **VON GOTTES· GN· IOHAN· BISCHOF· ZV· STRASBVRG LANDTGRAF· IN. ELSAS.** La mauvaise qualité de certaines espèces frappées à Molsheim fit mettre, en 1579, les espèces épiscopales au ban de l'empire.

En 1598, le cardinal Charles de Lorraine installa une officine à Saverne ; celle-ci livra à la circulation un assez grand nombre d'espèces

Fig. 181

jusqu'en 1630, époque à laquelle l'atelier de Molsheim rentra en scène comme fabrique importante. Les monnaies de Charles présentent une série très complète ; les *quarts de thaler* d'argent portent son buste ; les petites divisions ont ses armes (fig. 181).

Léopold-Guillaume n'avait que onze ans lors de son élection ; pendant sa minorité, les administrateurs de l'évêché frappèrent quelques pièces : *ducats, 12 kreuzer, groschen* et divisions. Sur les pièces principales, on lit en abrégé : *moneta nova episcopatus argentinensis cusa a dominis decano et capitularibus tantum administratoribus ejus.* Le type se compose des armes du comte Adolphe Hermann de Salm-Reifferscheidt.

Vers 1682, après la conquête de la rive gauche du Rhin par la France, un atelier fut ouvert à Oberkirch. C'est là qu'en 1759, Louis Constantin de Rohan frappa ses monnaies de système français dont la circulation fut interdite dans l'empire : *Constantine* ou *écu* d'or (24 livres = 11 *gulden*), *double constantine* d'or, *demi-constantine* d'or, *écu* d'argent, *demi écu* et *cinquième d'écu*. Ces pièces portent le buste de l'évêque, l'or porte au revers sa devise : **GENERE SEDE VIRTUTE CORUSCUS.** En 1773, Louis Constantin fit frapper à Günzbourg les dernières monnaies épiscopales strasbourgeoises ; elles sont conformes au pied de convention.

d). — Evêché de Bâle [1].

L'évêché de Bâle (lat: *Basilea,* all: *Basel*) comprenait les quatre villes de Delemont, Saint-Ursanne, Laufen et Porrentruy (all: *Pruntrud*). Cette dernière était, depuis la Réforme, la résidence des évêques. Le 27 novembre 1792, les sujets de l'évêque se proclamèrent en république, mais l'année suivante la Convention réunit le territoire au département du Haut-Rhin.

Les évêques de Bâle s'intitulaient simplement: *Dei gratia episcopus basiliensis;* quelques-uns ajoutent cependant: *sacri Romani imperii princeps.* Les armes de l'évêché étaient: *d'argent au baselstab* (sorte d'étui de crosse) *de gueules.*

Christophe d'Utenheim, 1502-1526.
Jean-Rodolphe de Hallwyl, 1527.
Philippe de Gundolsheim, 1527-1553.
Melchior de Lichtenfels, 1554-1575.
*Jacques-Christophe Blarer de Wartensée, 1575-1608.
*Guillaume Rink de Baldenstein, 1608-1628.
Jean-Henri d'Ostheim, 1628-1646.
Béat-Albert de Ramstein, 1646-1651.
*Jean-François de Schoenau, 1651-1656.

*Jean-Conrad I de Roggenbach, 1656-1693.
Guillaume-Jacques Rink de Baldenstein, 1693-1705.
*Jean-Conrad II de Reinach, 1705-1737.
Jean-Sigismond de Reinach, 1737-1743.
Georges Rink de Baldenstein, 1744-1762.
Simon-Nicolas de Montjoie, 1762-1775.
Frédéric-Louis de Wangen, 1775-1782.
*Joseph de Roggenbach, 1783-1794.

A la fin du xvie siècle, l'atelier des évêques de Bâle fut réorganisé à Porrentruy par Jacques-Christophe. Les émissions se poursuivirent jusqu'en 1777 avec de fréquentes interruptions et sans avoir jamais atteint à une bien grande importance. Les types se composent des armes épiscopales, de l'aigle d'empire, conformément aux règlements impériaux, et de l'image de la Vierge, de saint Ursanne, SANCTVS VRSICINVS, ou de celle de saint Henri, SANC HENRI ROM IMPER. Sous Jean Conrad II, le buste de l'évêque figure pour la première fois à l'avers des pièces [2].

1. G. Em. Haller, *Schweizerisches Münz. und Medaillen-Cabinet.* Berne, 1780-81, in-8, t. II, p. 297 et suiv.
2. Voici les dates pour lesquelles il existe des pièces d'or ou de grandes pièces d'argent des évêques de Bâle: double thaler, 1596; thaler, 1624, 1625, 1654, 1716 (celui-ci porte sur la tranche: GLORIA IN EXCELSIS DEO ET IN TERRA.); demi-thaler, 1625; quart de thaler, 1717; ducat, 1654, 1716; double ducat, 1716.

e). — *Évêché de Metz* [1].

L'évêché de Metz se composait de divers petits territoires contigus au duché de Lorraine ou enclavés dans ce duché. En 1552, le pays fut conquis par la France à laquelle l'Allemagne le céda formellement en 1648. Le patron du diocèse était saint Étienne. L'évêché n'avait pas d'armoiries particulières.

* Charles I, cardinal de Lorraine, 1550-1574.
* Robert de Lenoncourt, co-évêque, 1551-1555.
  François de Beaucaire, co-évêque, 1555-1568.
  Louis de Guise. co-évêque, 1568-1574, évêque, 1574-1578.
  Charles II de Lorraine, 1578-1607.
  Anne d'Escars de Givry, 1608-1612.
* Henri de Verneuil, 1612-1652.

Le monnayage des évêques de Metz, interrompu depuis le milieu du xvᵉ siècle, fut repris, dans la petite ville de Vic-sur-Seille, par Charles I. Il comprit des *florins* d'or, des *thalers,* des *demi-thalers,* des *gros,* des *bugnes,* des *demi-bugnes* et des *doubles deniers.* Sur les grandes pièces d'argent, on voit le buste à droite du cardinal, et au revers saint Étienne debout dans un encadrement elliptique.

En 1553, Robert de Lenoncourt racheta aux bourgeois de Metz la Monnaie de cette ville et y frappa des espèces du même système que celles de Charles I. Le dernier évêque qui monnaya est Henri de Verneuil; ses *florins* d'or, ses *testons* et les diverses pièces de billon qu'il nous a laissées, sont frappés à Vic.

f). — *Évêché de Verdun* [2].

L'évêché de Verdun était placé sous le vocable de la Vierge; il n'avait pas d'armoiries particulières. Conquis par la France en 1552, il lui fut définitivement abandonné en 1648 par la paix de Westphalie.

Louis de Lorraine, 1508-1522.	Charles I de Lorraine, 1585-1587.
Jean de Lorraine, 1523-1544.	Nicolas IV Boucher, 1587-1593.
Nicolas I de Lorraine, 1544-1548.	* Éric de Lorraine,1593-1611.
Nicolas II Psaulme, 1548-1575.	* Charles II de Lorraine-Chaligny, 1611-1622.
Nicolas III Bousmard, 1576-1584.	

Le monnayage de Verdun interrompu depuis un siècle et demi, reprit

1. P.-Ch. Robert, *Monnaies, jetons et médailles des évêques de Metz,* dans l'*Annuaire de la Soc. franc. de numism.,* t. XIV, 1890.
2. P.-Ch. Robert, *Monnaies et jetons des évêques de Verdun,* dans l'*Annuaire de la Soc. franc. de numism.,* t. X, 1886.

vers 1600 sous Éric de Lorraine. Cette restauration de la prérogative régalienne contraria vivement le roi Henri IV qui, en 1606, chargea Pierre Joly, son procureur dans les trois évêchés, d'amener Éric à y renoncer; la démarche fut sans résultat. L'atelier épiscopal, placé à Dieulouard, émit des *florins* d'or, des *testons* et leurs subdivisions; l'argent et l'or et quelques-unes des pièces de billon portent le buste et les armes de l'évêque; d'autres ont son initiale. Un *florin* d'or sans date et anonyme est à l'effigie de la Vierge, dans le but de ressembler aux florins d'or de Hongrie. Le titre de l'évêque est : **ERRICVS A LOTH EPS ET COM VIR.** Charles II monnaya d'abord à Dieulouard, puis à Mangienne; ses émissions, qui paraissent avoir été arrêtées après 1613, comprennent des *florins* et *demi-florins* d'or, des *thalers* et leurs divisions, des billons copiés de ceux des ducs de Lorraine. Charles II prend les mêmes titres que son prédécesseur, mais en y ajoutant *princeps sacri imperii*.

g). — *Abbaye et évêché de Fulda* [1].

L'abbaye de Fulda fut érigée en évêché en 1752. Son territoire, d'environ trente-sept lieues carrées, s'étendait entre le landgraviat de Hesse, l'évêché de Wurzbourg et le comté de Hanau-Münzenberg. En 1803, l'évêché fut sécularisé. Les armes de Fulda étaient : *d'argent à la croix de sable*. L'évêque s'intitulait : *Dei gratia, episcopus et abbas fuldensis, sacri Romani imperii princeps, augustae Romanorum imperatricis archicancellarius, per Germaniam et Galliam primas*.

Hartman II de Kirchberg, 1507-1529 (Hersfeld).
*Jean III de Henneberg, 1529-1541.
*Philippe Schenk de Schweinsberg, 1541-1550.
Wolfgang-Thierry de Fusigkheim, 1550-1558.
Wolfgang-Schutzbar, dit Milchling, 1558-1567.
Georges Schenk de Schweinsberg, 1568.
Guillaume Hartmann de Klauer, 1568-1570.
*Balthasar de Dernbach, 1570-1606.
Jean-Frédéric de Schwalbach, 1606-1622.
Jean-Bernard Schenk de Schweinsberg, 1623-1632.
Jean-Adolphe de Hoheneck, 1633-1635.
Herman-Georges de Neuhof, 1635-1644.
Joachim de Graveneck, 1644-1671.
*Bernard-Gustave de Bade, 1671-1677 (Kempten).
*Placide Droste d'Erwite, 1678-1700.
Adalbert I de Schleifras, 1700-1714.

1. Hinkelbein, *Beschreibung der fuldaïschen Münzen,* dans la *Buchonia,* revue publiée à Fulda par Schneider, 1826-28, t. I-III.

· Constantin de Buttlar, 1714-1726.

* Adolphe de Dalberg. 1726-1737.

* Amand de Buseck, 1737-1756, évêque depuis 1752.

* Adalbert II de Walderdorf, évêque, 1757-1759.

* Henri VIII de Bibra, évêque. 1759-1788.

* Adalbert III de Harstall, 1788-1802.

La série monétaire de Fulda n'est pas continue. Le premier *thaler* parut en 1539, sous Jean III ; il porte le buste de l'abbé et au revers ses armes et sa devise : FIAT VOLVNTAS DOMINI PERPETVO. Pour Philippe, nous avons un *double thaler* de 1542 à ses armes, et à l'effigie à mi-corps de saint Boniface, S. BONIFACIVS·ARCHIEPS· ET MARTIR.

Interrompu pendant plus d'un-demi siècle, le monnayage reprend sous Balthasar de Dernbach dont il existe des *doubles thalers* (1605 et 1606) et des essais sur flan carré, puis plusieurs monnaies divisionnaires. Les plus grandes espèces sont conformes aux lois impériales et portent la double aigle et le nom de Rodolphe II. Comme dans une grande partie de l'Allemagne, la menue monnaie était représentée à Fulda par des *schüsselheller ;* celui de Balthasar est donné par notre figure 182.

Fig. 182

Avec Bernard-Gustave de Bade, le monnayage abbatial devient plus fréquent. Ses *thalers* portent à l'avers tous ses titres personnels écrits sur plusieurs lignes et horizontalement dans le champ. Sa devise est : SUB PONDERE ; elle figure au revers. Nous avons de même, PIE-TATE et CONSTANTIA sous Placide, PRO LEGE ET GREGE ou CANDORE ET AMORE sous Adolphe, VERITATE ET IVSTITIA sous Amand, CONSILIO ET ÆQVITATE sous Henri VIII.

En 1795 et 1796, Adalbert III frappa des *thalers* et des *gulden,* taillés sur le pied de convention, et portant au revers PRO DEO ET PATRIA. Ces pièces furent émises avec les matières provenant de l'argenterie de l'évêché, pour subvenir aux frais de la guerre contre la France.

h). — *Abbayes de Murbach et Lure* [1].

Les abbayes de Murbach et de Lure, situées l'une en Alsace, l'autre en Franche-Comté, furent réunies en une seule main au XVIᵉ siècle. La première portait : *d'argent au levrier rampant et contourné, de sable, colleté d'or;* la seconde, *d'azur à un dextrochère de carnation, vêtu de gueules, re-*

---

1. Plantet et Jeannez, *Essai sur les monnaies du comté de Bourgogne,* Lons-le-Saulnier, 1855. in-4. — Poey d'Avant, *Monnaies féodales de France,* t. III. p. 156 et suiv. — A. Engel et E. Lehr. *Numismatique de l'Alsace,* p. 130.

*brassé d'argent, posé en pal à deux doigts bénissants et mouvant d'un
nuage du dernier émail.* Murbach avait pour patron saint Léger, *sanctus
Leodegarius.*

* Jean-Rodolphe de Stoeremberg, 1544-
    1570.
* Jean-Ulrich de Raittenau, 1570-1587.
* André d'Autriche, 1587-1608.
  Jean Georges de Kalkenried, 1600-1601.
* Léopold V d'Autriche, 1601-1632.

* Léopold-Guillaume d'Autriche, 1632-
    1662 (Strasbourg).
* Colomban d'Andlau, 1663-1665.
* François Égon de Furstenberg, 1665-
    1682 (Strasbourg).
  Félix-Égon de Furstenberg, 1682-1686.

Le 7 mars 1544, Charles Quint donna à l'abbé de Murbach et Lure le
droit d'utiliser le minerai d'argent tiré des mines de ses domaines et de
le convertir en monnaies. La même année, un atelier fut ouvert à Guebwiller et l'abbé entra dans la confédération de la *Rappenmünz* dont il
sera question plus longuement à l'occasion des monnaies de la ville de
Bâle. En juin 1619, la Monnaie de Guebwiller fut fermée par ordre de la
diète de Worms ; elle fut réouverte vers 1623 et travailla jusque vers
1632 ; enfin, en 1659 la fabrication fut reprise jusque vers 1666.

Fig. 183

Fig. 184

Le type des espèces abbatiales se compose des armes[1], de l'image de
saint Léger tenant une crosse et une vrille, de la double aigle entourée
de la mention impériale. Léopold d'Autriche met, le premier, son buste
sur ses pièces. Sur un *zehner* d'André d'Autriche, on voit Énée portant
son père Anchise, et, à l'arrière-plan, Troie en flammes et la mer avec des
vaisseaux. La représentation d'une scène empruntée à l'antiquité classique sur une monnaie d'un prince de l'Église est assez rare pour être
notée. Sous les abbés Léopold et Léopold-Guillaume d'Autriche, leur
nom est parfois omis sur les monnaies qui portent simplement l'indication des abbayes et le nom du patron.

1. Nos fig. 183 et 184 représentent les armes de Jean-Ulrich de Raittenau et du cardinal André d'Autriche, telles qu'elles se trouvent sur leurs *thalers.*

i). — *Abbaye de Gorze* [1].

L'abbaye de Gorze, près de Metz, ne monnaya que sous Charles de Remoncourt (1607-1643), fils naturel de Charles III duc de Lorraine. Les pièces que ce personnage émit sont des *doubles pistoles* copiées de celles de son père, des *florins* d'or, des *écus* et des *testons* d'argent; elles portent le buste de l'abbé avec col plat et au revers les armes de Lorraine, brisées d'une cotice en barre.

En 1650, l'abbaye de Gorze fut donnée à l'évêché de Metz; en 1663, elle fut réunie à la France.

k). — *Principauté de Simmeren.*

Cette terre était située au sud de l'électorat de Trèves. Lorsqu'en 1444, l'électeur palatin Étienne partagea ses états entre ses enfants, Frédéric obtint le comté de Simmeren et la moitié de celui de Spanheim.

Frédéric II, 1459-1480.   *Jean II, 1509-1557.
Jean I, 1480-1509.   Frédéric III, 1557-1559.

Frédéric III ayant succédé en 1559 à Otton-Henri dans le Palatinat du Rhin, laissa Simmeren à son frère Georges (1559-1569). *Richard (1569-1598), fils de Georges, mourut sans enfants, et Simmeren fut réuni au Palatinat. En 1610, la principauté en fut de nouveau détachée en même temps que Lautern en faveur de Louis Philippe (1610-1655), dernier fils de l'électeur palatin Frédéric IV. La nouvelle lignée de Simmeren s'éteignit avec Louis-Henri-Maurice (1655-1673) et ses possessions furent définitivement annexées au Palatinat. Lorsque la rive gauche du Rhin eut été conquise par la France, Simmeren fit partie du département de Rhin-et-Moselle.

Les plus anciens *thalers* des princes de Simmeren sont de Jean II. L'atelier, placé dans leur capitale, est mentionné en toutes lettres au revers.

l). — *Principauté de Lautern.*

L'électeur palatin Frédéric III laissa en 1576 cette terre à son second fils Jean-Casimir, mais à la mort de celui-ci, en 1592, Lautern retourna au Palatinat. On possède de Jean Casimir diverses monnaies,

---

1. P.-Ch. Robert, *Monnaie de Gorze sous Charles de Remoncourt et circonstances politiques dans lesquelles elle a été frappée.* Metz, 1870, in-4.

notamment des *thalers,* de 1578, avec son buste tenant dans la main droite une masse d'armes ; le revers porte ses armes et sa devise : CONSTANTER ET SINCERE. De 1584 à 1592, pendant la minorité de Frédéric IV, le prince de Lautern administra le Palatinat et y frappa monnaie à ce titre.

m). — *Principauté de Deux-Ponts* 7.

La principauté de Deux-Ponts (all,: *Zweibrücken,* lat. : *Bipontum*), située entre l'Alsace et le Palatinat, fut donnée en 1453, avec celle de Veldenz, par Étienne, comte palatin, à son second fils, Louis le Noir (459-1489), dont voici les successeurs :

Alexandre et Gaspard, 1489.	Charles II (XII comme roi de Suède),
Alexandre seul, 1489-1514.	1697-1718.
Louis, 1514-1532.	Gustave-Samuel, 1718-1731.
*Wolfgang, 1532-1569.	(La principauté sous séquestre, 1731-
*Jean le Vieux, 1569-1604.	1734.
*Jean le Jeune, 1604-1635.	Chrétien I de Birkenfeld, 1734-1735).
Frédéric, 1635-1661.	*Chrétien II, 1735-1775.
Frédéric Louis, 1661-1681.	*Charles, 1775-1795.
Charles I (XI comme roi de Suède),	
1681-1697.	

Charles étant mort sans enfants, en 1795, ses états passèrent à son frère, Maximilien-Joseph, électeur de Bavière. La principauté de Deux-Ponts n'avait pas d'armoiries particulières.

L'atelier des princes de Deux-Ponts fut ouvert en 1564, par Wolfgang, à Meissenheim. Il résulte de documents cités par Exter, que la fabrication fut très active de 1565 à 1568, et qu'elle comprit des *thalers* avec leurs subdivisions. L'atelier continua à fonctionner en 1570 et 1571. Les monnaies de Jean I portent l'indication d'une seconde forge placée dans sa capitale.

Le monnayage de la principauté fut arrêté pendant la guerre de Trente-Ans. En 1750, Chrétien II restaura l'atelier de Deux-Ponts et les émissions y continuèrent sous son successeur. Parmi les pièces frappées sous Chrétien II, nous rappellerons les *ausbeutethaler* de Seelberg à la légende EX FODINIS BIPONTINO· SEELBERGENSIBVS 1754 ; l'émission fut très restreinte, la production de la mine n'ayant pas dépassé vingt marcs d'argent fin.

---

1. Fr. Exter, *Versuch einer Sammlung Pfältzischen Medaillen, Schau-, Gedächtniss und allerley andern Münzen welche der Chur-Fursten und Pfältz-Graven von der Bayerischen oder sogenannten alten Chur-Linie Geschichte erlautern.* Deux-Ponts, 1759-73, 2 vol. in-4°.

II

n). — *Principauté de Veldenz.*

La principauté de Veldenz comprenait deux tronçons principaux, l'un sur la Moselle, où se trouvait la capitale, l'autre sur la Glan, où était Lauterecken. Ses armes étaient : *d'argent au lion d'azur couronné de gueules.* Unie à la terre de Deux-Ponts, lors du partage des états d'Étienne, comte palatin, elle en fut séparée en faveur de Robert, second fils d'Alexandre de Deux-Ponts.

Robert, 1543-1544.   *Georges-Gustave, 1592-1634.
*Georges-Jean, 1544-1592.   *Léopold-Louis, 1634-1694.

Ce dernier mourut sans enfants et sa succession donna lieu à de graves débats entre les électeurs palatins et les comtes palatins de Birkenfeld.

Les princes palatins de Veldenz monnayèrent à Veldenz, dans leurs possessions alsaciennes du comté de Lutzelstein ou de la Petite-Pierre, à Weinbourg et à Rothau[1], puis encore, paraît-il, à Phalsbourg. Georges-Jean met sur ses *thalers* la devise IN VIA VIRTVTI NVLLA VIA et VIA DEO AVSPICE ; Georges-Gustave y place ALLEIN GOTT DIE EHR, « à Dieu seul l'honneur » ; enfin Léopold-Louis y inscrit VERBVM DOMINI MANET IN ÆTERNVM.

o). — *Landgraviat de Hesse[2].*

Les terres landgraviales de Hesse occupaient la partie septentrionale du cercle du Haut-Rhin. Pendant les deux premiers tiers du xvie siècle, elles furent gouvernées par Guillaume II (1500-1509) et par son fils Philippe le Magnanime (1509-1567). Après sa mort, son héritage fut divisé entre ses quatre fils ; l'aîné Guillaume IV obtint environ la moitié des biens (la Basse Hesse, Ziegenhain et Itter) ; Louis IV eut environ un quart (la Haute Hesse et Nidda) ; Philippe II, un huitième (le Bas-Catzenellnbogen) ; Georges, le dernier huitième (le Haut-Catzenellnbogen). Guillaume IV résidait à Cassel, Louis à Marbourg, Philippe à Rheinfels et Georges à Darmstadt. En 1583, Philippe, et en 1604, Louis, moururent sans héritiers. Les deux frères survivants devinrent la souche des lignes de Hesse-Cassel et de Hesse-Darmstadt, dont voici le tableau généalogique.

1. Engel et Lehr, *Numismatique de l'Alsace,* pp. 141 et 237.
2. J.-C.-C. Hoffmeister, *Historisch-kritische Beschreibung aller bis jetzt bekannt gewordenen hessischen Münzen.* Cassel, 1857-80, 4 vol. in-4.

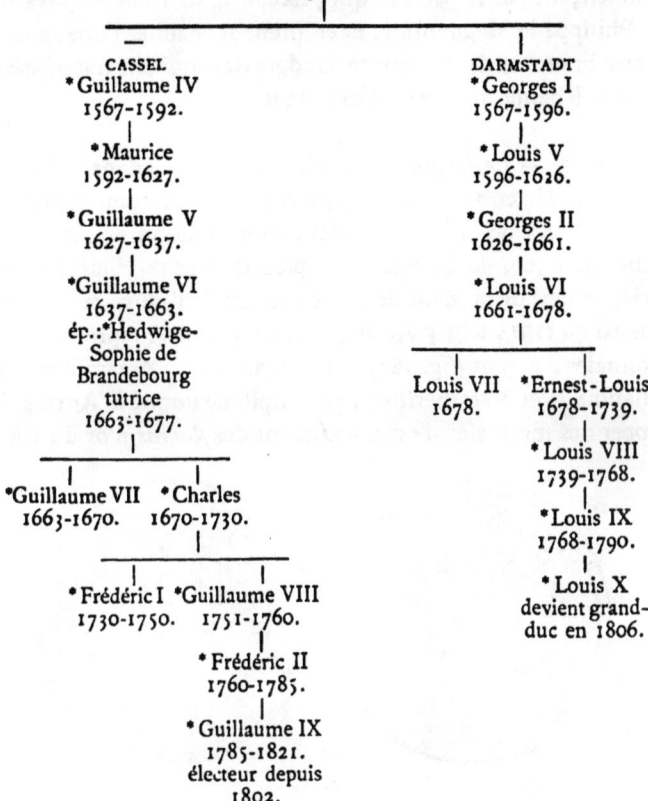

*Philippe le Magnanime
1509-1567.

CASSEL
*Guillaume IV
1567-1592.

*Maurice
1592-1627.

*Guillaume V
1627-1637.

*Guillaume VI
1637-1663.
ép.:*Hedwige-
Sophie de
Brandebourg
tutrice
1663-1677.

*Guillaume VII   *Charles
1663-1670.   1670-1730.

*Frédéric I   *Guillaume VIII
1730-1750.   1751-1760.

*Frédéric II
1760-1785.

*Guillaume IX
1785-1821.
électeur depuis
1802.

DARMSTADT
*Georges I
1567-1596.

*Louis V
1596-1616.

*Georges II
1626-1661.

*Louis VI
1661-1678.

Louis VII   *Ernest-Louis
1678.   1678-1739.

*Louis VIII
1739-1768.

*Louis IX
1768-1790.

*Louis X
devient grand-
duc en 1806.

Les deux landgraves régnants s'intitulaient: *Dei gratia landgravius Hassiae, administrator hersfeldensis, comes Cattimeliboci, Diexiae, Ziegenhainae, Niddae, Schauenburgi, etc.* ; celui de Hesse-Cassel prenait encore le titre de comte de Hanau; celui de Hesse-Darmstadt ajoutait les titres de comte d'Isenbourg et de Budingen. Les armes de Hesse sont: *d'axur au lion burelé d'argent et de gueules, de huit pièces, couronné d'or* [1].

1. A ces armes s'ajoutaient les quartiers des seigneuries que nous avons citées ci-dessus; ainsi: *d'argent à la croix patriarcale de gueules,* pour Hersfeld ; *coupé de sable et d'or, le premier chargé d'une étoile d'or,* pour Ziegenhain; *d'or au léopard lionné de gueules, armé et couronné d'axur,* pour Catzenellnbogen; *de gueules à deux lions léopardés d'or, l'un sur l'autre,* pour Dietz; *coupé de sable et d'or, le premier chargé de deux étoiles d'or,* pour Nidda, etc.

Nous examinerons dans ses grands traits l'histoire monétaire de la Hesse, en commençant par la période qui précède la division du pays entre les fils de Philippe le Magnanime, et en prenant ensuite, l'une après l'autre, les quatre branches de la maison landgraviale qui ont frappé monnaie : Marbourg, Rheinfels, Cassel, Darmstadt.

HESSE UNIE. — La frappe des *thalers* commença dans la Hesse, sous Guillaume II, en 1502. Le type de ces pièces se compose à l'avers de l'écu au lion hessois dans une épicycloïde, et, au revers, dans un encadrement identique, de la figure en pied de sainte Élisabeth, reine de Hongrie, tenant de la main droite le modèle de l'église de Marbourg; la légende est **GLORIA REI PVBLICE**, que le landgrave reproduit sur toutes ses monnaies d'argent (fig. 185). Le 17 mars 1503, Maximilien I accorda à Guillaume II et à ses héritiers, par diplôme donné à Anvers, le droit de frapper des monnaies d'or, notamment des *florins* d'or du Rhin; ces

Fig. 185

monnaies devaient être émises sur le même pied que celles des quatre électeurs et porter comme type l'effigie de sainte Élisabeth; la légende est **DEVM SOLVM ADORABIS**; les premières pièces émises ont le millésime de 1506.

Phillippe-le-Magnanime n'avait pas cinq ans à la mort de son père. L'année même de son avènement, en 1509, les régents de la principauté, mettant à exécution un projet de Guillaume II, conclurent au nom du jeune landgrave un traité par lequel la Hesse entra dans la fédération monétaire des électeurs du Rhin. A la suite de cet accord, on dut frapper des *florins* d'or, des *groschen*, des *albus*, des *demi-albus*, des *pfennings* et des *heller*. L'avers des principales pièces conserve le type de sainte Élisabeth; au revers, la légende est **MONE. AVRE. RENENSIS** pour l'or, et **MONETA NOVA RENENSIS** pour l'argent. En 1537, le buste de Philippe se montre sur les monnaies ainsi que sa devise : **SI DEVS NOBISCVM QVIS CONTRA NOS**. De 1542 à 1547, le landgrave et son allié de la ligue de Schmalkalde, Jean-Frédéric, duc de Saxe, frappent des espèces où figurent leurs effigies et leurs noms (fig. 186). A partir de 1563, jusqu'à la fin du règne, la devise de Philippe est **WAS GOT BESCHERT BLEIBET VNERWERT** [1].

Fig. 186

HESSE-MARBOURG. — Louis III (1567-1604), le seul landgrave de la ligne de Hesse-Marbourg, ne paraît pas avoir monnayé avant 1572. En cette année, il frappa des *münzvereinsthaler*, comme les électeurs du Rhin. En 1587, et l'année suivante, nous avons des *ausbeteuthaler* de Gladenbach; leur type se compose de l'écu de Hesse timbré de trois heaumes, et au revers, de la légende suivante, écrite en plusieurs lignes au milieu du champ : **ANNO MDLXXXVII** (ou **VIII**) **E NOVIS IN ARGENTIFODINA AD GLADEBACHVM DEO LARGIENTE REPERTIS VENIS LVDOVICVS LANDGRAVIVS HASSIÆ & F. F.** La devise habituelle de Louis III est **ICH GETRAWE GOT IN ALLER NOTH**, je me confie à Dieu dans tous mes besoins.

HESSE-RHEINFELS. — Philippe II de Hesse-Rheinfels (1567-1583), mourut sans héritiers directs. On ne connaît de lui qu'un *thaler* frappé en 1573, suivant le type de la convention avec les électeurs du Rhin.

HESSE-CASSEL. — Le monnayage de la ligne de Hesse-Cassel présente une série continue et très intéressante sous le rapport du type. Guillaume IV le Sage (1567-1592) monnaya dès son avènement. Des

---

1. On possède un certain nombre de *schauthaler* au millésime de 1552, portant à l'avers le buste armé de Philippe le Magnanime, et au revers cinq écussons avec la devise *besser land und lud verloren als ein falscher aid geschworn*, « plutôt perdre son pays et ses sujets que de faire un faux serment », allusion aux démêlés du landgrave avec Charles-Quint. Suivant MM. Erbstein, aucune de ces pièces n'est contemporaine de Philippe le Magnanime : toutes sont des restitutions postérieures d'un siècle.

documents de 1571 et de l'année suivante nous apprennent qu'il s'entendit avec ses frères, Louis III et Philippe II, pour avoir un seul atelier en commun. L'installation devait s'en faire d'abord à Treisa, mais ce projet n'eut pas de suite, et la ville de Cassel fut choisie comme siège de la Monnaie landgraviale. Les appointements des diverses personnes attachées à l'atelier s'élevaient à 200 *reichsthaler,* sur lesquels Guillaume IV en avait plus de la moitié à sa charge, Louis III les quatre douzièmes, et Philippe les deux douzièmes restants. Ce détail a quelque importance, car la fabrication au nom de chacun des frères devait être en raison de leur participation aux frais. On possède de Guillaume IV des *münzvereinsthaler* de 1572 et de 1574, puis un assez grand nombre de monnaies divisionnaires en argent et en cuivre. Quelques-unes de ces pièces portent explicitement l'indication de leur valeur; sur les *albus,* par exemple, se trouve la mention : VALET I ALBVM VEL 12 OBVLOS HASSIACOS.

Le chef de la ligne de Hesse-Cassel avait toujours maintenu l'ordre dans les monnaies et les finances de ses états. Son successeur Maurice (1592-1627) ne suivit pas cet exemple. Il abandonna l'exploitation du monnayage à divers fermiers qui créèrent plusieurs ateliers nouveaux, à Rotenbourg, à Lippoldsberg, à Witzenhausen, etc., et fabriquèrent des espèces d'un titre détestable. La plupart des monnaies de Maurice portent la devise CONSILIO ET VIRTVTE. Le type des *thalers* se compose d'abord du buste du landgrave et de ses armes timbrées de trois heaumes. En 1610, ce dispositif fut remplacé à l'avers par le lion hessois posé dans le champ, au revers par deux bannières en sautoir cantonnées du millésime et de divers symboles, tels qu'un bouquet de palmes et de lauriers, une sonnette et un sablier. En 1607, il y eut quelques *thalers* frappés avec l'argent tiré des mines de Frankenberg; la légende suivante indique cette particularité : BENEDICTIO DEI E NOVIS FODI·FRANCOBER. En 1618, Maurice frappa ses premières monnaies d'or.

Guillaume V (1627-1637) prit pour devise VNO (ou DEO, ou encore IEHOVA) VOLENTE HVMILIS LEVABOR. Nous reproduisons (fig. 187), comme spécimen de la série très nombreuse de ce landgrave, un de ses *thalers* les plus curieux. Il en affectionnait le type symbolique, qu'on retrouve avec des variantes sur la plupart de ses monnaies. D'autres *thalers* donnent simplement son buste et ses armes, entourés de la légende FATA CONSILIIS POTIORA. A partir de 1631, les monnaies divisionnaires portent au revers l'indication de leur valeur, écrite en allemand.

Guillaume VI, le Juste (1637-1663) fut d'abord sous la tutelle de sa mère, Amélie-Élisabeth de Hongrie. Quelques *ducats* d'or, rappelant cette régence, portent l'écu en losange de Hesse-Hanau et un rocher battu par la tempête avec cette devise : **WIDER MACHT VND LIST MEIN FELS GOTT IST**. Ces pièces, non datées, paraissent plutôt avoir été frappées comme essais que comme espèces courantes, car dès 1638 tout le monnayage régulier se fit au nom du jeune land-grave, pour lequel la devise et les types paternels furent conservés. En 1652, nous trouvons pour la première fois sur les monnaies la devise et le symbole de Guillaume VI : **HIS VENTIS VELA LEVANTVR**, un vaisseau, le vaisseau de l'État, poussé par les Vents, caractérisés par une colonne, la Fermeté, une bible, la Religion, et une balance, la Justice. En 1660, le landgrave fit choix d'une devise nouvelle, plus simple, **FIDE ET IVSTITIA**. En 1647, Guillaume VI acquit une partie du comté de Schauenbourg; on continua à frapper pour ce pays des monnaies divisionnaires conformément à son système particulier de *mariengroschen*, de *mattier* et de *gute pfennige*. En 1648, les terres de

Fig. 187

l'abbaye d'Hersfeld furent annexées à la Hesse, dont le souverain prit désormais le titre de *princeps hersfeldensis* au lieu de celui d'*adminis-trator* qu'il avait précédemment.

Après la mort de Guillaume VI, son fils mineur, Guillaume VII, lui succéda sous la tutelle de sa mère Hedwige-Sophie de Bran-debourg. Il suivit son père au tombeau en 1670, sans avoir atteint sa majorité. Les seules monnaies connues de Guillaume VII sont des pièces divisionnaires, mais on possède d'Hedwige un certain nombre de pièces d'or et d'argent sur lesquelles elle prend le titre de régente.

Charles (1670-1730), frère de Guillaume VII, lui succéda. Sa devise est **CANDIDE ET CONSTANTER** et son symbole préféré, un cygne. Il émit principalement des *scheidemünzen;* mais nous noterons, comme particularité de son règne, les *ducats* frappés en 1677 avec l'or recueilli pour la première fois dans les sables de l'Edder. Le type consiste en une vue du pays baigné par ce cours d'eau, avec un fleuve couché au premier plan ; la légende est : **MONETA PRIMA AVREA ÆDERÆ AVRIFLVÆ**. Parmi les monnaies de cuivre de Charles, qui portent généralement son monogramme[1], quelques-unes sont spéciales à la ville de Schmalkalde, **SCMALK . PFENNIG**. L'émission s'en poursuivit sous les premiers successeurs de ce landgrave.

Frédéric Ier (1730-1751) était, depuis 1719, roi de Suède, lorsqu'il prit possession de ses états héréditaires. A côté de ses espèces ordinaires, il eut quelques *demi-ducats*, frappés en 1731 avec l'or de l'Edder : **EDDER GOLD**. Guillaume VIII (1751-1760), qui administrait la Hesse du vivant de son frère, lui succéda ; la devise inscrite sur ses monnaies est **RECTVS ET IMMOTVS**, mais ses types ne donnent lieu à aucune observation particulière.

Frédéric II (1760-1785) était chevalier de l'ordre de la Jarretière ; la devise **HONNI SOIT QUI MAL Y PENSE** figure sur ses *thalers* les plus anciens. Sur d'autres pièces, notamment sur l'or, l'inscription personnelle est **VIRTVTE ET FIDELITATE**. En 1775, il eut de nouveaux *ducats* frappés en *eddergold*.

Guillaume IX (1785-1803), le dernier landgrave de Hesse-Cassel dont nous ayons à parler ici, devint en 1803 prince électeur sous le nom de Guillaume Ier (1803-1821). Cette période de son règne appartient à l'époque contemporaine.

Hesse-Darmstadt.— Le monnayage de cette ligne fut beaucoup moins important que celui des landgraves de Hesse-Cassel. Les premières espèces de Georges I le Pieux (1567-1596), frappées en 1572, sont, comme celles de son frère, des *münzvereinsthaler*. Louis V le Fidèle (1596-1626), ne fit pas monnayer avant 1618. Ses plus grandes pièces d'argent, qui ne dépassent pas le module du *quart de thaler*, portent ses armes et au revers son heaume avec son cimier de proboscides ; sa devise est **IN TE DOMINE CONFIDO**. En 1621, le landgrave entra dans une convention monétaire avec Mayence, Nassau et Francfort-sur-le-Mein ; en 1622, il ouvrit un atelier à Nidda.

Georges II (1626-1661) maintint l'alliance dans laquelle son père était entré. Ses monnaies divisionnaires la rappellent par leur type et leur légende : **MEINTZ. HAS. NAS. FRANCO**. A partir de 1637, les mentions de Nassau et de Francfort disparaissent. Georges III avait pour

---

1. Nous avons donné, pages 134-136, les divers monogrammes employés par les landgraves de Hesse-Cassel pour la formation de leurs types monétaires. Cf. fig. 130 à 135, 143 à 145, et 173 à 179. Dans le texte explicatif qui accompagne les fig. 130 à 135, nous avons donné par erreur au landgrave Charles le nom de Charles-Louis.

devise : **SECVNDVM VOLVNTATEM TVAM DOMINE;** elle figure sur ses espèces les plus fortes.

Louis VI (1661-78) a laissé très peu de souvenirs numismatiques et il ne nous en reste aucun de son successeur, Louis VII (1678). Le frère de celui-ci, Ernest-Louis (1678-1739) est au contraire, de toute la dynastie, celui qui a le plus fait usage de son droit régalien. La découverte de filons argentifères à Roth, en 1695, permit d'imprimer une plus grande activité à la fabrication des monnaies. Dès l'année suivante parurent des *ausbeutethaler* avec empreintes de circonstance : à l'avers, deux mineurs debout à côté d'un palmier auquel est suspendu l'écusson landgravial; au revers, une vue des travaux d'extraction. En 1705, les pièces de 12 *kreuzer* constatent par leur légende **NACH DEM SCHLVS DER V STÆND**, la convention monétaire conclue entre Hesse-Darmstadt, Mayence, Trèves, le Palatinat et Francfort-sur-le-Mein. Les *speciesthaler,* mis en circulation à partir de 1721, rappellent par l'inscription : **NACH ALT REICHS SCHROT V(nd) KORN** l'excellence de leur titre et la loyauté de leur taille. En 1733, Ernest-Louis frappa des *ernests d'or* de 10 et 5 florins, sur le modèle des *carolins d'or* émis l'année précédente par Charles-Philippe, électeur palatin.

Sous Louis VIII (1739-1768), l'activité monétaire se ralentit très sensiblement. Ses pièces portent généralement l'une des deux devises : **PRO PATRIA** ou **SINCERE ET CONSTANTER.** Pour le règne de Louis IX (1768-1790), nous rappellerons, comme particularité curieuse, les pièces de cuivre appelées *zoll-pfennige* frappées en 1777 et destinées spécialement aux péages. Louis X succéda à son père en 1790 et devint en 1806 grand-duc de Hesse. Nous avons donné, p. 135, fig. 164, le monogramme qui figure sur un certain nombre de ses monnaies.

p). — *Comté de Salm.*

Le comté de Salm ou de Haut-Salm était situé entre l'Alsace, l'évêché de Metz et le duché de Lorraine. Ses armes étaient : *de gueules aux deux saumons d'argent accompagnés de quatre croisettes du même.* Au milieu du xvᵉ siècle, Jean V de Stein, rhingrave et wildgrave de Kyrbourg et de Dhaun, devint possesseur de la moitié de Salm, par son mariage avec l'héritière du dernier souverain particulier de ce comté. La maison de Salm se divisa en plusieurs branches issues des fils de Jean VI, Philippe de Salm-Dhaun et Jean VII de Salm-Kyrbourg. Nous passerons en revue celles dont il nous reste des monnaies.

SALM-DHAUN. — Adolphe-Henri de Salm-Dhaun (1561-1606)

a laissé un certain nombre d'espèces signées, notamment des *doubles thalers*; elles portent ADolphus HEIN· SILVEStris RHENIQue COmes In SAlm. Son fils mineur, Wolfgang-Frédéric (1606-1637), lui succéda sous la tutelle de sa mère, Julienne de Nassau. Les pièces frappées à cette époque, jusqu'en 1617, *doubles thalers* et subdivisions, portent : REINGRAFSCHAFT DAVN CVRATEL ou CVRATEL DAVNEN· COMITVM.

En 1750, la ligne de Salm-Dhaun s'éteignit avec Frédéric-Guillaume. La moitié de ses possessions parvinrent aux Salm-Grumbach, l'autre moitié aux Salm-Salm et aux Salm-Kyrbourg.

SALM-SALM. — Les comtes de Salm-Salm descendent de Frédéric I, petit-fils de Philippe de Salm-Dhaun. Le seul membre de cette ligne dont il existe des monnaies est Léopold-Philippe-Charles (1634-1663), qui ouvrit un atelier à Badonvillers. Les monnaies qu'on y a frappées portent MONETA NOVA BAD. CVSA. Il avait épousé Marie-Anne de Bronckhorst, héritière d'Anholt, seigneurie dans laquelle il monnaya également.

SALM-GRUMBACH. — Cette ligne fut créée par Jean-Christophe, frère de Frédéric Ier de Salm-Salm. Voici quels furent ses successeurs :

Jean, 1585-1630.	Charles-Louis-Frédéric, 1719-27.
*Jean et son frère Adolphe, 1630-60.	* Charles-Wolrath, 1727-63.
Léopold-Philippe-Guill., 1660-1719.	Charles-Louis, 1763-99.

Jean et son frère Adolphe, qui lui survécut, monnayèrent en commun. Leurs pièces portent IOHA · ET ADOL · SYL · RH · CO · IN · S. On possède en outre quelques monnaies au buste de Charles Wolrath, qui hérita en 1750 de la moitié du comté de Salm-Dhaun.

SALM-KYRBOURG. — Les comtes de Salm-Kyrbourg ont pour souche commune Jean VII (1499-1531), fils de Jean VI de Salm. Voici la descendance de ce comte :

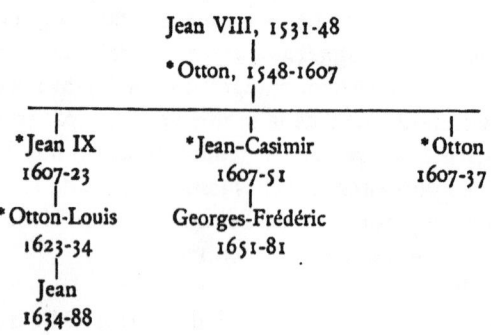

En 1688, la ligne de Salm-Kyrbourg s'éteignit et une partie de ses possessions passèrent, avec son titre, à celle de Salm-Neuville. Philippe-Joseph de Salm-Kyrbourg (1716-79) fut élevé en 1742 au rang de prince de l'empire ; il transmit ses états à son fils Frédéric III, qui fut guillotiné en 1794 à Paris.

La numismatique de Salm-Kyrbourg commence avec Otton, qui frappa ses monnaies avec la mention de Rodolphe II ; un *thaler* de 1594, l'année de son avènement, lui donne les titres de *comes Silvarum et Rheni, comes in Salm, dominus in Vinstingen*. Son aïeul, Jean VI, avait épousé Jeanne de Moers-Saarwerden, qui lui avait apporté la moitié de la seigneurie de Fenestrange. Les trois fils d'Otton monnayèrent en commun : IOH· I· CAS· ET OTTO FRAT*res Comites Rheni ;* arrêtées après Otton-Louis, les émissions reprirent avec Frédéric III qui se conforma AD NORMAM CONVENTIONIS.

q). — *Comté de Nassau-Usingen.*

Les possessions des comtes de Nassau-Usingen, l'une des nombreuses branches issues de la ligne walramienne, comprenaient Usingen, Idstein, Wiesbaden et quelques autres territoires. Voici la succession des comtes pendant le xviᵉ siècle ; le dernier étant mort sans enfants, son héritage passa à Louis II de Nassau-Weilbourg.

Adolphe III, 1480-1511. Balthazar, 1566-68.
Philippe I, 1511-58. *Jean-Louis I, 1568-96.
Philippe II, 1558-66. Jean-Louis II, 1596-1605.

Le seul comte de Nassau-Usingen dont nous connaissions les monnaies est Jean-Louis I ; ses pièces portent au revers le nom de l'empereur Rodolphe II. Son atelier se trouvait à Wiesbaden.

r). — *Comté de Nassau-Weilbourg.*

Les domaines de Nassau-Weilbourg s'étendaient sur les deux rives du Rhin et de la Lahn. Les comtes suivants s'y succédèrent au xviᵉ siècle :

Louis I, 1492-1523. *Albert, 1559-92.
Philippe III, 1523-59. *Louis II, 1592-1625.

En 1605, Louis II hérita des domaines de Jean-Louis II de Nassau-Usingen. Après sa mort, la ligne de Nassau-Weilbourg se divisa en trois branches, dont deux intéressent la numismatique :

NASSAU-IDSTEIN.	NASSAU-WEILBOURG.
Jean, 1625-77.	Ernest-Casimir, 1625-65.
*Georges-Auguste, 1677-1721.	Frédéric, 1665-75.
	*Jean-Ernest, 1675-1719.
	*Charles-Auguste, 1719-53.
	Charles, 1753-88.
	*Frédéric-Guillaume, 1788-1816.

Le monnayage de Nassau-Weilbourg ne paraît pas avoir commencé avant Albert, dont les espèces portent le nom de Rodolphe II. Albert s'intitule : **ALB· C· NAS ·SAR· SARW· D· AH** : il avait hérité de Saarbruck en 1574.

Les monnaies de Georges-Auguste de Nassau-Idstein portent sa devise : **HONESTE ET DECENTER**. En 1688, il prit le titre de prince, et en 1692 il ouvrit à Idstein l'atelier où ses pièces furent frappées.

La devise inscrite sur les monnaies de Jean-Ernest de Nassau-Weilbourg est **SINCERE ET CONSTANTER**. Charles-Auguste, qui prit en 1737 le titre de prince, eut pour devise : **ASPERA OBLEC-TANT** ; il frappa notamment en 1752 un *ausbeutethaler* avec l'argent de la mine de Mehlbach, près de Weilmunster.

Après sa mort, survenue l'année suivante, l'atelier de Weilbourg fut supprimé.

Le monnayage de Frédéric-Guillaume, commencé en 1808 dans l'atelier d'Ehrenbreitstein, appartient à l'époque contemporaine ; il en sera question dans la seconde partie de ce livre.

s). — *Comté de Solms.*

Le comté de Solms était réparti en plusieurs tronçons en Wetteravie et enclavé dans la Hesse ou dans les possessions de la maison de Nassau. La maison de Solms se divisa en un grand nombre de lignes. Cinq d'entre elles, Braunfels, Lich, Laubach, Roedelheim et Hohensolms ont frappé monnaie. Les armes de Solms sont : *d'or semé de billettes d'azur au lion du même, langué de gueules, brochant sur le tout.*

SOLMS-BRAUNFELS. — Cette ligne est issue de Bernard II, fils aîné d'Otton II (1459-1504). Ses possessions comprenaient la plus grande partie du comté de Solms, notamment Braunfels et Greiffenstein. Conrad de Solms-Braunfels (1547-92) eut trois fils dont voici la descendance :

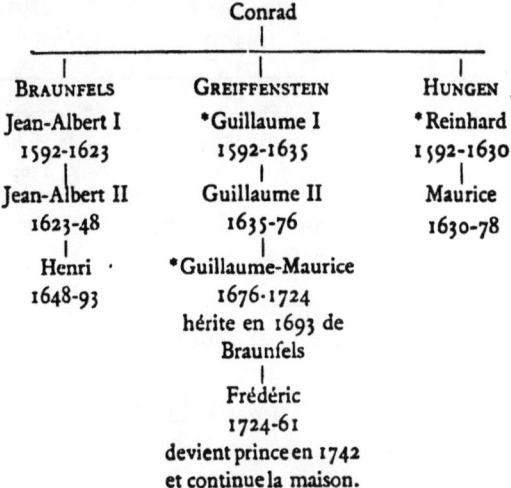

En 1620, d'après Leitzmann, les comtes de Solms-Braunfels ouvrirent à Butzbach un atelier monétaire, qui eut une durée éphémère. On possède des *ausbeutethaler* frappés en commun en 1623 et 1625 par Guillaume I et Reinhard avec l'argent des mines de Hungen. Ces pièces portent à l'avers trois heaumes et, au-dessous, le nom de la mine : HOINGEN ; la légende circulaire est : MO. NO. EX PRImitiis SOLmensibus WILHelmi ET REINHardi COmitum SOLmensium FRatrum. Au revers figurent l'aigle et le nom de Ferdinand II.

Le monnayage fut repris par Guillaume-Maurice, qui s'intitule sur ses espèces : *graf ʒu Solms Greiffenstein, herr ʒu Münʒenberg, Wildenfels und Sonnewald*. Les pièces divisionnaires portent qu'elles sont émises : NACH DEM FRANCF· SCHLVS, c'est-à-dire suivant la convention conclue à Francfort-sur-le-Mein, entre cette ville, la Hesse-Darmstadt, Mayence, Trèves et le Palatinat.

SOLMS-LICH. — La ligne de Solms-Lich fut fondée au commencement du xvᵉ siècle, par Jean, second fils d'Otton de Solms ; c'est d'elle que se détachèrent celles de Laubach et de Hohensolms. Elle s'éteignit au commencement du xviiiᵉ siècle.

Les Solms-Lich possédaient une partie du comté de Solms et une partie de la seigneurie de Münzenberg. Voici leur généalogie à partir du milieu du xviᵉ siècle :

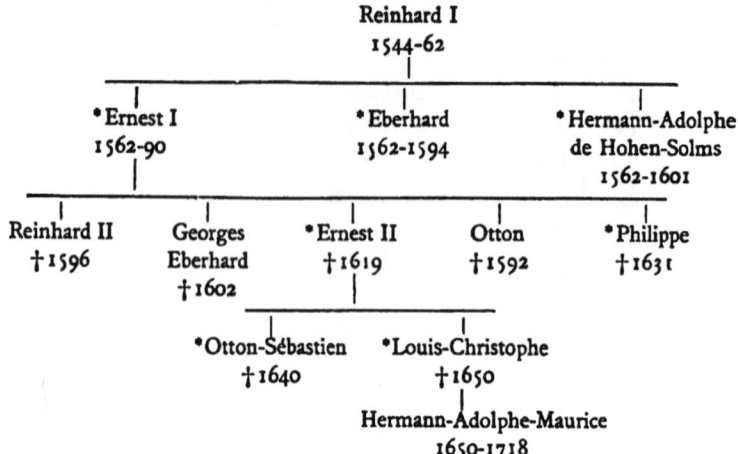

Les trois fils de Reinhard I, Ernest, Eberhard et Hermann-Adolphe, frappèrent en commun des pièces portant ER. EB. HE· AD· Comites SOlmenses Domini In Minzenberg Et SONnewald. On possède ensuite des monnaies d'Ernest II et d'autres de Philippe, frappées soit en son nom seul, soit en commun avec ses deux neveux, Otton-Sébastien et Louis-Christophe.

SOLMS-LAUBACH. — Cette branche possédait la ville de Laubach, Utphe et les cinq quarante-huitièmes de Münzenberg. Elle fut formée par Otton, fils cadet de Philippe de Solms-Lich (1477-1544) qui mourut avant son père en 1522. Son fils, Frédéric-Magnus (1544-61) eut pour successeur en ligne directe :

Jean-Georges, 1561-1600.
Albert-Otton I, 1600-10.

*Albert-Otton II, 1610-56.
Charles-Otton, 1656-76.

A la mort de ce dernier, Laubach passa à Jean-Frédéric (1632-96), second fils de Jean-Georges de Solms-Baruth, qui le transmit à son fils aîné :

Frédéric-Ernest, 1696-1723.
*Chrétien-Auguste, 1723-84.
Frédéric, 1784-1822.

Le premier comte de Solms-Laubach dont il existe des monnaies, Albert-Otton II, monta sur le trône, encore mineur. On a de lui des thalers portant : TVTores ALBerti OTTonis COM. IN SOLMS D·I·M· W·E·S.

Chrétien-Auguste, qui fut en son temps un personnage considérable de la noblesse wetteravienne, possède une série nombreuse et très intéressante; presque toutes ses monnaies, conformes au pied de Convention, commémorent un fait intéressant l'histoire de sa maison. Nous citerons, par exemple :

1738. Son premier mariage avec Élisabeth-Amélie-Wilhelmine d'Isenbourg.
1748. Mort de cette comtesse.
1754. Mort de sa troisième femme, Dorothée-Wilhelmine de Boetticher.
1767. Mariage de son fils et héritier présomptif avec la fille du prince d'Isenbourg.
1767. Douzième anniversaire de ses fonctions de directeur du banc de Wetteravie.
1768. Mise en exploitation de la saline de Christianswerk à Trayss.
1768. Mort de son neveu Charles-Chrétien-Frédéric.
1770. Vue du château de chasse de Sorgenlos ou Sans-Souci.
1770. Buste d'Otton de Solms, tige de la ligne de Laubach.

Quelques monnaies sans date portent une vue de la ville de Laubach. La devise personnelle de Chrétien-Auguste est : RECTE FACIENDO NEMINEM TIMEAS ; elle figure notamment sur les *ducats* d'or que le comte fit frapper en 1761 dans l'atelier de Hanau. D'autres de ses monnaies, notamment son *thaler* jubilaire de 1767, furent frappées à Wertheim.

SOLMS-ROEDELHEIM. — Cette ligne fut formée par le fils aîné de Jean-Georges de Solms-Baruth; elle possédait les villes de Roedelheim et d'Assenheim. Le seul de ses membres qui ait monnayé est son fondateur, Jean-Auguste (1632-80). Ses *gulden* d'argent portent son buste et sa devise : PER ANGVSTA AD AVGVSTA, jeu de mots sur son nom.

SOLMS-HOHENSOLMS. — Le fondateur de cette branche fut Hermann-Adolphe, second fils de Reinhard I de Solms-Lich. Ses descendants existent encore. L'un d'eux, Frédéric-Guillaume, hérita des terres de Solms-Lich après l'extinction de cette ligne :

*Hermann-Adolphe, 1562-1601.
*Philippe-Reinhard I, 1601-36.
Philippe-Reinhard II, 1636-65.

*Louis, 1665-1707.
Frédéric-Guillaume, 1707-44.

Nous avons rappelé plus haut les monnaies que Hermann-Adolphe a signées avec ses frères aînés. Son nom apparaît seul sur un certain nombre de pièces. Philippe-Reinhard I joua un rôle assez marquant dans la guerre de Trente-Ans; en 1627, au siège de Wolfenbuttel, il frappa comme statthalter royal de Danemark des monnaies obsidionales, surnommées *hahnreithaler*, avec les métaux précieux de Frédéric-Ulrich, duc de Brunswick.

Louis prend sur ses espèces la devise : **HERR NACH DEINEM WIL-LEN**. Les pièces divisionnaires sont frappées : **NACH DEN FVNF STAENDEN**.

t). — *Principauté de Waldeck*[1].

Le comté de Waldeck, au nord du cercle du Haut-Rhin, entre la Westphalie, la Hesse et l'évêché de Paderborn, comprenait, sur une étendue d'environ vingt lieues carrées, sa capitale, Corbach, et les villes d'Arolsen, Waldeck, Niederwildungen. En 1625, le comté de Pyrmont, autrefois détaché des possessions de la maison de Waldeck, lui retourna. Le 6 janvier 1712, Frédéric-Antoine-Ulrich, comte de Waldeck, fut élevé au rang de prince de l'Empire. Les armes de Waldeck sont : *d'or à l'étoile à huit rais de sable*.

La famille de Waldeck se divisa en plusieurs lignes dans le cours du XVᵉ siècle et du XVIᵉ. Voici un court tableau généalogique qui indique les divers comtes dont il existe des monnaies :

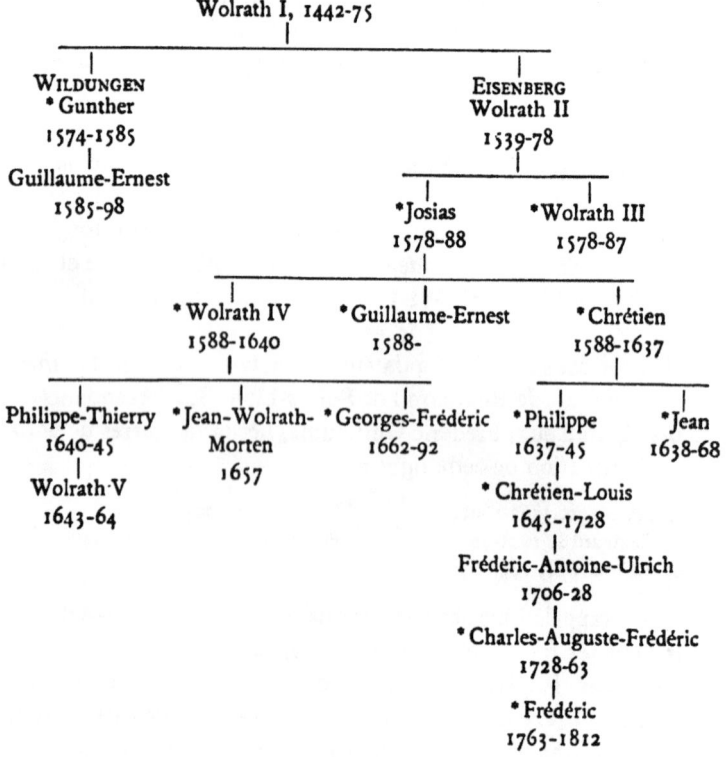

Wolrath I, 1442-75

WILDUNGEN
*Gunther
1574-1585

Guillaume-Ernest
1585-98

EISENBERG
Wolrath II
1539-78

*Josias
1578-88

*Wolrath III
1578-87

*Wolrath IV
1588-1640

*Guillaume-Ernest
1588-

*Chrétien
1588-1637

Philippe-Thierry
1640-45

Wolrath V
1643-64

*Jean-Wolrath-Morten
1657

*Georges-Frédéric
1662-92

*Philippe
1637-45

*Jean
1638-68

*Chrétien-Louis
1645-1728

Frédéric-Antoine-Ulrich
1706-28

*Charles-Auguste-Frédéric
1728-63

*Frédéric
1763-1812

1. J. Weingärtner, *Beschreibung der Kupfer-Münzen Westfalens*. Paderborn, 1872-75, in-8°, p. 251.

Plusieurs membres de la maison de Waldeck monnayèrent en commun et signèrent conjointement leurs espèces. Nous citerons ainsi : J o s i a s et son frère W o l r a t h III, — Guillaume-Ernest et ses frères, W o l - r a t h I V et Chrétien, — W o l r a t h I V et son frère Chrétien, après la mort de Guillaume-Ernest, — W o l r a t h I V et ses neveux, Phi- lippe et Jean, fils de Chrétien, — Georges-Frédéric et son frère, J e a n - W o l r a t h. La devise, **PALMA SVB PONDERE CRESCIT**, inscrite sur les pièces de ces derniers, est l'explication de l'allégorie représentée au revers : un palmier chargé d'une grosse pierre.

Chrétien-Louis épousa en 1658 Anne-Élisabeth de Ribeaupierre, qui lui apporta la moitié de cette seigneurie ; il s'intitule sur ses mon- naies : *graf zu Waldeck, Pyrmont und Rappolstein, herr zu Hoheneck und Geroldseck-am-Wassigen*. Sous Charles-Auguste-Frédéric, dont il existe des *carl d'or* et des *demi-carl d'or*, la devise inscrite sur les espèces est habituellement : **ARDVA AD GLORIAM VIA**. Sous Fré- déric, la devise est : **VIRTVTE VIAM DIMETIAR**.

De 1587 à 1638, les comtes de Waldeck eurent un atelier monétaire à Niederwildungen. En 1732, Charles-Auguste-Frédéric ouvrit à Arolsen une forge qui exista jusqu'en 1842.

u). — *Comté de Koenigstein* [1].

Deux tronçons de territoire, situés en Wetteravie, formaient le comté de Koenigstein qui avait pour armes : *d'or au lion de sable lampassé de gueules*. Au xvᵉ siècle, ce comté appartenait à la maison d'Eppstein.

En 1504, Éberhard IV d'Eppstein (1481-1535) avait, d'après Leitzmann, hérité de Catherine, fille de Philippe de Weinsberg, le fermage des mon- naies impériales de Francfort-sur-le-Mein, Nordlingen et Bâle, qui avait été donné en 1431 à Conrad de Weinsberg par le roi Sigismond. Le comte Éberhard IV eut un monnayage très actif, surtout à partir de 1515. Ses pièces portent : **EBERHARD · COM · IN · KVNGSTEIN**, et les noms des empereurs Maximilien I ou Charles-Quint.

Après la mort d'Éberhard IV d'Eppstein, le comté passa successi- vement à ses neveux L o u i s (1544-74) et Christophe de Stolberg (1574-81). Le premier continua le monnayage.

En 1581, l'électeur de Mayence s'empara du territoire comtal, et en 1590 la maison de Stolberg fut contrainte de renoncer à la plupart des possessions qui lui venait de la maison d'Eppstein.

---

1. P. Joseph, *Die königsteinische Münzstätten Königstein, Ursel, Wertheim und Frank- furt am Main.* Francfort, in-8. — Appel, *Repertorium*, etc., t. III, p. 452.

v). — *Comté de Haut-Isenbourg* [1].

Le comté de Haut-Isenbourg formait deux tronçons principaux, dont l'un s'étendait en Wetteravie, au sud de la Hesse, et l'autre sur la rive gauche du Mein, non loin de Francfort. Ses armes étaient *d'argent aux deux fasces de sable.*

La maison comtale du Haut-Isenbourg était divisée en plusieurs branches, dont une seule, celle de Budingen-Birstein, exerça le droit de battre monnaie. Wolfgang-Ernest (1596-1633), dans les domaines duquel une mine d'argent venait d'être découverte, obtint en 1618 le droit d'ouvrir un atelier à Budingen; il y frappa cette même année des *ausbeutethaler* et quelques monnaies divisionnaires avec mention de l'empereur Mathias. L'écusson d'Isenbourg et l'aigle impériale forment le type de ces monnaies. Sur le *thaler* on lit, à l'avers, autour de l'écu : WOLFGANGO ERNESTO YSENBVRGI ET BVDINGÆ COMITI DONVM DEI EX FODINIS PROPE HEILER. En 1619, on frappa un *ducat* d'or; le monnayage de l'argent continua en 1620 et en 1623.

Wolfgang-Henri (1633-35) ne fit pas usage de ses droits, mais, sous Jean-Louis (1635-85), nous avons un certain nombre de *gulden* d'argent et d'*albus*, frappés de 1670 à 1681 et tous anonymes. Les deux fils de Jean-Louis obtinrent en partage, l'un, Jean-Philippe (1685-1718), la terre d'Offenbach, l'autre, Guillaume-Maurice (1685-1711), la terre de Birstein ; ils monnayèrent en commun en 1693 et 1694. Les pièces qu'ils nous ont laissées sont des *thalers*, des *gulden*, des pièces de 12 *kreuzers* et de 2 *albus ;* les deux premières portent la mention de l'empereur Léopold I ; les deux dernières ont la légende déjà connue de nos lecteurs: NACH DEM SCHLVS DER V STÆND. Les monnaies des fils de Jean-Louis sont les dernières dont nous ayons à parler pour Isenbourg dans cette partie de notre livre.

w). — *Comté de Linange-Westerbourg* [2].

Au xvᵉ siècle, Reinhard IV, comte de Westerbourg, épousa Marguerite, héritière d'une partie du comté de Linange (en allemand *Leiningen*), entre Worms et Kaiserslautern. Leurs descendants prirent le titre de comtes

---

1. H. Grote, *Die Münzen and Medaillen des Hauses Isenburg,* dans les *Münzstudien,* t. VII, p. 173 et suiv.

2. P. Joseph, *Die Münzen des gräflichen und fürstlichen Hauses Leiningen,* dans la *Numismatische Zeitschrift,* 1884, p. 109 et suiv.

de Linange et de Westerbourg. Au milieu du xvie siècle, cette maison se divisa en trois branches, dont deux intéressent la numismatique :

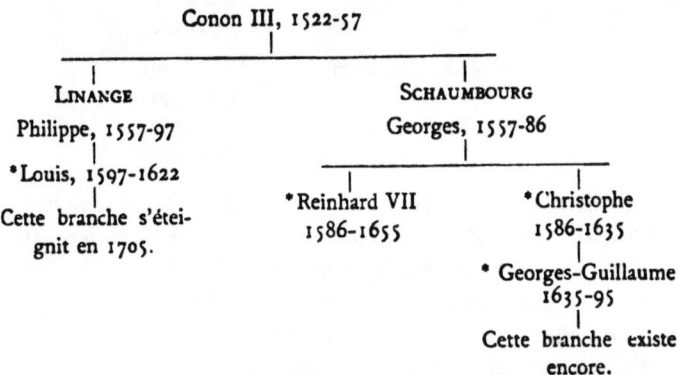

Conon III, 1522-57

LINANGE
Philippe, 1557-97
*Louis, 1597-1622
Cette branche s'étei-
gnit en 1705.

SCHAUMBOURG
Georges, 1557-86

*Reinhard VII
1586-1655

*Christophe
1586-1635
* Georges-Guillaume
1635-95
Cette branche existe
encore.

Louis de Linange obtint le droit monétaire par diplôme impérial du 29 janvier 1611, mais, dès 1609, il avait organisé un atelier à Grünstatt. Il frappa des *florins* d'or, des *thalers,* des *dickpfennigs* ou *testons* et diverses monnaies divisionnaires, en mentionnant, au revers, l'empereur régnant. Son titre est : **COM. IN LE**I*ningen* **ET RI**x*ingen* **DOM. IN WE**s*terburg* **ET SCH**a*umburg* **S. R. I.** *Semper* **L**iber. Sa devise, inscrite sur quelques monnaies est : **DER RECHT GLAVBT IA EWIG LEBT,** celui qui bien croit vit dans l'Eternité.

Pour Reinhard VII, nous ne connaissons que des pièces divisionnaires. Son frère Christophe ouvrit un atelier au village de Cramberg, près Schaumbourg, sur la Lahn, et frappa entre autres pièces de nombreuses imitations de monnaies étrangères. Il ajoute parfois à ses titres celui de la seigneurie d'Oberbronn. Georges-Guillaume eut un monnayage très fécond de 1663 à 1686, surtout en 2/3 de *thalers* et en subdivisions. Ses *doubles-albus* portent : **NACH DEM SCHLVS DER V STÆND.** Sa devise personnelle est : **SOLI·DEO·GLORIA.**

x). — *Comté de Linange-Dachsbourg.*

Les comtes de Linange-Dachsbourg sont issus du second fils de Frédéric IV de Linange, mort en 1310 et qui avait épousé Jeanne, comtesse de Dachsbourg. Au xvie siècle, les fils d'Emich IX de Linange formèrent deux branches dont il existe des monnaies.

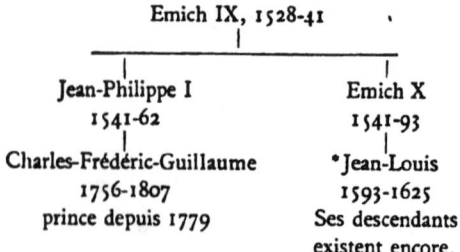

Emich IX, 1528-41

Jean-Philippe I	Emich X
1541-62	1541-93
Charles-Frédéric-Guillaume	*Jean-Louis
1756-1807	1593-1625
prince depuis 1779	Ses descendants
	existent encore.

On connaît un assez grand nombre de monnaies de Jean-Louis, *florin d'or, dickpfennig, dreibätzner, double thaler, thaler, quart de thaler, albus,* etc., toutes avec la mention de Ferdinand II. Son monnayage commença en 1619. Jean-Louis s'intitule **COM. IN. LEIN. ET. DAGSP.** Les émissions de Charles-Frédéric-Guillaume ne commencent qu'en 1804 et appartiennent par conséquent à l'époque contemporaine.

y). — *Comté de Wittgenstein* [1].

Le comté de Wittgenstein s'étendait à l'est de la Hesse. Ses armes étaient : *d'argent à deux pals de sable.* Les fils de Louis le Vieux de Sayn (1568-1607), comte de Wittgenstein, formèrent trois lignes. L'aîné, Guillaume, épousa l'héritière de Sayn et devint la souche de la maison de Sayn-Sayn dont nous n'avons pas à nous occuper pour le moment. Le second, Georges, forma la ligne de Sayn-Wittgenstein-Berlebourg, le cadet, Louis, celle de Sayn-Wittgenstein.

Sayn-Wittgenstein-Berlebourg. — Cette ligne obtint, lors du partage, les deux cinquièmes du comté de Wittgenstein, la ville de Berlebourg, la seigneurie de Neumagen, dans le pays de Trèves, et la seigneurie de Hombourg, dans le cercle de Westphalie. Ses membres, dont voici la liste, s'intitulaient : *graf zu Sayn und Wittgenstein, herr zu Homburg, Vallendar, Neumagen,* etc.

* Georges, 1607-1631.   Casimir, 1694-1741.
Louis-Casimir, 1631-43.   Louis-Ferdinand, 1741-73.
* Georges-Guillaume, 1643-84. Chrétien-Henri, 1773-1800.
Louis-François I, 1684-94.

Les seuls membres de cette ligne dont il existe des monnaies, *thalers* et pièces divisionnaires, sont Georges et Georges-Guillaume. La devise de ce dernier est **VIRTVTE ET LABORE.**

---

1. H. Grote, *Die Münzen der Grafen von Sayn,* dans les *Münzstudien,* t. III, 1863, p. 170 et suiv.

Sayn-Wittgenstein. — Cette ligne obtint les trois cinquièmes de Wittgenstein avec le château, la ville de Laasphe, etc., puis la seigneurie de Vallendar dans le pays de Trèves. Ses membres s'intitulaient : *graf ₃u Sayn, Wittgenstein und Hohnstein, herr ₃u Homburg, Vallendar, Neumagen, Lohra und Clettenberg.*

*Louis, 1607-1634.	Hohnstein, 1657-1701.
*Jean, 1634-57.	Auguste, 1701-35.
*Louis-Chrétien, à Vallendar, 1657-81.	Frédéric, 1735-56.
*Gustave, son frère, à Wittgenstein et	Jean-Louis, 1756-96.

Les membres de cette ligne, au xviie siècle, ont laissé des monnaies d'or et d'argent. Jean prend pour devise: NVLLVM SIMVLATVM DIV-TVRNVM TANDEM ; Louis-Chrétien adopte: CVM DEO ET LA-BORE ; enfin Gustave met sur ses pièces : VT PRESSA PALM', TAN-DEM FORTVNA OBSTETRICE, AD PALMAM PRESSA LAETI(*us*) RESVRGO, PIE ET CAVTE ou A SOLO IEHOVA SAPIENTIA VERA.

z). — Seigneurie de Bretzenheim.

Cette terre, située au nord de Creuznach, était un fief de Cologne. L'électeur palatin, Charles-Théodore, en fit l'acquisition pour la donner à son fils naturel, Charles-Auguste, qu'il avait eu de Joséphine Seiffert, danseuse du théâtre de Mannheim. En 1789, l'empereur Joseph II éleva le seigneur de Bretzenheim au rang de prince de l'empire. L'année suivante, Charles-Auguste fit frapper à l'atelier de Mannheim quelques monnaies à son buste et à ses armes, *ducats, thalers, gulden* et *demi-gulden,* pièces de 20 et de 10 *kreu₃er,* conformes au pied de convention. Il s'y intitule: *Dei gratia sacri romani imperii princeps de Bretzenheim.*

La principauté de Bretzenheim portait : *d'or au « bretzel »* d'or. Son existence éphémère finit à la paix de Lunéville et, en 1810, elle fut comprise dans le département français de Rhin-et-Moselle.

aa). — Comté de Hanau-Mun₃enberg [1].

Le comté de Hanau, au nord de Francfort, et presque tout entier sur la rive droite du Mein, comprenait la ville de Hanau et diverses localités telles que Babenhausen, Ortenberg, Schluchteren, etc. La ville de Münzenberg était indivise entre le comté de Hanau et le comté de Solms.

1. R. Suchier, *Die Mün₃meister in Hanau,* dans les *Berliner Mün₃blaetter,* de A. Weyl, 4e année, nos 36-37, août-sept. 1883, p. 373.

Les armes de Hanau étaient : *chevronné d'or et de gueules de six pièces*; celles de Münzenberg : *coupé de gueules et d'or*.

Après la mort de Reinhard II de Hanau, en 1452, le comté fut partagé entre ses deux fils, Reinhard III, souche de la ligne de Hanau-Münzenberg, et Philippe I, qui obtint Babenhausen et forma la ligne cadette de Hanau-Lichtenberg. Voici quels furent les successeurs de Reinhard III :

Philippe II, 1453-1500.
Reinhard IV, 1500-12.
Philippe III, 1512-29.
Philippe IV, 1529-61.
*Philippe-Louis I, 1561-80.
*Philippe-Louis II, 1580-1612.

*Catherine-Belgica de Nassau, veuve du
 précédent, tutrice, 1612-23.
*Philippe-Maurice, 1612-38.
Philippe-Louis, 1638-41.
Jean-Ernest, 1641-42.

Les Hanau-Münzenberg s'éteignirent en 1642 et Frédéric-Casimir de Hanau-Lichtenberg hérita de la plus grande partie de leurs possessions L'année suivante, il conclut, avec les landgraves de Hesse, un accord aux termes duquel ceux-ci devaient hériter des domaines de la maison de Hanau, si elle s'éteignait. Les représentants de cette nouvelle famille sont :

*Frédéric-Casimir, 1642-85.
*Philippe-Reinhard, 1685-1712.

*Jean Reinhard, 1712-36.

A la mort de celui-ci, Hanau et Münzenberg passèrent à la maison de Hesse-Cassel. Le landgrave Frédéric I renonça à ces nouveaux domaines en faveur de son fils Guillaume, qui fut comte de Hanau de 1736 à 1751. A cette date, il succéda à son père en Hesse sous le nom de Guillaume VIII; il mourut en 1760. Par ses dispositions testamentaires, il avait décidé que le comté de Hanau passerait à son petit-fils Guillaume; après l'avènement de celui-ci au landgraviat sous le nom de Guillaume IX, le comté de Hanau-Münzenberg et la Hesse-Cassel restèrent réunis.

Le monnayage de Hanau-Münzenberg commence sous Philippe-Louis I. Pendant la minorité de Philippe-Maurice, sa mère et tutrice, Catherine d'Orange-Nassau, signe de nombreuses espèces : MONETA NOVA CATHarinae BELgicae PRincipissae VRAN iae TVTRICIS HANau-MVNTZenbergiae. La plupart des monnaies au nom de Philippe-Maurice rappellent également sa minorité; elles portent au revers MONETA NOVA TVTELÆ HANOVICÆ. Pour la majorité du comte, le monnayage fut très restreint; notre fig. 188 représente le *thaler* frappé à cette époque.

Les émissions de Hanau-Münzenberg, interrompues pendant un quart de siècle, ne reprirent que lorsque les possessions comtales eurent passé à Frédéric-Casimir de Hanau-Lichtenberg. Sa titulature complète est : *comes Hanoviae, Rhinecii, Biponti, dominus muntzenbergensis, lichtenbergensis, ochsensteinensis, marescallus et advocatus argentinensis.* Sur un de ses *thalers,* il met la devise : PAX ET IVSTITIA EXOSCVLENTVR SESE. Quelques *thalers* de Philippe Reinhard représentent une vue de la ville de Hanau.

Fig. 188

Guillaume (VIII) de Hesse fit frapper à Hanau dès 1737. Les premières pièces émises par lui furent des *ducats* d'or, suivis jusqu'en 1757 de monnaies d'argent et de cuivre. En 1754, un *speciesthaler* porte la mention : SILBER AVS BIEBER, argent des mines de Bieber. Guillaume (IX) régna du 1er février 1760 au 13 octobre 1764, sous la tutelle de sa mère Marie d'Angleterre. Celle-ci profita de son administration pour frapper en son nom; elle s'intitule : *Maria Dei gratia landgravia Hassiae, nata principissa Magnae Britanniae, Franciae et Hiberniae, tutrix et comitatus Hanoviae administratrix.* Ses pièces, *conventionsthaler* et divisions, portent les millésimes de 1763 et 1764. A partir de 1765, le monnayage fut au nom du jeune prince. En 1769, les *thalers* portent : EX VISCERIBVS FODINÆ BIEBER, et une mention analogue se retrouve jusqu'en 1802.

ab). — *Comté de Hanau-Lichtenberg* [1].

La seigneurie de Lichtenberg s'étendait en Basse-Alsace et était répartie en plusieurs tronçons. Ses armes étaient : *d'argent au lion de*

1. A. Engel et E. Lehr, *Numismatique de l'Alsace.* Paris, 1887, in-4, p. 91. — E. Muntz, *L'atelier monétaire des comtes de Hanau-Lichtenberg à Woerth,* dans la *Revue archéologique,* 1873, nouv. série, t. XXV, p. 166. — R. Suchier, *Die Münzstätten und Münzmeister in Hanau-Lichtenberg,* dans les *Berliner Münzblätter* de A. Weyl, 5e année, n. 46, juin 1884.

sable, à la bordure de gueules. En 1368, les seigneurs avaient obtenu le droit de battre monnaie, mais ils ne paraissent pas en avoir fait usage. En 1480, le mariage d'Anne de Lichtenberg avec Philippe Ier, fils de Reinhard II de Hanau, fit passer la moitié de la seigneurie dans cette maison. En 1560, Philippe IV obtint l'autre moitié. En 1570, les possessions de Hanau-Lichtenberg s'accrurent des domaines de la maison de Deux-Ponts-Bitche, y compris la seigneurie d'Ochsenstein [1]. En 1587, Philippe IV et son fils Philippe V, qui administrait le pays au nom de son père infirme, annoncèrent au *münzprobationstag* de Worms leur intention de monnayer et ils organisèrent la même année un atelier à Woerth-sur-Sauer. Bien que Philippe V n'ait succédé qu'en 1590 à son père, dès la création de l'officine les produits qui en sortirent portèrent son titre : *Philippus comes à Hanaw, dominus in Litchtenstein et Ochsenstein.* Les *thalers* ont le buste cuirassé à droite et, au revers, l'écu de Hanau-Lichtenberg-Ochsenstein, avec la devise DEVS DAT CVI VVLT ; les pièces divisionnaires ont le même écu et l'aigle d'empire.

Jean-Reinhard I (1599-1625) eut, de 1611 à 1629, un second atelier à Babenhausen. Son monnayage, très actif, comprit des doubles et des simples *ducats* d'or et une grande série de pièces d'argent. Ce comte s'intitule *comes in Hanau et Zweibrücken, dominus in Lichtenberg et Ochsenstein, marescallus et advocatus argentinensis.* Philippe-Wolfgang (1625-1641) prit l'administration de ses états à une époque fort troublée et émit très peu d'espèces; en 1632, son atelier de Woerth fut détruit et son monnayage prit fin.

Quelques mois après son avènement, Frédéric-Casimir (1641-1685) hérita des domaines de la branche de Hanau-Münzenberg. En 1659, il créa un atelier monétaire, pour ses domaines alsaciens, à Bouxwiller. Nous avons parlé de ses monnaies et de celles de ses successeurs au paragraphe précédent.

A la mort de Jean-Reinhard, devenu comte de Hanau-Münzenberg en 1736, la seigneurie et le titre de Hanau-Lichtenberg passèrent, conformément à ses dispositions testamentaires, à son petit-fils Louis, héritier présomptif de Hesse-Darmstadt. En 1768, ce prince devint landgrave sous le nom de Louis IX et réunit Hanau-Lichtenberg à ses domaines hessois. De 1757 à 1760, Louis de Hesse-Darmstadt fit monnayer, dans ses possessions alsaciennes, à Bouxwiller où il avait sa résidence. Ses émissions se bornèrent toutefois à des espèces divisionnaires dont la plus forte ne dépasse pas la valeur d'un *sixième de thaler.*

1. Ochsenstein portait : *de gueules à deux fasces d'argent;* Bitche portait : *de gueules à la bordure d'or.*

ac). — *Landgraviat de Haute-Alsace* [1].

Situé à l'est du duché de Lorraine et du comté de Montbéliard, le landgraviat de Haute-Alsace comprenait les villes d'Ensisheim, de Sennheim ou Sernay, de Thann, la seigneurie de Belfort, le comté de Ferrette et d'autres territoires sur la rive gauche du Rhin. Ses armes étaient : *de gueules à la bande d'or accompagnée de six couronnes du même, posées parallèlement à la bande, trois en chef et trois en pointe*. Le landgraviat de Haute-Alsace appartenait à la maison de Habsbourg et portait généralement dans l'énumération des biens territoriaux de cette maison, le nom de *Vorlande* ou, dans les textes latins, celui de *provinciae anteriores*, par opposition à l'Autriche et au Tyrol.

Les armes de Haute-Alsace figurent sur quelques *thalers* de l'archiduc S i g i s m o n d (1439-1496), frappés en 1484 et 1486. Sous F e r d i n a n d I, possesseur des *Vorlande* depuis 1522 jusqu'à sa mort, plusieurs *gulden·thaler, demi-guldenthaler* et *zehener* portent le titre de LAND·ALSAT., mais on ne sait si ces pièces furent frappées à T h a n n ou dans l'atelier

Fig. 189

tyrolien de Hall. Les landgraves, dit M. Lehr, n'ont guère marqué leur passage dans l'histoire monétaire du pays que pendant un demi-siècle, de 1584, date de l'ouverture de l'atelier d'Ensisheim à l'invasion suédoise.

Le commencement du monnayage alsacien nous reporte ainsi au règne de l'archiduc F e r d i n a n d (1564-1595), dont les espèces et surtout les plus grandes, furent émises en abondance. Il existe à son effigie des *thalers* doubles (fig. 189) et simples, des *quarts de thaler*, des pièces

1. A. Engel et E. Lehr, *Numismatique de l'Alsace*. Paris, 1887, in-4, p. 15 et suiv.

de 3 et de 2 *kreuzer*, des *doppelvierer* et des *vierer*. Les monnaies frappées à Ensisheim par l'archiduc Ferdinand se distinguent de celles qui ont été frappées en Tyrol par les deux particularités suivantes : l'écusson du landgraviat de Haute-Alsace est placé, au revers, en cœur sur les armes principales, et la titulature du prince se termine par LAND*gravius* ALS*atiae* CO*mes* FER*retae* ou PHIR*tae*.

La mort de l'archiduc Ferdinand suscita d'ardentes compétitions entre ses héritiers. De 1595 à 1602, on ne battit monnaie au nom d'aucun des prétendants. De 1602 à 1613, un an après la mort de Rodolphe II, on monnaya au nom de cet empereur, comme représentant de l'ensemble de la maison d'Autriche. Les légendes font part de la situation indivise où se trouvaient les *Vorlande* : RVDOLPHVS II D·G·ROM·IMP·SEM· AVG·GER·HVN·BOH·REX·NECNON ARCHIDVCES AVS·D·BVR· LANDG·ALS·COM·FER.

En 1612, par l'entente commune des princes co-propriétaires, l'archiduc Maximilien (1612-1618) devint souverain effectif de la Haute-Alsace. L'atelier d'Ensisheim frappa à partir de 1614 de nombreuses espèces à son nom.

La mort de Maximilien remit le landgraviat dans sa situation de pays indivis. Ses héritiers confièrent le gouvernement des *Vorlande* et du Tyrol à l'un d'eux, l'archiduc Léopold, évêque de Strasbourg et de Passau, administrateur des abbayes de Murbach et de Lure. Le monnayage de Léopold commença en 1620; les pièces émises à cette époque portent : LEOPOLDVS D·G ET ARCHIDVCES AVST· DVC. BVR. ET STIR. CARIN. CARN. LAND. ALS. L'un des copropriétaires, l'empereur Mathias, étant mort, son successeur, Ferdinand II, confirma en 1621 l'archiduc Léopold dans ses fonctions de gouverneur, mais il crut devoir affirmer ses propres droits en faisant monnayer à son effigie des pièces ayant en légende la même formule que celles de Rodolphe II. Ce monnayage dura jusqu'en 1623. Les pièces frappées concurremment par l'archiduc Léopold ont : LEOPOLDVS D·G. ARCHIDVX AVST. DVX BR. ET *cætera* SAC*rae* CÆS*areae* M*ajestatis* ET RELIQV*orum* ARCHIDu*cum* GVBERNAT*or* PLEN*us* ET COM. TIR, LAND. ALS. Cette formule subsista jusqu'en 1625.

Léopold s'était fait représenter sur toutes les monnaies qui précèdent, en buste, revêtu du camail, c'est-à-dire en habits religieux. En 1625, l'archiduc quitta les ordres et se maria. La même année, il devint comte souverain du Tyrol et ses écus alsaciens de 1626 portent ce nouveau titre en omettant sa qualité de gouverneur. L'année suivante l'omission fut réparée et, jusqu'en 1631, Léopold se qualifie de SAC*rae* CÆS*areae* MA*jestatis* ANTER*iorum* PROVINC*iarum* PLEN*us* GVB*ernator*. En

1631, devenu également souverain de ces territoires, il s'intitule enfin **DVX BVRG. LAND. ALS. CO. FER.** Cette légende fut conservée, en même temps que le buste de Léopold, jusqu'en 1634, deux ans après sa mort; cette dernière émission se termina à Brisach, où, par suite de la guerre, l'atelier d'Ensisheim avait été transferé.

En 1648, le traité de Westphalie mit définitivement fin à la domination autrichienne dans la Haute-Alsace.

ad). — *Baronnie de Montjoie* [1].

La baronnie de Montjoie, en allemand Froberg, était située dans la Haute-Alsace, sur les confins de la Franche-Comté et de la Suisse. Ses armes étaient : *de gueules à la clef d'argent posée en pal.*

Les seigneurs de Montjoie ne sont pas nominalement désignés sur les seules petites monnaies de billon que l'on possède d'eux et qui portent, comme indication d'origine **MON-ETA-FRO-BER** ou **MO·NO·FRO·BE.** Ces espèces furent décriées le 18 juillet 1554, au nom de l'empereur Charles-Quint, par le parlement de Dôle.

ae). — *Seigneurie de Ribeaupierre* [2].

La seigneurie de Ribeaupierre, en allemand Rappolstein, près de Colmar, portait : *d'argent à trois écussons de gueules.* En 1550, Charles-Quint accorda aux seigneurs le droit de monnayer à leur coin et d'ouvrir un atelier dans leurs terres, mais ils paraissent n'avoir jamais usé d'une manière sérieuse de leur prérogative. Le seul souvenir matériel qui nous en reste est un *florin* d'argent frappé en 1564, par Égénolphe, au nom de l'empereur Ferdinand : l'avers porte **MO·NO· EGENOLPHI·D·IN RV-PESPOL** autour d'un écu écartelé de Hoheneck et de Géroldseck-am-Wasichen [3], avec Ribeaupierre sur le tout. De nouvelles tentatives de monnayage eurent lieu en 1596 et en 1619, mais elles échouèrent devant l'opposition de l'archiduc-landgrave et de la confédération de la *rappenmünz.*

---

1. P. Joseph, *Une monnaie inédite de Montjoie,* dans le *Bull. mens. de numism. et d'archéol.,* t. VI, 1886-90, p. 97.

2. A. Engel, *Documents pour servir à la numismatique de l'Alsace,* nᵒ 6, dans la *Revue d'Alsace,* nouv. sér., t. VII, 1878, p. 479.

3. Hoheneck a pour armes : *d'argent à trois têtes de corbeau arrachées de sable et couronnées d'or.* Géroldseck porte : *d'argent billeté d'azur au lion de gueules, armé, lampassé et couronné d'or.*

En 1658, la seigneurie de Ribeaupierre passa avec Hoheneck et Géroldseck à la maison de Waldeck, par le mariage d'Anne-Élisabeth de
Ribeaupierre avec Chrétien-Louis, comte de Waldeck (1645-1706).
Celui-ci et ses descendants prirent sur leurs monnaies les titres et les
armes de ces diverses seigneuries.

af). — *Duchés de Lorraine et de Bar* [1].

Le système monétaire comprenait en Lorraine, à la fin du moyen
âge, une monnaie de compte, le *franc*, qui se divisait en douze *gros* à
seize *deniers*. Les monnaies réelles étaient le *florin* d'or circulant pour
24 gros, le *demi-florin* d'or, le *double gros*, le *gros*, le *demi-gros*, le
quart de gros, le *petit blanc* de six deniers, le *demi-blanc*, le *double
denier*, le *denier*, et enfin la *maille*.

Par une malheureuse coïncidence, les documents écrits relatifs aux
monnaies du duc R e n é II (1473-1508) font défaut précisément pour
l'époque où parut la première forte monnaie d'argent, qui est en même

Fig. 190

temps la plus ancienne pièce datée (1488). C'est un *écu* que nous reproduisons sous notre figure 190. Son type est très remarquable. On peut
admettre, au surplus, qu'il s'agit plutôt ici d'un essai que d'une monnaie
réellement mise en cours. Un *demi-écu* frappé dans des conditions
analogues porte l'écu ducal couronné et, au revers, la croix de Lorraine
accostée du chiffre de René II et entourée de l'invocation pieuse : SALVE·
CRVX·PRECIOSA.

---

1. F. de Saulcy, *Recherches sur les monnaies des ducs héréditaires de Lorraine*. Metz,
1841, in-4. — H. Lepage, *Notes et documents sur les graveurs de monnaies et médailles et
la fabrication des monnaies des ducs de Lorraine depuis la fin du XVᵉ siècle*. Nancy, 1875,
in-8.

Les comptes de la Monnaie de Nancy, de à 1499-1500, mentionnent pour la première fois la fabrication des *testons*, taillés à raison de 24 et trois quarts au marc et de 11 deniers d'aloi. Ces pièces furent émises pour 8 gros. Le profil couronné du duc occupe l'avers; le revers est réservé à son écusson avec la légende qui figure sur l'*écu* de 1488 : ADIVVA NOS DEVS SALVTARIS NOSTER. Le type des *gros* et des *doubles gros* est, à l'avers, l'écusson, au revers, un dextrochère armé d'une épée et issant de nuages, accompagné de la devise: FECIT POTENTIAM IN BRACHIO SVO. C'est l'emblème que René II avait fait peindre sur sa bannière pendant sa lutte contre Charles le Téméraire, duc de Bourgogne. Sur les menues espèces, les motifs d'ornementation ne s'écartent pas de l'écusson de l'épée en pal, de la croix ou de la croix de Lorraine. L'écusson est tantôt simple : *d'or à la bande de gueules chargée de trois alérions d'argent*, tantôt parti de Lorraine et de Bar, tantôt enfin écartelé aux nombreux quartiers de la maison de Lorraine-Anjou.

Antoine (1508-1544), dont les *testons*, les *doubles gros* (fig. 191), les *gros* et la plupart des espèces inférieures reproduisent les types en usage

Fig. 191

sous son prédécesseur, fit une nouvelle tentative pour l'émission d'*écus* ou *tallars* d'argent. Les uns portent son image à cheval, galopant à droite et tenant l'épée haute, les autres ont son buste de profil à gauche, couvert de son armure et tenant dans la main droite l'épée levée. Le revers, dépourvu de légende, montre l'écu de Lorraine entouré de ceux qui forment les quartiers des armes personnelles d'Antoine : Hongrie, Naples, Jérusalem, Aragon, Anjou, Bar, Vaudémont et Blamont. Sur un *demi-écu*, le duc est gravé à mi-corps, vu de trois quarts et tenant toujours son épée nue devant lui ; au revers un écusson heaumé et emmantelé est entouré de : MONETA NANCEI. Malgré cette inscription formelle, ces belles monnaies circulèrent peu et la plus forte monnaie lorraine d'argent continua à être le *teston*, frappé en abondance à partir de 1512. Au règne d'Antoine se rattachent deux curieuses pièces, *écu* et *demi-écu* d'argent au nom et aux armes de la duchesse Renée de Bourbon. Madai suppose qu'elles furent forgées en 1525 pendant l'expédition du duc de Lorraine contre les Protestants, lorsqu'en l'absence de son époux Renée exerçait les fonctions de régente.

François I (1544-45) continua l'émission des *testons* pendant son règne éphémère. En 1545, il adjoignit à ses armes les quartiers de Gueldre-Zutphen pour constater ses droits sur ce duché, dont il prétendait hériter du chef de son aïeule Philippe de Gueldre.

Charles III avait moins de trois ans à la mort de son père. Il fut placé sous la régence de sa mère, Christine de Danemark, et de son oncle, Nicolas de Vaudémont (1545-55). Celui-ci frappa des *testons* à son effigie et des monnaies divisionnaires à son nom ; il s'intitule : **NICO. C. VAVDE · ADM. LOTH. B.** Charles III devint majeur en 1555. Il gouverna jusqu'en 1608. Ses monnaies courantes, parmi lesquelles nous pouvons énumérer, cette fois, l'*écu* ou *tallar* d'argent, et qui, presque toutes, portent son effigie, permettent de suivre pas à pas les modi-

Fig. 192

fications apportées par l'âge dans les traits du souverain depuis l'adolescence jusqu'à la vieillesse. Notre figure 192 donne le *quadruple ducat* de 1587 ; Charles III était alors dans sa quarante-cinquième année.

Parmi les monnaies sans effigie, nous citerons spécialement pour l'or la *double pistole*, la *pistole* et la *demi-pistole* (fig. 193), frappées en 1587. La légende de toutes ces pièces est **DA MIHI VIRTVTEM CONTRA HOSTES TVOS**, allusion à la lutte du duc de Lorraine contre les Protestants.

D'Henri (1608-24) nous n'avons pas de monnaies d'argent supérieures au *teston ;* ses *florins* d'or émis en grand nombre portent l'image en pied de saint Nicolas et le champ armorié de Lorraine, comme ceux de René II.

Après la mort d'Henri, le duché passa à sa fille Nicole, qui avait épousé son cousin, Charles IV, fils de François II, comte de Vaudémont, Les deux époux (1624-25) frappèrent monnaie en commun, et leurs *testons* représentent leurs bustes conjugués ; mais en 1625, la conduite arrogante de Nicole provoqua une séparation et François II réclama le duché comme héritier mâle d'Henri. Les états assemblés à Nancy déposèrent Nicole en faveur du comte de Vaudémont, qui abdiqua aussitôt en faveur de son fils. Charles IV se trouva ainsi duc de son chef, alors qu'il ne l'était auparavant que du chef de sa femme.

Après son abdication, François II se retira dans le comté de Salm dont la moitié lui avait été apportée en dot par sa femme Christine. En 1630, il ouvrit un atelier monétaire à Badonvillers. Il existe de cette fabrication des *écus* ou *gulden* d'argent : **FLORENVS AD LEGEM ET**

VALOREM IMPERII BA. CV., et des *testons*. François II mourut en 1632.

Charles IV (1626-75) continua à son nom seul le monnayage commencé en communauté avec Nicole. En 1634, sa guerre malheureuse avec Louis XIII le contraignit d'abdiquer en faveur de son frère Nicolas-François, mais l'abdication ne fut pas reconnue par la France. Nicolas-François se retira à Florence où il fit frapper des *testons,* du consentement du grand-duc de Toscane, de 1634 à 1637. Pendant l'occupation de la Lorraine, Louis XIII frappa monnaie à Stenay, et l'atelier de Nancy émit des espèces divisionnaires sans nom de duc.

En 1638, Charles IV rentra en Lorraine et s'empara de Remiremont; il y ouvrit un atelier et y frappa des *pistoles,* des *doubles pistoles* et des *testons.* L'atelier est indiqué sur l'argent par la légende: **MONETA NOVA ROMAR**ⁱⁱ **CVSA.** En 1639, la place tomba aux mains de la France. La paix des Pyrénées vint rendre à Charles IV ses états, dont il reprit officiellement possession en 1661. Le monnayage nancéen recommença, mais fut arrêté, en 1670, par une nouvelle invasion française.

Fig. 193

Fig. 194

Charles IV mourut en 1675. En 1697, la Lorraine fut restituée à son petit-fils, Léopold, par la paix de Ryswyck. Les émissions au nom de ce duc commencèrent en 1700 et furent très nombreuses. L'ordonnance du 27 juin de cette année décida la frappe en or de *léopolds, doubles léopolds* et *demi-léopolds,* en argent de *léopolds, demi-léopolds* et *quarts de léopolds,* de même aloi, de même poids et de même valeur que l'or et l'argent français contemporains. La même ordonnance admit en Lorraine le cours des espèces de France, et Louis XIV accorda la même faveur, dans le royaume, aux espèces ducales. A côté des monnaies du système français, Léopold frappa des *testons* et leurs divisions conformément à l'ancien système lorrain.

Sous François III (1729-37), dernier duc héréditaire de Lorraine et de Bar, les émissions furent très restreintes. En 1729, il y eut une fabrication de pièces de billon de XXX *deniers;* en 1736, une autre comprenant des *françois* d'or de 25 livres (fig. 194), des *demi-françois* d'or, des *testons* de 35 sols et des *doubles-testons* de 3 livres 10 sols; puis l'atelier de Nancy entra définitivement en chômage.

Stanislas Leczinski, auquel la Lorraine appartint de 1737 à 1766, n'exerça jamais le droit de monnaie. En 1766, le pays fut annexé à la France.

Cette seigneurie, appelée *Vinstingen* en allemand et située au sud-ouest de Saarwerden, fut partagée au XVᵉ siècle entre les deux filles de Jean de Fenestrange. Au siècle suivant, une moitié avait passé aux Rhingraves, l'autre à Guillaume de Dommartin, seigneur de Fontenoy. La fille et héritière de celui-ci, Diane de Dommartin, épousa Charles de Croy, marquis d'Havré, qui fut élevé en 1594 au rang de prince de l'empire. Après la mort de Charles-Philippe, survenue en 1613, sa veuve fit frapper des *tiers de thaler* portant à l'avers DIANA PRINC · S · IMP · MARCH. DE HAVRE et un écu parti de Croy et de Dommartin-La Mark-Bissipal ; le revers représente l'image équestre de saint Maurice : SANC-TVS MAVRICIVS PATRONVS VINSTIN. En 1665, un descendant du prince de Croy vendit sa part de Fenestrange au duc de Lorraine.

ah). — *Principautés de Phalsbourg et Lixheim* [2].

En 1621, Phalsbourg et Lixheim furent érigés en principautés par l'empereur Ferdinand II à l'occasion du mariage d'Henriette de Lorraine,

Fig. 195

sœur du duc de Lorraine Charles IV, avec Louis, baron d'Ancerville. Ce prince mourut en 1630. Pendant son veuvage, qui dura jusqu'en 1635, Henriette ouvrit à Lixheim un atelier monétaire où elle frappa des *testons*, des *escalins* copiés de ceux qu'on émettait aux Pays-Bas, des *douzains*, des *gros* comme ceux de Lorraine, des pièces de *deux kreuzer*, enfin des *doubles tournois* de cuivre (fig. 195). L'atelier de Lixheim est indiqué sur la plupart de ces pièces par la légende MONETA NOVA LIXEI CVSA ou MONETA LIXHENSIS.

---

1. Bretagne, *Monnaie, etc., aux armes de Diane de Dommartin, dame en partie de Fené-trange*, dans les *Mém. de la Soc. d'archéol. lorraine*, 1881, p. 262.

2. A. de Barthélemy, *Notice sur les monnaies frappées à Lixheim-la-Ville par Henriette de Lorraine-Vaudémont, princesse de Phalsbourg*, dans la *Revue numismatique*, 1846, p. 184. — L. Benoit, *Numismatique de la Lorraine allemande*, dans les *Mém. de la Soc. d'archéol. lorraine*, 1865, p. 181.

ai). — *Principauté de Château-Renault* [1].

La terre de Château-Renault passa en 1570 dans la maison de Lorraine-Guise par le mariage d'Henri le Balafré avec Catherine de Clèves qui l'avait reçue de son père, François I, duc de Nevers. Le 12 avril 1575, Henri fit rendre par son conseil une sentence par laquelle on déclara qu'il tenait sa seigneurie de Dieu seul et y avait l'autorité souveraine dans toute son étendue, notamment pour « forger monnoie au coin de ses armes ». Le duc de Guise ne paraît pas avoir usé du droit que cette sentence lui reconnaissait. Il fut assassiné en 1588; sa fille et héritière, Louise-Marguerite, venait de naître; en 1605 elle épousa François de Bourbon, prince de Conti, qui la laissa veuve en 1614.

En 1625, Louise-Marguerite de Lorraine résolut de frapper monnaie et bailla l'exploitation de son droit régalien à un entrepreneur qui ouvrit deux ateliers, l'un à Château-Renault, l'autre à La Tour-à-Glaire. Il était autorisé à frapper des *douzains* et *doubles tournois* « au tiltre et poids des monnaies de France », des *écus, demi-écus* et *quarts*

Fig. 196

d'écu et, en général, toutes les pièces d'or, d'argent et de cuivre qu'il voudrait, sur le modèle de celles de Lorraine, des Pays-Bas, etc. L'entrepreneur obtint aussi la singulière faculté de graver ses coins à l'effigie du défunt prince de Conti et de les dater rétrospectivement, comme si elles avaient été frappées du vivant de François de Bourbon.

Les ateliers de Louise-Marguerite devinrent de véritables usines de faux-monnayage, car à côté des pièces plus ou moins loyales qui portaient explicitement les noms et titres des princes réunis ou de la prin-

---

1. Bretagne, *Bail de la Monnaie des terres souveraines de Château-Renault,* dans la *Revue numismatique,* 1865, p. 322. — A. Engel, *Imitations monétaires de Château-Renault,* dans la *Revue numism.,* 1885, p. 296; 1886, p. 387, et 1887, p. 181.

cesse seule, on émit une énorme quantité d'espèces contrefaites à légendes énigmatiques et à armoiries feintes renseignant très peu le public sur leur origine. Ces pièces clandestines, qui s'écoulèrent surtout en Allemagne à la faveur des désordres de la guerre de Trente-Ans, ont été

Fig. 197

étudiées en détail par M. Arthur Engel ; elles consistent principalement en *escalins* ou pièces de 3 batzen, en pièces de trois *kreuzer*, etc. Nous reproduisons un de ces *escalins* dans notre figure 197, tandis que notre figure 196 représente le *daeldre* d'argent aux bustes affrontés de Louise-Marguerite et de son époux, la plus belle de ses monnaies avouables. La légende du revers : IN · OMNEM · TERRAM SONVS · EORVM est l'ambitieuse devise de la princesse : on la retrouve sur la plupart des pièces signées.

aj). — *Principauté d'Arches* 1.

En 1564, la principauté d'Arches, située sur la rive gauche de la Meuse, vint à la maison de Gonzague en même temps que le duché de

Fig. 198

Nevers et le comté de Rethel, par le mariage d'Henriette de Clèves avec Louis de Gonzague, fils de Frédéric II, duc de Mantoue. En 1606, Charles I de Gonzague, qui avait succédé depuis 1601 à sa mère Henriette, entreprit d'entourer le bourg d'Arches de murs et d'en faire une ville qu'il nomma Charleville. Il y ouvrit un atelier monétaire qui frappa une grande quantité d'espèces, presque toutes imitées de celles des Pays-Bas espagnols, de la République des Provinces-Unies, de France, d'Espagne, etc. Nous reproduisons dans nos figures 198 et 199 le *ducat* d'or et l'*écu* d'argent. La plus ancienne pièce datée est de 1606.

Le monnayage de Charleville continua sous Charles II (1637-59). Un bail passé en 1638 avec l'entrepreneur de l'atelier autorisa la fabrication des pièces suivantes : *florins* d'or, *ryders* et *demi-ryders* d'or,

1. Bretagne, *Baux de la Monnaie de Charleville*, dans les *Mélanges de numismatique*, t. III, p. 206.

demi-pistoles d'or, *philippus daeldres* valant 60 sols, *rixdaeldres* valant 55 sols, *escalins* valant 6 sols, *demi-escalins, sols, liards, doubles*. Plusieurs de ces pièces n'ont pas été retrouvées. Un second bail, passé en 1641, parle spécialement de la frappe des *doubles* et *demi-tournois ;* ce monnayage prit une très grande extension et le cuivre charlevillois, copié des monnaies de Louis XIII et de Louis XIV, inonda bientôt la

Fig. 199

France, malgré les édits prohibitifs de la Cour des Monnaies. La pièce datée, la plus récente, est, suivant Poey d'Avant, de 1655. C'est vers cette époque que l'atelier de Charleville paraît avoir été supprimé. En 1659, Charles II de Gongague vendit Arches, Nevers et Rethel au cardinal de Mazarin.

ak). — *Seigneurie de Jametz* [1].

La seigneurie de Jametz, enclavée dans le Verdunois, passa, au milieu du XVe siècle, à la maison de la Mark par le mariage de Jeanne du Saulcy avec Robert I. Lorsqu'en 1529 Robert II régla sa succession, il réserva le duché de Bouillon et la principauté de Sedan à son fils aîné, Robert III, et donna Jametz à son troisième fils Jean (1536-1560). Celui-ci apporta tous ses soins à faire de Jametz une petite ville ; il la fit ceindre de murailles et, suivant M. R. Serrure, y créa un atelier monétaire. Les pièces de Jean de la Mark retrouvées aujourd'hui sont copiées des *snaphaens* et des *demi-snaphaens* d'argent qui se frappaient vers la même époque en Gueldre et au pays de Liège ; à l'avers, sous le cavalier qui en forme le type, on lit IAM., et au revers, autour de l'écu de la Mark qui broche sur une croix feuillue : MON·NO·ARG·DNI·IOAN·A· MARKA.

1. R. Serrure, *Monnaies de la seigneurie de Jametz,* dans le *Bull. mens. de numism. et d'archéol.,* t. III, 1883-84, p. 139. — F. de Saulcy, *Monnaies obsidionales de Jametz frappées en 1588,* dans la *Revue numismatique,* 1836, p. 273.

On ne possède aucune monnaie frappée à Jametz sous Henri-Robert, prince de Sedan, petit-neveu et unique héritier de Jean ; mais pour Charlotte, qui succéda en 1574 à son père, nous avons à signaler un monnayage obsidional remarquable. En décembre 1587, Jametz fut investie par les troupes de Charles III, duc de Lorraine, qui voulait punir la maison de la Mark des secours qu'elle accordait aux protestants. L'héroïque petite ville défendue par Schelander lutta pendant un an et

Fig. 200   Fig. 201

ne se rendit que le 29 décembre 1588, lorsque toute résistance fut devenue impossible. Pour remédier au manque de numéraire, Schelander fit frapper les obsidionales en cuivre de 20 et de 10 sols dont nous donnons le dessin (fig. 200 et 201). Duby assure qu'il y eut également une émission de pièces en étain ; elles sont inconnues en nature.

al). — *Principautés de Sedan et de Raucourt.*

Au milieu du xve siècle, Éverard de la Mark acheta de son beau-frère, Louis de Bracquemont, la seigneurie de Sedan, à laquelle vint s'ajouter, en 1548, celle de Raucourt, acquise par Robert IV. Le mariage de Charlotte de la Mark, en 1591, porta les deux terres dans la maison de La Tour. En 1642, Frédéric-Maurice de la Tour, ayant trempé dans la conspiration de Cinq-Mars, fut emprisonné et n'obtint sa liberté qu'en livrant ses états au roi de France. La réunion définitive de Sedan et de Raucourt au royaume n'eut lieu toutefois que le 20 mars 1651. Voici la liste des princes de Sedan depuis le commencement du xvie siècle :

Robert II, 1489-1536.
Robert III, 1536.
Robert IV, 1536-56.
Henri-Robert, 1556-74.
* Guillaume-Robert, 1574-88.

* Charlotte, 1589-91.
* Charlotte et Henri de la Tour, 1591-94.
* Henri de la Tour, 1594-1623.
* Frédéric-Maurice, 1623-1651.

Le monnayage de Sedan débuta sous Guillaume-Robert et se composa d'abord d'imitations des *quarts d'écu,* des *huitièmes d'écu* et des *doubles tournois* (fig. 202) de France. La pièce datée la plus ancienne que signale Poey d'Avant est de 1577. Sous Charlotte apparaissent les premiers *écus* d'or ; mais l'activité sérieuse des émissions ne commença qu'après la mort de cette princesse, quand son mari Henri de la Tour se vit seul en possession des seigneuries. Outre l'atelier de Sedan, il y eut à cette époque des forges à Raucourt et à Haraucourt[1]. La série monétaire d'Henri, très nombreuse, comprend des *écus* et *doubles écus* d'or, des *florins* d'or (fig. 203), des *écus* ou *daeldre* d'argent au buste valant 45 sols, des *écus* à l'aigle valant 30 sols, ainsi que leurs subdivisions, des *quarts d'écu* au type français, des pièces de 5 sols, des *liards tournois* et des *doubles tournois*. Ces dernières pièces furent

Fig. 202   Fig. 203

frappées en très grande quantité et se répandirent en France malgré les édits royaux qui en prohibèrent le cours. Pour Frédéric-Maurice, les émissions se bornèrent à quelques monnaies de billon et à des *doubles* de cuivre, que leurs légendes appellent **DOVBLE DE SEDAN**. La pièce datée la plus récente est de 1638. La devise adoptée par les princes de Sedan, sur leurs espèces, est *Non est consilium adversus Dominum*.

am). — *Duché de Bouillon*[2].

En 1482, Guillaume de la Mark retint le duché de Bouillon en garantie des sommes dont lui étaient redevables l'évêque et le chapitre de Liège ; après sa mort, Robert II, prince de Sedan, hérita du duché, mais bientôt l'évêque de Liège s'étant acquitté de sa dette rentra en possession de Bouillon. Les princes de Sedan n'en continuèrent pas moins à prendre le titre de *dux bullionaeus*, qui se lit sur la plupart des monnaies dont il a été question dans le précédent paragraphe.

Les évêques de Liège considéraient le duché de Bouillon comme une terre allodiale. En 1611, Ernest de Bavière (1580-1612), désireux de

---

1. N. et E. Goffart, *Notice hist. sur le canton de Raucourt*. Sedan, 1889, in-8, p. 39.
2. R. Serrure, *Dictionnaire géogr. de l'histoire monétaire belge,* sub verb. Bouillon. — J. de Chestret, *Numismatique de la principauté de Liège et de ses dépendances.* Bruxelles, 1890, in-4.

soustraire son monnayage au contrôle du Cercle de Westphalie, ouvrit à
Bouillon un atelier où il frappa des espèces spéciales au duché, et sem-
blables, quant au poids et à l'aloi, à celles que frappait le duc de Lorraine. Ces monnaies se distinguent des autres monnaies liégeoises en
ce qu'elles portent au revers l'écusson de Bouillon : *de gueules à la fasce
d'argent;* il y eut ainsi des *florins* d'or et des pièces d'argent de 60, de 30
et de 15 *patards* appelées *quadruples testons, doubles testons* et *testons.*
Les émissions spéciales au duché de Bouillon continuèrent, en espèces
plus variées, sous F e r d i n a n d d e B a v i è r e (1612-50), dont nous avons,
en plus des monnaies inaugurées sous son prédécesseur, des *doubles* et
simples *écus* d'or et des *ducats* d'or. Pour M a x i m i l i e n - H e n r i de
B a v i è r e, sous l'épiscopat duquel Louis XIV s'empara du duché, la
seule pièce frappée est le *ducat,* dont l'exemplaire le plus récent porte la
date de 1657. L'évêque et ses successeurs ne cessèrent de protester contre
la spoliation dont ils étaient victimes de la part du roi de France, et, jusqu'à la fin de leur monnayage, ils continuèrent à prendre sur leurs
pièces le titre de *dux bullionensis.*

C'est en 1676 que Louis XIV enleva Bouillon aux évêques de Liège
pour le donner quelques mois après à G o d e f r o i d - M a u r i c e de l a
T o u r (1678-1721), fils de Frédéric-Maurice, ancien prince de Sedan. Par
édit du 14 mai 1681, le nouveau souverain de Bouillon décida qu'il serait
battu monnaie à son effigie; un atelier fut aussitôt ouvert dans la capitale du duché. On ne connaît de cette fabrication que des *doubles* de

Fig. 204

cuivre (fig. 204), mais il résulterait
des ordonnances qu'on émit également des *souverains* et *demi-souverains* d'or, des *patagons,* des *escalins*
et des *patars* d'argent. En 1754,
C h a r l e s - G o d e f r o i d , petit-fils de
Godefroid-Maurice, conçut le projet
de monnayer de nouveau, mais il n'y donna point de suite. De nouvelles tentatives sans résultat furent faites en 1771.

an). — Comté de Rochefort [1].

La terre de Rochefort, située dans la province belge de Namur, à
quelques kilomètres des célèbres grottes de Han, fut érigée en comté en
1490 par l'empereur Maximilien I. Ses armes étaient : *d'or à l'aigle de
gueules, becquée et membrée d'azur.*

---

1. F. Alvin, *Une nouvelle série monétaire : Rochefort.* Bruxelles, 1883, in-8 de 8 pages.
— A. Engel, les mémoires cités, p. 193, note 1.

A la fin du XVᵉ siècle, le comté de Rochefort passa par alliance dans la maison de Stolberg en même temps que Montaigu[1], Herbeumont, Neufchâteau, Cugnon et Chassepierre. En 1538, Louis de Stolberg-Kœnigstein hérita de ces diverses seigneuries, sur lesquelles il exerça tous les droits de souveraineté, jusqu'à sa mort arrivée en 1585. Louis de Stolberg prend le titre de *comes rupefortensis* sur la plupart de ses monnaies frappées en Allemagne.

Par le mariage d'Anne de Stolberg, fille de Louis, avec Louis le Vieux, comte de Loewenstein, ce seigneur devint possesseur des diverses seigneuries belges énumérées ci-dessus et les transmit à ses fils cadets Wolfgang-Ernest et Jean-Thierry. Le premier étant mort sans enfants, Jean Thierry (1611-1644) resta seul souverain effectif des diverses terres belges; il établit à Rochefort un atelier monétaire qui paraît avoir mis principalement en circulation de ces imitations frauduleuses d'*escalins*, comme nous en avons signalé pour l'atelier de Château-Renault. Les légendes caractéristiques des produits de l'atelier de Rochefort sont: MONETA·NOVA·ARG· ROK, MO·NOVA·ARG·ORDINE CLER (*comitis Loewensteini et Rupefortis*), etc. Un certain nombre de coins destinés à un faux monnayage furent découverts en 1866 dans les ruines du château de Rochefort.

Les successeurs de Jean-Thierry continuèrent à s'intituler comtes de Rochefort sur la plupart de leurs monnaies, mais l'atelier dont il vient d'être question ne semble pas avoir survécu à son fondateur. Le titre de *comes rupefortensis* figure également, mais comme l'expression de vaines prétentions, sur les monnaies des comtes de Stolberg, héritiers collatéraux d'Anne de Stolberg, et sur celles de la branche aînée de la maison de Loewenstein-Virnenbourg.

20). — *Seigneuries de Cugnon et Chassepierre* [2].

Nous avons vu, dans le précédent paragraphe, comment Cugnon et Chassepierre arrivèrent en la possession de Jean-Thierry, comte de Loewenstein-Rochefort (1611-1644). Ce seigneur créa à Cugnon un atelier monétaire et y frappa des *daeldres*, des *escalins* d'argent et des *doubles tournois* copiés de ceux de France. Les titres que prend Jean Thierry sur ses *daeldres* sont: IO·THEOD·COM·IN LEWENSTEIN WERTH·ROCHEF — ET·MONTAGV·SV·P·IN·CHASPIERRE ET

---

1. Le comté de Montaigu portait : *d'argent à une boucle de ceinturon d'or.*

2. F. Wibel, *Zur Münzgeschichte der Grafen von Wertheim und des Gesammthauses Loewenstein-Wertheim.* Hambourg. 1880, in-8.

CVGNON ETZ. Ces diverses monnaies ont les dates de 1623 à 1635. Outre ces pièces portant la mention explicite de leur origine, l'atelier de Cugnon émit un grand nombre de contrefaçons de *ducats* de Venise, de Turquie et de Hongrie, de *pistoles* de Milan, etc.; ces monnaies ne sont reconnaissables à aucun signe particulier, mais leur émission nous est attestée par une enquête faite en 1628 par les autorités des Pays-Bas espagnols.

Après la mort de Jean-Thierry, son fils Ferdinand-Charles (1644-72) continua la fabrication à Cugnon de *doubles* et de *deniers tournois* de cuivre. Les pièces les plus récentes sont de 1655.

Les titres de seigneurs de Chassepierre, Herbeumont, Neufchâteau et de comtes de Montaigu continuèrent à figurer sur quelques-unes des monnaies frappées en Allemagne par les successeurs de Ferdinand-Charles, ainsi que sur celles des membres de la branche aînée de la maison de Loewenstein.

ap). — *Seigneurie des Hayons* [1].

Cette petite seigneurie se composait d'un hameau compris aujourd'hui dans la commune belge de Noire-Fontaine. En 1624, Lambert d'Oyenbrugge de Duras, suivant l'exemple donné par ses voisins la princesse de Château-Renault et le comte de Loewenstein-Rochefort, établit un atelier monétaire dans la ferme de la Vanette, sur les bords de la Semois. Cet atelier battit des *demi-patagons*, des *quarts de patagons* et autres menues espèces aux types usités dans les Pays-Bas espagnols. Le souverain des Hayons s'y intitule : LAMBER. A DVRAS B(*aro*) ET SVPREMVS PRINCEPS HAYONEN. Cette fabrication avouée cachait une véritable entreprise de faux-monnayage, ainsi qu'il résulta de l'enquête faite par les autorités des Pays-Bas espagnols en 1628. La fabrication de Lambert d'Oyenbrugge, arrêtée vers cette époque, ne paraît pas avoir été renouvelée.

aq). — *Ville impériale de Francfort-sur-le-Mein* [2].

La ville impériale de Francfort avait pour territoire, outre la cité elle-même, quelques villages situés sur les deux rives du Mein. Elle

---

1. A. Pinchart, *Les ateliers de fausse monnaie au XVIᵉ siècle et les monnaies des seigneurs des Hayons et de Cugnon*, dans la *Rev. belge de numism.*, 1849, p. 51.

2. E. Ruppell, *Beschreibung der Münzen und Medaillen welche wegen geschichtlicher Begebenheit für Frankfurt gefertigt wurden*, dans l'*Archiv für Frankfurt's Geschichte und Kunst*, e 1857. Le même recueil renferme d'autres travaux de numismatique locale.

était le lieu habituel de l'élection et du couronnement des souverains de l'Allemagne et les cercles du Haut et du Bas-Rhin tenaient leurs diètes dans ses murs. Ses armes étaient : *de gueules à l'aigle d'argent.*

En 1428 et 1429, Sigismond, roi des Romains, accorda à la ville le droit de battre monnaie d'or et d'argent ; en 1555 ces octrois furent confirmés par Charles-Quint. La numismatique de Francfort-sur-le-Mein forme une série très importante et très riche tant par la variété des monnaies courantes qui la composent que par les nombreuses monnaies commémoratives qui viennent en augmenter l'intérêt : *schiessthaler* rappelant des tirs, *wahlmünzen* et *kronungsmünzen* célébrant l'élection et le couronnement des empereurs, *schulprœmienmünzen* monnaies spéciales données en prix dans les écoles de la ville, etc.

Le type habituel des monnaies de Francfort-sur-le-Mein est l'aigle, soit l'aigle impériale, soit celle des armoiries de la ville. On la retrouve notamment sur les curieux *gros tournois,* TVRONVS FRACOFORT, dont la fabrication se perpétua jusqu'au xviie siècle. Déjà à cette époque, mais surtout au siècle suivant, les *thalers* portent parfois une vue de la ville prise du Mein. En 1796, lors de la guerre contre la France, des *ducats* et des *thalers* de nécessité frappés avec les objets précieux fournis par les églises et les habitants rappellent cette particularité par leur légende : AUS DEN GEFÆSEN DER KIRCHEN UND BURGER.

ar). — *Ville impériale de Worms.*

Worms, sur la rive gauche du Rhin, n'avait pas de territoire *extramuros.* Ses armes étaient : *de gueules à la clef antique d'argent posée en bande;* elle prenait le titre de : *Vormatia metropolis Vangionum Sacri Imperii civitas libera.* En 1801, la ville fut annexée à la France et comprise dans le département du Mont-Tonnerre.

Le monnayage municipal ne paraît pas avoir commencé avant les premières années du xvie siècle. Le type des espèces se compose le plus souvent des armes locales tenues par deux dragons, et de l'aigle d'empire. Quelques *schauthaler* représentent une vue de la cité ou de son hôtel de ville, le *rathhaus.*

as). — *Burg impérial de Friedberg* [1].

Le château ou burg impérial de Friedberg en Wetteravie, curieux

---

— P. Joseph, *Die frankfurter Münzen,* dans les *Mittheilungen des Vereins für Geschichte,* etc., *in Frankfurt a/M.,* t. VI, 1881, p. 517 et suiv.

1. J. Leitzmann, *Münzen der Burggrafen von Friedberg,* dans la *Numim. Zeitung,* 1862, p. 189 et 194.

vestige de la féodalité militaire, n'était incorporé dans aucun cercle, bien que situé dans le rayon géographique du cercle du Haut-Rhin. Son territoire comprenait le petit comté de Kaichen. En 1806, le burg fut annexé au grand-duché de Hesse-Darmstadt. Les burgraves de Friedberg, élus à vie par les *burgmannen*, reçurent en 1541 de Charles-Quint le droit de frapper des monnaies d'or et d'argent, sur le pied des espèces des électeurs du Rhin. Ce privilège fut confirmé en 1660 par Léopold I et en 1707 par Joseph I. Voici les noms des burgraves qui ont, à notre connaissance, usé du droit monétaire; les noms placés entre parenthèses sont ceux des burgravines qui mettaient leurs armes sur les monnaies, à côté de celles de leur mari :

Jean Brendel de Hombourg, 1532-69.
Jean-Oyger Brendel de Hombourg, 1570-77.
Jean-Eberhard de Cronenberg, 1577-1617 (Riedesel d'Eysenbach).
Conrad Loew de Steinfurt, 1617-32 (Brendel de Hombourg).

.   .   .   .

Jean-Eitel Diede de Furstenstein, 1671-85 (de Buttlar).
Philippe-Adolphe Rau de Holzhausen, 1685-92.

.   .   .   .

Jean-Eitel Diede de Furstenstein, 1745-48 (E. S. de Degenfeld).

.   .   .   .

François-Henri de Dalberg, 1755-76 (M.-S. d'Eltz).
Jean-Marie-Rodolphe de Waldbott-Bassenheim, 1777-1805 (2e femme : I.-F.-B. de Nesselrode-Ehreshofen).

Le diplôme de Charles-Quint détermine le type, purement héraldique, suivant lequel devaient être frappées les monnaies burgraviales, mais on ne se conforma pas strictement à ses indications. L'empreinte se compose souvent de l'image de saint Georges à pied ou à cheval, et toujours, pour le revers, de l'aigle d'empire. Les armes du burgraviat: *double aigle d'empire chargée d'un écu parti de sable et d'argent,* celles de la *ville* de Friedberg: *d'argent à l'aigle de sable chargé d'un écu de gueules au château d'argent donjonné de trois tours,* celles du comté de Kaichen, celles enfin du burgrave régnant et de sa femme entrent comme accessoires dans la composition du type. La légende est: MO·NO·CASTri IMPerialis FRidbergensis WETTeraviae, ou une variante de cette formule. Le nom de l'empereur figure toujours au revers.

Le monnayage du burg de Friedberg commença en 1569 par des *pfennigs* et des *hellers,* puis, sous les successeurs de Jean Brendel de Hombourg, il s'étendit à l'émission de *thalers* et de leurs subdivisions, mais jusqu'à ce jour aucune pièce d'or n'a été retrouvée.

at). — *Ville de Corbach.*

Les comtes de Waldeck avaient, au moyen âge, engagé à la ville de

Corbach l'exploitation de l'atelier monétaire qu'ils possédaient dans ses murs. Au milieu du XVIᵉ siècle, la ville frappa des *dreibaetzner*, des *mariengroschen* et des *schüsselheller*. Ce monnayage prit fin en 1567 à la suite de dissensions survenues entre le magistrat et le comte de Waldeck. Le type local est formé des armes : le buste du patron, saint Kilian, mitré, bénissant de la dextre, tenant une crosse et issant d'une demi-étoile. Le nom de la ville est indiqué par : **MO·NO·CIV· CORBECK.**

au). — Ville impériale de Strasbourg [1].

La ville impériale de Strasbourg, *respublica argentoratensis, urbs argentina,* portait : *d'argent diapré du même à la bande de gueules.*

Dans les premières années du XVIᵉ siècle, le numéraire local de Strasbourg se composait de *groschen* de 12 deniers (**GROSSVS** ou **ASSIS**), de *halbgroschen* (**SEMISSIS**), de *vierers*, de *kreuzers* et de *pfennigs*. Le type de ces pièces se compose toujours d'une fleur de lis florencée et leur légende caractéristique est **GLORIA IN EXCELSIS DEO.** Le 20 janvier 1508, l'empereur Maximilien I accorda à la ville de Strasbourg le droit de battre des *florins* d'or ; ces pièces devaient, selon les prescriptions

Fig. 205

impériales, porter à l'avers l'image de la Vierge-Mère avec **VRBEM VIRGO TVAM SERVA,** et au revers un globe crucigère dans un contour trilobé avec **AVREVS VRBIS ARGENTI·NVMMVS.** Après l'introduction de la Réforme, le nom de la Vierge fut remplacé par celui du Christ, mais en 1601, on en revint aux stipulations strictes du privilège de Maximilien I. Le *thaler*, ses divisions et ses multiples, ne firent leur apparition qu'en 1548. Le type ordinaire des plus grosses monnaies d'argent strasbourgeoises est la fleur de lis florencée, **SOLIVS VIRTVTIS FLOS PERPETVVS,** et l'écusson local parfois supporté par deux lions.

---

1. Pour Strasbourg et les autres villes d'Alsace, voyez : A. Engel et E. Lehr, *Numismatique de l'Alsace.* Paris, 1887, in-4.

En 1613, on frappa les premiers *dickpfennigs* ou pièces de 6 *batzen*, valant le tiers du *thaler*. Deux ans après parurent les *dreibaetzner*. En 1635 et 1652, Strasbourg émit des *ducats* d'or et leurs multiples, et en 1668, les premiers *gulden* d'argent de 60 *kreuzers* et leurs divisions.

En 1592, les Strasbourgeois, en guerre avec Charles de Lorraine, l'évêque élu par les chanoines catholiques, frappèrent des obsidionales carrées et unifaces, *thalers, demi-thalers* et *quarts de thalers*, portant, outre les armes de la cité, celles du chapitre et celles de l'évêché.

Après l'annexion de Strasbourg à la France, la ville conserva quelque temps sa monnaie locale ; nous nous en sommes occupés pages 29 et 37.

av). — *Ville impériale de Mulhouse.*

Mulhouse, cité impériale depuis le XIIIᵉ siècle, commença à monnayer en 1622, mais dès 1625 l'atelier fut fermé. Les monnaies de Mulhouse, **MONETA NOVA MILHVSINA**, portent les armes locales : *d'azur à la roue de moulin de gueules*, et l'aigle d'empire. La devise suivante figure au revers : **EX VNO OMNIS NOSTRA SALVS.**

aw). — *Ville impériale de Colmar.*

La ville de Colmar, *Colmaria*, faisait partie au XVᵉ siècle de la confédération de la *rappenmünz*, avec Bâle, Fribourg, Brisach et Thann pour les archiducs d'Autriche, landgraves de Haute-Alsace. En 1498, cette confédération décida la frappe de sa première monnaie à flan épais, le

Fig. 206.

dickplappart valant le quart du florin d'or. Dès l'année suivante, cette pièce fut émise à Colmar ; son type principal se distingue par l'image de saint Martin, patron de la ville, à cheval, partageant son manteau avec un paralytique ; le revers porte l'aigle ; la légende de l'avers est pour la première fois suivie du millésime.

En 1537, Colmar eut ses premiers *thalers*, vraisemblablement frappés à titre d'essai. Leurs coins reproduisent le dispositif du *dickplappart*, et, comme sur cette pièce, l'alphabet gothique est encore employé. C'est seulement en 1542 que la confédération de la *rappenmünz* commença, avec l'autorisation de l'empereur, l'émission régulière des *thalers* et de leurs divisions. Ces monnaies portent au droit l'écu de la ville : *diapré de gueules et de sinople, à la masse d'armes étoilée, dite morgenstern, d'or posée en bande,* au revers, l'aigle. La devise est DOMINE CONSERVA NOS IN PACE, mais elle est le plus souvent remplacée par la mention de l'empereur régnant. En 1666 et 1670, les *thalers* et les *démi-thalers* représentent une vue de Colmar. Quelques *vierers* du xviiᵉ siècle ont à l'avers le buste de saint Martin, S. MARTIN. PATRON. L'atelier de la ville libre de Colmar fut définitivement fermé en 1674.

ax). — *Ville de Thann.*

L'atelier de Thann appartenait aux archiducs d'Autriche, landgraves de Haute-Alsace; mais à la fin du xivᵉ siècle, les bourgeois en avaient obtenu l'exploitation. C'est grâce à cette circonstance que les types des espèces devinrent purement municipaux. Les plus anciens *thalers* et *doubles thalers* de Thann datent de 1511. En 1565, l'atelier fut fermé; il fut rétabli en 1623, mais dès l'année suivante le chômage fut définitif. Les monnaies de Thann portent les armes de la ville: *parti au 1ᵉʳ d'Autriche; au 2 d'azur au pin arraché d'or.* Sur les pièces les plus caractéristiques, le revers représente saint Thibaut, S. TEOBALDVS. avec la crosse et la mitre, soit debout, soit assis.

ay). — *Ville impériale d'Haguenau.*

Un diplôme de l'empereur Maximilien I, de l'année 1516, accorda aux bourgeois d'Haguenau le droit de battre monnaie d'or et d'argent. Les pièces que la ville était autorisée à émettre sont énumérées dans le diplôme et au nombre de douze, conformes, les unes au système monétaire de Strasbourg, les autres, à celui de Mayence et du Palatinat; les plus fortes de la série sont le *florin* d'or et le *dickpfennig* d'argent valant le tiers du florin. Le 17 avril 1544, Charles-Quint étendit la concession de son prédécesseur à la fabrication du *thaler* et de quatre autres espèces.

On n'a retrouvé jusqu'à ce jour aucune monnaie d'Haguenau du xviᵉ siècle, bien qu'il semble certain qu'il en fut mis en circulation. Les pièces connues ne sont pas antérieures à 1600, et l'on possède une lettre du magistrat d'Haguenau adressée en février de cette année au magistrat de Strasbourg pour lui annoncer l'intention de la ville de *reprendre* la fabrication des espèces.

Les monnaies d'Haguenau sont conformes, pour le type et pour les légendes, aux stipulations très explicites des concessions de 1516 et 1544.

L'avers est toujours laissé aux armoiries municipales : *d'azur à un quin-*

tefeuille d'argent boutonné de gueules (fig. 207) ; il n'y a d'exception à cette règle que pour quelques *florins* d'or, où l'écusson d'Haguenau est re-légué aux pieds de saint Jean-Baptiste. Les légendes

Fig. 207

sont à l'avers : **AVRVM· IMPERI·CAMER·HAGENOI** pour les *florins* d'or, **NVMMVS ARGENTE· HAGENOIENSIS, MONETA·ARGEN·CIVI·HAGEN, HAGENOIA IMPE-RII CAMERA**, etc., pour l'argent. Au revers, figure habituellement la mention impériale ou la devise **IVSTITIA MANET IN ÆTERNVM**. Les dernières monnaies d'Haguenau portent la date de 1673.

az). — *Ville impériale de Wissembourg.*

L'atelier municipal de Wissembourg ne déploya quelque activité que

de 1623 à 1626 et le dernier millésime relevé sur les es-pèces est celui de 1632. Les monnaies, *thalers* et divi-sions, portent toutes à l'avers les armes de la ville : *de gueules au château d'argent,*

Fig. 208

sommé de deux tours du même, maçonné et ouvert de sable. La légende caractéristique est géné-ralement le nom de Wissembourg écrit en allemand : **WEISSENBVRG AM RHEIN**, parfois abrégé (fig. 208).

ba). — *Ville de Metz* [1].

La ville de Metz n'eut pas d'espèces d'argent supérieures au *gros* avant

1. F. de Saulcy, *Recherches sur les monnaies de la cité de Metz,* dans les *Mém. de l'Académ. de Metz,* t. XVII, 1835-36. — V. Jacob, *Catalogue des monnaies municipales de la collection de la ville,* dans les *Mém. de la Soc. d'archéol. et d'hist. de la Moselle,* t. VIII, 1866. — P.-Ch. Robert, *Recherches sur les monnaies et les jetons de Metz.* Metz, 1853,

la seconde moitié du XVIᵉ siècle. C'est en 1568, seize ans après la réunion du pays à la France, que les premiers *thalers* ou *dalars* furent émis ; jusqu'en 1635 leur type se compose de l'image en pied de saint Étienne, patron de la cité, tenant la palme du martyre et placé dans un contour elliptique ; au revers est marquée une double aigle ayant en cœur l'écusson de Metz : *parti d'argent et de sable.* Cette première série comprend des *demi-thalers* et des *quarts de thalers.* En 1638 l'aigle fut remplacée au revers par un écu dans une épicycloïde à six lobes, et la même année le buste du patron fut substitué à son image en pied. Cette combinaison (fig. 209) servit jusqu'en 1650, tant pour les *thalers* que pour leurs deux subdivisions. Le *florin* d'or subit en 1643 une modification analogue.

Fig. 209

Parmi les monnaies d'argent qui à Metz caractérisent encore l'époque moderne, nous citerons encore le *teston* valant le tiers du *thaler* qui fut émis de 1590 à 1611, et qui reproduit l'effigie de saint Etienne en pied, puis le *franc,* le *demi* et le *quart de franc,* valant respectivement XII, VI et III gros, marqués du buste du saint et frappés de 1611 à 1661.

Le type des monnaies de billon se compose de l'effigie de saint Étienne, des armes de la ville ou de l'initiale de son nom ; généralement leur légende indique leur valeur : DENARIVM, TRES DENARII, QVARTA ou OCTAVA SOLIDI.

Lorsqu'en 1552 le roi de France Henri II se fut rendu maître de Metz, il conserva non seulement à la ville ses privilèges particuliers et son droit monétaire, mais, voulant s'attacher la bourgeoisie messine, il permit aux maîtres échevins d'émettre de menues espèces portant d'un côté leurs armes et de l'autre celles de la cité. Sur les plus anciennes, la légende de l'avers « se forme, dit P.-Ch. Robert, des mots MONETA NOVA METENSIS, tandis que celle du revers désigne une valeur courante telle que QVARTVS DENAR' ou OCTAVA SOLIDI. Puis l'expression MONETA NOVA METENSIS disparaît du droit pour passer

Fig. 210

in-4. — Le même, *Monnaies municipales de Metz sous les rois de France,* dans la *Revue numism.,* 1869-70, p. 441.

au revers, où elle est quelquefois remplacée simplement par le mot METIS suivi du millésime, et le droit présente non plus toujours le nom de l'échevin, mais souvent sa devise. Enfin sur les spécimens que leur épigraphie n'indique pas comme étant des monnaies, mais que nous croyons devoir ranger dans cette catégorie, le nom du magistrat se développe, au droit, autour des armes de la ville, tandis que la devise est placée en légende du côté de l'écusson de famille. »

Les fonctions des maîtres échevins étaient biennales, mais ils pouvaient être soumis à réélection. Nous donnons la liste de ceux dont il existe des monnaies ou des pièces d'aspect monétaire, en indiquant leurs armoiries, et, s'il y a lieu, leur devise :

Jean le Braconnier, 1561-62, 1566-67. *D'azur à la fasce d'argent accompagnée en pointe d'un huchet d'or.*

Wiriat Copère, 1576-77, 1585-88. *D'azur à la fasce denchée d'argent, accompagnée de trois coupes d'or, deux en chef, une en pointe.*

Jacques Praillon, 1578-81, 1588-1600, 1604-05. *De gueules à la bande d'argent, chargée d'une coquille de sable entre deux roses de gueules.* ENDVRER POVR DVRER OU PATIENTIA VICTRIX.

Claude Noblet, 1600-01. *De ... aux quatre fers de lance de ... posés 2, 2, à l'étoile de ... au point du chef.* LVCENT OMNIA FIDE.

Jean de Villers, 1601-02, 1607-08. *De gueules à la fasce d'argent accompagnée en chef de deux étoiles du même.* IN SPEM CONTRA SPEM.

Jean Bertrand de Saint-Jure, 1602, 1608-09. *D'argent à deux flammes d'or posées en chevron, au chef d'argent chargé d'une croix alaisée de gueules et d'azur.* ESPOIR ET POEVR.

Nicolas Maguin, 1602-04, 1609-10, 1615-18. *D'azur à six molettes d'or posées 3, 2 et 1.* CRAINS DIEV ET FAIS IVSTI(*ce*).

Charles Sartorius, 1606-07. *D'azur à la fasce d'or chargée d'un double vol de sable et accompagnée de trois besans d'argent, deux en chef, un en pointe.* FIRMA SOLO RADIX.

Abraham Fabert, 1610-14, 1618-20, 1624-25, 1632-33, 1637-38. *D'azur à l'Hercule de carnation couvert d'une peau de lion d'or, se soutenant du bras dextre sur une massue du même, accosté de huit grenades d'or.* LABOR OMNIA VINCIT OU A LA VERTV RIEN NEST INACCESSIBLE.

Jean-Baptiste de Villers, 1620-24, 1626-30, 1631-32. *Ecartelé, aux 1 et 4 de* Villers : *aux 2 et 3, d'azur à la bande d'or chargée d'une tour de sable entre deux coquilles du même*, qui est Mondelange. LEGIBVS ET ARMIS.

Isaac Bague, 1630-31. *De ... aux trois bagues entrelacées de ... au chef de ... à la croix tréflée au pied fiché de ... accosté de deux croisettes.* MANCVPIO ET NEXV (fig. 210).

Philippe Praillon, 1633-37, 1639-40. Mêmes armes que Jacques Praillon. ENDVRER POVR DVRER.

Adrien de Bonnefoi, 1640-41. *D'azur au dextrochère et au senestrochère de carnation, vêtus et gantés d'or, tenant une épée en pal d'argent emmanchée d'or, accostée en chef de deux mains de carnation posées en chevron.* ELLE EST EN BONNE MAINS et NON FACILE EXCIDET.

Les pièces d'Adrien de Bonnefoi sont les dernières qui puissent être considérées comme monnaies ou simulacres de monnaies. Les person-

nages qui occupèrent après lui, à Metz, la première magistrature municipale continuèrent toutefois l'usage de célébrer leur avènement par
des jetons à leurs armes.

§ III. — Cercle de Westphalie.

Les pays du cercle de Westphalie se trouvaient compris entre les
Pays-Bas, la mer du Nord et les cercles de Basse-Saxe, du Haut et du
Bas-Rhin, mais ils ne formaient pas une région compacte. Un tronçon,
complètement isolé, était formé par l'archevêché de Cambrai. La direction du cercle appartenait à l'évêque de Munster et aux ducs de Clèves
et de Juliers, l'électeur de Brandebourg et l'électeur palatin. Les *kreistage* se tenaient habituellement à Cologne.

a). — Evêché de Munster [1].

L'évêché de Munster, *Monasterium,* était placé sous le vocable de
saint Paul. Son territoire était compris entre la principauté d'Ostfrise,
les comtés d'Oldenbourg, de Diepholz, de Tecklenbourg, de Ravensberg, de la Mark, l'évêché d'Osnabruck, les duchés de Westphalie,
de Clèves et de Gueldre. Les armes épiscopales étaient : *de gueules aux
trois fasces d'or.*

* Conrad II de Ritberg, 1497-1508 (Osnabruck).
* Éric I de Saxe-Lauenbourg, 1508-1522 (Hildesheim).
* Fréderic III de Wied, 1522-1532.
  Éric II de Brunswick, 1532 (Osnabruck, Paderborn).
* François de Waldeck, 1532-1553 (Minden, Osnabruck).
  Guillaume II Ketteler, 1553-1557.
  Bernard de Raesfeld, 1557-1566.
* Jean IV de Hoye, 1566-1574 (Osnabruck, Paderborn).
  Jean-Guillaume, duc de Juliers, 1574-1585.
  Ernest de Bavière, 1585-1612 (Freisingue, Hildesheim, Liège, Cologne).
* Ferdinand I de Bavière, 1612-1650 (Liège, Hildesheim, Cologne, Paderborn).
* Siège vacant, 1650.
* Christophe-Bernard de Galen, 1650-1678.
  Ferdinand II de Furstenberg, 1678-1683.
* Siège vacant, 1683.

1. H. Grote. *Die Münsterschen Münzen des Mittelalters,* dans les *Münzstudien,* t. I,
p. 280 et suiv. — Niesert, *Beiträge zur Münzkunde des Hochstifts Münster,* Munster,
1838-41, 2 vol. in-8. — J. Weingärtner, *Beschreibung der Kupfer-Münzen Westfalens,*
t. I, Paderborn, 1872, p. 24 et suiv.

Maximilien-Henri de Bavière, 1683-1688 (Liège, Cologne, Hildesheim).
*Siège vacant, 1688.
*Frédéric-Chrétien de Plettenberg, 1688-1706.
*Siège vacant, 1706.
*François-Arnould Wolf de Metternich, 1706-1718 (Paderborn).
Siège vacant, 1719.
*Clément-Auguste de Bavière, 1719-1761 (Paderborn, Cologne, Hildesheim, Osnabruck).
*Maximilien-Frédéric de Königseck-Rotenfels, 1761-1784 (Cologne).
Maximilien-d'Autriche, 1784-1801.
*Siège vacant, 1801.

Le recueil d'Arend donne les dessins de *thalers* de Conrad II et d'Eric I, mais, comme l'a démontré Grote, ces dessins sont de simples agrandissements de ceux du *florin* d'or. La transition du moyen âge à l'époque moderne s'effectue toutefois à Munster sous le second de ces évêques, dont on connaît le *florin* d'or, le *quart de thaler*, le *schilling*, le *demi-schilling*, le *tiers* et le *schilling*, et enfin le *hohlpfenning* uniface. Le *thaler* n'apparaît que sous François de Waldeck et l'on possède l'ordonnance du 1er avril 1534 qui en prescrivit l'émission ; son type se compose des effigies accolées des saints Pierre et Paul, d'abord en pied, puis en buste, et au revers de l'écu de l'évêque.

Sous Jean IV, les plus grandes espèces d'argent portent saint Paul debout tenant l'épée et le livre : SANCT · PAVLVS APOST · PATRON · MONASTER. L'image du patron de Munster, diversement rendue, est conservée sur les monnaies de la plupart de ses successeurs. En 1661, sous Christophe-Bernard, la prise de Munster par l'évêque donna lieu à l'émission de *thalers* commémoratifs. Les derniers *thalers* épiscopaux furent frappés sous Maximilien-Frédéric, conformément au pied de convention. En 1703, Frédéric-Chrétien commença la fabrication de monnaies divisionnaires de cuivre pur.

Pendant la vacance du siège en 1650, le chapitre de Munster, administrant le temporel, frappa pour la première fois des *thalers*. La dernière émission de ce genre eut lieu en 1801. Ces monnaies, d'une exécution soignée, portent l'image de saint Paul, le buste de l'empereur régnant, une vue de l'église métropolitaine, ou enfin l'effigie en pied de Charlemagne, son fondateur.

b). — *Chapitre de Munster.*

Indépendamment des monnaies qu'il faisait frapper comme administrateur de l'évêché pendant les vacances du siège, le chapitre de saint Paul de Munster émit des monnaies de cuivre. Dès la fin du XVIe et pendant les deux premiers tiers du XVIIe siècle, les chanoines se servirent de méreaux pour les relations particulières de leurcommunauté. A partir de 1661 et jusqu'en 1762, ils mirent en circulation de véritables monnaies division-naires. Le type se compose de l'effigie de face de saint Paul et d'un chiffre indiquant la valeur de I, II, III, IV, ou VI *pfennigs*. La légende se compose des mots MON · CATHE · ECCL · MONAS · et du millésime.

c). — *Villes de l'évêché de Munster.*

Dix villes dépendant de l'évêché de Munster ont émis, du consente-ment des évêques, des monnaies locales, qui consistent en pièces de cuivre d'un même aspect valant de un *heller* à trois *schillings*. Les seules dérogations à cette règle sont le monnayage de la métropole, en 1534, pendant qu'elle obéissait aux Anabaptistes, et en 1660 lors du siège qu'elle soutint contre Christophe-Bernard de Galen. Nous passe-rons rapidement en revue la numismatique de ces diverses localités.

ALEN. — Les plus anciennes pièces datées sont de 1584, les plus ré-centes, de 1610. Le type se compose des armes parlantes de la ville, une anguille (*aal* en allemand) ailée et couronnée, posée en pal : STADT ALEN.

BECKUM. — Les émissions sont comprises entre 1574 et 1622. Type formé des armes locales : trois ruisseaux (*bäche*) ou cotices ondées posées en bande. Légende : STADT BECKEM.

BOCHOLD. — Le 15 juin 1615, l'évêque Ferdinand accorda à cette ville le droit de frapper de la monnaie de cuivre. Il y en eut sept émissions de 1616 à 1761. Les armes de Bochold, figurées sur ces pièces, sont un hêtre arraché, feuillu de 17 feuilles, avec la fasce de Munster brochant sur le tout. Légende : STADT BOCHOLT.

COESFELD. — Cette ville, la plus importante de l'évêché après la métro-pole, monnaya pour la première fois en 1578 ; les émissions, très nom-breuses et très abondantes, reprirent de 1608 à 1713 ; une dernière fabrication eut lieu en 1763. Les armes de Coesfeld sont une tête de taureau, couronnée, de face. Légende : STADT COSVELT ou COS-VELDT.

DULMEN. — Cette ville fit quatre émissions en 1590, 1609, 1622 et 1625. Ses armes se composent d'une croix à branches trifoliées. Légende : STADT DVLMAN.

HALTERN. — On ne connaît de monnaies que pour les années 1595 et 1624. Les armes locales sont un licol (*halfter*) noué. Légende : STADT HALTEREN.

MUNSTER. — En 1534, les adeptes des doctrines anabaptistes, excités par les prédications de deux fanatiques venus de Hollande, Jean Matijszoon, de Haarlem, et Jean Beukelszoon, de Leyde, s'emparèrent du pouvoir après avoir chassé les habitants qui ne partageaient pas leur croyance. Jean Beukelszoon fut nommé roi de la nouvelle Sion et empereur de toute la terre. L'évêque François de Waldeck assiégea les Anabaptistes et l'insurrection fut étouffée. On possède toute une série de pièces monétiformes, *thalers* et *demi-thalers,* rappelant l'épisode des Anabaptistes. Le plus grand nombre d'entre elles sont des restitutions postérieures; quelques-unes de ces pièces paraissent contemporaines des événements et sont considérées comme une sorte de monnaie obsidionale (fig. 211); leur type, purement épigraphique, se compose de versets de la bible et de professions de foi écrites en bas allemand.

Fig. 211

En 1560, la ville de Munster fit, sans doute du consentement de l'évêque, une émission de monnaies de cuivre valant de un à deux *pfennigs,* et portant les armes de Munster à la fasce. D'autres émissions eurent lieu en 1581 et 1602; la plus forte pièce émise est de trois *schillings;* celle de 1602 porte, outre le STADT MVNSTER habituel, la légende : QVI DAT PAVPERI NON INDIGEBIT. Une contestation survenue entre l'évêque et la ville, en 1660, au sujet de leurs droits réciproques, s'envenima au point que les partis en vinrent aux mains. Munster fut assiégée par l'armée de son prince. Pendant le blocus, les magistrats firent frapper des obsidionales carrées et unifaces d'or et d'argent et des pièces de cuivre portant l'écu de la cité. Les pièces d'or et d'argent ont la légende: MONAST: WESTPH : OBSESSVM. 1660. La ville se rendit le 26 mars 1661 et conserva quelques-uns de ses privilèges. En 1740, 1750 et 1758, Munster frappa encore quelques monnaies de cuivre à ses armes.

RHEINE. — Cette ville frappe des pièces de cuivre en 1602. Elles portent son nom, STADT REINE, et les plus grandes, ses armes, à la fasce chargée de trois étoiles et accompagnée en pointe de trois R, initiales de la devise municipale : *Rheine richtet Recht.*

WARENDORF.— Les monnaies de cette localité sont connues pour quatre années : 1574, 1594, 1613 et 1690. Elles portent les armes locales chargées

d'une herse et parfois tenues par Saint-Laurent, patron de la ville.
Légendes : **MO CIVITATIS WARENDORP** ou **STADT WARENDORP.**

WERNE. — On possède des monnaies de cette ville, **STADT WERNE**
aux millésimes de 1602 et 1610. Les armes de la ville portent une fasce.

d). - *Évêché de Paderborn.*

L'évêché de Paderborn, *episcopatus paderbornensis,* avait pour patron
saint Liboire. Son territoire s'étendait entre le comté de Lippe, l'abbaye
de Corvei, le landgraviat de Hesse-Cassel, le comté de Waldeck, le duché de Westphalie et le comté de Ritberg. Ses armes étaient : *d'or à la
croix de gueules.* L'évêché fut sécularisé en 1803.

Le monnayage de Paderborn, arrêté depuis le commencement du xv^e
siècle, reprit à partir de la fin du xvie sous les évêques suivants :

* Thierry de Furstenberg, 1585-1618.
* Ferdinand I de Bavière, 1618-1650 (Liège, Munster, Hildesheim, Cologne).
* Thierry-Adolphe von der Recke, 1650-1661.
* Ferdinand II de Furstenberg, 1661-1683.
* Siège vacant, 1683.
* Hermann-Werner Wolf de Metternich, 1683-1704.
* François-Arnould Wolf de Metternich, 1704-1718 (Munster).
* Siège vacant, 1719.
* Clément-Auguste de Bavière, 1719-1761 (Munster, Cologne, Hildesheim, Osnabruck).
* Siège vacant, 1761-1762.
* Guillaume-Antoine von der Asseburg, 1762-1782.
* Frédéric-Guillaume de Westphalie, 1782-1789 (Hildesheim).

La série de Paderborn est riche et comprend des *thalers* pour chaque
épiscopat. Leur type, lorsqu'il n'est pas strictement conforme aux règlements impériaux, comprend le buste de l'évêque, l'effigie de saint Liboire, celle de la Vierge, celle de saint Meinulphe, S. **MEINVLFVS
DIACONVS PADERBORNENSIS**, sous Ferdinand II, enfin celle de saint
Antoine de Padoue, sous Hermann-Werner. Quelques *thalers* portent
les devises personnelles des évêques ; on trouve ainsi : **IVDICIVM ME-
LIVS POSTERITATIS ERIT** sous Thierry, **FORTITER · RECTE · PIE**
sous Thierry-Adolphe, **SVAVITER ET FORTITER** ou **EYKAIPΩΣ
AKAIPΩΣ** sous Ferdinand II, **PROVIDE ET IVSTE** sous Hermann-
Werner, **PRO LEGE ET GREGE** sous François-Arnould, **IVSTE ET
CONSTANTER** sous Guillaume-Antoine.

Ferdinand I introduisit la frappe des monnaies de cuivre pur dont les
émissions devinrent plus nombreuses sous ses successeurs. En 1683, le
chapitre profita de la vacance du siège pour forger des *thalers* ; leur type

se compose des images de saint Liboire et de saint Charlemagne, fondateur du diocèse. Les pièces d'argent frappées dans les mêmes circonstances, en 1719 et 1761, rentrent davantage dans la catégorie des
médailles commémoratives, mais en 1761 il y eut des pièces de cuivre :
MON · CATHED · PADERPORN SEDE VACANTE.

e). — Chapitre de Paderborn.

Comme à Munster, le chapitre métropolitain de Paderborn s'était fait
reconnaître le droit de frapper, sous les évêques, des menues monnaies
de cuivre de XII, VI, IIII, III et I *pfennig*. Ces émissions ne sont
connues toutefois que pour les années 1617 et 1618. La légende de ces
pièces est : **CAPITVLVM PADERBO.**

f). — Villes de l'évêché de Paderborn.

Deux villes comprises dans les domaines épiscopaux de Paderborn
exercèrent au XVIIᵉ siècle le droit d'émettre des espèces de cuivre :

PADERBORN. — Les pièces de cette ville, **STADT PADERBORN**, furent
frappées en 1605 et 1622 ; elles portent les armes de la ville, qui sont :
coupé au 1ᵉʳ d'or à la croix de gueules (évêché), *au 2ᵉ d'or aux quatre
fasces de gueules.*

WARBURG. — En 1622, Ferdinand I de Bavière, pour aider la ville de
Warburg à se remettre des pertes qu'elle avait subies pendant la guerre
l'autorisa à frapper pour la valeur de 4,000 *thalers* de monnaies de
cuivre. Les monnaies de Warburg, pièces de I, III et IV *pfennigs*,
portent la double fleur de lis des armes de la ville entourée de **STADT
WARBVRG** ; quelques-unes ont au revers le nom de l'évêque. L'émission
paraît avoir été arrêtée après 1623.

g). — Évêché d'Osnabruck [1].

L'Évêché d'Osnabruck, *episc. osnabrugensis*, au sud de celui de Munster, était placé sous le vocable de saint Pierre. Ses armes étaient : *d'argent
à la roue de gueules*. Voici la chronologie des évêques :

- Conrad IV de Ritberg, 1482-1508 (Munster).
- Éric II de Brunswick-Grubenhagen, 1508-1532 (Paderborn).
- François de Waldeck, 1532-1553 (Minden, Munster).

---

1. Grote, *Osnabrück'sche Geld-und Münzgeschichte im Mittelalter*, dans les *Münzstudien*, t. IV, 1865.

Jean IV de Hoye, 1553-1574 (Munster, Paderborn).
Henri III de Saxe-Lauenbourg, 1574-1585 (Brême, Paderborn).
Guillaume de Schenking, 1585.
Bernard de Waldeck, 1585-1591.
Philippe-Sigismond, de Brunswick-Lunebourg, 1591-1623 (Verden).
Eitel-Frédéric de Hohenzollern, 1623-1625.
* François Guillaume de Wartenberg, 1625-1633.
* Occupation suédoise, 1633-1650.
* François-Guillaume, rétabli, 1650-1661.
* Ernest-Auguste I de Brunswick-Lunebourg, 1662-1698.
* Siège vacant, 1698.
* Charles de Lorraine, 1698-1715 (Olmutz, Trèves).
* Siège vacant, 1715.
* Ernest-Auguste II de Brunswick-Lunebourg, 1716-1728.
Clément-Auguste de Bavière, 1728-1761 (Munster, Paderborn, Cologne, Hildesheim).
* Frédéric d'York, 1764-1802.

Le *thaler* fait son apparition à Osnabruck sous Éric II, en 1524 et 1525; son type se compose des armes épiscopales et de l'image de saint Pierre; la légende du revers est: VERBVM DEI ou DNI MANET IN ETERN'. Sur les *schillings* et quelques-unes de leurs divisions, également empreintes de l'image du Prince des apôtres, on lit : TIBI ME 9M'DO PE', *tibi me commendo Petre !* Eric frappa ses espèces dans deux ateliers ; le nom de celui d'Osnabruck figure sur ses *florins* d'or ; celui de Widenbruck, sur quelques *huitièmes de schilling*.

Sous le successeur d'Éric II, l'image de saint Pierre reste le motif ordinaire des pièces d'Osnabruck, puis le monnayage cesse pour ne reprendre qu'en 1631, sous François-Guillaume, dont les *thalers* portent le buste. En 1633, Osnabruck assiégée par les Suédois frappa des obsidionales unifaces, carrées en argent; elles sont marquées d'un poinçon rond, sans légende, avec l'image de saint Pierre tenant l'écusson de l'évêque entre les deux parties du millésime.

Aussitôt après la prise de la ville, les Suédois firent frapper des *thalers* et *demi-thalers* en mémoire du roi Gustave-Adolphe, tué le 6 novembre 1632 à la bataille de Lutzen. Ces pièces sont empreintes de son buste; elles ont la légende: GVSTA · ADOL· MAGN · D · G · SVE · GOT · W · REX AVGVST' ÆTATIS SVÆ 38 — DVX GLORIOS' · PI' · HEROS TRIVMPHATOR FELIX.

Pendant qu'il se trouvait dépouillé de l'évêché d'Osnabruck, François-Guillaume fit émettre, probablement dans l'atelier de Munster, quelques espèces. En 1650, il rentra en possession de son siège, mais il ne paraît avoir rouvert sa Monnaie qu'en 1656, pour ne plus émettre que des espèces divisionnaires.

Ernest-Auguste I reprit la fabrication de pièces plus fortes. Ses *thalers* portent la devise **SOLA BONA QVÆ HONESTA**, qui se retrouve sur les *gutegroschen* et les pièces de *un schilling et demi*, associée à l'inscription bas-allemande : **F · OSNABRVG LANDT MVNT**. Le monnayage épiscopal fut arrêté sous Ernest-Auguste II en 1725. En 1716 quelques pièces de billon de I, III, IV, VI, et XII *pfennigs* furent frappées à Clausthal, dans le Harz, pour l'évêché d'Osnabruck.

Pendant les vacances du siège épiscopal en 1698 et 1715 le chapitre métropolitain fit frapper des *thalers*. Celui de 1698 représente à l'avers la cathédrale surmontée de vingt-cinq étoiles, les vingt-cinq chanoines composant l'assemblée capitulaire.

h). — *Chapitre d'Osnabrück.*

Le chapitre d'Osnabruck fit frapper en 1605 et 1606, sous l'épiscopat de Philippe-Sigismond de Brunswick, des *scheidemünzen* de cuivre portant l'effigie à mi-corps de saint Pierre et la légende **DOMCAPITEL ZV OS-NABRVGK**. Un monnayage analogue eut lieu en 1740.

i). — *Villes de l'évêché d'Osnabruck.*

La métropole et la ville de Widenbruck obtinrent, comme certaines localités des autres principautés et évêchés westphaliens, le privilège de pourvoir aux besoins de la petite circulation métallique, par l'émission de pièces de cuivre.

OSNABRUCK. — Son monnayage commença en 1560 et se poursuivit avec de fréquentes, mais courtes interruptions, jusqu'en 1805. Le type habituel est l'écu de la ville : *d'argent à la roue de sable* ; la légende est : **STADT OSNABRVCK**.

WIDENBRUCK. — Les premières pièces de cette ville sont de 1596, les dernières de 1716. Elles portent la roue de l'évêché d'Osnabruck entourée de **MO · CIVI · WIDENBRVGE**. Sur les émissions du XVIIIe siècle, le nom de la ville est en allemand.

j). — *Évêché de Minden.*

L'évêché de Minden, *episcopatus mindensis,* à l'est de celui d'Osnabruck, avait pour patrons saint Pierre et saint Georges, et pour armoiries : *de gueules aux deux clefs d'argent posées en sautoir.* Par la paix de Westphalie, en 1648, Minden fut sécularisé et donné au Brandebourg. Les évêques suivants s'y succédèrent depuis le commencement du XVIe siècle :

•François I de Brunswick-Lunebourg, 1508-1529.
François II de Waldeck, 1530-1553 (Munster, Osnabruck).

Jules de Brunswick-Lunebourg, 1553-1554.
*Georges de Brunswick-Lunebourg, 1554-1566 (Brême, Verden).
Hermann de Schauenbourg, 1567-1582.
Henri-Jules de Brunswick-Lunebourg, 1582-1585 (Halberstadt).
*Antoine de Schauenbourg, 1587-1599.
*Chrétien de Brunswick-Lunebourg, 1599-1625.
François-Guillaume de Wartenberg, 1631-1634.

Nous manquons de renseignements bien complets sur la numismatique de Minden. Leitzmann se borne à déclarer qu'il existe des monnaies épiscopales frappées au xvie siècle. Les seuls *thalers* décrits par Schulthess-Rechberg appartiennent à Georges et sont aux millésimes de 1558, 1562 et 1565 ; leur type se compose du buste et des armes de l'évêque ; la légende du revers mentionne l'atelier de Minden.

En 1634, Minden, assiégée par les Suédois, frappa des monnaies obsidionales, en argent et en cuivre. Quelques-unes sont carrées et unifaces, d'autres rondes et empreintes des deux côtés. Le type comprend l'écusson de Minden et des légendes telles que MINDA OBSESSA et DVRVM TELVM NECESSITAS.

Après l'annexion de Minden au Brandebourg la ville resta, au dire de Leitzmann, le siège d'un atelier monétaire jusqu'au xviiie siècle.

k). — *Évêché de Verden* [1].

L'évêché de Verden, *episcopatus Verdensis*, était borné par l'archevêché de Brème, la principauté de Lunebourg et le comté de Hoye. Il était placé sous le vocable de la Vierge. Ses armes étaient : *d'argent à la croix latine de sable*. La numismatique de Verden est très pauvre. Elle se borne à quelques *witten* frappés en 1509 et 1510, par Christophe de Brunswick-Lunebourg (1502-1558) comme *administrator*, et à quelques pièces de cuivre anonymes, *dobbelschilling, grote, halbgrote, schware*, etc., frappées en 1621 sous Philippe-Sigismond de Brunswick-Lunebourg (1586-1623). En 1648, à la paix de Westphalie, l'évêché de Verden fut sécularisé et forma une principauté que la Suède tint en fief de l'empire germanique.

l). — *Chapitre de Verden*.

Le chapitre de Verden monnaya de 1618 à 1621 ; la série des pièces émises comprend des *groschen*, des *doppelgroschen* et des *grote*. L'avers porte un écu écartelé d'une croix et d'une image de la vierge, entouré de

1. Grote, *Die Münzen des Bisthums Verden*, dans les *Münzstudien*, t. V, 1867, p. 53.— M. Bahrfeldt, *Zur Münzgeschichte des Bisthums Verden*, dans les *Numism.-sphrag. Anzeiger*, t. XIX, 1888, pp. 45, 51 et 62.

la légende : **MO. NO · CAPITV · VERDE ·** plus ou moins raccourcie ; au revers figure le globe crucifère et généralement le nom de l'empereur Mathias ou de son successeur Ferdinand II.

m). — Evêché de Liège [1].

L'évêché de Liège, *episcopatus leodiensis,* à l'ouest du duché de Juliers, était presque entièrement enclavé dans les Pays-Bas espagnols. Outre l'ancien patrimoine de l'église de Liège, le domaine temporel des évêques comprit le comté de Looz, le marquisat de Franchimont, le comté de Hornes et le duché de Bouillon, auquel nous avons consacré un paragraphe spécial (p. 197). Les armes épiscopales étaient : *écartelé au 1er de* Bouillon, *au 2e d'argent aux trois lions de sinople couronnés d'or, armés et lampassés de gueules,* pour Franchimont, *au 3e burelé d'or et de gueules de dix pièces,* pour Looz, *au 4e de* Hornes, *sur le tout un écu de gueules au perron d'or,* pour Liège. Les évêques s'intitulaient : *Dei gratia, episcopus leodiensis, dux bullionensis.* Le titre de *marchio francimontensis,* dont l'emploi ne fut pas habituel, parut la première fois sur les monnaies en 1578. Le patron du diocèse est saint Lambert. La série monétaire de Liège est très riche et très complète ; elle s'étend, pour l'époque moderne, aux épiscopats suivants :

* Érard de la Mark, 1506-1538.
* Corneille de Berghes, 1538-1544.
* Georges d'Autriche, 1544-1557.
* Robert de Berghes, 1557-1563.
* Gérard de Groesbeck, 1563-1580.
* Ernest de Bavière, 1581-1612 (Freisingue, Hildesheim, Cologne, Munster).
* Ferdinand de Bavière, 1612-1650 (Munster, Hildesheim, Cologne, Paderborn).
* Maximilien-Henri de Bavière, 1650-1688 (Cologne, Hildesheim).
* Siège vacant, 1688.
* Jean-Louis d'Elderen, 1688-1694.
* Siège vacant, 1694.
* Joseph-Clément de Bavière, 1694-1723 (Ratisbonne, Cologne, Hildesheim).
* Siège vacant, 1724.
* Georges-Louis de Berghes, 1724-1743.
* Siège vacant, 1744.
* Jean-Théodore de Bavière, 1744-1763 (Ratisbonne, Freisingue).
* Siège vacant, 1763.
  Charles d'Oultremont, 1763-1771.
* Siège vacant, 1771.
  François-Charles de Vellbrück, 1772-1784.
* Siège vacant, 1784.

1. J. de Chestret de Haneffe, *Numismatique de la principauté de Liège et de ses dépendances (Bouillon, Looz), depuis leurs annexions.* Bruxelles, 1890, in-4.

Constantin-François de Hoensbroeck, 1784-1792.
*Siège vacant, 1792.

La transition du moyen âge à l'époque moderne eut lieu, à Liège, sous Corneille de Berghes, dont les pièces les plus récentes portent des légendes écrites, non plus en lettres gothiques, mais en lettres romaines. L'apparition des *thalers* ou *dalers* ne se produisit toutefois que sous Georges d'Autriche et leur plus ancien millésime est de 1545; ces monnaies, de fort belle allure, portent l'image de saint Georges soit chevauchant au-dessus du dragon terrassé, soit campé droit, au milieu du champ, vêtu en chevalier antique. Les *florins* d'or du même évêque reproduisent la figure de son patron debout derrière l'écu d'Autriche et perçant le dragon de sa lance. Le type des autres monnaies d'argent est purement héraldique. En 1552, Georges d'Autriche émit les premières espèces conformes aux lois de l'empire: les armes épiscopales et l'aigle à deux têtes occupent les deux faces de ces nouvelles espèces dont la fabrication fut continuée par Robert de Berghes et ses successeurs.

Ernest de Bavière mit son effigie sur quelques-unes de ses pièces, et, parfois, sa devise AVDIATVR ALTERA PARS. Les pièces de cuivre de XVI et de XII SOVS portent le perron, symbole des libertés liégeoises. Sous Ferdinand, quelques monnaies de cuivre ont ce même perron accosté des lettres FB, initiales de *Ferdinandus* et de *Bavariae;* le buste du prince continue à occuper l'avers de la plupart des monnaies non conformes aux règlements impériaux, mais après lui aucune pièce n'est plus contresignée par le chef de l'empire.

Toutes les pièces, *florins* d'or, *dalers* et *escalins* d'argent, *liards* de cuivre, frappés pendant les vacances du siège par ordre du chapitre, MONETA NOVA CAP'LI · LEOD · SEDEVACANTE, ou DECanus ET CAP*itulum* LEOD · SEDE VACANTE, portent le buste mitré de saint Lambert.

Les deux ateliers monétaires principaux de l'évêché de Liège étaient placés à Liège et à Hasselt, capitale de l'ancien comté de Looz; les différents de ces ateliers paraissent être un perron minuscule et une branche de coudrier. D'autres forges furent en activité à Saint-Pierre-lez-Maestricht (1541-42, 1615), à Visé (1614-19, 1640), à Dinant (1640) et à Maeseyck (1582 .... 1646, différent : un gland).

n). — *Archevêché de Cambrai* [1].

L'évêché de Cambrai, *episcopatus cameracensis,* fut érigé en archevêché

1. P.-Ch. Robert, *Numismatique de Cambrai,* Metz, 1861, in-4.

en 1559. Son territoire comprenait la ville de Cambrai, élevée en 1510 au rang de duché, et le comté de Cambrésis dont la localité principale était le Cateau. Complètement détaché des autres États compris dans le cercle de Westphalie, l'évêché était resserré entre le Hainaut, l'Artois et la province française de Picardie. Les armes du comté étaient : *d'or aux trois lions d'azur;* celles du duché : *d'or à l'aigle éployée de sable, cerclée, becquée, languée et membrée de gueules, chargée en cœur de l'écusson du comté.*

Le monnayage cambrésien, arrêté à la fin du xvᵉ siècle, reprit son activité sous Maximilien de Berghes (1556-1570), dont les monnaies se divisent en deux groupes chronologiques suivant qu'elles lui attribuent le titre d'évêque ou celui d'archevêque. A un autre point de vue, nous avons à distinguer les monnaies autonomes de celles qui sont conformes aux lois de l'empire. Les pièces autonomes de *l'évêque* Maximilien sont en argent, des *thalers, demi-thalers, quarts de thalers,* pièces de *cinq patards,* de *cinq gros* ou de deux patards et demi, d'un *patard ;* en billon, des *liards* et des *gigots ;* en cuivre, des *mittes.* Le type de ces diverses monnaies

Fig. 212

est emprunté soit à l'héraldique, soit à l'iconographie de saint Maximilien (fig. 212); les monnaies divisionnaires ont généralement au revers une croix diversement ornée et la devise NEC CITO NEC TEMERE. La série autonome et *archiépiscopale* débute par un *écu* d'or visiblement inspiré par ceux de France; la légende est, du côté de la croix, IN HOC SOLO GLORIA. Sur le *thaler* et le *demi-thaler,* saint Maximilien prend une attitude nouvelle et tient une croix et un livre. Les émissions conformes aux lois de l'empire comprennent des *florins* d'or, des *thalers* et leurs fractions ; elles s'étendent aux règnes de Ferdinand I et de Maximilien.

Louis de Berlaimont (1570-1596), élu à la mort de Maximilien de Berghes par l'influence du duc d'Albe, gouverneur des Pays-Bas espagnols, fut très limité dans la fabrication de ses pièces autonomes. Elles consistent en *deniers, doubles* et *sextuples deniers* de cuivre pur, présentant constamment d'un côté l'écu de famille de l'archevêque, de l'autre, soit une croix, soit l'écu du comté de Cambrésis. Les monnaies frappées selon les règlements impériaux portent les noms de Maximilien II et de Rodolphe II; notre figure 213 représente le *demi-thaler*, comme spécimen de cette série.

En 1579, le baron d'Inchy, gouverneur de la citadelle de Cambrai, trahit l'Espagne et remit la ville au duc d'Alençon. L'évêque Louis s'enfuit à Mons. Bientôt une armée espagnole investit Cambrai, mais elle dut se retirer avant d'avoir pris la ville. Pendant le siège, le baron d'Inchy

Fig. 213

frappa des obsidionales carrées en argent et en cuivre. Les premières portent l'écu de France couronné, avec la légende **FRANCISCO PROTECTORE**. Les pièces de cuivre ont les armes de la ville et le mot **CAMBRAY**. Après la mort de François d'Alençon, Cambrai fut donné par Henri III à Catherine de Médicis, qui en laissa le gouvernement à Jean de Montluc de Balagny. Après la mort de la reine-mère, celui-ci se rendit en quelque sorte indépendant et sut se faire reconnaître comme prince héréditaire par Henri IV. Dès 1588, Balagny frappa à Cambrai des pièces de cuivre sur lesquelles on lit invariablement la légende **DENIERS MONNOIE DE CAMBRAI**, En 1595, Cambrai fut reconquis par les Espagnols après un siège de deux mois pendant lequel de nouvelles monnaies obsidionales furent émises. Elles sont en cuivre jaune ou rouge, de forme carrée avec angles coupés et portent les armes de France entourées de : **HENRICO PROTECTORE** [1].

o). — *Abbaye de Corvei* [2].

Les possessions de l'abbaye de Corvei, situées entre le comté de Lippe, l'évêché de Paderborn, les principautés de Wolfenbuttel et de Calenberg, avaient une étendue d'environ cinq lieues carrées. En 1783, Corvei fut érigée en évêché; elle fut médiatisée en 1803. Le patron était saint Vit, les armes : *coupé d'or et de gueules*. Voici la liste des abbés pendant les temps modernes :

1. L. Dancoisne, *Nouveaux documents sur les monnaies obsidionales de Cambrai*, dans *l'Annuaire de la Soc. franç. de numism.*, t. VI, 1882, p. 248.
2. J. Weingärtner, *Die Gold- und Silber-Münzen der Abtei Corvei.* Munster, 1883, in-8.

* François Ketteler, 1504-1547.
* Gaspard I de Hoersel, 1547-1555.
* Reinhard II de Bocholz, 1555-1585.
* Théodore de Béringhausen, 1585-1616.
* Henri V d'Aschenbrok, 1616-1621.
* Jean-Christophe de Brambach, administrateur, 1621-24, abbé, 1624-38.
* Arnould IV de Waldois, 1638-1661.
  Christophe-Bernard de Galen, 1661-78.

* Christophe de Bellinghausen, 1678-96.
* Florentin von der Velde, 1696-1714.
* Maximilien de Horrich, 1714-1721.
* Charles de Plittersdorf, 1722-1737.
* Gaspar II de Boesclager, 1737-1758.
* Philippe de Spiegel de Diesenberge, 1758-76.
* Théodore de Brabeck, 1776-1794.
  Ferdinand de Lunick, 1794-1802.

Après un siècle et demi d'interruption, le monnayage fut repris par François Ketteler, qui ouvrit en 1541 un atelier à Hœxter en communauté avec cette ville. Le nom de l'abbé ne figure que sur les *thalers*. Les monnaies divisionnaires, *mariengroschen* et *körtlinge*, portent seulement **MONETA·NOVA·[CIVITA]·HOXER**. Les types se composent des armes, de l'effigie de saint Vit ou de la Vierge, celle-ci entourée de la légende **GAVDE DEI GENITRIX MARIA**. Le monnayage continua dans ces conditions sous Gaspard I, et jusqu'en 1566, sous Reinhard II.

Vers 1607, Théodore de Béringhausen recommença les émissions, mais ses pièces ne portèrent plus la marque d'une participation de la ville de Hœxter. Il en fut de même de celles de ses successeurs. Pendant l'administration de Jean Christophe, avant son élévation à la dignité abbatiale, les monnaies sont anonymes et portent simplement **MONETA NOVA ABB· CORB**. Arnould IV frappa en 1642 le premier *ducat* d'or de Corvei. Le type habituel des monnaies abbatiales se compose des armes ou de l'effigie de saint Vit. Christophe de Bellinghausen mit son buste sur ses *gulden* d'argent et inscrivit une des devises **CANDORE ET AMORE** ou **IN DOMINE CONFIDO** sur la plupart de ses pièces. Quelques monnaies de Philippe de Spiegel ont également sa devise: **IUSTITIA ET PRUDENTIA**. Le dernier abbé qui fit usage de ses droits monétaires, Théodore de Brabeck, se borna à émettre en 1787 des menues espèces de cuivre.

p). — *Abbaye de Werden* [1].

L'abbaye de Werden, *abbatia werdenensis*, de l'ordre de saint Benoît, avait saint Ludger pour patron. Ses armes, assez indécises, sont généralement *d'azur à la croix d'argent, à l'écusson de gueules chargé de deux crosses d'or en sautoir brochant sur le tout*; parfois l'écusson est omis et les crosses brochent sur la croix. Les abbés de Werden, qui

1. H. Grote, *Die Münzen der Abtei Werden*, dans les *Münzstudien*, t. III, p. 427 et suiv.

gouvernaient également l'abbaye de Helmstedt en Saxe, s'intitulaient : soit *Reverendus Dominus*.... *abbas werdinensis et helmstadiensis,* soit *Dei gratia abbas,* etc. Leur monnayage reprit à la fin du xvie siècle et s'étendit aux règnes suivants :

*Henri III Duden, 1573-1601.	Célestin de Geismar, 1707-1719.
*Conrad II Kloet, 1601-1614.	*Théodore Thier, 1719-1728.
*Hugues Prentäus, 1614-1646.	Simon de Bischoping, 1728.
*Henri IV Dücker, 1646-1667.	*Benoit de Geismar, 1728-1757.
*Adolphe IV de Borken, 1667-1670.	*Anselme Sonius, 1757-1774.
*Ferdinand d'Erwitte, 1670-1705.	

Le type des monnaies de l'abbaye de Werden se compose de ses armes écartelées, des armes personnelles des abbés, du buste de profil de l'abbé et de l'image du patron ou de l'aigle d'empire. Henri IV, le seul qui frappa des *ducats* d'or, mit sa devise : DVRI PATIENTIA VICTRIX sur quelques-uns de ses *thalers.*

q). — *Abbaye d'Essen* [1].

Le petit territoire de l'abbaye de femmes d'Essen, *abbatia essendiensis,* s'étendait au nord de celui de Werden, entre les pays de la Mark, de Berg et de Clèves. Après une interruption de près de deux siècles, le monnayage d'Essen reprit dans la seconde moitié du xviie :

*Anne Salomé I de Salm, 1646-1688.	Bernardine d'Ostfrise, 1691-1726.
*Anne Salomé II de Manderscheid, 1688, 1691.	*Françoise-Christine de Sulzbach, 1726-1776.

Les pièces d'Anne-Salomé I comprennent des *thalers* et des espèces divisionnaires frappées, soit suivant un système local, soit suivant le système de Cologne. Le type des monnaies se compose du buste de l'abbesse ou de l'empereur Léopold, des armes, de l'image de la Vierge. Un *thaler* de 1680, au buste imperial, porte au revers une vue de la ville d'Essen, surmontée de deux guerriers combattant et des effigies des saints Cosme et Damien dans les nuages ; la légende circulaire forme un chronogramme : ǪVOS: S: ENGELBERTVS: TVETVR: VOS: SS: COSMA: ET: DA: FOVETE.

Les seules pièces frappées par Anne-Salomé II sont un *sixième de thaler* à l'image de la Vierge et un *fettmanchen,* l'un et l'autre au millésime de 1691. Pour Françoise-Christine, nous n'avons à rappeler qu'un *ducat* d'or de 1754 où figure également la Vierge, dans une gloire, avec cette légende affirmant l'Immaculée Conception : MACVLA NON EST IN TE.

1. H. Grote, *Die Münzen der Abtei Essen,* dans les *Münzstudien,* t. III, p. 460.

r). — *Abbaye de Thorn* 1.

L'abbaye de dames nobles de Thorn était située au nord de l'évêché de Liège. Elle était placée sous le vocable de la Vierge. Le monnayage abbatial, arrêté pendant de longs siècles, recommença sous Marguerite de Bréderode (1531-1577), dont les espèces sont nombreuses ; en or, elle frappa des *ducats* au buste impérial ou à la Vierge, et de curieuses imitations des *angelots* d'Angleterre ; en argent, des *thalers* et *demi-thalers* conformes aux prescriptions impériales, des *thalers* d'un type local représentant à l'avers le buste de la Vierge, au revers celui de saint Michel, tenant chacun un écusson, diverses pièces divisionnaires qui reproduisent des types étrangers.

Après Marguerite de Brederode, l'atelier de Thorn entra de nouveau en chômage, mais Anne de la Mark (1604-1631) frappa quelques *doubles thalers*, plusieurs espèces de billon et un très grand nombre de monnaies de cuivre. Notre figure 214 représente les armes de cette abbesse telles qu'elles se trouvent sur son *double thaler* de 1614.

Fig. 214

s). — *Abbaye et ville de Herford* 2.

L'abbaye de femmes de Herford, dans la ville de ce nom, ne possédait pas de territoire particulier ; elle n'admettait dans son sein que des dames ayant au moins le titre de comtesse. Les armes de l'abbaye et de la ville étaient *d'argent à la fasce de gueules*.

Le monnayage, arrêté à la fin du XIVe siècle, reprit sous Anne II de Limbourg (1520-1565), en communauté avec la ville, et comprit des *thalers, demi-thalers, tiers de thalers, mariengroschen*, pièces de *4 pfennigs, dreier*, et *pfennigs*. La pièce datée la plus ancienne est de 1545. Le type se compose généralement d'un écu écartelé de Limbourg et de Herford ; les légendes sont **MONE·DOMIN·ET CIVITA·HER-VORDIE** et, au revers des plus grandes pièces, **VICIT LEO DE TRIBV IVDA**. La fabrication continua sous l'abbesse Marguerite de Lippe

---

1. P. O. van der Chys, *De munten der leenen van de voormalige hertogdommen Braband en Limburg.* Haarlem, 1862, in-4. p. 184 et suiv. — J. Wolters, *Notice historique sur l'ancien chapitre impérial de chanoinesses à Thorn.* Gand, 1850, in-8. — Vte B. de Jonghe, *Description de quelques monnaies inédites d'Anne de la Mark, abbesse de Thorn*, dans la *Rev. belge de numism.*, 1891, p. 288 et suiv.

2. H. Grote, *Die Münzen von Herford*, dans les *Münzstudien*, t. VIII, 1877, p. 391.

(1565-1578), mais paraît s'être borné à un *demi-thaler* de 1565 et à un *mariengroschen* non daté; l'avers porte un écu écartelé de Lippe, Herford et Schwalenberg, entouré de MONE·NO·ABBATIS·ET·CIV· HERV.

En 1636, la ville de Herford fit frapper des monnaies de cuivre à ses armes et, en 1637, elle se fit octroyer par l'empereur le droit de monnayage pour son compte sans l'intervention de l'abbesse. Les émissions municipales comprirent, en 1638, 1640 et 1646, des monnaies d'argent, en 1641 des *ducats* d'or, en 1670 des pièces de cuivre. Ces dernières portent au revers le sceptre de l'électeur de Brandebourg, qui depuis 1647 avait pris possession de Herford, après l'extinction de la maison de Juliers.

u). — *Abbayes de Stavelot et de Malmédy*[1].

Ces deux abbayes, situées à l'est du pays de Liège, étaient gouvernées par un seul abbé. Leur territoire comprenait le comté de Logne. Stavelot fait aujourd'hui partie de la Belgique et Malmédy appartient à la Prusse, bien que la localité soit wallonne par le langage et les mœurs. Les armes de Stavelot étaient : *d'argent au loup contourné au naturel, bâté, portant deux paniers de pierres, tenant une crosse posée en bande, et passant sur un tertre de sinople devant un arbre du même*; celles de Malmédy : *d'or au dragon croupant de sinople*; enfin, celles du comté de Logne : *d'azur à la tête de Méduse au naturel*.

En 1567, l'abbé Christophe de Manderscheidt (1549-1576) ouvrit un atelier à Horion en Hesbaye, mais dès cette année, cédant aux réclamations des Liégeois, il le transporta à Poulseur, au comté de Logne, où la fabrication durait encore en 1571. Ses émissions comprirent des *florins* d'or, des *thalers* et diverses fractions. Toutes ces monnaies sont conformes à la loi de l'empire. Au revers de quelques pièces figure la devise : ADIVVA ME DEVS.

Après Christophe, le monnayage prit fin. En 1585 et 1586, Ernest de Bavière (1581-1612), évêque de Liège, que les moines avaient choisi comme administrateur, *administrator stabuliensis, comes longiensis*, frappa à Stavelot des pièces de cuivre de XII *sols*, portant son buste et ses armes avec sa devise : AVDIATVR ALTERA PARS. Ferdinand de Bavière (1612-1650) émit à Stavelot, dès la deuxième année de sa prélature, diverses menues espèces d'argent, de billon et de cuivre ; puis en 1643, il créa à Louveigné, dans le comté de Logne, une forge qui mit en

---

1. J. de Chestret, *Numismatique de la principauté de Stavelot et de Malmédy*, dans la *Revue belge de numism.*, 1892.

15

circulation une énorme quantité de *liards*. On n'a retrouvé aucune monnaie des successeurs de Ferdinand.

v). — Duché de Gueldre[1].

Le duché de Gueldré était réuni depuis 1473 aux Pays-Bas bourguignons, lorsqu'en 1492 Charles d'Egmond se fit proclamer duc à Nimègue et reçut le serment de fidélité d'un grand nombre de seigneurs. Son règne fut marqué par sa lutte incessante contre Philippe-le-Beau et Charles-Quint et son monnayage est le reflet fidèle de cette instabilité politique. M. Roest, qui vient de consacrer à la numismatique de Charles d'Egmont une étude très bien faite, ne relève pas moins de vingt-six ordonnances monétaires émanant de ce duc. La plupart des espèces frappées, *florins* d'or ou pièces d'argent, se rattachent encore par leur forme et leur aspect, par leur type et l'alphabet gothique employé pour les légendes, à celles des précédents règnes ; mais l'émission de quelques *testons*, et, en 1538, d'une pièce du module du *thaler*, vient nous annoncer le monnayage moderne. Cette dernière pièce, de très noble allure, porte l'image équestre du duc galopant l'épée levée et les deux écus heaumés et lambrequinés, penchés l'un vers l'autre, de Gueldre et de Zutphen ; la légende du revers est : **DISCERNE CAV***sam* **ME***am* **D***omine* **GEN***tes* **NO***s* **SA***rcinant*. Sur les pièces divisionnaires, les devises les plus fréquentes sont également des appels à la justice de Dieu : **IN EQVITATE TVA VIVIFICASTI ME**, **FIAT MISERICORDIA TVA DNE**, **EQVITAS IVDICIA TVA DOM**, etc. Les ateliers ducaux en activité sous Charles d'Egmont étaient placés à Nimègue, à Zutphen et peut-être à Bommel.

Le 27 janvier 1538, Charles céda ses états à Guillaume le Riche, fils de Jean III duc de Clèves, de Berg et de Juliers. En 1543, vaincu par Charles-Quint, Guillaume dut lui abandonner la Gueldre, qui fut réunie aux Pays-Bas espagnols. On possède de lui quelques *thalers* et *quarts de thalers*, à son buste sa; devise est **IN DEO SPES MEA**[2].

w). — Villes de la Gueldre[3].

Sans parler de la cité impériale de Nimègue, à laquelle nous consacrons

---

1. Van der Chys. *De munten der voormalige graven en hertogen van Gelderland.* Haarlem, 1852, in-4. — Roest, *Essai de classification des monnaies du comté, puis duché de Gueldre, 4ᵉ article,* dans la *Revue belge de numism.,* 1892, p. 394 et suiv.

2. Voir, pour la suite de l'histoire monétaire de la Gueldre, notre *chapitre troisième,* p. 57 et suiv.

3. P. O. van der Chys, *De munten der voormalige heeren en steden van Gelderland.* Haarlem, 1853, in-8.

plus loin un paragraphe, quatre villes de la Gueldre monnayèrent pour leur compte, par suite d'une concession ou d'une tolérance du duc. Ce furent Ruremonde, Arnhem, Zutphen et Bommel :

Ruremonde. — Cette ville, située au confluent de la Roer et de la Meuse, obtint en 1505 le renouvellement de l'autorisation qui lui avait été donnée en 1472 par le duc Arnould, de frapper de menues espèces. En 1525, la permission fut étendue à toutes les monnaies d'argent et aux espèces d'or, sous la condition que les pièces à émettre fussent pourvues des armes de la ville ou d'un autre signe bien déterminé de nature à éviter toutes confusion avec les monnaies ducales. Le monnayage municipal de Ruremonde se poursuivit après la réunion de la Gueldre aux Pays-Bas espagnols. Les armes de la ville étaient : *coupé, au 1er d'azur au lion d'or lampassé de gueules, au 2e d'argent à la fleur de lis de gueules.*

Arnhem. — L'origine du monnayage municipal d'Arnhem doit être cherchée dans un octroi fait à cette ville de battre de menues espèces pour aider à l'achèvement de l'église de Saint-Eusèbe, vers le milieu du xve siècle. L'émission de ces pièces continua jusque sous Philippe II d'Espagne ; leur type, toujours héraldique, se compose des armes de la ville, une aigle à deux têtes, ou de celles du duché de Gueldre.

Zutphen. — Cette ville avait frappé des pièces divisionnaires pendant la minorité de Charles d'Egmont. Au milieu du xvie siècle, elle voulut ressaisir le droit de battre monnaie, mais la Chambre impériale de Spire s'y opposa. Le magistrat de Zutphen protesta contre cette décision auprès de la duchesse de Parme, régente des Pays-Bas espagnols (1563) ; ce ne fut toutefois qu'après la révolution contre l'Espagne que le monnayage local reprit. Après une émission temporaire en 1582, l'atelier fut restauré en 1604.

Les monnaies de Zutphen ont généralement les armes de cette ville : *coupé, au 1er d'azur au lion d'or lampassé de gueules, au 2e d'argent à la croix ancrée de gueules.* Les légendes comprennent parfois la devise : **FATA VIAM INVENIENT.**

Bommel. — Cette ville frappa monnaie à la fin du xve siècle et pendant une partie du xvie. En 1562, elle émit un *leeuwendaalder* d'argent, et en 1599, elle frappa des monnaies obsidionales dont nous avons parlé page 95.

x). — *Duchés de Clèves, Juliers et Berg et leurs dépendances.*

Jean, fils de Jean II duc de Clèves et comte de la Mark, épousa Marie, héritière de Juliers, Berg et Ravensberg. Dès le début du xvie siècle, la maison de Clèves-La Mark se trouva ainsi en possession d'un territoire des plus étendus, comprenant les seigneuries suivantes :

1. Le comté de la Mark, sur les rives de la Roer, au sud de Dortmund et de Munster, qui comprenait les villes d'Altena, de Hamm et de Soest. Ses armes étaient *d'or à la fasce échiquetée de gueules et d'argent, à trois rangées.*

2. Le duché de Clèves, situé à l'est de la Gueldre et comprenant Clèves, Emmerich, Huissen, Wesel, etc. Il portait : *de gueules au rais d'escarboucle d'or.*

3. Le comté de Ravensberg, à l'est de l'évêché de Munster, dont la capitale était Bieleveld et l'une des villes principales, Herford. Ce comté avait pour armes : *d'argent à trois chevrons de gueules.*

4. Le duché de Juliers, situé à l'est d'Aix-la-Chapelle, avec les villes de Juliers, de Duren, etc. Ce duché portait : *d'or au lion contourné de sable.*

5. Le duché de Berg, au sud du pays de Clèves. Sa capitale était Dusseldorf et ses localités importantes, Barmen, Elberfeld, Mulheim, etc. Les armes de Berg étaient : *d'or au lion contourné de gueules, lampassé d'azur.*

Voici quels furent les souverains de ces diverses contrées jusqu'à l'extinction de la maison ducale :

CLÈVES-LA MARK.	JULIERS-BERG.
*Jean II, 1481-1521.	*Guillaume VIII, 1475-1511.
*Jean III le Pacifique, 1511-1521-1539.	
*Guillaume V le Riche, 1539-1592.	
*Jean-Guillaume le Bon, 1592-1609.	

Dans les premières années du XVIᵉ siècle, le numéraire des duchés de Clèves, de Juliers et de leurs dépendances, se composait encore exclusivement de *florins* d'or rhénans et de monnaies d'argent et de billon à flan mince. La grande monnaie d'argent fait son apparition dans les pays de Juliers et de Berg sous Jean III ; un *thaler* de 1513 porte, autour de l'image équestre du jeune duc, son nom et ses titres, qui méritent d'être transcrits : IOHS. SENIOR*is* FILIV*s* D*ucis* CLIV*iae* DVX IVL*iaci* Z MO*ntium* C*omes* M*arcae* ; au revers, l'écu aux cinq quartiers broche sur une grande croix feuillue qui coupe la légende : PRVDENTIA RERVM EXITVS METITVR ; l'alphabet employé est encore l'alphabet gothique.

Guillaume V eut à soutenir en 1543 contre Charles-Quint une guerre malheureuse pour la succession au duché de Gueldre. Pendant la lutte, manquant de numéraire, on émit dans le pays de Juliers des monnaies de nécessité carrées et unifaces en argent ; elles sont empreintes d'un poinçon portant l'écu au lion accosté des chiffres 4-3, indiquant le millésime. Après sa réconciliation avec l'empereur, Guillaume V eut un monnayage très actif ; ses *thalers*, frappés en abondance, portent son buste et ses armes. La légende du revers est parfois **CHRISTVS SPES VNA SALVTIS**, mais plus souvent les inscriptions sont uniquement formées par une énumération de titres. Il en est de même sous Jean-Guillaume, dont la devise était : **DEVS REFVGIVM MEVM.**

Nous manquons d'indications précises sur les ateliers monétaires des régions qui nous occupent ; ils paraissent avoir été établis à Juliers, dans le duché de ce nom ; à Mulheim, dans celui de Berg ; à Herford, dans le comté de Ravensberg ; à Clèves, Emmerich et Huissen dans celui de Clèves ; à Altena, Hamm et Soest, dans celui de la Mark. Plusieurs de ces ateliers, notamment les quatre derniers, eurent un caractère municipal et bornèrent leurs émissions à des menues espèces de cuivre.

La mort de Jean-Guillaume fut une source de guerres en Allemagne. On vit jusqu'à sept compétiteurs se disputer sa succession ; les deux principaux furent son neveu Jean-Sigismond, margrave de Brandebourg, et son beau-frère Philippe-Louis, comte palatin de Neubourg. Ils convinrent de se mettre en possession de l'héritage, de soumettre leur différend à des arbitres et, en attendant, de gouverner en commun, sous le nom de *princes possesseurs,* les pays contestés. Cet arrangement déplut à l'empereur Rodolphe II qui, sous le prétexte d'établir un séquestre, s'empara de la ville de Juliers.

Les deux prétendants alliés eurent recours à la force et une armée néerlandaise, venue à leur aide, mit le siège devant Juliers. La ville se rendit le 1er septembre 1610, après un mois de résistance. Pendant l'investissement, le commandant impérial Jean von Rauschenberg improvisa, pour le payement de ses troupes, une monnaie obsidionale faite de morceaux de vaisselle d'argent découpés et poinçonnés de ses initiales I. V. R. (fig. 215) : ces pièces ont les formes les plus irrégulières et les plus bizarres ; tantôt c'est le manche d'une cuillère, tantôt le bord ou le fond d'une assiette ou d'un plat, qui à servi à recevoir l'empreinte.

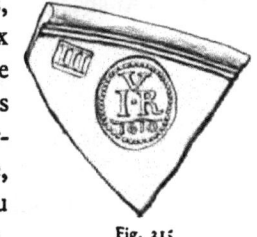

Fig. 215

Les princes possesseurs (1609-1624), maîtres du pays, frappèrent en commun des pièces portant comme légende **MO. AR. POSS**identium **PRIN**cipum **IVLI·CLI·ET·MONT** ; mais le bon accord ne se maintint pas longtemps entre eux et la guerre reprit de plus belle. Le comte palatin de Neubourg, prince catholique, obtint le secours de l'Espagne contre le margrave de Brandebourg, prince protestant. En 1621, Juliers fut de nouveau assiégée, cette fois par l'armée espagnole de Spinola ; réduite par la famine, elle capitula le 22 janvier 1622. De nouvelles obsidionales rappellent ce siège. Elles portent un poinçon rond au monogramme de Frédéric Pythaan, commandant de la place, accosté de 16-21 et des mots IN GVLir BELEGert, à Juliers assiégée. En 1624 la paix fut conclue par un partage. Jean-Sigismond obtint Clèves, la Mark et Ravensberg ; Philippe-Louis reçut Berg, Juliers et Ravenstein.

CLÈVES, LA MARK ET RAVENSBERG. — Les souverains de la maison de Brandebourg firent frapper quelques monnaies spéciales pour leurs nouvelles possessions rhénanes. Dans l'ancien comté de la Mark, les villes de Hamm et de Soest, SVSATENSIS, continuèrent à émettre leurs espèces de cuivre locales ; elles portent les armoiries de chaque ville [1]. La paix de Lunéville, en 1801, annexa la partie occidentale du pays de Clèves au département français de la Roer. En 1806, la partie orientale et le comté de la Mark passèrent au duché de Berg, nouvellement créé en faveur de Joachim Murat ; le comté de Ravensberg fut joint au royaume de Westphalie.

BERG ET JULIERS. — Le monnayage des comtes palatins de Neubourg, dans leurs duchés rhénans, qui eut lieu au XVIIᵉ siècle à Dusseldorf, présente quelques particularités intéressantes. Nous citerons, par exemple, les *ausbeutemünzen* de 2/3 de *thaler* que Charles-Philippe (1716-1742) frappa en 1738 ; elles portent la légende : DEUS SERVET METALLI FODINAS MONTENSES. Sous Charles-Théodore (1742-1799) de nouvelles monnaies furent émises, de 1748 à 1758, avec l'argent des mines du pays de Berg ; elles portent l'indication de la mine de Wildberg. Le duché de Juliers entra en 1801 dans la formation du département français de la Roer et Berg fut enlevé en 1806 à la Bavière en échange d'Ansbach.

y). — *Principauté de Nassau* [2].

Les possessions de la ligne ottonienne de la maison de Nassau étaient situées entre l'archevêché de Trèves, le comté de Sayn, le comté de Wied, le comté de Solms, le landgraviat de Hesse-Darmstadt, le comté

1. Les armes de Hamm sont les mêmes que celles du comté de la Mark ; celles de Soest consistent en une clef posée en pal. — Cf. Weingärtner, *Beschreibung der Kupfer-Münzen Westfalens*, p. 158 et suiv.

2. J. Isenbeck, *Das nassauische Münzwesen* .II. *Theil (1500 bis 1800)*, dans les *Annalen des nass. Alterthumsvereins*, t. XVIII, 1883-84, p. 145 et suiv.

de Wittgenstein et le duché de Westphalie. Les comtes, puis princes de Nassau avaient pour armes : *d'azur semé de billettes d'or, au lion du même, armé et lampassé de gueules, brochant sur le tout.*

Au commencement du XVIIe siècle, la maison de Nassau se divisa en quatre branches issues des quatre fils de Jean 1 le Vieux (1559-1606). Il y eut dès lors à distinguer les comtes de Nassau-Siegen, ceux de Nassau-Dillenbourg, ceux de Nassau-Dietz, ceux de Nassau-Hadamar. Tous obtinrent successivement le rang princier entre les années 1650 et 1664. En 1681, les cinq princes des quatre lignes ouvrirent un atelier à Herborn pour y monnayer en commun ; on possède un *thaler* à leurs bustes et à leurs noms réunis : **IOHAN : FRANC·HENRIC·GUIL· MAUR·HENR : CASIM·FRANC : ALEXAND. — D·G·NASSOVIÆ PRICIP·COM**ites **CATTIMELIB**oci **VIAND**ae **ET DEC**iae **DOM**ini **IN BEILST**ein.

Les diverses lignes s'éteignirent successivement, sauf celle de Dietz, de sorte qu'en 1739, Guillaume IV Friso de Nassau-Dietz-Orange réunit toutes les possessions territoriales de sa famille. Nous examinerons successivement la numismatique des quatre lignes de la maison de Nassau.

Nassau-Siegen. — Cette branche fut créée par Jean II (1606-1623), fils aîné de Jean I le Vieux. Ses possessions comprenaient la ville de Siegen et divers districts adjacents. Jean II eut deux fils qui firent souche, mais qui possédèrent en commun l'héritage paternel, léguant cet exemple à leurs descendants :

a)	*b)*
Jean III, 1623-1638.	Henri, † 1652.
*Jean-François, 1638-1699.	*Guillaume-Maurice, † 1691.
Guillaume-Hyacinthe, 1699-1743.	Frédéric-Guillaume I, † 1722.
	Frédéric-Guillaume II, † 1734.

Nassau-Dillenbourg. — Cette ligne fut formée par Georges, second fils de Jean I. Sa résidence était Dillenbourg, ville où fut créé en 1681 un atelier monétaire.

Georges 1606-1623.	*Henri, 1662-1701.
Louis-Henri, 1623-1662, prince depuis 1652.	Guillaume, 1701-1724.
	Chrétien, 1724-1739.

Indépendamment des *thalers* sur lesquels le nom d'Henri figure à côté de ceux de ses cousins, il en existe de lui portant son buste seul et ses armes.

Nassau-Dietz. — La branche de Nassau-Dietz eut pour auteur Ernest Casimir, troisième fils de Jean I. En voici la chronologie :

Ernest-Casimir, 1606-1632.   *Henri-Casimir II, 1664-1696.
Henri-Casimir I, 1632-1640.   Jean-Guillaume Friso, 1696-1711.
Guillaume-Frédéric, 1640-1664, prince   Guillaume IV Friso, 1711-1751.
  depuis 1652.   ·   Guillaume V, 1751-1806.

Les comtes de Nassau-Dietz possédaient dans la seigneurie de Beilstein (voir p. 149) un atelier monétaire qui fut transféré à Dietz en 1692.

NASSAU-HADAMAR. — Cette ligne, issue du quatrième fils de Jean I,
n'eut que trois représentants :

Jean-Louis, 1606-1653, prince depuis   Maurice-Henri, 1653-1679.
  1650.   *François-Alexandre, 1679-1711.

Elle ne paraît pas avoir eu de monnayage particulier, mais l'un de
ses membres signe avec ses cousins des autres lignes les *thalers* de 1681
dont nous avons parlé plus haut.

z). — *Comté de Sayn* [1].

Le comté de Sayn touchait, au nord au duché de Berg, à l'est aux
pays de Nassau, au sud aux comtés de Westerbourg et de Wied, à
l'ouest à l'archevêché de Cologne. Voici la chronologie des comtes de
Sayn qui avaient pour blason : *de gueules au léopard lionné d'or la
queue fourchue.*

Jean IV, 1498-1529.   Adolphe, 1560-1568.
Jean V, 1529-60.   *Henri IV, 1568-1606.

A la mort d'Henri IV, Louis le Vieux, comte de Wittgenstein, hérita
du comté de Sayn, qui formait le domaine de la branche aînée de sa
maison. Son fils aîné, Guillaume III, créa une nouvelle dynastie, désignée par les généalogistes sous le nom de ligne de Sayn-Sayn.

En 1570, Henri IV, son frère Hermann et leur oncle Sébastien se
firent renouveler par l'empereur leurs privilèges monétaires, et en 1585
Henri IV se les fit de nouveau confirmer. En sa qualité de possesseur
de mines argentifères, le comte de Sayn demanda au cercle de Westphalie l'autorisation d'ouvrir un atelier; elle lui fut refusée, mais on lui
permit de faire battre monnaie à son nom dans l'atelier de Juliers; de
plus, la permission fut restreinte aux *florins* d'or et aux *thalers*. Il existe
des *florins* de 1592 et des *thalers* de 1590.

La ligne de Sayn-Sayn, issue de Guillaume III (1606-1623), paraît ne
pas avoir monnayé. Elle s'éteignit avec Ernest (1623-1641) qui ne laissa
que des filles. L'aînée, Ernestine, eut Hachenbourg qui passa par deux

1. H. Grote, *Die Münzen der Grafen von Sayn,* dans les *Münzstudien,* t. III, 1863,
p. 155 et suiv.

mariages successifs aux burgraves de Kirchberg; la cadette, Jeannette, obtint Altenkirchen et épousa Jean-Georges de Saxe-Eisenach.

SAYN-SAYN-HACHENBOURG.— On possède des *ausbeutethaler* commémoratifs de la mort de Georges-Frédéric de Kirchberg (1715-1749).

SAYN-SAYN-ALTENKIRCHEN. — Jean-Guillaume de Saxe-Eisenach fit frapper en 1692 et l'année suivante des *gulden* d'argent, *quarts de gulden* et pièces de 15 *kreuzers*. En 1741, la seigneurie passa par héritage à Charles-Guillaume-Frédéric de Brandebourg-Ansbach (1741-1757), qui frappa en 1750 des *ausbeutethaler* avec le métal de la mine de Fischbach, en 1755, des *conventionsthaler* et à partir de 1751 diverses monnaies divisionnaires. Le monnayage fut continué en 1758 et en 1764 par son fils Alexandre (1757-1803).

aa). — *Gouvernement de Frise*[1].

En 1498, Maximilien d'Autriche, administrant la Hollande comme père et tuteur de son fils Philippe-le-Beau, donna la Frise à Albert, duc de Saxe et de Misnie (1498-1500), à charge par lui de se faire accepter comme gouverneur par les Frisons. Parmi les droits que le clergé, la noblesse et les villes du Westergo reconnurent à Albert, se trouvait le droit de battre monnaie : « *oeck te munten goldt ende silver.* » L'atelier fut établi à Sneek. Dès 1498, le gouverneur y fit ouvrir diverses pièces d'argent, notamment des *thalers* portant d'un côté ses armes sur une croix feuillue, de l'autre un écu à l'aigle d'empire couronné et soutenu par deux lions. Ce type reparaît sur quelques monnaies divisionnaires. Les légendes sont : **ALBERTVS DVX SAXONIE GVB·FRISIE,** et **DEI GRATIA REGES REGNA**n**T.**

A la mort d'Albert, survenue en 1500, ses deux fils, Georges et Henri, lui succédèrent en Frise et frappèrent des *florins* d'or en commun ; puis, après 1504, le nom de Georges parut seul sur les espèces, frappées à cette époque à Leeuwarden. En 1515, le duc de Saxe, renonçant à se maintenir en Frise, céda ses droits à Charles Quint comme comte de Hollande.

ab). — *Comté d'Ostfrise.*

Le comté d'Ostfrise était compris entre la mer du Nord, la seigneurie d'Iever, le comté d'Oldenbourg, l'évêché de Munster, le pays de Groningue et le golfe du Dollart. Ses armes étaient : *de sable à la harpie*

---

1. P. O. van der Chys, *De munten van Friesland, Groningen en Drenthe.* Haarlem, 1855, in-4, p. 128 et suiv.

d'or couronnée et accompagnée de quatre étoiles du même. Ses souverains prenaient le titre de : *comes et dominus Phrisiae orientalis* auquel ils ajoutent, au xviie siècle, ceux de : *dominus in Esens, Stedesdorf et Wittmund;* voici leur chronologie :

* Edzard I, 1491-1528.
* Enno II, 1528-1540.
* Edzard II avec ses frères Christophe et Jean II, 1540-1566.
* Edzard II avec son frère Jean II, 1566-1591.
* Edzard II, seul, après la mort de ses frères, 1591-1599.
* Enno III, 1599-1625.
  Rodolphe-Chrétien, 1625-1628.
* Ulric II, 1628-1648.

* Julienne de Hesse, sa veuve, tutrice de leur fils mineur, Enno-Louis.
  Enno-Louis, 1648-1660, prince depuis 1654.
* Georges-Chrétien, 1660-1665, prince depuis 1662.
* Christine-Charlotte de Wurtemberg, sa veuve, tutrice de leur fils mineur, Chrétien-Eberhard, 1665-1690.
* Chrétien-Eberhard, 1665-1708.
* Georges-Albert, 1708-1734.
  Charles-Edzard, 1734-1744.

Les monnaies de l'Ostfrise forment une très belle série. Sous E n n o II, les légendes cessent d'être écrites en lettres gothiques et, comme plus fortes monnaies, nous avons à signaler des *florins* d'or et des *quarts de thaler.* Le *thaler* commence pendant la première partie du règne d'E d z a r d II, lorsqu'il gouvernait le comté en commun avec ses deux frères. La légende habituelle des monnaies de l'Ostfrise, abstraction faite du nom des comtes et de la mention impériale, est : **DA PACEM DOMINE IN DIEBVS NOS***tris.* La tutrice C h r i s t i n e - C h a r l o t t e, dont il existe des *thalers* à son buste, prend pour devise **CHARITATE ET CANDORE**, et son fils, **IN DEO SPES MEA**. L'atelier monétaire des comtes et princes d'Ostfrise était situé à Norden. En 1744, après la mort de Charles-Edzard, le roi de Prusse F r é d é r i c II prit possession de la principauté qui, pendant toute la durée de la domination prussienne, continua à avoir des monnaies divisionnaires spéciales. En 1806, Napoléon I réunit l'Ostfrise au royaume de Hollande.

ac). — *Seigneurie d'Iever* [1].

La seigneurie d'Iever était comprise entre la mer du Nord, la seigneurie de Kniphausen et les comtés d'Oldenbourg et d'Ostfrise. Ses armes étaient : *d'or au lion d'or couronné du même.* Au xvie siècle, elle fut gouvernée par les personnages suivants :

Edo Wimken II, 1468-1511.
Christophe, 1511-1517.

* Marie, 1517-1575.

1. J. Merzdorf, *Die Münzen und Medaillen Jeverlands,* Oldenbourg, 1860, in-8.

En 1532, Marie, pour se soustraire aux entreprises du comte d'Ostfrise, reconnut la suzeraineté de l'empereur Charles-Quint comme duc
de Brabant. A sa mort, la terre d'Iever passa, conformément à ses dispositions testamentaires, au comte d'Oldenbourg. On possède un grand
nombre de monnaies de Marie d'Iever, parmi lesquelles quelques
ducats ; mais ses émissions consistèrent principalement en *thalers* de
divers types : le *judocusthaler,* représentant d'un côté le lion d'Iever
debout et de l'autre saint Josse, **SANCTVS IVDOCVS MARTIR,** debout,
tenant un drapeau et une épée, le *thaler mit dem Dornenkranze,* portant à l'avers l'écu échancré au lion et au revers la couronne d'épines,
le *thaler mit der Burg,* où le revers porte un château à trois tours, le
heilandsthaler au type de la Résurrection, le *thaler* représentant Daniel
dans la fosse aux lions, enfin le *thaler* à la croix fleurdelisée chargée en
cœur de l'écu d'Iever. Outre ces fortes pièces, elle frappa en abondance
des pièces divisionnaires, qu'on trouvera décrites pour la plupart dans le
travail de M. Merzdorf. Le nom et les titres de Marie d'Iever sont généralement écrits en langue bas-allemande : **MARIA** Geborne Dochter Vnd
Fraülein TO IEVER RVstringen **OS**tringen **WA**ngerland.

Le comté d'Iever n'eut pas de monnaies spéciales pendant sa réunion
à l'Oldenbourg. Après la mort d'Antoine-Gunther en 1667, la terre
passa à son neveu :

Jean d'Anhalt-Zerbst, 1667.
* Charles-Guillaume, 1667-1718.
Jean-Auguste, 1718-1742.
* Jean-Louis et Chrétien-Auguste, 1742-
1746.
Chrétien Auguste, 1746-1747.

Jeanne-Élisabeth de Holstein, tutrice,
1747-1752.
* Frédéric-Auguste, 1747-1793.
* Frédérique-Auguste-Sophie d'Anhalt-
Bernbourg, veuve du précédent,
gouvernante d'Iever pour le compte
de la Russie, 1793-1807.

Les devises ordinaires des monnaies d'or, d'argent et de billon
frappées par Charles-Guillaume sont : **IN DOMINO FIDVCIA
NOSTRA** ou **IN DEO FACIEMVS VIRTVTEM.** Un *ducat* aux bustes
accolés de Jean-Louis et Chrétien-Auguste fait allusion à leur
bonne entente : **CONCORDIA FRATRVM.** Les monnaies de Frédéric-
Auguste et de sa veuve sont frappées conformément au pied de convention. En 1807, Iever fut réuni au royaume de Hollande.

ad). — *Comté d'Oldenbourg* [1].

Le comté d'Oldenbourg, auquel était rattaché le comté de Delmenhorst,

1. J. Merzdorf, *Oldenburgs Münzen und Medaillen historisch und kritisch beschrieben.*
Oldenbourg, 1860, in-8.

s'étendait sur les confins du cercle de Basse-Saxe. A l'ouest, il touchait à l'Ostfrise, au sud, au comté de Hoya et au pays de Munster; la mer du Nord en formait la limite septentrionale. Ses armes étaient : *d'or aux deux fasces de gueules ;* le comté de Delmenhorst portait : *d'azur à la croix au pied fiché d'or.* Le tableau généalogique suivant donne la maison comtale au XVIe et au XVIIe siècle :

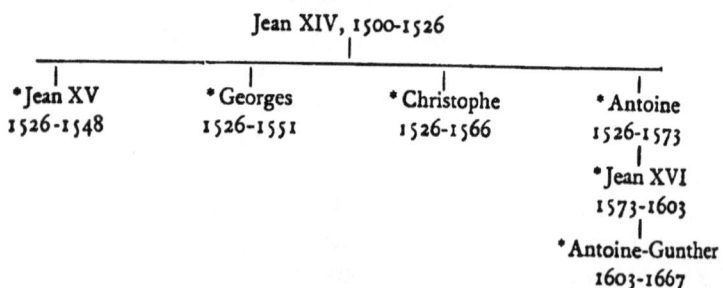

Jean XIV, 1500-1526

•Jean XV 1526-1548	•Georges 1526-1551	•Christophe 1526-1566	•Antoine 1526-1573 •Jean XVI 1573-1603 •Antoine-Gunther 1603-1667

Après la mort d'Antoine-Gunther, le duc de Schleswig-Holstein-Ploen hérita du comté d'Oldenbourg; en 1676, celui-ci le céda à Chrétien V, roi de Danemark. En 1773, le roi Chrétien VII laissa le pays à Paul-Petrowitz, duc de Holstein-Gottorp, qui, la même année, le donna à Frédéric-Auguste de la branche cadette de Gottorp. En 1776, l'Oldenbourg fut érigé par Joseph II en grand duché :

•Frédéric-Auguste, 1773-1785.   •Pierre-Frédéric-Guillaume, 1785-1823.

Les premiers *thalers* sont de Jean XV, qui régna en communauté avec ses frères Georges, Christophe et Antoine; ils portent leurs armes, le millésime de 1535 et la légende: **ANTHO · IOANES · GEORGI · CHRISTH ·-FRATRES Z COMITES DE OLDENB Z DEL.** Depuis 1531, les aînés avaient abandonné au cadet Antoine le gouvernement effectif du comté; celui-ci frappa en son nom seul des *florins* d'or au cavalier, des *thalers*, des *mariengroschen*, etc., sa devise est **DNS. PROTECT. VITE MEE A Q**'*uo* **TREPID***abo*.

ae). — *Comté de Wied.*

Le comté de Wied était divisé en deux tronçons, situés l'un sur la rive droite du Rhin, avec la ville de Neuwied, l'autre sur les deux rives de la Lahn. Il comprenait la seigneurie de Runkel. Les armes de Wied étaient : *d'or à quatre bandes de gueules et au paon rouant brochant sur le tout;* celles de Runkel : *d'argent à deux pals de gueules et au canton d'azur.* A la fin du XVIIe siècle, la maison de Wied se divisa en deux lignes : Wied-Runkel et Wied-Neuwied ;

<table>
<tr><td>

RUNKEL.

Maximilien-Henri, 1698-1706.
* Jean-Louis-Adolphe, 1706-1762.
* Chrétien-Louis, 1762-1791.
Charles-Louis-Frédéric, 1791-1824.
</td><td>

NEUWIED.

Frédéric-Guillaume, 1698-1737.
* Jean-Frédéric-Alexandre, 1737-1791.
Frédéric-Charles, 1791-1802.
</td></tr>
</table>

En 1758, Jean-Louis-Adolphe de Wied-Runkel ouvrit à Dierdorf un atelier où il frappa diverses monnaies de billon de 1 à 15 *kreuzer;* mais ce monnayage fut interdit par mandement impérial en 1760. Ces pièces portent son chiffre couronné entouré de **GRAF ZV WIED RVNKEL**, légende qui se continue au revers par **ISENBVRG VND CRIECHINGEN**. Le droit monétaire du comte de Wied ne fut pas contesté, mais l'empereur exigea que l'exercice en eût lieu dans un atelier agréé par le cercle de Westphalie. Chrétien-Louis fit également monnayer, et en 1762 il fit frapper avec l'argent tiré de la mine de Weyer, **EX FODINIS WEYERIENSIBVS**, un *ausbeutethaler* commémoratif de son mariage avec Charlotte-Sophie-Augusta de Sayn-Wittgenstein.

Jean-Frédéric-Alexandre de Wied-Neuwied nous a laissé des *ducats* et des monnaies d'argent et de cuivre. Quelques pièces frappées en 1752 et 1753 portent une vue de la ville de Neuwied.

af). — *Comté de Schauenbourg.*

Le comté de Schauenbourg était borné par le Hanovre, le duché de Calenberg, l'évêché de Minden et le comté de Lippe. Ses armes étaient : *de gueules à un écusson triangulaire coupé d'argent sur gueules, côtoyé de trois feuilles d'orties d'argent alternant avec trois clous du même posés en pairle.* Voici la succession des comtes et princes de Schauenbourg :

<table>
<tr><td>

Otton IV, 1533-1576.
* Adolphe XIII, 1576-1601.
* Ernest, 1601-1622, prince depuis 1619.
* Josse-Hermann, 1622-1635.
Otton, 1635-1640.
* Philippe de Lippe, 1640-1681.
</td><td>

Frédéric-Chrétien, 1681-1728.
* Albert-Wolfgang, 1728-1748.
* Guillaume-Frédéric-Ernest, 1748-1777.
* Philippe-Ernest, 1777-1787.
* Georges-Guillaume, 1787, mineur jusqu'en 1807.
</td></tr>
</table>

Le 14 août 1569, l'empereur Maximilien II confirma à Otton IV ses droits monétaires. Le mariage d'Élisabeth de Schauenbourg avec Simon VI de Lippe fit passer le comté dans cette maison ; il fut donné à Philippe, troisième fils de Simon VI, fondateur de la ligne de Lippe-Schauenbourg. En 1647, une partie du comté passa à la Hesse; quelques monnaies de cuivre aux armes parties de Hesse et de Schauenbourg-Lippe furent frappées par Philippe de Lippe et le landgrave Guillaume V de Hesse-Cassel, mais après 1648 chacun reprit son monnayage particulier.

En 1608, l'atelier du comté se trouvait à Oldendorf; c'est là que furent frappées les monnaies de bas aloi émises par les comtes de Schauenbourg pendant la *kipperzeit*. Au milieu du xviie siècle, la Monnaie fut établie à Buckebourg.

ag). — *Comté de Lippe* [1].

Le comté de Lippe, dont le territoire s'était accru d'une partie de celui de Schwalenberg, était borné au nord par le comté de Ravensberg, l'évêché de Minden et le comté de Schauenbourg, à l'est, par les comtés de Calenberg et de Pyrmont et par l'évêché de Paderborn, au sud, par Paderborn, à l'ouest par Ravensberg. Les armes de Lippe étaient: *d'argent à la rose de gueules boutonnée et barbée d'or*; celles de Schwalenberg: *de gueules à l'étoile à cinq rais d'or supportant une hirondelle* (en allemand schwalbe) *de sable et d'argent*. Les comtes suivants gouvernèrent la Lippe depuis le commencement du xvie siècle jusqu'à la fin du xviiie:

* Simon V, 1511-1536.
  Bernard VIII, 1536-1563.
* Simon VI, 1563-1613.
* Simon VII, 1613-1627.
  Simon-Louis, 1627-1636.
* Simon-Philippe, 1636-1650.
  Jean-Bernard, 1650-1652.
* Hermann-Adolphe, 1652-1666.

* Simon-Henri, 1666-1697.
* Frédéric-Adolphe, 1697-1718.
* Simon-Henri-Adolphe, 1718-1734.
* Simon-Auguste, 1734-1782.
* Louis-Henri-Adolphe, tuteur, 1782-1788.
* Frédéric - Guillaume - Léopold, 1782-1802.

Simon V prit, le premier, le titre de comte: *comes et nobilis dominus de Lippia*. En 1687, Simon-Henri devint, par son mariage, seigneur de Vianen et d'Ameiden aux Pays-Bas; quelques-uns de ses successeurs ajoutèrent sur leurs monnaies, à leur titre habituel, ceux de: *supremus dominus Vianae et Ameidae, burgravius hereditarius Ultrajecti*.

Le premier *thaler* ou *guldiner* de Lippe fut frappé en 1528, sous Simon V, dont ce fut la seule monnaie; l'avers porte son buste, le revers son écu écartelé de Lippe et de Schwalenberg et timbré d'un heaume. Le monnayage reprit en 1598 sous Simon VI qui, en 1592, s'était fait confirmer ses droits régaliens par l'empereur Rodolphe II; on

---

1. H. Grote et L. Hölzermann, *Lippische Geld- und Münzgeschichte*, dans les *Münzstudien*, t. V, 1867, p. 229 et suiv.

a de lui de nombreuses espèces, *thalers, fürstengroschen, mariengroschen, dreier* et *gosler* ou demi-pfennigs. Sous Simon VII les monnaies devinrent plus nombreuses encore et comprirent des *florins* d'or et des pièces de cuivre pur portant parfois le nom de la ville de Detmold : **DITMAL.**

Hermann-Adolphe inscrit au revers de ses *thalers* et *demi-thalers* la devise : **SPES CONFISA DEO NVNQVAM CONFVSA RECEDIT.** Son successeur Simon-Henri utilisa deux légendes personnelles; sur ses pièces les plus anciennes on lit **CLEMENTE DEO BONA CONSCIENTIA;** sur plusieurs de celles qui furent frappées à partir de 1685, il y a **NEC TEMERE NEC TIMIDE.** La devise de Frédéric-Adolphe est **IVSTVM ET DECORVM** ou **DECORVM QVOD HONESTVM.** Les types, en général dépourvus d'originalité, se bornent à reproduire le buste du souverain, les armes écartelées, la rose de Lippe, une légende ou un monogramme, placés dans le champ.

L'atelier de Simon V fut établi à Lemgo. Simon VI installa sa forge dans les caves de son château de Detmold. Son successeur transféra sa Monnaie à Blomberg, mais la rétablit à Detmold en 1618. Un atelier nouveau fut ouvert en 1724 pour la fabrication d'espèces de cuivre, au château de Brake, mais en 1749, l'outillage fut transporté à Detmold.

ah). — *Comté de Bentheim* [1].

Le comté de Bentheim était resserré entre l'évêché de Munster et la province néerlandaise d'Overyssel ; ses armes étaient : *de gueules à dix-neuf besants d'or posés 4, 4, 4, 4 et 3.* A la mort d'Arnould III de Bentheim (1606), ses fils régnèrent d'abord en commun, puis, en 1610, ils procédèrent à un partage; l'aîné, Adolphe, eut Tecklenbourg et Rheda (voir § suivant), le second, Arnould-Josse, eut Bentheim et une partie de Steinfurt. Ernest-Guillaume (1643-1693), fils d'Arnould-Josse, fit frapper des *thalers* à ses armes et diverses autres monnaies d'argent et de cuivre; ces dernières sont des *dutes* analogues à celles des Provinces-Unies.

ai). — *Comtés de Tecklenbourg et de Rheda.*

Ces deux comtés étaient situés sur les confins de l'évêché de Munster. Tecklenbourg portait : *d'argent à trois feuilles de nénuphar de gueules* [2],

1. J. Leitzman, *Numismatische Zeitung,* 1859, p. 25.
2. Les armes de Tecklenbourg sont souvent écartelées de Lingen : *d'azur à une ancre d'or.*

et Rheda : *d'argent au lion de sable, armé et lampassé de gueules, le corps passé dans trois anneaux d'or et le bout de la queue orné d'une rose du même.* Ils arrivèrent dans la maison de Bentheim par le mariage d'Eberwin III de Bentheim (1544-1562) avec Anne, héritière de Tecklenbourg :

Arnould III, 1562-1606.	Frédéric-Maurice, 1701-1710.
*Adolphe, 1606-1625.	*Maurice-Casimir I, 1710-1768.
*Maurice, 1625-1674.	Maurice-Casimir II, 1768-1805.
*Jean-Adolphe, 1674-1701.	

En 1618, Adolphe ouvrit à Tecklenbourg un atelier monétaire et frappa des *thalers* au nom de l'empereur Mathias. Il s'y intitule : *comes teclenburgensis, dominus Rhedae et Hoiae*[1]. Le monnayage continua sous ses successeurs, qui en 1700 perdirent Tecklenbourg à la suite d'un long procès soutenu contre les comtes de Solms-Braunfels. Jusqu'en 1659, quelques monnaies de cuivre avaient été frappées spécialement pour le comté de Rheda.

aj). — *Comté de Pyrmont*[2].

Le comté de Pyrmont, à l'est de la Lippe, portait *d'argent à la croix ancrée de gueules.* En 1625, il fut réuni au comté de Waldeck (voir p. 176). En 1761, Charles-Auguste-Frédéric (1728-1763), prince de Waldeck, fit frapper des monnaies de cuivre de I, II et III *pfennigs* spécialement destinées à la circulation du comté de Pyrmont; elles portent la croix ancrée sous une couronne entourée de **PYRMONT**: **SCHEIDEMVNTZ** et, au revers, l'indication de la valeur et du millésime.

ak). — *Comté de Diepholz*[3].

Les seigneurs de Diepholz, dont les terres s'étendaient au sud-ouest du comté de Hoya, reçurent de l'empereur Maximilien I le titre de comtes, en 1524. Leur maison s'éteignit en 1585 et leurs domaines passèrent aux ducs de Brunswick-Celle. Les armes de Diepholz étaient : *coupé, au 1 d'or au lion de gueules, au 2 d'azur à l'aigle d'argent.*

Les dernières monnaies de Diepholz appartiennent au règne de Frédéric I (1493-1529) : ce sont des *batzen* de 1526 copiés de ceux de Bavière et des *holpfennigs*.

---

1. Sur d'autres pièces la titulature est plus étendue ; voyez p. 136.
2. J. Weingärtner, *Beschreibung der Kupfer-Münzen Westfalens.* Paderborn, 1875, 3e partie, p. 280.
3. H. Grote, *Die Münzen der Herren von Diepholz*, dans les *Münzstudien*, t. IV, 1865, p. 252 et suiv.

al). — *Comté de Ritberg* [1].

Le comté de Ritberg, situé entre les pays de Munster, de Paderborn et de Lippe, appartenait à une branche de la maison d'Arnsberg. Les armes comtales étaient: *de gueules à l'aigle d'or*. Le monnayage de Ritberg commença dans les premières années du xvie siècle; il présente, dit M. Grote, cette particularité qu'un grand nombre des pièces dont il se compose sont des copies de monnaies étrangères qui ne circulaient pas en Westphalie. La pièce la plus ancienne est un *schilling* de 1511 imité des pièces de Deventer:

*Jean I, 1481-1516.	Frédéric-Guillaume, 1660-1677.
*Otton, 1516-1535.	Ferdinand-Maximilien, 1677-1687.
Jean II, 1535-1563.	* François-Adolphe, 1687-1690.
*Ermengarde et Walburge, 1563-1576.	*Marie-Ernestine, 1690-1699.
Ermengarde seule, 1576-1583.	*La même et Maximilien Ulric de Cau-
Walburge seule, 1583-1601.	nitz, 1699-1746.
*Jean III d'Ostfrise, 1601-1625.	*Wenceslas-Antoine, 1746-1794.
*Jean IV, 1625-1660.	

Les premiers *thalers* de Ritberg remontent au règne d'Ermengarde et Walburge. On en connaît également pour Jean III et pour Marie-Ernestine et Maximilien-Ulric, mais les autres comtes de Ritberg ne frappèrent que des monnaies de valeur inférieure. Sous Wenceslas-Antoine, il n'y eut qu'une émission de *pfennigs* et *doubles pfennigs* de cuivre. L'atelier des comtes était placé à Ritberg.

am). — *Comté de Holzapfel.*

Pierre Eppelmann, dit Melander, devint feldmaréchal pendant la guerre de Trente Ans et, en 1641, l'empereur l'éleva à la dignité de comte d'empire sous le nom de Holzapfel. En 1643, il acheta des princes de Nassau-Hadamar la seigneurie impériale immédiate d'Esterau et l'avouerie d'Isselbach, dont l'empereur Ferdinand III fit, la même année, le comté de Holzapfel. Le territoire de ce nouveau comté, bientôt agrandi de la seigneurie de Schaumbourg, s'étendait sur les deux rives de la Lahn entre Nassau et Dietz. Ses armes étaient: *écartelé: au 1 et au 4 de gueules au lion d'argent brandissant un bâton de commandement, le lion du 1 contourné; au 2 et au 3 d'argent au griffon de gueules tenant une boule d'azur, le griffon du 3 contourné; sur le tout,*

1. H. Grote, *Die Münzen der Grafen von Ritberg*, dans les *Münzstudien*, t. IV, 1865, p. 315 et suiv.

d'azur à une branche de sinople posée en fasce, fruitée de pommes de gueules et surmontée d'une couronne d'or. La fille unique de Melander, Élisabeth-Charlotte (1648-1707), épousa Adolphe, second fils de Louis-Henri de Nassau-Dillenbourg (1653-1676).

On n'a pas d'espèces de Pierre de Holzapfel, bien qu'il ait reçu en 1647 de l'empereur le droit de battre monnaie. De son gendre Adolphe, on possède des *gulden* d'argent, des *doubles albus,* des *albus* et des *kreuzer.* Les *gulden* portent son buste et ses armes avec les légendes ADOLF FVRST ZV NASSAW-MONETA NASS·HOLZAPEL.

La fille unique d'Adolphe porta le comté dans la maison d'Anhalt-Bernbourg. Il existe un *ausbeutegulden* de 1774 de Charles-Louis d'Anhalt (1772-1806), frappé a Francfort-sur-Main, avec l'argent des mines de Holzapfel.

an.) — Comté de Mœurs.

Le comté de Moeurs, fief de Clèves, était situé entre le pays de Clèves, la Gueldre et l'archevêché de Cologne; il portait: *d'or au chevron de sable.* Il appartenait au xvie siècle à la maison de Neuenahr. Lorsqu'en 1578, Hermann mourut sans héritiers directs, le duc de Clèves, Guillaume V, voulut réunir Moeurs à ses états, mais en 1579, pour mettre fin aux contestations soulevées, il donna le comté à Walburge de Neuenahr, sœur d'Hermann. Celle-ci céda Moeurs à Maurice de Nassau-Orange, dans la maison duquel cette terre resta jusqu'à la mort de Guillaume III; elle fut alors annexée aux possessions rhénanes de la Prusse.

Les comtes de Moeurs avaient un atelier dans lequel Hermann (1553-1578) frappa des *thalers* et diverses monnaies divisionnaires. En 1619, ce monnayage fut repris par Maurice de Nassau-Orange.

ao). — Baronie de Batenbourg¹.

La terre de Batenbourg s'étendait au sud-ouest de Nimègue, sur les confins du Brabant. Ses armes étaient: *de gueules au sautoir d'or cantonné de quatre forces du même.* Elle appartenait à la maison de Bronckhorst qui portait: *de gueules au lion d'argent lampassé et couronné d'or, la queue fourchue et nouée en sautoir.* Voici la chronologie des souverains de Batenbourg, depuis le commencement du xvie siècle:

•Jacques, 1513-1516.   •Gisbert IV, 1516-1525.

---

1. P. O. van der Chys, *De munten der heeren en steden van Gelderland.* Haarlem, 1853, in-4, p. 125 et suiv. — W. de Voogt, *Bijdragen tot de numismatiek van Gelderland, II.* Arnhem, 1869, in-4. — C. A. Serrure, *Onuitgegevene munten der heeren van Batenburg,* dans le *Vaderlandsch Museum,* t. IV, 1861.

Après la mort de Gisbert IV, Charles d'Egmont, duc de Gueldre, s'empara de Batenbourg. Le 7 mars 1534, Hermann de Bronckhorst, de la branche de Stein, acheta la seigneurie.

•Hermann, 1534-1556.   •Hermann-Thierry, 1573-1602.
•Guillaume, 1556-1573.   •Maximilien, 1602-1641.

Le monnayage de Batenbourg fut très restreint jusqu'au règne de Guillaume. Celui-ci frappa une quantité énorme d'espèces de toute nature, imitées des monnaies les plus en vogue au xvie siècle. Lorsqu'on passe sa série en revue, on croirait voir défiler les *florins* d'or du Rhin, des pièces d'or d'Halberstadt, des *croisades* portugaises, des *ducats* de Hongrie, des *angelots* d'Angleterre, des

Fig. 216

monnaies italiennes, des *thalers* allemands et néerlandais, des *mariengroschen*, etc., si les légendes habilement placées, parfois défigurées par d'adroites abréviations, ne nous instruisaient d'une origine batenbourgeoise. Nous mettons sous les yeux du

Fig. 217

lecteur deux des pièces les plus intéressantes: un *double ducat* d'or (fig. 216) et une audacieuse copie des *lire* d'argent pontificales (fig. 217); le nom du pape est remplacé autour du buste de l'avers par celui de saint Victor, patron de Batenbourg.

Sous Hermann-Thierry, la fabrication continua aussi active et les types étrangers furent mis à contribution avec autant de désinvolture que sous son prédécesseur; mais les émissions furent peu nombreuses sous Maximilien et elles paraissent s'être arrêtées avec lui.

ap). — *Seigneurie de Baar* [1].

En 1562, Thierry de Bronckhorst-Batenbourg acheta de Lamoral, comte d'Egmond, la seigneurie de Baar, en Gueldre. M. de Voogt a

___
1. W. de Voogt, *Bijdragen*, etc., II. Arnhem, 1869, in-4, p. 35.

démontré que Thierry s'arrogea le dtoit de battre monnaie et qu'il frappa, sans doute dans son château de Baar, des *thalers* portant à l'avers le buste couronné et cuirassé de saint Ludger, au revers un lion debout tenant un écu au lion de Bronckhorst. Les légendes sont: SANCTVS LVDERVS PATRONVS NOST et DENARIVS NOVVS DOM· IN·B ou MONETA NOVA ARGENTEA I·B·BA.

aq). — *Comté d'Anholt*[1].

La seigneurie d'Anholt sur l'Yssel, entre la Gueldre, le pays de Clèves et celui de Munster, portait : *de gueules à trois colonnes d'argent.* Elle appartenait à la maison de Bronckhorst-Batenbourg :

*Thierry II, 1525-1581.   *Thierry III, 1585-1637.
Jacques II, 1581-1585.

Maximilien II éleva, en 1571, la seigneurie d'Anholt au rang de comté d'empire et lui reconnut le droit de battre monnaie. Thierry II tenta d'établir à Anholt un atelier monétaire, mais on ne connaît que les coins d'un *thaler* de 1574. Sous Thierry III, l'atelier d'Anholt est mentionné dans un texte de 1618 ; on a de lui des *thalers* et leurs divisions à ses armes et au nom de Ferdinand II ; ils portent TH·CO·D·BRONC· L*iber* BAR*o*, D·BAT*enburg* IN ANH*holt,* et le millésime de 1620. En cuivre, Thierry III frappa de grandes quantités de *dutes* copiées de celles des Provinces-Unies. Thierry ne laissa pas d'héritiers mâles, et sa fille, Marie-Anne, épousa en 1644 Léopold-Philippe de Salm (1644-1663). On a de lui un *escalin* au lion et des *groschen* de bas titre à ses armes, portant au revers une croix ornée cantonnée de : MON-ARG-CVS-AEN.

ar). — *Comté de s'Heerenberg*[2].

Le comté de s'Heerenberg, *comitatus montensis,* était compris entre le Rhin, l'Yssel et le Vieil-Yssel. Il comprenait, outre la capitale, les petites villes de Dieren et de Gendringen. Ses armes étaient: *d'argent au lion de gueules, armé, lampassé et couronné d'or, à la bordure de sable chargée de onze besants d'or.* La maison de s'Heerenberg possédait également les seigneuries de Bylant, Hédel, Boxmer, Homoet, Stévensweerd et la moitié de celle de Wisch :

1. Th. M. Roest, *Die Münzen der Herrschaft* dans la *Tijdschrift van het nederlandsch genootschap voor munt en penningkunde,* t. III, 1895.

2. C. A. Serrure, *Histoire de la souveraineté de s'Heerenberg et description des monnaies des comtes souverains de cette maison.* Gand, 1859-1860, in-4.

*Guillaume III, 1506-1511.
*Oswald II, 1511-1546.
*Guillaume IV, 1546-1568.

[Occupation espagnole, 1568-1576].
*Guillaume IV rétabli, 1576-1586.
Hermann. 1586-1611.

La fabrication des *thalers* commence sous Oswald II; l'avers des pièces porte son buste coiffé d'un bonnet légèrement incliné sur l'oreille droite et habillé d'un manteau d'hermine; au revers, figurent ses armes écartelées de s'Heerenberg, Egmond, Moeurs-Saarwerden et Culembourg; la légende se compose de la devise de la maison de s'Heerenberg: **DNS PROTECTOR VITE MEE A QVO TREPIDABO**. Les monnaies de Guillaume IV, très nombreuses, se divisent en deux séries. « Les unes, dit M. C. A. Serrure, qui a consacré à la numismatique de ce pays un remarquable mémoire, furent frappées avant 1568, époque à laquelle le comte de s'Heerenberg fut forcé d'abandonner ses états héréditaires devant les armées du duc d'Albe; les autres furent battues depuis sa restauration en 1576. » Pendant les premières années de son règne, Guillaume eut son atelier à s'Heerenberg ou à Gendringen et à Hedel, puis les circonstances l'obligèrent à établir sa Monnaie à Dieren. De 1581 à 1583, le comte, ayant été nommé gouverneur de Gueldre, prit ce titre sur ses pièces: **GVIL·CO·D·MON·Z·GV·DVC·GEL·CO·ZVT**. Les monnaies d'or de Guillaume IV consistent en *angelots* au type d'Angleterre et en *ducats* au type de Hongrie. En argent, il y eut des *thalers* portant le buste du comte à la tête nue, le buste cuirassé et couronné de saint Oswald, patron de s'Heerenberg, l'effigie en pied de saint Pancrace tenant une bannière, enfin le cavalier galopant au-dessus de l'écusson comtal; de nombreuses monnaies divisionnaires complètent la série qui finit brusquement à la mort de Guillaume IV.

as). — *Seigneurie de Hédel.*

Le second fils d'Oswald II de s'Heerenberg, Frédéric, eut de graves différends avec son frère Guillaume IV au sujet de la succession paternelle. Mêlé à la politique de son temps, il tint constamment le parti des Espagnols, et put, grâce à leur appui, se maintenir dans la seigneurie de Hédel[1], où il frappa monnaie de 1577 à 1580. Son numéraire se compose de *florins* d'or au saint Martin, de *ducats* de Hongrie au saint Pancrace debout, de *ducats* copiés de ceux de Parme et représentant une femme assise dans un char, de *thalers* portant son buste et ses armes ou reproduisant servilement l'empreinte des *leeuwendaalders* néerlandais, enfin de plusieurs espèces divisionnaires. La plupart de ces pièces sont, d'un titre très affaibli. Frédéric mourut sans enfants en 1592.

---

1. La seigneurie de Hédel portait: *d'or à trois croissants d'azur.*

at). — *Seigneurie de Stévensweerd.*

Cette seigneurie était située sur la Meuse, non loin de Ruremonde; ses armes étaient: *d'or à l'arbre de sinople*. Elle arriva au commencement du XVIᵉ siècle, par mariage, dans la maison de s'Heerenberg et passa en 1592 à Henri, troisième fils de Guillaume IV, qui y ouvrit un atelier monétaire. Les émissions se bornèrent à quelques *thalers* au millésime de 1626, mais sous Hermann-Frédéric (1627-1631), le monnayage devint très actif. On possède de lui des *florins* d'or de divers types, dont les moins curieux ne sont pas ceux qui reproduisent les coins des pièces messines à l'image de saint Étienne, patron de Metz, mais aussi de Stévensweert, *insula sancti Stephani*; on connaît en outre des *thalers* au buste, des *demi-thalers* et une quantité de billons et de cuivres dont les types sont empruntés à Metz, aux Pays-Bas et à la Westphalie. Les successeurs d'Hermann-Frédéric ne paraissent pas avoir continué ce monnayage dépourvu de scrupules.

au). — *Comté de Culembourg* [1].

En 1555, Florent I de Pallant hérita la terre de Culembourg, entre Utrecht et Bois-le-Duc, de sa grand'tante, Élisabeth de Culembourg, morte sans laisser d'enfants de son mariage avec Antoine de Lalaing. Il régna jusqu'en 1598 et prit une part active à la révolution des Pays-Bas contre l'Espagne. Son fils Florent II lui succéda (1598-1639).

Florent I de Pallant ouvrit à Culembourg un atelier monétaire où les États d'Ommelanden firent frapper de 1589 à 1591 les monnaies de leur province (voir p. 88). Il y émit également des *demi-stuivers* et des pièces de cuivre de *quatre deniers*, de *deux deniers* et d'*un denier*; le type de ces monnaies se compose, à l'avers, de l'écusson du comte [2] entouré de **FLORENTIVS COMES** D·**CVLEMBOR**, et, au revers, d'un cartouche carré sur lequel est écrite en quatre lignes, la fière devise: **LIBERTAS VITA CARIOR.**

av). — *Seigneurie de Vianen* [3].

Cette petite seigneurie, située sur les frontières de la Hollande et de la

1. G. van Loon, *Histoire métallique des Pays-Bas*, t. I, p. 114.
2. Ces armes sont: *écartelé, au 1 et au 4 d'or à trois colonnes de gueules,* qui est Culembourg, *au 2ᵉ et au 3ᵉ d'argent au lion de sable,* qui est Leck, *sur le tout, fascé d'or et d'argent de six pièces,* qui est Pallant.
3. P. O. van der Chys, *De munten der voormalige graafschappen Holland en Ze-*

Gueldre, portait *d'argent à trois colonnes de sable*. Au XVIᵉ siècle, elle appartenait à la maison de Bréderode, dont les armes étaient : *d'or au lion de gueules, brisé d'un lambel à trois pendants du même.*

Henri II de Bréderode (1556-1568), célèbre par le rôle qu'il joua lors du soulèvement des Pays-Bas contre l'Espagne, ouvrit à Vianen un atelier monétaire, une de ces *haagmunten*, comme celles des souverains de Batenbourg et de s'Heerenberg, dans lequel il. contrefit les espèces les plus en vogue. On a de lui des imitations de l'*angelot* d'or d'Angleterre, de l'*écu* d'or du Dauphiné, du *ducat* de Hongrie, du *florin* d'or du Rhin ; ses *thalers*, également copiés d'espèces étrangères, portent son buste ou celui de saint Henri, enfin, parmi les pièces divisionnaires, nous signalerons ses *mariengroschen* et ses audacieuses imi-

Fig. 218

tations des *lire* pontificales. La légende principale des monnaies d'Henri de Bréderode est **MONE·NO·HE·D·D·BRE·LI***ber* **D***ominus* **VI***anae*, ou **HENRI·DNS·DE·BREDERO·LI.DO·VI.**

Le seigneur de Brederode mourut sans enfants, et sa nièce Gertrude de Bronckhorst recueillit en 1568 sa succession. Elle nous a laissé un *thaler* de 1577, portant à l'avers un homme sauvage tenant un tronc d'arbre arraché et l'écu aux trois colonnes, et au revers, l'écu échancré et couronné aux armes écartelées de Gertrude. La devise de la dame de Vianen était : **IN SPE ET SILENTIO FORTITVDO MEA** (fig. 218).

aw). — *Comté de Megen* [1].

Le comté de Megen, sur la Meuse, au nord du duché de Brabant,

---

land, etc. Haarlem, 1858, in-4, p. 544 et suiv. — C. A. Serrure, *Onuitgegevene munten der graven van Holland en der heeren van Vianen*, dans le *Vaderlandsch Museum*, t. II, 1859-60, p. 65 et suiv.

1. P. Cuypers, *Notice sur les monnaies des comtes de Megen*, dans la *Revue belge de numism.*, 1851.

appartenait au xvi⁣ᵉ siècle à la maison de Brimeu. Ses armes étaient: *d'or au chef de gueules.* Les Brimeu portaient: *d'argent à trois aigles de gueules, becquées et membrées d'azur.*

Charles de Brimeu s'était fait confirmer par les empereurs Ferdinand Iᵉ⃨ et Maximilien II les droits régaliens de ses prédécesseurs, mais l'opposition du duc de Brabant l'arrêta dans ses tentatives monétaires. A sa mort, le comté de Megen passa à sa nièce Marie de Brimeu, qui épousa en 1580, en secondes noces, Charles de Croy, prince de Chimay. En 1584, une rupture survint entre les deux époux.

On possède de Charles de Croy des *écus* ou *daalders* à son buste et à ses armes, portant au revers la légende : NON VIDI IVSTVM DERE-LICTVM. Après la séparation de Charles et de Marie, celle-ci fit monnayer à son nom seul, dans l'atelier de Gorcum, diverses espèces d'or, copies plus ou moins serviles du *souverain* de Marie Tudor, du *noble henricus* et du *noble à la rose*, d'Angleterre. Cette dernière monnaie porte la curieuse légende : AD LEgem EDWARdi Dei Gratia REGis AN-Glie MARia A Brimeu PRIncipissa De CHImaio Comitissa De MAEgen.

ax). — *Seigneurie d'Arkel* [1].

La seigneurie d'Arkel était située entre la Leck et la Merwede, non loin de Gorcum. Ses armes étaient: *d'argent à deux fasces bretessées de gueules.* Vers la fin du xviᵉ siècle, un seigneur d'Arkel entreprit de faire frapper monnaie, sans doute à Gorcum. On ne connaît ce monnayage que par un *noble* d'or et par le piéfort d'un *souverain* d'or copié de ceux d'Angleterre; la légende de l'avers est: + MON·AVR· DOMINI D·AR·FORTITVDO NRA DEVS.

ay). — *Comté de Hornes* [2].

Le comté de Hornes, situé sur la rive gauche de la Meuse, au sud de la Gueldre, était un fief de la principauté de Liège. Ses souverains possédaient également les seigneuries voisines de Weert et de Wessem. Les armes de Hornes étaient : *d'or à trois huchets de gueules virolés d'argent,* celles de Weert : *d'argent au chevron d'azur.* Jean III, comte

1. C. P. Serrure, *Double noble à la rose au nom du seigneur d'Arkel,* dans la *Revue belge de numism.,* 1847, p. 255. — J. Schulman, *De l'imitation de monnaies étrangères aux Pays-Bas septentrionaux,* etc., dans le *Congrès international de numismatique de Bruxelles,* 1891, p. 581.

2. J. Wolters, *Notice historique sur l'ancien comté de Hornes et sur les anciennes seigneuries de Weert, Wessem,* etc. Gand, 1850, in-8. — Van der Chys, *De munten der leenen van Braband,* etc , p. 138 et suiv.

de Hornes, mourut sans enfants le 15 août 1531. Il laissa la plus grande partie de ses biens à Philippe de Montmorency, que sa femme Anne d'Egmond avait eu d'un premier mariage avec Joseph de Montmorency.

Philippe ouvrit un atelier monétaire à Weert. Il y frappa des *florins* d'or de bas titre au type de saint Martin, copiés de ceux d'Utrecht et de Liège, des *écus* ou *thalers* et *demi-thalers* d'argent reproduisant l'image équestre du même saint, SANCTVS MARTIN. PATRONVS WIERTENS, et les écus accolés et heaumés de Montmorency[1] et de Hornes, des pièces d'argent appelées *sprengers,* copiées des *doubles escalins* de Liège, enfin quelques pièces de cuivre. Philippe de Montmorency fut décapité à Bruxelles le 4 juin 1568 par ordre du duc d'Albe. Après sa mort, le monnayage de Weert ne fut pas poursuivi par sa veuve et héritière Walburge de Neuenahr.

az). — Seigneurie de Heid et Blyt[2].

Cette seigneurie était située sur les limites du Limbourg et du territoire d'Aix-la-Chapelle. Son chef-lieu, le village de Richterich, avait saint Martin pour patron. En 1554, la terre de Heid et Blyt passa, à la suite d'un mariage, à Guillaume I de Bongard. Celui-ci frappa des *thalers* au type de saint Martin, à cheval ou à pied. Les premiers, qui reproduisent les coins des pièces de Philippe de Montmorency, comte de Hornes, portent les légendes SANCTVS·MARTINVS PATRONVS IN HEYD ET B·—PARTEM QVART*am* RO*sae* NO*bilis* A*V*reae CVDEBAT D*ominus (in)* H*eyd* ET B*lyt*[3]. Quelques pièces de billon portent le buste de Guillaume: GVILH·A BVNG·DO·HEYD — MO·NO·LIB·BA*ronis* I*n* BLYT.

ba). — Comté de Gronsveld[4].

La seigneurie de Gronsveld, sur la rive droite de la Meuse, à une lieue en amont de Maestricht, portait: *d'or à trois tourteaux de gueules.* Elle fut élevée au rang de comté par Rodolphe II. Voici la liste des

1. Montmorency porte : *d'or à la croix de gueules cantonnée de seize alérions d'azur.*

2. Van der Chys, *De munten der leenen van Braband,* etc., p. 181 et suiv.

3. Les armes de Bongard sont : *de gueules au chevron d'argent.* Guillaume y joint, soit celles de sa mère, Élisabeth d'Argenteau : *d'azur à la croix d'or chargée de cinq coquilles de gueules et cantonnée de vingt croisettes d'or,* soit celles d'Eynatten : *d'argent à la bande accompagnée de six merlettes de sable.*

4. J. Wolters, *Recherches sur l'ancien comté de Gronsveld.* Gand, 1854, in-8. — Van der Chys, *De munten der leenen van Braband,* etc., p. 96 et suiv. — J. de Chestret, *Notes sur l'histoire et la numismatique du pays de Gronsveld,* dans la *Revue belge de numism.,* 1874, p. 256 et suiv.

seigneurs et comtes de Gronsveld du XVIᵉ au XVIIIᵉ siècle ; tous appartiennent à la maison de Bronckhorst :

Thierry II, ... 1496-1508.	*Jean II, 1588-1617.
*Jean I, 1508-1559 ou 1560.	*Juste-Maximilien, 1617-1662.
*Guillaume, 1559 ou 1560-1563.	Otton-Guillaume, 1662-1680 ?
Josse, 1563-1588.	*Jean-François, 1680 ?-1719.

Jean I reprit le monnayage de Gronsveld après une interruption de près d'un siècle. Il émit de nombreuses espèces, dont quelques-unes ne nous sont connues que par les dessins d'anciens tarifs. Ses monnaies sont toutes d'audacieuses contrefaçons de pièces étrangères : *florins* d'or du Rhin au Christ assis ; *florins* d'or au saint Martin conformes à ceux d'Utrecht et de Liège, *pistolets* au type toscan de Cosme de Médicis, *thalers* et *demi-thalers* de divers types, etc. Sous les successeurs de Jean I, les émissions de Gronsveld consistèrent principalement en monnaies de cuivre reproduisant les coins des *liards* de Liège et de Stavelot ou ceux des *dutes* des Provinces-Unies.

bb). — *Comté de Reckheim* [1].

La seigneurie de Reckheim, dont dépendait la libre baronnie de Boorsheim, était située à deux lieues au-dessous de Maestricht, sur la rive gauche de la Meuse. Elle fut élevée au rang de comté le 31 mars 1623, par Ferdinand II. Ses armes étaient : *d'or au lion de gueules*. Voici la chronologie des souverains de Reckheim, telle que la donne M. de Chestret :

Érard et Jean de Pyrmont, 1504-1512...	Guillaume, ...-1590.
Robert I de la Mark, ...-1541.	*Hermann de Lynden, 1590-1603.
Robert II de la Mark, 1541-1544.	*Ernest de Lynden, 1603-1636.
Jean de Hennin, 1545-1556 ?	*Ferdinand de Lynden, 1636-1665.
*Guillaume de Vlodorp. 1556?-1564 ou 1565.	*François-Gobert, 1665-1703.
	*Ferdinand-Gobert, 1763-1708.
Jean Quadt de Wyckradt, 1565 ?-....	Joseph-Gobert, 1708-1720.

Le monnayage moderne de Reckheim commence sous Guillaume de Vlodorp par l'émission de pièces anonymes portant ses armoiries : *florins* d'or du Rhin au type de saint Pierre, *florins* d'or de Hongrie, *thalers* et *demi-thalers* au saint Pierre et à l'aigle d'empire. Hermann de Lynden donne quelques monnaies signées ; mais ce fut surtout sous ses successeurs Ernest et Ferdinand que la fabrication moné-

---

1. J. Wolters, *Notice historique sur l'ancien comté impérial de Reckheim*, Gand, 1846, in-8. — Van der Chys, *De munten der leenen van Braband*, etc., p. 271 et suiv. — J. de Chestret, *Notes sur l'histoire et la numismatique du pays de Reckheim*, dans la *Revue belge de numism.*, 1872, p. 480 et suiv. — Vᵗᵉ B. de Jonghe, *Monnaies inédites de Reckheim*, dans le même recueil, 1893, p. 482 et 1894, p. 211 et suiv.

taire prit une grande extension. Ce dernier émit d'énormes quantités de pièces de cuivre, *liards* et *doubles liards,* copiées de celles des Pays-Bas espagnols, de l'évêché de Liège, des Provinces-Unies. Sur quelques *doubles liards,* Ferdinand associe à son nom celui de sa femme Élisabeth de Furstemberg. Les noms de François-Gobert et de Ferdinand-Gobert se rencontrent réunis sur des *gulden* d'argent, dont l'un porte le millésime de 1687.

bc). — *Seigneurie de Schönau* [1].

La seigneurie de Schönau, située à une lieue au nord d'Aix-la-Chapelle, appartenait, au XVIᵉ et au XVIIᵉ siècle, à la famille de Milendonck. En 1523, Schönau passa à Thierry de Milendonck, qui fit reconnaître sa terre comme fief immédiat de l'empire et fit frapper en 1542 un *thaler* à son buste et à ses armes, écartelées de Milendonck et de Drachenfels, du chef de sa femme Agnès de Drachenfels. Les légendes sont: THEOD · D · IN · MILENDONCK · Z · SCHONAWE et MONE · NO · DOM · SCHONAWENSIS, suivi du millésime.

Au XVIIIᵉ siècle, la terre de Schönau était arrivée, sans doute par héritage, dans la famille de Blanche. En 1755, Jean-Godefroid de Blanche, renouvelant les prétentions de ses prédécesseurs au droit de battre monnaie, fit frapper des pièces de cuivre à ses armes, de la valeur de IIII *heller,* comme celles que la ville d'Aix-la-Chapelle forgeait alors et qu'on nommait *buschen.* Les monnaies de Schönau furent décriées en 1756 par les magistrats d'Aix-la-Chapelle.

bd). — *Comté de Fagnolles* [2].

La seigneurie de Fagnolles, près de Mariembourg (Belgique) appartenait aux princes de Ligne. Elle fut érigée, en 1790, en comté souverain, en faveur du feldmaréchal Charles de Ligne. Celui-ci fit frapper à Günzbourg quelques *ducats* d'or portant son buste entouré de la légende: CAROLVS · P · S · I · R · A LINEA C · FAGNOLENSIS, et les armes de sa maison: *d'or à la bande de gueules.*

be). — *Seigneurie de Gimborn.*

La terre de Gimborn, située entre le duché de Berg et le comté de la

---

1. J. de Chestret, *Lettre à M. Chalon,* dans la *Rev. belge de numism.* de 1869. — R. Chalon, *Le baron de Blanche et sa monnaie de Schönau,* dans le même recueil, 1855, p. 442 et suiv.

2. R. Chalon, *Recherches sur les monnaies des comtes de Hainaut.* Bruxelles, 1848, in-4, p. 155.

Mark, appartenait, depuis 1630, aux comtes de Schwarzemberg. Ceux-ci, dont nous parlerons plus loin comme membres du cercle de Franconie, ouvrirent à Gimborn un atelier monétaire. En 1782, Jean de Schwarzemberg vendit les seigneuries de Gimborn et de Neustadt à Louis, comte de Wallmoden, qui fut élevé l'année suivante au rang de comte d'empire. Il fit frapper plusieurs monnaies en 1802, notamment des *ducats* d'or à son chiffre (les lettres *L W* cursives, liées) et des *gulden* de convention à ses armes, qui sont : *écartelé aux 1er et 4e d'or à trois bouquetins rampants de sable onglés d'or, les cornes tortillées d'or et de sable,* qui est Wallmoden ; *au 2e d'or au chef d'azur chargé de trois fermaux en losange d'or,* qui est Gimborn ; *au 3e d'argent à deux fasces, la première échiquetée d'argent et de gueules, la seconde bretessée et contre-bretessée de sable,* qui est Neustadt ; *sur le tout : coupé d'azur à une couronne d'or, et d'azur à deux chapeaux de juifs, partis d'argent et d'azur, liés de gueules.* Les monnaies portent **MONETA GIMBOR-NENSIS**. Louis de Wallmoden mourut en 1811.

bf). — Ville impériale d'Aix-la-Chapelle.

Aix-la-Chapelle, en latin *Aquisgranum* ou *Civitas aquensis,* en allemand *Aachen,* fut jusqu'à Ferdinand I la ville d'Allemagne où se faisait le couronnement de l'empereur. Ses armoiries sont : *d'argent à l'aigle de sable, lampassée, armée et couronnée d'or.*

Le type des *thalers* d'Aix se compose généralement de l'image de Charlemagne assis ou des armes de la ville. La légende est : **MO·REGIÆ SEDIS VRBIS AQVISGRANI**, avec la mention impériale. Sur quelques pièces de Ferdinand III, on trouve le commencement des hymnes qui se chantent à Aix à la messe de la fête de saint Charlemagne : *urbs aquensis, urbs regalis, regni sedes principalis, prima regum curia.* Le monnayage d'Aix-la-Chapelle cessa en 1795 ; la série comprend des monnaies d'or, d'argent et de cuivre.

bg). — Ville impériale de Cologne [1].

Cologne, en latin *Colonia agrippina,* en allemand *Coeln* ou *Koeln,* a pour armes : *coupé, au 1 de gueules aux trois couronnes des rois mages d'or, au 2 d'argent aux onze flammes de gueules,* allusion à la légende des onze mille vierges.

Les premiers *thalers* et *doubles thalers* de Cologne appartiennent

---

[1]. Wallraf, *Beschreibung der cölnischen Münzsammlung des Domherrn von Merle.* Cologne, 1792, in-8.

encore à la série des incunables et sont empreints des types suivants : **IASPAR · MELCHIOR ET BALTASAR.** Les trois rois debout, à côté de la ville; à l'exergue, **O · FELIx COlonIa.** Revers : **SANGVI'E HI ROSEO REGNA VICERE SVPE'NA.** Navire armorié d'Angleterre et de Bretagne, dans lequel sainte Ursule, son père Déonot, roi de Cornouailles, et le pape Cyriaque se tiennent debout, entourés de quelques-unes des onze mille vierges.

Plus tard, dans le cours du xvie siècle, les pièces sont frappées suivant les lois de l'empire; les armes de Cologne et l'aigle se partagent les deux faces. Au xviiie siècle, le buste de l'empereur remplace parfois l'aigle, par exemple sur le *thaler* au nom de Charles VII frappé en 1742, dernière émission signalée par MM. Erbstein. Le monnayage de l'or, des menues espèces d'argent et des pièces de cuivre fut continué jusqu'en 1793.

bh). — *Ville impériale de Dortmund* [1].

La ville de Dortmund, *Tremonia*, portait : *d'argent à l'aigle de sable*. Elle obtint sa monnaie propre sous Maximilien I. Ses premiers *thalers* datés sont au nom de Charles-Quint et au millésime de 1541; leur type se compose du buste de l'empereur et de l'aigle. Les *groschen* portent l'effigie de saint Renaud, patron de la ville: **S. REINOLDVS MARTIR.** Sous le règne de Ferdinand II, Dortmund frappa ses premières pièces d'or, *florins* et *ducats*. En 1686, son atelier fut reconnu *kreismünzstätte* par le cercle de Westphalie. Le monnayage prit fin en 1760.

bi). — *Ville impériale de Nimègue* [2].

Avant 1543, la ville de Nimègue taillait ses espèces conformément à celles du duché de Gueldre, dans lequel elle se trouvait enclavée. Les pièces de cette période portent fréquemment l'image du patron de Nimègue, saint Étienne. Après 1543, sous les empereurs Charles-Quint et Ferdinand, les espèces, *doubles ducats, daalders* et *demi daalders*, furent frappées conformément aux lois de l'empire. La ville continua de la sorte, jusqu'à ce qu'elle fût troublée, en mars 1563, par la chambre de Spire, dans l'exercice de son droit, qui lui fut contesté. Les monnaies de Nimègue ayant été déclarées pour billon, en Allemagne, la ville se

1. Ad. Meyer, *Die Münzen der Stadt Dortmund,* dans la *Numismatische Zeitschrift* de Vienne, 1883, p. 238 et suiv.

2. P.-O. van der Chys, *De munten der voormalige heeren en steden van Gelderland.* Haarlem, 1853, in-4. — W.-J. de Voogt, *Bijdragen tot de numismatiek van Gelderland.* Arnhem, 1867, in-8.

mit à frapper conformément au système de Philippe II, roi d'Espagne et souverain des Pays-Bas. Les pièces de cette époque mentionnent souvent cette particularité; c'est ainsi qu'on lit sur le *daalder* reproduit par notre figure 219, la légende: **NA · PHLS · PENINGS · GEHALT · DAL · V · XXX · STVVER**, *daalder de 3o stuivers frappé selon la loi des monnaies de Philippe*. En octobre 1567, Nimègue parvint à faire reconnaître ses droits monétaires par le de *Münzprobationstag* Cologne et fut admise au nombre des membres monnayants du cercle de Westphalie.

Fig. 219

Vers le milieu du XVIIᵉ siècle, les villes de Nimègue et de Zutphen s'engagèrent envers les Provinces-Unies à cesser leur monnayage, moyennant une indemnité annuelle de 2000 florins. En 1685, croyant trouver leur compte à faire frapper des pièces d'empire, elles renoncèrent au dédommagement qu'on leur avait accordé et recommencèrent leur fabrication. Le monnayage de Nimègue cesse définitivement en 1704.

bj). — *Villes impériales de Deventer, Campen et Zwolle* [1].

Le droit de frapper des monnaies d'or fut accordé à la ville de Deventer par l'empereur Frédéric III en 1486. Une concession analogue fut faite à Zwolle le 4 octobre 1488, et, sans doute vers cette même époque, à Campen. La même année, les trois villes de l'Overyssel, auxquelles vint se joindre celle de Groningue, convinrent de monnayer suivant un même système. Au XVIᵉ siècle, Groningue était détachée de l'alliance, qui devint plus étroite entre Deventer, Campen et Zwolle; à partir de 1538, ces villes émirent des espèces portant leurs noms réunis. La formule habituelle des légendes est: *moneta nova trium civitatum*

---

1. P.-O. van der Chys, *De Munten der voormalige heeren en steden van Overijssel.* Haarlem, 1854, in-4. — L.-W. Besier, *De Muntmeesters en hun muntslag in de provinciale en stedelijke Munthuizen van de Republiek der Vereenigde Nederlanden.* Utrecht, 1890, in-8.

imperialium Daventrensis, Campensis et Zwollensis. Nous reproduisons, comme spécimen de ce monnayage, le *daalder* frappé en 1538 à Campen ; l'avers porte l'image de saint Nicolas, patron de la ville (fig. 220) ; sur les pièces de Deventer et de Zwolle, ce saint est remplacé soit par saint Lebuin, soit par saint Michel.

L'union des trois villes d'Overyssel ne paraît pas s'être prolongée au delà de 1586. Après un chômage de quelques années, chacune recommença à monnayer pour son compte. Les émissions de Campen furent

Fig. 220

les plus importantes et consistèrent souvent, dans les dernières années du XVIe siècle, en imitations de monnaies étrangères telles que le *ducat* et le *double ducat* de Ferdinand et Isabelle, le *souverain* d'or d'Élisabeth d'Angleterre, le *noble à la rose*, le *noble* de Gand, etc.

Les dernières émissions eurent lieu, à Campen en 1695, à Zwolle en 1698, à Deventer en 1708.

bk). — *Ville impériale de Groningue*[1].

La ville impériale de Groningue frappa ses premiers *daalders* et *demi-daalders* en 1561. Ils portent l'image en pied de saint Jean-Baptiste et, au revers, l'aigle à deux têtes. Le monnayage municipal dura jusqu'en 1692.

bl). — *Ville d'Emden*.

La ville d'Emden commença son monnayage particulier au XVe siècle, en dépit des réclamations des comtes d'Ostfrise. Ses dernières émissions eurent lieu, suivant Leitzmann, en 1728. Les monnaies portent fréquemment les armes de la ville : une harpie couronnée de face issant d'un mur maçonné, crénelé, chargé d'un Є, et dont le pied est baigné par les eaux de l'Ems.

1. P.-O. van der Chys, *De Munten van Friesland, Groningen en Drenthe*. Haarlem 1855, in-4.

bm). — *Ville de Neuss.*

La ville de Neuss, dans l'archevêché de Cologne, possédait le droit de frapper monnaie à son compte. Son plus ancien *thaler* est de 1539. Le type de ses pièces se compose fréquemment de l'image en pied de saint Quirin, son patron, tenant une bannière : S. QVIRINVS · PATRONVS NOST, accosté des armes de Cologne et de Neuss : onze besants rangés en orle. Le nom de la ville est indiqué parfois par la curieuse formule : NVSSIA · SANctae · ECCLesiae · COLOniensis FIDELIS · FILIA.

Nous avons parlé (p. 146), des monnaies obsidionales frappées en 1586 à Neuss par le commandant de la place, Frédéric-Henri Cloeth.

§ V. — *Cercle de Basse-Saxe.*

Le cercle de Basse-Saxe était borné au nord par la Baltique et le duché danois de Schleswig, à l'ouest, par la mer du Nord et le cercle de Westphalie, au sud, par les cercles de Haut-Rhin, de Bas-Rhin et par celui de Haute-Saxe, auquel il touchait également à l'est. Ses directeurs étaient les ducs de Magdebourg et de Brême, et l'aîné des ducs régnants de la maison de Brunswick. Les diètes se réunissaient à Brunswick ou à Lunebourg ; la dernière se tint en 1682.

a). — *Archevêché de Magdebourg.*

L'archevêché de Magdebourg touchait au nord au margraviat de Brandebourg, à l'ouest aux possessions de la maison de Brunswick-Wolfenbuttel et de l'évêché de Halberstadt, au sud à la principauté d'Anhalt, à l'est au Brandebourg, à la Saxe, à la principauté d'Anhalt et au comté de Barby. Les archevêques, qui s'intitulaient parfois primats de Germanie, résidaient à Halle. Les armes de l'archevêché étaient : *coupé de gueules et d'argent*; le patron est saint Maurice.

Ernest de Saxe, 1476-1513.
* Albert IV de Brandebourg, 1513-1545.
Jean-Albert de Brandebourg, 1545-1551.
Frédéric IV de Brandebourg, 1551-1552.
* Sigismond de Brandebourg, 1552-1566.
* Joachim-Frédéric de Brandebourg, 1566-1598.
* Chrétien-Guillaume de Brandebourg, 1598-1631.
* Auguste de Saxe, 1631-1680.

Le monnayage reprit sous Albert IV, *cardinalis archiepiscopus Magdeburgensis,* qui frappa les premiers *thalers,* d'abord sans date, puis datés à partir de 1523. En 1537 Albert frappa les premiers *ducats* d'or.

La devise habituelle d'Albert IV est : **DOMINVS MICHI ADIVTOR QVEM TIMEBO.**

La série monétaire, de nouveau interrompue après Albert IV, reprend sous Sigismond et ses successeurs. Joachim-Frédéric ne porta que le titre d'*administrator Magdeburgensis*. Pendant la minorité de Chrétien-Guillaume le chapitre exerça la souveraineté et les monnaies portèrent la légende **MONE**ta **ARCHIEPISCOPATVS MAGDEBVRG,** ainsi que le nom de saint Maurice; lorsque l'archevêque eut pris lui-même le pouvoir, le numéraire reçut son nom et sa devise **PRO LEGE ET GREGE.**

Auguste de Saxe, coadjuteur de Chrétien-Guillaume, fut élu par le chapitre, mais il ne put prendre possession du siège archiépiscopal qu'en 1638. Jusqu'à cette époque le monnayage se fit de nouveau au nom du chapitre; après 1638, le nom d'Auguste prit place sur les espèces, suivi du titre de *postulatus archiepiscopus magdeburgensis*. La devise de ce prince était : **SILENDO ET SPERANDO.**

A la paix de Westphalie, il avait été décidé que l'archevêché de Magdebourg passerait comme duché séculier à la maison de Brandebourg après la mort d'Auguste de Saxe. Cet événement s'accomplit en 1680.

b). — *Archevêché de Brême* [1].

Les domaines temporels des archevêques de Brême s'étendaient entre l'Elbe et le Weser; leur résidence était Bremervörde. Saint Pierre était le patron du diocèse. Les armoiries étaient : *de gueules aux deux clefs d'argent posées en sautoir*. Les archevêques suivants se succédèrent aux XVIe et XVIIe siècles :

* Jean III Rode von Wale, 1497-1511.
* Christophe de Brunswick-Lunebourg, 1511-1558.
* Georges de Brunswick-Lunebourg, 1558-1566.
* Henri III de Saxe-Lauenbourg, 1567-1585.

* Jean-Adolphe de Holstein-Gottorf, 1585-1596.
* Jean-Frédéric de Holstein-Gottorf, 1596-1634.
* Frédéric II de Danemark, 1634-1648.

Le plus ancien *guldengroschen* ou *thaler* des archevêques de Brême est de 1511. Il porte à l'avers, dans un encadrement multilobé, l'image

---

1. J.-Ph. Cassel, *Vollständiges Bremisches Münzcabinet*. Brême, 1772, 2 vol. in-8. — H. Jungk, *Die bremischen Münzen*, Brême, 1875, gr. in-8. — W. Bahrfeldt, *Beiträge zum Münzwesen der Erzbischöfe von Bremen. Die Münzstätte Bremervörde*, dans *Archiv des Vereins zu Stade*, t. XI, 1886, p. 203 et suiv. — Le même, *Buxtehude, eine Münzstätte des Erzbischofs Heinrich III von Bremen*, dans le *Numism.-sphragist. Anzeiger*, t. XVII, 1886, p. 71.

à mi-corps de saint Pierre, surmontant l'écu de l'archevêque Jean III, aux armes de sa famille; la légende est en caractères gothiques : IO·D'I GR·ARCHIEPI·BREmensis MOneta NOva STATus FLoreni Rhenensis. Le revers porte l'image de saint Wilhad, premier évêque de Brême, assis de face sur un trône; il porte la mitre, tient la crosse et le modèle d'une église; à ses pieds figurent les armes de la ville de Brême. La légende est : S. WILHAD' PriMus EPiscopus BREMENSIS·1511. Indépendamment des *guldengroschen*, l'archevêque Jean III frappa des *verdings* valant le quart de la pièce précédente; leur type se compose de l'écu écartelé de Rode et de Brême et, au revers, de l'image de la Vierge debout sur un croissant, dans un nimbe elliptique orné de rayons. La série monétaire comprend en outre des monnaies rentrant dans le système médiéval, le *florin* d'or, le *quadruple groten*, le *groten* et le *schwaren*; l'image de saint Pierre en forme le type principal. Deux ateliers, Brême et Bremervörde, MONETA NOVA VORDENSIS, sont mentionnés sur les espèces.

Christophe prit d'abord le titre d'*administrator*, puis celui d'*archiepiscopus*. Ses premiers *thalers* reproduisent, avec de légères variantes, l'empreinte inaugurée sous Jean III, puis, en 1522, l'image rayonnante de la Vierge avec la légende HOC·MARE·VITE·TVLIT, où l'écu heaumé et lambrequiné avec la devise ELIGE CVI DICAS, remplacent successivement, au revers, l'effigie de saint Wilhad. Le monnayage de Christophe paraît s'être arrêté après 1524, dernier millésime que nous relevons sur ses monnaies divisionnaires.

Georges reprit les émissions de 1560 à 1564. Ses *thalers*, dont il n'existe pas moins de quatre coins sensiblement variés, portent son buste, tantôt de face, tantôt de profil, à droite ou à gauche, et ses armes. Ses *florins* d'or et quelques pièces d'argent présentent sa devise : LAVS·IMMORTALi·SEMPER·DEO.

Les monnaies de Henri III, aux millésimes de 1583 et 1584, portent toutes, à l'exception du *ducat* d'or, le contreseing de l'empereur Rodolphe II. Les *thalers* ont le buste de l'archevêque. L'atelier d'émission est Buxtehude.

Jean-Adolphe eut un monnayage très restreint, mais on connaît de lui une *demi-portugaise* d'or, frappée; comme le dit la légende, selon la taille et le titre des pièces portugaises : NACH·PORTVGALISCHEN·SCHROT·Vnd·KORN.

Sous Jean Frédéric les espèces sont beaucoup plus nombreuses : *portugaises* d'or, *florins* d'or au saint Pierre, *thalers* au buste parfois sur flan de poids double, *marks* de 32 groten, pièces de 4 *groschen*, pièces de 4 et de 2 *schillings* copiées des *kopecks* de Russie au type du cavalier, *doubles schillings* ou seizièmes de thalers selon le pied de l'empire, *doubles groten* et *groschen*. La devise de Jean Frédéric ne paraît que sur les *florins* d'or : VIVIT POST FVNERA VIRTVS.

Toutes les monnaies de Frédéric II sont datées de 1641 à 1643; elles ne comprennent que des *thalers* au buste et des subdivisions. La guerre qui éclata en 1644 entre le Danemarck et la Suède eut pour résultat immédiat l'occupation du temporel de l'église de Brême par les Suédois et l'expulsion de l'archevêque Frédéric II. L'occupation dura jusqu'à la paix de Westphalie.

c). — *Duché de Brême* [1].

En 1648, la paix de Westphalie mit fin à l'existence de l'archevêché de Brême et de l'évêché de Verden comme états particuliers. Ils furent sécularisés et adjugés à la couronne de Suède, qui dut les tenir en fief de l'Empire germanique, avec le titre de duchés. La ville de Stade devint le siège de l'administration de ces pays, et ce fut dans ses murs que la reine Christine de Suède installa l'atelier monétaire destiné à pourvoir aux besoins de la circulation dans les deux duchés.

M. Bahrfeldt, qui a étudié avec le plus grand soin la numismatique de Brême pendant la période suédoise, dresse pour chaque règne la liste exacte des pièces frappées. Les types se composent du buste royal, des armes royales, du monogramme couronné, de la couronne, des armes parties de Brême-Verden dans une couronne formée de deux palmes, enfin d'une légende en plusieurs lignes dans le champ. Le revers porte en légende et en abrégé, soit *moneta nova aurea* (ou *argentea*) *ducatus bremensis et verdensis,* soit les deux titres ducaux faisant suite à la titulature royale écrite à l'avers. L'activité de l'atelier de Stade s'étendit aux règnes suivants :

* Christine, 1648-1654.   Occupation impériale, 1675-1680.
* Charles X Gustave, 1654-1660.   * Charles X rétabli, 1680-1697.
* Charles XI, 1660-1675.   * Charles XII, 1697-1718.

Le monnayage des duchés de Brême et Verden s'arrêta en 1698, et l'atelier de Stade fut définitivement fermé. En 1712, le Danemark s'empara des deux duchés; il les vendit en 1715 à Georges I, électeur de Brunswick-Hanovre, auquel la Suède les abandonna définitivement en 1719.

1. M. Bahrfeldt, *Die Münzen und das Münzwesen der Herzogthümer Bremen und Verden unter schwedischer Herrschaft, 1648-1719.* Hanovre, 1892, in-8.

d). — *Duchés de Brunswick-Lunebourg* [1].

Les possessions de la maison de Brunswick-Lunebourg s'étendaient principalement dans le cercle de Basse-Saxe au Sud de l'Elbe. Les armes de Brunswick sont : *de gueules à deux léopards d'or, l'un sur l'autre*, et celles de Lunebourg : *d'or semé de cœurs de gueules, au lion d'azur brochant sur les cœurs*. Les ducs portaient en outre, comme ducs de la Saxe inférieure : *de gueules au cheval courant d'argent*, indépendamment de plusieurs quartiers représentant leurs titres et possessions secondaires.

La maison de Brunswick-Lunebourg se divisa en un grand nombre de branches, dont plusieurs monnayèrent. Le tableau suivant montre comment les diverses branches se rattachent les unes aux autres :

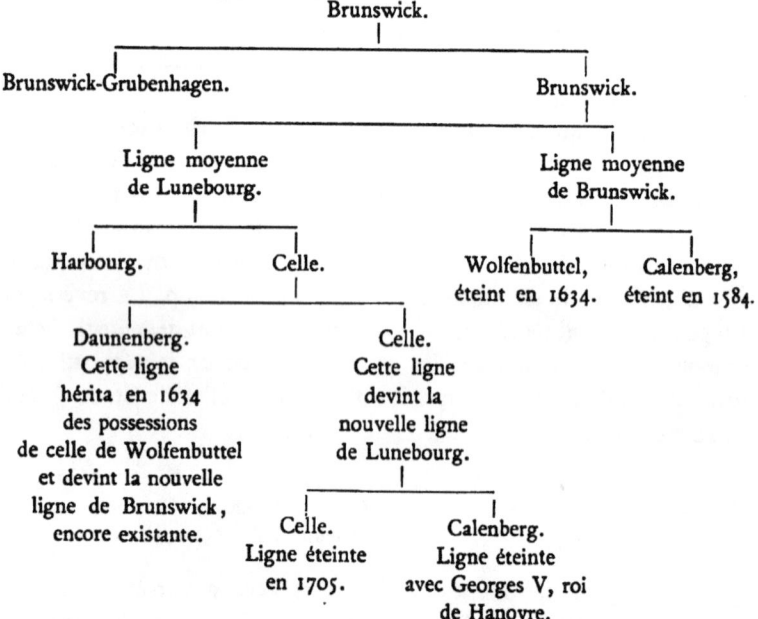

La numismatique de la maison de Brunswick-Lunebourg est extrê-

1. M. Bahrfeldt, *Beiträge zur Münzgeschichte der lüneburgischen Lande im ersten Drittel des XVII Jahrhunderts*. Vienne, 1893, in-8. — G.-S.-A. von Praun, *Vollständiges Braunschweig-lüneburgisches Münz-und Medaillen-Kabinet*. Helmstädt, 1747, in-4°. — W. Bode, *Das ältere Münzwesen der Staaten und Städte Niedersachsens*. Brunswick, 1847, in-8.

mement abondante, tant par le nombre des souverains monnayeurs que par la variété et l'originalité des types. Les riches mines du Harz donnèrent aux ducs l'occasion de frapper de nombreux *ausbeutethaler*; voici l'indication des exploitations minières ainsi mentionnées : Saint-Jakobszecke, 1625-1685; Saint-Andreas, 1666-1719; Ernst-August, 1684-1741; Herzberg, 1584-1685; Sophie, 1684-1760; Anna-Eleonora, 1687-1693; Margaretha, 1687-1690; Kranich, 1691-1758; Salzthal, 1701-1705; Caroline, 1713; Wildemann, 1729; Cronenburg, 1745-1752; Dorothea, 1713-1720; Güte des Herren, 1743-1752; Weisse Schwan, 1744-1756; Lautenthal, 1745-1763; Regenbogen, 1746-1752; Herzog August-Friedrich Bleyfeld, 1750-1752; König Carl, 1752; Segen Gottes, 1761-1765.

Nous réunissons ci-après quelques détails relatifs au monnayage des diverses lignes de la maison de Brunswick-Lunebourg :

Ligne de Brunswick-Grubenhagen. — Les possessions de la ligne de Brunswick-Grubenhagen s'étendaient, dans la partie méridionale du cercle de Basse-Saxe, au Sud de la principauté de Wolfenbuttel, sur le versant septentrional du Harz. Elles comprenaient par conséquent une importante région minière. Voici quels furent, à l'époque dont nous avons à parler, les représentants de cette famille :

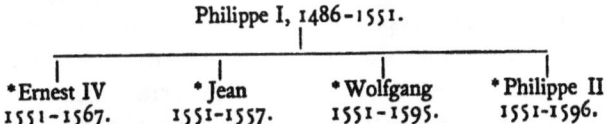

Philippe I, 1486-1551.

*Ernest IV 1551-1567.	*Jean 1551-1557.	*Wolfgang 1551-1595.	*Philippe II 1551-1596.

Ces princes monnayèrent toujours en commun. On trouve donc les noms des quatre frères réunis sur les espèces jusqu'en 1557, date de la mort de Jean. De 1557 à 1567, Ernest, Wolfgang et Philippe II continuent leur association, qui, de 1567 à 1595, se trouve réduite aux deux derniers. Enfin en 1595 et 1596, Philippe II, seul survivant, signe seul le numéraire; il y inscrit la légende GOT·GIBT·GOT·NIMBT, *Dieu donne, Dieu reprend,* allusion à la mort successive de ses frères.

Ligne moyenne de Brunswick. — Cette ligne, formée au XIVe siècle, se divisa à la fin du XVe entre les deux fils de Guillaume II, qui formèrent les rameaux de Brunswick-Wolfenbüttel et de Brunswick-Calenberg. Ses domaines s'étendaient au Sud du duché de Lunebourg. La principauté de Calenberg comprenait trois tronçons ayant respectivement pour capitales Hanovre, Hameln et Goettingue. La principauté de Wolfenbuttel se trouvait répartie en quatre districts, avec les villes de Brunswick, Wolfenbuttel, Scheningen, Gandersheim, etc.

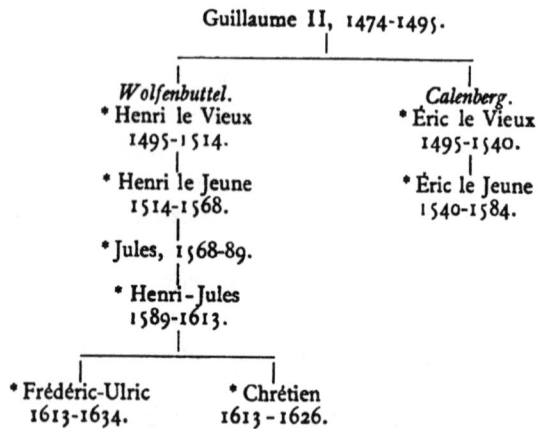

Guillaume II, 1474-1495.

Wolfenbuttel.
* Henri le Vieux
1495-1514.

* Henri le Jeune
1514-1568.

* Jules, 1568-89.

* Henri-Jules
1589-1613.

* Frédéric-Ulric
1613-1634.

* Chrétien
1613-1626.

Calenberg.
* Éric le Vieux
1495-1540.

* Éric le Jeune
1540-1584.

Les deux frères H e n r i l e V i e u x et É r i c I prirent, en 1501, l'initiative d'une entente monétaire à laquelle participèrent les villes de Hildesheim, Goettingue, Hanovre, Eimbeck, Nordheim et Brunswick. Cette entente eut pour résultat l'émission de monnaies selon un pied uniforme.

Brunswick-Calenberg. — On possède des *thalers* frappés à Munden au nom d'Éric I et portant le millésime de 1543. Comme Éric mourut en 1540, il faut admettre que ces *thalers* ont été frappés après sa mort par sa veuve ou que la date 1543 a été mise pour 1534 par suite d'une erreur de poinçonnage. Le nom de l'atelier étant écrit sous une forme très incorrecte : **MANETA NOVA MVNDENTXIS**, cette seconde explication n'a rien d'inadmissible. Ces *thalers* portent le buste et les armes d'Éric I.

Éric II, mineur à la mort de son père, régna d'abord sous la tutelle de sa mère Élisabeth de Brandebourg. En 1545, il prit le gouvernement de ses états. Ses premières monnaies sont frappées en commun avec son cousin Henri de Brunswick-Wolfenbuttel ; mais, à partir de 1557, l'union cesse et Éric II signe seul son numéraire. Les devises qu'il affectionnait particulièrement sont : **SPERO INVIDIAM**, puis **EX DVRIS GLORIA**. Un grand nombre de ses pièces, frappées en conformité avec les ordonnances impériales, portent le nom de l'empereur Maximilien II.

Brunswick-Wolfenbuttel. — Les premiers *thalers* de cette branche appartiennent à H e n r i l e J e u n e, qui avait créé en 1510 un atelier à Helmstedt; ils portent le millésime de 1531 et la devise : **IVSTVS NON DERELINQVITVR**. En 1539 cette devise devint: **NON VIDI IVSTVM DERELICTVM**, pour céder bientôt la place à une autre, en allemand: *in Gottes gewalt hab ich mein sach gestalt; der hat es gefunden das mir genugt.* Le type habituel des monnaies est le buste du duc et un sauvage tenant un tronc d'arbre.

Jules poursuivit les émissions avec une grande activité. En 1574, il commença à Heinrichstadt la fabrication de curieuses monnaies d'argent, multiples du thaler, connues sous le nom de *juliuslöser*. Ces pièces étaient destinées à former une sorte de réserve du trésor public. Chaque habitant du Brunswick-Wolfenbuttel était tenu d'en conserver un certain nombre, suivant sa fortune personnelle, et le duc se réservait le droit de les reprendre, au moment nécessaire, contre de la monnaie divisionnaire d'aloi naturellement moindre. Le type de ces *juliuslöser* se compose des deux côtés d'une légende circulaire en deux lignes concentriques; une troisième ligne est occupée par les signes du zodiaque; au centre se trouvent, à l'avers, le buste du prince, au revers, ses armes soutenues par deux sauvages. Les légendes comprennent la titulature habituelle de Jules, une invocation religieuse, sa devise ALIIS INSERVIENDO CONSVMOR, le nom de la monnaie, son lieu d'émission et sa valeur.

Les monnaies ordinaires de Jules sont appelées *lichtthaler, lichtgulden*, etc., parce que le sauvage qui en occupe une des faces tient une lumière *(licht)*, une chandelle allumée. Le duc de Brunswick mourut en 1589, laissant ses états dans une situation très prospère; le pays était affranchi de toute dette, et le trésor renfermait sept-cent-mille thalers. A l'occasion de sa mort, son fils fit frapper plusieurs pièces obituaires célébrant le deuil public : LVCTV PVBLICO.

Henri-Jules était évêque postulé de Halberstadt et, sur ses monnaies, ce titre précède celui du duc de Brunswick. Ses *thalers* portent des types variés, auxquels les numismates allemands ont donné des noms particuliers, tels que *rebellenthaler, lügenthaler, wahrheitsthaler, eintrachtsthaler, pelikansthaler*, tirés de certains détails de l'empreinte. Le principal atelier de Henri-Jules fut celui d'Osterode, qu'il transféra en 1601 à Zellerfeld.

Frédéric-Ulric a pour devise immuable DEO ET PATRIAE. Le type de ses pièces est parfois son monogramme (voyez p. 134, fig. 146). En 1617, l'atelier de Zellerfeld fut transféré à Clausthal. Au règne de ce duc se rattachent les obsidionales frappées en 1627, par Philippe-Reinhard, comte de Solms, dans la forteresse de Wolfenbuttel, qui avait été occupée au nom de Chrétien IV, roi de Danemark.

Chrétien, frère de Frédéric Ulric, qui précéda celui-ci dans la tombe, avait reçu l'évêché protestant de Halberstadt. Cousin germain d'Elisabeth, femme de Frédéric IV, électeur palatin du Rhin, Chrétien prit les armes pour la défense de ce prince, élu roi de Bohème. Dans la guerre où ce parti l'engagea, il assouvit par toutes sortes de violences la haine qu'il portait au clergé catholique. En Westphalie, il mit au pillage les trésors des églises, notamment à Paderborn, où il s'empara de la grande statue en argent massif de saint Liboire qui ornait la cathédrale. Le métal des objets du culte lui servit en 1622 et en 1623 à faire frapper ces fameux *ducats* et *thalers* sur lesquels il s'intitule « ami de Dieu, ennemi des prêtres » : **GOTTES FREVNDT DER PFAFFEN FEINDT.** Cette légende est écrite en quatre lignes au revers des pièces; l'avers porte un bras armé, issant d'un nuage, entouré de la devise française : **TOVT AVEC DIEV.** Chrétien de Brunswick mourut en 1626, sa mort donna lieu à l'émission de plusieurs *sterbethaler.*

Avec Frédéric-Ulric finit en 1634 la ligne de Brunswick-Wolfenbuttel, dont les possessions passèrent à celle de Lunebourg.

LIGNE MOYENNE DE LUNEBOURG. — Cette ligne eut pour fondateur Bernard I (1373-1434), fils de Magnus II de Brunswick. Elle se subdivisa au XVIᵉ siècle en plusieurs tronçons.

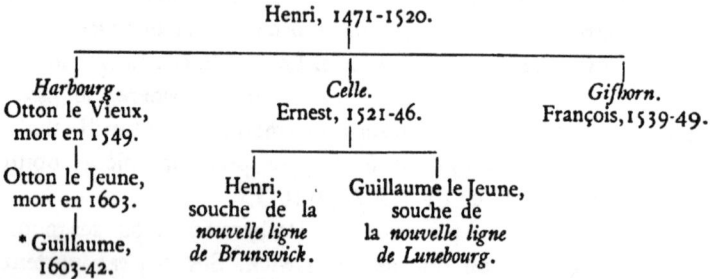

En 1621, Guillaume de Brunswick-Harbourg ouvrit concurremment deux ateliers monétaires, l'un à Moisbourg, qui travailla jusqu'en 1629, l'autre à Harbourg, qui se maintint en activité jusqu'en

Fig. 221

1631. Les espèces émises par lui ne consistent qu'en monnaies d'argent et de billon, depuis le *thaler* jusqu'aux petites monnaies divisionnaires.

Les types comprennent les armes et le buste de Guillaume, l'aigle d'empire, le globe crucigère ou une légende dans le champ. La devise du duc est **DOMINVS PROVIDEBIT**. Lorsqu'en 1634 la ligne de Wolfenbuttel s'éteignit, Guillaume obtint comme part d'héritage les deux septièmes des revenus du Harz, dont le métal était monnayé à l'atelier commun de Zellerfeld. C'est là que furent frappées ses monnaies aux millésimes de 1636 à 1642 et que ses parents firent exécuter en 1642 son *thaler* et son *quart de thaler* obituaires.

NOUVELLE LIGNE DE BRUNSWICK. — Cette ligne fut formée par Henri, fils aîné d'Ernest, duc de Brunswick-Lunebourg-Celle. Ses possessions comprirent Dannenberg, Brunswick et Wolfenbuttel, qu'elle hérita de la ligne moyenne de Brunswick.

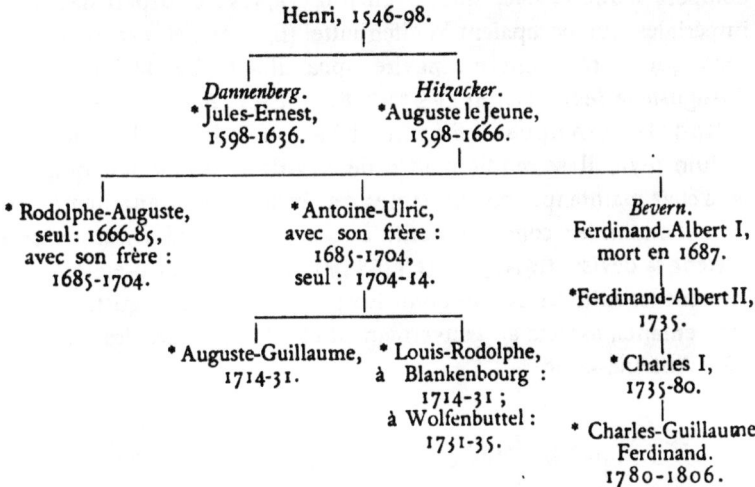

Henri, 1546-98.

Dannenberg.
*Jules-Ernest,
1598-1636.

Hitzacker.
*Auguste le Jeune,
1598-1666.

* Rodolphe-Auguste,
seul : 1666-85,
avec son frère :
1685-1704.

* Antoine-Ulric,
avec son frère :
1685-1704,
seul : 1704-14.

Bevern.
Ferdinand-Albert I,
mort en 1687.

*Ferdinand-Albert II,
1735.

* Auguste-Guillaume,
1714-31.

* Louis-Rodolphe,
à Blankenbourg :
1714-31 ;
à Wolfenbuttel :
1731-35.

* Charles I,
1735-80.

* Charles-Guillaume
Ferdinand.
1780-1806.

La numismatique des deux fils de Henri a été étudiée en détail par M. Bahrfeldt. En 1617 ils firent frapper en commun, à Clausthal, atelier de leur parent Chrétien, duc de Brunswick-Celle, un *thaler,* connu dans les catalogues sous le nom de *eintrachtsthaler,* portant à l'avers leurs bustes en regard, au revers l'écu timbré de trois cimiers avec la devise : **CONCORDIA DITAT**. En 1619, Jules-Ernest créa un atelier à Dannenberg, puis vers 1623 une seconde officine à Scharnebeck. Les émissions comprirent des *florins* d'or, des *thalers* et une série de pièces divisionnaires; les devises habituelles du duc sont: **RECTE·FACIENDO· NEMINEM·TIMEAS** et **TIME·DEUM·HONORA·CÆSARE***m*. En 1620, Jules-Ernest fit frapper un *thaler* et un *demi-thaler* en commémoration de sa mère Ursule de Saxe.

Auguste le Jeune ouvrit, dès 1619, un atelier dans sa résidence de Hitzacker; il y frappa des *thalers* et des *doubles schillings*. Puis, cédant aux sollicitations de Chrétien, duc de Brunswick-Lunebourg-Celle, il supprima son atelier et monnaya à Harbourg. En 1623, des *thalers* et *quarts de thalers* rappellent la mort de la première femme du duc, Claire-Marie de Poméranie. Le monnayage cessa en 1624. Les domaines d'Auguste le Jeune s'accrurent en 1634 de l'héritage de Frédéric-Ulric de Brunswick-Lunebourg, en 1636 de celui de son frère Jules-Ernest, enfin en 1642 des domaines de Guillaume de Brunswick-Harbourg.

Quand il eut succédé à son frère, Auguste le Jeune monnaya à Zellerfeld. Ses types sont très remarquables et ont fait donner à ses *thalers* des noms spéciaux bien connus des numismates allemands. C'est ainsi que les nomenclatures désignent par *glockenthaler* ceux dont le type se compose d'une cloche, frappés en 1643 après le départ des troupes impériales qui occupaient Wolfenbuttel (fig. 221), et par *schiffsthaler* ceux qui représentent un navire appareillant. La devise habituelle d'Auguste le Jeune est: **ALLES MIT BEDACHT**, *tout avec réflexion*.

Rodolphe-Auguste, fils aîné d'Auguste le Jeune, lui succéda. Le 12 juin 1671, il se rendit maître de la ville de Brunswick, qui, jusque là, s'était maintenue indépendante; cet événement donna lieu à l'émission d'un *thaler* commémoratif. Les monnaies ordinaires de ce duc portent sa devise, **REMIGIO ALTISSIMI**, dont les deux premières lettres forment les initiales de son nom. En 1685, Rodolphe-Auguste, se voyant sans enfants, associa au gouvernement et à la signature des espèces son frère Antoine-Ulric.

Fig. 222

Les types ordinaires des monnaies ducales au xviiie siècle sont le buste du souverain, ses armes, le cheval libre, le sauvage, un monogramme ou une inscription en plusieurs lignes dans le champ. Les ducs continuèrent à placer sur les espèces leurs devises personnelles: **LABORE ET**

CONSTANTIA ou CONSTANTER pour Antoine-Ulric, PARTA
TVERI pour Auguste-Guillaume, EX ADVERSO DECVS pour
Louis-Rodolphe, FAVORE ALTISSIMI pour Ferdinand-Albert II,
NVNQVAM RETRORSVM pour Charles I.

Nouvelle ligne de Lunebourg. — Cette ligne est issue de Guillaume
le Jeune, duc de Brunswick-Lunebourg-Celle, second fils d'Ernest. En
voici la filiation :

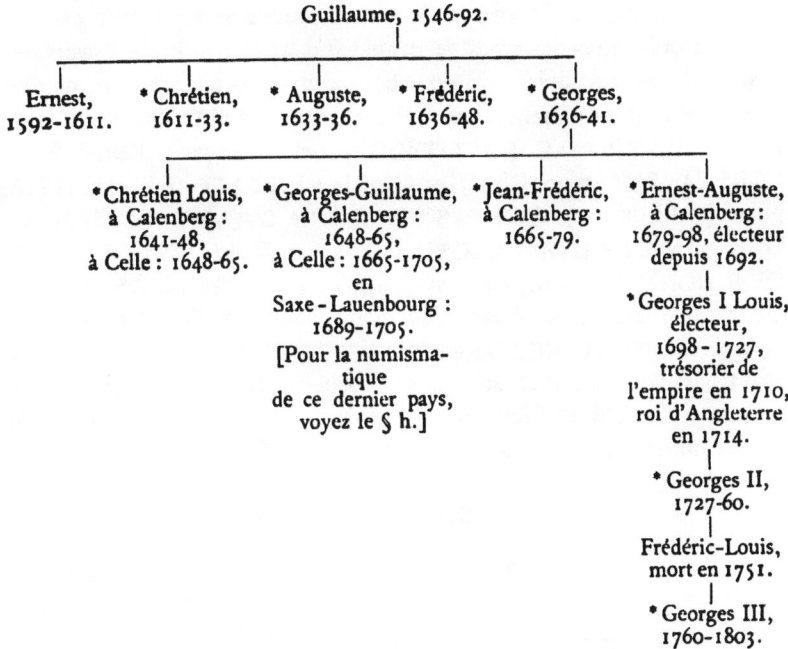

Guillaume, 1546-92.

Ernest, 1592-1611.

* Chrétien, 1611-33.

* Auguste, 1633-36.

* Frédéric, 1636-48.

* Georges, 1636-41.

* Chrétien Louis, à Calenberg : 1641-48, à Celle : 1648-65.

* Georges-Guillaume, à Calenberg : 1648-65, à Celle : 1665-1705, en Saxe-Lauenbourg : 1689-1705. [Pour la numismatique de ce dernier pays, voyez le § h.]

* Jean-Frédéric, à Calenberg : 1665-79.

* Ernest-Auguste, à Calenberg : 1679-98, électeur depuis 1692.

* Georges I Louis, électeur, 1698-1727, trésorier de l'empire en 1710, roi d'Angleterre en 1714.

* Georges II, 1727-60.

Frédéric-Louis, mort en 1751.

* Georges III, 1760-1803.

En 1617, la nouvelle ligne de Lunebourg obtint le duché de Gruben-
hagen et avec lui une partie des mines du Harz. Chrétien qui en 1611
avait succédé à son frère Ernest, et qui depuis 1599 était évêque de
Minden, créa, pour utiliser le métal de ses mines, des ateliers à Osterode,
Andreasberg, Catlenbourg et Elbingerode, puis il en ouvrit d'autres à
Winsen sur le Luhe, à Celle et peut-être à Nienbourg sur le Weser.
Cette numismatique a été étudiée d'une manière approfondie par M. Max
Bahrfeldt. Les monnaies de Chrétien ne se composent que de pièces
d'argent, de billon et de cuivre. Ses *reichsthalers* portent son buste, ses
armes et sa devise : IUSTITIA ET CONCORDIA; les espèces divisionnaires portent ses armes et généralement au revers une légende en plusieurs lignes, indiquant la valeur d'émission; ses *doppelschillings* ont
les initiales de leur nom : DS, en monogramme.

Auguste, qui succéda à son frère Chrétien, était évêque de Ratzebourg. Peu de temps avant sa mort, il céda le gouvernement à ses frères
Frédéric et Georges. Un *thaler* rappelle l'accord des trois frères et
porte leurs bustes. Auguste avait pour devise: **PATRIIS VIRTUTIBUS**.

Sous Frédéric il y eut des émissions assez abondantes. Il était coadjuteur de l'évêché de Ratzebourg et prévôt de l'église de Brême, titres
qui figurent sur ses espèces en même temps que sa devise allemande:
FRIEDT ERNEHRT UNFRIEDT VERZEHRT.

Les monnaies de Georges et de ses descendants ne sortent pas des
données ordinaires des types de Brunswick, le cheval libre, le sauvage,
l'image de saint André; aussi nous bornerons-nous à rappeler les devises
personnelles des différents ducs. Ce sont: **AVF GOTT TRAWE ICH** ou
PIET*as* **IVST***itia* **AC FORTITVDO** pour Georges, **SINCERE ET
CONSTANTER** pour Chrétien-Louis, **PIETATE ET IUSTITIA**,
puis à partir de 1675, **QVO FAS ET GLORIA DVCVNT** pour Georges-
Guillaume, **EX DVRIS GLORIA** pour Jean-Frédéric, **SOLA BONA
QVÆ HONESTA** pour Ernest-Auguste, **IN RECTO DECVS** pour
Georges-Louis jusqu'à son avènement comme roi d'Angleterre, enfin,
pour Georges II, **NEC ASPERA TERRENT**, allusion au cheval de
Brunswick, qui s'élance sur un sol rocheux. Les ateliers monétaires
étaient Zellerfeld et Clausthal [1]. Notre figure 222 représente un *wilde-
manns thaler* ou *thaler au sauvage* de Jean-Frédéric.

e). — *Duché de Mecklembourg* [2].

Le duché de Mecklembourg était borné au nord par la Baltique et le
duché de Poméranie, à l'est et au sud par le Brandebourg, à l'ouest
par les pays de Brunswick-Lunebourg et de Saxe-Lauenbourg.

Les ducs de Mecklembourg prenaient le titre de: *Dei gratia dux ma-
gnopoliensis* ou *megalopolitanus* ou *mecklenburgensis,* auquel ils
ajoutèrent à partir du XVIIe siècle ceux de: *princeps Vandalorum, comes
Suerini, Rostochii et Stargardiae dominus.* En allemand, leur titulature
était: *von Gottes gnaden herzog zu Mecklenburg, fürst zu Wenden,
graf zu Schwerin, herr der Lande Rostock und Stargard.*

Les armes de Mecklembourg sont: *d'or à la tête de taureau de sable,
languée de gueules, accornée d'argent, les naseaux percés d'un anneau
du même, couronnée de gueules.* Les ducs portaient en outre: *coupé de*

---

1. Cf. sur les monnaies brunswickoises des rois d'Angleterre: J. Atkins, *The coins
and tokens of the possessions and colonies of the british empire.* Londres, 1889, in-8, p. 23
et suiv.

2. C.-Fr. Evers, *Mecklenburgische Münzverfassung.* Schwerin, 1798, in-8.

gueules et d'or pour le comté de Schwérin, *d'or à la tête de taureau de sable, posée en barre, languée de gueules, accornée d'argent et couronnée d'or* pour la principauté de Wenden, *d'azur au griffon passant d'or* pour le pays de Rostock, *de gueules au dextrochère de carnation sortant d'une nuée d'argent mouvant du flanc senestre, paré d'argent, tenant une bague d'or châtonnée d'argent* pour le pays de Stargard.

Au XVIe et au XVIIe siècle, la maison de Mecklembourg se divisa en plusieurs lignes, dont les principales furent celles de Gustrow, de Schwérin et de Strélitz. Ces deux dernières existent encore.

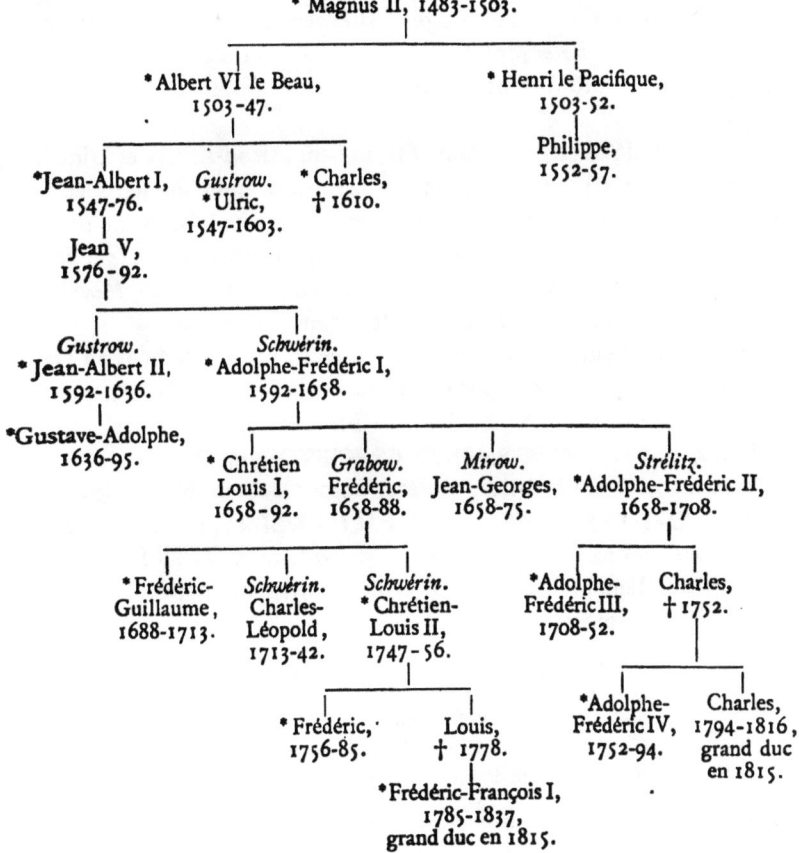

LIGNES DE SCHWÉRIN ET DE GUSTROW. — Les fils de Magnus II régnèrent d'abord en commun sur le Mecklembourg, mais en 1520 le désaccord s'étant mis entre Albert VI le Bel et Henri le Pacifique, un long procès de famille donna lieu à un partage : Henri, l'aîné, fixa sa résidence à Gustrow; Albert le Bel vécut à Schwérin. On possède des *demi-*

thalers ou pièces de 30 *witten*, parfois frappés sur flans de poids double, qui portent les noms des deux princes: **HI'RICI·ET : ALB'TI·DVC'· MAGNO POL.** Le type se compose de trois écussons posés en tréfeuille et, au revers, d'un écu de Mecklenbourg brochant sur une croix qui coupe l'inscription : **MONETA-NOVA : GV-STROW-ENS·** 1502. Les légendes sont encore écrites en lettres gothiques. Le millésime de 1502 a lieu de surprendre, puisque les deux frères ne montèrent sur le trône qu'en 1503. Madaï suppose qu'il y a là une erreur de gravure; MM. Erbstein considèrent la date non comme celle de l'émission, mais comme celle de l'adoption du système monétaire auquel la pièce appartient.

Après la rupture, les fils de Magnus II eurent chacun leur monnayage particulier. Leurs *thalers* portent leur effigie. On a des pièces d'Henri frappées à Grevesmühl et des pièces d'Albert frappées à Güstrow et à Gadebusch.

A la mort d'Albert, ses deux fils majeurs Jean-Albert et Ulric lui succédèrent, mais ils abandonnèrent l'administration de leurs états à leur oncle le duc Henri. Celui-ci mourut en 1552, ne laissant qu'un fils, Philippe, faible d'esprit et hors d'état de gouverner. En 1555, Jean-Albert et Ulric se partagèrent les possessions de la maison de Mecklembourg : le premier résida à Schwérin, le second à Gustrow.

Jean-Albert eut un monnayage assez actif, principalement en 1549. Quelques-uns de ses *thalers* portent au revers la légende : **DOMINE·NE· DA·INIMICIS·VERB*i*·TVI·LET*itiam.*** Sur ses *ducats* et ses *doppelschillings,* la devise est **PREMENTE CRVCE TOLLIMVR.**

Ulric met, sur ses premiers *thalers,* autour de son buste : **OMNE*s*· IN·MA*nu*·DEI·SVM*us*·IPSE·BEN*e*·FAC*iet*·NOB*is*;** plus tard, la devise adoptée au revers de ses pièces est : **HERRE·GOTT·VERLEICH· VNS·GN*ade*.** Leitzmann dit qu'en 1567 le système monétaire d'Ulric se composait des pièces suivantes :

1º *Thalers* à 14 loth de fin et à 8 au marc.
2º *Doubles schillings* à 7 1/2 loth de fin et à 68 au marc.
3º *Schillings* à 6 1/2 loth de fin et à 120 au marc.
4º *Tournosen* à 5 1/2 loth de fin et à 128 au marc.
5º *Witten* à 3 loth de fin et à 200 au marc.

Les ducs de Mecklembourg continuèrent à monnayer sur le même pied jusqu'à la crise monétaire du commencement du XVIIe siècle. Jean-Albert I mourut en 1576 laissant un fils mineur, Jean V, qui lui succéda sous la tutelle d'Ulric son oncle. Ce duc, faible d'esprit, mourut à son tour en 1592, et ses états furent partagés entre ses deux fils mineurs, Adolphe-Frédéric I et Jean-Albert II; leur grand oncle Ulric exerça encore une fois l'administration.

En 1603, à la mort d'Ulric, son frère Charles, évêque de Ratzebourg, lui succéda dans le duché de Gustrow. On possède de lui quelques monnaies, notamment des *thalers* forgés en 1607 et 1609. Il mourut l'année suivante, et ses biens allèrent grossir le patrimoine de ses petits-neveux. De la sorte, Jean-Albert II poursuivit la ligne de Gustrow, et Adolphe-Frédéric I celle de Schwérin. Leurs monnaies portent leurs devises : NON EST MORTALE QUOD OPTO pour le premier, et : FORTUNE·INFORTUNE·FORT·UNE pour l'autre. En 1623, les deux frères prirent parti, avec Chrétien IV, roi de Danemark, pour l'électeur palatin Frédéric V contre l'empereur Ferdinand II ; celui-ci les mit, en 1628, au ban de l'empire, et donna le Mecklembourg à leur vainqueur le fameux Wallenstein, qui s'empressa de se parer de son nouveau titre sur ses monnaies. En 1631, les ducs furent rétablis par la protection de Gustave-Adolphe.

Jean-Albert II, mort en 1636, n'avait qu'un fils, né trois ans auparavant, auquel il avait donné le nom du roi de Suède, son puissant allié. L'enfant, d'abord placé sous la tutelle de son oncle, prit le pouvoir à Gustrow en 1654. Gustave-Adolphe a laissé quelques monnaies d'or et d'argent frappées principalement dans la dernière partie de son long règne ; ses plus fortes espèces reproduisent son buste de profil à droite, drapé et cuirassé, la tête coiffée d'une grande perruque ; sa devise est : QUID RETRIBUAM DOMINO. Il mourut en 1695 sans descendance.

Adolphe-Frédéric I, duc de Mecklembourg-Schwérin, eut plusieurs fils, dont quatre seulement sont indiqués sur notre tableau généalogique. Nous nous occuperons plus loin d'Adolphe-Frédéric II, créateur de la ligne de Strélitz. Le duché de Schwérin passa à l'aîné, Chrétien-Louis I. Le monnayage de celui-ci fut actif ; ses premiers *thalers* portent au revers la légende : NON EST MORTALE QUOD OPTO, à laquelle succéda par la suite : IEHOVA SORS MEA. En 1669, il établit à Domitz un atelier que le duc de Brunswick fit détruire en 1689 par la force armée parce qu'on y frappait des pièces de bas-aloi. En 1675, la mort de Jean-Georges de Mecklembourg-Mirow fut célébrée par l'émission d'un *begrabnisthaler* au buste du défunt.

Chrétien-Louis I mourut en 1692 sans enfants. Ses états passèrent à son neveu Frédéric-Guillaume. Celui-ci frappa de nombreuses espèces et notamment des *ducats* d'or de plusieurs types, sur lesquels figurent tantôt son buste, tautôt son monogramme, tantôt enfin la tête de taureau des armes de Mecklembourg. Les devises adoptées par Frédéric-Guillaume varient ; la plus fréquente est : PROVIDE ET CONSTANTER.

Le monnayage fut arrêté après la mort de ce dernier duc et ne fut repris qu'en 1752. En cette année, Chrétien-Louis II ouvrit un atelier à Schwérin, mais ses efforts pour donner à son pays une monnaie bonne et stable échouèrent par suite des ruines accumulées par la guerre de Sept Ans. En 1763, Frédéric remit en vigueur le pied de Lubeck, qui fut suivi dans le duché de Mecklembourg-Schwérin jusqu'à la fin du xviiie siècle.

LIGNE DE MECKLEMBOURG-STRÉLITZ. — Les trois ducs qui se succédèrent dans cette ligne de 1658 à 1794 portent le même nom. Adolphe-Frédéric II, qui créa la ville de Neu-Strélitz, y ouvrit un atelier monétaire; sa devise habituelle est : AUXILIO FORTISSIMO DEI. Dans la série métallique d'Adolphe-Frédéric III; nous avons à noter les *thalers* commémoratifs de la deuxième fête séculaire de la Réforme, frappés en 1717.

Jusqu'en 1763, le système monétaire du Mecklembourg-Strélitz reste le même que celui du Mecklembourg-Schwérin, mais, en cette année, Adolphe-Frédéric IV, suivant l'exemple de la plupart des princes de l'Allemagne, introduisit dans ses états le *pied de convention*. Le *thaler* courut pour 24 *groschen* ou 48 *schillings*, le *schilling* pour 4 *witten*, le *witten* pour 3 pfennig.

f). — *Duché de Holstein* [1].

Le duché de Holstein, extrême terre allemande aux confins du Jutland, était, depuis le milieu du xve siècle, une possession des rois de Danemark de la maison d'Oldenbourg. En 1460, les habitants du Holstein avaient obtenu que leur pays fût uni à perpétuité au duché danois de Schleswig, qui ne relevait pas de l'empire d'Allemagne. En 1559, le Holstein s'accrut de la terre de Dithmarschen.

Les souverains du Holstein s'intitulaient : *Dei gratia heres Norvegiae, dux Schlesvici et Holsatiae, Stormariae et Ditmarsiae, comes in Oldenburg et Delmenhorst.* Les armes de Holstein étaient : *de gueules à trois clous de Passion mis en pairle et trois feuilles d'ortie posées en triangle d'argent, mouvant d'un écusson du même en cœur.* Celles de Stormarn étaient : *de gueules au cygne d'argent, le col passé dans une couronne d'or*, et celles de Dithmarschen : *de gueules au cavalier armé et au galop d'argent.*

---

1. Cf. sur les monnaies du Holstein la *Numismatische Zeitung* de Leitzmann, année 1859, p. 95 et suiv.

Dans la première moitié du XVIᵉ siècle, le duché fut divisé entre les fils du roi de Danemark Frédéric I, qui créèrent ainsi deux lignes. L'aîné, Chrétien III, qui devint roi, poursuivit la ligne royale ou danoise; le cadet, Adolphe, créa la ligne ducale de Holstein-Gottorf. De la ligne danoise se détachèrent successivement plusieurs branches, dont quelques-unes ont frappé monnaie. Le tableau ci-dessous rappellera au lecteur cette descendance assez compliquée :

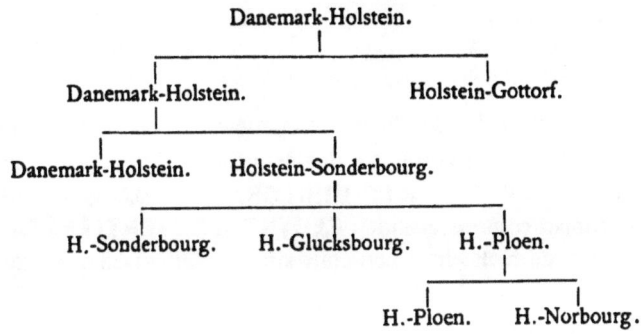

LIGNE DANOISE. — Les rois de Danemark avaient obtenu en 1475 de l'empereur Frédéric III le droit de frapper des espèces d'or comme souverains du Holstein. Nous ne donnerons pas ici la liste des ducs de Holstein, leur chronologie étant identique à celle des rois à partir de l'avènement de Frédéric I à la couronne (1523). De 1481 à 1523, ce prince monnaya comme simple duc de Holstein et frappa notamment des *marks* qui constituent pour ce pays les premières pièces d'argent à flans épais. Leur type se compose de ses armes et de l'effigie de saint André représenté à mi-corps et entouré de la légende : **DILEXIT·DNS· ANDREAM**. Les caractères appartiennent encore à l'alphabet gothique.

En 1620 Chrétien IV rebâtit la ville de Gluckstadt et y créa un atelier monétaire dont le nom apparaît fréquemment, dans le cours du XVIIᵉ siècle, au revers des espèces.

Branche de Sonderbourg. — Cette branche, dont les possessions étaient situées dans le Schleswig, c'est-à-dire hors de l'empire d'Allemagne, mais que néanmoins nous estimons devoir citer ici, fut fondée par un cadet du roi Chrétien III. Les seuls de ses membres qui aient monnayé sont : Jean le Jeune (1559-1622), son fondateur, et Alexandre (1622-27), le fils de celui-ci.

Branche de Glucksbourg. — Cette branche fut créée par Philippe, frère d'Alexandre de Sonderbourg. Ses domaines s'étendaient également

18

en Schleswig. On ne possède de monnaies que des trois premiers ducs: Philippe (1622-63), Chrétien (1663-98) et Philippe-Ernest (1698-1729).

Branche de Ploen. — Cette branche eut pour fondateur un troisième fils de Jean le Jeune de Holstein-Sonderbourg. Ses domaines appartinrent successivement aux ducs suivants, dont plusieurs monnayèrent :

*Joachim-Ernest, 1622-71.   Joachim-Frédéric, 1706-22.
*Jean-Adolphe, 1671-1704.   *Frédéric-Charles, 1722-61.
Léopold-Auguste, 1704-6.

En 1761, la branche de Ploen s'éteignit et le roi de Danemark prit possession de ses domaines. La devise inscrite sur les monnaies de Joachim-Ernest est: **SUFFICIT · MIHI · GRATIA · TUA · DOMINE**. Jean-Adolphe choisit comme légende : **CEDVNT · PREMENTI · FATA**. L'atelier des ducs de Holstein-Ploen était situé à Rethwisch près de Hambourg.

Branche de Norbourg. — Auguste (1671-99), frère de Jean-Adolphe de Holstein-Ploen, obtint la terre de Norbourg. On possède de lui un *thaler* frappé en 1676 à l'occasion de la solution intervenue dans le procès auquel avait donné lieu la succession du comté d'Oldenbourg. L'avers de cette pièce représente les armes aux quartiers ducaux timbrées de trois heaumes; le revers, une vue à vol d'oiseau de l'Oldenbourg, au-dessus de laquelle plane un aigle qui tient une balance et que le soleil éclaire; la légende circulaire est : **DIVINA BENEDICTIONE ET CÆSA-REA IUSTITIA**.

LIGNE DE HOLSTEIN-GOTTORF. — Cette ligne, dont la création remonte à Adolphe, fils de Frédéric I, roi de Danemark, est représentée par neuf ducs :

Adolphe, 1533-86.   *Frédéric IV, 1694-1702.
Frédéric II, 1586-87.   *Charles-Frédéric, 1702-39.
*Jean-Adolphe, 1587-1616.   *Pierre III de Russie, 1739-62.
*Frédéric III, 1616-59.   Paul I de Russie, 1762-73.
*Chrétien-Albert, 1659-94.

Charles-Frédéric avait épousé Anne de Russie. Lorsque leur fils Pierre III monta sur le trône impérial, en 1762, il donna le Holstein à son fils Paul, lequel le céda en 1773 au Danemark en échange de l'Oldenbourg.

La série monétaire de la ligne de Holstein-Gottorf est très riche. En

1600, Jean-Adolphe ouvrit un atelier à Steinbeck, mais le numéraire ducal fut, par la suite, frappé généralement à Schleswig. Frédéric III avait pour devise : VIRTVTIS·GLORIA·MERCES. Son fils, Chrétien-Albert, écrivait au revers de ses pièces : PER ASPERA AD ASTRA; enfin Frédéric IV et Charles-Frédéric[1] adoptèrent une légende plus modeste : CONSTANTIA·ET·LABORE. Aux monnaies courantes de la ligne de Holstein-Gottorf viennent se joindre quelques *thalers* commémoratifs et, pour Frédéric III, un curieux *double thaler* frappé avec de l'argent qu'on prétendit fourni par des procédés alchimiques.

g). — *Évêché de Hildesheim*[2].

L'évêché de Hildesheim, *episcopatus Hildesiensis* ou *Hildesemensis*, avait la Vierge pour patronne. Ses armes étaient: *parti d'or et de gueules*. Voici les noms des évêques depuis la fin du xvie siècle :

* Ernest II de Bavière, 1573-1612.
* Ferdinand de Bavière, 1612-50.
* Maximilien-Henri de Bavière, 1650-88.
* Vacance du siège, 1688.
* Josse-Edmond de Brabeck, 1688-1702.
  Vacance du siège, 1702-1704.
  Joseph-Clément de Bavière, 1714-1723.

* Vacance du siège, 1723-24.
  Clément-Auguste de Bavière, 1724-1761.
* Vacance du siège, 1761-63.
* Frédéric-Guillaume de Westphalie, 1763-1789.
  François-Égon de Furstemberg, 1789-1802.

Le monnayage épiscopal, arrêté au milieu du xve siècle, fut repris à la fin du xvie. En 1598, l'évêque Ernest de Bavière érigea au village de Moritzberg un atelier qui travailla jusqu'en 1634. Il créa un autre atelier, en 1608, à Peine; celui-ci fut fermé en 1627; les pièces frappées à Peine consistent en *groschen* et *dreier* qui portent l'écusson de la ville: *d'or au loup d'argent sautant par-dessus deux gerbes du même*.

Pendant la guerre de Trente-Ans, les ducs de Brunswick mirent la main sur la plus grande partie du temporel de Hildesheim, et l'évêque ne rentra en possession qu'en 1644. En 1663, Maximilien-Henri érigea un atelier dans Hildesheim; il tenta, mais en vain, de racheter à la ville la moitié de la monnaie, qui depuis la fin du moyen âge appartenait aux bourgeois.

En 1688, pendant la vacance du siège épiscopal, le chapitre fit frapper des *thalers* au nom et au buste de l'empereur régnant. Ce monnayage capitulaire se renouvela en 1724 et en 1761.

Sous Josse-Edmond de Brabeck eurent lieu des émissions assez

1. Voyez page 134, fig. 120 et 125, les monogrammes qui figurent sur certaines monnaies de Chrétien-Albert et de Charles-Frédéric.
2. Cappe, *Die Münzen der Stadt und des Bisthums Hildesheim*. Dresde, 1858, in-8.

actives. Ses espèces, taillées suivant le pied de Leipzig, portent fréquemment sa devise : **IN PACE ET ÆQVITATE**. A son épiscopat se rattachent des *ausbeutethalers* frappés de 1697 à 1699 avec l'argent de la mine dite Sint Antonius; ces pièces portent l'image de saint Antoine et une légende de circonstance, telle que : **HÆC SUNT MUNERA MINERÆ S. ANTONY EREMITÆ.**

Pendant la vacance du siège épiscopal, en 1761, le chapitre avait ouvert un atelier monétaire dans sa terre de Papenstiege. L'évêque Frédéric-Guillaume le reprit pour son compte et le laissa en activité jusqu'en 1784, date extrême du monnayage particulier de Hildesheim.

h). — Duché de Saxe-Lauenbourg [1].

Le duché de Saxe-Lauenbourg était borné au nord par le territoire de la ville impériale de Lubeck et l'évêché de Ratzebourg, à l'est par le Mecklembourg, au sud par le pays de Lunebourg, à l'ouest par le territoire de Bergedorf et le duché de Holstein. Les localités principales de ce duché étaient Lauenbourg, Otterndorf et une partie de la ville de Ratzebourg.

Les armes ducales étaient écartelées de celles de Saxe, du Palatinat saxon et de Bréna. Voici les noms des ducs de Saxe-Lauenbourg depuis le commencement du xvie siècle jusqu'à l'extinction de leur maison :

*Magnus I, 1507-43.	*Auguste, 1619-56.
François I, 1543-81.	*Jules-Henri, 1656-65.
Magnus II, 1581-1603.	François-Erdmann, 1665-66.
*François II, 1603-19.	*Jules-François, 1666-89.

Il y eut une interruption d'un siècle environ, dans le monnayage de Lauenbourg, entre l'émission des *groschen* de Magnus I, qui appartiennent encore par leurs types et leur épigraphie à la série médiévale, et celle des multiples espèces de François II. Les monnaies de Magnus I furent frappées à Ratzebourg et à Otterndorf. François II commença la fabrication de ses *doppelthaler*, de ses *thalers*, de ses *gulden* et de leurs divisions en 1609 dans sa résidence de Lauenbourg; cet atelier exista jusqu'en 1689. Les monnaies ducales étaient taillées conformément au système adopté par le cercle de Basse-Saxe, mais à diverses reprises l'abaissement de leur titre donna lieu à des réclamations et à des décris. François II avait comme devise ces mots, inscrits au revers d'un grand nombre de pièces : **PROPITIO·DEO·SECURUS·AGO.** Sa mort fut célébrée par plusieurs *sterbemünzen*.

---

1. M. Schmidt, *Die Münzen und Medaillen der Herzöge von Sachsen-Lauenbourg*. Ratzebourg, 1884, in-4.

Auguste choisit comme devise : **DURA·PATI·VIRTUS**. Ses *thalers* sont nombreux et la série qu'on en possède se termine en 1656 par un *sterbethaler*. Jules-Henri est le premier duc de Lauenbourg qui ait frappé des monnaies d'or, des *ducats* aux millésimes de 1657 à 1662, mais on n'a de lui aucune autre espèce. Les émissions redevinrent actives sous Jules-François, dont les *thalers* et les *gulden* portent cette sentence morale : **THV·RECHT·SCHEV·NIEMAND**, *agis avec droiture et ne crains personne*.

Avec ce duc s'éteignit en 1689 la maison de Saxe-Lauenbourg. Georges-Guillaume de Brunswick-Lunebourg-Celle mit la main sur ses possessions et y fut formellement reconnu en 1702. Il existe de lui quelques pièces de 4 *schillings*, frappées en 1704 dans l'atelier de Celle, spécialement pour le duché de Lauenbourg. Sous Georges II eut lieu une nouvelle émission de monnaies particulières ; elle consista en *gulden* d'argent et en un grand nombre de pièces divisionnaires datées de 1738 à 1750 ; le nom du souverain n'est pas mentionné dans leurs légendes, mais l'inscription **MONETA NOVA LAUENBURGICA** indique le pays où les pièces devaient circuler.

i). — *Évêché de Lubeck* [1].

Le territoire de l'évêché de Lubeck était enclavé dans ceux de la ville impériale de ce nom et du duché de Holstein. Les patrons de cette église étaient saint Jean-Baptiste et saint Nicolas. Les évêques résidaient à Eutin. Les armes de l'évêché étaient : *d'azur à la croix d'or surmontée d'une mitre du même*.

Le monnayage recommença dans l'évêché de Lubeck, dans la seconde moitié du XVIe siècle, avec l'introduction du protestantisme, et fut continué avec quelques interruptions jusqu'en 1776. Il est toutefois difficile de dire si les pièces de certains évêques ont été frappées spécialement pour Lubeck, ou pour un des autres évêchés dont ils cumulaient parfois la possession :

*Eberhard II de Holle, 1561-86 (Verden).

*Jean-Adolphe de Holstein-Gottorf, 1586-1607 (Brème, Verden).

*Jean-Frédéric de Holstein-Gottorf, 1607-1634 (Brème, Verden).

Jean de Holstein-Gottorf, 1634-55.

Jean-Georges de Holstein-Gottorf, 1655.

Chrétien-Albert de Holstein-Gottorf, 1655-66.

*Auguste-Frédéric de Holstein-Gottorf, 1666-1705.

*Chrétien-Auguste de Holstein-Gottorf, 1706-26.

Charles de Holstein-Gottorf, 1726-27.

*Vacance du siège épiscopal, 1727.

Adolphe-Frédéric, roi de Suède, 1727-50.

*Frédéric-Auguste de Holstein-Gottorf, 1750-85.

1. Cf. la *Numismatische Zeitung* de Leitzmann, 1863, p. 156 et suiv.

Les évêques de Lubeck suivaient le système monétaire des villes hanséatiques, sur lequel le système portugais exerça une si grande influence.
Il n'y a donc rien de surprenant à ce que le plus ancien *thaler* décrit
par Schulten-Rechberg, et qui fut frappé en 1593 par Jean-Adolphe,
reproduise au revers le type des pièces portugaises : une grande croix
entourée d'une double légende, comprenant d'abord les titres épiscopaux,
et en second lieu les mots : NACH·PORTVGALIS*chem* SCHROT V*nd*
KORN. Sur d'autres monnaies de Jean-Adolphe, qui ne sortent pas de
la donnée générale des types allemands contemporains et qui portent,
par conséquent, le buste et les armes, nous trouvons la devise de l'évêque :
VIVIT POST FVNERA VIRTVS. La devise d'Auguste-Frédéric était :
A·DEO·SORSQ·SALVSQ·MEA. La vacance du siège épiscopal, en
1727, donna lieu à l'émission par le chapitre d'un *thaler* au buste de
l'empereur Charles VI ; le revers porte les armes du chapitre et, au-
dessous de celles-ci, le petit écusson du doyen Jean de Wickede.

j). — *Évêché et principauté de Ratzebourg.*

L'évêché de Ratzebourg s'étendait, au sud de Lubeck, entre les pays
de Saxe-Lauenbourg et de Mecklembourg-Schwérin. L'évêque, *episcopus raceburgensis*, résidait à Schonberg. Les patrons de l'évêché étaient
la sainte Vierge et saint Jean l'Évangéliste. Les armes étaient : *parti, au
1er d'or à la crosse d'azur, au 2e d'or à la tour d'azur, la tour couverte
d'un toit pointu.* Voici la liste des évêques depuis le commencement du
xvie siècle :

Henri III Bergmeier, 1511-24.
Georges de Blumenthal, 1524-50.
Christophe I von der Schulenburg, 1550-
1554.
*Christophe II de Mecklembourg, 1554-92.

Charles duc de Mecklembourg, administrateur, 1592-1610.
*Auguste de Brunswick-Lunebourg, 1610-
1636.
*Gustave-Adolphe de Mecklembourg, 1636-
1648.

En 1648, à la paix de Westphalie, l'évêché fut sécularisé et transformé
en principauté au profit des ducs de Mecklembourg-Schwérin ; en 1701
cette principauté passa aux ducs de Mecklembourg-Strélitz.

En 1581, Christophe II établit un atelier à Schonberg et y frappa
des *thalers* conformes aux lois de l'empire. En 1641, une nouvelle officine fut créée à Ratzebourg par Auguste de Brunswick, qui y émit
des *ducats* d'or, des *thalers* avec leurs divisions et leurs multiples.
Leitzmann assure que cet atelier travailla jusqu'en 1678. En 1686, il y
avait dans le Domhof de Ratzebourg une *heckenmünze* qui mettait en

circulation de menues monnaies de bas aloi et que le duc de Brunswick vint détruire à main armée.

k). — Comté de Régenstein.

Ce comté, situé aux environs de Halberstadt, avait pour armes : *d'or* (puis *d'argent*) *à la ramure de cerf à cinq andouillers de gueules.* Au xvie siècle, avec Ulric de Régenstein, commence une série monétaire qui se poursuit jusqu'à l'extinction de sa maison. Les comtes monnayèrent fréquemment en commun, c'est pourquoi nous donnons ici le tableau généalogique de leur famille :

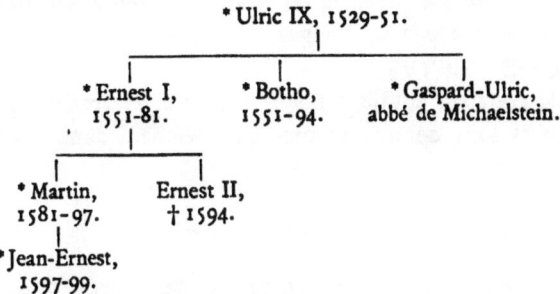

```
                        * Ulric IX, 1529-51.
         ┌──────────────────┼──────────────────────┐
    * Ernest I,         * Botho,            * Gaspard-Ulric,
     1551-81.            1551-94.          abbé de Michaelstein.
    ┌──────┴──────┐
 * Martin,      Ernest II,
  1581-97.       † 1594.
 * Jean-Ernest,
  1597-99.
```

Après la mort de Jean-Ernest, le duc de Brunswick prit possession de son héritage comme fief vacant, et l'atelier comtal de Blankenbourg fut supprimé.

l). — Comté de Rantzau.

En 1649, Frédéric III, duc de Holstein-Gottorf, vendit au statthalter royal de Danemark, Chrétien de Rantzau, la seigneurie de Barmstedt, située au sud du Holstein. L'empereur Ferdinand III confirma cette cession, éleva Chrétien au rang de comte d'empire et fit de la terre de Barmstedt le comté immédiat de Rantzau.

Chrétien de Rantzau (1650-63) et son fils Dethlef (1663-97) frappèrent, de 1655 à 1668, des *ducats* d'or, des *thalers* et *demi-thalers* d'argent, à leur buste et à leurs armes. Ils s'intitulaient : *Sacri Romani imperii comes in Rantzau et Loewenholm, dominus in Breitenburg.* Leurs armes étaient : *écartelé, aux 1er et 4e parti d'argent et de gueules,* qui est Rantzau, *aux 2e et 3e d'or à la bande de sable cotoyée de douze losanges du même,* qui est burgraviat de Leissnig; *sur le tout un écusson d'azur au lion d'or couronné du même et lampassé de gueules,* qui est seigneurie de Pénik. La devise habituelle est : **RECTE·FACIENDO NEMINEM TIMEAS.**

Le petit-fils de Chrétien de Rantzau fut tué en 1721 par son frère. Le roi de Danemark fit incarcérer le fratricide et confisqua en 1726 tous ses biens.

m). — Seigneurie de Crottorf.

Sébastien de Hatzfeld (1569-1631), fils unique de Guillaume de Hatzfeld et de Catherine de Selbach, héritière des seigneuries de Crottorf et de Zeppenfeld, se trouvait, à la fin du XVIe siècle, sans doute à la suite d'une concession impériale, en possession du droit monétaire. Il existe de lui des *thalers* frappés en 1597 avec la mention de l'empereur Rodolphe II; ils portent à l'avers le buste de Sébastien de Hatzfeld et au revers ses armes tenues par les images en pied de l'Honneur et de la Vertu : **HONOS·ET·VIRTVS**.

Sébastien de Hatzfeld eut deux fils, Melchior et Hermann, que nous retrouverons plus loin, comme comtes de Gleichen, dans le cercle de Haute-Saxe.

n). — Ville impériale de Lubeck[1].

L'histoire monétaire de la ville hanséatique de Lubeck, dont le commerce était si étendu, est d'une importance capitale pour l'histoire économique du Nord de l'Europe, notamment du Danemark. Nous ne pouvons malheureusement entrer ici dans les détails d'un exposé dont le résumé est difficile à faire, et nous devons nous borner à noter quelques dates essentielles, à donner sur les types de superficielles indications.

En 1502, les villes de Lubeck, Hambourg, Lunebourg et Wismar, renouvelant des alliances monétaires antérieures, décidèrent d'abandonner l'étalon d'or et de frapper de fortes pièces d'argent à l'imitation des *guldengroschen*. Le type de ces pièces, en ce qui concerne Lubeck, se compose de l'aigle d'empire et de l'image en pied de saint Jean-Baptiste, patron de la ville, dans une épicycloïde; à ses pieds figure l'écusson municipal : *coupé d'argent et de gueules.* Les légendes sont : **MONETA : NOVA : LVBICENSIS · 1502**, et **SANCT' · IOHANNES · BAPTIST**; elles sont encore écrites en lettres gothiques. Il existe des divisions de ces *guldengroschen*.

En 1515, les quatre villes alliées décidèrent de frapper des *marks* d'ar-

---

1. H.-C. Dittmer, *Geschichtliche Darstellung der Münzfusse von den zu Lübeck vorgekommenen und theils noch vorkommenden gröbern Silbermünzen.* Lubeck, 1845, in-8. — J.-H. Schnobel, *Lubeckisches Münz und Medaillen-Kabinet.* Lubeck, 1790, in-8.

gent taillés à 12 au marc de Cologne et à 14 1/4 loths d'argent comme aloi. La taille et le titre furent légèrement modifiés dans la suite, mais cette monnaie nouvelle obtint dans la circulation un accueil favorable Ces *marks* portent à l'avers l'aigle à deux têtes et la légende : **MONETA· NOVA·LVBICENSIS**, suivie du millésime; le revers donne les écussons des villes de Hambourg, Lunebourg et Wismar, placés en tréfeuille autour d'un écu de Lubeck plus petit; l'inscription est : **STATVS·MARCE· LVBICE***nsis*. En même temps que les *marks,* il y eut des *demi-marks* et des *tiers de marks.* Ces nouvelles monnaies, mieux appropriées aux habitudes de compte des villes hanséatiques du Nord, étaient destinées à remplacer dans les transactions le *guldengroschen* et le *florin* d'or rhénan.

L'ordonnance de Charles-Quint promulguée en 1524 à Esslingen n'eut aucune influence sur le système monétaire de Lubeck. En 1528, cette ville frappa ses premiers *thalers*, émis au début pour 24 *schillings.* L'abaissement successif de l'aloi des menues monnaies amena dans leur rapport avec le *thaler* des modifications parfois mentionnées sur les espèces. Un *thaler* de 1568 porte l'indication numérale : **27·6** qui signifie : 27 schillings 6 pfennigs. Les types monétaires de Lubeck se bornent généralement à l'image de saint Jean, à l'écu de la ville et à ceux des villes alliées, à l'aigle d'empire, à l'effigie de l'empereur; comme détail accessoire, nous trouvons sur un certain nombre de pièces l'emblème héraldique des bourgmestres et, à partir de 1602, leur écusson.

A la fin du xviie siècle, Lubeck n'admit pas le pied de Leipzig, et l'on créa en 1691 un pied local suivant lequel le marc d'argent fin était évalué à 11 1/3 thalers ou 34 marks argent courant de Lubeck.

o). — *Ville impériale de Hambourg* [1].

L'histoire monétaire de Hambourg marcha, au début des temps modernes, de pair avec celle de Lubeck. La patronne de la cité est la Vierge, et c'est son image que nous trouvons sur les plus anciennes pièces d'argent de poids fort, frappées depuis 1505 ; la devise inscrite sur les pièces de cette époque est : **SPES · NOSTR·VIRGO·MAR'·**

En 1553, commence à Hambourg une émission très nombreuse de monnaies d'or et d'argent de diverses espèces. Les *thalers* portent à

---

1. O.-C. Gaedechens, *Hamburgische Münzen und Medaillen.* Hambourg, 1850-54, 2 vol. in-4. — Langermann, *Hamburgisches Münz-und Medaillenvergnügen.* Nouv. édit. Hambourg, 1802, in-4.

PREMIÈRE PARTIE

l'avers les armes de la ville: un mur d'enceinte à trois tours, celle du milieu percée d'une porte pourvue d'une herse, au revers l'image de la Vierge accompagnée des mots: FIAT · MIHI · SECVNDVM · VERBV'TVV'. Parmi les pièces d'or hambourgeoises, nous accorderons une mention particulière aux *portugalöser,* pièces copiées des *crusades* portugaises et valant respectivement dix ducats, cinq ducats et deux ducats et demi. Les *portugalöser* hambourgeois portent d'un côté les armes de Hambourg, entourées d'une double légende: MONETA · NOVA · AVREA · CIVITATIS · HAMBVRGENSIS, et: NACH · PORTVGALIS · SCHROT · VND · KORN: l'autre côté porte une grande croix entourée des mots: IN · XPO · CRV- CIFIXO · PENDIT · SALVS · NRA.

En 1572, Hambourg résolut de frapper des espèces en conformité avec l'ordonnance impériale de 1559. Par la même occasion, le type de la Vierge disparut pour faire place à l'aigle d'empire et aux nouvelles armes de la ville: *de gueules, au château à trois tours d'argent.* L'écu des comtes de Holstein, qui avait été conservé jusque-là sur certaines espèces hambourgeoises, est aussi définitivement omis. C'est une étape vers l'affranchissement complet de Hambourg, qui en 1618 fut reconnue ville impériale, malgré les protestations de ses anciens maîtres.

Dans la seconde moitié du xvIIe siècle, l'adoption dans certains états du Nord de l'Allemagne du pied de Zinna exerça son influence sur le monnayage de Hambourg, mais en 1725 cette ville se fixa un pied mo- nétaire spécial.

p). — *Ville impériale de Brême*[1].

En 1541, Charles-Quint donna à la ville de Brême le droit de battre monnaie et fixa le type suivant lequel les espèces municipales devaient être frappées. Dès 1542, parurent des *florins* d'or et des *thalers* portant d'un côté l'écu de la ville: *de gueules à la clef antique d'argent posée en bande,* de l'autre l'aigle d'empire. Toutes les pièces frappées dans la suite continuèrent à porter la clef sur une de leurs faces.

q). — *Ville de Stade*[2].

La série monétaire de cette ville, commencée à la fin du xve siècle, se poursuit jusqu'en 1689.

1. H. Jungk, *Die bremischen Münzen.* Brême, 1875, gr. in-8. — J.-Ph. Cassel, *Voll- ständiges bremisches Münzcabinet.* Brême, 1772-73, 2 vol. in-8.
2. M. Bahrfeldt, *Die Münzen der Stadt Stade,* dans la *Numismatische Zeitschrift,* 1879.

Stade portait une clef dans ses armes; celles-ci forment le type habituel des monnaies municipales. Le patron de Stade est saint Pierre; son effigie figure sur quelques espèces.

r). — *Ville de Lunebourg* [1].

Nous avons parlé précédemment des alliances monétaires conclues entre les villes de Lubeck, Hambourg, Wismar et Lunebourg. Cette dernière ville eut un monnayage assez actif, qui se poursuivit avec quelques interruptions jusqu'en 1757.

Le type des monnaies de Lunebourg, au xvie siècle, est très remarquable; l'avers porte les armes de la ville : un mur d'enceinte à trois tours, celle du milieu percée d'une porte dans laquelle est placé un écu au lion penché; le revers est occupé par un croissant à figure humaine entouré de la légende : VISITAVIT·NOS·ORIENS·EX·ALTO. Au xviie siècle, ce croissant fait place à l'aigle d'empire, et le nom de l'empereur régnant est substitué le plus souvent à l'ancienne devise.

A partir du milieu du même siècle, Lunebourg cessa d'avoir un atelier monétaire particulier. Son numéraire fut fabriqué dans des monnaies voisines, telle que celle des ducs de Brunswick à Celle.

s). — *Ville impériale de Goslar* [2].

Le commencement de l'époque moderne dans le monnayage de Goslar peut être fixé à l'année 1505, avec l'apparition des *mariengroschen*. Le premier *thaler* est de 1542, et vingt ans plus tard, environ, commence l'émission des *florins* d'or. Le monnayage municipal cesse en 1764.

Le type particulier à Goslar pour ses fortes monnaies est, indépendamment de l'aigle de ses armes, la Vierge debout dans une gloire. Un certain nombre de pièces de cette ville obtinrent un grand succès dans la circulation et furent copiées jusque dans les Pays-Bas [3].

t). — *Ville impériale de Muhlhausen.*

En 1519, la ville de Muhlhausen frappa des *pfennings,* en 1525 des

---

1. M. Bahrfeldt, *Die Münzen der Stadt Lüneburg,* dans les *Berliner Blätter* de Weyl de 1883 et 1884. — Le même, *Die Münzen der Stadt Lüneburg von 1599-1602,* dans le *Numism.-sphragist. Anzeiger* de 1894.

2. H.-Th. Cappe, *Beschreibung der Münzen von Goslar.* Dresde, 1860, in-8.

3. On trouvera la description d'un certain nombre de ces imitations dans Hooft van Iddekinge, *Des monnaies en guise de jetons. Description de quarante quarts d'écus ayant servi comme jetons au XVIᵉ siècle,* dans la *Revue belge de numism.,* 1877, p. 203 et suiv.

groschen et en 1534 des *heller*. Les premiers *thalers* apparurent en 1574. Les émissions de divers genres de monnaies se succédèrent avec des intervalles jusqu'en 1767.

Les armes de Muhlhausen, qui constituent le type monétaire le plus fréquent, sont : *d'argent à l'aigle de sable chargée sur chaque aile d'un fer à moulin d'argent*. Le nom de la ville est écrit sur les monnaies de la manière suivante : CIVIT·IMPERIALIS·MOLHVSINÆ ou MVLHV-SINÆ.

u). — *Ville impériale de Nordhausen.*

La ville de Nordhausen frappa ses premiers *thalers* en 1556, ses derniers en 1686. Ses monnaies connues consistent en *florins* d'or, *thalers, gulden, doubles gros, gros,* et quelques monnaies divisionnaires.

Les armes de la ville sont : *d'or à l'aigle de sable*. La légende habituelle est : MO·N·LIB·IMPER·CIVITATIS NORTHVSÆ.

v). — *Ville de Hanovre* [1].

Le type des menues monnaies de cette ville se compose des armes municipales, une rose à trois feuilles. Sur les *florins* d'or, les *thalers* et les autres fortes espèces d'argent, nous trouvons une porte de ville à deux tours, entre lesquelles est placé le lion de Brunswick. Dans la porte est reproduite la rose des armes de Hanovre.

w). — *Ville de Goettingue* [2].

Le premier *thaler* de Goettingue date de 1567; les dernières monnaies

Fig. 223

municipales sont de 1684. L'initiale du nom de la ville, un 𝕲 gothique, est la marque caractéristique du numéraire. Nous donnons ici (fig. 223) la représentation d'un *mariengroschen* frappé en 1538 par la ville de Goettingue, à l'imitation des pièces de Goslar.

1. Voir la *Numismatische Zeitung* de Leitzmann, 1841, p. 21 et suiv.
2. Voir la *Numismatische Zeitung* de Leitzmann, 1841, p. 73 et suiv., et 1843, p. 18.

x). — *Ville d'Eimbeck* [1].

Le type des pièces de cette ville se rapproche beaucoup de celui des monnaies de Goettingue. C'est aussi l'initiale du nom, un 𝔢 gothique, qui en constitue l'élément habituel. Les monnaies les plus récentes d'Eimbeck sont de 1675.

y). — *Ville de Nordheim* [2].

La série monétaire de cette ville se poursuivit avec des interruptions jusqu'en 1678. Le type des *groschen* et des menues monnaies est un grand 𝔫 gothique. Sur les plus fortes espèces nous trouvons une porte de ville à cinq tours, dans l'ouverture de·laquelle est placé le lion de Brunswick.

z). — *Ville de Brunswick* [3].

La ville de Brunswick devint en 1610 le siège d'un des ateliers officiels du cercle de Basse-Saxe ou *kreismünzstätte*. Son monnayage particulier paraît s'être arrêté en 1680. Ses armes, qui figurent sur les espèces, consistent en un lion.

Parmi les monnaies les plus intéressantes de la ville de Brunswick, il convient de citer les *thalers* de 1546 qui font allusion à la ligue de Schmalkalde et sont connus des collectionneurs allemands sous le nom de *schmalkaldische bundesthaler*. Leur type se compose, à l'avers, du lion de Brunswick, au revers de l'image du Christ sortant du tombeau, avec la légende : **VERBVM·DO**mini **MA**net **IN·Æ**ternum.

aa). — *Ville de Hameln* [4].

La ville de Hameln sur le Weser, appelée aussi Quern-Hameln, monnaya depuis le commencement du XVIe siècle. Ses pièces les plus anciennes sont des *hohlpfennigs* chargés d'un fer à moulin, armes de la ville. Les premiers *thalers* datent de 1544 et les premiers *florins* d'or de 1638. Le monnayage paraît s'être arrêté en 1672. Notre

Fig. 224

1. Voir la *Numismatische Zeitung* de Leitzmann, 1839, p. 140 et suiv.
2. Voir la *Numismatische Zeitung* de Leitzmann, 1841, p. 121 et suiv.
3. Voir la *Numismatische Zeitung* de Leitzmann, 1841, p. 164 et suiv.
4. Voir la *Numismatische Zeitung* de Leitzmann, 1840, p. 177 et suiv.

figure 224 reproduit un *mariengroschen* frappé en 1543 à l'imitation de ceux de Goslar.

ab). — *Ville d'Osterode*.

La ville d'Osterode n'émit jamais que de menues espèces, dont les plus récentes appartiennent à la *kipperzeit*.

ac). — *Ville de Hildesheim* [1].

Les *thalers* les plus anciens de cette ville furent frappés dans les premières années de la seconde moitié du XVIᵉ siècle. Le monnayage prit fin en 1772. Outre les fortes espèces d'argent, la série municipale de Hildesheim comprend des *florins* d'or et leurs multiples, puis un assez grand nombre de pièces divisionnaires.

Les armes de Hildesheim consistaient en un écu écartelé; en 1528, Charles-Quint y ajouta un chef à l'aigle. Plusieurs monnaies d'or et d'argent, notamment un *thaler* de 1605, rappellent cette circonstance et portent à l'avers l'écusson de la cité accompagné de l'inscription : IN-SIG*nia* A·CAR*olo* V·RO·IMP·HILD·Aº·1528 COLLATA.

ad). — *Ville de Magdebourg* [2].

Pendant les guerres de religion, lorsqu'en 1550 et 1551 Magdebourg se trouvait assiégée par Maurice de Saxe, le magistrat entreprit de frapper des monnaies d'or et d'argent (fig. 225) sans y avoir été autorisé par une concession régulière. Celle-ci ne fut obtenue par la ville qu'en 1567, sous le règne de Maximilien II. A partir de cette date, le monnayage municipal comprit un assez grand nombre de pièces des trois métaux.

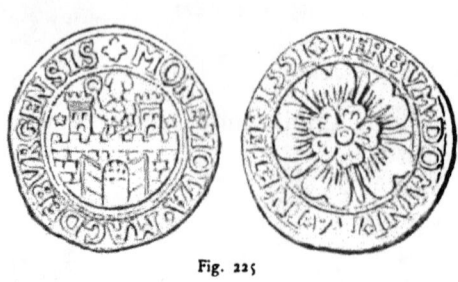

Fig. 225

Magdebourg eut beaucoup à souffrir de la guerre de Trente Ans. Pendant le siège qu'elle soutint en 1629 contre les impériaux commandés

---

1. H.-Th. Cappe, *Die Münzen der Stadt und des Bisthums Hildesheim.* Dresde, 1855, in-8.

2. S. Alexi, *Die Münzprägung der Stadt Magdeburg a. 1550 und 1551,* dans la *Zeitschrift für Numismatik* de 1887.

par Wallenstein, elle émit des monnaies obsidionales portant la devise : NECESSITAS·LEGEM·NON·HABET, légitime excuse de leur mauvais aloi. Lors de sa prise par Tilly, en 1631, elle fut en grande partie réduite en cendres ; un *thaler* de 1638 célèbre la restauration des quartiers incendiés : MAGDEBURGUM RESTAURATUR ANNO MDCXXXVIII.

Le type habituel des monnaies de Magdebourg se compose à l'avers d'une porte de ville *(burg)* défendue par deux tours crénelées entre lesquelles apparaît à mi-corps la Pucelle *(magd)* : ce sont des armes parlantes.

ae). — *Chapitre et ville de Halberstadt* [1].

Le droit monétaire, à Halberstadt, appartenait au chapitre et à la ville depuis la cession qui leur avait été faite en 1363 par l'évêque Louis de Misnie.

Au commencement du xvie siècle, après un long chômage de l'atelier, le manque d'espèces provoqua des émissions de *groschen* et de *pfennigs,* dont il existe des variétés de 1519 et des années suivantes. Les pièces et notamment les *thalers* qui portent le nom et les armes du cardinal Albert de Brandebourg, administrateur de Halberstadt (1513-45), n'émanent pas directement de son autorité, mais ont été frappées à sa demande par le chapitre.

Dans le cours du xvie siècle, le monnayage eut une nouvelle interruption, mais au xviie, et particulièrement à partir de 1617, les émissions redeviennent abondantes. Le chapitre frappa le plus souvent seul, parfois en communauté avec la ville. Les monnaies qui émanent de la ville seule sont rares.

Le patron de Halberstadt est saint Étienne, S. STEPHANVS PROTO-MARTir ; c'est son image qui fournit le type habituel. Les armes du chapitre étaient : *parti de gueules et d'argent.*

af). — *Ville de Rostock.*

Le monnayage de Rostock commence d'assez bonne heure et se compose, pour la période qui nous occupe, de *florins* et de *ducats* d'or, de *thalers,* de *gulden* et de menues espèces d'argent et de billon. Les armes de la ville, un griffon ou un écu chargé d'une fasce accompagnée en chef

1. C.-F. Zepernick, *Die Kapitels und Sedisvacanz-Münzen.* Halle, 1822, in-4.

d'un griffon rampant, composent le type habituel; sur les pièces divisionnaires le revers est souvent occupé par une croix portant en cœur un R en minuscule gothique.

A diverses reprises, la ville de Rostock émit des *thalers* commémoratifs, par exemple en 1612, à l'occasion du baptême de Jean-Christophe, fils aîné de Jean-Albert II, duc de Mecklembourg-Gustrow, et en 1616 à l'occasion de la naissance de Charles-Henri, second fils du même duc. Le nom de Rostock figure sur les espèces de la manière suivante: **MO NETA·NOVA·ROSTOCHIENSIS** ou **CIVITATIS ROSTOCHIENSIS.**

2g). — *Ville de Wismar.*

Les armes de la ville hanséatique de Wismar étaient: *parti au premier d'une demi-tête de taureau couronnée de face, au second fasce de quatre pièces.* Le patron de la ville était saint Laurent, qui partage avec l'écusson de Wismar les honneurs de l'empreinte monétaire.

La ville de Wismar passa de fréquentes conventions monétaires avec Lubeck, Hambourg et Lunebourg, notamment en 1502 pour la frappe des *marks* d'argent. A partir de la fin du XVIIᵉ siècle, la décadence du commerce amena celle du monnayage, et Wismar cessa d'avoir un atelier particulier; elle faisait frapper ses espèces à Lubeck ou à Rostock.

En 1715, la ville, assiégée par les Danois, émit des monnaies de nécessité.

§. VI. — *Cercle de Haute-Saxe.*

Le cercle de Haute-Saxe était situé entre les cercles du Haut et du Bas-Rhin, de Franconie et de Basse-Saxe, la mer baltique, les margraviats de Haute et de Basse-Lusace, les royaumes de Pologne et de Bohême. Comme étendue, ce cercle venait immédiatement après celui d'Autriche et occupait ainsi le second rang dans les dix grandes divisions de l'empire. Le directeur du cercle était l'électeur de Saxe, et c'était dans sa résidence de Dresde que se trouvait également la chancellerie. Les *kreistage* se tenaient principalement à Leipzig; le dernier est de 1683, ce qui témoigne du relâchement du lien par lequel la création des cercles avait rattaché entre eux les divers états voisins. En 1571, les villes de Leipzig, Berlin, Stettin et Saalfeld avaient été déclarées *kreismünzstätten* ou sièges des ateliers monétaires officiels du cercle.

a). — *Duché de Saxe et possessions de la maison de Saxe* [1].

D'après le partage fait en 1485 entre les deux fils de Frédéric II le Bon, Ernest eut le duché de Saxe et l'électorat, le sud de la Thuringe et le nord de la Misnie; Albert obtint le sud de la Misnie et le nord de la Thuringe.

La *ligne ernestine* ne resta que jusqu'en 1547 en possession de l'électorat. A la suite de la guerre de Schmalkalde, cette dignité fut enlevée par Charles-Quint à Jean-Frédéric, en même temps que le duché de Saxe, et donnée au duc Maurice, de la *ligne albertine*. En 1806, les états de cette ligne furent érigés en royaume par Napoléon I.

De toutes les maisons souveraines de l'Allemagne, la maison de Saxe est celle qui a la généalogie la plus compliquée. Sa numismatique semble un écheveau inextricable, par suite de cette circonstance que plusieurs princes souvent homonymes, frères, oncles, neveux, cousins, s'entendent pour frapper un numéraire commun. Nous avons déjà constaté de ces associations de famille dans plusieurs autres maisons souveraines, mais ce qui est ailleurs une exception constitue pour ainsi dire la règle dans la maison de Saxe. Nous voyons jusqu'à huit personnages signer à la fois les monnaies et leurs huit portraits y figurer en même temps.

Le tableau suivant indique la manière dont les diverses branches de la famille ducale se rattachent les unes aux autres. On le consultera utilement pour l'intelligence de ce qui suit [2]:

---

1. La numismatique de la Saxe possède une bibliographie considérable. Nous nous bornons à mentionner les ouvrages les plus importants : W.-E. Tentzel, *Saxonia numismatica lineae Ernestinae et lineae Albertinae*. Dresde et Francfort, 1705-14, 4 vol. in-4. — J.-G. Böhme, *Sächsisches Groschen-Cabinet*. Leipzig et Zullichau, 1765-69, 2 vol. in-8. — J.-G. Bidermann, *Churfürstliche Sächsische Begräbniss und Gedächtnissmünzen*. Dresde, 1764, in-4. — K.-W. Dassdorf, *Numismatisch-historischer Leitfaden zur Uebersicht der Sächsischen Geschichte*. Dresde, 1801, in-8. — A.-M. Engelhard, *Friedrich-Christian Churfürst von Sachsen. Ein biographischer Entwurf nebst Beschreibung der Münzen und Medaillen*. Dresde, 1828, in-4. — J.-G. Baumgarten, *Historisch, genealogisch, chronologisch, kritisches Verzeichniss aller bekannten ducatenförmigen Goldmünzen der Albertinischen Hauptlinie des uralten sächsischen Hauses*. Dresde, 1812, in-8; supplément, Dresde, 1816, in-8. — J. et A. Erbstein, *Erörterungen auf dem Gebiete der sächsischen Münz- und Medaillen Geschichte*. Dresde, 1888 et 1890, 2 parties in-8. — L. Grobe, *Die Münzen des Herzogthums Sachsen-Meiningen*. Meiningen, 1891, in-4.

2. Les branches de la maison de Saxe dont le nom est suivi d'un astérisque existent encore.

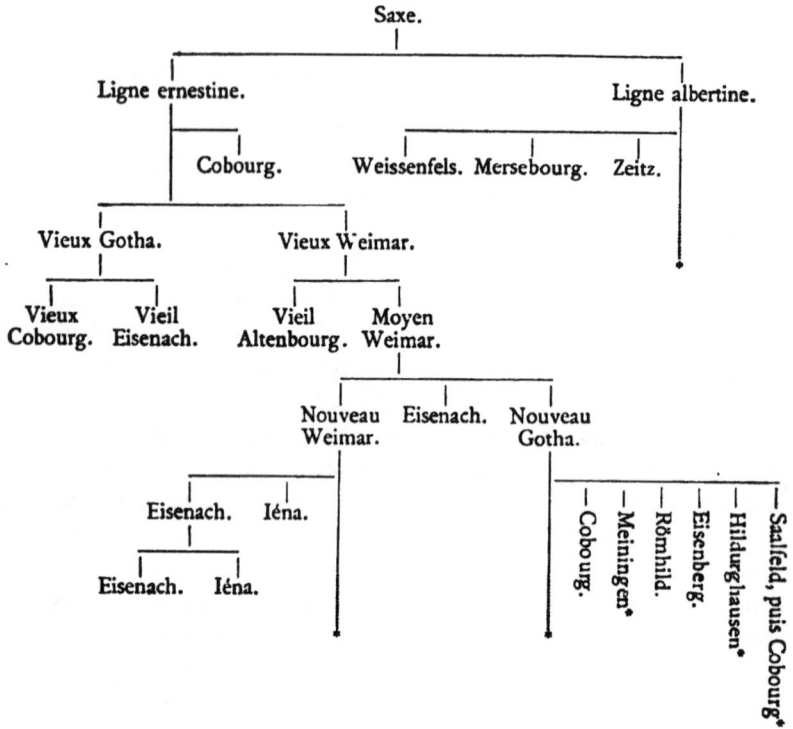

Les armes de Saxe sont: *burelé de sable et d'or de dix pièces, au cran-celin de sinople brochant sur le tout;* mais les diverses branches de la maison ducale écartelèrent leur blason des armes particulières des nombreuses terres formant leurs possessions ou ayant appartenu à leurs ancêtres. Nous ne pouvons entrer ici dans tous ces détails héraldiques.

L'électeur de Saxe était *vicaire héréditaire de l'empire* pour le pays de droit saxon et partageait avec les électeurs palatin et de Bavière le gouvernement de l'empire pendant les vacances du trône. Comme *vicaire*, il prenait pour armes une aigle à deux têtes sans couronne, avec l'écu de sa charge d'*archimaréchal* brochant sur le tout.

Ligne ernestine.

LIGNE ERNESTINE JUSQU'A LA MORT DE JEAN-FRÉDÉRIC. — Les débuts de la fabrication des fortes espèces d'argent qui marquent le commencement de la numismatique moderne, remontent au règne de Frédéric III le Sage (1486-1525), fils d'Ernest. Ses monnaies présentent les groupes suivants:

a) celles qu'il frappa en commun avec son oncle Albert et son frère Jean (1486-1500).

b) celles qu'il frappa en commun avec son cousin Georges, fils d'Albert, et son frère Jean.

c) celles sur lesquelles il apparaît seul. Celles-ci lui donnent jusqu'en 1519 le titre d'*imperii locum tenens generalis*.

Frédéric III, le protecteur de Luther, mourut en 1525 sans avoir été marié; son frère Jean le Constant (1525-32) lui succéda dans l'électorat. Jusqu'en 1530, il monnaya en commun avec Georges, de la ligne albertine; de 1530 à 1532 ses pièces portent son nom seul.

Le règne de Jean-Frédéric le Magnanime (1532-54) fut troublé par sa lutte contre Charles-Quint, qui se termina en 1547 par la bataille de Muhlberg, où l'électeur de Saxe fut fait prisonnier. Sa captivité fut de cinq ans; pour en sortir, il fut obligé en 1552 de renoncer à l'électorat et à presque tous ses états. Le monnayage de Jean-Frédéric reflète naturellement les incidents de son règne. De 1532 à 1547, le duc porte, comme ses prédécesseurs, le titre d'*électeur;* il frappa ses espèces en commun avec des parents ou des alliés :

a) en commun avec le duc Georges, de la ligne albertine (1532-39).

b) en commun avec Henri le Débonnaire, de la même ligne (1539-41).

c) en commun avec Henri le Débonnaire, et avec son demi-frère, Jean-Ernest de Cobourg (1540).

d) en commun avec Maurice, de la ligne albertine, et Jean-Ernest de Cobourg (1541).

e) en commun avec Maurice, de la ligne albertine (1542-47).

f) en commun avec Philippe, landgrave de Hesse, son allié de la ligue de Schmalkalde (1542-47). Notre figure 226 représente un *thaler* de cette série.

Fig. 226

Pendant la captivité de Jean-Frédéric (1547-52), les monnaies furent au nom de ses fils : MONE·FILIOR·IOAN·FRID·SENIORIS·DV· SAX, et, par une dérision cruelle, elles portent le nom et l'effigie de l'empereur Charles-Quint. Lorqu'il eut recouvré la liberté, le duc de Saxe fut autorisé à prendre le titre d'*électeur né:* IO·FRIDER·SENIOR·

NATVS·ELECTOR·SAX ; le nom de Charles-Quint continua à figurer sur les espèces.

VIEUX-GOTHA. — Jean-Frédéric II (1554-67), le fils aîné du vaincu de Mühlberg, hérita de sa haine contre l'empereur. Maximilien II le mit au ban de l'empire, et le duc, fait prisonnier en 1567, termina ses jours en Autriche après vingt-huit ans de captivité. Ses biens, attribués d'abord à son frère Jean-Guillaume, furent rendus en 1570 à ses enfants.

Les monnaies de Jean-Frédéric II comprennent trois catégories :

   a) celles qui sont émises en commun avec ses deux frères, Jean-Guillaume de Weimar et Jean-Frédéric III.

   b) celles qui sont émises en commun avec Jean-Guillaume. Leur frère, Jean-Frédéric III, était mort sans postérité en 1565.

   c) celles qui portent le nom de Jean-Frédéric II seul.

Lors de la restitution faite aux enfants de Jean-Frédéric II des biens de leur père, l'aîné, Jean-Casimir (1570-1633), obtint le duché de Cobourg. Il monnaya soit seul, soit avec son frère Jean-Ernest d'Eisenach, qui lui succéda en 1633 dans l'ensemble des possessions de leur branche et mourut à son tour en 1638.

VIEUX-WEIMAR. — Jean-Guillaume de Weimar (1554-73), second fils de l'électeur Jean-Frédéric I, régna d'abord en commun avec ses frères. De 1567 à 1570, après la mise au ban de l'empire de Jean-Frédéric II, il posséda seul tous les biens de la ligne ernestine.

Jean-Guillaume mourut en 1573, laissant deux fils, Frédéric-Guillaume I, qui forma la branche de Vieil-Altenbourg, et Jean, qui poursuivit celle de Weimar. Jusqu'à la mort de l'aîné, survenue en 1602, ils gouvernèrent et monnayèrent en commun.

VIEIL-ALTENBOURG. — Les quatre fils de Frédéric-Guillaume I, Jean-Philippe, Frédéric, Jean-Guillaume et Frédéric-Guillaume II, régnèrent et monnayèrent généralement en commun de 1603 à 1625; un *thaler* de 1612 à la devise : DISCORDIA PRÆCVRSOR RVINÆ. est l'écho des sentiments qu'ils professaient. En 1625, Frédéric mourut; les trois survivants continuèrent leur alliance; en 1632, Jean-Guillaume mourut à son tour; en 1639, Jean-Philippe les suivit, laissant à Frédéric-Guillaume II la possession de tout le patrimoine et la signature exclusive des espèces. Il mourut en 1669 laissant un fils, Frédéric-Guillaume III, avec lequel la branche de Vieil-Altenbourg s'éteignit en 1672. Ce dernier n'a eu qu'un monnayage très restreint.

MOYEN-WEIMAR. — Jean, second fils de Jean-Guillaume de Weimar, régna seul sur Weimar après la mort de son frère aîné Frédéric-Guillaume I d'Altenbourg, c'est-à-dire de 1602 à 1605. Son numéraire porte alors son buste et son nom seuls.

Jean laissa huit fils, dont voici l'énumération dans l'ordre de leur décès : Frédéric-Guillaume († 1619), Frédéric († 1622), Jean-Ernest I († 1626), Jean-Frédéric († 1626), Bernard († 1639), Albert († 1644), Guillaume († 1662) et Ernest le Débonnaire († 1672). Mineurs à la mort de leur père, les huit enfants furent placés sous la tutelle de l'électeur de Saxe; en 1615, l'aîné, Jean-Ernest I, atteignit sa majorité et devint le tuteur de ses cadets. Longtemps les fils de Jean de Weimar régnèrent en commun. Les monnaies frappées avant 1619, date de la mort de Guillaume, portent leurs huit bustes, le plus souvent posés de face, quatre à l'avers et quatre au revers.

En 1640, les trois survivants, procédèrent au partage de leur patrimoine. Guillaume obtint Weimar, Ernest le Débonnaire eut Gotha, Albert eut Eisenach. Celui-ci étant mort sans enfants, ses biens vinrent en 1644 grossir la part de ses frères.

NOUVEAU-WEIMAR. — La série monétaire de Guillaume (1640-62) présente une suite particulièrement intéressante de *thalers* commémoratifs; le moindre événement de famille lui sert de prétexte pour l'émission d'un souvenir métallique à valeur échangeable. En 1639, ce sont les obsèques de son fils Jean-Guillaume; en 1650 c'est la fête organisée à Weimar pour célébrer la paix de Westphalie, en 1652, la reconstruction du château de Weimar qu'un incendie avait anéanti, en 1654, l'élévation de son fils Bernard au rectorat de l'université d'Iéna, etc., etc.

Guillaume eut quatre fils, qui laissèrent d'abord à leur aîné, Jean-Ernest (1662-83), le soin du gouvernement. En 1672, les trois survivants firent le partage de leurs états communs; l'aîné eut Weimar, Jean-Georges I eut Eisenach, et Bernard eut Iéna. Les monnaies de Jean-Ernest portent sa devise: **PRUDENTER ET CONSTANTER**, parfois accompagnée des figures allégoriques de la Prudence et de la Constance.

Voici la liste des successeurs de ce prince dans le duché de Saxe-Weimar :

* Guillaume-Ernest, 1683-1782.   * Charles-Auguste, 1758 — grand duc en
Ernest-Auguste, 1728-48.   1815-1828.
* Ernest-Auguste-Constantin, 1748-58.

Eisenach. — Jean-Georges I, fils de Guillaume de Weimar, obtint Eisenach lors du partage fait en 1672 avec ses frères. Son fils Jean-

Georges II (1686-98) lui succéda ; la devise de celui-ci est : **PIETATE ET IVSTITIA.**

Iéna. — Dans le partage de 1672, Iéna fut attribué à Bernard (1672-1678). On a de lui diverses monnaies portant son buste, ses armes et sa devise : **DEO DUCE COMITE FORTUNA.** A sa mort, ses états passèrent à son fils Jean-Guillaume, qui mourut à son tour en 1690, sans avoir atteint sa majorité. Ses états furent partagés entre les branches de Weimar et d'Eisenach.

Nouveau-Gotha. — Ernest le Débonnaire, fils de Jean de Weimar, obtint Gotha lors du partage de 1640 ; ses monnaies comprennent, comme celles de son frère Guillaume de Weimar, une intéressante série de pièces commémoratives, auxquelles viennent s'en ajouter d'autres qui constituent de véritables actes de foi. Un *thaler* de 1668, connu dans les nomenclatures numismatiques allemandes sous les noms de *catechismusthaler* ou *glaubensthaler*, énumère dans ses légendes les propriétés de Dieu ; un autre, émis en 1672, communément appelé *seligkeitsthaler*, porte des préceptes religieux débutant par ces mots : **SIEH·DEINE·SEELIGKEIT·STEHT·FEST·I·INS·VATERS· LIEBE,** etc.

Frédéric I commença à régner au nom de son père en 1673 et lui succéda en 1675. Il avait plusieurs frères mineurs, avec lesquels il partagea en 1680, et qui furent les fondateurs des lignes de Cobourg, Meiningen, Römhild, Eisenberg, Hildburghausen et Saalfeld. Frédéric I continua la maison de Gotha :

*Frédéric II, 1691-1732.　　　　　 *Ernest II, 1772-1804.
*Frédéric III, 1732-72.

Ces divers ducs de Saxe-Gotha eurent, comme le chef de leur branche, un monnayage intéressant dans lequel les pièces à caractère jubilaire ou commémoratif abondent. Le *thaler* frappé par Frédéric II représente son buste et ceux de ses sept fils.

Cobourg. — Dans le partage de 1680, Cobourg échut à Albert. Il ouvrit un atelier monétaire dans sa résidence. On possède de lui plusieurs monnaies où figure sa devise française : **POINT DE COURONNE SANS PEINE.** Les types se composent de son buste, de ses armes ou de son chiffre, les lettres **A·D·S** conjuguées. Albert devint en 1684 chevalier de l'ordre danois de l'Éléphant blanc ; le collier de cet ordre orne dès lors toujours son buste. Il mourut sans héritiers directs en 1699.

Meiningen. — Cette terre fut donnée en 1680 à Bernard, troisième fils d'Ernest le Débonnaire. Son monnayage comprit des espèces nombreuses en or, en argent et en billon, depuis le *ducat* jusqu'au *meininger heller*. Ses devises sont : *In vulneribus Christi triumpho, Nil nisi prudenter, Nil est mortale quod opto,* ou enfin : *Turris fortissima nomen Domini.* Bernard mourut en 1706.

Ernest-Louis I (1706-24) frappa ses espèces à Cobourg et à Meiningen, mais elles sont moins nombreuses que celles de son père et l'émission des véritables monnaies courantes s'arrêta après 1714. Le monnayage reprit en 1738 sous Frédéric-Charles (1729-43) et continua sous ses successeurs, mais en ne comprenant souvent que de menues espèces :

* Frédéric-Guillaume et Antoine-Ulric, 1743-46.
* Antoine-Ulric seul, 1746-63.
* Charlotte-Amélie de Hesse, tutrice, 1763-95.
* Charles, 1775-82.
* Georges I, 1782-1803.

Römhild. — Henri obtint Römhild dans le partage de 1680. Il mourut sans héritiers en 1710 et ses domaines retournèrent à ses frères. La devise qui figure sur ses monnaies est SI · DEUS · PRO · NOBIS · QUIS·CONTRA·NOS.

Eisenberg. — Le cinquième fils d'Ernest le Débonnaire, Chrétien, reçut Eisenberg. Il mourut sans héritiers mâles en 1707. Quelques rares monnaies rappellent son souvenir.

Hildburghausen. — Ernest, qui dans le partage de 1680 eut Hildburghausen, fut le créateur d'une branche encore florissante aujourd'hui. On possède des monnaies de ce duc et de ses successeurs :

Ernest-Frédéric I, 1715-24.
Ernest-Frédéric II, 1724-45.
* Ernest-Frédéric-Charles, 1745-80.
Frédéric, 1780-1834.

Saalfeld, puis Cobourg. — Jean-Ernest, le plus jeune fils d'Ernest de Gotha, obtint Saalfeld lors du partage de 1680. Après la mort de son frère Albert de Cobourg, en 1699, la succession de celui-ci donna lieu à de longs différends, qui furent apaisés, en 1735, par une transaction à la suite de laquelle Cobourg échut à la branche de Saalfeld, depuis lors appelée branche de Cobourg :

* Jean-Ernest, 1680-1729.
Chrétien-Ernest et François-Josias, 1729-1745.
* François-Josias seul, 1745-64.
* Ernest-Frédéric, 1764-1800.

Ligne albertine.

LIGNE ALBERTINE JUSQU'A MAURICE. — Le monnayage du fondateur de cette ligne, A l b e r t l e C o u r a g e u x (1485-1500), second fils de Frédéric II le Bon, clôt la numismatique médiévale de la Saxe[1], mais les *thalers* n'apparaissent que sous G e o r g e s l e B a r b u (1500-1539). En 1534 ce prince édicta, en même temps que son cousin l'électeur Jean-Frédéric, un nouveau règlement des monnaies. Georges mourut sans enfants, laissant ses états à son frère H e n r i l e P i e u x (1539-1541).

LIGNE ÉLECTORALE. — En 1547, M a u r i c e (1541-1553), fils d'Henri le Pieux, obtint de Charles-Quint l'électorat de Saxe, après que Jean-Frédéric, de la ligne ernestine, en eut été dépouillé. Plus tard, Maurice abandonna le parti de l'empereur et prit les armes contre lui. Une ordonnance vint compléter en 1549 les améliorations apportées en 1534 au régime monétaire de la Saxe. Les émissions monétaires de l'électeur Maurice furent importantes, et, à côté des monnaies normales, dans plusieurs ateliers tels qu'Annaberg, Buchholz, Freiberg, viennent prendre place de curieuses obsidionales, frappées en 1547 à Leipzig, investie par Jean-Frédéric de Saxe; ces pièces, carrées, en or et en argent, portent les lettres : M · H · Z · S · L, *Moritz, Herzog zu Sachsen. Leipzig.*

Après Maurice, les princes suivants continuèrent la ligne électorale de Saxe :

* Auguste, 1553-86.
* Chrétien I, 1586 91.
* Chrétien II, Jean-Georges I et Auguste :
    * a) sous tutelle, 1591-1601.
    * b) Chrétien II, majeur, et ses frères, 1601-11.
* Jean-Georges I :
    * a) en commun avec son frère Auguste, 1611-15.
    * b) seul, 1615-56.
* Jean-Georges II, 1656-80.
* Jean-Georges III, 1680-91.
* Jean-Georges IV, 1691-94.
* Frédéric-Auguste I, 1694-1733, roi de Pologne à partir de 1697.
* Frédéric-Auguste II, 1733-63, roi de Pologne.
* Frédéric-Chrétien, 1763.
* Frédéric III, 1763-1827, roi de Saxe à partir de 1806.
    * a) Minorité sous la tutelle de Xavier, 1763-68.
    * b) Majorité.

---

1. Voyez p. 233 les monnaies frappées antérieurement à 1515 par les ducs de Saxe de la ligne albertine, comme gouverneurs de la Frise.

En 1556, l'électeur Auguste décida la suppression de tous les ateliers de son pays et la centralisation du monnayage à Dresde. En 1571, il adhéra au pied monétaire de l'empire et les *thalers* furent dorénavant taillés à 9 pièces au marc. Au commencement du xviie siècle, la Saxe, plus peut-être que les autres parties de l'Allemagne, fut envahie par les monnaies illégales de bas aloi qui valurent à cette période de l'histoire monétaire le nom de *kipperzeit*. L'électeur Jean-Georges I mit fin à cette situation déplorable en 1623 par des mesures énergiques. En 1667, Jean-Georges II s'entendit avec l'électeur de Brandebourg pour établir le *pied de Zinna*, auquel succéda en 1690 sous Jean-Georges III le *pied de Leipzig*. Nous avons parlé avec quelque détail de ces systèmes dans le premier paragraphe du présent chapitre. En 1763, la Saxe adhéra au pied de convention.

SAXE-WEISSENFELS. — Cette branche fut fondée par Auguste, second fils de l'électeur Jean-Georges I. Il mourut en 1680 et eut pour successeurs :

*Jean-Adolphe I, 1680-97.   *Chrétien, 1712-36.
*Jean-Georges, 1697-1712.

Les monuments monétaires des ducs de Saxe-Weissenfels consistent plutôt en *thalers* commémoratifs qu'en espèces destinées à une circulation effective, tels par exemple le *thaler* rappelant la construction de l'église du château de Weissenfels en 1663, plusieurs *sterbethaler,* etc.

SAXE-ZEITZ. — Maurice, quatrième fils de l'électeur Jean-Georges I, obtint l'administration de l'ancien évêché de Naumbourg-Zeitz; il mourut en 1681, et eut pour successeur son fils Maurice-Guillaume (1681-1718). Un *thaler* commémoratif de 1667 rappelle la reconstruction du château de Zeitz.

b). — *Margraviat électoral de Brandebourg.*

Le margraviat de Brandebourg était situé entre la Saxe, la Lusace et la Silésie au sud, la Pologne à l'est, la Poméranie et le Mecklembourg au nord, et l'archevêché de Magdebourg à l'ouest; on le divisait en deux grandes *marches* : la marche électorale ou Kurmark, et la nouvelle marche ou Neumark.

Les margraves de la première moitié du xvie siècle ne prennent sur leurs monnaies que le titre de : *marchio brandenburgensis*, auquel s'ajoute parfois la qualification de *sacri romani imperii princeps elector.* Dans la suite, la titulature des margraves devint beaucoup plus compliquée ; ils se parent de leur titre d'archichambellan de l'empire et énumèrent leurs nouvelles possessions, les duchés de Prusse, de Juliers, de Berg, de Clèves, de Poméranie, de Silésie, etc. Les quartiers du blason margravial deviennent aussi de plus en plus nombreux. Nous nous bornerons à rappeler ici l'écu du Brandebourg : *d'argent à l'aigle de gueules, becquée, membrée et couronnée d'or, chaque aile chargée d'un demi-cercle tréflé du même ;* souvent l'aigle est chargée de l'écu d'archichambellan de l'empire : *d'azur au sceptre d'or posé en pal.*

Voici la liste des margraves de Brandebourg depuis le commencement du xvie siècle jusqu'à la création du royaume de Prusse en 1701 :

* Joachim I, 1499-1535.
* Joachim II, 1535-71.
* Jean-Georges, 1571-98.
* Joachim-Frédéric, 1598-1608.
* Jean-Sigismond, 1608-19.

* Georges-Guillaume, 1619-40.
* Frédéric-Guillaume, le Grand Électeur, 1640-88.
* Frédéric III, 1688, — roi de Prusse en 1701.

Fig. 226ª

Joachim I monnaie tantôt avec son frère Albert (1499-1513), tantôt seul. Dans toute la première partie de son règne, les *groschen* frappés à Angermünde, Brandebourg, Francfort-sur-l'Oder, Kyritz, Stendal, Crossen et Berlin restent la monnaie d'argent la plus forte. En 1521 apparaissent les premiers *thalers*, dont le type se compose, à l'avers du buste du margrave, coiffé du bonnet d'électeur et tenant le sceptre, au revers de l'écu écartelé. Les caractères des légendes sont encore de forme gothique.

Joachim II continua l'émission des *thalers* sur lesquels, à partir de 1551, figure le nom de l'empereur. Les noms des ateliers inscrits jusqu'alors sur la plupart des espèces disparaissent vers cette époque. Jean-Georges frappa les premiers *ducats* d'or à 23 carats 8 grains de fin et à 67 au marc de Cologne.

Notre figure 226ª représente un *double ducat,* frappé en 1604 par

1. A. Weyl, *Die Paul Henckel'sche Sammlung brandenburg-preussischer Münzen und Medaillen.* Berlin, 1876, in-8. — P. von Arnim, *Von Thalern des churf. Brandenburg, und königl. Preussischen regierenden Hauses.* Berlin, 1788, in-8. — Le même, *Von Ducaten des chui brandenburgischen und königlich-preussischen Hauses.* Berlin, 1796, in-8.

Joachim-Frédéric. Les légendes sont écrites en latin jusque sous

Georges - Guillaume,
avec lequel se montrent
pour la première fois les
inscriptions en langue allemande et les abréviations
qui vont se multiplier sur
les monnaies de la *kipperzeit*. Le *double ducat* frappé
en 1620 à Berlin par le
maître Liborius Müller,

Fig. 227

dont il porte les initiales, est un beau spécimen du monnayage brande-
bourgeois de cette époque (fig. 227).

c). — *Margraviat de Brandebourg-Custrin.*

Le fils cadet de Joachim I de Brandebourg, Jean (1535-71), obtint,
comme part de l'héritage paternel, la nouvelle Marche. Il fixa sa résidence à Custrin, au confluent de l'Oder et de la Warta, et fit frapper de
1543 à 1562 diverses monnaies d'argent et de billon, depuis le *thaler*
jusqu'au *heller*. La devise de Jean de Brandebourg-Custrin était : IN ·
SILENCIO · ET · SPE · FORTITVDO · MEA.

d). — *Villes du Brandebourg.*

On possède des monnaies particulières à plusieurs villes du Brandebourg. Au XIVᵉ siècle, les bourgeois de Berlin avaient acheté du margrave
Otton le droit de frapper des *pfennigs*. En 1540, la ville, apparemment
dans le but de remédier au manque de menue monnaie, se souvint de
son privilège et fit battre jusqu'en 1542 des *hohlmünzen* à ses armes,
l'ours et l'aigle.

Pendant l'anarchie de la *kipperzeit* et spécialement pendant les années
1621 et 1622, un grand nombre de villes émirent des monnaies divisionnaires. Nous citerons Berlin, Beeskow, Brandebourg, Cottbus, Custrin,
Drossen, Guben et Neu-Ruppin. Les pièces, en cuivre saucé, le plus
souvent unifaces, portent les armes des villes et parfois un millésime et
des initiales telles que S·C, pour *Stadt Cottbus,* etc.

e). — *Comté de Gleichen.*

Le comté de Gleichen était situé au sud de Gotha. En 1639, une
partie de ce comté, qui appartenait à l'électeur de Mayence, fut donnée

par celui-ci à Melchior de Hatzfeld. En 1641, ce seigneur fut élevé, en même temps que son frère Hermann, au rang de comte d'empire, et en 1654, Ferdinand III leur accorda le droit de frapper monnaie d'or et d'argent.

Melchior mourut en 1658; Hermann le suivit dans la tombe en 1677. Sur leurs monnaies l'un et l'autre s'intitulent comtes de Gleichen et seigneurs de Crottorf, terre située en Basse-Saxe, qu'ils avaient héritée de leur père, Sébastien de Hatzfeld.

f). — *Duché de Poméranie.*

La Poméranie était comprise entre la mer Baltique, le royaume de Pologne, le margraviat de Brandebourg et le duché de Mecklembourg-Gustrow. Les armes du duché : *d'argent au griffon de gueules couronné d'or*, étaient généralement écartelées de celles de Rügen : *coupé d'or au lion naissant de sable, couronné de gueules, la queue fourchée, et d'azur à cinq carreaux de gueules, entassés en pyramide*, de celles de Putbus : *d'or à l'aigle naissant d'argent*, et enfin de celles de Pomérélie: *d'azur au griffon de gueules*. Les souverains de ce pays prenaient les titres de : *Dei gratia dux Stetini, Pomeraniae, Cassubiorum et Vandalorum.*

Au commencement du XVIᵉ siècle, la maison ducale se divisa en plusieurs branches entre les descendants de Bogislas X :

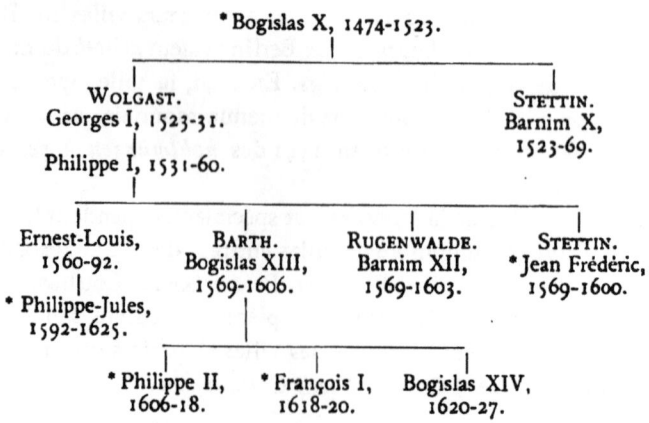

On possède des ducs de Poméranie une série monétaire assez nombreuse. En 1498, Bogislas X obtint de l'empereur Maximilien I le droit de frapper des *florins* d'or sur le pied des *florins* d'or du Rhin.

En 1637, la maison ducale s'éteignit avec Bogislas XIV. La paix de Westphalie partagea le pays entre le Brandebourg et la Suède, qui obtint toute la Poméranie antérieure et l'île de Rügen. Les rois de Suède conservèrent au duché ses monnaies particulières frappées dans les ateliers de Stettin et de Stralsund. On possède ainsi des monnaies poméraniennes des souverains suédois suivants :

* Christine, 1637-54.
* Charles-Gustave, 1654-60.
  Charles XI, 1660-97.
* Charles XII, 1697-1718.
  Ulrique-Éléonore, 1718-20.

        Frédéric, 1720-51.
* Adolphe-Frédéric, 1751-71.
        Gustave III, 1771-92.
        Gustave IV, 1792-1809.

Les conquêtes successives de la Prusse absorbèrent avec le temps toutes les possessions suédoises en Poméranie.

g). — Principauté d'Anhalt.

Cette principauté était située au sud de Magdebourg et d'Halberstadt, entre l'électorat de Saxe, les comtés de Mansfeld et de Stolberg et la principauté de Blankenbourg. Ses armes étaient particulières : *parti, au 1er d'argent à la demi-aigle de gueules, becquée et membrée d'or, mouvant du parti, au 2me burelé de sable et d'or.* Les princes s'intitulaient habituellement princes d'Anhalt, ducs de Saxe, d'Angrie et de Westphalie, comtes d'Ascanie, seigneurs de Bernbourg et de Zerbst.

A la fin du xve siècle, la maison d'Anhalt se divisa en plusieurs branches, qui usèrent du droit de battre monnaie :

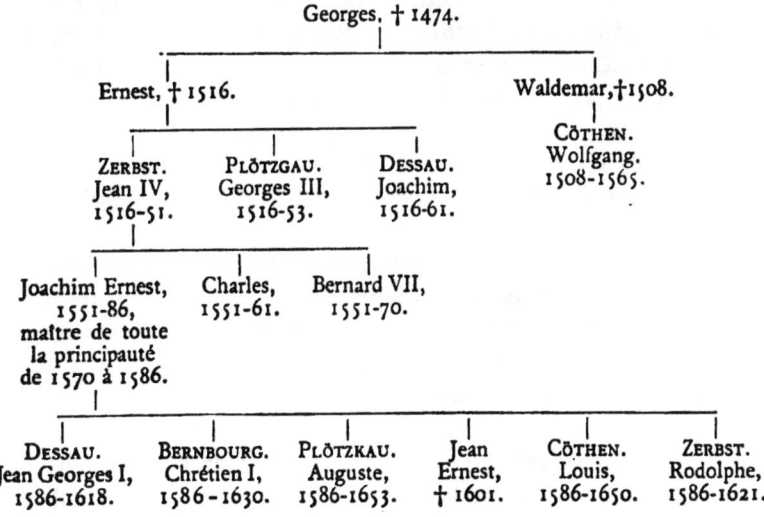

Georges, † 1474.

Ernest, † 1516.   Waldemar, †1508.

                                  CÖTHEN.
                                  Wolfgang.
                                 1508-1565.

ZERBST.   PLÖTZGAU.   DESSAU.
Jean IV,   Georges III,   Joachim,
1516-51.   1516-53.   1516-61.

Joachim Ernest,   Charles,   Bernard VII,
1551-86,   1551-61.   1551-70.
maître de toute
la principauté
de 1570 à 1586.

DESSAU.   BERNBOURG.   PLÖTZKAU.   Jean   CÖTHEN.   ZERBST.
Jean Georges I,   Chrétien I,   Auguste,   Ernest,   Louis,   Rodolphe,
1586-1618.   1586-1630.   1586-1653.   † 1601.   1586-1650.   1586-1621.

MAISON D'ANHALT AVANT LE PARTAGE DE 1603. — La maison d'Anhalt avait obtenu en 1503 de l'empereur Maximilien I le droit de battre monnaie d'or. Les premiers *thalers* se montrent en 1539 et portent réunis les quatre bustes des fils d'Ernest et de leur cousin Wolfgang. Jusqu'en 1603 les princes d'Anhalt régnèrent en commun. D'autres pièces portent les bustes conjugués des fils de Jean IV.

De 1570 à 1586, Joachim-Ernest fut seul maître de la principauté. A sa mort, ses fils continuèrent les traditions de la famille : ils régnèrent et monnayèrent en commun; mais en 1603, les cinq survivants procédèrent à un partage de leurs biens et fondèrent les lignes particulières que nous allons successivement examiner. Jusqu'à la fin du XVIIe siècle il y eut, toutefois, certaines monnaies communes à des membres des diverses lignes. Les participants ne sont pas nominalement désignés sur ces pièces, qui portent des légendes dans le genre de celles-ci : MON*eta* PRIN*cipum* IN ANHALT COM*itum* ASCANIAE FRATRUM, ou MONETA NOVA PRINC*ipum* ANHALTINOR*um*.

ANHALT-DESSAU. — Le fondateur de cette ligne, qui existe encore aujourd'hui, est Jean-Georges I (1586-1618). Il eut pour successeurs :

* Jean-Casimir, 1618-60.
* Jean-Georges II, 1660-93.
  Léopold, 1693-1747.

Léopold-Maximilien, 1747-51.
Léopold-Frédéric-François, 1751-1817.

Jean-Casimir ouvrit en 1623, à Dessau, un atelier dans lequel furent émises des pièces divisionnaires de mauvais aloi.

ANHALT-BERNBOURG. — Cette ligne, encore florissante, eut pour créateur Chrétien I (1586-1630), second fils de Joachim-Ernest. C'est d'elle que se détachèrent les rameaux d'Anhalt-Harzgerode et d'Anhalt-Schaumbourg. Voici la liste des princes d'Anhalt-Bernbourg.

* Chrétien II, 1630-56.
* Victor-Amédée, 1656-1718.
  Charles-Frédéric, 1718-21.

* Victor-Frédéric, 1721-65.
* Frédéric-Albert, 1765-96.
* Alexis-Frédéric-Chrétien, 1796-1834.

ANHALT-HARZGERODE. — Un fils cadet de Chrétien I d'Anhalt-Bernbourg, Frédéric (1630-70), obtint la terre d'Harzgerode, qu'il transmit à son fils Guillaume (1670-1709), mort sans descendance. Cette seigneurie renfermait une mine d'argent, dont le souvenir est rappelé aux numismates par divers *ausbeutethaler*.

ANHALT-SCHAUMBOURG. — Lebbrecht, second fils de Victor-Amédée d'Anhalt-Bernbourg, hérita des terres de Holzapfel et de Schaumbourg, qu'il transmit à son fils Victor-Amédée (1707-72) et à son petit-fils Charles-Louis (1772-1806). Nous avons parlé (p. 242) des monnaies qu'il fit frapper avec l'argent des mines de Holzapfel, dans le cercle de Westphalie.

ANHALT-PLÖTZKAU. — Auguste, fils de Joachim-Ernest, obtint Plötzkau sur la Saale, lors du partage de 1603. Ce prince a laissé quelques monnaies. De 1620 à 1623, il exista à Plötzkau une *heckenmünze* qui émit les pièces de mauvais aloi habituelles à cette époque d'anarchie monétaire.

ANHALT-CÖTHEN. — La terre de Cöthen fut attribuée à Louis, lors du partage de 1603. Ce prince la transmit à son fils Guillaume-Louis (1650-65), et, à la mort de celui-ci, décédé sans enfants, elle passa à Lebbrecht, fils d'Auguste d'Anhalt-Plötzkau. Voici la succession des princes d'Anhalt-Cöthen :

Emmanuel, 1669-70.
Emmanuel-Lebbrecht, 1670-1704.
Léopold, 1704-28.

* Auguste-Louis, 1728-55.
Charles-Georges-Lebbrecht, 1755-89.
Auguste, 1789-1812.

ANHALT-ZERBST. — Cette ligne fut formée par Rodolphe, fils de Joachim-Ernest. Ce prince avait épousé Madeleine d'Oldenbourg, héritière d'Iever. Il eut pour successeurs :

* Jean, 1621-67.
* Charles-Guillaume, 1667-1718.
* Jean-Auguste (1718-42), en commun avec

ses frères Jean-Louis (1742-46), et
* Chrétien-Auguste (1742-47).
* Frédéric-Auguste, 1747-93.

h). — *Comté, puis principauté de Schwarzbourg* 1.

La maison de Schwarzbourg portait pour armes : *d'azur au lion léopardé d'or, couronné du même.* Elle se divisa au xvie siècle en deux grandes lignes, celle d'Arnstadt-Sondershausen et celle de Rudolstadt, l'une et l'autre encore florissantes aujourd'hui. Les princes suivants régnèrent et monnayèrent avant la division :

* Henri XXXI et Gunther XXXIX, 1493-1513.
* Henri XXXI, seul, 1513-25.
* Gunther XL et ses frères Henri XXXIII

et Henri XXXIV, 1525-28.
Gunther XL et son frère Henri XXXIV, 1528-37.
* Gunther XL, le Riche, seul, 1537-52.

1. Lindner, *Schwarzburgische Münzen.* Arnstadt, 1773-80, in-4. — Leitzmann, *Beschreibung der gräflich und fürstlich schwarzburgischen Münzen*, dans la *Numismatische Zeitung*, 1851, p. 105 et suiv.

L'émission de la forte monnaie d'argent commença sous Henri XXXI, dont il existe un *demi-thaler* de 1525. Le type de cette pièce se compose à l'avers de l'écu de Schwarzbourg, tenu par un homme et une femme sauvages, au revers, de l'image de saint Martin, à cheval, donnant un morceau de son manteau à un pauvre. Ce type reste celui des premiers *thalers*. Gunther XL, devenu seul comte de Schwarzbourg, corforma ses monnaies aux édits impériaux en y faisant figurer l'aigle et le nom de Charles-Quint.

LIGNE D'ARNSTADT-SONDERSHAUSEN. — Les possessions de cette ligne comprenaient la seigneurie d'Arnstadt, la ville de Sondershausen, une partie du comté de Gleichen et diverses autres terres tenues en fief de la maison de Saxe. Les armes d'Arnstadt étaient : *d'or à l'aigle de sable, becquée et membrée d'or;* celles de Sondershausen étaient: *d'argent à une ramure de cerf de gueules.* La ligne d'Arnstadt-Sondershausen se subdivisa à plusieurs reprises en lignes secondaires, dont nous donnons ici le tableau généalogique:

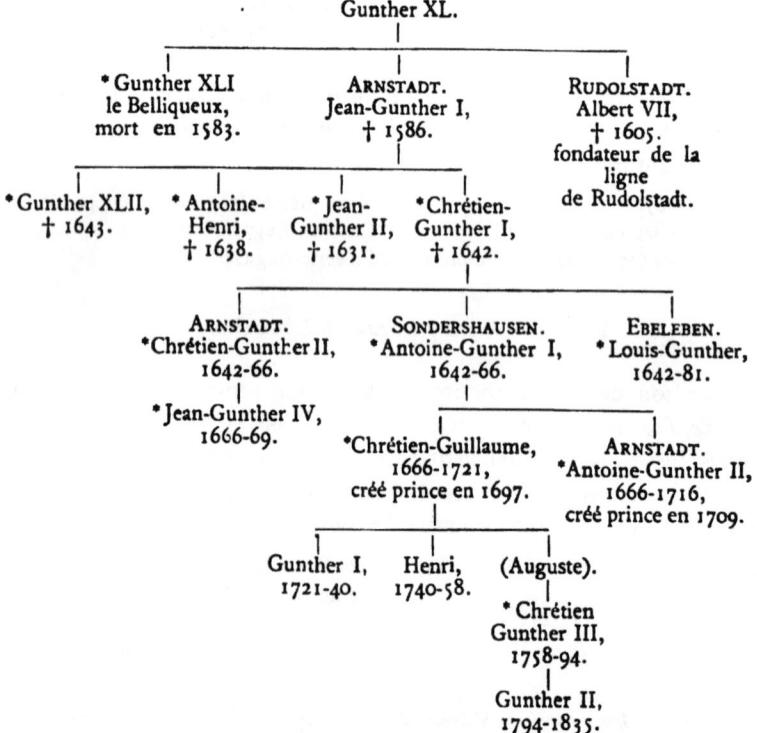

LIGNE DE RUDOLSTADT. — Cette ligne possédait les villes de Rudolstadt, de Blankenbourg, de Königsée, de Frankenhausen, et diverses terres qu'elle tenait en fief de la Bohême, de la Saxe et de l'électorat de Mayence. En 1711, le comté de Schwarzbourg-Rudolstadt fut élevé au rang de principauté en faveur de Louis-Frédéric I.

Après la mort d'Albert VII, fondateur de la ligne, ses trois fils régnèrent en commun. L'un d'eux, Charles-Gunther, mourut en 1630 et son frère Albert-Gunther le suivit dans la tombe en 1634. Le survivant hérita de leurs biens et à sa mort laissa le comté à son fils Albert-Antoine (1646-1710), dont voici les successeurs :

Louis-Frédéric I, 1710-18.   *Louis-Gunther, 1767-90.
Frédéric-Antoine, 1718-44.   *Frédéric-Charles, 1790-93.
*Jean-Frédéric, 1744-67.   *Louis-Frédéric II, 1793-1807.

Les comtes de Schwarzbourg monnayèrent fréquemment en commun, et parfois ce monnayage en participation réunit des membres des deux lignes. En 1571, le cercle de Haute-Saxe interdit aux comtes de faire frapper leurs espèces ailleurs que dans l'atelier officiel de Saalfeld. Cette prescription ne fut pas strictement observée, et quand plus tard le cercle voulut tenir la main à l'exécution de sa décision, la maison de Schwarzbourg demanda et obtint de pouvoir fabriquer ses monnaies, non à Saalfeld, mais à Cobourg. Vers 1600, les comtes s'adressèrent à l'atelier d'Erfurt, mais durant la *kipperzeit* ils ouvrirent de nouveau dans leurs possessions diverses *keckenmünzen,* à Schwarzbourg, à Königsée, à Leutenberg, à Clingen, à Gehren, à Sondershausen, dans le moulin dit Bleckhammer à Friedebourg, etc.

Le monnayage de la ligne de Rudolstadt fut beaucoup moins actif que celui de la ligne d'Arnstadt. Outre les monnaies ordinaires, la série comtale comprend d'intéressants *sterbethaler.*

i). — *Comté de Mansfeld* [1].

Le comté de Mansfeld se composait de fiefs relevant de la Saxe électorale et de l'archevêché de Magdebourg ; il comprenait dans son ensemble une vingtaine de lieues carrées, situées au sud de la principauté d'Anhalt et de l'évêché d'Halberstadt, dans la partie orientale du Harz, si abondante en mines d'argent.

Les armes des comtes de Mansfeld étaient : *d'argent à six losanges de gueules posés 3, 3, aboutés et accolés.* Ils écartelaient des fasces

1. I. F. G von Haagen, *Beschreibung der thaler des gräflichen und fürstlichen Hauses Mansfeld.* Nuremberg, 1758, in-4. — Le même, *Münzbeschreibung des gräfl. und fürstl. Hauses Mansfeld.* Nuremberg, 1778, in-4.

de Querfurt, de l'aigle d'Arnstein et du lion chargé d'une bande d'Heldrungen. La généalogie et, partant, la numismatique de la maison de
Mansfeld sont aussi compliquées que celles de la maison de Saxe. En 1474,
la famille se divisa en deux grandes lignes, appelées l'une *vorderortische
linie*, l'autre *hinterortische linie*. Cette dernière s'éteignit en 1666. Les
comtes de Manfeld de la *vorderortische linie* furent élevés en 1715 à la
dignité de princes d'empire, et s'éteignirent à leur tour en 1780. Chaque
ligne se divisa en plusieurs branches. (Voyez le tableau généalogique,
p. 307).

Le monnayage en commun, qui était de règle dans la maison de
Mansfeld, et auquel participèrent fréquemment des membres de diverses
branches, fait de cette numismatique un écheveau, à première vue
inextricable, qu'il est dans tous les cas impossible de suivre de près dans
un traité général. Parfois cinq personnages, frères et cousins, oncles et
neveux, participent à la signature d'une même monnaie. L'exposé de
toutes ces combinaisons dépasserait certainement le cadre de ce livre,
aussi nous bornerons-nous à donner de la maison de Mansfeld un
tableau généalogique sommaire, en marquant d'un astérisque les comtes
dont il existe des monnaies individuelles ou collectives.

La série monétaire des Mansfeld est extrêmement riche, mais elle
paraît, dans son ensemble, assez monotone, le type se composant
uniformément de l'image de saint Georges à cheval terrassant le dragon.
Ce saint était le patron de la maison de Mansfeld : SANCTVS GEOR-
GIVS PA*tronus* DOM*inorum* DE MAN*sfeld*, comme l'indiquent de
fréquentes inscriptions. Cette image du protecteur attitré des cavaliers a
depuis longtemps attaché aux monnaies des Mansfeld une sorte de vertu
talismanique qui les a fait adopter comme bijoux.

Les premiers *thalers* sont de 1521, les premiers *florins* d'or, de 1597.
L'atelier principal du comté était placé à Eisleben. Les membres de
l'*hinterortische linie* avaient créé à Hettstädt une officine, qui fut
interdite en 1572 par le cercle de Haute-Saxe. Pendant la *kipperzeit*,
des ateliers ouverts à Mansfeld et à Eisleben émirent des pièces de bas
aloi. Plusieurs comtes de Mansfeld ont inscrit sur leurs monnaies leurs
devises personnelles. Nous citerons les plus caractéristiques : BEATVS
QVI SPERAVIT IN DOM sous Albert VII, IN SPE ET SILENTIO
FORTITVDO MEA sous Josse, BEY GOTT IST RATH VND THAT sous
David, puis sous Henri et sous François-Gundacker, COMMISI DOMINO
ET IPSE FACIET sous Henri II, PATIENTIA VINCIT OMNIA sous
Frédéric-Christophe, ESPOIR ME CONFORTE sous Jean-Georges II,
FORTITER ET CONSTANTER sous Jean-Georges III, ZV GOTT AL-
LEIN MEIN HOFFNVNG sous Philippe-Ernest.

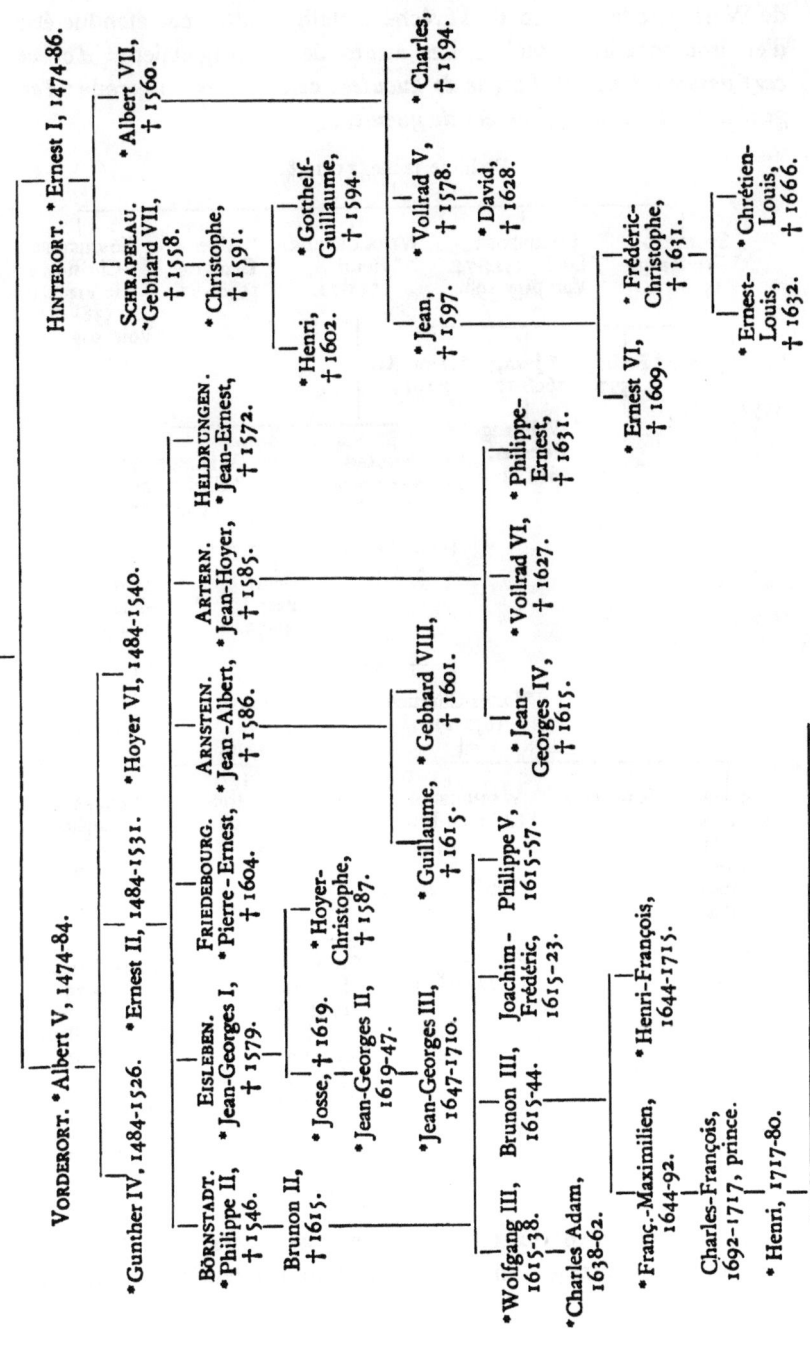

HINTERORT. *Ernest I, 1474-86.

*Albert VII, † 1560.

*Charles, † 1594.

SCHRAPLAU. *Gebhard VII, † 1558.

*Christophe, † 1591.

*Gothelf-Guillaume, † 1594.

*Vollrad V, † 1578.

*David, † 1628.

*Henri, † 1602.

*Jean, † 1597.

*Frédéric-Christophe, † 1631.

*Chrétien-Louis, † 1666.

*Ernest VI, † 1609.

*Ernest-Louis, † 1632.

VORDERORT. *Albert V, 1474-84.

*Ernest II, 1484-1531.

*Hoyer VI, 1484-1540.

HELDRUNGEN. *Jean-Ernest, † 1572.

ARTERN. *Jean-Hoyer, † 1585.

*Philippe-Ernest, † 1631.

ARNSTEIN. *Jean-Albert, † 1586.

*Vollrad VI, † 1627.

*Gunther IV, 1484-1526.

FRIEDEBOURG. *Pierre-Ernest, † 1604.

*Guillaume, *Gebhard VIII, † 1615. † 1601.

*Jean-Georges IV, † 1615.

EISLEBEN. *Jean-Georges I, † 1579.

*Hoyer-Christophe, † 1587.

Philippe V, 1615-57.

BÖRNSTADT. *Philippe II, † 1546.

*Josse, † 1619.

*Jean-Georges II, 1619-47.

Joachim-Frédéric, 1615-23.

*Henri-François, 1644-1715.

Brunon II, † 1615.

*Jean-Georges III, 1647-1710.

Brunon III, 1615-44.

*Wolfgang III, 1615-38.

*Franç.-Maximilien, 1644-92.

*Charles Adam, 1638-62.

Charles-François, 1692-1717, prince.

*Henri, 1717-80.

Joseph-Wenceslas, 1780.   Marie-Isabelle, ép. *François-Gundacker, prince de Colloredo, 1780-1800.

j). — *Comtés de Stolberg et de Wernigerode.*

Le comté de Stolberg s'étendait à l'ouest de celui de Mansfeld ; celui de Wernigerode, au sud de l'évêché d'Halberstadt. Leur étendue était d'environ onze lieues carrées. Les armes de Stolberg étaient : *d'or au cerf passant d'argent, langué de gueules ;* celles de Wernigerode : *d'argent à deux truites affrontées de gueules.*

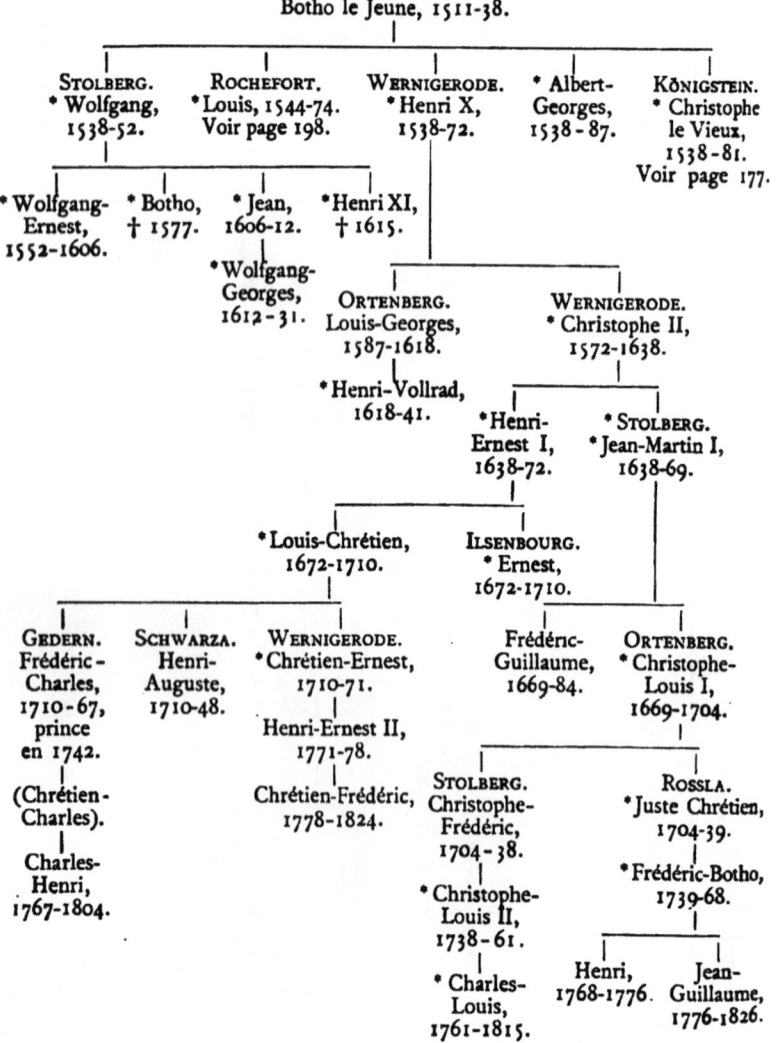

Au commencement du XVIᵉ siècle, les possessions de la maison de Stolberg furent partagées entre les fils de Botho le Jeune (1511-38), qui, par son mariage avec Anne d'Eppstein, avait acquis les terres de König-stein et de Rochefort dans le cercle du Haut-Rhin.

Comme leurs voisins les Mansfeld, les comtes de Stolberg monnayèrent fréquemment en commun ; c'est ainsi que l'on possède des *thalers* aux noms réunis des cinq fils de Botho le Jeune. Les plus récentes de ces monnaies communes sont celles que firent frapper Charles-Louis de Stolberg-Stolberg et son cousin Henri de Stolberg-Rossla à la fin du xviiie siècle.

Le type habituel des monnaies comtales se compose du cerf des armes de Stolberg ; à partir des premières années du xviie siècle, le cerf est souvent posé devant une colonne couronnée. A côté des monnaies ordinaires viennent prendre place, dans la série de Stolberg, un certain nombre de *thalers* commémoratifs et d'*ausbeutethaler*. Parmi les premiers, nous citerons la pièce frappée en 1760 dans l'atelier de Zellerfeld pour célébrer le cinquantième anniversaire de l'avènement de Chrétien-Ernest de Stolberg-Wernigerode, puis l'*eintrachtsthaler* de 1719 qui célèbre la bonne entente des deux frères Christophe-Frédéric et Juste-Chrétien par le chronogramme suivant : VIs VnIta ConCorDIa fratrVM fortIor ; cette concorde est rappelée sur l'*ausbeutethaler* frappé en 1722 avec le métal des mines de Strassberg, un des rares puits d'extraction mentionnés sur les monnaies minières des comtes de Stolberg.

k). — Possessions des seigneurs, comtes, puis princes Reuss[1].

Au xiiie siècle, Henri I, fils cadet d'Henri, seigneur de Plauen et d'une princesse russe, adopta le surnom : *der Reusse, Ruthenus*, et le transmit à ses descendants, qui tous s'appelèrent Henri Reuss. Les domaines des seigneurs, puis princes Reuss comprenaient les terres de Greiz, de Géra, de Schleiz, de Lobenstein, etc., non loin des confins de la Saxe et de la Bohême.

Les armes de la maison de Reuss étaient : *de sable au lion d'or, armé et lampassé de gueules, couronné d'or* ; les comtes écartelaient de Cranichfeld : *d'argent à la grue d'or*.

On ne possède pas de monnaies des Reuss antérieures au commencement du xviie siècle. A cette époque, Henri le Moyen (1604-29) et Henri le Jeune s'adressèrent au *kreisconvent* de la Haute-Saxe pour faire valoir leurs droits monétaires, mais ils ne les firent pas admettre sans difficulté. Depuis lors les comtes, puis princes Reuss des diverses lignes monnayèrent en tous métaux et parfois en commun. Le classement de ces

1. Cf. la *Numismatische Zeitung* de Leitzmann, 1850, p. 124 et suiv.

diverses monnaies est fort difficile à cause de l'homonymie des princes; souvent la marque du *münzmeister* est le seul indice que l'on possède pour déterminer l'attribution exacte des espèces.

Le tableau suivant résume la généalogie des branches de la maison de Reuss que nous ne croyons pas indispensable de donner en détail :

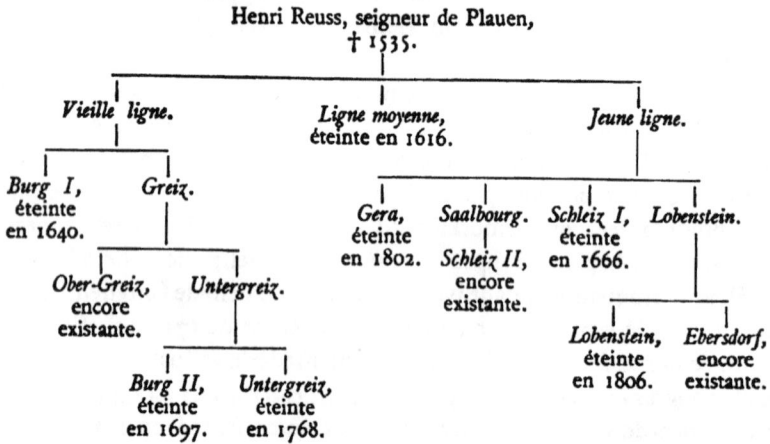

Henri Reuss, seigneur de Plauen, † 1535.

Vieille ligne. — *Ligne moyenne,* éteinte en 1616. — *Jeune ligne.*

Burg I, éteinte en 1640. — *Greiz.*

Gera, éteinte en 1802. — *Saalbourg.* — *Schleiz I,* éteinte en 1666. — *Lobenstein.*

Ober-Greiz, encore existante. — *Untergreiz.*

Schleiz II, encore existante.

Lobenstein, éteinte en 1806. — *Ebersdorf,* encore existante.

Burg II, éteinte en 1697. — *Untergreiz,* éteinte en 1768.

Ces diverses branches réunies comptent une cinquantaine de personnages répondant au nom d'Henri, entre lesquels les monnaies se répartissent. En 1616, il avait été décidé au *kreistag* de la Haute-Saxe que les Reuss ne pourraient faire frapper leurs espèces que dans l'atelier officiel du cercle, à Saalfeld. Cette prescription ne fut pas observée strictement, et dans le cours du xviie siècle les comtes ouvrirent des officines à Dolau, à Géra, à Greiz et à Schleiz. Les Reuss frappèrent plusieurs *ausbeute-münzen* dont quelques-unes mentionnent le puits d'extraction, telles par exemple les pièces de la mine de Silberberg près Klein-Reinsdorf, frappées en 1751 par Henri III d'Untergreiz.

I). — *Comté de Barby.*

Le comté de Barby était situé sur la rive droite de l'Elbe, au nord-ouest de la principauté d'Anhalt. Ses armes étaient : *écartelé, au 1er et au 4me d'argent à l'aigle de gueules,* qui est Muhlingen, *au 2e et au 3e de gueules à la rose d'argent* qui est Rosenberg, *sur le tout d'azur aux deux poissons d'argent affrontés, accompagnés de quatre roses du même.* Les comtes de Barby s'intitulaient : *comes barbyensis et mulingensis.*

En 1497, l'empereur Maximilien I éleva la seigneurie de Barby au rang de comté, en faveur de Burcard IV (1493-1506). Au xvie siècle la maison se divisa en deux branches :

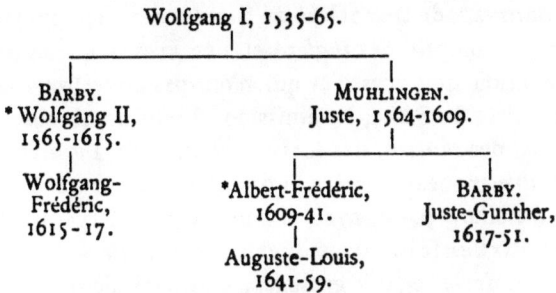

Wolfgang I, 1535-65.

BARBY.
*Wolfgang II,
1565-1615.

Wolfgang-
Frédéric,
1615-17.

MUHLINGEN.
Juste, 1564-1609.

*Albert-Frédéric,
1609-41.

Auguste-Louis,
1641-59.

BARBY.
Juste-Gunther,
1617-51.

Les plus anciennes monnaies connues des comtes de Barby sont de 1611. Pendant la *kipperzeit*, les émissions devinrent très nombreuses et, au *münzprobationstag* de la Haute-Saxe tenu le 1er mai 1616, le comte fut mis vainement en demeure de cesser ce monnayage irrégulier, qui continua jusqu'en 1622.

m). — *Comté de Hohenstein* [1].

Les comtes de Hohenstein, qui possédaient également les seigneuries de Lohra, de Clettenberg et de Lutterberg, portaient : *échiqueté d'argent et de gueules de trois traits sur quatre,* pour Hohenstein, *d'argent au cerf passant de sable,* pour Clettenberg, et *coupé au 1er de gueules au lion d'or, au 2e fascé d'or et de gueules de six pièces,* pour Lutterberg.

Voici la chronologie des comtes pour la période intéressant la numismatique moderne :

*Ernest V, 1508-1552.   et Ernest VI (1552-62).
*Volcmar-Wolfgang, avec ses frères Guil- *Volcmar-Wolfgang, seul, 1562-80.
laume (1552-54), Eberwein (1552-60) *Ernest VII, 1580-93.

Avec Ernest VII la maison s'éteignit. Le patron du comté de Hohenstein était saint André. C'est son image qui forme le type habituel des monnaies.

n). — *Abbaye de Quedlinbourg* [2].

Le monnayage de l'abbaye de femmes de Quedlinbourg, qui s'était arrêté pendant le XVIe siècle, recommença au début du XVIIe. On possède des monnaies des abbesses dont les noms suivent :

*Dorothée de Saxe, 1610-17.   *Anne-Sophie de Birkenfeld, 1645-80.
*Dorothée-Sophie de Saxe, 1618-45.

1. Cf. *Numismatische Zeitung* de Leitzmann, 1845, p. 81 et suiv.
2. A. Düning, *Uebersicht über die Münzgeschichte des kaiserlichen freien weltlichen Stifts Quedlinburg.* Quedlinburg, 1886, in-4.

Le monnayage de Dorothée de Saxe commença, suivant M. Düning, en 1615, et comprit des *thalers* et des *groschen*. Les documents font aussi mention de pièces d'or qui n'ont pas été retrouvées. Sous Dorothée-Sophie de Saxe, les émissions furent nombreuses et comprirent des *ducats*, des *thalers*, des *schreckenberger* de 4 groschen ou 12 kreutzer, des *dreier*, des *groschen* et des *pfennigs*. De 1637 à 1674, l'atelier de Quedlinbourg paraît avoir chômé; il fut réorganisé par Anne-Sophie de Birkenfeld, dont il existe des *thalers* et *demi-thalers*, des *gulden*, des *dreier* et des *groschen*. Quelques pièces portent le buste de l'abbesse, d'autres son monogramme entouré de la curieuse devise : BESCHAW DAS ZIEL SAGE NICHT VIEL, *considère le but et parle peu.*

Le monnayage cessa définitivement en 1677. C'est en vain qu'Anne Dorothée de Saxe-Weimar (1684-1704), puis Anne-Amélie de Prusse (1755-87), tentèrent de le recommencer. Le musée de Quedlinbourg possède les coins qui devaient servir à la fabrication des monnaies de cette dernière abbesse, mais son frère Frédéric le Grand, roi de Prusse, lui interdit de les utiliser.

Le patron de l'abbaye de Quedlinbourg était saint Servais. Les armes abbatiales étaient : *de gueules aux deux couteaux de table d'argent emmanchés d'or et posés en sautoir.*

o). — *Ville de Stralsund.*

La ville de Stralsund avait acquis les droits monétaires de ses souverains, les ducs de Poméranie. Au commencement du xvie siècle, le duc Bogislas X les lui contesta, mais, par un compromis passé à Rostock en 1504, il fut convenu que la ville se conformerait dorénavant au pied monétaire du duc, et que son atelier chômerait lorsque la monnaie ducale elle-même arrêterait ses fabrications. Les empiètements des ducs de Poméranie durent devenir plus considérables encore par la suite, car nous voyons les députés de Stralsund solliciter en 1596, au kreistag de Leipzig, l'autorisation de frapper de menues espèces, autorisation qui paraît ne pas avoir été accordée par le duc.

Vers 1611, Stralsund récupéra dans son intégrité son droit monétaire et frappa dorénavant, non seulement des monnaies divisionnaires, mais des *thalers*, mais même des pièces d'or. Ces émissions cessèrent définitivement avec les monnaies absidionales de 1715.

Le type des pièces de Stralsund se compose de l'écu municipal aux trois rayons (*strahlen*) mouvant du chef, fréquemment tenu par deux anges. En 1628, Stralsund fut vainement assiégée par Wallenstein : des *thalers* célèbrent la délivrance de la ville.

p). — *Ville d'Erfurt.*

Erfurt, la capitale de la Thuringe, avait acheté ses droits monétaires des archevêques de Mayence. Elle en fit usage, avec quelques interruptions, jusque dans le dernier quart du xviiᵉ siècle. Ses premiers *thalers* datent de 1548 et portent les légendes **MON·REIPVBLICAE CIVITATIS ERFFVRDI** et **DATE CAESARIS CAESARI ET QVAE SVNT DEI DEO**. Pendant la guerre de Trente-Ans, le duc Guillaume de Saxe-Weimar, gouverneur suédois d'Erfurt, mit la main sur l'atelier municipal et y frappa des *ducats* et des *thalers,* notamment des pièces commémoratives de la victoire remportée en 1631 à Leipzig par Gustave-Adolphe. La ville put toutefois continuer à émettre, concurremment, ses espèces municipales. En 1650, Erfurt célébra par des *thalers* spéciaux la paix de Westphalie.

Le type des monnaies d'Erfurt se compose généralement des armes de la ville : une roue.

§ VII. — *Cercle de Franconie*[1].

Le cercle de Franconie était situé entre le cercle de Haute-Saxe, le royaume de Bohême et les cercles de Bavière, de Souabe, du Haut et du Bas-Rhin. Il comprenait en outre quelques enclaves dans la Bavière palatine. La direction du cercle était aux mains des évêques de Bamberg, mais elle leur était contestée par les margraves de Brandebourg-Bayreuth et de Brandebourg-Ansbach. Les diètes du cercle se tenaient habituellement à Nuremberg; la chancellerie et les archives se trouvaient à Bamberg. Les quatre grands ateliers monétaires ou *hauptmünzstätten* du cercle étaient placés à Schwabach, à Fürth, puis Wurzbourg, à Nuremberg et à Wertheim.

Dans le cours des xviiᵉ et xviiiᵉ siècles, les membres du cercle de Franconie firent, à plusieurs reprises, frapper des monnaies communes ou *kreismünzen*. Pendant la guerre de Trente-Ans, le duc Bernard de

---

1. Ch. Wildvogel, *Dissertatio de conventibus monetalibus trium superiorum correspondentium circulorum Franconiae, Bavariae, Sueviae.* Iena, 1764-67, in-4. — J.-V. Kull, *Repertorium zur Münzkunde Bayerns.* Munich, 1894, in-8. — L. Fikentscher, *Die fränkische Münzvereinigungen im XIV und XV Jahrhundert,* dans les *Mittheilungen der bayerischen numismatischen Gesellschaft,* t. II, p. 1.

Saxe-Weimar obtint, en 1633, de la Suède dont il commandait les armées, le territoire des évêchés de Bamberg et de Wurzbourg, sous le nom de *duché de Franconie,* pour lequel il fit battre, dans l'atelier de Fürth, des monnaies d'or et d'argent. La bataille de Nordlingen, en 1634, mit fin à cette occupation. Les *thalers* de Bernard de Saxe-Weimar portent un dextrochère tenant une couronne de laurier sous l'œil de Jéhovah, et la légende : QVOD DEVS VVLT HOC SEMPer FIT.

a). — *Évêché de Bamberg* [1].

Le territoire, assez étendu, de l'évêché de Bamberg, était compris entre ceux de l'évêché de Wurzbourg et de la principauté de Bayreuth. Ses armes étaient : *d'or au lion de sable, à la bande d'argent brochant sur le tout.* L'église de Bamberg était sous le patronage de saint Henri, empereur, et de sainte Cunégonde, impératrice. Voici la liste des évêques de la période moderne.

* Georges III Schenk de Limbourg, 1505-1522.
* Wigand de Redwitz, 1522-56.
* Georges IV Fuchs de Rügheim, 1556-61.
* Vit II de Wurzbourg, 1561-77.
Jean-Georges I Zobel de Giebelstadt, 1577-80.
Martin I d'Eyb, 1580-83.
Ernest de Mengersdorf, 1583-91.
* Nithard de Thüngen, 1591-98.
* Jean-Philippe de Gebsattel, 1599-1609.
* Jean-Godefroid d'Aschhausen, 1609-22 (Wurzbourg).
* Jean-Georges II Fuchs de Dornheim, 1623-33.
* François de Hatzfeld, 1633-42 (Wurzbourg).
* Melchior-Otton de Salzbourg, 1642-53.
* Philippe-Valentin de Rieneck, 1653-72.

* Pierre-Philippe de Dernbach, 1672-83 (Wurzbourg).
* Marquard-Sébastien Schenk de Stauffenberg, 1683-93.
* Vacance, 1693.
* Lothaire-François de Schoenborn, 1693-1729 (Mayence).
* Frédéric-Charles de Schoenborn, 1729-46 (Wurzbourg).
* Jean-Philippe-Antoine de Frankenstein, 1746-53.
François-Conrad de Stadion, 1753-57.
* Adam-Frédéric de Seinsheim, 1757-79 (Wurzbourg).
* François-Louis d'Erthal, 1779-95 (Wurzbourg).
* Christophe-François de Buseck, 1795-1802.

En 1506, l'évêque Georges s'entendit avec le Wurtemberg et les margraves de Brandebourg pour l'émission de *florins* d'or à 18 carats et demi de fin et à 71 et demi au marc de Cologne. Ces *florins* d'or ont encore des légendes en lettres gothiques. Leur type se compose des armes de l'évêque et de l'image de saint Henri : S. HEINRICVS IMPERAT'.

---

1. J. Heller, *Die bambergischen Münzen, chronologisch geordnet und beschrieben.* Bamberg, 1839, in-8.

En 1536 une nouvelle alliance monétaire avec les margraves de Brandebourg, la ville de Nuremberg et les landgraves de Leuchtenberg, établit un système monétaire d'après lequel les *pfennigs* seraient taillés à 41 loth et 656 au marc, les *dreier* ou *groschen* à 302 au marc, les *zwölfer* à 99 au marc, les *sechsunddreiziger* à 56 au marc, les *oerter* à 34 au marc, les *demi-gulden* à 17 au marc et les *gulden* à 8 et demi au marc.

L'évêque Jean-Philippe fit frapper des *ducats* d'or avec le métal recueilli dans les territoires que l'église de Bamberg possédait en Carinthie. Ces pièces sont à 23 carats 10 grains de fin et taillées à 67 au marc de Cologne.

En 1624, Jean-Georges II fit frapper des *schillings*, des *dreier* et des *pfennigs*. Les premiers *thalers* frappés dans l'évêché portent son buste avec les images de saint Henri et de sainte Cunégonde tenant le modèle de la cathédrale. Sous Marquard-Sébastien, en 1690, il fut décidé qu'on ne fabriquerait plus à l'avenir de monnaies divisionnaires.

En 1761, Bamberg adopta le *zwanzig-gulden fuss*. En 1795, François-Louis frappa avec l'argent des églises des *thalers* destinés à payer les frais de guerre contre la France; la légende de ces pièces est ZUM BESTEN DES VATERLANDS. Le monnayage prit fin en 1800 et, à la suite de la paix de Lunéville, le temporel de l'évêché fut annexé à la Bavière.

b). — *Évêché de Wurzbourg* [1].

L'évêché de Wurzbourg, *episcopatus wirceburgensis* ou *herbipolitanus*, fut fondé par saint Boniface. Son patron était saint Kilian. Le domaine temporel de Wurzbourg, enrichi de bonne heure des possessions des anciens ducs de Franconie, s'étendait à l'ouest de celui de Bamberg, entre le comté de Henneberg au nord et le comté de Hohenlohe au sud. Les armes de l'évêché étaient : *écartelé, aux 1er et 4e d'argent coupé émanché de trois pièces de gueules*, qui est Wurzbourg, *aux 2e et 3e d'azur au pennon écartelé d'azur et d'argent emmanché d'une lance de tournoi d'or, posé en bande, l'étoffe du pennon dirigée vers le chef de l'écu*, qui est duché de Franconie. Les évêques prenaient en effet, depuis 1443, le titre de : *dux Franciae orientalis*.

---

1. G.-J. Keller, *Geschichte des bischöflich würzburgischen Münzwesens unter Lorenz von Bibra*, dans l'*Archiv des hist. Vereins von Unterfranken und Aschaffenburg*, 1849, t. X, p. 1 et suiv. — Rost, *Versuch einer vollständigen Beschreibung sämmtlicher würzburgischen Münzen und Medaillen*. Meiningen, 1831, in-8. — Voyez aussi *Numismatische Zeitung* de Leitzmann, 1847, p. 89; 1861, p. 62; 1846, p. 145 et 1847, pp. 108 et 170.

* Laurent de Bibra, 1495-1519.
* Conrad III de Thungen, 1519-1540.
* Conrad IV de Bibra, 1540-1544.
* Melchior Zobel de Giebelstadt, 1544-1558.
* Frédéric de Wirzberg, 1558-1573.
* Jules Echter de Mespelbrunn, 1573-1617.
* Jean-Godefroid I d'Aschhausen, 1617-1622 (Bamberg).
* Philippe-Adolphe d'Ehrenberg, 1623-1631.
* François de Hartzfeld, 1631-1642 (Bamberg).
* (Occupation suédoise, 1631-34).
* Jean-Philippe de Schoenborn, 1642-1673.
* Jean-Hartmann de Rosenbach, 1673-1675.
* Pierre-Philippe de Dernbach, 1675-1683 (Bamberg).
* Conrad-Guillaume de Wertenau, 1683-1684.

* Jean-Godefroid II de Guttenberg, 1684-1698.
* Jean-Philippe II Greiffenklau de Vollrath, 1699-1719.
* Jean-Philippe-François de Schoenborn, 1719-1724.
* Christophe-François de Hutten, 1724-1729.
Frédéric-Charles de Schoenborn, 1729-1746 (Bamberg).
* Anselme-François d'Ingelheim, 1746-1749.
* Charles-Philippe Greiffenklau de Vollrath, 1749-1754.
* Adam-Frédéric de Geinsheim, 1755-1779.
* François-Louis d'Erthal, 1779-1795.
* Georges-Charles de Fechenbach, 1795-1802.

L'évêché de Wurzbourg présente une série monétaire aussi riche qu'intéressante. En 1506, Laurent de Bibra obtint l'autorisation de frapper des *florins* d'or à 18 carats et demi d'or fin, 3 carats et demi d'or blanc et 2 carats d'or rouge. Les *thalers* commencent en 1523 sous Conrad III. Le type particulier à Wurzbourg se compose de l'image de saint Kilian, à laquelle sont parfois associées les images de saint Colonat et de saint Totnan, les apôtres da la Franconie.

En 1794, sous François-Louis, et l'année suivante, sous Georges-Charles, l'atelier de Wurzbourg reçut les métaux précieux des églises et en fit des *thalers* destinés à subvenir aux dépenses occasionnées par la lutte contre la France. Ces pièces portent au revers la légende : PRO PATRIA. Le monnayage épiscopal finit en 1803. La même année le territoire de Wurzbourg fut donné à la Bavière.

c). — *Évêché d'Eichstedt.*

L'évêché d'Eichstedt était beaucoup moins important que ceux de Bamberg et de Wurzbourg. Ses armes étaient : *de gueules à la crosse d'argent posée en pal.* Le patron de l'évêché était saint Wilibald. Voici la chronologie des évêques :

* Gabriel d'Eyb, 1496-1535.
Christophe de Pappenheim, 1535-1539.
Maurice de Hutten, 1539-1552.

Eberhard II de Hirnheim, 1552-1560.
* Martin de Schaumberg, 1560-1590
* Gaspard de Seckendorf, 1590-1595.

*Jean-Conrad de Gemmingen, 1595-1612.
*Jean-Christophe de Westerstetten, 1612-1636.
Marquard II Schenk de Castell, 1637-1685.
*Jean-Euchaire Schenk de Castell, 1685-1697.
*Jean-Martin d'Eyb, 1697-1704.
Jean-Antoine I Knebel de Katzenellenbogen, 1705-1725.

François-Louis Schenk de Castell, 1725-1736.
*Jean-Antoine II de Fribourg, 1736-57.
*Vacance du siège épiscopal, 1757.
*Raymond-Antoine de Strasoldo, 1757-81.
*Vacance du siège épiscopal, 1781.
*Jean-Antoine III de Zehmen, 1781-90.
*Vacance du siège épiscopal, 1790.
*Joseph de Stubenberg, 1790-1802.

Les premiers *thalers* de l'évêché d'Eichstedt furent frappés sous Martin de Schaumberg en 1570; ils portent l'image de saint Wilibald. Les évêques ne possédaient pas d'atelier en propre, et faisaient battre leurs espèces à Nuremberg.

Le monnayage cesse en 1796 avec les *thalers* et *demi-thalers* émis pour subvenir aux frais de la guerre contre la France. Ces pièces portent au revers, autour des armes épiscopales, le chronogramme suivant : VASCVLIS AVLAE ARGENTEIS PATRIAE INDIGENTI MINISTRAVIT AVXILIA. En 1803, l'évêché d'Eichstedt fut sécularisé et donné en partie au duc de Toscane, en partie à la Bavière, qui obtint le territoire entier en 1805, à la paix de Presbourg.

d). — *Possessions franconiennes de la maison de Brandebourg.*

La maison de Hohenzollern-Brandebourg possédait en Franconie les importantes principautés de Bayreuth et d'Ansbach. La première s'étendait, pour la plus grande part, à l'est du cercle, sur les frontières de la Saxe et de la Bohême. La principauté d'Ansbach s'étendait au sud du cercle entre le comté de Hohenlohe à l'ouest et l'évêché d'Eichstedt au sud-est. L'étendue de la principauté de Bayreuth était d'environ soixante-douze lieues; elle comprenait les villes de Bayreuth, de Culmbach, de Hof, de Wunsiedel, d'Erlangen, de Neustadt, etc. La principauté d'Ansbach n'était guère moins étendue que la précédente; elle comprenait les villes d'Ansbach, de Schwabach, de Langenzenn, de Roth, de Fürth, de Gunzenhausen, de Windsbach, de Crailsheim, d'Uffenheim, etc.

A la mort d'Albert, électeur de Brandebourg, en 1486, son fils aîné Jean-Cicéron obtint l'électorat et les Marches, et ses fils cadets eurent les possessions franconiennes. La descendance de ces derniers s'éteignit en 1603; leur héritage fut recueilli par la ligne aînée et distribué aux deux fils cadets de l'électeur Jean-Georges. Il se forma ainsi deux nouvelles maisons de Bayreuth et d'Ansbach. Voici le détail de ces successions :

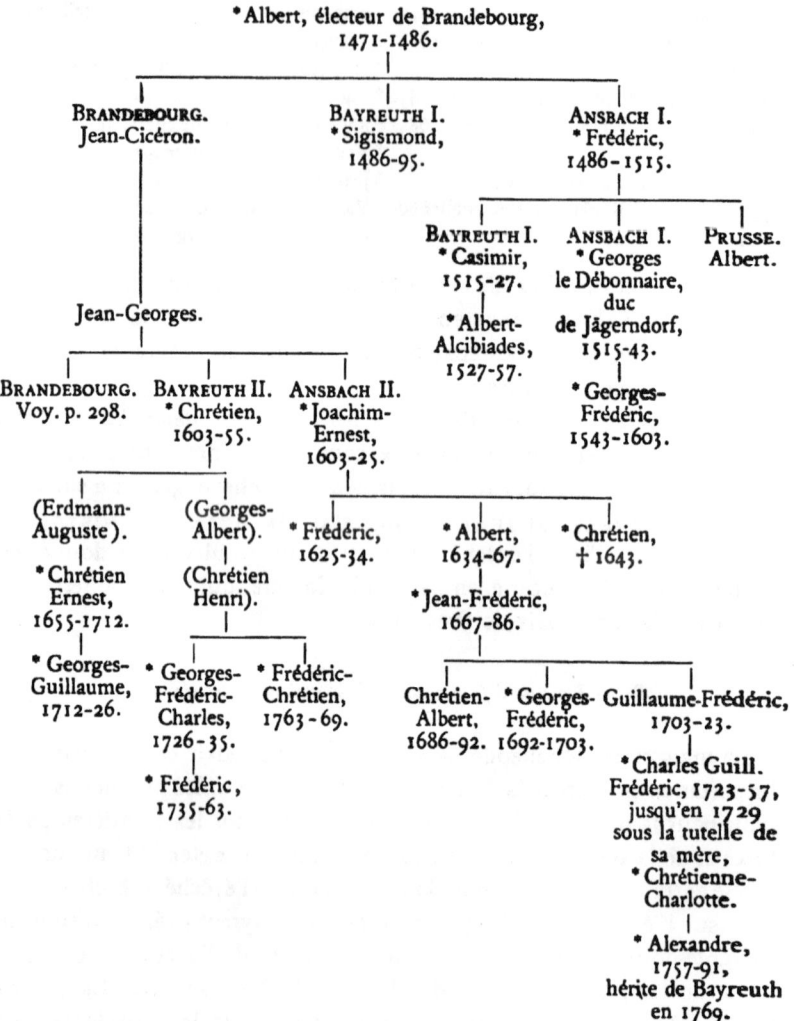

Les monnaies des margraves de Brandebourg des lignes de Franconie sont nombreuses tant en or qu'en argent. Les premiers *thalers* remontent à 1525 et sont frappés en commun par Casimir et Georges le Débonnaire, qui s'intitulent simplement CASI · ET · GEOR · FRatrES GERMAni MARCHiones BRANdenburgici. La devise habituelle aux margraves de la première ligne de Franconie est SI DEVS PRO NOBIS QVIS CONTRA NOS.

Après l'avènement des secondes lignes de Bayreuth et d'Ansbach, la titulature des margraves devient plus étendue. Chrétien de Bayreuth fait suivre son nom de la formule suivante : *Dei gratia marchio branden-*

burgensis, Prussiae, Stetini, Pomeraniae, Casubiae, Vandalorum, Crosnae, Jagerndorfae dux, burgravius in Nurnberg, princeps Rugiae. Ces titres changent peu sous les autres margraves. En 1741, Charles-Guillaume-Frédéric d'Ansbach hérita du comté de Sayn-Altenkirchen; le titre de *comes saynensis* prit place, en conséquence, à la fin de l'énumération, sur les monnaies de la branche d'Ansbach.

Les principaux ateliers des margraves, en Franconie, furent : Schwabach, élevé, en 1750 et 1752, au rang d'atelier officiel du cercle; Furth, créé en 1622 par Joachim-Ernest et qui depuis 1624 avait précédé Schwabach comme *kreismünzstätte;* Bayreuth; Ansbach; Culmbach; Erlangen, creé en 1548 par Albert, mais fermé en 1550; puis diverses officines de la *kipperzeit :* Weissenstadt, Wunsiedel, Kitzingen, Lauenstein, Lichtenberg, etc.

e). — *Possessions de l'Ordre Teutonique.*

Après qu'en 1525, le grand maître Albert de Brandebourg, converti au protestantisme, eut transformé les possessions septentrionales de l'ordre en duché de Prusse, les chevaliers catholiques établirent le siège de la grand-maîtrise à Mergentheim, au centre de leurs possessions franconiennes. Les grands-maîtres suivants furent successivement appelés à présider aux destinées de l'ordre :

* Walther de Cronberg, 1526-43.
Wolfgang Schutzbar, 1543-66.
Georges Hund de Wenkheim, 1566-72.
* Henri de Bobenhausen, 1572-90.
* Maximilien I d'Autriche, 1590-1618.
* Charles I d'Autriche, 1619-24.
* Jean-Eustache de Westernach, 1625-27.
* Jean-Gaspard I de Stadion, 1627-41.
* Léopold-Guillaume d'Autriche, 1641-62.

Charles-Joseph d'Autriche, 1662-64.
* Jean-Gaspard II d'Ampringen, 1664-84.
* Louis-Antoine, comte palatin de Neubourg, 1685-94.
* François-Louis, comte palatin de Neubourg, 1694-1732.
* Clément-Auguste de Bavière, 1732-61.
* Charles-Alexandre de Lorraine, 1761-80.
Maximilien II d'Autriche, 1780-1801.

Le monnayage de l'ordre teutonique prit fin en 1780. La série monétaire est nombreuse et belle. Les types principaux sont la Vierge, patronne de l'ordre, généralement représentée dans une gloire, le buste du grand maître, ses armes, le grand maître à cheval dans un entourage d'écussons, le grand maître debout.

f). — *Comté de Henneberg.*

Le comté de Henneberg s'étendait au nord de l'évêché de Wurzbourg sur une superficie d'environ trente quatre lieues carrées. Ses armes étaient parlantes: *d'or à la poule (henne) de sable, crêtée de gueules,*

posée sur un tertre (berg) à trois coupeaux de sinople. Comme burgraves de Wurzbourg, les comtes écartelaient de : *coupé, au 1ᵉʳ d'or à
l'aigle à deux têtes issant de sable, au 2ᵉ coupé-émanché d'argent et de
gueules.*

L'émission des *thalers* commence sous Guillaume VII (1495-1559),
qui fait figurer sur ses pièces son buste et ses armes. Georges-Ernest
(1559-83) poursuivit le monnayage jusqu'en 1569, d'abord dans l'atelier
de Schleusingen, puis à Ilmenau.

En 1554, Guillaume VII et Jean-Frédéric de Saxe-Gotha firent un
accord, suivant lequel la maison de Saxe devait hériter de celle de Henneberg, si celle-ci venait à s'éteindre. En 1583, cet événement se produisit. L'électeur Auguste de Saxe prit possession des cinq douzièmes
du pays pour ses pupilles les ducs de la ligne ernestine ; la seigneurie
de Schmalkalde passa à la Hesse ; les autres sept douzièmes du comté
de Henneberg devinrent possession commune des deux lignes de Saxe
jusqu'en 1660, époque où un partage eut lieu.

Quand le comté de Henneberg eut passé à la Saxe, il conserva longtemps ses monnaies spéciales. De 1691 à 1702 les ducs de la ligne
ernestine possédèrent à Ilmenau un atelier où ils monnayèrent en commun. Les légendes des pièces sont : D · G · DUCUM SAXONIÆ MON·
COMMUNIS HENNEBERGENSIS. Quelques *thalers* et *gulden* rappellent qu'Ilmenau possédait des mines d'argent.

g). — *Comté de Schwarzemberg.*

Le comté de Schwarzemberg, situé entre les évêchés de Wurzbourg et
de Bamberg, et les possessions franconiennes de la maison de Brandebourg, appartenait à une branche cadette de la maison de Seinsheim.
Ses armes étaient : *écartelé, aux 1ᵉʳ et 4ᵉ palé d'argent et d'azur de huit
pièces*, qui est Seinsheim, *aux 2ᵉ et 3ᵉ d'or à un corbeau (raab) de sable,
colleté d'or, posé sur une tête de Turc au naturel et lui enlevant un
œil*, armes concédées en 1599 à Adolphe de Schwarzemberg à l'occasion
de la prise de Raab sur les Turcs. Voici la chronologie des comtes de
Schwarzemberg :

Adolphe, 1599-1600.	*Ferdinand, seul, 1698-1703.
Adam, 1600-41.	*Adam-François, 1703-32.
*Jean-Adolphe, 1641-83.	*Joseph, 1732-82.
*Ferdinand et Marie-Anne de Sulz, 1683-	*Jean, 1782-89.
1698.	Joseph, 1789-1833.

Jean-Adolphe fut élevé au rang de prince en 1670. Il prend sur ses *thalers* les titres de : *Dei gratia princeps Schwartzemberg, baro in Hohenlandsberg, dominus in Gimborn* (en Westphalie), *Murau* (en Styrie), *Wittingau, Frauenberg* (en Bohême), *etc.*, et y place son buste et ses armes.

Ferdinand devint, par son mariage, héritier de Sulz. Adam-Frédéric avait obtenu, dès la mort de sa mère, le landgraviat de Clettgau et, en 1723, il fut élevé par l'empereur au rang de duc de Crummau. En 1783, Jean vendit les seigneuries de Gimborn et Neustadt en Westphalie à Louis, comte de Wallmoden.

h). — *Principauté de Hohenlohe* [1].

Le comté de Hohenlohe s'étendait entre l'évêché de Wurzbourg, la principauté d'Ansbach, le Wurtemberg et l'électorat de Mayence. Ses armes sont : *d'argent à deux léopards de sable, l'un sur l'autre, la queue passée entre les jambes.*

En 1511, les deux frères Albert et Georges de Hohenlohe firent un contrat de famille dans lequel il est dit que si les princes de leur maison veulent exercer leur droit monétaire, ils le feront en commun. Le monnayage ne commença toutefois qu'à la fin du XVIe siècle, quand la maison de Hohenlohe se trouvait scindée en deux branches, celle de Neuenstein

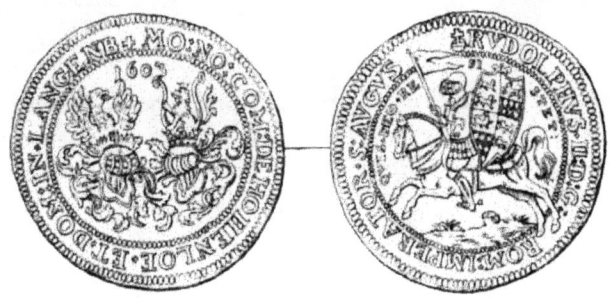

Fig. 229

et celle de Waldenbourg. En 1594, les chefs de la famille firent un contrat avec le *münzmeister* Paul Diether pour la frappe d'un numéraire, et, dès cette même année, nous trouvons des *thalers* et des *pfennigs*, suivis l'année suivante de *ducats* d'or et de diverses espèces d'argent. Ce monnayage dura jusqu'en 1616. La légende habituelle des pièces est : **MO·NO·COM·DE·HOHENLOE ET·DOM·IN·LANGENB** (fig. 229).

Les émissions reprirent pendant la *kipperzeit* dans les ateliers de Neuenstein et de Weikersheim, et consistèrent en 1621 et 1622 en menues

---

1. J. Albrecht, *Münzgeschichte des Hauses Hohenlohe.* S. L. (Œhringen), 1845, in-4.

monnaies sur lesquelles les comtes ne sont pas davantage désignés par leurs noms. A partir de 1623, les espèces frappées par les membres de la ligne de Hohenlohe-Neuenstein portent le nom du comte qui les a fait émettre. Notre figure 230 représente le *thaler* en 1781 par Chrétien-Frédéric-Charles de la branche de Hohenlohe-Neuenstein-Kirchberg. Voici le tableau généalogique de la ligne de Neuenstein et de ses divisions :

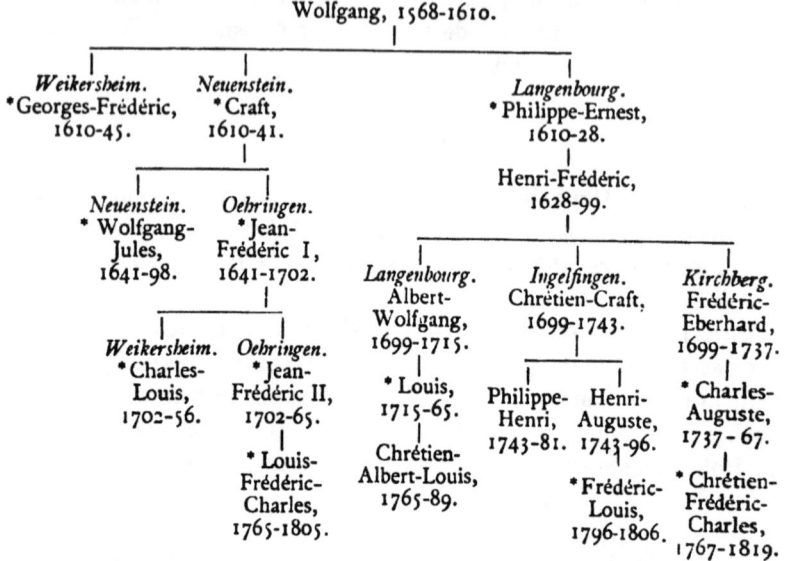

Wolfgang, 1568-1610.

Weikersheim.
*Georges-Frédéric, 1610-45.

Neuenstein.
*Craft, 1610-41.

Langenbourg.
*Philippe-Ernest, 1610-28.

Henri-Frédéric, 1628-99.

Neuenstein.
*Wolfgang-Jules, 1641-98.

Oehringen.
*Jean-Frédéric I, 1641-1702.

Langenbourg.
Albert-Wolfgang, 1699-1715.

Ingelfingen.
Chrétien-Craft, 1699-1743.

Kirchberg.
Frédéric-Eberhard, 1699-1737.

Weikersheim.
*Charles-Louis, 1702-56.

Oehringen.
*Jean-Frédéric II, 1702-65.

*Louis, 1715-65.

Philippe-Henri, 1743-81.

Henri-Auguste, 1743-96.

*Charles-Auguste, 1737-67.

*Louis-Frédéric-Charles, 1765-1805.

Chrétien-Albert-Louis, 1765-89.

*Frédéric-Louis, 1796-1806.

*Chrétien-Frédéric-Charles, 1767-1819.

Dès 1621, les membres de la ligne de Hohenlohe-Waldenbourg commencèrent un monnayage personnel. Louis-Eberhard créa un atelier à Mainhard; Georges-Frédéric II installa des officines à Schillingsfurt et

Fig. 230

à Bartenstein; Philippe-Ernest frappa à Kirchberg et à Forchtenberg. Ces ateliers furent toutefois supprimés l'année suivante. Le tableau ci-dessous indique par des astérisques les comtes et princes de Hohenlohe-Waldenbourg dont il existe des monnaies :

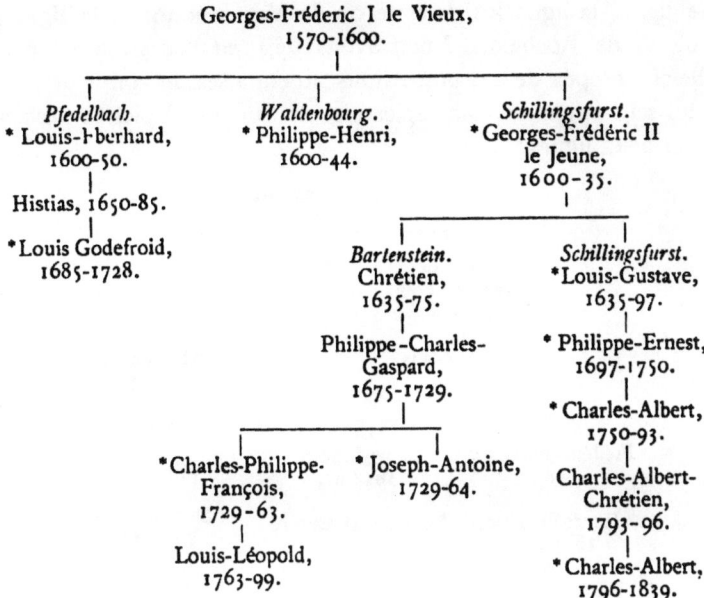

Georges-Fréderic I le Vieux,
1570-1600.

Pfedelbach.	Waldenbourg.	Schillingsfurst.
* Louis-Eberhard,	* Philippe-Henri,	* Georges-Frédéric II
1600-50.	1600-44.	le Jeune,
Histias, 1650-85.		1600-35.
*Louis Godefroid,	Bartenstein.	Schillingsfurst.
1685-1728.	Chrétien,	*Louis-Gustave,
	1635-75.	1635-97.
	Philippe-Charles-	* Philippe-Ernest,
	Gaspard,	1697-1750.
	1675-1729.	* Charles-Albert,
	*Charles-Philippe-	1750-93.
	François, * Joseph-Antoine,	Charles-Albert-
	1729-63. 1729-64.	Chrétien,
	Louis-Léopold,	1793-96.
	1763-99.	* Charles-Albert,
		1796-1839.

En 1623, Louis-Eberhard et Philippe-Henri firent frapper en commun des *thalers* sur lesquels ils sont nominativement désignés. Le second eut des ateliers à Untersteinbach et à Waldenbourg. En 1684, Louis-Gustave installa un nouvel atelier à Schillingsfurst, mais l'établissement fut de peu de durée, car ses dernières monnaies frappées en 1692 le furent à Nuremberg.

La devise des comtes, puis princes de Hohenlohe : **EX FLAMMIS ORIOR**, figure sur un grand nombre de leurs monnaies.

i). — *Comté de Wertheim* [1].

Le comté de Wertheim, au sud-ouest de l'archevêché de Wurzbourg, appartenait à une famille qui s'éteignit en 1574. A la mort de la veuve du dernier comte, née Catherine de Stolberg, la sœur de celle-ci, Anne de Stolberg, femme de Louis, comte de Loewenstein, hérita de Wertheim. La succession fut toutefois contestée et, en 1598, l'évêque de Wurzbourg s'empara de la plus grande partie du comté.

Louis de Loewenstein-Wertheim eut deux fils qui créèrent chacun

1. F. Wibel, *Münzgeschichte der Grafen von Wertheim und des Gesammthauses Löwenstein-Wertheim von der Verleihung des Münzrechts* (1363) *bis zum Erloschen desselben* (1806). Hambourg, 1880, in-8.

une ligne, la ligne luthérienne ou de Virnenbourg et la ligne catholique ou de Rochefort. Nous avons déjà eu l'occasion de parler de celle-ci à propos de ses possessions ardennaises, le comté de Rochefort et les seigneuries de Chassepierre et de Cugnon. Voici la descendance de ces deux lignes :

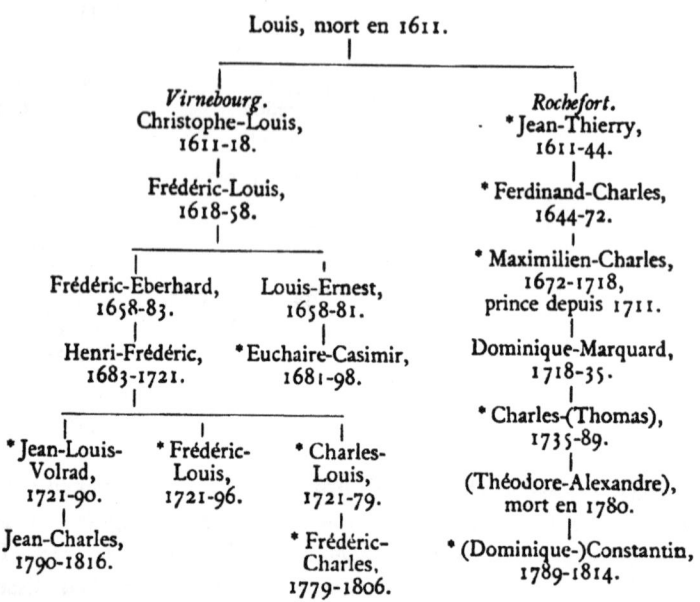

Louis, mort en 1611.

Virnebourg.
Christophe-Louis,
1611-18.

Frédéric-Louis,
1618-58.

Frédéric-Eberhard,
1658-83.

Louis-Ernest,
1658-81.

Henri-Frédéric,
1683-1721.

*Euchaire-Casimir,
1681-98.

*Jean-Louis-
Volrad,
1721-90.

*Frédéric-
Louis,
1721-96.

*Charles-
Louis,
1721-79.

Jean-Charles,
1790-1816.

*Frédéric-
Charles,
1779-1806.

Rochefort.
*Jean-Thierry,
1611-44.

*Ferdinand-Charles,
1644-72.

*Maximilien-Charles,
1672-1718,
prince depuis 1711.

Dominique-Marquard,
1718-35.

*Charles-(Thomas),
1735-89.

(Théodore-Alexandre),
mort en 1780.

*(Dominique-)Constantin,
1789-1814.

Les deux lignes de la maison de Loewenstein-Wertheim furent divisées par un long procès de famille qu'avivait la différence de leurs cultes. Un très beau *thaler* d'Euchaire-Casimir, frappé en 1697, montre les avantages de l'union et les dangers de la discorde ; le champ de l'avers est divisé en deux parties, dont l'une représente un arbre à deux branches unies par une couronne de comte et couvertes de fruits, l'autre un arbre à deux branches desséchées portant chacune une couronne ; des devises complètent ce tableau symbolique ; d'un côté est écrit : **ME CONIUNCTIO SERVAT** ; de l'autre : **DUM SCINDITUR FRANGOR**. Un *ducat* frappé en 1768 par Jean-Louis-Volrad porte une devise moins conciliante : **SUUM CUIQUE**, tandis qu'un *thaler* de la même année, au buste de Frédéric-Louis, reprend pour son compte les sages principes qui régissaient les Provinces Unies : **CONCORDIA RES PARVÆ CRESCUNT DISCORDIA DILABUNTUR**.

Parmi les monnaies que la ligne catholique frappa pour ses possessions allemandes, nous rappellerons le *thaler* de Maximilien-Charles, frappé en 1711 ; l'avers porte le buste du comte ; le revers, un lion tenant une pierre, interprétation libre des armes de Loewenstein, et cette légende: IN CASVS PERVIGIL OMNES.

Les armes de Loewenstein étaient: *d'argent au lion léopardé contourné de gueules sur une émanche de quatre pièces d'or mouvant du bas*. Celles du comté de Wertheim étaient: *d'or à l'aigle naissant de sable*, et celles de Virnebourg: *d'or à sept crancelins de gueules*.

j). — *Comté de Rieneck*.

Ce comté s'étendait entre celui de Hanau, l'archevêché de Mayence et l'évêché de Wurzbourg. En 1559, l'ancienne maison de Rieneck se trouvant éteinte, une partie de ses possessions passa aux archevêques de Mayence. Ceux-ci en vendirent une part en 1673, à Jean-Hartwig, comte de Nostiz, auquel ils aliénèrent également, en 1674, le droit de vote aux *kreistagen* de Franconie. Un quart de Rieneck fut donné, en 1684, en fief aux comtes de Hanau.

En 1719, Antoine-Jean de Nostiz-Rieneck fit frapper des *ducats* d'or, des *thalers* et *demi-thalers* d'argent, à son buste et à ses armes. Ce comte mourut en 1736.

k). — *Comté d'Erbach* [1].

La terre d'Erbach était comprise entre le Palatinat, l'archevêché de Mayence, l'évêché de Wurzbourg et le comté de Catzenellnbogen. Elle fut élevée en 1532 au rang de comté et obtint en 1541 le droit de battre monnaie. Les comtes d'Erbach possédaient la moitié de la seigneurie de Breuberg. Leurs armes étaient: *écartelé, aux 1er et 4e coupé de gueules sur argent à trois étoiles de l'un à l'autre*, qui est Erbach, *aux 2e et 3e d'argent à deux fasces de gueules*, qui est Breuberg.

La plus ancienne monnaie d'Erbach est de 1561, la plus récente est de 1691. Voici la généalogie de la maison comtale pendant cette période:

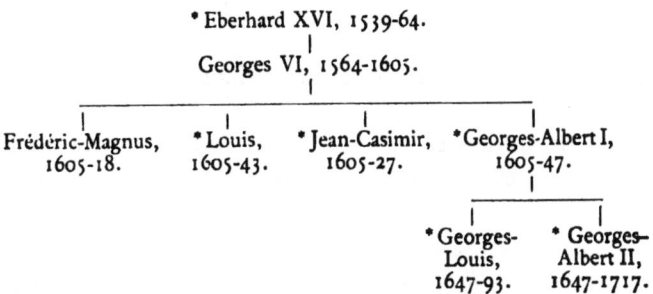

* Eberhard XVI, 1539-64.

Georges VI, 1564-1605.

Frédéric-Magnus, 1605-18.	* Louis, 1605-43.	* Jean-Casimir, 1605-27.	* Georges-Albert I, 1605-47.

* Georges-Louis, 1647-93.	* Georges-Albert II, 1647-1717.

1. Paul Joseph, *Die Münzen des graeflichen Hauses Erbach*, dans la *Numismatische Zeitschrift* de 1887.

Les fils de Georges VI monnayèrent en commun; ils ne sont pas mentionnés nominalement sur les pièces, qui portent : **MONETA NOVA ARGENTEA COMITUM DE ERPACH D · I · B**(*reuberg*). Les *gulden* de Georges-Louis portent la devise : **HERR NACH DEINEM WILLEN**; les *thalers* et les *gulden* de Georges-Albert ont la légende : **OMNIA CUM DEO ET NIHIL SINE EO**, qui est restée la devise de la maison d'Erbach, encore florissante aujourd'hui. En 1806, le comté d'Erbach cessa d'être un état indépendant.

l). — *Seigneurie de Burgmilchling*.

La seigneurie de Burgmilchling appartenait, en même temps que celles de Wilhermsdorf et de Trayss, à la famille de Schutzpar. En 1597, ou suivant d'autres en 1605, Henri-Hermann Schutzpar (1591-1656) reçut le droit de battre monnaie. On possède de lui des *thalers* de 1605 à 1611 et des *demi-thalers* sur lesquels il prend les titres de *liber baro in Burgmilchling et Wilhermsdorf*.

Les armes de cette maison étaient : *écartelé, aux 1er et 4e d'argent à trois feuilles de nénuphar de sable, les tiges réunies en pairle en abîme*, qui est Schutzpar, *aux 2e et 3e d'azur au dextrochère d'or, issant de nuages d'argent et tenant un épieu d'or accompagné de trois étoiles du même*.

m). — *Ville impériale de Nuremberg* [1].

Les droits monétaires de la ville de Nuremberg furent confirmés en 1464 par Frédéric III, et jusqu'en 1806 cette ville émit une grande quantité d'espèces d'or et d'argent. Les types des monnaies se composent de l'aigle d'empire, des images des patrons de la ville, saint Laurent avec son gril, ou saint Sébald, et des armes municipales : *parti, au 1er d'or à la demi-aigle de sable, au 2e bandé d'or et de gueules de six pièces*.

§ VIII. — *Cercle de Bavière* [2].

Le cercle de Bavière était borné au nord-est par le royaume de Bohême, à l'ouest et au sud par le cercle d'Autriche, à l'ouest par le

1. Von Hagen, *Beschreibung der silbernen Münzen der Reichstadt Nürnberg*. Nuremberg, 2e édit. 1769, in-4. — Will, *Nürnbergische Münzbelustigungen*. Nuremberg, 1763-67, 4 vol. pet. in-4.

2. J.-V. Kull, *Repertorium zur Münzkunde Bayerns*. Munich, 1894, in-8. — *Mittheilungen der Bayerischen Numismatischen Gesellschaft*, années 1882 et suivantes.

cercle de Souabe, une partie de l'Autriche antérieure et le cercle de Franconie. La direction du cercle appartenait à l'archevêque de Salzbourg et au duc de Bavière. Les *kreistage,* tenus d'abord à Landshut ou à Mühldorf, se réunirent dans la suite à Ratisbonne ou à Wasserbourg.

a). — Archevêché de Salzbourg [1].

L'archevêché de Salzbourg s'étendait au sud-est du cercle de Bavière, entre le duché de ce nom, l'Autriche, la Carinthie et le Tyrol. Son territoire ne comprenait pas moins de 180 lieues carrées à la fin du siècle dernier. Les archevêques portaient les titres de légats-nés du Saint-Siège et primats de Germanie. L'écu de Salzbourg était : *coupé, au 1ᵉʳ d'or au lion de sable, au 2ᵉ d'argent à la fasce diaprée de gueules.*

Le patron du diocèse était saint Rupert. Voici la liste des archevêques depuis le commencement du xvıᵉ siècle jusqu'à la sécularisation, faite en · 1802 au profit de l'Autriche :

* Léonard de Keutschach, 1495-1519.
* Matthieu Lange de Wellenbourg, 1519-1540.
* Ernest de Bavière, 1540-1554 (Passau).
* Michel de Kuenbourg, 1554-1560.
* Jean-Jacques Khuen de Belasy, 1560-1586.
* Georges de Kuenbourg, 1586-1587.
* Wolfgang-Thierry de Raitenau, 1587-1612.
* Marc-Sittich de Hohenems, 1612-1619.
* Paris de Lodron, 1619-1653.
* Guidobald de Thun, 1654-1668.
* Maximilien-Gandolphe de Kuenbourg, 1668-1687.
* Jean-Ernest de Thun, 1687-1709.
* Jean-Antoine d'Harrach, 1709-1727.
* Léopold de Firmian, 1727-1744.
* Jacques-Ernest de Lichtenstein, 1745-1747.
* André de Dietrichstein, 1747-1753.
* Sigismond III de Schrattenbach, 1753-1771.
* Vacance du siège, 1772.
* Jérôme de Colloredo-Wallsee, 1772-1803.

La numismatique de Salzbourg forme une suite ininterrompue, aussi nombreuse que remarquable, tant en or qu'en argent. Tous les archevêques, depuis Léonard de Keutschach jusqu'à Jérôme de Colloredo, ont laissé des *thalers* qui se distinguent souvent par la beauté de leur type et de leur gravure. Le buste et les armes de l'archevêque, l'image de saint Rupert, le buste de l'empereur, l'aigle de l'empire, l'image de la Vierge, la vue de la ville de Salzbourg, sont les principaux sujets traités par les tailleurs de coins. De nombreuses monnaies commémoratives viennent encore augmenter l'attrait de la série, tels les *thalers* et

---

1. G. Zeller, *Des Erzstiftes Salzburg Münzrecht und Münzwesen.* Salzbourg, 1883, in-4. — Le même, *Die an der fürstbischöflich-salzburgischen Münze angestellten oder für dieselbe thätig gewesenen auswärtigen Münzeisenschneider, Graveure und Medailleure,* dans la *Numism. Zeitschrift* de Vienne, t. XX, p. 393 et suiv.

demi-thalers frappés en 1628 à l'occasion de la consécration de la nouvelle cathédrale, sous Paris de Lodron, les *thalers* de 1682 qui célèbrent le onze centième anniversaire de la fondation du siège, etc. En or, les archevêques frappèrent non seulement des *florins* et des *ducats*, mais de nombreux multiples de *ducats*.

b). — Principauté électorale de Salzbourg.

En 1803, les territoires de l'archevêché de Salzbourg furent donnés pour la majeure partie à Ferdinand, archiduc d'Autriche et grand duc de Toscane, avec le titre de principauté et la dignité électorale. Cette principauté n'eut qu'une durée éphémère, car en 18)5 le traité de Presbourg réunit Salzbourg à l'Autriche; Ferdinand reçut en échange le grand duché de Wurzbourg.

Ferdinand frappa comme prince électeur de Salzbourg des *ducats* d'or, des *thalers* d'argent et leurs subdivisions, aux dates de 1803 à 1806.

c). — Évêché de Frisingue [1].

Le territoire épiscopal de Frisingue était formé de trois tronçons, dont deux étaient enclavés dans la Bavière; le troisième, le comté de Werdenfels, s'étendait entre la Bavière et le Tyrol. L'église de Frisingue était placée sous le vocable de la Vierge et de saint Corbinien. Ses armes étaient: *d'argent à la tête de maure couronnée d'or, habillée d'argent et de gueules.*

Moins puissants que leurs métropolitains de Salzbourg, les évêques de Frisingue eurent un monnayage beaucoup moins important, qui, après une interruption de plusieurs siècles, ne reprend qu'au XVIIe pour cesser définitivement en 1790. Voici les évêques qui occupèrent le siège de Frisingue pendant cette période; nous marquons d'un astérisque ceux dont nous connaissons des monnaies:

*Vit-Adam de Geebeck, 1618-51.

Albert-Sigismond de Bavière, 1652-85 (Ratisbonne).

Joseph-Clément de Bavière, 1685-94 (Ratisbonne, Cologne, Liège, Hildesheim).

*Jean-François Egcker de Rapfing, 1695-1727.

*Jean-Théodore de Bavière, 1727-63 (Ratisbonne, Liège).

*Clément-Wenceslas de Saxe, 1763-68 (Ratisbonne, Trèves, Augsbourg).

Louis-Joseph de Welden, 1769-88.

Maximilien-Procope de Toerring, 1788-89.

*Joseph-Conrad de Schroffenberg, 1790-1803.

L'évêché de Frisingue fut sécularisé en 1803 et donné à la Bavière.

---

1. H. Riggauer, *Die Münzen und Medaillen des Fürstbisthums Freising,* dans *Mittheilungen der bayerischen numismatischen Gesellschaft,* t. I, 1882, p. 96 et suiv.

d). — *Évêché de Ratisbonne* [1].

L'évêché de Ratisbonne, en allemand Regensburg, s'étendait à l'est de la ville de Ratisbonne, sur la rive septentrionale du Danube. La résidence des évêques était Donaustauf. Saint Pierre et saint Wolfgang étaient les patrons du diocèse. Les armes étaient : *de gueules à la bande d'argent.* Plus importante que celle de Frisingue, la numismatique de Ratisbonne ne constitue cependant pas une série ininterrompue :

Robert II. comte palatin de Simmeren, 1492-1507.
* Jean III, comte palatin, 1507-38.
* Pancrace Sinzenhofer, 1538-48.
* Georges de Pappenheim, 1548-63.
Vit de Frauenberg, 1563-67.
* David Koelderer, 1567-79.
Philippe de Bavière, 1579-98.
Sigismond Fugger, 1598-1600.
Wolfgang II de Hausen, 1600-13.
* Albert IV de Toerring, 1613-49.
* François-Guillaume de Wartenberg, 1649-61.
Jean-Georges de Herbestein, 1661-63.
Adam-Laurent de Toerring, 1663-66.
Guidobald de Thun, 1666-68 (Salzbourg).
Albert-Sigismond de Bavière, 1668-85 (Frisingue).

Joseph-Clément de Bavière, 1685-1716 (Frisingue, Cologne, Liège, Hildesheim).
Clément-Auguste de Bavière, 1716-19 (Cologne, Munster, Paderborn, Hildesheim).
Jean-Théodore de Bavière, 1719-63 (Frisingue, Liège).
Clément Wenceslas de Saxe, 1763-69 (Frisingue, Trèves, Augsbourg).
* Antoine-Ignace Fugger, 1769-87.
* Siège vacant, 1787.
Maximilien-Procope de Toerring, 1787-89.
Joseph Conrad de Schroffenberg, 1790-1803.
* Charles de Dalberg, 1804-17.

Les premiers *thalers* font leur apparition sous Pancrace Sinzendorfer en 1545 ; ils portent d'un côté les écus accolés de Ratisbonne et de Sinzendorfer sous une mitre, de l'autre la double aigle et le nom de Charles-Quint.

Quand après la paix de Lunéville l'électorat de Mayence fut supprimé, le coadjuteur Charles de Dalberg reçut l'évêché de Ratisbonne comme compensation ; en 1805, le pape éleva ce siège au rang d'archevêché et l'année suivante Charles devint primat de la confédération du Rhin.

e). — *Évêché de Passau* [2].

L'évêché de Passau, *episcopatus pataviensis,* avait pour patrons saint

1. Cf. *Numismatische Zeitung,* de Leitzmann, 1856, p. 45 et suiv.
2. Cf. *Numismatische Zeitung* de Leitzmann, 1860, p. 193 et suiv. ; et 1861, p. 5 et suiv.

Étienne et saint Laurent. Ses armes étaient : *d'argent au loup sautant de gueules*. Son territoire, d'environ dix-huit lieues carrées, s'étendait entre la Bohême, l'Autriche et la Bavière.

Le monnayage, arrêté pendant plusieurs siècles, reprit sous l'évêque Vigile Froechl, qui obtint en 1504 la confirmation des droits monétaires.

*Vigile Froechl, 1500-1517.

*Ernest de Bavière, administrateur, 1517-1540.

Wolfgang I de Salm, 1540-1555.

Wolfgang II de Klosen, 1555-1561.

*Urbain de Trennbach, 1561-1598.

Léopold d'Autriche, 1605-1625 (Murbach).

Léopold-Guillaume d'Autriche, 1625-1662 (Strasbourg, Halbentadt, Olmutz, Breslau, Murbach).

Charles-Joseph d'Autriche, 1662-1664 (Breslau, Olmutz).

Wenceslas de Thun, 1664-1673.

*Sébastien de Poetting, 1673-1689.

*Jean-Philippe de Lamberg, 1689-1712.

*Raymond-Ferdinand de Rabatta, 1713-1722.

*Joseph-Dominique de Lamberg, 1723-1761.

Joseph-Marie de Thun, 1761-1763.

*Léopold-Ernest de Firmian, 1763-1783.

*Joseph d'Auersberg, 1783-1795.

Thomas de Thun, 1795-1796.

Léopold de Thun, 1796-1803.

Les premiers *thalers* de Passau remontent à l'administration d'Ernest de Bavière. Le type habituel des monnaies est l'image de saint Étienne.

f). — *Duché de Bavière* [1].

Le duché de Bavière était borné au nord-est par la Bohême, au nord-ouest par les cercles de Haute-Saxe et de Franconie, à l'ouest par le cercle de Souabe, au sud par l'évêché de Frisingue, le Tyrol et l'archevêché de Salzbourg, à l'est par l'Autriche et l'évêché de Passau. Le pays se divisait en Bavière supérieure ou *Oberbayern*, avec les deux districts de Munich et de Burghausen, et Bavière inférieure ou *Niederbayern*, avec les deux districts de Landshut et de Straubing. En 1628, le Palatinat supérieur ou *Oberpfalz*, dont la capitale était Amberg, fut réuni à la Bavière, qui en 1623 avait été élevée au rang d'électorat. Les armes de la Bavière étaient : *écartelé, aux 1er et 4e fuselé en bande d'argent et d'azur*, qui est Bavière, *aux 2e et 3e de sable au lion*

---

1. P.-P. Finauer, *Baierische Münzbelustigung*. Munich, 1768-69, in-4. — Le même, *Münzreihe der Herzoge in Baiern*. Munich, 1777, in-4. — M.-J. von Widmer, *Domus wittelsbachensis numismatica*. Munich, 1784-85, in-8. — J.-V. Kull, *Repertorium zur Münzkunde Bayerns*. Munich, 1894, in-8. Cet excellent ouvrage fournit toutes les indications bibliographiques nécessaires à l'étude détaillée de la numismatique des diverses régions comprises dans le royaume actuel de Bavière.

d'or couronné, armé et lampassé de gueules, qui est Palatinat du Rhin, *sur le tout de gueules au globe impérial d'or,* pour la dignité de grand maître d'hôtel de l'empire. Voici la chronologie des ducs depuis le commencement du xvɪᵉ siècle jusqu'en 1806, année où Maximilien IV Joseph reçut le titre de roi :

* Albert IV le Sage, 1467-1508.
* Guillaume IV et Louis de Landshut, 1508-45.
  Guillaume IV, seul, 1545-50.
* Albert V le Magnanime, 1550-79.
* Guillaume V le Débonnaire, 1579-98.
* Maximilien I, duc, 1598-1623, électeur, 1623-51.
* Ferdinand-Marie, 1651-79.

* Maximilien II Emmanuel, 1679-1704.
* Occupation impériale, 1704-14.
* Maximilien II Emmanuel, rétabli, 1714-1726.
* Charles-Albert, 1726-45, empereur sous le nom de Charles VII de 1742 à 45.
* Maximilien III Joseph, 1745-77.
* Charles-Théodore, 1777-99.
* Maximilien IV Joseph, 1799-1806.

Le monnayage bavarois reste au commencement du xvɪᵉ siècle ce qu'il était à la fin du siècle précédent. Le système monétaire, sous Albert IV le Sage, se compose de nombreux *florins* d'or, de *weissgroschen* à son buste, de *demi-batzen* ou *groschl* et de *pfennings*. Les *florins* d'or portent à l'avers les armes et la légende : ALBERTI AVRVM BAVARIE DVCIS, et au revers l'image de la Vierge, entourée de l'invocation : O MARIA ORA PRO ME. La Vierge était la patronne de la Bavière et, dans la suite, son image fut fréquemment reproduite sur les espèces avec des inscriptions telles que SVB HIS SECVRA SPES — CLYPEVS OMNIBVS IN TE SPERANTIBVS, ou encore PATRONA BAVARIAE.

Au commencement du xvɪᵉ siècle, les ateliers monétaires se trouvaient à Straubing et à Munich. Plus tard, après l'annexion de l'Oberpfalz, Amberg, sa capitale, fut également le siège d'une officine qui de 1763 à 1795 eut un A comme différent monétaire.

Les *thalers* commencent en Bavière sous Albert V le Magnanime; leur type est d'abord conforme aux ordonnances impériales et porte les armes et l'aigle à deux têtes. Sous Maximilien I, l'empreinte bavaroise de la Vierge se montre pour la première fois sur les fortes espèces d'argent.

Maximilien II Emmanuel, qui s'était déclaré pour la France dans la guerre de succession d'Espagne, fut vaincu en 1704, à la bataille de Höchstedt, et privé de ses états héréditaires. En 1714, par la paix de Bade, il rentra en possession de la Bavière et de la dignité électorale. De 1704 à 1714 le pays avait reçu une administration autrichienne, et c'est au nom de l'empereur que les monnaies bavaroises furent frappées.

L'électeur de Bavière partageait avec l'électeur palatin la charge de *vicaire de l'empire* dans les pays soumis au droit franconien. A la mort de l'empereur Charles VI, les deux électeurs, Charles-Albert de Bavière et Charles-Philippe, comte palatin, prirent le titre et les armes de leur charge sur les monnaies qu'ils émirent, soit seuls, soit en commun, en 1740 et 1741. L'année suivante, Charles-Albert se fit couronner empereur sous le nom de Charles VII, et se mit au nombre de ceux qui prétendaient dépouiller Marie-Thérèse, reconnue seule héritière des domaines autrichiens par la Pragmatique Sanction de Charles VI. Appuyé par la France, l'électeur de Bavière soutint contre l'héritière de Charles VI une guerre qui donna lieu à l'émission de plusieurs monnaies obsidionales. En 1743, Louis-Frédéric de Saxe-Hildburghausen, commandant de la citadelle de Braunau assiégée par les Autrichiens, fit frapper des pièces de nécessité en or et en étain, émises pour 30, 15, 3 et 1 *kreuzer*. Ces pièces, de forme octogone et unifaces,

Fig. 231

portent les armes de Saxe et la légende **Ludwig Friedrich Herzog Zu Sachsen BRAVNAV MAY** 1743 (voy. fig. 231). D'autres obsidionales furent frappées, la même année, à Eger, par le général français assiégé par les Autrichiens; ces pièces en étain, émises pour 1 et 3 *kreuzer,* portent les armes de la ville et, au revers, son nom et le millésime.

g). — *Principautés de Neubourg et Sulzbach* [1].

Lorsque le duc Georges de Bavière-Landshut mourut en 1503 sans héritiers mâles, il laissa, par testament, tous ses biens à son gendre Robert, troisième fils de Philippe, électeur palatin. La validité de ce testament fut contestée par Albert IV, duc de Bavière, et on recourut aux armes. Elles furent contraires à Robert, qui mourut en 1504.

Fig. 232

Ses fils, Otton-Henri et Philippe, durent se contenter des principautés de Neubourg et de Sulzbach.

Otton-Henri et Philippe gouvernèrent et monnayèrent en commun. Ils s'intitulent sur leurs pièces : **OTTO HEIN·PHILIP·COM. PALAT. RENI — IN·IN-**

1. F. Friedensburg, *Die ersten Münzen der Pfalzgrafen Otto-Heinrich und Philipp,* dans la *Zeitschrift für Numism.,* t. XI, 1883, p. 110.

FERI · Z · SVPER · BAVA · DVCE · Z · FRAT ¹. (Voyez fig. 232). Philippe mourut en 1548. Otton-Henri devint électeur palatin en 1556, et réunit ses principautés au Palatinat.

En 1558, Otton-Henri donna Neubourg à Wolfgang, duc de Deux-Ponts. Celui-ci le transmit en 1560 à son fils Philippe-Louis, qui suit :

Philippe-Louis, 1560-1614.   *Philippe-Guillaume, 1653.
* Wolfgang-Guillaume, 1614-1653.

Ce dernier devint électeur palatin en 1685, et Neubourg fut joint au Palatinat.

h). — *Landgraviat de Leuchtenberg.*

Le landgraviat de Leuchtenberg s'étendait au nord de l'évêché de Ratisbonne. Ses armes sont : *d'argent à la fasce d'azur.* Voici la liste des princes qui se succédèrent dans la possession de ce fief :

* Jean VI, 1487-1531.   Guillaume, 1613-18.
* Georges III, 1531-55.   Rodolphe-Philippe, 1618-33.
Louis-Henri, 1555-67.   Maximilien-Adam, 1633-46.
Georges-Louis, 1567-1613.

Le seul landgrave dont on possède des *thalers* est Georges III ; la première émission eut lieu en 1541 ; la dernière, en 1549. Ces pièces portent l'image en pied de saint Georges foulant le dragon et tenant un écu aux armes de Leuchtenberg.

Le monnayage landgravial paraît s'être arrêté en 1552, dernier millésime relevé sur les espèces. La maison de Leuchtenberg s'éteignit avec Maximilien-Adam, et ses possessions passèrent à Albert VI, duc de Bavière.

i). — *Comté de Haag.*

Le comté de Haag s'étendait sur la rive gauche de l'Inn, près de la frontière de la Haute et de la Basse-Bavière. Ses armes étaient : *de gueules au cheval d'argent.* Les droits monétaires furent confirmés en 1541 à Ladislas de Fraunberg, qui fit frapper des *thalers* en 1549. A la mort de ce comte, survenue en 1566, le comté de Haag fut annexé à la Bavière.

1. Suivant M. Friedensburg, le type de l'avers de la pièce que nous reproduisons représente les deux jeunes princes debout sous la protection du lion palatin qui symbolise l'électeur palatin Philippe.

j). — *Comté de Sternslein.*

La seigneurie de Sternstein s'étendait, en trois tronçons, non loin de la frontière de Bohême ; elle fut élevée au rang de comté en 1641. Les armes de Sternstein étaient : *d'azur au tertre à trois coupeaux d'or, surmonté de trois étoiles du même.*

On possède des *ducats* d'or de Ferdinand-Auguste-Léopold, prince de Lobkowitz (1677-1715), puis des *ducats*, des *thalers* et des *zwanziger* frappés en 1794 par François-Joseph-Maximilien, le dernier comte régnant de Sternstein.

k). — *Ville impériale de Ratisbonne.*

La ville impériale de Ratisbonne fut, depuis 1663, le siège ordinaire de la diète de l'Empire. Ses armes sont : *d'or aux deux clefs antiques d'argent, posées en sautoir et liées d'or.*

La série des monnaies municipales de Ratisbonne se termine en 1802. Les premiers *florins* d'or sont de 1512, les premiers *ducats* de 1542, les premiers *thalers* de 1535. En même temps que les *ducats*, la ville émit des multiples jusqu'à douze ducats et des divisions jusqu'au seizième ducat.

§ IX. — *Cercle de Souabe.*

Le cercle de Souabe touchait au nord aux cercles du Haut-Rhin, de Franconie et au cercle électoral ; à l'est, au cercle de Bavière ; au sud, à l'Autriche et à la Suisse ; à l'ouest, au cercle du Haut-Rhin. Le directeur du cercle était le duc de Wurtemberg ; les diètes se tenaient à Ulm. La chancellerie et les archives du cercle se trouvaient à Stuttgart.

a). — *Évêché de Constance.*

Le domaine temporel de l'évêché de Constance comprenait un petit territoire dans le sud du cercle de Souabe et quelques possessions en Suisse. L'évêque résidait à Meersbourg. Les armes de l'évêché étaient : *de gueules à la croix d'argent.* Saint Étienne était le patron du diocèse. Voici la chronologie des évêques qui se succédèrent sur le siège de Constance :

*Hugues I de Hohen-Landenberg, 1496-1529.
Balthasar Merklin, 1530 1531.
*Hugues I, rétabli, 1531-1532.
Jean II de Lupfen, 1532-1537.
Jean III de Wéza, 1537-1548.
Christophe Metzler d'Andelberg, 1548-1561.
* Marc-Sittich de Hohenems, 1561-1589.
André d'Autriche, 1589-1600.
Jean-Georges d'Hallwyl, 1601-1604.
Jacques Fugger, 1604-1626.
Sixte-Werner de Prassberg, 1626-1627.

Jean IV de Waldbourg, 1628-1654.
Jean-François de Prassberg, 1654-1689.
Marquard-Rodolphe de Rodt, 1689-1704.
*Jean-François Schenk de Stauffenberg, 1704-1740.
Damien-Hugues de Schoenborn-Puckheim, 1740-1743.
Casimir-Antoine de Sickingen, 1743-1750.
*François-Conrad de Rodt, 1750-1775.
Maximilien-Christophe de Rodt, 1775-1800.
Charles de Dalberg, 1800-1802.

Sous le règne de Hugues I, en 1516, l'émission de *quarts de thaler* au type de la Vierge et au nom de l'empereur Maximilien marque, dans l'évêché de Constance, la transition du moyen âge monétaire à l'époque moderne. Les *thalers* ne se montrent qu'en 1573, sous Marc Sittich de Hohenems.

Le monnayage épiscopal prit fin en 1772, sous François-Conrad de Rodt, et en 1803 le territoire de Constance fut annexé au duché de Bade.

b). — *Évêché d'Augsbourg.*

L'évêché d'Augsbourg, *episcopatus augustanus,* dont le patron était saint Ulric, *sanctus Udalricus,* s'étendait à l'est de la Souabe, sur la rive gauche du Lech. Depuis 1480, l'évêque résidait à Dillingen. Les armes épiscopales étaient : *parti de gueules et d'argent.* Les évêques suivants se succédèrent sur le siège de Constance depuis le commencement du xvie siècle :

*Frédéric III d'Hohenzollern, 1486-1505.
*Henri IV de Lichtenau, 1505-17.
*Christophe de Stadion, 1517-43.
Otton de Waldbourg, 1543-73.
Jean III Egholf de Knoerringen, 1573-1575.
Marquard II de Berg, 1575-91.
Jean-Otton de Gemmingen, 1591-98.
*Henri V de Knoerringen, 1598-1646.

Sigismond-François d'Autriche, 1646-1665.
*Jean-Christophe de Freiberg, 1665-90.
*Alexandre-Sigismond de Neubourg, 1690-1737.
Jean-François Schenk de Stauffenberg, 1737-40.
*Joseph de Hesse-Darmstadt, 1740-68.
*Clément-Wenceslas de Saxe, 1768-1802.

Les *thalers* commencent à Augsbourg sous Henri V de Knoerringen, en 1622. Le type se compose de la Vierge, dans une gloire, avec la légende : SVB · TVVM · PRÆSIDIVM · CONFVGIMVS, et l'aigle d'empire

Sur les *thalers* de Jean-Christophe, l'image de la Madone reparaît entourée de l'inscription : PVLCHRA VT LVNA ELECTA VT SOL. Les *thalers* d'Alexandre-Sigismond et ceux de Joseph de Hesse portent leurs effigies. Le monnayage d'Augsbourg, réduit à des pièces divisionnaires, prit fin en 1775.

c). — Prévôté princière d'Ellwangen.

L'abbaye d'Ellwangen, au nord de la Souabe, fut transformée en 1460 en prévôté, élevée au rang princier vers le milieu du xvie siècle. Le duc de Wurtemberg en était avoué et protecteur. Les armes de la prévôté étaient : *d'argent à la mitre d'or.*

Le monnayage d'Ellwangen, suspendu vers la fin du xve siècle, recommença vers le *kipperzeit.* On possède des *thalers* et quelques pièces divisionnaires des prévôts suivants : Jean-Jacques Blarer de Wartensee (1621-54), Henri-Christophe de Wolfersdorf (1687-89) et Antoine-Ignace Fugger (1756-77).

d). — Abbaye princière de Kempten.

L'abbaye bénédictine de Kempten, située au sud du cercle de Souabe, sur l'Iller, avait pour armes : *coupé de gueules et d'azur, au buste de sainte Hildegarde brochant sur le tout, le buste au naturel, habillé de sable et couronné d'or.* Le monnayage reprend à la fin du xvie siècle et se termine en 1748. Voici la succession des abbés à cette époque :

*Eberhard de Stein, 1571-84.	1631-39.
Albert de Hoheneck, 1584-87.	*Roman Giel de Giesberg. 1639-72.
Jean-Erhard Blarer de Wartensee, 1587-1594.	*Bernard-Gustave de Bade, 1672-77 (Fulda).
Jean-Adam Renner d'Almandingen, 1594-1607.	*Robert de Bodmann, 1678-1728.
*Jean-Euchaire de Wolffurth, 1616-31.	*Anselme de Reichlin-Meldegg. 1728-47.
*Jean-Willibald Schenk von Castell,	*Engelbert de Sirgenstein, 1747-60.

La série monétaire de Kempten comprend des *doubles ducats* et des *ducats* d'or, des *thalers* et leurs subdivisions en argent. Les premiers *thalers* furent frappés sous Eberhard ; ils portent à l'avers l'image de saint Magnus debout, coiffé de la mitre, tenant une épée et une crosse ; le revers porte un aigle à deux têtes. Sous Jean-Euchaire, les *thalers* portent l'image de sainte Hildegarde : Be*ata* HILDEGARDIS FVND*atrix* MO*nasterii* CAMPIDONEN*sis.* Les premiers *ducats* d'or furent frappés en 1631, à Augsbourg, sous Jean-Willibald.

e). — *Duché de Wurtemberg* [1].

Le comté de Wurtemberg fut élevé au rang de duché par Maximilien I, en 1495, en faveur d'Eberhard VI le Barbu, qui avait acquis, par son mariage, le comté de Montbéliard, et, par achat, le duché de Teck. En 1504, ces terres s'accrurent encore de la seigneurie de Heidenheim. Les ducs de Wurtemberg portaient : *écartelé : au 1er d'or à trois demi-ramures de cerf de sable posées en fasce, l'une sur l'autre, les bouts à senestre* pour Wurtemberg, *au 2e fuselé en bande de sable et d'or* pour Teck, *au 3e d'azur à la bannière d'or chargée d'une aigle de sable posée en bande* pour la charge de porte-étendard de l'Empire, *au 4e de gueules à deux bars d'or adossés et posés en pal* pour Montbéliard.

En 1519, le duc Ulric se fit chasser par ses sujets et le Wurtemberg fut soumis à l'Autriche. En 1534, Ulric put rentrer en possession de ses états grâce à l'appui de la ligue de Schmalkalde, mais il dut se reconnaître feudataire de l'Autriche. Ce lien féodal ne fut rompu qu'en 1599. Voici la liste des ducs de Wurtemberg jusqu'en 1806, date de l'érection du duché en royaume au profit de Frédéric II :

* Ulric, rétabli, 1534-50.
* Christophe, 1550-68.
* Louis le Débonnaire, 1568-93.
* Frédéric I, 1593-1608.
* Jean-Frédéric, 1608-28.
* Louis-Frédéric de Montbéliard, *curator et administrator*, 1628-31.
* Jules-Frédéric de Weiltingen, *curator et administrator*, 1631-33.
* Eberhard III, mineur, 1628, majeur, 1633-74.
* Guillaume-Louis, 1674-77.
* Frédéric-Charles, *administrator*, 1677-93.

* Eberhard-Louis, 1677, majeur 1693-1733.
* Charles-Alexandre, 1733-37.
* Charles-Rodolphe, *administrator et tutor*, 1737-38.
* Charles-Frédéric, *administrator et tutor*, 1738-43.
* Charles-Eugène, 1737, majeur depuis 1743-93.
* Louis-Eugène, 1793-95.
* Frédéric-Eugène, 1795-97.
* Frédéric II, 1797, électeur en 1803, roi, 1806-16.

La première partie du règne d'Ulric (1498-1519) marque le commencement de l'époque moderne. A côté des *florins* d'or et des *dicken* ou testons d'argent, nous voyons apparaître en 1507 de superbes *thalers*, qui montrent à l'avers le duc à cheval et au revers l'écu écartelé avec la légende : DA·GLORIAM·DEO·ET·EIVS·GENITRICI·MARIE.

Les monnaies wurtembergeoises de l'occupation autrichienne portent d'abord le nom de l'empereur Charles-Quint : CARL·RO·IMP·AR· DVX·AVS·DVX·WIRTEM, puis, de 1522 à 1534, celui de l'archiduc

---

1. C. Binder, *Württembergische Münz und Medaillenkunde*. Stuttgart, 1846, in-8.

Ferdinand I, auquel l'empereur avait abandonné le pays. Après sa restauration, Ulric reprit ses émissions; ses *thalers* portent son buste et ses armes, mais la légende du revers, omettant l'invocation à la Vierge, devient: DA · GLORIAM · DEO · OMNIPOTENTI. Le duc avait embrassé le protestantisme.

Sous Chistophe, le monnayage fut peu considérable. Louis le Débonnaire, qui veilla au développement des exploitations minières de ses états, nous a laissé, à côté de ses monnaies ordinaires, des *ausbeutethaler* et des *gulden* forgés à partir de 1573 avec le métal des mines de Sanct-Christophsthal.

L'atelier monétaire de Wurtemberg était placé dans la capitale, à Stuttgart, comme l'indiquent à plusieurs reprises les inscriptions mêmes des pièces. Pendant la *kipperzeit*, des officines existèrent à Tubingen et à Sanct-Christophsthal. Un *ausbeutethaler* de 1625 porte au revers l'image de saint Christophe et l'inscription : STRENA EX ARGYROCO-PEO VALLIS S. CHRISTOPH. D'autres monnaies furent frappées jusque dans le cours du xviiie siècle avec l'argent de cette même mine. En 1728, sous Eberhard-Louis, un *ausbeutethaler* mentionne la mine de l'Étoile des Trois-Rois (*Grube zum heiligen drei königstern*), située près d'Alpirsbach.

Les monnaies d'Eberhard III ont généralement au revers sa devise personnelle: OMNIA CVM DEO. Cet exemple fut suivi par ses successeurs; on trouve ainsi : IN DEO SPES MEA, sous Guillaume-Louis, CUM DEO ET DIE, sous Eberhard-Louis, PER ARDUA VIRTUS, sous Charles-Alexandre, PROVIDE ET CONSTANTER, sous Charles-Eugène, FIDELITER ET CONSTANTER, sous Frédéric-Eugène, CUM DEO ET IURE, sous Frédéric II.

Ligne de Wurtemberg-Weiltingen. — Frédéric I, duc de Wurtemberg, eut trois fils qui se partagèrent ses états. L'aîné, Jean-Frédéric, eut le Wurtemberg; le second, Louis-Frédéric, eut le comté de Montbéliard; nous le retrouverons avec sa descendance quand nous nous occuperons de cette principauté; le cadet, Jules-Frédéric, eut la seigneurie de Weiltingen.

Aucun droit monétaire n'était attaché à la possession de la terre de Weiltingen, mais Jules-Frédéric (1608-35) profita des désordres de la *kipperzeit* pour ouvrir un atelier à Brenz, où il frappa en 1622 et 1623 des *doubles gulden*, des *gulden* et des *demi-gulden*. Le type du revers de ces pièces, composé de deux cerfs tenant un cartouche, leur a valu la dénomination de *hirschgulden*. Le fils aîné de Jules-Frédéric, ap Jules-Nemrod, devint par son mariage prince d'Oels en Silésie.

f). — *Margraviat de Bade* [1].

Le margraviat de Bade était situé sur la rive droite du Rhin, depuis Bâle jusqu'aux environs de Germersheim, en deux grands et plusieurs petits tronçons. Les armes de la maison de Bade étaient : *d'or à la bande d'azur.*

En 1503, à la mort de Philippe de Bade-Hochberg, le margrave Christophe réunit les divers pays badois. On possède de Christophe des *florins* d'or, des *dicken* ou testons et une série de monnaies divisionnaires. En 1527, Christophe mourut. Ses trois fils se partagèrent ses états; l'un d'eux, Philippe, mourut en 1533; les deux autres firent souche des lignes de *Bade-Bade* et de *Bade-Durlach.* La ligne de Bade-Bade s'éteignit en 1771, de sorte que celle de Bade-Durlach réunit de nouveau entre ses mains tous les pays badois, après une séparation de plus d'un siècle et demi.

Les margraves des deux lignes prenaient les titres suivants : *Dei gratia marchio badensis et hochbergensis, landgravius in Sausenberg, comes in Sponheim et Eberstein, dominus in Roeteln, Badenweiler, Lahr et Mahlberg.* Ils écartelaient leurs armes de celles de la plupart de ces seigneuries.

LIGNE DE BADE-BADE. — Cette ligne possédait le margraviat supérieur. Les possessions touchaient au nord à celles de Bade-Durlach; elles étaient bornées à l'est par le Wurtemberg et le comté d'Éberstein, à l'ouest par le Rhin. Voici la liste des margraves de Bade-Bade :

Bernard, 1515-36.
* Philibert, 1536-69.
* Philippe, 1569-88.
* Édouard-Fortuné, 1588-96.
[* Ernest-Frédéric de Bade-Durlach, 1596-1604].
[* Georges-Frédéric de Bade-Durlach, 1604-21].
[* Frédéric V de Bade-Durlach, 1621-22].
* Guillaume, 1622-77.
* Louis-Guillaume, 1677-1707.
Louis-Georges, 1707-61.
Auguste-Georges, 1761-71.

En 1596, Édouard-Fortuné fut chassé de ses états à la suite de ses exactions, qui lui valurent le surnom de faux monnayeur, et réduit au comté de Sponheim. Son fils, Guillaume, ne rentra en possession qu'en 1622, après la bataille de Wimpfen.

Les premiers *thalers* de la ligne de Bade-Bade furent frappés par

1. A. von Berstett, *Münzgeschichte des zähringisch-badischen Fürstenhauses und der unter seinem Scepter vereinigten Städte und Landschaften.* Fribourg en Brisgau, 1846, in-4.

Édouard-Fortuné; les derniers *gulden* furent émis en 1704 par Louis-Guillaume. L'atelier monétaire était situé à Bade.

LIGNE DE BADE-DURLACH. — Les possessions de la ligne de Durlach comprenaient le margraviat inférieur, avec les villes de Durlach, de Carlsruhe, et le margraviat de Hochberg, dont dépendaient les seigneuries de Roeteln et de Badenweiler et le landgraviat de Sausenberg.

Ernest, 1515-53.	*Frédéric-Magnus, 1677-1709.
*Charles II. 1553-77.	*Charles(-Guillaume), 1709-38.
*Ernest-Frédéric, 1577-1604.	[*Madeleine-Guillelmine de Wurtemberg, tutrice, 1738-46].
*Georges-Frédéric, 1604-21.	
*Frédéric V, 1621-59.	*Charles-Frédéric, 1738, électeur depuis
Frédéric VI, 1659-77.	1803, grand-duc, 1805-11.

Charles II de Bade-Durlach créa en 1572, à Durlach, un atelier monétaire dans lequel, dès cette année, il frappa des *thalers*. Sous le règne de Charles-Guillaume, la Monnaie fut transférée à Carlsruhe, que ce margrave avait fait rebâtir, mais elle fut reportée bientôt après à Durlach, où elle resta.

Sous Frédéric V et Frédéric-Magnus, un atelier créé à Emmendingen, dans le margraviat de Hochberg, frappa des monnaies particulières à ce pays, qui portent la légende: Fürstlich MARGgräflich HACH-BERGische LANDSWEHRVNG.

g). — *Comté, puis principauté de Hohenzollern.*

Le comté de Hohenzollern, au sud du duché de Wurtemberg, avait une étendue d'environ cinq lieues carrées; il comprenait la capitale, Hechingen, et le château de Hohenzollern. En 1534, Charles I acquit les comtés de Sigmaringen et de Voeringen. Ses deux fils, Eitel-Frédéric IV et Charles II, firent souche de deux lignes: *Hohenzollern-Hechingen* et *Hohenzollern-Sigmaringen*. Ces maisons obtinrent le rang princier, l'une en 1623, l'autre en 1696.

Les deux branches de Hohenzollern portaient: *écartelé, aux 1er et 4e d'or au lion de sable couronné de gueules, à la bordure componée d'argent et de gueules,* qui est burgraviat de Nuremberg, *au 2e contre-écartelé de sable et d'argent,* qui est Hohenzollern, *au 3e d'azur au cerf au naturel arrêté sur une terrasse de sinople,* qui est Sigmaringen. En 1504, Eitel-Frédéric II devint chambellan héréditaire de l'Empire, charge à laquelle étaient attachées les armes suivantes: *de gueules aux deux sceptres d'or passés en sautoir.*

Le monnayage des comtes de Hohenzollern commença vers le milieu du xvıᵉ siècle. Josse-Nicolas (1536-58) frappa en 1544 des *thalers* à ses armes et au nom de Charles-Quint. Au xvııᵉ et au xvıııᵉ siècles, les émissions subirent une éclipse; elles ne reprirent, dans la ligne de Hechingen, que sous Joseph-Guillaume (1750-98) et sous Hermann-Frédéric-Otton (1798-1810), qui firent frapper des *conventionsthaler* à leur buste et à leurs armes, dans l'atelier de Stuttgart.

h). — *Comté, puis principauté de Furstenberg.*

Au xvıᵉ siècle, la maison de Furstenberg se divisa en deux lignes, celle de *Kinzigthal* et celle d'*Heiligenberg*, dont Christophe I et Joachim, fils du comte Frédéric III, furent les premiers représentants. Ces lignes se subdivisèrent à leur tour, comme le montre le tableau suivant:

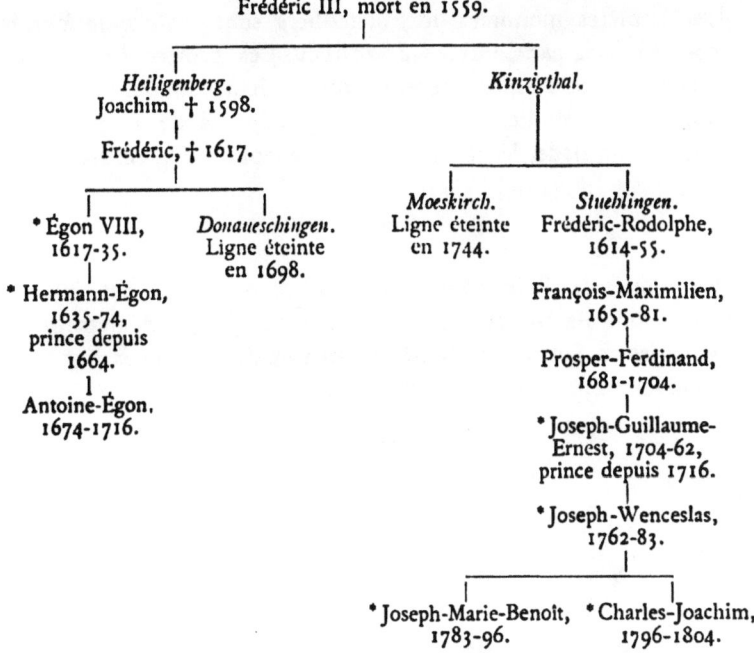

Frédéric III, mort en 1559.

Heiligenberg. Joachim, † 1598. Frédéric, † 1617.

Kinzigthal.

*Égon VIII, 1617-35.
*Hermann-Égon, 1635-74, prince depuis 1664.
Antoine-Égon, 1674-1716.

Donaueschingen. Ligne éteinte en 1698.

Moeskirch. Ligne éteinte en 1744.

Stuehlingen. Frédéric-Rodolphe, 1614-55.
François-Maximilien, 1655-81.
Prosper-Ferdinand, 1681-1704.
* Joseph-Guillaume-Ernest, 1704-62, prince depuis 1716.
* Joseph-Wenceslas, 1762-83.

* Joseph-Marie-Benoît, 1783-96.
* Charles-Joachim, 1796-1804.

Les armes des princes de Furstenberg étaient: *d'or à l'aigle de gueules, becquée et membrée d'azur,* pour Furstenberg, *à la bordure ondée d'azur et d'argent,* pour Blumeneck, *l'aigle chargée en cœur d'un écu écartelé aux 1ᵉʳ et 4ᵉ de gueules à la bannière à trois fanons d'argent,* pour Werdenberg, *aux 2ᵉ et 3ᵉ d'argent à la bande engrêlée de sable,* pour Heiligenberg.

En 1500, l'empereur Maximilien I accorda à la maison de Furstenberg le droit de battre monnaie. Ce droit fut étendu au monnayage de l'or, en 1627, par Ferdinand II, et en 1642 par Ferdinand III. Il semble toutefois que les comtes ne firent pas tout d'abord usage de leur prérogative. Les plus anciennes monnaies connues sont d'Égon VIII (1617-35). Les émissions continuèrent sous son fils, Hermann-Égon, premier prince de Furstenberg, dont il existe des *thalers* à son buste et à ses armes.

Dans le cours du XVIIIe siècle, la série monétaire comprit quelques *ducats* d'or et de curieux *ausbeutethaler* dont voici les légendes caractéristiques :

1729 AUSBEUTETHALER VON S. IOSEPHS COBOLD. UND SILBER ZECHE.

1762 AUSBEUTETHALER VON S. SOPHIA KOBOLD UND SILBER ZECHE BEY WITICHEN.

1767 DIE GRUB S. WENCESLAUS BEY WOLFFACH KAME IN AUSBEUTH IM QUARTAL REMINISCERE, 1767.

1790 DIE GRUBE FRIED CHRIST. GABS ZUR AUSBEUT IM QUARTAL CRUCIS, 1790.

Les dernières monnaies de Furstenberg sont les *conventionsthaler* frappés en 1804 par Charles-Joachim. Les princes ne possédaient pas d'atelier; leurs espèces furent forgées soit à Stuttgart, soit à Gunzbourg, soit à Munich. En 1806, la principauté de Furstenberg fut partagée entre Bade, Wurtemberg et Hohenzollern-Sigmaringen.

i). — *Comté de Helfenstein.*

Les comtes de Helfenstein, qui avaient vendu en 1396 à la ville d'Ulm la terre dont ils conservaient le titre, mais qui possédaient plusieurs seigneuries en Souabe, se divisèrent au XVIe siècle en deux lignes : celle de Gundelfingen et celle de Wiesensteig.

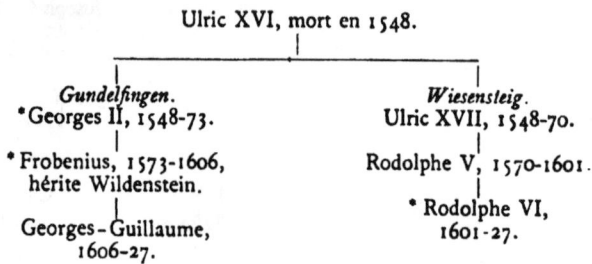

On ignore l'origine du droit monétaire des comtes de Helfenstein, qui ne furent du reste que trois à l'exercer. Georges II frappa de 1563 à 1569 des *florins* d'or, des *thalers*, des *demi-thalers*, des *zehner* et des *pfennings*. Frobenius ne nous a laissé qu'un *florin* d'or de 1611. Enfin Rodolphe VI émit, pendant la *kipperzeit*, des pièces de 24 *kreuzer* de très mauvais aloi. En 1627, les deux branches de la maison de Helfenstein s'éteignirent. Les armes des Helfenstein étaient : *de gueules à l'éléphant d'argent passant sur un tertre d'or.* La seigneurie de Gundelfingen portait : *d'or à la bande vivrée de gueules.*

j). — *Comté, puis principauté d'Oettingen* [1].

Le comté d'Oettingen se trouvait à l'est du duché de Wurtemberg sur une étendue d'environ seize lieues. Ses armes étaient : *vairé de gueules et d'or de quatre tires ; en cœur un écusson d'azur ; sur le tout un sautoir d'argent.* La maison d'Oettingen se divisa au xv⁰ siècle en plusieurs branches, dont il nous faut mettre le tableau sous les yeux du lecteur :

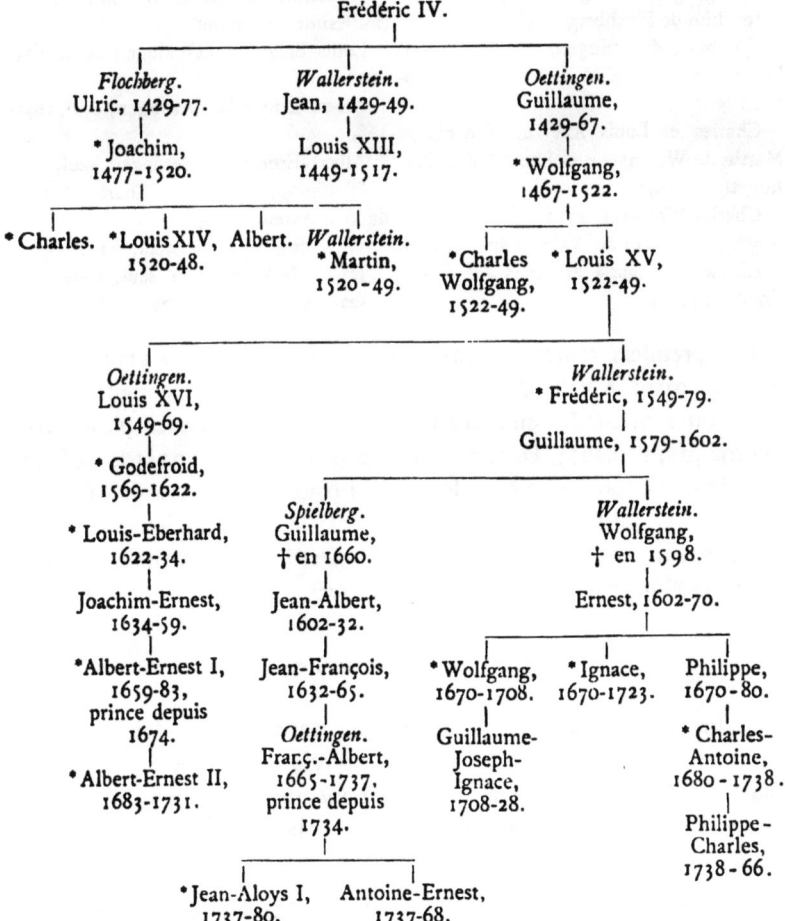

1. Leitzmann, *Münzen der Grafen und Fürsten von Oettingen,* dans la *Numismatische Zeitung,* 1851, p. 9 et suiv.

En 1495, les comtes d'Oettingen, auxquels l'empereur Maximilien I accorda en 1510 le droit de frapper des monnaies d'or, firent entre eux une convention suivant laquelle leur monnayage aurait toujours lieu en commun, l'aîné exerçant la direction. Ce pacte de famille fut renouvelé en 1522, approuvé en 1663 par l'empereur Léopold, et suivi jusqu'en 1759, date de la fermeture définitive de l'atelier.

Les combinaisons suivantes de noms propres se rencontrent sur les monnaies d'Oettingen :

Wolfgang d'Oettingen et Joachim de Flochberg, 1495-1520.

Wolfgang d'Oettingen, seul, 1519-20. Joachim de Flochberg, seul.

Wolfgang d'Oettingen, Martin de Wallerstein et Louis XIV d'Oettingen, 1520-1522.

Charles et Louis XIV de Flochberg, Martin de Wallerstein et Louis XV d'Oettingen, 1522-47.

Charles-Wolfgang et Louis XV d'Oettingen, et Martin de Wallerstein, 1522-46.

Charles-Wolfgang et Louis XV d'Oettingen, 1522-41.

Frédéric de Wallerstein et Godefroid d'Oettingen, 1572-75.

Godefroid d'Oettingen, seul, 1622-23 (millésime posthume).

Louis-Eberhard d'Oettingen. seul, 1623-1625.

Albert-Ernest I d'Oettingen, seul, 1673-1680.

Albert-Ernest II d'Oettingen, seul, 1690.

Wolfgang, Ignace et Charles-Antoine de Wallerstein, 1694.

Wolfgang de Wallerstein, seul, 1694.

Ignace de Wallerstein, seul, 1694.

Jean-Aloys I d'Oettingen, seul, 1759.

Les premiers *thalers* furent frappés en 1541 par Charles-Wolfgang, Louis XV et Martin. Après la *kipperzeit*, pendant laquelle les comtes firent des émissions nombreuses, leur atelier paraît avoir chômé jusqu'en 1673. De 1673 à 1680, sous Albert-Ernest I, on frappa sans interruption des pièces dont le mauvais aloi souleva de fréquentes critiques, et qui furent même interdites par le cercle de Souabe.

Le type des monnaies divisionnaires d'Oettingen se compose généralement de l'image de saint Sébastien martyr.

k). — *Landgraviat de Clettgau.*

Le landgraviat de Clettgau, aujourd'hui dans le grand-duché de Bade, passa en 1408 dans la famille de Sulz, dont la race s'éteignit en 1687. La maison de Schwarzemberg le posséda ensuite, et, en 1694, l'empereur Léopold donna aux landgraves de Clettgau le rang de princes. Voici la liste des landgraves :

Rodolphe V de Sulz, 1493-1535. Jean-Louis I de Sulz, 1535-66. Alwig VI de Sulz, 1566-72. Charles-Louis de Sulz, 1572-90.

*Alwig VII de Sulz, 1590-1632. *Charles-Louis-Ernest de Sulz, 1590-1648. Ulric, fils d'Alwig VII, 1632-50.

*Jean-Louis II de Sulz, 1650-87.   *Joseph, 1732-82.
Ferdinand-Guillaume de Schwarzem-   *Jean, 1782-89.
berg, 1687-98.   Joseph, 1789-1806.
*Adam-François, 1698-1732.

Les landgraves de la maison de Sulz avaient pour armes : *écartelé, aux 1er et 4e coupé-émanché d'argent sur gueules,* qui est Sulz, *aux 2e et 3e d'argent au brandon de sable allumé de gueules, posé en bande,* qui est Brandis, *sur le tout, d'azur à trois gerbes d'or,* qui est Clettgau.

Pendant la *kipperzeit*, Alwig VII et son frère Charles-Louis-Ernest profitèrent des désordres monétaires de l'Empire pour monnayer, en invoquant les droits de l'abbaye de Rheinau, dont la famille de Sulz avait jadis possédé l'avouerie. Les *thalers* d'Alwig VII portent les armes de cette abbaye et l'image de son patron : SANCTVS FINDANVS. A la suite des protestations de l'abbé de Rheinau, les comtes de Sulz lui abandonnèrent l'atelier qu'ils avaient créé à Thüngen, mais l'abbé n'y fit pas monnayer.

Jean-Louis II fit frapper des *gulden*, en 1675, l'année qui suivit le mariage de sa fille et unique héritière avec le prince de Schwarzemberg[1].

1). — Seigneuries de Tettnang et Argen.

Ces seigneuries, situées au nord du lac de Constance, comprenaient les petites villes de Tettnang et de Langenargen. Elles appartenaient aux comtes de Montfort, originaires du Vorarlberg, mais dont le patrimoine primitif, Montfort et Feldkirch, avait été vendu en 1338 à l'Autriche. Les armes des comtes de Montfort étaient : *d'argent au gonfanon de gueules, les annelets d'or.*

La maison comtale était divisée en plusieurs branches. Celle de Tettnang s'éteignit en 1574 et son héritage, avec le droit de battre monnaie, fut recueilli par la ligne de Brégenz.

Le monnayage des comtes de Montfort reprit vers 1520, dans l'atelier qu'ils érigèrent à Langenargen, et fut extrêmement actif. Le mauvais aloi des pièces et les quantités énormes de monnaies divisionnaires que les comtes firent frapper leur valurent à plusieurs reprises les remontrances du cercle de Souabe et de l'Empire.

Les premiers *thalers* appartiennent à Wolfgang; ils sont parfois datés de 1529, 1536, 1537 ou 1539, parfois sans date, et portent à l'avers le buste du comte, au revers l'aigle d'Empire et le nom de Charles-Quint. Sous Ulric IV, qui joint à son titre de comte de Montfort celui de comte

---

1. Voyez p. 320 les monnaies frappées par les princes de cette maison.

de Rothenfels, les monnaies portent parfois l'image en pied de saint Jean de Montfort : S*(anctus)* P*atronus* D*I*v*us* IOHA*nnes* CO*mes* D*e* MONT-*fort* CIP*ri.* En 1565, Ulric IV vendit Rothenfels à son beau-frère Jean-Jacques, seigneur de Königsegg-Aulendorf, mais en en retenant le titre et le droit monétaire. Avec lui s'éteignit la première ligne de Tettnang ; ses possessions passèrent à Jean VI de Brégenz.

Le tableau suivant montre ces successions :

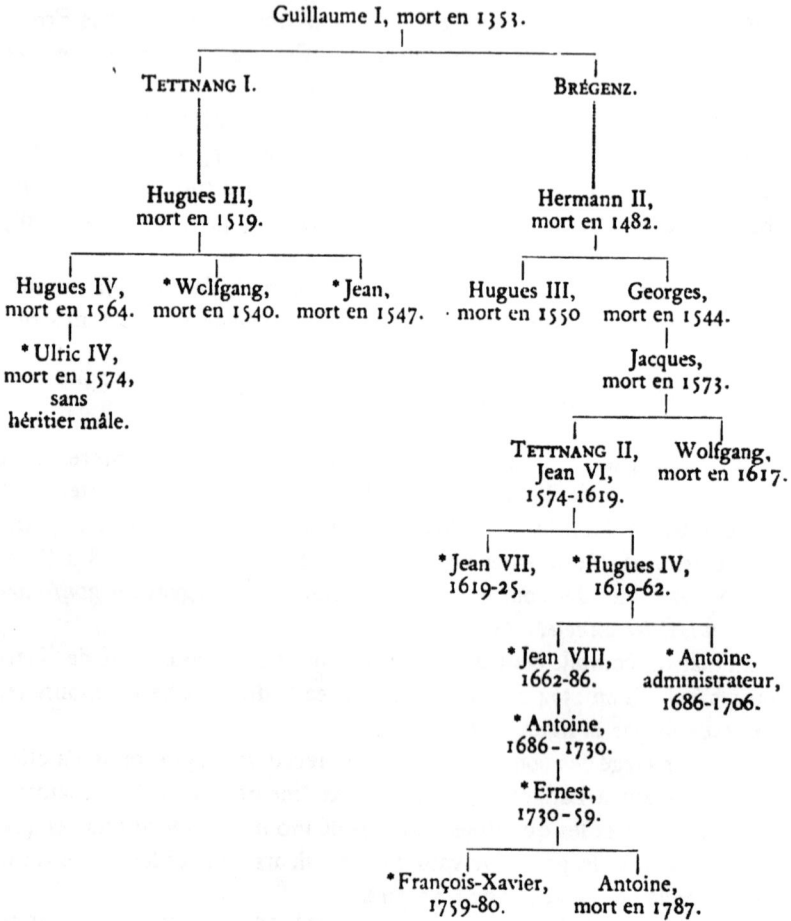

En 1620, les comtes Hugues IV et Jean VII donnèrent à ferme à Jean, seigneur de Bemmelberg-Eroltzheim, l'exploitation de leur atelier de Langenargen, pour un terme de trois ans. Les monnaies émises à cette époque portent les noms réunis des deux comtes : HVGO ET IOAN COMITES IN MONTFORT.

En 1728, Antoine de Montfort afferma son atelier à un français, qui y émit des monnaies d'or de bas titre aux types de celles de France, puis en 1732 la Monnaie fut louée à Frédéric-Louis, prince héritier de Hohenzollern, moyennant un loyer annuel de 4,500 florins, pour servir à la fabrication de *carolins* d'or.

La Monnaie de Langenargen avait été élevée en 1570 au rang d'atelier officiel du cercle de Souabe. En 1735, elle fut transférée à Tettnang. En 1781, Antoine, dernier comte de Montfort, céda ses seigneuries de Tettnang et d'Argen à l'Autriche, en échange d'une rente viagère. En 1783, l'empereur Joseph II supprima l'atelier de Tettnang et en réunit le matériel à celui de l'atelier autrichien de Günzbourg.

m). — *Principauté de Liechtenstein* [1].

La principauté de Liechtenstein s'étendait sur un espace d'environ trois lieues carrées sur la rive droite du Rhin, au nord-est des Grisons. Ses armes étaient : *coupé d'or et de gueules*, mais les princes les écartelaient de celles d'autres possessions, telles que Troppau, Khuenring, Jägerndorf, Rittberg, etc.

* Charles, 1585, prince en 1618-27.
Charles-Eusèbe, 1627-84.
Jean-Adam-André, 1684-1712.
André-Florian, 1712-21.
* Joseph-Jean-Adam, 1721-32.

Jean-Charles, 1732-48.
* Joseph-Wenceslas, 1748-72.
* François-Joseph, 1772-81.
Aloys-Joseph I, 1781-1805.

Le monnayage des princes de Liechtenstein embrasse une période qui commence en 1614 et prend fin en 1778; il comprend des monnaies d'or et d'argent. Les princes prennent sur leurs espèces les titres de leurs diverses possessions et celui de *gubernator domus de Liechtenstein*.

n). — *Comté de Waldbourg.*

Les seigneurs de Waldbourg furent élevés au rang de comtes en 1628; ils possédaient le titre d'écuyers-tranchants héréditaires de l'Empire, ou *Reichs-Erbtruchsess*. Leurs armes étaient : *d'or à trois lions léopardés de sable, armés et lampassés de gueules, l'un sur l'autre,* pour Waldbourg, et *d'azur à un tertre de sable surmonté d'un soleil d'or,* pour Sonnenberg.

Les comtes de Waldbourg paraissent avoir monnayé pendant la *kip-*

1. Cf. la *Numismatische Zeitung* de Leitzmann, 1866, p. 67 et suiv.

perzeit. On possède également des *dreier* de 1657 portant un soleil entre deux palmes, qui semblent leur appartenir.

o). — *Comté de Königsegg.*

Les possessions des comtes de Königsegg se composaient du comté de Rothenfels et de la seigneurie de Staufen, du comté de Königsegg et de la seigneurie d'Aulendorf. Ces territoires sont aujourd'hui partagés entre la Bavière et le Wurtemberg. Les armes des Königsegg étaient : *fuselé d'or et de gueules.* Au XVIIe siècle, la maison comtale se divisa en deux lignes: Rothenfels et Aulendorf.

Le droit monétaire fut accordé aux comtes de Königsegg en 1675, mais ils n'en firent usage que d'une manière insignifiante. En 1716, Hugues-François frappa un *quart de thaler.* En 1756, François-Hugues fit battre un *ducat* d'or. En 1759, les quatre fils d'Albert-Eusèbe émirent un *thaler* commun, sur lequel figurent leurs bustes et leurs armes; la légende rappelle leurs sentiments d'union et la date du privilège impérial en vertu duquel ils monnayaient : VIGORE CÆS. PRIVIL. DE XV OCT. MDCLXXV.

p). — *Comte d'Éberstein.*

Le comté d'Éberstein se trouvait à l'est du margraviat de Bade. Ses armes étaient: *écartelé, aux 1er et 4e d'argent à la quintefeuille de gueules boutonnée d'azur, aux 2e et 3e d'or au sanglier de sable passant sur un tertre de sinople.*

Berstett signale un *groschen* frappé en 1637 par Jean-Jacques, comte d'Éberstein (1622-37), et qui paraît être un essai non suivi d'émission effective.

q). — *Possessions de la famille Fugger* [1].

La famille Fugger, qui avait acquis une énorme fortune dans le commerce et qui fut anoblie par Maximilien I, possédait en Souabe les terres de Kirchberg, de Weissenhorn, de Nordendorf, de Kirchheim, de Mickhausen, de Babenhausen et de Wöllenbourg. En 1530, Charles-Quint éleva au rang de comtes les fils de Georges Fugger. Deux d'entre eux furent les souches des deux grandes branches de la maison: la branche aînée ou de Raymond, la branche cadette ou d'Antoine.

Au point de vue numismatique, nous avons à nous occuper surtout de

---

1. Cf. la *Numismatische Zeitung* de Leitzmann, 1850, p. 36 et suiv., et 1855, p. 7.

la branche cadette, à laquelle Charles-Quint donna en 1534 des droits monétaires extrêmement étendus. Voici la généalogie de cette branche :

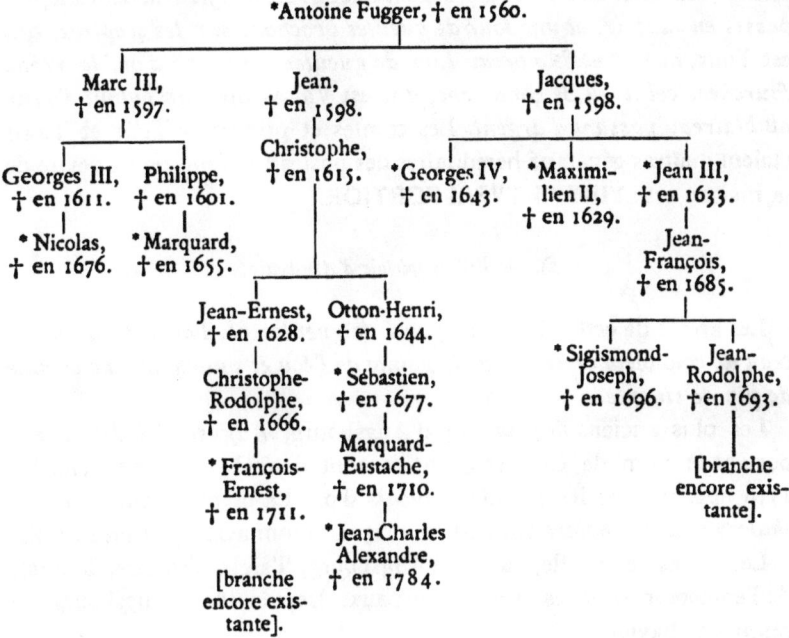

*Antoine Fugger, † en 1560.

Marc III, † en 1597.

Jean, † en 1598.

Jacques, † en 1598.

Georges III, † en 1611.

Philippe, † en 1601.

Christophe, † en 1615.

*Georges IV, † en 1643.

*Maximilien II, † en 1629.

*Jean III, † en 1633.

*Nicolas, † en 1676.

*Marquard, † en 1655.

Jean-Ernest, † en 1628.

Otton-Henri, † en 1644.

Jean-François, † en 1685.

Christophe-Rodolphe, † en 1666.

*Sébastien, † en 1677.

*Sigismond-Joseph, † en 1696.

Jean-Rodolphe, † en 1693.

*François-Ernest, † en 1711.

Marquard-Eustache, † en 1710.

[branche encore existante].

*Jean-Charles Alexandre, † en 1784.

[branche encore existante].

A la fin du XVIIᵉ siècle, les Fugger eurent un atelier monétaire à Babenhausen sur la Günz. Les deux fils de Jean-François commencèrent à régner sous la tutelle de Sébastien. En 1781, Jean-Charles-Alexandre fit frapper dans l'atelier de Munich un *thaler* en commun avec Cajetan Fugger, de la branche aînée; les légendes de cette pièce sont: CAI · & · CAR · COM · DE FVGGER IN ZINnenberg & NORNdorf SENiores & ADMinistratores FAMiliae.

Les armes de la famille Fugger étaient: *écartelé, aux 1ᵉʳ et 4ᵉ parti d'or et d'azur à deux fleurs de lis de l'un à l'autre*, qui est Fugger, *au 2ᵉ d'argent à une femme de profil issant par les genoux, couronnée d'or, habillée de sable, les cheveux épars, supportant de ses deux mains une mitre épiscopale de gueules bordée d'argent*, qui est Kirchberg, *au 3ᵉ de gueules à trois cors de chasse contournés d'argent, liés et virolés d'or l'un sur l'autre*.

r). — *Possessions de la famille de Tour et Taxis.*

En 1686, Anselme-François comte de Tour et Taxis fut élevé au rang de prince et, par suite de l'acquisition des seigneuries de Friedberg,

Scheer, Dürmentingen et Bussen, il obtint droit de séance au cercle de Souabe. On possède de lui des *ducats* d'or de 1734 à son buste et à ses armes : *écartelé, aux 1ᵉʳ et 4ᵉ d'argent à deux sceptres fleurdelisés d'azur, passés en sautoir, et une tour de gueules brochant sur les sceptres,* qui est Tour, *aux 2ᵉ et 3ᵉ d'or au lion de gueules couronné d'or, la queue fourchée, celui du 3ᵉ contourné,* qui est Valsassina, *sur le tout d'azur au blaireau passant d'argent.* Les comtes et princes de Tour et Taxis étaient maîtres généraux héréditaires des postes de l'Empire. La devise de la maison est : VIRTVS TVRRI FORTIOR.

s). — *Ville impériale d'Augsbourg.*

Les armes de cette ville sont : *parti de gueules et d'argent au chapiteau de colonne d'or issant de la pointe de l'écu et soutenant une pomme de pin de sinople.*

Les plus anciens *florins* d'or d'Augsbourg, *Augusta Vindelicorum,* portent le nom de Charles-Quint et sont datés à partir de 1520. En 1556 apparaissent les premiers *ducats* d'or. La première émission des *thalers* et *demi-thalers* eut lieu en 1623. Le monnayage prit fin en 1782.

Les armes de la ville, la vue d'Augsbourg, l'aigle d'empire, le buste de l'empereur, sont les types principaux. Depuis 1803, Augsbourg fut réuni à la Bavière.

t). — *Villes d'Ulm, Ueberlingen et Ravensbourg.*

En 1499, Ulm, Ueberlingen et Ravensbourg s'entendirent pour la frappe d'un numéraire commun. Ce monnayage, qui eut lieu dans l'atelier d'Ulm, comprit diverses espèces d'argent, dont la plus forte fut le *dicken* ou tiers de *guldenthaler;* le type de cette pièce se composait à l'avers de l'image équestre de saint Georges, avec la légende : Moneta NOVA TRIVM CIVITAT*um* SWEVIE ; le revers avait les armes et les noms des trois villes : VLM · VBERLING' · RAVENSPVRG. Les caractères des inscriptions sont encore gothiques.

L'alliance dura jusqu'en 1502. A cette époque, Ravensbourg cessa de participer à l'accord, qui persista jusqu'en 1517 entre Ulm et Ueberlingen.

u). — *Ville impériale d'Ulm.*

Ulm sur le Danube obtint en 1552, de l'empereur Charles-Quint, une charte monétaire complète, autorisant l'émission de l'or et de l'argent, mais depuis longtemps la ville frappait monnaie. Le plus ancien *thaler* est de 1546; le monnayage paraît s'être arrêté en 1773, millésime le plus récent que l'on ait relevé sur les *kreuzer* de cuivre.

Les armes municipales, qui se retrouvent sur la plupart des pièces, sont : *coupé de sable et d'argent.* Depuis 1810, Ulm appartient au Wurtemberg.

v). — *Ville impériale d'Ueberlingen.*

Cette ville, située sur le lac de Constance, fait partie du grand duché de Bade depuis 1803. Ses armes sont : *d'or à l'aigle de sable chargée en cœur d'un petit écu de gueules au lion d'argent, tenant un glaive du même.*

Nous venons de parler des pièces frappées par Ueberlingen en commun avec Ulm et Ravensbourg. Dans les dernières années du XVIIᵉ siècle, la ville monnaya pour son compte seul, mais ses émissions ne consistèrent qu'en monnaies divisionnaires et en *heller* de cuivre.

w). — *Ville impériale de Ravensbourg.*

Ravensbourg, bâtie au pied du Voitsberg, sur le Schuffen, avait pour armes: *d'argent à la porte à deux tourelles d'azur, à la herse levée de sable.*

Cette ville participa en 1499 à l'alliance monétaire que conclurent avec elle Ulm et Ueberlingen, mais elle reprit sa liberté en 1502. Son monnayage, sans grande importance, comprit quelques *thalers,* mais il se composa surtout de pièces divisionnaires dont l'émission cessa dans les premières années du XVIIIᵉ siècle.

x). — *Ville impériale de Hall-sur-le-Kocher.*

La ville de Hall-sur-le-Kocher, appelée aussi Hall-en-Souabe, *Schwäbisch Hall, Hala suevica,* eut un monnayage actif qui embrasse toute la période moderne, pour s'arrêter en 1798. Les premières monnaies datées sont de 1515; en 1517 apparaissent les *demi-thalers* et *quarts de thalers.* Les *thalers* les plus anciens sont de 1545; ils portent à l'avers deux écus accolés, chargés l'un d'une croix, l'autre d'une main avec la légende : MONE NOVA REIPVB·HALE·SVEVICE; le revers a l'aigle à deux têtes et le nom de Charles-Quint. Les *thalers* les plus récents sont de 1777, année avec laquelle cesse l'émission des fortes espèces d'argent.

y). — *Ville impériale de Rottweil.*

Cette ville, située sur le Neckar supérieur, avait pour armes : *d'or à l'aigle de sable.* En 1512, Maximilien I lui accorda le droit de frapper des *florins* d'or et diverses espèces d'argent. Le type des *florins* d'or, déterminé par la concession, se composait de l'aigle municipale et du globe d'empire.

La ville de Rottweil eut un monnayage peu actif, sauf de 1621 à 1623, pendant la *kipperzeit.*

z). — *Ville impériale de Lindau* 1.

Cette ville s'élève sur deux petites îles dans la partie nord-est du lac de Constance ; elle porte des armes parlantes : *d'or au tilleul arraché de sinople.*

Le monnayage de cette ville, très peu important, ne se composa que de pièces divisionnaires de billon et de cuivre, frappées dans la seconde moitié du xviie siècle.

aa). — *Ville impériale de Wimpfen.*

Wimpfen, situé sur le Neckar, fait aujourd'hui partie du grand duché de Hesse-Darmstadt. Ses armes sont : *d'or à l'aigle de sable tenant dans le bec une clef d'argent.*

Cette ville paraît avoir frappé quelques menues espèces pendant la *kipperzeit.*

ab). — *Ville impériale de Buchhorn.*

Buchhorn, aujourd'hui appelée Friedrichshafen, est bâtie sur la rive septentrionale du lac de Constance. Ses armes étaient parlantes : *parti, au 1er d'or au frêne (buch) arraché de sinople, au 2e de gueules au cor de chasse (horn) de sable attaché d'or.*

En 1703, la ville de Buchhorn ouvrit, sans en avoir le droit, un atelier monétaire dans lequel elle frappa jusqu'en 1704 des monnaies division-naires. Cette officine illégale fut détruite par les troupes du duc de Wurtemberg.

---

1. Trachsel, *Monnaies et médailles de l'ancienne ville impériale de Lindau,* dans l'*An-nuaire de la Soc. franç. de numism.,* 1888.

ac). — *Ville impériale de Kaufbeuren* [1].

Kaufbeuren, qui fait partie de la Bavière depuis 1803, obtint en 1530, de l'empereur Charles-Quint, le droit de battre monnaie. Ses émissions furent considérables ; elles s'étendent sur une période qui commence en 1540 pour finir en 1623.

Voici, pour les principales monnaies de Kaufbeuren, les dates extrêmes de leur fabrication : *florins* d'or 1541-47 ; *ducats* d'or 1542-43 ; *thaler* 1540-48 ; *demi-thaler* 1542-47 ; *quart de thaler* 1542-43. Les émissions postérieures à 1548 ne comprennent que des pièces divisionnaires.

Le type habituel des monnaies de Kaufbeuren se compose de ses armes : *parti, au 1er d'or à la demi-aigle de sable, au 2e d'azur à la bande de gueules accompagnée de deux étoiles d'argent.*

ae). — *Ville impériale de Kempten.*

Kempten, l'antique *Campodunum*, sur l'Iller, comprenait, comme cité impériale, la moitié de la ville de ce nom, l'autre moitié dépendant de l'abbaye, Ses armes étaient : *d'or à l'aigle biceps de sable, chargée en cœur d'un petit écu d'azur au K d'argent.*

La ville reçut en 1510 de l'empereur Maximilien I le droit de frapper monnaie d'or et d'argent. Elle s'empressa d'en faire usage, car dès 1511 parurent les *florins* d'or. La série monétaire, très nombreuse et variée, comprend, outre ces pièces d'or, des *thalers, demi-thalers* et *quarts de thaler, zwanziger, zehner, sechsbätzner, zwölfer, batzen, demi-batzen, groschen, kreuzer, pfennigs* et *heller,* qui s'arrêtent en 1625.

af). — *Ville impériale de Biberach.*

En 1551, Charles-Quint donna à cette ville le droit de frapper des monnaies divisionnaires. Aucune monnaie de Biberach n'a été retrouvée, bien qu'on sache par un texte qu'en 1623 il fut battu des *pièces de 3 batzen.* Les armes parlantes de Biberach sont : *d'azur au castor (biber) contourné au naturel, couronné d'or.* Depuis 1806, cette ville appartient au Wurtemberg.

ag). — *Ville impériale d'Aalen.*

Aalen-sur-le-Kocher, annexée depuis 1803 au Wurtemberg, avait pour

---

1. A. Rehle, *Die Münzen der Stadt Kaufbeuren. Ein Beitrag zur Münzgeschichte Schwabens.* Kaufbeuren, 1880, in-8.

armes: *de gueules à l'anguille (aal) d'argent, posée en pal.* On ne possède de cette ville que des monnaies de cuivre unifaces de la première moitié du XVIIe siècle, reproduisant le type des armoiries municipales.

§ X. — *Cercle de Bourgogne.*

En 1512, Maximilien I, à la diète de Cologne, fit déclarer cercle d'empire sous le nom de *cercle de Bourgogne,* les états qu'il avait acquis en 1477 par son mariage avec Marie, fille de Charles le Téméraire. Cet arrangement fut confirmé par Charles-Quint, en 1548, à la diète d'Augsbourg.

La numismatique des Pays-Bas espagnols et des pays formés par leur démembrement, à la suite des troubles du règne de Philippe II, constitue un tout complet et d'une importance telle que nous avons cru devoir l'étudier dans un chapitre spécial [1]. Il ne nous reste donc à examiner que les séries monétaires de la Franche-Comté et des régions circonvoisines. Quelques-unes des terres que nous groupons dans ce paragraphe n'ont cependant jamais été inscrites dans aucun cercle: nous les rangeons ici, conformément à leur situation géographique, pour ne pas multiplier les subdivisions.

a). — *Franche-Comté de Bourgogne* [2].

La Franche-Comté, *francus comitatus* ou *comitatus Burgundie,* suivit les destinées des provinces bourguignonnes des Pays-Bas. Elle fut successivement gouvernée par les princes suivants, jusqu'à la conquête de Louis XIV, qui la réunit définitivement à la France en 1678.

* Philippe le Beau, 1493-1506.   * Albert et Isabelle, 1598-1621.
* Charles-Quint, 1506-56.   * Philippe IV d'Espagne, 1621-65.
* Philippe II d'Espagne, 1556-98.   Charles II d'Espagne, 1665-78.

Philippe le Beau, dont les pièces cloturent la série du moyen âge, frappa dans l'atelier de Dole des *florins* d'or et diverses pièces d'argent et de billon. Charles-Quint rouvrit l'atelier en 1550 et y émit jus-

---

1. Voir p. 57 et suiv.
2. L. Plantet et L. Jeannez, *Essai sur les monnaies du comté de Bourgogne, depuis l'époque gauloise jusqu'à sa réunion à la France sous Louis XIV.* Lons-le-Saulnier, 1855, in-4. — F. Poey d'Avant, *Monnaies féodales de France,* t. III.

qu'en 1555 de menues espèces, dont la plus grande est le *demi-gros* ou
pièce de deux blancs. Les fortes pièces d'argent n'apparaissent que sous
Philippe IV, qui frappa dès 1625 des
patagons ou *écus* à la croix de Bourgogne, identiques à ceux des Pays-Bas
espagnols. Le monnayage finit vers 1652.
Le type des monnaies divisionnaires de
billon et de cuivre se compose généralement des armes de Franche-Comté :

Fig 233

d'azur billeté d'or au lion couronné du même (fig. 233).

b). — *Ville impériale de Besançon.*

Le 8 mai 1534, Charles-Quint accorda à la ville de Besançon le droit
de frapper des monnaies d'or et d'argent, mais à la condition d'y faire
figurer son effigie en même temps que les armes municipales : *d'or à
l'aigle éployée de sable, lampassée de gueules, soutenant dans chacune
de ses serres une colonne de gueules posée
en pal.* L'atelier entra en activité en 1537.

Pendant toute la durée du monnayage,
qui comprit en or des *pistoles, doubles* et
quadruples pistoles, des *ducats,* des *demi-
ducats* (fig. 234) et des *florins,* en argent des

Fig. 234

thalers et leurs subdivisions, les types restèrent conformes à l'ordonnance
impériale. L'effigie de Charles-Quint y figure toujours soit en buste, soit
en pied et tenant le globe et le sceptre. La monnaie bisontine la plus
récente signalée par Poey-d'Avant est de 1673. L'année suivante,
Besançon tomba au pouvoir de Louis XIV.

c). — *Baronie de Franquemont.*

En 1538, Charles-Quint érigea la terre et le château de Franquemont
(Freiberg) en baronie d'empire en faveur de Nicolas de Gilley (1538-
63). Celui-ci ouvrit un atelier monétaire. Les produits de ce monnayage,
copies des liards de François I et des pièces divisionnaires de Besançon,
furent décriés en 1553 et 1554 par Charles-Quint et par le roi de France
Henri II. Les légendes habituelles des monnaies de Nicolas de Gilley
sont : **N. GILLEI·B·NVMISMA** ou **B·VON·GILL·FREI** (Freiberg), et sa
devise : **NIL VLTRA ARAS.** Les armes de sa famille: *d'argent à un arbre
arraché de sinople,* se voient sur quelques pièces.

d). — *Comté de Montbéliard.*

Le comté de Montbéliard appartenait aux comtes, puis ducs de Wur-temberg [1]. Au commencement du xviiie siècle, il passa à une branche cadette ; celle-ci s'éteignit en 1723 et Montbéliard fit retour à la branche aînée. Voici la chronologie des souverains de Montbéliard depuis le commencement du xvie siècle :

Ulric, 1498-1526.
Georges, 1526-34.
Ulric, rétabli, 1534-50.
Christophe, 1550-53.
Georges, de nouveau, 1553-58.
*Frédéric, 1558-1608.

Jean-Frédéric, 1608-28.
*Louis-Frédéric, 1628-31.
Léopold-Frédéric, 1631-62.
Georges, 1662-99.
*Léopold-Éberhard, 1699-1723.

De 1520 à 1526, Ulric, dépossédé du Wurtemberg, se trouva réduit à la possession du comté de Montbéliard. Il ne paraît pas toutefois qu'il

Fig. 235

y ait monnayé. L'atelier de Montbéliard fut établi sous Frédéric, en 1585. Le numéraire qui y fut fabriqué sous son fondateur et sous les ducs suivants se compose presque exclusivement de pièces de billon et de cuivre. De 1710 à 1717, Léopold-Éberhard émit en très grand nombre des *liards* de cuivre, copiés de ceux de Louis XIV ; ces pièces portent au revers l'inscription française : **LIARD DE MONTBELIARD** (fig. 235). L'atelier de Montbéliard fut définitivement fermé en 1717.

e). — *Seigneurie de Vauvillers.*

Nicolas II du Châtelet (1525 ?-62), seigneur de Vauvillers, y ouvrit en 1553 un atelier monétaire dans lequel il frappa des *écus* d'or à ses armes, des *demi-thalers* et une nombreuse série de pièces divisionnaires copiées de celles de Metz, de Besançon, de Liège, etc. Ces monnaies furent décriées en 1554 par un édit de Henri II ; les émissions furent toutefois poursuivies jusqu'en 1558. Sur ses *écus* d'or Nicolas II s'intitule : **NICOL·A·CASTELLETO·SVP·VVSIS** ; sur les pièces de billon le nom est le plus souvent écrit en français : **NICOLAVS DV CHASTELLET** ; parfois le seigneur n'est pas nominalement désigné : **MONETA DNI DE VAVVILLER.**

---

1. Voyez p. 337 la description de leurs armoiries.

Les armes de Nicolas du Châtelet étaient : *d'or à la bande de gueules chargée de trois fleurs de lis d'argent.*

§ XI. — *Cercle d'Autriche.*

La portion principale du cercle d'Autriche était bornée au nord par les cercles de Souabe et de Bavière, le royaume de Bohême et le margraviat de Moravie ; à l'est par le royaume de Hongrie ; au sud par l'Adriatique et la république de Venise ; à l'ouest par la Suisse. Le cercle comprenait, en outre, les nombreuses enclaves disséminées dans le cercle de Souabe, qui formaient l'Autriche antérieure ou *Vorder Oesterreich*. Le directeur du cercle était l'archiduc d'Autriche, qui réunissait dans ses mains la majeure partie des territoires.

a). — *Possessions de la maison d'Autriche* [1].

Les possessions de la maison de Habsbourg, dont tous les membres s'intitulaient archiducs d'Autriche, comprenaient, dans le cercle de ce nom, les régions suivantes : l'archiduché d'Autriche proprement dit, qui se divisait en pays sous l'Enns ou Basse-Autriche *(Oesterreich unter der Enns)* et en pays sur l'Enns ou Haute-Autriche *(Oesterreich ob der Enns)*, le comté de Tyrol, le duché de Styrie ou *Steyermark*, le duché de Carinthie, le duché de Carniole, une partie de l'Istrie, du Frioul et du littoral de l'Adriatique entre Aquilée et Trieste, enfin diverses parties de la Souabe, du Brisgau et du Vorarlberg.

Les armes de la maison d'Autriche étaient : *parti, au 1er d'or au lion de gueules couronné de gueules,* qui est Habsbourg, *au 2e de gueules à la fasce d'argent,* qui est Autriche. Après l'avénement de François I de Lorraine, l'écu comprit les armes de Lorraine comme troisième partition.

Le tableau suivant résume la généalogie de la maison de Habsbourg pendant les temps modernes :

---

1. S. Becher, *Das österreichische Münzwesen vom Jahre 1524-1838, in historischer, statistischer und legislativer Hinsicht.* Vienne, 1838, 2 vol. in-8. — J. Newald, *Das österreichische Münzwesen unter den Kaisern Maximilian II, Rudolph II und Mathias,* dans la *Numismatische Zeitschrift* de 1885.

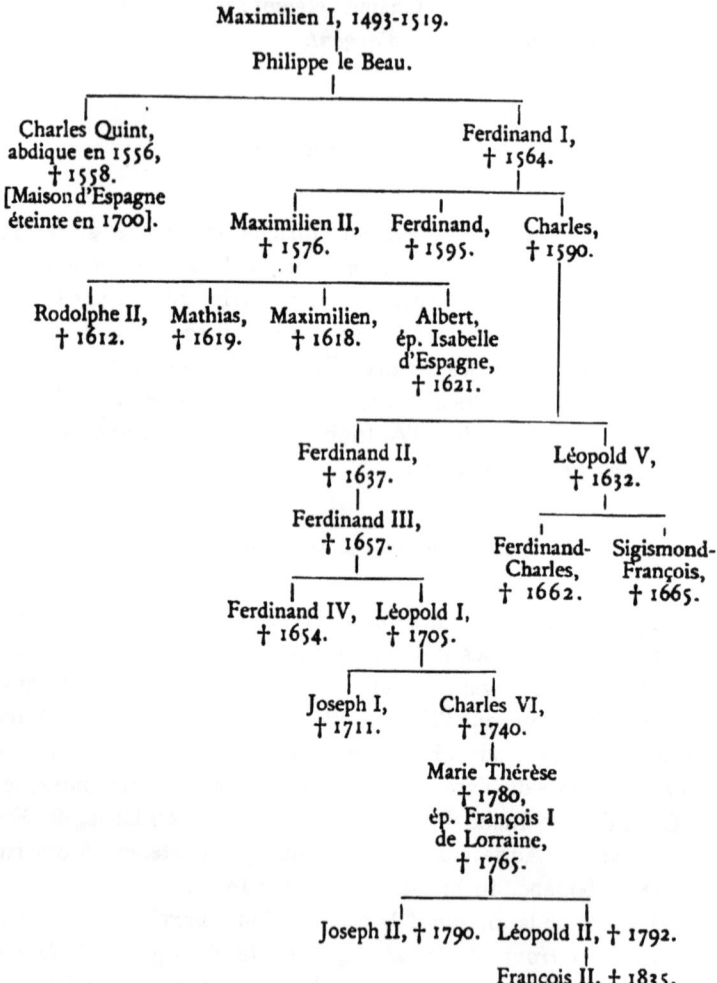

Maximilien I, 1493-1519.

Philippe le Beau.

Charles Quint,
abdique en 1556,
† 1558.
[Maison d'Espagne
éteinte en 1700].

Ferdinand I,
† 1564.

Maximilien II,
† 1576.

Ferdinand,
† 1595.

Charles,
† 1590.

Rodolphe II,
† 1612.

Mathias,
† 1619.

Maximilien,
† 1618.

Albert,
ép. Isabelle
d'Espagne,
† 1621.

Ferdinand II,
† 1637.

Léopold V,
† 1632.

Ferdinand III,
† 1657.

Ferdinand-
Charles,
† 1662.

Sigismond-
François,
† 1665.

Ferdinand IV,
† 1654.

Léopold I,
† 1705.

Joseph I,
† 1711.

Charles VI,
† 1740.

Marie Thérèse
† 1780,
ép. François I
de Lorraine,
† 1765.

Joseph II, † 1790.   Léopold II, † 1792.

François II, † 1835.

Archiduché d'Autriche. — Ce pays était borné au nord par le royaume de Bohême et le margraviat de Moravie, à l'est par le royaume de Hongrie, au sud par le duché de Styrie et l'archevêché de Salzbourg, à l'ouest par le duché de Bavière et l'évêché de Passau. Comme nous l'avons dit plus haut, l'Autriche comprenait deux parties séparées, sur la plus grande partie de leur frontière, par l'Enns, affluent du Danube. La Basse-Autriche, dont la capitale était Vienne, avait pour armes : *d'azur à cinq aiglettes d'or posées 2, 2, 1.* La Haute-Autriche, dont la capitale était Linz, portait : *parti d'or à une demi-aigle de sable, et de gueules à deux pals d'argent.*

Voici les membres de la maison d'Autriche qui régnèrent d'une manière effective sur ce pays:

* Maximilien I, 1493-1519.
* Charles-Quint, 1519-21.
* Ferdinand I, 1521-64.
* Maximilien II, 1564-76.
* Rodolphe II, 1576-1608.
* Mathias, 1608-19.
* Ferdinand II, 1619-37.
* Ferdinand III, 1637-57.

* Léopold I, 1657-1705.
* Joseph I, 1705-11.
* Charles VI, 1711-40.
* Marie-Thérèse, 1740-80.
* Joseph II, 1780-90.
* Léopold II, 1790-92.
* François II, 1792-1835.

L'atelier monétaire de l'Autriche se trouvait à Vienne. Sous Ferdinand I une officine fut ouverte à Linz, de 1527 à 1547.

Les thalers commencent avec Maximilien I et forment depuis lors une série ininterrompue. Sous Ferdinand I, la numismatique est particulièrement intéressante et, à défaut d'autres données, elle permettrait de reconstituer à grands traits l'histoire du règne. De 1521 à 1527, Ferdinand frappe monnaie comme simple archiduc; il s'intitule: *princeps Hispaniae et archidux Austriae*. De 1527 à 1531, il fait précéder ces titres de ceux de roi de Bohême et de Hongrie; à cette période se rattachent les curieuses obsidionales de Vienne, assiégée en 1529 par les Turcs, pièces carrées d'or et d'argent, portant le buste et les armes du souverain et les mots: **TVRCK BLEGERT WIEN**, *le Turc assiège Vienne*. En 1531, Ferdinand I est couronné roi des Romains; enfin, en 1556, l'abdication de son frère Charles-Quint l'appelle à l'empire. Ces quatres périodes sont fidèlement marquées par les légendes des espèces.

Dans le monnayage de Rodolphe II, nous relèverons une particularité intéressante. L'archiduchesse Élisabeth, sœur de l'empereur et veuve en 1574 de Charles IX, roi de France, s'était retirée à Vienne; en 1587, une forte somme devant lui être versée, l'atelier de Vienne fabriqua des *thalers* qui, pour la circonstance, reçurent comme différent une fleur de lis française.

Sous Ferdinand II, les désordres monétaires de la *kipperzeit* sévirent en Autriche comme dans les autres régions de l'Allemagne.

Comté princier de Tyrol. — Ce comté s'étendait entre la Bavière, l'archevêché de Salzbourg, la Carinthie, la république de Venise, les évêchés de Brixen et de Trente, les Grisons, le Vorarlberg et l'évêché d'Augsbourg. Sa capitale était Innsbruck. Ses armes étaient: *d'argent à l'aigle couronnée de gueules, la poitrine chargée d'un croissant d'argent terminé sur chaque aile en trèfle allongé*. Voici la liste des archiducs d'Autriche qui eurent la possession effective du comté de Tyrol:

* Sigismond, 1439-90.
Maximilien I, 1490-1519.
Charles-Quint, 1519-21.
* Ferdinand I, 1521-64.
* Ferdinand, son fils, 1564-95.
* Rodolphe II, 1595-1612.
* Maximilien, frère du précédent, 1612-1618.
Albert, frère des précédents, 1620-21.

* Ferdinand II, 1621-25.
* Léopold V, frère du précédent, 1625-32.
* Ferdinand-Charles, 1632-62.
* a) sous la tutelle de sa mère Claude de Médicis, 1632-48.
* b) après la mort de sa mère, 1648-1662.
* Sigismond-François, 1662-65.

C'est en Tyrol, sous Sigismond, que parurent les premières grandes monnaies d'argent à flan épais. Le millésime le plus ancien est celui de 1486; cependant quelques essais sont datés de 1484. Les fortes espèces de Sigismond portent à l'avers son image en pied, entre un lion assis et le heaume d'Autriche; une épicycloïde entoure le champ; la légende, en caractères gothiques, est: SIGISMVNDVS ARCHIDVX AVSTRIE. Le revers représente l'archiduc à cheval, à gauche, armé de toutes pièces, et tenant la bannière autrichienne; au-dessous sont placés le millésime et un écusson d'Autriche ancien; quinze autres écussons plus petits forment avec celui-ci la bordure, et donnent les armoiries des principales possessions de la maison de Habsbourg: Styrie, Carinthie, Carniole, Windisch-Mark, Portenau, Hohenberg, Feldkirch, Habsbourg, Tyrol, Ferrette, Kybourg, Haute-Autriche, Haute-Alsace, Burgau et Nellenbourg. Aucune légende ne figure au revers. Ces curieuses monnaies, dont l'émission marque, pour l'Allemagne, l'aurore des temps modernes, furent frappées à Hall, dans la vallée inférieure de l'Inn, ville où l'archiduc Sigismond transféra en 1450 son atelier de Méran, à la suite de la découverte des riches mines d'argent de Schwatz.

Jusqu'à la fin du xviiie siècle, le Tyrol eut ses monnaies particulières, frappées tant dans l'atelier de Hall que dans celui d'Innsbruck. La série tyrolienne présente des pièces très remarquables, parmi lesquelles nous citerons les *thalers* aux bustes conjugués de Ferdinand-Charles et de sa mère, coiffée du voile de veuve.

A la mort de Sigismond-François, le Tyrol passa à l'empereur Léopold I, qui le transmit à ses successeurs.

Duché de Styrie [1]. — La Styrie s'étend au sud de l'Autriche et au nord de la Carniole et de la Carinthie. Sa capitale était Gratz. Les armes du duché étaient: *de sinople à une panthère rampant d'argent, vomissant des flammes.*

---

1. A. Luschin von Ebengreuth, *Steirische Gepräge und Siegel auf der grazer Austel-ung-cultur-historischer Gegenstände vom Juli 1883*. Graz, 1883, pet. in-8, p. 257 et suiv.

Le duché de Styrie eut ses monnaies particulières frappées dans l'atelier de Gratz jusque sous François II. En 1781, cette officine fut fermée.

Lorsqu'en 1564 l'empereur Ferdinand I divisa ses états entre ses enfants, l'archiduc Charles obtint la Styrie avec la Carniole, la Carinthie et le comté de Gorice. A sa mort, survenue en 1590, ces pays passèrent à son fils Ferdinand II, qui obtint la couronne impériale en 1619; depuis cette époque, ils n'eurent plus de souverains particuliers.

Duché de Carinthie. — La Carinthie, en allemand *Kärnten*, est située au sud et à l'ouest de la Styrie. Ses armes étaient: *parti, d'or à trois lions léopardés de sable, l'un sur l'autre, et de gueules à la fasce d'argent.* La capitale de la Carinthie était Klagenfurt.

Comme la Styrie, la Carinthie eut ses monnaies particulières. En 1521, Ferdinand I accorda aux états de Carinthie le droit de monnayer à son nom. Les émissions d'espèces propres au duché s'arrêtent vers la milieu du XVIIIᵉ siècle.

Duché de Carniole. — La Carniole, en allemand *Krain*, s'étend au sud de la Carinthie et de la Styrie; elle avait pour capitale Laibach. Ses armes étaient: *d'argent à l'aigle d'azur couronnée de gueules, ayant sur la poitrine un croissant échiqueté de gueules et d'argent.*

Sous Ferdinand I, quelques monnaies furent émises pour le duché de Carniole.

Comté de Gorice. — Le comté de Gorice, en allemand *Görz*, situé dans le Frioul autrichien, passa en 1500 à Maximilien I, par suite de l'extinction de la famille comtale.

En 1504, Maximilien I fit frapper à Lienz des *pièces de quatre pfennings* et des *kreuzer*, particuliers au comté de Gorice. Ses successeurs firent également émettre de temps en temps des monnaies pour ce pays; mais il ne s'agit jamais que de pièces divisionnaires d'argent ou de cuivre. Suivant Leitzmannn, les dernières pièces autrichiennes, pour Gorice, sont de 1802.

Les armes de Gorice étaient: *tranché d'azur au lion d'or couronné du même et d'un barré d'argent et de gueules.*

Possessions autrichiennes en Souabe. — La plus importante des possessions autrichiennes en Souabe était l'ancien margraviat de Burgau, dont la capitale était Günzbourg. En 1760, l'impératrice Marie-Thérèse créa dans cette ville un atelier monétaire qui travailla jusqu'en 1805, date de l'annexion de la Souabe autrichienne à la Bavière. La Monnaie de Günzbourg avait un H pour différent monétaire; elle frappait, comme celle de Vienne, le numéraire destiné à la circulation générale du pays autrichien, outre des pièces divisionnaires spéciales pour le margraviat de Burgau.

b). — *Évêché de Brixen.*

Le territoire de Brixen, en italien *Bressanone*, était formé de petits tronçons répandus pour la plupart en Tyrol. Les patrons du diocèse étaient saint Étienne et saint Cassin. Les armes étaient : *de gueules à l'agneau pascal d'argent, la tête nimbée et contournée, tenant du pied gauche une bannière d'argent à la croix de gueules.*

Le monnayage de Brixen reprit au commencement du XVIIe siècle, et prit fin avec le XVIIIe. Voici la liste des évêques pour cette période :

*Charles d'Autriche, 1613-24 (Breslau, ordre teutonique).
Jérôme-Otton-Agricola, 1625-27.
Daniel Zen, 1627-28.
Guillaume de Welsberg, 1628-41.
Jean Plazgummer, 1641-47.
Antoine Krosin, 1647-63.
Sigismond-Alf. de Thun, 1663-77.
Paulin Mayr, 1677-85.

Jean-François Kuen von Auer, 1685-1702.
*Gaspard-Ignace de Küniglé, 1702-47.
*Léopold de Spaur, 1747-78.
Ignace de Spaur, coadjuteur, 1775-79.
*Vacance du siège, 1779.
Joseph de Spaur, 1779-91.
Charles-François de Lodron, 1791-1828.

Les émissions des évêques de Brixen n'eurent jamais une grande importance; elles témoignent plutôt du désir d'affirmer un droit que de celui de pourvoir aux nécessités des transactions commerciales.

c). — *Évêché de Gurk.*

L'évêché de Gurk en Carinthie, *episcopatus gurcensis*, qui dépendait de l'archevêché de Salzbourg, ne posséda jamais le droit monétaire. On connait toutefois des *thalers* de Jean VI de Schoenenberg (1552-54), puis des *ducats* d'or, des *thalers* et des *pièces de 20 kreuzers* de François de Salm-Reifferscheid (1782-1822), mais ce dut être à la suite d'autorisations personnelles, accordées par l'empereur à ces personnages, que ces monnaies ont pu être frappées.

d). — *Principauté d'Auersperg* [1].

La terre d'Auersperg était située en Carniole. En 1653, Jean-Wi-

1. Cf. *Numismatische Zeitung* de Leitzmann, 1862, p. 167.

c h a r d, comte d'Auersperg, fut élevé au rang de prince et obtint le droit de battre monnaie; il l'exerça dès l'année suivante. Deux autres membres de la maison d'Auersperg firent également monnayer à leur nom : en 1762, Henri (1713-83), puis, en 1805, Guillaume (1800-22). Les pièces consistent en *ducats* d'or et en *thalers* au buste et aux armes du prince.

La maison d'Auersperg possédait depuis 1654 la principauté de Munsterberg en Silésie, et les comtés de Wels, de Gottschée et de Thengen en Souabe. En 1791, Munsterberg fut vendu à la Prusse, et le comté de Gottschée fut érigé en duché.

Les armes d'Auersperg étaient: *écartelé, aux 1ᵉʳ et 4ᵉ de gueules au bœuf d'or, bouclé du même, passant sur une terrasse de sinople, le bœuf du 1ᵉʳ contourné; aux 2ᵉ et 3ᵉ d'or à l'aigle de sable couronné d'or, soutenu d'un banc à quatre pieds de sable; sur le tout,* pour Gottschée, *un écusson d'argent couronné d'or et chargé d'un lion de gueules couronné d'or.*

e). — *Comté de Buchheim.*

Ce comté, aussi nommé comté de Puchhaim ou de Pückheim, était situé dans la Haute-Autriche, non loin de Schwanenstadt. On ignore si les comtes de Buchheim ont obtenu le droit monétaire; les pièces que l'on possède de Jean-Christophe III (1619-57) sont plutôt des essais ou pièces de plaisir que des monnaies destinées à une circulation effective.

f). — *Comté de Dietrichstein.*

La terre de Dietrichstein, en Carinthie, avait pour armes: *tranché d'or sur gueules à deux serpettes de vigneron d'argent emmanchées d'or, adossées, posées en pals et brochant sur le tranché.* En 1637, Sigismond-Louis, comte de Dietrichstein de la ligne de Weichselstadt, reçut de l'empereur Ferdinand III le droit de battre monnaie. Il en fit usage dès l'année suivante, et frappa des *ducats* d'or, des *thalers* et des pièces divisionnaires. Sigismond-Louis s'intitule: *comes a Dietrichstain liber baro in Hollenburg.* Ces titres se retrouvent sur les monnaies de Sigismond-Helfried (1664-98), fils du précédent, et de Charles-Louis (1702-32), neveu de Sigismond-Helfried, les seuls comtes de Dietrichstein-Weichselstadt qui aient continué à user de leur prérogative régalienne.

Le comté de Hohen-Osterwitz en Carinthie appartenait à la famille de Khevenhüller, originaire de Franconie. Jean-Joseph de Khevenhüller-Netsch (1742-76), qui exerça en Autriche et en Carinthie de hautes charges honorifiques, frappa en 1761 et 1771 des *ducats* et des *thalers* à son buste, sans doute à la suite d'une concession impériale. En 1763, l'empereur François I éleva le comte d'Osterwitz au rang de prince.

Les armes de Jean-Joseph de Khevenhüller comprennent les quartiers des diverses possessions de la famille : Frankenbourg, Landskrone, Aïchelberg, Weispriach et Kellerberg, et sur le tout un écu coupé d'Auffenstein et de Manndorf. Sa devise, inscrite au revers de son *thaler* de 1771, est : **CANDIDE SED PROVIDE.**

<h2 style="text-align:center">h). — *Principauté de Paar.*</h2>

En 1769, Joseph II accorda le rang de prince à Jean-Wenceslas, comte de Paar en Autriche. Le droit monétaire paraît avoir été compris dans la concession. On possède des *ducats,* des *thalers* et des *gulden* frappés par Jean-Wenceslas (1769-92) et par son fils Wenceslas (1792-1812). Ces monnaies portent les millésimes de 1771, 1781 et 1794.

Les princes de Paar prenaient les titres de : *supremus imperialis aulae regnorum hereditariorum et per Germaniam hereditarius postarum magister.* Leurs armes étaient : *écartelé, au 1er et 4e bandé-ondé d'azur et d'or ; aux 2e et 3e d'or à l'aigle de sable, becquée, membrée et couronnée d'or : au pal brochant sur la ligne du parti, coupé de gueules à une couronne royale d'or, et d'azur à trois couronnes pareilles, l'une sur l'autre ; sur le tout, un écusson couronné, parti au 1er coupé d'argent à la rose de gueules, et de gueules à trois bandes d'argent, au 2e de gueules au cygne d'argent posé sur une colline de sinople.*

<h2 style="text-align:center">i). — *Comté de Sprinzenstein.*</h2>

Les comtes de Sprinzenstein, dont le patrimoine originaire s'étendait non loin de Rohrbach, près de la frontière bavaroise, étaient archimonétaires héréditaires en haute et basse Autriche : *archimonetarius haereditarius utriusque Austriae.* Ils prenaient également le titre de seigneurs de Neuhaus.

On possède des monnaies de deux d'entre eux : François-Ignace et Jean-Ehrenreich. Leurs pièces consistent en *ducats* d'or et *thalers* d'argent aux millésimes de 1705 et 1717 ; elles ont été frappées dans l'atelier d'Augsbourg.

Les armes des comtes de Sprinzenstein sont : *écartelé, au 1er d'argent chargé en chef de nuées d'azur et en pointe d'un vautour contourné au naturel posé sur un rocher au naturel,* qui est Sprinzenstein, *au 2e d'or au griffon naissant de sable couronné d'or tenant dans sa patte dextre une tige feuillée de sinople fleurie de trois pièces d'argent,* armes anciennes de la famille, *au 3e de gueules à trois hérissons au naturel,* qui est Ricci ancien, *au 4e bandé d'azur et d'or ; sur le tout, de gueules au bœuf naissant d'argent accorné d'or montrant tout le devant de son corps,* qui est Jöchel de Sterzing.

j). — *Seigneurie de Tarasp.*

Cette seigneurie, située sur l'Inn, dans la vallée de l'Engadine, faisait partie du Tyrol, quand en 1684 l'empereur Léopold I la donna en toute souveraineté à Ferdinand, prince de Dietrichstein, de la ligne de Nikolsburg (1655-98).

En 1695, Ferdinand fit frapper monnaie dans l'atelier de Vienne, notamment des *thalers* à son buste et à ses armes.

k). — *Possessions des comtes Trautson* [1].

En 1598, l'empereur Rodolphe II éleva son conseiller P a u l - S i x t e - T r a u t s o n au rang de comte de Falkenstein. En 1615, ce seigneur obtint le droit de battre monnaie. On possède de lui des *thalers, demithalers* et *pièces de 3 kreuzer* à son buste et à ses armes : *écartelé, au 1er d'or à l'aigle éployée de sable becquée et membrée d'or surmontée de la couronne impériale, au 2e de gueules à la fasce d'argent au faucon au naturel posé sur un tertre d'argent et brochant sur la fasce,* qui est Falkenstein, *au 3e au coq hardi, chantant et contourné de sable, creté et barbé de gueules, posé sur un tertre de sable,* qui est Sprechenstein, *au 4e d'or au bouquetin naissant de sable arraché de gueules,* qui est Schrofenstein ; *sur le tout d'azur au fer à cheval d'argent,* qui est Trautson.

L'atelier monétaire de Paul-Sixte Trautson, qui travailla de 1615 à 1620, était placé à Vienne, dans une maison de la Trabantenstrasse, à l'enseigne « zum rothen Rosenkranz ».

Les émissions continuèrent sous Jean-François Trautson (1621-

1. Cf. *Numismatische Zeitung* de Leitzmann, 1864, p. 29 et suiv.

1663), sous François-Eusèbe (1678-1728), et sous Jean-Léopold (1711-24), que l'empereur Joseph I éleva en 1711 au rang de prince de l'Empire.

§ VII. — *La Bohême, la Moravie, la Lusace et la Silésie*[1].

Les pays de la couronne de Bohême comprenaient, outre le royaume de Bohême, les margraviats de Moravie, de Haute et de Basse-Lusace, et le duché de Silésie.

A. — BOHÊME.

a). — *Royaume de Bohême.*

Le royaume de Bohême, dont la capitale était Prague, était borné au nord par les margraviats de Misnie et de Haute-Lusace, à l'est par le duché de Silésie, le comté de Glatz et le margraviat de Moravie, au sud par l'archiduché d'Autriche et l'évêché de Passau, à l'ouest par le duché de Bavière, le Palatinat supérieur et la principauté de Bayreuth. Ses armes étaient : *de gueules au lion d'argent, la queue fourchue et passée en sautoir, couronné d'or.*

En 1526, les états de Bohême élurent roi l'archiduc Ferdinand I d'Autriche, gendre du dernier roi, Louis I, tué à la bataille de Mohacz ; en 1547, Ferdinand I rétablit l'hérédité du trône de Bohême en faveur de ses descendants. Voici la liste des rois de Bohême de la maison d'Autriche :

* Ferdinand I, 1526-64.
* Maximilien II, 1564-76, couronné en 1562.
* Rodolphe II, 1578-1612, couronné en 1575.
* Mathias II, 1612-19, couronné en 1611.
[* Les États révoltés, 1618-20.
* Frédéric, comte palatin, 1619-20].
* Ferdinand II, 1619-37, couronné en 1617.

* Ferdinand III, 1637-57, couronné en 1627.
  Ferdinand IV, couronné en 1646, mort en 1654.
* Léopold I, 1657-1705, couronné en 1656.
* Joseph I, 1705-11, ne fut jamais couronné.
* Charles VI, 1711-40, couronné en 1723.

1. Ed. Fiala, *Beschreibung der Sammlung böhmischer Münzen und Medaillen der Max Donebauer.* Prague, 1888, gr. in-8. — Voigt a St Germano, *Beschreibung der bisher bekannten boehmischen Münzen.* Prague, 1771-87, 3 vol. in-4. — G. Dewerdeck, *Silesia in numis oder Einleitung zu dem schlesischen Münzcabinet.* Jauer, 1711, in-4. — H. von Saurma-Jeltsch, *Schlesische Münzen und Medaillen.* Breslau, 1883, in-fol.

[Charles VII de Bavière, 1742]
* Marie-Thérèse, 1740-80, couronnée en 1743.
* François I, associé au trône, 1740-64.
* Joseph II, associé au trône, 1769, suc-

cède à sa mère, 1780-90; ne fut jamais couronné en Bohème.
Léopold II, 1790-92, couronné en 1791.
* François II, 1792-1835, couronné en 1792.

L'avénement de Ferdinand I marque en Bohème le commencement de la numismatique moderne. Peu de temps après son couronnement, il créa à Prague la Chambre de Bohème, sous la présidence de Jean de Wartemberg, qui eut l'administration des monnaies dans son ressort. Bientôt les premiers *thalers* font leur apparition. Leur type se compose à l'avers de l'image du roi, représenté à mi-corps de profil à droite, cuirassé, couronné, orné du collier de la Toison d'or, tenant de la main droite le sceptre et de la gauche la poignée de son épée; le revers a l'écu échancré de Bohème-Hongrie brochant sur une aigle à une tête, sans couronne, mais nimbée. La monnaie d'or usuelle resta le *ducat* au saint Wenceslas; en argent les *gros de Prague,* qui avaient été pendant toute la dernière partie du moyen âge la plus forte espèce en ce métal, furent maintenus avec leur type traditionnel de la couronne et du lion.

Ferdinand I conserva les trois ateliers monétaires en usage sous son prédécesseur. L'atelier de Prague frappait exclusivement la monnaie d'or; l'atelier de Kuttenberg n'émettait que l'argent; enfin les comtes Schlick étaient autorisés à battre des espèces d'argent de coin royal dans leur officine de Joachimsthal qui, sous Ferdinand I, devint complètement royale. Sous Maximilien II, la peste qui sévissait à Prague fit ouvrir en 1569 un atelier à Budweiss, et cette forge nouvelle resta en activité quand les circonstances eurent permis, dès le règne de Rodolphe II, de rétablir la Monnaie de Prague.

En 1618, l'intolérance religieuse de Mathias II détermina un soulève-ment général des protestants de Bohème qui marque le début de la guerre de Trente-Ans. De 1618 à 1620, les États révoltés firent frapper à Prague, à Kuttenberg et à Joachimsthal, des monnaies d'argent dont la plus forte est le *quart de thaler.* Ces pièces portent à l'avers une cou-ronne et la légende **MONETA REGNI BOHEMIÆ,** au revers le lion bohémien et la devise **IN DEO FORTITUDO.** L'empereur Mathias II s'apprêtait à négocier et à traiter avec les protestants de Bohème, quand il mourut en 1619; l'avénement de Ferdinand II rendit toute transaction impossible. Les États de Bohème refusèrent de le reconnaître pour roi et choisirent l'électeur palatin Frédéric V. Dès 1620, les troupes impé-riales occupèrent la Bohème et Frédéric V fut obligé de fuir. Pendant son règne éphémère, qui le fit surnommer le « roi d'hiver », *winter koenig,* les ateliers de Prague et de Kuttenberg monnayèrent à son nom.

Les monnaies du règne de Ferdinand II forment deux groupes : celles de bon aloi et celles de la *kipperzeit,* auquel leur titre affaibli a fait donner le surnom de *lange münze.* Celles-ci, dont l'émission ne commença qu'en 1620, furent surtout frappées en 1622, quand l'empereur eut affermé l'exploitation de tous les ateliers de ses états héréditaires à un consortium de financiers, pour la durée d'une année. Ce groupe de spéculateurs avait pour chef Hans de Witte, président de la corporation des marchands de Prague, et comptait parmi ses membres, à côté de Charles, prince de Liechtenstein, le président de la communauté israélite de Prague, Jacob Bassewi.

En 1670, sous Léopold I, l'atelier de Joachimsthal fut supprimé. Sous Joseph I et Charles VI, de 1710 à 1725, l'atelier de Prague frappa des *ducats* et *doubles ducats* d'or avec le métal des mines d'Eule. Ces pièces portent, comme détail accessoire du type du revers, une chouette *(eule),* les ailes parfois éployées, sur un soleil rayonnant. En 1726, la Monnaie de Kuttenberg fut fermée et toute la fabrication monétaire du royaume fut concentrée à Prague. En 1717, Charles VI fit frapper dans cette ville quelques *thalers* avec l'argent des mines de Joachimsthal ; la légende du revers est : S· IOACHIMBSTALISCHE AUSBEUTTHALER. En 1758 et 1759, Marie-Thérèse ordonna une fabrication analogue. En 1744 et 1757, pendant les sièges de Prague par les Prussiens, il y eut dans cette ville un tel manque d'argent qu'il fut nécessaire de battre des monnaies obsidionales en plomb, *gulden, zwanziger, zchner, groschen* et *kreuzer.* Le type de ces pièces est celui des monnaies ordinaires en argent.

Joseph II supprima en 1783 la charge de maître général des monnaies de Bohême, et l'année suivante il ferma l'atelier de Prague. En 1795, François II en ordonna la réouverture.

b). — *Les comtes de Schlick.*

En 1437, l'empereur Sigismond accorda à son chancelier Gaspard Schlick et à ses descendants le droit de battre monnaie. Celui-ci et ses successeurs immédiats ne firent point usage de cette prérogative. Le monnayage ne débuta que lorsque Étienne de Schlick, comte de Bassano et de Weiskirchen, eut mis en exploitation la riche mine d'argent de Joachimsthal, sur le versant bohémien du Harz. En 1519, il fit frapper les premières grandes monnaies d'argent qui prirent le nom de *joachimsthalers* ou, en abrégé, de *thalers,* de leur lieu d'origine. Les premiers *thalers* sont sans date ; la série datée ne commence qu'en 1520. Leur type se compose, à l'avers, de l'image de saint Joachim ayant auprès de lui l'écu comtal, au revers, du lion de Bohême; les légendes, encore écrites au début, en lettres semi-gothiques, sont: ARMA Domi-NORum SLICORVm. STEFANI ET FRATRum COMITVm De BASAIA et LVDOVICVS PRIMVS DEI GRACIA REX BOEMie. Indépendamment des *thalers* et des *demi-thalers*, Étienne de Schlick frappa des *gros de Prague* au nom du roi Louis I, sans sa signature personnelle.

En 1528, Ferdinand I mit fin aux émissions des comtes. L'atelier de Joachimsthal devint atelier royal de Bohême et les comtes de Schlick durent cesser le monnayage à leur nom pour devenir en quelque sorte les administrateurs de la Monnaie du roi.

Vers 1627, Ferdinand II accorda à Henri IV, comte de Schlick (1612-50), une nouvelle concession monétaire, qui fut confirmée par Ferdinand III en 1641 et en 1646. Dès 1627, Henri IV de Schlick ouvrit un atelier à Plan et y frappa des *thalers* et des pièces divisionnaires; en 1628 et 1629, il fit également frapper quelques pièces à Nuremberg. L'atelier de Plan resta en activité, sous François-Ernest (1650-75), jusqu'en 1663.

Les trois derniers comtes de Schlick dont il existe des monnaies les firent forger dans l'atelier de Prague; ce sont: François-Joseph (1675-1740), François-Henri I (1740-66), et Léopold-Henri (1766-1770).

Les armes des comtes de Schlick étaient: *écartelé aux 1er et 4e d'azur au lion d'or tenant une église d'argent,* qui est Weiskirchen, *aux 2e et 3e de gueules chapé d'argent aux trois anneaux de l'un en l'autre posés 2, 1,* qui est Schlick; *sur le tout, d'argent aux deux panthères de gueules, posées en regard et tenant ensemble une tour crénelée de gueules,* qui est Bassano.

c). — *Duché de Crummau* [1].

La terre de Crummau était située en Bohême, dans le cercle de Budweiss. En 1622, elle fut donnée par Ferdinand II, en même temps que quelques autres terres, à Jean-Ulric Eggenberg, gouverneur de Styrie. L'année suivante, à l'assemblée palatine de Ratisbonne, ce seigneur obtint pour lui et pour ses descendants la qualité de prince de l'Empire. Le 24 février 1625, Ferdinand II lui donna le droit d'ouvrir un atelier monétaire, à la condition de se conformer aux lois impériales pour la fabrication des espèces.

1. A. Meyer, *Die Münzen und Medaillen der Familie Eggenberg,* dans la *Numismatische Zeitschrift,* 1888, p. 183 et suiv.

Les princes d'Eggenberg qui usèrent de la prérogative monétaire sont au nombre de quatre :

Jean-Ulric, ...1625-34.
Jean-Antoine, 1634-49.
Jean-Chrétien et Jean-Seyfried, 1649-1664.
Jean-Chrétien seul, à Crummau, mort en 1710.

Ils avaient créé un atelier à Crummau et une seconde officine à Waldstein en Styrie. On ne connaît pas de monnaies postérieures à 1688. Les princes d'Eggenberg s'intitulaient sur leurs espèces : seigneurs, puis ducs de Crummau, princes d'Eggenberg, comtes de Postojné, seigneurs d'Ernhausen, comtes de Gradisca. Leurs armes étaient : *écartelé, au 1er à cinq roses de gueules boutonnées d'or, posées en sautoir* pour Crummau, *au 2e à l'aigle couronnée de sable* pour Adelsberg, en slave Postojné, *au 3e d'azur à l'ancre d'or* pour Pettau, *au 4e à la roue d'argent* pour Radkersberg ; *sur le tout : à trois vautours tenant une couronne.* Sur les monnaies de Jean-Chrétien et Jean-Seyfried, les armoiries comprennent deux quartiers de plus : *à la croix ancrée d'argent, posée sur un croissant du même*, pour Gradisca, et *à l'aigle d'argent* pour Aquilée.

d). — *Duché de Friedland.*

En 1625, l'empereur Ferdinand II, pour reconnaître les services de son illustre général Albert de Wallenstein, éleva au rang de duché sa terre de Friedland et lui donna le droit monétaire. Dès l'année suivante, Wallenstein ouvrit à Jitschin un atelier où il frappa des *thalers* à son buste et de nombreuses monnaies divisionnaires ; il s'entitule : ALBERTVS D·G· DVX FRIDLANDIÆ SAC. ROM. IMPERII PRINCEPS. Cette titulature fut successivement modifiée, quand en 1628 Wallenstein devint duc de Sagan et quand, plus tard encore, il fut créé duc de Mecklembourg. L'atelier de Jitschin ouvra jusqu'à la mort de Wallenstein, en 1634, et mit en circulation des espèces d'or et d'argent.

Les armes de Wallenstein, lorsqu'il était simple duc de Friedland, étaient : *d'or à l'aigle éployée de sable, couronnée d'or, chargée d'un écu écartelé aux 1er et 4e d'or au lion d'azur la queue fourchée, celui du 1er contourné, aux 2e et 3e d'azur au lion d'or, la queue fourchée, celui du 3e contourné.* Sur les plus anciennes de ses monnaies, le duc de Friedland entoure ses armes de la devise : DOMINVS PROTECTOR MEVS.

e). — *Comté de Windisch-Graetz.*

Les comtes de Windisch-Graetz furent élevés au rang de comtes immédiats de l'Empire en 1684. Leurs armes étaient : *écartelé, aux 1er et 4e de gueules à une tête et col de loup d'argent, languée de gueules, celle du 1er contournée, au 2e de sable à trois besants d'or percés du champ, au 3e de sable au chevron d'argent et au chef du même; sur le tout, de gueules à une arête de poisson d'or en bande,* qui est Kradner.

On possède des *ducats* et des *thalers* de Léopold-Victor-Jean (1695-1746) et des *ducats*, des *demi-thalers* et des *zwanziger* de Joseph-Nicolas (1746-1802). Ces pièces portent leur buste et leurs armes.

f). — *Ville d'Éger.*

La ville d'Éger, située sur la rivière de ce nom, possédait au moyen âge le droit de frapper de menues espèces. Ces émissions continuèrent au début de l'époque moderne. Un *weisspfennig* uniface porte le millésime de 1516 et l'écu de la ville : *fretté au chef chargé d'une aigle naissante.* Nous avons parlé précédemment [1] des monnaies obsidionales frappées à Éger en 1743.

B. — MORAVIE.

a). — *Margraviat de Moravie.*

Le margraviat de Moravie, en allemand *Maehren,* passa à la maison d'Autriche en même temps que la Bohême, dont il suivit les destinées. Ses armes étaient : *d'azur à l'aigle échiquetée de gueules et d'argent, couronnée d'or.*

Lorsque les États de Bohême se soulevèrent contre Mathias II, ceux de Moravie suivirent le mouvement et firent frapper à Olmutz des pièces d'or, des *thalers* et leurs divisions, portant à l'avers l'aigle morave et la légende **MONETA NOVA MARCHIO MORAVIÆ**. Le revers porte une pyramide sur la base de laquelle est écrit le mot : **VNIO**, et autour de laquelle s'enroule un cep de vigne; la légende circulaire est **TE STANTE VIREBO**. Ce monnayage eut lieu de 1619 à 1621. En 1620 et l'année suivante, l'atelier d'Olmutz frappa également quelques pièces au nom de Frédéric, comte palatin.

Ferdinand II, dès qu'il eut occupé la Moravie, continua le monnayage dans l'atelier d'Olmutz, et de 1623 à 1637 il créa une seconde officine à Brünn.

Sous Marie-Thérèse et Joseph II, des *gröschel* de cuivre furent frappés pour faciliter les petites transactions en Moravie.

1. Voyez p. 332.

b). — *Évêché et archevêché d'Olmutz.*

L'évêché d'Olmutz, *episcopatus olomucensis,* avait pour patrons les saints Pierre et Paul. Ses armes étaient : *écartelé, aux 1er et 4e d'azur coupé à six pointes d'argent, posées quatre dans la partie supérieure, deux dans la partie inférieure; aux 2e et 3e d'argent à l'aigle de sable chargée sur la poitrine d'une étoile d'or.* Le résidence des évêques était à Kremsier. En 1777, le siège épiscopal fut élevé au rang d'archevêché.

Stanislas II Pavlovsky de Pavlowic, 1589-98.

*François de Dietrichstein, cardinal, 1599-1636.

Jean XVI Ernest Plateis de Plattenstein, 1636-37.

*Léopold I Guillaume d'Autriche, 1637-1662.

Charles I Joseph d'Autriche, 1663-64.

* Charles II de Liechtenstein-Castelcorno, 1664-95.

* Charles III de Lorraine, 1695-1711.

* Wolfgang de Schrattenbach, 1711-38.

* Jacques-Ernest de Liechtenstein-Castelcorno, 1738-45.

* Ferdinand-Jules, comte de Troyer, cardinal, 1745-58.

Léopold II Frédéric d'Egkh, 1758-60.

* Maximilien d'Hamilton, 1761-76.

* Antoine-Théodore de Colloredo-Walsee, 1777-1811.

Les premiers *thalers* d'Olmutz remontent à l'épiscopat de François de Dietrichstein, qui sur quelques-uns prend le titre de : *Marcomanorum episcopus princeps.* L'image de saint Wenceslas se voit sur quelques pièces de cet évêque, mais le type habituel se compose du buste du cardinal de Dietrichstein, de ses armes et de l'image de la Vierge entourée de la légende : SVB VMBRA ALARVM TVARVM.

Un *thaler* de Wolfgang de Schrattenbach, frappé en 1730, représente au revers saint Cyrille assis, tenant un livre et posant le bras gauche sur l'écusson d'Olmutz. La légende est : S. CYRILL · PRIM · APOST · MORAV.

Léopold II Frédéric d'Egkh vendit le matériel de son atelier monétaire à la maison d'Autriche. Le monnayage ne reprit que sous Antoine-Théodore de Colloredo, en faveur duquel le siège d'Olmutz fut érigé en archevêché.

C. — SILÉSIE.

a). — *Silésie bohémienne.*

La Silésie était comprise entre la Bohême, la Moravie, la Pologne, le margraviat de Brandebourg et la Lusace. Ses armes étaient : *d'or à l'aigle de sable couronnée d'or et chargée sur la poitrine d'un croissant d'argent qui soutient une croisette du même et s'étend en trèfle sur les ailes.*

Le roi Ferdinand I (1526-64) fit frapper à Breslau et à Jaegerndorf des menues monnaies, pour la partie du duché de Silésie qui était placée sous son gouvernement direct. Cet exemple fut suivi par ses successeurs.

Lorsque le mouvement insurrectionnel des Protestants éclata en Bohême, les États de Silésie le suivirent et, en 1621, ils firent frapper à Glogovie des monnaies carrées et unifaces en argent, de diverses valeurs, depuis les *trois quarts de thaler* jusqu'à *six thalers,* portant l'aigle de Silésie. La légende : **MONETA ARGENTEA SILESIÆ,** est suivie de l'indication de la valeur, par exemple, **SEX · TALERO***rum.* La même année les ateliers de Breslau et de Bernstadt émirent des pièces au nom de Frédéric, comte palatin, que les États de Bohême avaient élu roi.

Ferdinand II, rentré en possession de la Silésie, utilisa la Monnaie de Breslau pour la fabrication de pièces de mauvais aloi de la *kipperʒeit.* En 1634 et 1635, le monnayage fut repris par les États Évangéliques de Silésie. Les pièces portent les légendes **MON · AVR · (ou ARG ·)PRINC · ET · STAT***uum* **EVAN***gelicorum* **SIL***esiae;* le type est l'aigle silésienne et le mot **JEHOVA** dans une gloire, parfois placé au-dessus de l'écu parti de Liegnitz-Silésie. Les *ducats* d'or et les *thalers* ont la devise : **SALVS ET VICTORIA NOSTRA ;** les *groschen* portent : **SI DEVS PRO NOBIS QVIS CONTRA NOS.**

La paix de Breslau, en 1742, contraignit l'Autriche à céder le duché de Silésie au roi de Prusse, à l'exception de quelques minimes parties.

b). — *Évêché de Breslau.*

L'évêché de Breslau, *episcopatus wratislaviensis,* avait pour patron saint Jean-Baptiste. Les armes étaient : *écartelé aux 1er et 4e de gueules à six fleurs de lis d'argent posées 3, 2, 1 ; aux 2e et 3e de Silésie.* Les évêques résidaient à Johannisberg.

La série monétaire des évêques, peu importante au moyen âge, devint plus nombreuse lorsque l'empereur Maximilien I eut renouvelé le privilège de ces souverains ecclésiastiques en leur accordant, en 1515, le droit de frapper des monnaies d'or. Les évêques suivants se succédèrent à Breslau :

Jean V Turzo de Bethlemfalva, 1506-1520.

*Jacques de Salza, 1520-39.

*Balthazar de Promnitz, 1539-62.

*Gaspard de Logau, 1562-74.

*Martin Gerstmann, 1574-85.

*André Jerin, 1585-96.

Bonaventure Hahn, 1596-99.

Paul Adalbert, 1599-1600.

*Jean VI de Sitsch, 1600-8.

* Charles d'Autriche, 1608-24 (Brixen, ordre teutonique).
* Charles-Ferdinand de Pologne, 1625-1655.
Léopold-Guillaume d'Autriche, 1655-1662 (Strasbourg, Passau, Murbach, Olmutz, etc.).
Charles-Joseph d'Autriche, 1662-64 (Augsbourg).

* Sébastien Rostock, 1662-71.
* Frédéric de Hesse-Darmstadt, 1671-82.
* François-Louis, comte palatin de Neubourg, 1683-1732.
* Philippe-Louis de Sinzendorf, 1732-47.
* Philippe-Gothard de Schafgotsch, 1748-1795.
* Joseph de Hohenlohe-Bartenstein, 1795-1817.

Les premiers *florins d'or* frappés par les évêques de Breslau, jusque sous l'épiscopat de Martin Gerstmann, portent d'un côté l'image en pied de saint Jean-Baptiste et la légende **MVNVS CESARis MAXIMILIANi**, de l'autre les armes et le nom de l'évêque. Les *thalers* ne font leur apparition que sous Charles-Ferdinand de Pologne, dont ils portent le buste et les armes.

c). — *Duchés de Liegnitz, Brieg et Woblau.*

Ces terres souveraines s'étendaient en Basse-Silésie. Les ducs avaient pour armes : *écartelé, aux 1ᵉʳ et 4ᵉ de Silésie, aux 2ᵉ et 3ᵉ échiqueté d'argent et de gueules de 25 pièces,* qui est Liegnitz. Voici la généalogie sommaire de leur maison :

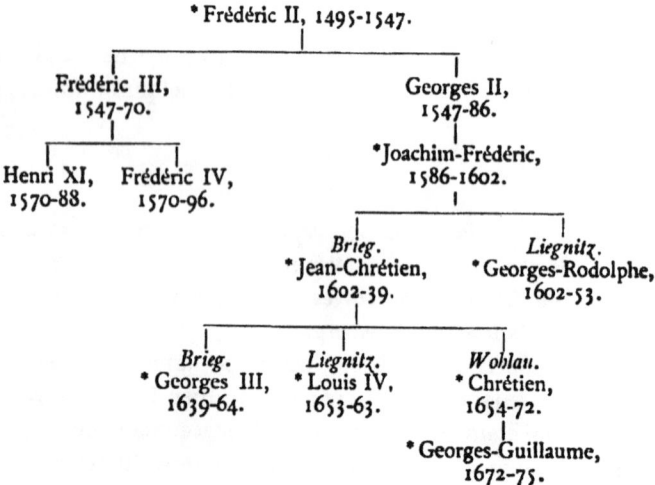

En 1505, Wladislas II, roi de Bohême, confirma la possession du droit monétaire au duc Frédéric II de Leignitz et à son frère Georges, qui régnait à Brieg. Les premiers *thalers* furent frappés par Frédéric II dans les dernières années de son règne ; il y place son buste et ses armes avec la devise: **VERBVM DOMINI MANET IN ETERNVM**. Ses titres sont: *Dei gratia dux Silesiae, legnicensis, bregensis.* Ses successeurs ajoutent: *et wolaviensis,* pour la terre de Wohlau, qu'il avait acquise en 1524. En 1599, Joachim-Frédéric acquit Reichenstein.

Jean-Chrétien et Georges-Rodolphe monnayèrent en commun de 1602 à 1621, puis leur alliance prit fin et ils émirent des espèces chacun pour son compte. Les trois fils de Jean-Chrétien eurent également un monnayage commun jusqu'en 1660.

Outre le numéraire courant, la série ducale comprend un certain nombre de monnaies obituaires. Le *sterbethaler* de Georges-Guillaume rappelle qu'avec ce duc s'éteignit le dernier descendant de la maison polonaise des Piastes en Silésie : PIASTI ETNARCHÆ POLONIÆ ULTIMUS NEPOS, etc.

d). — *Comté de Glatz.*

Le comté de Glatz avait pour armes : *bandé-voûté de gueules et d'or de cinq pièces.*

En 1507, Ulric de Hardegg, comte de Glatz, obtint le droit de frapper monnaie à son nom et à ses armes sur le pied des monnaies du Rhin ; il en fit usage pour émettre en 1511 des *heller* unifaces portant le lion de Bohême et la légende : **VLRICH GRAF · Z · HARDEK**. Il mourut en 1522.

En 1537, le comté de Glatz échut à Jean le Riche, seigneur de Bernstein et de Helfenstein, auquel il avait été engagé. De 1541 à 1544, celui-ci fit frapper des *ducats* d'or, des *thalers,* des *pièces de 12 kreuzer* et des *weisspfennigs.* Le type de ses monnaies comprend le lion de Bohême, les armes de Glatz et celles de Bernstein : *d'or au rencontre de buffle de sable, bouclé d'or.*

En 1549, Ernest de Bavière, évêque de Passau et archevêque de Salzbourg, acquit le comté de Glatz des fils de Jean de Bernstein, décédé l'année précédente. On possède de lui des *ducats* et des *thalers.* Après sa mort, le comté fit retour au roi Ferdinand, qui y frappa des *klippenthaler* et des *groschen ;* ces pièces terminent la série.

Le comté de Glatz fut annexé à la Prusse, avec le restant de la Silésie, en 1742.

e). — *Duchés de Munsterberg et Oels.*

Georges Podiebrad, roi de Bohême, donna Munsterberg, Oels et Glatz à son fils Henri I, que l'empereur éleva en 1462 au rang de duc.

En 1500, Charles I vendit Glatz à son beau-frère Ulric de Hardegg, et en 1563 Henri III et Charles II cédèrent Munsterberg au roi de Bohême Maximilien II. Les ducs continuèrent toutefois à porter le titre et les armes de ces deux terres. En 1647, à la mort du dernier duc, Oels passa par mariage à la maison de Wurtemberg. Le tableau suivant résume la filiation des souverains de Munsterberg-Oels, puis d'Oels :

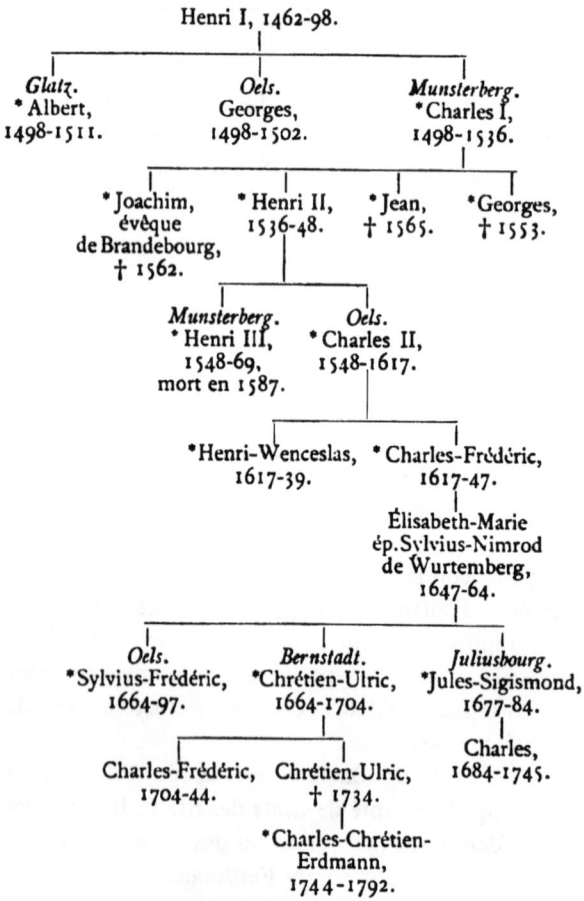

Le droit monétaire des ducs de Munsterberg-Oels fut confirmé par le roi de Bohême Wladislas II en 1498, 1504 et 1514. Leur atelier moné-taire, qui était placé à Frankenstein, fut transféré en 1507 à Reichenstein, où il resta tant qu'ils possédèrent cette localité. Comme dans beaucoup de maisons allemandes, le monnayage eut souvent lieu en commun entre les divers membres de la famille de Munsterberg-Oels. On possède, par exemple, des *groschen* de Charles I et de son frère Albert, des *ducats* d'or des quatre frères Joachim, Henri II, Jean et Georges, des *ducats* de Joachim, Henri III et Charles II, d'autres encore de Henri III et Charles II. En 1581, ces deux frères vendirent Reichenstein à Guillaume de Rosenberg.

Avec Charles II d'Oels apparaissent les *thalers*. Ses deux fils Henri-Wenceslas et Charles-Frédéric monnayèrent en commun. Avec ce dernier, la maison s'éteignit et le mariage d'Élisabeth-Marie transporta Oels dans la maison de Wurtemberg; le monnayage continua jusqu'à la fin du xviiie siècle. Dans le cours du xviie siècle, le principal atelier était situé à Bernstadt, et les émissions furent particulièrement actives de 1680 à 1694 et de 1696 à 1699. En 1673, Chrétien-Ulric ouvrit un atelier à Oels. Charles-Chrétien-Erdmann fit frapper ses espèces dans la Monnaie de Breslau.

f). — *Seigneurie de Reichenstein.*

En 1581, Guillaume de Rosenberg acquit d'Henri III et de Charles, ducs de Munsterberg, les terres de Reichenstein et Silberberg, localités minières importantes de Silésie, et dès l'année suivante il frappa à Reichenstein des *ducats* d'or. Leur type se compose à l'avers de l'image de saint Christophe, au revers des armes de Rosenberg dans un cartouche orné.

Après la mort de Guillaume, survenue en 1592, le monnayage fut continué par son frère Pierre-Wok, mais en 1599 celui-ci vendit Reichenstein à Joachim-Frédéric, duc de Liegnitz-Brieg.

Les sires de Rosenberg prennent sur leurs pièces le titre de : **GVBER-** *nator* **DOM***us* **ROSENB***ergicae*.

g). — *Duché de Teschen.*

Le duché de Teschen s'étendait en Haute-Silésie. Jusqu'au milieu du xviie siècle il appartint à une maison issue au xiie siècle des rois de Pologne. Comme tous les duchés de Haute-Silésie, celui de Teschen avait pour armes : *d'azur à l'aigle couronnée d'or*. Voici la chronologie des ducs :

Casimir IV, 1468-1528.

* Wenceslas-Adam, 1528-79.
* Adam-Wenceslas, 1579-1618.

* Frédéric-Guillaume, 1618-25.
* Élisabeth-Lucrèce, épouse de Gundachaire de Liechtenstein, 1625-53.

En 1653, Teschen fit retour à la couronne de Bohême. L'empereur Charles VI donna en 1722 le duché à Léopold, duc de Lorraine; le fils de celui-ci, devenu empereur, donna Teschen à son gendre, Albert de Saxe (1768-1822).

Les *thalers* commencent avec Wenceslas-Adam; ils portent son buste, l'aigle de Teschen et la devise : BENEDICTIO DOMINI DIVITES FACIT. La devise d'Adam-Wenceslas est : SAPIENTE DIFFIDENTIA; celle de Frédéric-Guillaume: IN DEO MEO TRANSGREDIAR MVRVM.

h). — *Seigneurie de Freistadt.*

Frédéric-Casimir, fils de Wenceslas-Adam de Teschen, avait obtenu, du vivant de son père, qu'il précéda en 1571 dans la tombe, la seigneurie de Freistadt. Il fit frapper quelques menues espèces telles que des *kreuzers*.

i). — *Duché de Jaegerndorf.*

En 1523, Georges de Schellenberg, dont le père avait obtenu en fief, de la couronne de Bohème, Jaegerndorf, en latin *Carnovia*, vendit cette terre à Georges, margrave de Brandebourg, qui la transmit à ses descendants :

Georges le Débonnaire, 1523-43.   Jean-Frédéric, 1603-1607.
*Georges-Frédéric, 1543-1603.   *Jean-Georges, 1607-23.

En 1623, Jaegerndorf fit retour à la couronne de Bohème et Ferdinand II donna la principauté en fief à la maison de Liechtenstein.

Les ducs de Jaegerndorf de la maison de Brandebourg eurent dans la ville de ce nom un atelier monétaire où ils émirent des *ducats* d'or, des *thalers* et des monnaies divisionnaires. Les armes de Jaegerndorf étaient: *d'azur au cor de chasse d'or, l'embouchure à dextre.*

j). — *Duché de Troppau.*

Le duché de Troppau fut donné, en 1614, par l'empereur Mathias, à Charles de Liechtenstein, qui devint en 1623 duc de Jaegerndorf. Nous avons donné (p. 347) la chronologie des princes de Liechtenstein et l'indication de ceux qui frappèrent monnaie.

Suivant quelques auteurs, c'est comme ducs de Troppau, *dux Oppaviae*, que les princes exercèrent le droit monétaire. Les armes de Troppau étaient: *parti de gueules et d'argent.*

k). — *Duché de Sagan* [1].

En 1628, Albert de Wallenstein, que nous avons déjà rencontré comme duc de Friedland [2], reçut de Ferdinand II le duché de Sagan. Des lettres de majesté datées de Prague, le 16 février de cette année, lui confirmèrent le droit de battre monnaie et l'autorisèrent à créer un atelier monétaire dans ses nouveaux domaines : « *eine Münzstätte zu errichten und darin durch seine Münzmeister allerlei Gold- und Silbermünzen, gross und klein, mit Umschriften, Bildnissen, Wappen und Gepräg auf beiden Seiten münzen und schlagen zu lassen, doch sollen solche von Korn, Schrot, Gehalt, Werth und Gewicht nach des h. röm. Reiches und Königreiches Böhmen Münzordnung ausgeprägt worden.* »

Wallenstein ne tarda pas à organiser à Sagan un atelier monétaire qui entra en activité dès 1629 et émit diverses espèces d'or et d'argent jusqu'en 1631.

Les armes du duché de Sagan étaient : *de gueules à un ange naissant de carnation habillé et ailé d'or.*

l). — *Duchés d'Oppeln et de Ratibor.*

En 1532, à la mort de Jean, duc d'Oppeln et de Ratibor, décédé sans héritiers, ses états firent retour à la couronne de Bohême. De 1622 à 1624, Gabriel Bethlen, prince de Transylvanie, profitant du soulèvement de la Bohême, occupa Oppeln et Ratibor et y frappa monnaie ; à la paix conclue à Vienne en 1624, Gabriel Bethlen obtint la possession de ces duchés.

De 1645 à 1648, Wladislas IV, roi de Pologne, monnaya également comme duc d'Oppeln et de Ratibor.

m). — *Villes de Silésie.*

La ville de Breslau avait obtenu le droit de battre monnaie d'or et d'argent. Sous Wladislas II (1471-1516) apparaissent les premiers *ducats.* Les premiers *thalers* sont de 1540. Les *hellers* frappés à partir de 1512 portent un **W**, initiale de *Wratislavia,* nom latin de Breslau.

Au xve siècle, un grand nombre de villes silésiennes exerçaient le droit

---

1. A. Meyer, *Albrecht von Wallenstein und seine Münzen,* dans la *Numismatische Zeitschrift,* 1885.
2. Voyez p 370.

d'émettre de menues espèces, telles que des *hellers* unifaces, à leurs armes ou à leurs initiales. Quelques-uns de ces monnayages empiètent sur la période moderne; tels ceux des villes de Liegnitz, Crossen, Glogovie ou Glogau, Schweidnitz, Löwenberg, Wohlau, etc.

En 1514, Schweidnitz fut autorisée à frapper des *groschen* polonais. Pendant la *kipperzeit* la même ville frappa des pièces de 24, de 12 et de 3 *kreuzer*, puis les *hellers* unifaces habituels.

On trouvera dans le troisième volume de notre *Traité de numismatique du moyen âge* des détails plus étendus sur l'histoire monétaire des villes de Silésie.

n). — *Silésie prussienne.*

En 1740, à la mort de l'empereur Charles VI, le roi de Prusse éleva des prétentions sur plusieurs terres de Silésie, notamment Jaegerndorf, Liegnitz, Brieg et Wohlau. En 1742, la paix de Breslau attribua à la Prusse, en toute souveraineté et indépendance de la couronne de Bohême, toute la Silésie, à l'exception de la principauté de Teschen, de la partie des principautés de Troppau et de Jaegerndorf qui est située au delà de la rivière d'Oppa, et d'une partie de la principauté de Neisse, limitrophe de la Moravie.

Les rois de Prusse, Frédéric II (1742-86), Frédéric-Guillaume II (1786-97) et Frédéric-Guillaume III (1797-1840), firent frapper pour la province de Silésie des monnaies spéciales. L'atelier de Breslau eut un **B** comme différent monétaire.

§ XIII. — *La Prusse*[1].

a). — *Duché, puis royaume de Prusse.*

En 1525, Albert de Brandebourg, grand maître de l'Ordre teutonique, se convertit au protestantisme et obtint de son oncle, Sigismond, roi de Pologne et suzerain de la Prusse, un traité par lequel il fut reconnu duc

1. F.-A. Vossberg, *Geschichte der preussischen Münzen und Siegel bis zum Ende der Herrschaft des deutschen Ordens.* Berlin, 1843, in-4. — Voyez la bibliographie du margraviat de Brandebourg. — Nous ne parlons dans ce paragraphe que des monnaies du duché, puis royaume de Prusse. La numismatique des villes prussiennes, Danzig, Elbing, Thorn, sera traitée plus loin au chapitre consacré à la Pologne.

héréditaire de tout ce que l'ordre possédait en ce pays. C'est avec Albert de Brandebourg (1525-68) que le monnayage moderne commence en Prusse par l'abandon des caractères gothiques et l'apparition sur les espèces du buste du souverain. Les monnaies portent l'indication de leur valeur : SOLIDVS PRVSSIE sur les *schillings*, III GROSS·AR· TRIPLEX ALBER·DV·PRVSSIE sur les pièces de 3 *groschen*, etc. Toutes les pièces, sauf les *pfennigs*, ont le millésime ; enfin les légendes comprennent généralement la devise IVSTVS EX FIDE VIVIT, passablement audacieuse pour un prince qui devait ses états à son apostasie.

Le monnayage paraît s'être arrêté vers 1558. On ne possède aucune monnaie d'Albert-Frédéric, qui succéda en 1568 à son père. En 1578, Albert-Frédéric perdit la raison. La Prusse fut gouvernée par des administrateurs :

*Georges-Frédéric de Brandebourg, duc de Jaegerndorf, 1578-1603.
Joachim-Frédéric de Brandebourg, électeur, 1603-1608.
*Jean-Sigismond de Brandebourg, électeur, 1608-18.

En 1618, à la mort d'Albert-Frédéric, l'électeur Jean-Sigismond lui succéda dans le duché de Prusse, qui resta depuis lors dans sa maison :

*Jean-Sigismond, 1618-19.   *Frédéric-Guillaume, 1640-88.
*Georges-Guillaume, 1619-40.

En 1657, Frédéric-Guillaume conclut avec le roi de Pologne un traité par lequel la souveraineté de la Prusse fut formellement reconnue ; le pays cessa dès lors d'être un fief mouvant de la Pologne. Les monnaies frappées à partir de cette époque donnent à Frédéric-Guillaume le titre de *supremus Prussiae princeps, dominus et heres,* ou simplement de *supremus dux in Prussia.*

A la mort de ce prince, son fils Frédéric III lui succéda. En 1701, l'empereur Léopold I reconnut la Prusse pour royaume et, le 18 janvier, l'électeur de Brandebourg fut proclamé roi à Koenigsberg, sous le nom de Frédéric I. Voici la chronologie des rois de Prusse :

*Frédéric I, 1701-13.   *Frédéric-Guillaume II, 1786-97.
*Frédéric-Guillaume I, 1713-40.   *Frédéric-Guillaume III, 1797-1840.
*Frédéric II, 1740-86.

En 1759, à la suite des batailles de Palzig et de Künersdorf, la Prusse orientale tomba au pouvoir d'Élisabeth Pétrowna, impératrice de Russie. Jusqu'en 1762, il y eut des monnaies frappées à son nom et à son buste ; leur destination spéciale est généralement caractérisée par la présence au revers des légendes : MONETA REGNI PRVSS, GROSSVS REGNI PRVSS, etc.

En 1798, Frédéric-Guillaume III supprima l'atelier de Koenigsberg, dont le différent monétaire, depuis le milieu du xviiie siècle, était la lettre E, et qui fournissait le numéraire propre à la Prusse. Les monnaies divisionnaires frappées pour la circulation de ce pays à partir de cette époque furent forgées dans l'atelier de Berlin.

De 1525 à 1701 les armes du duché de Prusse furent : *d'argent à l'aigle de sable, becquée et membrée d'or, les ailes chargées de demi-cercles tréflés du même, une couronne du même passée autour du cou, portant sur la poitrine un* S (initiale de Sigismond, roi de Pologne) *d'argent.* A partir de 1701, le royaume de Prusse porta : *d'argent à l'aigle de sable, becquée et membrée d'or, sommée de la couronne royale et chargée sur la poitrine du chiffre FR d'or surmonté d'une couronne royale ; l'aigle tenant dans la griffe dextre un sceptre d'or et dans la senestre un monde d'azur, cintré et croisé d'or.*

CHAPITRE SIXIÈME

LA HONGRIE

DEPUIS LE COMMENCEMENT DU XVIᵉ SIÈCLE JUSQU'AU XIXᵉ.

SOURCES: J. Rupp, *Numi Hungariae hactenus cogniti, delineati et e monumentis historico-numariis illustrati.* II *Periodus mixta.* Budapest, 1845, in-4. — *Verzeichniss der Münz- und Medaillen-Sammlung des Herrn Leopold Welzl von Wellenheim.* Tome II, 2ᵉ partie. Vienne, 1845, in-8. — A. Hess, *Die Ungarischen Münzen des fürstlich Montenuovo'schen Münzcabinets.* Francfort-sur-Mein, 1886, in-8. — Schönvisner, *Catalogus numorum Hungariae et Transilvaniae instituti nationalis Széchényani.* Buda-pest, 1807-10, 3 vol. in-8. — A. Hess, *Die Siebenbürgischen Münzen des fürstlich Montenuovo'schen Münzkabinets.* Francfort-sur-Mein, 1880, in-8.

§ I. — *Le royaume de Hongrie.*

Le royaume de Hongrie a pour armes : *parti, au 1ᵉʳ de gueules à quatre fasces d'argent, au 2ᵉ de gueules à une croix à double traverse d'argent.* A partir de 1490 cette croix est parfois posée sur une colline de sinople ; cette disposition devient habituelle en 1526. Depuis 1608 la croix est représentée issant d'une couronne d'or posée sur la colline. La Hongrie est placée sous la protection de la Vierge et de saint Ladislas.

En 1490, Wladislas VI, roi de Bohême, fils de Casimir IV, roi de Pologne, fut proclamé roi de Hongrie et couronné dans Albe-Royale. C'est sous son règne qu'eurent lieu les premières émissions des fortes espèces d'argent ; l'ensemble du système monétaire hongrois comprit alors les pièces suivantes :

a) Le *ducat* d'or au type de la Vierge et de saint Ladislas debout, frappé en quantités énormes et répandu dans l'Europe entière sous le nom de *ducat de Hongrie.*

b) La pièce d'*un thaler et demi* frappée de 1504 à 1506. Son type général est analogue à celui du *thaler* : à l'avers un écu à dix quartiers, au revers, la représentation équestre de saint Ladislas au-dessus de laquelle apparaît, dans la légende, une petite image de la Madone.

c) Le *thaler* d'argent, dont la première émission eut lieu en 1499 et la dernière en 1506. Voici son type : MONETA WLADISLAI REGIS VNGARIE. Écu écartelé de Hongrie, Dalmatie et Bohême, avec Pologne sur le tout. *Rev. :* LADISLAVS REX. Saint Ladislas à cheval, au pas, à gauche, sans manteau, tenant de la main droite une hallebarde et de la gauche une épée. Le millésime est placé entre les jambes du cheval. Les légendes des premiers *thalers* sont écrites en caractères gothiques.

d) Le *demi-thaler* frappé en 1499 eut le même type que son multiple. Celui de 1500 porte à l'avers la Vierge et l'Enfant issant d'un croissant, au revers saint Ladislas debout.

e) Le *groschen*, sans millésime, a d'un côté l'écu aux cinq quartiers, de l'autre la Madone.

f) Le *denier*. Même type.

g) L'*obole*. Même type, mais sans légende.

Les ateliers monétaires de la Hongrie étaient : Kremnitz, qui marquait ses produits d'un **K**, Nagybanya, qui les marquait d'un **n**, et Hermannstadt, dont le différent était un **h**. Sur quelques *thalers* et multiples, on lit, à côté de l'écu de l'avers, les mots **KREMITZ-TVRSO** ; le premier est le nom de l'atelier, le second désigne Alexandre Turzo, *comte de la Chambre*, qui dirigeait l'administration et la fabrication monétaire du royaume.

Wladislas VI mourut en 1516, laissant la couronne à son fils Louis II, à peine âgé de dix ans. Ce prince périt en 1526 à la bataille de Mohacz, livrée contre les Turcs, qui en 1521 avaient pris Belgrade.

Le monnayage de Louis II ne comprit que des *ducats*, des *gros*, des *deniers* et des *oboles*, dont les types sont conformes à ceux des monnaies frappées par son père. Les trois ateliers de Kremnitz, Nagybanya et Hermannstadt restèrent en activité.

Louis II étant mort sans postérité, Ferdinand I, archiduc d'Autriche, son beau-frère, revendiqua le royaume de Hongrie et se fit couronner en 1527. Il eut à lutter contre Jean Zapoly, voivode de Transylvanie, qui avait été élu dès 1526. La lutte fut poursuivie avec des chances diverses jusqu'à ce qu'en 1536 un traité intervint. Les deux compétiteurs conservèrent chacun la partie du royaume qui leur était soumise de fait, et purent prendre simultanément le titre de roi ; à la mort de Jean Zapoly, la Hongrie entière devait passer à son rival. Cet événement se produisit en 1540.

Jean Zapoly frappa de 1527 et 1537, dans les trois ateliers déjà mentionnés et à Clausenbourg ou Kolosvar ; mais ses espèces ne consistèrent qu'en *ducats*, en *groschen*, en *deniers* et en *oboles*. Sous Ferdinand I d'Autriche, la fabrication du *thaler* fut reprise en 1553 à Kremnitz ; ces pièces portent dorénavant le buste du souverain et ses armes, mais les *ducats* d'or conservent les empreintes traditionnelles de la Vierge et de saint Ladislas.

Après Ferdinand I, la Hongrie resta à la maison d'Autriche et la série monétaire se poursuivit sous les rois suivants :

* Maximilien II, 1563-72.
* Rodolphe II, 1572-1608.
* Mathias II, 1608-18.
* Ferdinand II, 1618-25.
* Ferdinand III, 1625-47.
* Ferdinand IV, 1647-54.
* Léopold I, 1655-87.

* Joseph I, 1687-1711.
* Charles VI, 1712-40.
* Marie-Thérèse, 1741-80.
* Joseph I, 1780-90.
* Léopold II, 1790-92.
* François II, 1792-1835.

En 1699 fut signé entre Joseph I et le sultan le traité de Carlowitz, par lequel la maison d'Autriche rentra en possession de la Transylvanie, de l'Esclavonie et de toute la Hongrie en deçà de la Save. En 1704 éclata, d'abord en Transylvanie, puis en Hongrie, la révolte dite des Malcontents; une diète tenue l'année suivante à Albe Julie ou Weissembourg élut François-Léopold Racoczy, prince de Transylvanie; en 1707, la diète d'Onod déclara vacant le trône de Hongrie; mais les Malcontents furent battus l'année suivante et la révolte fut étouffée.

De 1704 à 1705, les insurgés émirent des espèces d'or, d'argent et de cuivre, sur lesquelles la légende **MON·NOV·AVR·** (ou **ARG.**) **REG***nt* **HVNG***ariae* remplace le nom de Joseph I. Leurs ateliers furent Kremnitz, Nagybanya et Münkacz. Plusieurs monnayages obsidionaux se rattachent à cette même période de guerre civile. En 1704, pendant le siège d'Eperies, les autorités de cette place firent frapper des pièces de cuivre portant un **L** couronné et le millésime; sur celles de ces monnaies qui ne sont pas unifaces, le revers porte : **EPER·BLOC**. L'investissement de Léopolstadt (1704-5) donna lieu à d'autres monnaies de nécessité en cuivre; leur type se compose des lettres **LS** liées et du millésime; au revers figure l'indication de la valeur et la devise : **PRO NECESSITATE** ou **EX NECESSITATE**. En 1708, le siège de Grosswardein provoqua l'émission de nouvelles obsidionales en cuivre; leur type est un **I** couronné accompagné du millésime, et, au revers, **IN NECESSITATE VA-RADENSI**.

§ II. — *Principauté de Transylvanie.*

La Transylvanie était bornée au nord par la Pologne, à l'est par la Moldavie et la Valachie, au sud par la Valachie, à l'ouest par la Hongrie. Ses armes étaient : *d'azur à trois défenses de sanglier, rangées en fasce, d'argent, mouvant d'un nuage du même à senestre.*

Par le traité conclu en 1536 entre Jean Zapoly et Ferdinand I d'Autriche, il fut convenu que dans le cas où le premier aurait un fils, la Transylvanie serait définitivement démembrée de la Hongrie pour constituer à ce fils une souveraineté. Cette éventualité se produisit en 1540 par la naissance de Jean-Sigismond Zapoly. Son père en mourant, la même année, le laissa sous la tutelle de sa mère Isabelle de Pologne.

Jean-Sigismond prit le titre de roi de Hongrie. Jusqu'en 1560 les monnaies portèrent son nom associé à celui de sa mère : IOHAN · SIGISM · R·VNG · S · F · V · YSABE · D·G · REG · VNGA. De 1560 à 1571, il signa seul. En 1570, par le traité qu'il conclut avec Maximilien II, il renonça au titre de roi pour ne prendre que celui de prince sérénissime ; le même traité stipula qu'au cas où il mourrait sans lignée, la Transylvanie deviendrait une principauté élective vassale de la maison d'Autriche. Jean-Sigismond mourut sans enfants l'année suivante. Voici la liste des princes de Transylvanie ses successeurs, avec les formes les plus usuelles que leurs noms ont sur les monnaies :

* Étienne Bathori de Somlyo, 1571-76, s. b. d. s.
* Christophe Bathori de Somlyo, 1576-81, c. b. d. s.
* Sigismond Bathori de Somlyo, 1581-98, s. b. d. s.
* André Bathori, 1599.
* Rodolphe II, empereur, 1599-1604.
* Moïse Zekel de Sesnenfalva, 1603 (juin à septembre).
* Étienne Botskay, 1604-7, STEPHA BOCHKAY OU STEPHANVS.
* Sigismond Racoczi, 1607-8, SIGISMVNDVS RAKOCII.
* Gabriel Bathori, 1608-13, GABRIEL OU GAB. BATHORI.
* Gabriel Bethlen, 1613-29, GA. BET. OU GABRIEL.
* Catherine de Brandebourg, veuve du précédent, 1630, CATH. D. G. N. M. B. (nata Marchionissa Brandeburgensis.)
* Étienne Bethlen, 1630, STEPHA. BET.
* Georges Racoczi I, 1631-48, GEORGIVS RAKOCI.
* Georges Racoczi II, 1649-60, GEOR. RAKO.
* François Rhedey, 1658.
* Achate Bartsay, 1658-61, ACHA. BAR.
* Jean Kemeny, 1660-62, IOAN KEMENY.
* Michel Apafi, 1661-90, MICHAEL APAFI.
* Émeric Tokoli, 1682-99, EME. THOKOLI OU TOCKEL.

Le système monétaire de la Transylvanie était le même que celui de la Hongrie, et les *ducats* d'or portèrent, jusqu'au XVIIe siècle, les images de la Vierge et de saint Ladislas. Les *thalers*, frappés en abondance dès le dernier quart du XVIe siècle, ont l'effigie du prince et l'écu aux trois défenses de sanglier.

Les ateliers monétaires de la Transylvanie furent établis dans les villes suivantes : Klausenbourg ou Kolosvar (C-V, K-O), Hermannstadt ou

Szeben (**CIBIN**), Albe Julie ou Weissembourg (**A-I**), Neustadt ou Nagy-bania (**N-B**), Kronstadt ou Brassau (**C-B, C-C**), Fogarach (**A-F,** *arx Fogaras*), Kaschau (**C-M**), Schaessburg (**S-B**) et Munkacz (**M-M**).

§ III. — *Principautés diverses.*

a). — *Princes de Batthyani.*

Les comtes de Batthyani furent élevés au rang de princes en 1764. Leurs armes étaient : *d'azur au rocher au naturel supportant un pélican dans son aire d'argent avec sa piété de gueules ; le rocher s'élève d'une mer d'argent de laquelle sort en pointe, devant une caverne du rocher, un lion naissant d'or tenant entre ses dents un badelaire d'or garni d'argent, en fasce.*

On possède des monnaies de deux princes de Batthyani. Charles (1764-72) frappa de 1764 à 1770 des *ducats* d'or et des *thalers* d'argent. Louis (1787-1806) frappa de 1788 à 1791 des *ducats* d'or, des *thalers*, des *gulden* et des *zwanziger* d'argent. Le type de ces monnaies se compose du buste et des armes des princes; les légendes comprennent, outre le nom et l'énumération abrégée des titres, la devise de la maison de Batthyani : **FIDELITATE ET FORTITUDINE.**

b). — *Princes Eszterhazy de Galantha.*

Nicolas (1762-90), prince Eszterhazy, conseiller secret de l'empereur, général feldmaréchal et capitaine de la garde du corps noble de Hongrie *(nobilis praetorianae hungaricae turmae capitaneus),* fit frapper en 1770 des *ducats* d'or, des *thalers* et des *gulden* d'argent. Ces pièces portent son buste et ses armes, qui sont : *écartelé, au 1er d'azur au griffon con-tourné d'or, posé sur une couronne du même, tenant en sa patte senestre un arbre d'argent, garni d'or, et en sa dextre une branche de rosier de sinople fleurie de trois pièces de gueules ; au 2e d'azur à deux barres d'argent accompagnées de deux croissants du même, celui en chef con-tourné, celui en pointe à senestre tourné et à la bordure d'or; au 3e d'or à l'aigle éployée de sable, becquée, membrée et chaque tête couronnée du champ; au 4e coupé : a. de gueules au lion naissant d'or tenant en sa patte dextre une branche de rosier fleurie de trois pièces d'argent, b. d'argent à trois roses de gueules ; sur le tout un écusson de sable timbré d'une couronne princière et chargé d'un* **L** (initiale de l'empereur Léo-

poid : d'or. La devise de Nicolas Esterhazy était : **HONORE ET VIR-
TUTE.**

5. — Archevêché de Gran.

On possède des galères d'argent sans date du cardinal Pierre Pazmann, mort en 1637, archevêque de Gran. Comme l'archevêché ne
paraît pas avoir joui des droits monétaires, il est probable que ce monnayage eut lieu à la suite d'un octroi impérial personnel à Pierre Pazmann.

Le type de ces pièces se compose du buste et des armes de Pazmann,
timbrées du chapeau de cardinal.

CHAPITRE SEPTIÈME

LA SUISSE

DEPUIS LE COMMENCEMENT DU XVIᵉ SIÈCLE JUSQU'A LA FIN DU XVIIIᵉ.

SOURCES : G.-E. Haller, *Schweizerisches Münz- und Medaillen-Cabinet*. Berne, 1780-81, 2 vol. in-8. — E. Lehr, *Essai sur la numismatique suisse*, dans la *Revue numismatique* de 1874. — Reg. Stuart Poole, *Catalogue of the swiss coins in the South-Kensington Museum*. Londres, 1878, in-8. — G. Meyer von Knonau, *Die schweizerischen Münzen von den ältesten Zeiten bis auf die Gegenwart*, 2ᵉ édit. Zurich, 1851, in-8. — H. Custer, *Die Gewichte, Gehalte und Werthe der alten Schweizerischen Münzen*. Berne, 1854, in-8. — L. Coraggioni, *Münzgeschichte der Schweiz*. Genève, 1896, in-4.

Aux huit anciens pays ou cantons de la Suisse : Uri, Schwyz, Unterwalden, Lucerne, Zurich, Glaris, Zug et Berne, vinrent successivement se joindre, à la fin du xvᵉ siècle et au commencement du xvıᵉ, les cinq cantons nouveaux de Fribourg, Soleure, Bâle, Schaffouse et Appenzell. La confédération ou *Eidgenossenschaft* se composa ainsi de treize cantons ; elle soumit certains territoires et certaines villes à son autorité *(Unterthanenland)*, et passa avec d'autres des traités de protection ou d'alliance *(Zugewandte Orte)*. L'indépendance complète fut donnée à la Suisse en 1648 par la paix de Westphalie.

Parmi les treize cantons, les huit plus anciens avaient la préséance. Les pays alliés se divisaient en *associi* et en *confoederati*. A la première catégorie appartenaient l'abbé et la ville de Saint-Gall ; à la seconde, les Grisons, le Valais, la ville de Mulhouse en Alsace, le comté de Neuchâtel, la ville de Genève et une partie de l'évêché de Bâle.

La numismatique suisse vient d'être l'objet d'un ouvrage d'ensemble de M. L. Coraggioni, dans lequel l'histoire monétaire des temps modernes se trouve exposée d'une manière aussi claire que complète.

§ I. — *Les treize cantons.*

a). — *Uri, Schwyz et Unterwalden* [1].

Au commencement du xve siècle, les cantons d'Uri, Schwyz et Unter-walden avaient acheté des comtes de Sax la ville de Bellinzona et son territoire; en 1413, l'empereur Sigismond leur en donna l'investiture. En 1422, Philippe-Marie Visconti, duc de Milan, s'en empara, et en 1499, Bellinzona fut conquis avec tout le Milanais par Louis XII, roi de France. Lorsque les troupes des trois cantons traversèrent la ville, peu de mois après, pour rejoindre l'armée du roi en Italie, les habitants,

Fig. 236

soit par attachement à leurs anciens seigneurs, soit par irritation contre les Français, prièrent les commandants des contingents suisses de les prendre sous leur protection; et, bien qu'enrôlés pour le roi de France, les soldats d'Uri,

de Schwyz et d'Unterwalden, prétextant le retard apporté dans le payement de leur solde, s'installèrent pour leur propre compte dans la ville, qui alors appartenait à ce souverain. Le 10 avril 1503, Louis XII, acceptant le fait accompli et consacré par le sort des armes, céda définitivement Bellinzona et son territoire aux trois cantons. Cette cession fut confirmée en 1516 par François I.

Dès 1503, les cantons ouvrirent à Bellinzona un atelier monétaire où ils forgèrent en commun. Sur les premières monnaies émises, les noms d'Uri et d'Unterwalden, ou parfois ceux de Schwyz et d'Unterwalden, figurent seuls, mais dans la suite, et sans doute à partir de 1516, les noms des trois cantons sont écrits sur les pièces destinées à circuler dans leurs possessions communes. On a conservé un grand nombre de pièces frappées dans l'atelier de Bellinzona au xvie siècle: *florins* d'or, *thalers, demi-thalers, dicken* ou *testons* et plusieurs variétés de monnaies de

---

1. Luethert, *Versuch einer Münzgeschichte von Lucern, Uri, Schwyz, Unterwalden und Zug.* Einsiedeln, 1864-67, in-8. — B. Biondelli, *Bellinzona e le sue monete,* dans l'*Archivio storico lombardo* de 1879. — U. Rossi, *Di alcune monete inedite di Bellinzona,* dans le *Bull. de la soc. suisse de numismatique,* 1883. — A. Morel-Fatio, *Bellinzona. Teston anonyme frappé par les cantons d'Uri, Schwytz et Unterwalden,* dans la *Revue numismatique* de 1866.

billon. Notre figure 236 reproduit un intéressant spécimen de ce monnayage collectif: un *teston* d'argent copié de ceux de Milan au saint Ambroise. Le type habituel des monnaies des trois cantons est l'image de saint Martin ou la juxtaposition de leurs écussons respectifs. Sur des pièces frappées vers le début du XVIᵉ siècle, nous trouvons parfois Mars assis sur des armes entassées, avec la légende **VICTORIA ELVETIORVM ou ALAMANORVM**.

b). — *Uri.*

Le canton d'Uri, *respublica uraniensis,* ne commença à monnayer pour son compte exclusif qu'au XVIᵉ siècle, et ses premières émissions consistèrent en *pfennigs* unifaces. En 1536 apparurent des *demi-batzen,* puis en 1569 des *batzen* d'argent (fig. 237). Au commencement du XVIIᵉ siècle, le canton d'Uri frappa des *schillings,* des *kreuzer,* des *dicken* ou *testons* et des *demi-dicken* d'argent, et diverses monnaies d'or. Au XVIIIᵉ siècle, les

Fig. 237

seules pièces frappées furent quelques *ducats* d'or.

Le type des monnaies d'Uri se compose généralement, soit des armes : *d'or au rencontre de bœuf de sable, accorné, lampassé et bouclé de gueules,* soit de l'image de saint Martin, soit de l'aigle à deux têtes. Saint Martin est représenté, tantôt à cheval, donnant un morceau de son manteau à un pauvre, comme sur les *pistoles* d'or, tantôt debout, comme sur les *ducats,* tantôt en buste, comme sur les *dicken.* Son nom forme la légende la plus fréquente du revers : **S. MARTIN'·PATRON' NO***ster* ou **SANCT' MARTIN' EPIS'.**

c). — *Schwyz.*

Le monnayage moderne de Schwyz débute, à la fin du XVᵉ siècle ou dans les premières années du XVIᵉ, par un remarquable *thaler* non daté, portant à l'avers l'écu du canton, tenu par deux sauvages et surmonté d'une aigle à deux têtes ; la légende est **MONETA NOVA SVITENSIS** ; au revers, dans une épicycloïde, nous retrouvons l'image équestre de saint Martin : **SANCTVS MARTINVS EPISCOPVS.** Les légendes sont encore écrites en lettres gothiques.

L'image de saint Martin resta, avec l'aigle à deux têtes, le type principal des monnaies de Schwyz. Au xviiᵉ siècle, les *ducats* d'or eurent l'image de la Vierge; au xviiiᵉ l'écu du canton: *de gueules à une croisette pattée et alesée d'argent, posée au canton senestre du chef*. La devise habituelle du revers, sur les monnaies de Schwyz, est: **TVRRIS FORTISS***ima* **NOME***n* **DOM***ini;* sur les *ducats* à la Vierge on lit: **OMNIA AVXILIANTE MARIA.**

La série monétaire de Schwyz est très variée et s'étend chronologiquement sur toute la période moderne.

d). — *Unterwalden.*

Le canton d'Unterwalden, partagé en deux par la forêt de Kernwald, formait deux petites républiques étroitement unies, mais distinctes. La plus grande, située au sud et au-dessus de la forêt, portait le nom d'*Unterwald ob dem Wald* ou d'*Obwalden (respublica subsylvana superior)*; la plus petite, formant la partie nord-ouest du canton, se nommait *Unterwald nid dem Wald* ou *Nidwalden (respublica subsylvana inferior)*.

En 1569, Unterwalden commença l'émission de *batzen* d'argent. Au xviiiᵉ siècle, le monnayage devint abondant et comprit des espèces d'or et d'argent. Le type des *ducats* se compose de l'effigie du bienheureux Nicolas de Flue agenouillé: **B · NICOLAVS · VON · FLVE.**

Outre les monnaies frappées pour tout le canton d'Unterwalden, le petit état d'Obwalden eut ses monnaies particulières. A part des *heller*, des *pfennigs* ou *zweiheller*, des *zehnkreuzer* et des *rappen* sans millésime, Obwalden a fait forger: en 1725 des *demi-gulden* et des *fünfbatzner* ou pièces de 20 kreuzer; en 1726 des *ducats* d'or, des *demi-batzen* et des *kreuzers;* en 1728 des *assis* et des *demi-thaler;* en 1732 des pièces de 20 kreuzer et des *thalers.* Ces pièces portent la devise: **DILEXIT DOMINVS DECOREM IVSTITIÆ.**

Les armes d'Unterwalden sont: *parti, au 1ᵉʳ de gueules coupé d'argent à une clef de l'un en l'autre posée en pal*, qui est Obwalden, *au 2ᵉ de gueules à la clef à double panneton d'argent, posée en pal* qui est Nidwalden.

e). — *Lucerne* [1].

En 1495, Lucerne décida l'émission de *testons* ou *dicken* au même titre que ceux de Milan et de Berne; en 1502 elle résolut de fabriquer

---

1. F. Haas, *Die Münzen des Standes Luzern,* dans la *Revue Suisse de Numismatique* de 1895.

dorénavant toutes ses monnaies sur le même pied que celles de Berne : en 1518 furent frappés les premiers *thalers* et *doubles thalers* d'argent.

Lucerne, qui avait autrefois appartenu à l'abbaye de Murbach, avait pour patron le patron de ce monastère, saint Léger, *sanctus Leodigarius*. L'image de ce saint, son buste ou la représentation de son martyre, forment avec l'image de saint Maurice et l'écu du canton : *parti d'azur et d'argent*, le type usuel des monnaies de Lucerne. Sur le revers des *thalers* du xvie siècle et du commencement du xviie, l'écu de Lucerne

Fig. 238

est entouré de ceux des principales avoueries formant le canton ; le nombre de ces armoiries varie entre quinze, seize et dix-huit. Notre figure 238 représente le *thaler* de 1557 ; les écussons placés dans la bordure du revers sont, en commençant par le haut à droite, ceux de Rothenburg, Entlebuch, Sempach, Buron et Triengen, Malters, Kriens, Merischwanden, Ebikon, Rusegg, Weggis, Horw, Habsbourg, Munster, Sursee, Ruswil et Wikon.

f). — *Zurich*.

En 1487, l'empereur Maximilien I étendit les droits monétaires de la ville de Zurich à la fabrication de la monnaie ; en 1524 l'abbesse de Zurich abandonna complètement à la ville ses droits personnels.

Le premier *thaler* fut frappé en 1512 ; cette pièce, d'une composition particulièrement remarquable (fig. 239), porte à l'avers sainte Régule entre saint Exupérant et saint Félix ; les trois personnages sont décapités et tiennent leur tête dans les mains. Les armes de Zurich sont : *tranché d'argent et d'azur*. Les petits écussons qui forment la bordure sont ceux de seize avoueries dépendant de Zurich : Andelfingen, Grueningen, Regensdorf, Eglisau, Maschwanden, Winterthur, Stein, Greifensee, Kybourg, Knonau, Stäfa, Elgg, Hedingen, Regensberg, Neu-Amt et

Stammheim. Sur un *thaler* de 1526, nommé *kelchthaler* parce que les Protestants l'avaient frappé avec l'argenterie des églises, les écussons des avoueries, placés au revers sur une double rangée circulaire, sont au nombre de vingt-sept.

Les espèces frappées à Zurich pendant l'époque moderne sont extrêmement nombreuses, tant en or qu'en argent. Avant la Réforme, le type se composait fréquemment des images de saint Charlemagne, de saint

Fig. 239

Félix ou de sainte Régule. Plus tard, on trouve les armes de la ville, l'aigle d'empire, ou un lion debout tenant l'écu rond de Zurich, ou enfin une vue de la ville généralement prise du lac; parfois on lit, dans le champ du revers, la prière: **DOMINE CONSERVA NOS IN PACE** ou des devises telles que: **IVSTITIA ET CONCORDIA** ou **PRO DEO ET PATRIA**.

g). — *Glaris.*

Ce canton n'a usé qu'à une époque relativement récente du droit de battre monnaie. On possède de lui quelques *heller* non datés et des *schillings* depuis 1612.

Les armes de Glaris sont: *de gueules à un saint Fridolin, vêtu en pèlerin et marchant, au naturel.*

h). — *Zug* [1].

Les premières monnaies de Zug qui aient un millésime sont des *groschen* de l'année 1526. Il est peu probable, au dire de M. Lehr, qu'il en ait été frappé plus tôt. En 1564 et 1565 se montrent les *thalers*, spécimens remarquables de l'art monétaire, que notre figure 240 met sous

---

1. R. Weber, *Das Münzwesen von Zug und dessen Pfennige und Haller*. Bâle, 1888, in-8.

les yeux du lecteur. L'avers représente saint Michel pesant des âmes et
tenant l'épée levée : **CVM HIS QVI ODER**an**T PACE**m **ERAM PACI-
FICVS**. Au revers, deux lions tiennent l'écu d'empire au-dessus de deux
écus de Zug : *d'argent à la fasce d'azur* ; la légende est **MONETA NO**va
CANTONIS TVGIENSIS.

Les types des monnaies de Zug sont, outre celui que nous venons de
voir, l'effigie de saint Oswald, patron de la ville, celle de saint Wolfgang, l'aigle d'empire. Les émissions furent particulièrement actives au
xviie siècle, où elles comprennent des *schillings*, des *groschen*, des

Fig. 240

batzen, des *pièces de dix kreuzers*, des *dicken*, des *demi-dicken*, des
pièces de 20 kreuzer, des *thalers*, des *demi-thalers*, des *ducats* avec
divers multiples ou sous-multiples. Du xviiie siècle, nous n'avons plus
que de la petite monnaie : des *heller*, des *angster*, des *sechstel-assis*.

i). — *Berne* [1].

Berne porte *de gueules à la bande d'or chargée d'un ours de sable*.
Son patron était saint Vincent, dont le buste figure sur les premiers
testons ou *dicken* d'argent
(fig. 241). Ces pièces, d'un
style remarquable, sont des
imitations évidentes des *testons* de Galéas-Marie Sforza,
duc de Milan ; d'abord sans
date, elles portent à partir de
1492 un millésime.

Fig. 241

L'émission des *thalers* com-
mença en 1493 et fut poursuivie en 1494 et en 1501. Le revers de ces

1. Lohner, *Die Münzen der Republik Bern*. Zurich, 1846, in-8. Supplément, Zurich,
1858, in-8.

belles espèces d'argent porte les armes de vingt-sept avoueries qui dépendaient de Berne; sur le rang intérieur, autour de l'ours et de l'aigle, figurent celles de Thun, Burgdorf, Laupen, Frütigen, Ober-Simmenthal, Nieder-Simmenthal et Aeschi; sur le rang extérieur: Zofingen, Aarau, Brügg, Lenzbourg, Aarberg, Nidau, Büren, Wangen, Bipp, Granson, Orbe, Aarwangen, Erlach, Aarbourg, Huttwyl, Morat, Trachselwald, Interlaken, Unterseen et Oberhasli (fig. 242).

Fig. 242

Jusqu'à l'époque de la Réforme, toutes les monnaies bernoises eurent leurs légendes écrites en lettres gothiques. Le *dicken* frappé en 1539, trois ans après la conquête du pays de Vaud, est, d'après M. Lehr, le plus ancien qui porte des lettres latines. A la même époque, l'aigle impériale avec la légende: BERCH*Toldus* DVX ZERING*ensis* FVNDATO*r* ou CONDITOR commence à remplacer l'effigie de l'ancien patron saint Vincent. Un quart de siècle après la paix de Westphalie, qui consacra l'indépendance de la Suisse, vers 1675, le nom du fondateur de la ville fait place à son tour à une devise religieuse, telle que BENEDICTVS SIT IEHOVA DEVS ou DOMINVS PROVIDEBIT. M. Lehr, auquel nous empruntons ce résumé de l'histoire monétaire de Berne, fait toutefois remarquer que ces règles ne sont pas sans exception; ainsi les diverses

Fig. 243

pièces d'or frappées en 1600 et 1601, deux tiers de siècle après la Réforme, portent encore l'effigie et le nom de saint Vincent. Notre figure 243 donne un spécimen des monnaies divisionnaires de Berne frappées au nom de Berchtold de Zähringen, le fondateur de la cité.

Indépendamment des *thalers* et des *dicken* et de leurs divisions, le numéraire de Berne comprit au XVIᵉ siècle des *florins* et des *ducats* d'or avec leurs multiples et sous-multiples, des *batzen* et *demi-batzen*, des *kreuzer*, des *vierer* et des *heller*. Berne est de toutes les villes de Suisse celle dont la série de pièces d'or est le plus riche ; elle offre jusqu'à dix variétés de *ducats*, depuis le ducat simple jusqu'à la lourde pièce de douze ducats.

j). — *Soleure.*

Les plus anciennes monnaies datées émises à Soleure sont de beaux *thalers* frappés en 1501. Leur type comprend l'image de saint Ours, SANCTVS VRSVS MARTYR, debout, armé de toutes pièces, tenant dans la main un drapeau orné d'une croix. Le revers porte l'écu de la ville : *coupé de gueules et d'argent*, la légende MONETA SOLO-DOR et, en bordure, douze écussons des avoueries qui dépendaient de Soleure, c'est-à-dire : Buchegg, Halten, Altrew, Flumenthal, Falken-stein, Rothberg, Olten, Goesgen, Balm, Thierstein, Dorneck et Gilgen-berg. Sur les *thalers* frappés dans le cours du xvie siècle, ces petits écussons furent omis.

Soleure avait adopté le pied monétaire de Berne, ce qui lui valut le désa-grément de voir assez souvent ses pièces prohibées par Zurich, jalouse de la préférence accordée à sa rivale. La devise de Soleure : CVNCTA PER DEVM, figure au xviiie siècle sur plusieurs de ses monnaies.

k). — *Fribourg* [1].

La concession monétaire que Fribourg avait obtenue de l'empereur Sigismond en 1422 fut complétée en 1509 par une bulle du pape Jules II accordant à la ville le droit de forger des espèces d'or. Depuis cette époque jusqu'à la fin du siècle dernier elle a, d'après M. Lehr, large-ment usé de sa prérogative, et la série des monnaies fribourgeoises est une des plus complètes et des plus variées que nous offre la numisma-tique suisse.

Fribourg frappa des *dicken* ou *testons* dès la fin du xve siècle, et des *thalers* dans la première moitié du xvie, mais ces pièces sont sans date. Le premier *dicken* daté est de 1530.

Les types les plus caractéristiques en usage à Fribourg sont l'image de saint Nicolas, et les armes de la ville : *d'azur au château à trois tours d'argent, maçonnées et crénelées, accompagné d'une aigle éployée de sable au canton senestre du chef.* Au xviiie siècle, les pièces portent fréquemment la devise : SOLI DEO GLORIA.

1. A. Henseler, *Essai sur les monnaies d'or et d'argent de Fribourg.* Fribourg, 1884, in-8.

l). — *Schaffouse.*

Schaffouse, après avoir conclu avec les Suisses plusieurs alliances, entra définitivement dans la confédération en 1501.

Le monnayage de Schaffouse comprit au xvie siècle et au xviie des *ducats* d'or, des *thalers* et des *dicken* ou *testons* d'argent. Au xviiie siècle, les émissions perdirent toute importance, et ne consistèrent plus qu'en espèces divisionnaires.

Les armes parlantes de Schaffouse sont : *d'or au bélier de sable, saillant de la porte d'un château crénelé d'argent.* Elles forment avec l'aigle à deux têtes le type habituel des plus fortes espèces. La devise : **DEVS SPES NOSTRA EST** sert ordinairement de légende au revers des monnaies de Schaffouse.

m). — *Bâle.*

La série des fortes espèces d'argent commence à Bâle, en 1499, par de beaux *dicken* ou *testons* au buste de la Vierge, patronne de la cité (fig. 244); les caractères des légendes sont gothiques. Cet alphabet persista jusque dans le second quart du xvie siècle. En 1521 commença la frappe des *thalers*, qui s'arrêta en 1797. De 1561 à 1616, Bâle émit des *guldenthaler* de 20 batzen. Les espèces frappées par cette ville, du xvie au xixe siècle, sont extrêmement nombreuses tant en or qu'en argent.

Fig. 244

Le type particulier à Bâle se compose de ses armoiries très caractéristiques : *d'argent à la crosse bâloise, dite baselstab, de sable, posée en pal.* Ordinairement l'écu est soutenu par un ou deux basilics, animaux fantastiques qui tiennent à la fois du coq et du serpent. Sur quelques monnaies, notamment sur des *thalers* frappés en 1571, le revers porte l'effigie en pied de Munatius Plancus, auquel les Bâlois attribuent la fondation de leur ville; le personnage est revêtu de son armure et pose la main gauche sur un bouclier chargé des lettres SPQR. La légende est : **L***ucio* **MVN***atio* **PLANCO RAVRACORVM ILLVSTRATOR***i* **VETVSTISSIMO.** A partir du milieu du xviie siècle, le type des *thalers* est fréquemment formé d'une vue de la ville. La légende ordinaire du revers est, **DOMINE CONSERVA NOS IN PACE.**

n). — *Appenzell.*

L'an 1597, pour mettre fin aux longues querelles religieuses des habitants d'Appenzell, un jugement arbitral divisa le canton en deux districts ayant chacun son administration intérieure : les *Rhodes extérieures* devaient être occupées par les protestants, les *Rhodes intérieures* étaient réservées aux catholiques.

Ce n'est que dans le second tiers du xviiie siècle qu'Appenzell commença à battre monnaie. Les Rhodes intérieures firent frapper en 1737 des *ducats* d'or, des *kreuzer*, des *demi-kreuzer* et des pièces de *six kreuzer*, en 1738 des *shillings*, des *batzen*, des *demi-batzen*, des *oertli* ou pièces de quatre *batzen*, des pièces de 20 *kreuzers* ou de cinq *batzen* et des pièces de *neuf batzen*. Les Rhodes extérieures firent émettre à leur tour des pièces de 20 *kreuzers* en 1740. Toutes ces pièces, d'un titre assez faible, ont été souvent prohibées par les cantons voisins.

Les armes d'Appenzell sont : *d'argent à l'ours de sable levé, lampassé de gueules.* Le patron était saint Maurice. Son effigie figure sur plusieurs pièces, notamment sur le *ducat* d'or.

§ II. — *Les états associés et confédérés.*

a). — *Abbaye de Saint-Gall* [1].

L'abbaye de Saint-Gall avait pour armes : *d'or à l'ours levé de sable.* On possède pour l'époque moderne des monnaies de deux de ses abbés : l'un, Bernard II Müller (1594-1630), fit frapper en 1622 des *thalers* simples et doubles ; l'autre, Béda Anghern (1767-96), fit frapper de 1773 à 1796 les monnaies les plus variées d'or, d'argent et de billon, notamment des pièces de 2, 4, 5, 6, 10, 15, 20 et 30 *kreuzer,* des *gulden,* des *demi-thalers* et des *thalers*, des *ducats* d'or et des *demi-ducats*. Les pièces de Béda portent le plus souvent à l'avers un écu écartelé des armes de l'abbaye, de celles de Saint-Jean en Thurthal, de celles d'Anghern et de celles de Toggenbourg. La légende, toute en initiales, doit se lire comme suit : BEDA Dei Gratia Sacri Romani Imperii Princeps Sancti Galli Et Sancti Iohannis In Valle THurae Abbas Virginis Annun-

---

1. Alb. Sattler, *Die Münzen und Medaillen der fürstlichen Abtei St. Gallen,* dans le *Bulletin de la Société suisse de Numismatique* de 1887 et 1889.

ciatae E*ques.* Au revers, on voit tantôt saint Gall tendant du pain à un ours qui porte une bûche sur l'épaule, tantôt simplement l'ours avec sa bûche. Sur les *thalers* figure parfois la devise suivante, réduite à ses initiales : G*loria* E*t* H*onor* E*t* P*ax* O*mni* O*peranti* B*onum.*

L'abbaye de Saint-Gall, dépouillée de son temporel en 1798, fut sécularisée en 1805.

b). — *Ville de Saint-Gall.*

La plus ancienne monnaie datée émise à Saint-Gall, celle qui marque en même temps le commencement des temps modernes, est un *dicken* ou *teston* d'argent de 1500. Les *thalers* ne débutent qu'en 1563. Au XVIIᵉ siècle, vers 1620, la ville émit toute une série de *ducats* d'or avec leurs multiples et sous-multiples. Le monnayage du XVIIIᵉ siècle se borne à des monnaies divisionnaires.

Le numéraire de la ville de Saint-Gall porte l'image de la Vierge. celle de saint Othmar, ou les armes municipales : *d'argent à l'ours levé de sable, colleté d'or.* En 1475, l'empereur Frédéric III autorisa la ville à *colleter* l'ours de ses armoiries, pour le distinguer de celui que portaient les armes abbatiales. La légende qui se rencontre le plus souvent au revers des monnaies est : **SOLI DEO OPT***imo* **MAX***imo* **LAVS ET GLORIA** ou **VNI SOLI DEO GLORIA.** Au XVIIIᵉ siècle, quelques pièces portent : **LIBERTAS CARIOR AVRO,** devise appropriée, car toute l'histoire de Saint-Gall se résume en une lutte contre la domination des abbés.

c). — *Ligue de la Maison de Dieu* [1].

Au commencement du XVᵉ siècle, les habitants des Grisons, voulant assurer leur sécurité et leur indépendance, se groupèrent en trois ligues,

Fig. 245

qui prirent les noms de ligue grise ou *Grauerbund,* ligue de la Maison de Dieu ou *Gotteshausbund,* et ligue des Dix-Juridictions ou *Zehngerichtenbund.* De ces trois états le second seul a exercé le droit de battre monnaie.

La ligue de la Maison de Dieu, *Domus Dei Curiensis,* a fait frapper dans le milieu du XVIᵉ siècle, de 1540 à 1570, des *thalers* et *demi-thalers,* des pièces de 12, 10, 3, 2 et 1 *kreuzers* et des *heller.*

---

1. C.-F. Trachsel, *Die Münzen und Medaillen Graubündens,* 4ᵉ livraison. Lausanne, 1895, in-8.

Les plus fortes monnaies portent d'un côté les armes de la Ligue : *d'argent au bouquetin sautant de sable*, de l'autre, l'aigle impériale à deux têtes, avec la légende : **DOMINE CONSERVA NOS IN PACE.** Notre figure 245 reproduit le *double kreuzer* dont l'avers porte le buste de saint Lucius.

d). — *Évêché de Coire.*

L'évêché de Coire, *episcopatus curiensis*, avait pour patron saint Lucius. Ses armes étaient les mêmes que celles de la ligue de la Maison de Dieu. Voici la liste des évêques depuis le commencement du XVIe siècle :

Paul Ziegler de Ziegelberg, 1503-41.
Lucius Yter, 1541-48.
Thomas de Planta, 1548-65.
* Beatus de Porta, 1565-81.
Pierre II Rascher, 1581-1601.
* Jean V Flug d'Aspremont, 1601-27.
* Joseph Mohr, 1627-35.
* Jean VI Flug d'Aspremont, 1635-61.

* Ulric VI de Monte, 1661-92.
* Ulric VII de Federspiel, 1692-1728.
* Joseph-Benoît von Rost, 1728-54.
* Jean-Antoine de Federspiel, 1755-77.
Denis von Rost, 1777-93.
Charles-Rodolphe Buol von Schauenstein,
1793-1833.

La numismatique des évêques de Coire forme une série très complète qui s'arrête sous Jean-Antoine de Federspiel par des *thalers* d'argent et des *blutzger* de cuivre frappés en 1766, et par des *ducats* d'or frappés en 1767.

Le *thaler* le plus ancien appartient à Jean V ; le premier qui porte une date est de 1618. Les types les plus usuels des monnaies épiscopales de Coire sont les armes de l'évêque, l'effigie de saint Lucius, le bouquetin sautant. Ulric VI met le premier son buste sur les espèces. Les légendes comprennent, outre le nom de l'évêque régnant, celles de l'empereur, une prière adressée au Tout-Puissant : **DOMINE CONSERVA NOS IN PACE,** ou un acte de foi : **SI DEVS PRO NOBIS QVIS CONTRA NOS** ou **DOMINI EST REGNVM.** Les *thalers* de Jean-Antoine de Federspiel sont conformes au pied de convention, ainsi que l'indique l'inscription placée dans le champ du revers.

e). — *Ville de Coire.*

Les armes de Coire, *Curia rethica*, qui forment le type habituel de ses monnaies, se composent d'une porte de ville à trois tours crénelées, chargée d'un bouquetin sautant. Les plus anciennes pièces datées sont des *batzen* de 1529 et des *demi-dicken* de 1572. Toutes les autres espèces d'or, d'argent et de cuivre appartiennent au xviiᵉ ou au xviiiᵉ siècle. Notre figure 246 reproduit un *florin* d'or de 1664. Les monnaies qui ne portent pas en légende le nom de l'empereur régnant, ont la devise : **DOMINI EST REGNVM.**

Fig. 246

f). — *Abbaye de Dissentis.*

L'abbaye bénédictine de Dissentis, située dans les Grisons, à la jonction des vallées du Rhin antérieur et du Rhin moyen, avait reçu en 1466 de Frédéric III le droit de frapper des menues espèces. Ce droit fut confirmé en 1578, par Maximilien II, à l'abbé Chrétien de Castelberg.

En 1729, l'abbé Marian de Castelberg fit frapper des *kreuzers* sur lesquels il s'intitule MARianus Dei Gratia ABbas Desertinensis Sacri Romani Imperii Princeps. L'empereur Charles VI, sur la plainte de Thomas-François, baron de Schauenstein, mit l'abbé en demeure de cesser cette fabrication.

Les armes de l'abbaye de Dissentis étaient : *de gueules au sautoir d'argent.*

g). — *Seigneurie de Haldenstein* [1].

En 1607, Thomas I de Schauenstein-Ehrenfels acquit la seigneurie de Haldenstein ; il obtint le 6 juillet 1611 de l'empereur Rodolphe II le droit de battre monnaie, qui lui fut confirmé en ces termes, l'année suivante, par l'empereur Mathias : « *in seinen Herrschaften gulden und silberne Münzsorten, grosz und klein, allermaszen solches unser und des heil. Reichs Müncz-Edikt und Ordnung zulaszt, mit Umbschriften, Bildnussen, Wappen und Gepreg, auf beiden seiten schlagen und münczen lassen... doch sollen all solche gulden und silberne Münzen, die Er von Schauenstein... oder seine Erben und Nachkommen schlagen und münczen lassen werden, von Strich, Nadel, Gehalt, Korn, Gewicht und Gradt anderer unserer, auch Churfürsten, Fürsten, Statt und Ständt des Reichs Ordnung gemäsz und nicht geringer sein.* » On possède des monnaies d'or et d'argent de plusieurs seigneurs de Haldenstein :

1. A. Geigy. *Haldenstein und Schauenstein-Reichenau und ihre Münzprägungen*, dans le *Bulletin de la Société Suisse de Numismatique* de 1889.

* Thomas I de Schauenstein-Ehrenfels, 1609-28.
* Jules-Otton de Schauenstein-Ehrenfels, 1628-66.
* Georges-Philippe de Schauenstein-Ehrenfels, 1666-95.

Malgré les termes de sa concession, qui lui prescrivait l'émission de monnaies de bon aloi, Thomas I émit des espèces qui soulevèrent en Allemagne et en Suisse les réclamations les plus vives et furent décriées par le cercle de Franconie. Ses *thalers* portent son buste et ont au revers l'aigle d'empire, chargée de l'écu écartelé du seigneur et entourée de la légende : ARGENT*um* RECENS CAVAT*um* IMP*eratoris* AVT*oritate* SIG*natum*.

Georges-Philippe mourut sans enfants en 1695. Jean-Lucius de Salis (1701-22), qui avait hérité de la moitié de la seigneurie de Haldenstein, recommença le monnayage et frappa des *kreuzers*. Son successeur Gobert (1722-37) eut des émissions plus actives. On possède de lui diverses monnaies jusqu'aux *thalers* et *doubles thalers* d'argent, aux *ducats* et *sextuples ducats* d'or. La devise de Gobert : PRO DEO ET PATRIA, figure sur ses espèces. A la mort de ce seigneur, en 1737, son frère Thomas de Salis lui succéda ; il poursuivit les émissions jusqu'en 1770 et mourut en 1783.

h). — *Seigneurie, puis comté de Schauenstein.*

Au milieu du xvie siècle, la maison de Schauenstein-Ehrenfels se divisa en deux branches, dont l'aînée conserva la seigneurie de Schauenstein. Le 27 février 1709, Jean-Rodolphe obtint de l'empereur Joseph I le droit de battre monnaie; il paraît n'en avoir usé qu'en 1718 et 1719 pour émettre des *bluzger* de cuivre. Son fils Thomas François fut élevé en 1739 au rang de comte d'empire. On possède de lui diverses monnaies d'or, d'argent et de cuivre. Il mourut en 1742, après avoir adopté un de ses neveux, Jean-Antoine de Buol, sous la condition qu'il prendrait son nom et ses armes. Ce dernier auquel l'empereur Charles VII confirma en 1744 ses droits monétaires, frappa en 1748 des *ducats* d'or.

Les armes des Schauenstein étaient : *de gueules à trois poissons nageants d'argent l'un sur l'autre.*

i). — *Évêché de Sion et République du Valais* [1].

L'évêché de Sion, en allemand *Sitten*, avait pour patron saint Théo-

---

1. M. de Palézieux, *Numismatique du Valais,* dans le *Bulletin de la Société Suisse de Numismatique* de 1886.

dule; il n'avait pas d'armoiries particulières. Les évêques portaient les titres d'*episcopus sedunensis praefectus et comes Vallesiae*; voici leur chronologie:

* Josse de Silinon, 1482-96.
* Nicolas auf der Flühe, provicaire, 1496.
* Nicolas Schinner, 1496-99.
* Mathieu Schinner, cardinal, 1499-1522.
* Philippe de Platten, 1522-29.
* Adrien I de Riedmatten, 1529-48.
* Jean Jordan, 1548-65.
* Hildebrand I de Riedmatten, 1565-1604.
* Adrien II de Riedmatten, 1604-1613.
* Hildebrand II Jost, 1613-38.
Barthélemy auf der Flühe, Supersaxo, 1638-40.
* Adrien III de Riedmatten, 1640-46.
Adrien IV de Riedmatten, 1646-72.
Adrien V de Riedmatten, 1672-1701.
François I Joseph auf der Flühe, Supersaxo, 1701-34.
Jean-Jacques Blatter, 1734-52.
Jean-Hildebrand Roten, 1752-60.
* François II Frédéric am Bühel, 1760-80.
François III Melchior zen Ruffinen, 1780-1790.

L'époque moderne commence, pour la numismatique de Sion, sous

Fig. 247

Josse de Silinon, par de beaux *testons* ou *dicken* d'argent, d'un travail tout italien (fig. 247). Alors que dans la Suisse allemande les caractères gothiques sont employés, pour les légendes, jusque dans le premier quart du XVIᵉ siècle, ici nous sommes déjà en présence de caractères exclusivement latins.

Les *thalers* commencent sous Nicolas Schinner en 1498; l'avers représente l'empereur Charlemagne assis sur son trône, en habits impériaux, avec l'épée et le globe; devant lui est agenouillé saint Théodule en habits sacerdotaux, qui porte la main gauche sur le glaive de l'empereur et montre de la droite le livre des Évangiles que Charlemagne tient ouvert sur ses genoux. Le revers porte au centre l'écu de Nicolas Schinner, mitré et brochant sur une épée et une crosse en sautoir; aucune légende ne figure sur ce côté de la pièce; la bordure est occupée par seize petits écus: ceux des sept dizains du Valais supérieur, Goms, Brigue, Viège, Raron, Louèche, Sierre et Sion, ceux des six bannières du Valais inférieur, Conthey, Ardon, Saillon, Martigny, Entremont et Saint-Maurice, enfin ceux des trois seigneuries particulières de la bannière d'Entremont: Bourg Saint-Pierre, Orsières et Val de Bagnes.

Le thaler de Mathieu Schinner frappé en 1501 et que nous reproduisons ici (fig. 248) ne le cède guère en beauté à celui de son prédécesseur; l'avers montre saint Théodule en prières sous une banderole tenue par un ange et portant les mots **D. AVDITA EST** (c'est-à-dire *a Domino* *audita est oratio tua)*; la légende circulaire achève de nous expliquer le sens de cette représentation : **PRECIBVS S. THEODOLI DIMISSA EST CVLPA CAROLI.** Le revers porte les armes de l'évêque et en bordure dix-sept petits écussons des divers territoires du Valais.

Fig. 248.

Le dernier *thaler* des évêques de Sion fut frappé en 1528 par Philippe de Platten. Sous l'épiscopat de Hildebrand II Jost, en 1628, éclata un mouvement populaire à la suite duquel l'évêque dut partager son autorité avec les représentants des dizains; au lieu de l'ancien titre de préfet et de comte *du Valais*, il dut se contenter de la qualification plus modeste de préfet et comte *de la République Valaisanne*. A cette condition les bourgeois, qui avaient commencé à battre des *kreuzer,* des *demi-batzen* et des *dicken* au nom de la république, consentirent à lui laisser cette prérogative; mais depuis lors, l'écusson des sept dizains du haut Valais : *parti d'argent et de gueules à sept étoiles posées 2, 1, 2, 2, de l'un en l'autre,* succéda sur le revers des monnaies à l'image de saint Théodule.

A part Jean I Jordan, Hildebrand I et Adrien II, qui firent frapper des *ducats* d'or, et Hildebrand II Jost, qui en 1624 émit un *gulden* d'argent, les évêques de Sion n'ont plus produit que de la monnaie de billon. Les dernières pièces sont des *batzen* et des pièces de 1, 6, 12 et 20 *kreuzers* frappées de 1776 à 1778 par François-Frédéric.

j). — *Comté, puis principauté de Neuchâtel.*

Le comté de Neuchâtel, en allemand Neuenburg, avait pour armes : *d'or au pal de gueules, chargé de trois chevrons d'argent.*

En 1504, le mariage de Jeanne de Hochberg, héritière de Neuchâtel, avec Louis d'Orléans, duc de Longueville, fit passer ce pays dans la maison d'Orléans-Longueville, qui lui donna les souverains suivants :

26.

Jeanne et Louis, 1504-12.   la tutelle de sa mère *Marie de Bourbon).
[Occupation par les Suisses, 1512-29].   *Henri II, 1595-1663.
Jeanne, veuve, 1529-43.   Jean-Louis, 1663-68.
François, 1543-51.   Charles, 1668-72.
Léonor, 1551-73.   Jean-Louis, de nouveau, 1672-94.
*Henri I, 1573-95 (pendant sa minorité, sous *Marie, duchesse de Nemours, 1694-1707.

En 1707, après l'extinction de la maison d'Orléans-Longueville, les
États de Neuchâtel, appelés à choisir parmi les nombreux prétendants
qui réclamaient la principauté, se prononcèrent en faveur du roi de
Prusse :

*Frédéric I, 1707-13.   *Frédéric-Guillaume II, 1786-97.
*Frédéric-Guillaume I, 1713-40.   *Frédéric-Guillaume III, 1797-1806.
*Frédéric II, 1740-86.

Les plus anciennes monnaies de Neuchâtel furent frappées sur l'ordre
de Marie de Bourbon; elles devaient être émises sur le pied de
Berne, Fribourg et Soleure. En 1622, Henri I frappa des *thalers*. A la
fin du XVIIᵉ siècle, Marie, duchesse de Nemours, fit émettre plu-

sieurs pièces à son effigie et
à ses armes; notre figure 249
donne un spécimen de ce
monnayage; la devise OCVLI
DOMINI SVPER IVSTOS est
empruntée au 34ᵉ psaume.

Les rois de Prusse firent

Fig. 249.

frapper des espèces particu-
lières pour leur seigneurie de Neuchâtel; il existe notamment des *pistoles* d'or et des *thalers* de 1713 ; néanmoins les émissions consistèrent
principalement en menues monnaies de billon.

k). — *République de Genève* [1].

La révolution politique et religieuse qui vint, en 1535, modifier les
institutions génevoises, fut le point de départ du monnayage municipal.
Le 10 octobre de cette année, le Petit-Conseil décida de battre monnaie
aux armes de la ville, et dès le mois de décembre on procéda à la nomi-
nation du maître.

Le type principal des monnaies génevoises se compose des armes:

1. Eug. Demole, *Histoire monétaire de Genève de* 1535 *à* 1792. Genève, 1887, in-4.
— Le même, *Histoire monétaire de Ge*   1792 *à* 1848. Genève, 1892, in-4.

parti, au 1ᵉʳ d'or à une demi-aigle éployée de sable et couronnée, au 2ᵉ, de gueules à la clef d'or. La devise est **POST TENEBRAS SPERO LVCEM** (Job. XVII, 12), puis **POST TENEBRAS LVX** ou **LVCEM.**

Le *teston* équivalent au tiers du thaler fut, suivant toutes probabilités, la première monnaie d'argent frappée à Genève, comme l'*écu au soleil* fut la première monnaie d'or. Les *thalers* apparaissent en 1536 et se continuent jusqu'en 1659 ; en 1721 ce monnayage fut repris, mais les pièces portèrent officiellement le nom d'*écus* d'argent. Les premières monnaies d'or datées sont les *florins* de 1562.

La guerre de Genève avec la Savoie et les frais qu'occasionnait l'entretien de la garnison forcèrent en 1590 le gouvernement à émettre des monnaies de nécessité en cuivre qui, plus tard, furent échangées contre de bonnes espèces. Ces pièces, *florins de XII sols, demi-florins de VI sols* et *sols,* portent à l'avers un soleil ayant en cœur les armes de Genève, et, au revers, dans le champ, la valeur de la monnaie suivie des mots : **POVR LES SOLDATS DE GENEVE** 1590. Notre figure 250 représente l'avers de la pièce de *six sols.*

Fig. 250.

En 1792 survint à Genève une révolution, contre-coup de la révolution française, qui entre autres innovations amena l'adoption du système décimal pour les monnaies. Les pièces frappées en 1794 portent de curieux préceptes moraux ou des devises, tels que : **TRAVAILLE ET ECONOMISE, LES HEVRES SONT DES TRESORS, APRES LES TENEBRES LA LUMIERE, L'OISIVETE EST UN VOL, PRIX DU TRAVAIL,** etc. En 1795, les Génevois en revinrent au système duodécimal ; on frappa des *gros écus,* des *petits écus,* des *quinze sols* en argent, des *six sols,* des *trois sols,* des *six quarts* et des *six deniers* de billon. En 1798, Genève, annexée à la France, devint le siège d'un atelier monétaire français.

l). — *Évêché de Lausanne* [1].

L'évêché de Lausanne, *episcopatus lausannensis,* avait la Vierge pour patronne. Ses armes étaient : *parti d'argent et de gueules, à deux ciboires d'or.* Les trois évêques suivants se succédèrent à Lausanne pendant la période qui intéresse la numismatique moderne :

*Benoît de Montferrand, 1476-91.   *Sébastien de Montfaucon, 1517-60.
*Aimon de Montfaucon, 1491-1517.

1. A. Morel-Fatio, *Histoire monétaire de Lausanne* (1476 à 1588), dans les *Mémoires et documents de la Société d'histoire de la Suisse romande,* t. XXXV, 1881, p. 1 et suiv.

Le monnayage des *testons* d'argent commence à Lausanne sous Aimon de Montfaucon, et se continue sous son successeur. Un contrat passé, en 1521, entre Sébastien et son maître des monnaies, nous apprend d'une manière exacte quelles unités composaient à cette époque le système métallique de l'évêché :

1. *Ducats* d'or à 23 2/4 carats taillés à 70 au marc.
2. *Dicken* ou *testons* d'argent à 11 1/3 deniers de fin, à 25 et 2 deniers au marc.
3. *Pièces de 2 sols* d'argent à 6 1/3 deniers de fin à 77 au marc.
4. *Sols* d'argent à 4 deniers de fin et 100 au marc.
5. *Pièces de trois quarts de sol* à 3 2/3 deniers de fin et à 124 au marc.
6. *Quarts de sols* à 2 5/12 deniers de fin et à 252 au marc.
7. *Deniers* à 3/4 denier de fin et 296 au marc.
8. *Mailles* ou demi-deniers à 7/12 de fin.

Les types des monnaies de Lausanne se composent des images de saint Maurice, de la Vierge, d'une effigie épiscopale ou des armes.

m). — *Comté de Gruyères.*

Le comté de Gruyères, en allemand *Greierz,* était situé dans le canton actuel de Fribourg. Ses armes étaient : *de gueules à une grue d'argent.*

En 1396, le comte Rodolphe IV obtint de l'empereur Wenceslas le droit de frapper des monnaies d'or et d'argent. Le seul comte de Gruyères qui ait fait usage de ce privilège est Michel, qui mourut en 1570, après avoir vendu successivement toutes ses possessions aux villes de Berne et de Fribourg. On possède de lui des *florins* d'or et des *batzen* d'argent. Ces pièces portent d'un côté l'écusson à la grue, avec la légende **MICHAEL PRIN. ET CO. GRVER.** 1552, et de l'autre la devise : **TRANSVOLAT NVBILA VIRTVS,** autour d'une croix.

n). — *Ville de Zofingen* [1].

La ville de Zofingen, pour affirmer ses droits monétaires, qui lui avaient été contestés par Berne, fit frapper des *demi-batzen* en 1716, des *kreuzers* et des pièces de 10 et de 20 *kreuzers* en 1722, enfin des *batzen* et *demi-batzen* en 1726. Ces pièces portent les armes de la ville : *coupé, recoupé de gueules et d'argent,* et la devise : **DEVS PROVIDEBIT.**

---

1. B. Reber, *Fragments numismatiques sur le canton d'Argovie.* Genève, 1890, in-8, p. 64 et suiv.

CHAPITRE HUITIÈME

L'ITALIE

ET SES DÉPENDANCES

DEPUIS L'APPARITION DES PIÈCES D'ARGENT A FLAN ÉPAIS AU XVᵉ SIÈCLE JUSQU'A LA FIN DU XVIIIᵉ.

SOURCES: V. Promis, *Tavole sinottiche delle monete battute in Italia e da italiani all' estero*. Turin, 1869, in-4. — G. Bazzi et M. Santoni, *Vade-mecum del raccoglitore di monete italiane*. Camerino, 1886, in-8. — F. et E. Gnecchi, *Saggio di bibliografia numismatica delle zecche italiane medioevali e moderne*. Milan, 1889, gr. in-8. — Les autres sources sont indiquées dans le cours du chapitre.

L'étude des monnaies de l'Italie est particulièrement captivante. Ce pays devança en effet tous les autres pays de l'Europe dans l'adoption des espèces d'argent à flan épais. Sous Galéas-Marie Sforza (1466-1476), l'atelier de Milan livre à la circulation les premiers *testons*, et cette fabrication marque le véritable début de la monnaie moderne. Dès 1463, François Sforza avait fait graver son effigie sur ses *ducats* d'or.

Au point de vue de l'art, le numéraire de la péninsule brille au premier rang parmi les productions les plus parfaites de la Renaissance. Comme le constate François Lenormant, c'est de la Toscane que sortit la rénovation de la gravure monétaire issue de l'inspiration des œuvres antiques étudiées avec passion, et du retour à une imitation à la fois naïve et savante de la nature. A Florence, à Ferrare, à Milan, à Parme, à Venise, à Bologne, à Rome, on retrouve parmi les noms des « tailleurs de coins » employés à la zecca, ceux des artistes les plus éminents, les Caradosso, les Camelia, les Pier Maria de Pescia, les Francia, les Benvenuto Cellini, les Leone Leoni, les Bonzagni, les Giovanni da Castro Bolognese, les Grecchetto, les Valerio Belli, les Pastorino et tant d'autres[1].

---

1. Il n'est pas hors de propos de rappeler ici les titres des principaux ouvrages consacrés aux médailleurs italiens de la Renaissance : J. Friedlaender, *Die italienischen*

Le monnayage de la péninsule présente, comme celui de l'Allemagne une grande diversité par suite de la division politique du pays, et spécialement des régions du Nord, en un nombre considérable de petits états particuliers, jouissant des droits régaliens. Pour l'examen de ces nombreuses séries monétaires, le groupement géographique des états est celui qui nous a paru le plus logique. C'est à cet ordre que nous nous sommes arrêtés, de préférence à l'ordre alphabétique des ateliers, suivi par Vincent Promis et la plupart des auteurs auxquels on doit des traités généraux de numismatique italienne.

§ I. — *Italie septentrionale.*

Nous groupons dans ce premier paragraphe les états qui s'étendaient en Savoie, en Piémont, en Lombardie, en Vénétie, en Ligurie et en Émilie, c'est-à-dire dans la région de l'Italie où la souveraineté territoriale se trouvait le plus disséminée et où, par conséquent, les monnayages sont les plus nombreux.

a). — *Duché de Savoie* [1].

Le duché de Savoie s'étendait sur les deux versants des Alpes. En deçà des montagnes, il comprenait, à la fin du xve siècle, la Savoie proprement dite, la Bresse et le Bugey; au delà, il embrassait la principauté du Piémont; enfin, entre les Alpes et la mer, le comté de Nice. Le souverain de ce pays prenait le titre de *dux Sabaudiae, marchio in Italia.* Ses armes étaient: *de gueules à la croix d'argent;* son emblème favori, un lacs d'amour; sa devise *f. e. r. t.,* lettres énigmatiques dont le sens a donné lieu à diverses interprétations. Voici la succession des ducs de Savoie, de la fin du xve siècle jusqu'au moment où Victor-Amédée II devint roi de Sardaigne:

* Charles I, 1482-1490.
* Charles-Jean-Amédée et Blanche de Montferrat, 1490-1496.
* Philippe II, 1496-1497.
* Philibert II, 1497-1504.

Schaumünzen des XV Jahrhunderts. Berlin, 1880-82, in-fol. — A. Heiss, *Les médailleurs de la Renaissance.* Paris, 1881 et suiv. in-fol. — A. Armand, *Les médailleurs italiens des* xve *et* xvie *siècles.* Paris, 1883-87, 3 vol. in-8.

1. D. Promis, *Monete dei Reali di Savoja.* Turin, 1841, 2 vol. in-4 avec 87 planches. — A. Perrin, *Musée départemental de Chambéry. Catalogue du médaillier de Savoie.* Chambéry, 1883, in-8.

* Charles II, 1504-1553.
* Emmanuel-Philibert, 1553-1580.
* Charles-Emmanuel I, 1580-1630.
* Victor-Amédée I, 1630-1637.
* François-Hyacinthe et Christine de France, régente, 1637-1638.
* Charles-Emmanuel II et Christine de France, régente, 1638-1648.
* Charles-Emmanuel II, majeur, 1648-1675.
* Victor-Amédée II et Marie-Jeanne de Nemours, 1675-1684.
* Victor-Amédée II, majeur en 1684, roi de Sardaigne en 1718.

En 1483, Charles I apporta d'importantes modifications dans le système monétaire de ses états. Il fixa à 11 1/15 le rapport de l'or à l'argent, introduisit dans ses ateliers l'usage du marc de Troyes et fit frapper les premiers *testons* d'argent ou pièces de huit gros, sur lesquels il se fit représenter en buste, une épée à la main (fig. 251). Il y eut aussi une modification dans les légendes; le revers, au lieu de porter, comme précédemment, une énumération de titres, reçut des textes tirés des livres saints, soit: *Christus vincit, Christus regnat, Christus imperat,* soit: *Christus rex venit in*

Fig. 251.

pace Deus*, soit encore l'inscription si répandue : *sit nomen Domini benedictum.* Les caractères gothiques sont de bonne heure remplacés par des lettres latines; seule la devise *fert* conserva longtemps son aspect archaïque, et resta écrite en minuscules gothiques dans le champ des espèces. Les ateliers du duché de Savoie en activité sous Charles I se trouvaient, en deçà des monts, à Cornavin, près Genève, à Chambéry et à Bourg-en-Bresse; de l'autre côté des Alpes on monnayait à Aoste et à Turin; enfin une officine fonctionnait à Nice, pour le comté de ce nom.

En 1485, Charlotte, reine de Chypre, veuve de Louis de Savoie, décédé en 1482, confirma la donation qu'elle avait faite de son royaume au duc de Savoie. C'est sur cette donation que les ducs de Savoie s'appuyèrent désormais pour prendre le titre de rois de Chypre, bien qu'en fait ils n'aient jamais pu se mettre en possession de ce pays, occupé par les Musulmans.

Charles-Jean-Amédée était âgé d'un an à peine à la mort de son père. Le pays fut gouverné par sa mère Blanche de Montferrat, qui contresigna les espèces en qualité de tutrice : **BLANCHA D·S· TVTRIX,** et n'émit que de menues monnaies de billon.

La frappe de l'or et des *testons* d'argent reprit sous Philippe II (1496-

1497), et continua sous Philibert II (1497-1504), mais le grand buste armé fit place sur les fortes espèces d'argent à la tête du prince coiffée d'un bonnet. Les autres types monétaires restent ce qu'ils étaient précédemment : un cavalier, l'écu de Savoie avec ou sans cimier, le mot **FERT**, une croix de formes variables.

Le règne de Charles II (1504-1553) fut troublé par une guerre malheureuse avec le roi de France. En 1534 l'amiral Chabot, commandant des forces françaises, se rendit maître de la Bresse, de la Savoie et de presque tout le Piémont. Turin tomba aux mains de François I, qui y établit un atelier monétaire français. Charles II fut contraint de se retirer à Verceil, qui devint le siège d'un atelier monétaire. En 1543, Nice, assiégée par une armée française et une flotte turque, frappa des mon-

Fig. 252.

naies obsidionales d'or et d'argent, dont nous reproduisons ici un exemplaire (fig. 252). Malgré les malheurs des temps, Charles II eut une série monétaire d'une grande variété de types et d'une belle exécution. En juin 1453, une ordonnance prescrivit la fabrication de *talleri* d'argent valant 42 gros et de diverses autres espèces divisionnaires ; cette ordonnance marque le début de l'émission des monnaies d'argent d'une valeur supérieure au *teston*. Le type de ces premiers *écus* ou *talleri* se compose à l'avers de l'image en pied de saint Maurice, au revers d'une croix feuillue, portant au centre l'écu de Savoie et contournée des quatre écus de Chypre, de Saxe, de Nice et de Montferrat.

Emmanuel-Philibert (1553-1580) servait aux Pays-Bas dans l'armée de Charles-Quint, quand il apprit la mort de son père. Il gagna en 1557 la bataille de Saint-Quentin, qui amena, entre la France et l'Espagne, la paix du Cateau-Cambrésis. Cette paix rendit au duc de Savoie la plus grande partie de ses états ; quelques villes importantes restèrent toutefois à la France jusqu'en 1574. Un grand désordre régnait à cette époque en Savoie, par suite de l'existence de monnaies de compte spéciales en deçà et au delà des Alpes, à Aoste, à Nice et en Piémont. Par une ordonnance du 13 mars 1562, Emmanuel-Philibert tenta d'unifier le cours des espèces dans ses états, et prescrivit l'émission de monnaies nouvelles. Il fixa le rapport de l'or à l'argent comme 1 est à 11 809/5176 ; il prit comme base du nouveau système l'ancien gros, auquel il donna le nom de *sol* ou *soldo*. La série des pièces émises à cette époque comprit l'échelle de valeurs suivante :

1. *Denier* ou *douzième de soldo.*
2. *Quart de soldo.*
3. *Soldo.*
4. *Filiberto* d'argent, valant 5 sols.
5. *Mezza lira* d'argent, valant 10 sols.
6. *Lira* d'argent, valant 8 sols 1 denier.
7. *Scuto d'oro* ou *écu* d'or, valant 3 lire d'argent.
8. *Filiberto d'oro,* valant 9 lire d'argent.
9. *Doppio filiberto d'oro,* valant 27 lire d'argent.

Plusieurs de ces pièces se distinguent par la beauté et l'originalité de leur type. Le *doppio filiberto* d'or porte à l'avers les bustes en regard du duc de Savoie et de sa femme Marguerite de France ; le revers représente un serpent s'enroulant autour de cinq flèches, avec cette légende : **HERCVLEO VINCTA NODO**. Le *filiberto d'oro*, la *mezza lira* et le *filiberto* d'argent ont d'un côté les armes, de l'autre un éléphant debout au milieu d'un troupeau de moutons ; la devise est **INFESTVS INFESTIS** ; la *lira* d'argent porte le buste de souverain et les mots : **INSTAR OMNIVM**, dans une grande couronne de chêne. En 1566, le système monétaire se compléta par une pièce de trois *lire* ou *écu d'argent*, portant à l'avers l'effigie

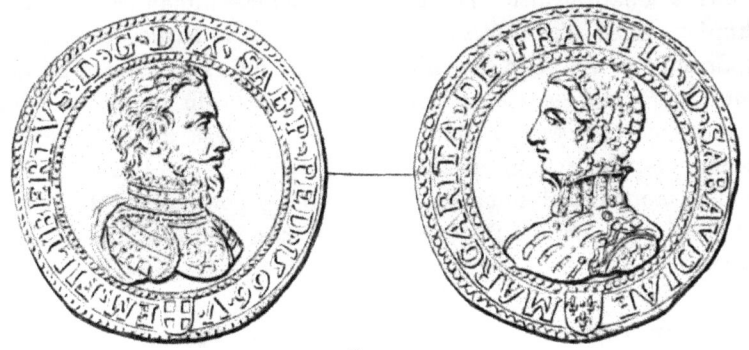

Fig. 253

du duc et au revers celle de la duchesse (fig. 253). En 1567, on frappa des *florins* d'argent, portant un trophée entouré des mots **RECONDVNTVR NON RETONDVNTVR**. En juillet 1572, Emmanuel-Philibert institua l'ordre de la chevalerie séculière des saints Maurice et Lazare ; il prend dès lors sur ses *écus* d'or le titre de grand maître de cet ordre. En 1577, l'atelier de Turin émit des *tallari* ou *écus* d'argent portant l'image équestre du duc ; la marque particulière de l'officine était un **T**.

Charles-Emmanuel I (1580-1630) augmenta ses états, en 1588, du marquisat de Saluces. En 1589, après la mort de Henri III, il se mit sur les rangs pour lui succéder, en France, comme fils de Marguerite, sœur de Henri II; en 1601, battu par Lesdiguières, il fit avec Henri IV un traité de paix par lequel il céda au roi le pays de Gex et le Bugey, mais obtint la cession définitive du marquisat de Saluces.

Les émissions monétaires de Charles-Emmanuel I furent nombreuses et comprirent une grande variété d'espèces, depuis la pièce de *dix écus d'or* jusqu'aux menues pièces de billon. Les plus fortes espèces d'argent furent les *écus* d'argent valant quatre *testons* et les *tallari* de trois *testons*; à partir de la fin du xvie siècle, l'écu d'argent prit le nom de ducaton. Le *tallaro* de 1581 reproduit le type équestre d'Emmanuel Philibert, mais les *écus* d'argent présentent une série de types qui varient à chaque émission. Celui de 1588 porte au revers un centaure lançant une flèche; la légende est: OPPORTVNE. Celui de 1614 a l'image de saint Charles et l'invocation: DISCERNE CAVSAM MEAM, allusion à la guerre que le duc de Savoie soutenait contre le duc de Mantoue pour la succession de Montferrat. En 1619, les *écus* d'aloi affaibli ont l'effigie en pied de saint Amédée: BENEDIC HÆREDITATI TVÆ. Enfin, en 1621, le revers présente un compas ouvert avec la légende: DVM PRÆMOR AMPLIOR. L'avers de toutes ces pièces présente uniformément le buste de Charles-Emmanuel I cuirassé, drapé et colleté d'une large fraise. Ce prince fut le dernier qui monnaya à Chambéry. En 1617, la ville de Verceil fut assiégée par les Espagnols qui, dans la guerre pour la succession du duché de Montferrat, tenaient le parti du duc de Mantoue. Ce siège, qui dura de la fin de mai jusqu'au 25 juin, date de la capitulation, donna lieu à la fabrication de monnaies obsidionales d'or et d'argent, portant à l'avers le buste de Charles-Emmanuel I, et au revers les mots: VERCELLIS IN OBSIDIONE 1617, dans un cartouche.

Victor-Amédée I (1630-1637) établit définitivement comme unité

Fig. 254

monétaire du Piémont la *lira* d'argent de vingt sols; cette pièce porta à l'avers son effigie, au revers les trois bannières de Savoie, de Saint-Maurice et de l'Ordre de l'Annonciade, passées dans une couronne ducale et entourées des mots : **NEC NVMINA DESVNT**. Ce type se retrouve sur d'autres pièces d'or et d'argent (fig. 254). Victor-Amédée I monnaya à Turin, à Verceil et à Nice. En 1630, pendant l'épidémie qui désolait certaines villes du Piémont, l'atelier de Turin fut transporté provisoirement à Moncalieri, et l'atelier de Verceil à Santhia.

A la mort de Victor-Amédée, son fils aîné François-Hyacinthe lui succéda sous la tutelle de sa mère Christine de France, mais il survécut moins d'un an à son père. En mai 1638, le gouverneur espagnol de Milan, profitant du désarroi de cette minorité, vint mettre le siège devant Verceil ; le gouverneur de la place, le marquis Dogliani, fut contraint de frapper des monnaies obsidionales d'or et d'argent ; elles portent les noms de François-Hyacinthe et de sa mère, les armes de

Fig. 255

Savoie et, au revers, un cartouche avec ces mots : **VERCELLÆ ITE-RVM AB·HISP·OBSESSÆ**. La ville fut obligée de capituler le 5 juin. Dans l'atelier de Turin, les rares monnaies frappées en 1638, *doubles* et *doublons* d'or, *ducatons* d'argent, portent les effigies conjuguées de la régente et de son fils : **CHR*istina* FR*anciae* FR·HYAC·DVCES SABAV· P·P·PED·R·R·CYPRI** ; au revers, nous trouvons la Madone entourée de fleurs : **DEDVCET NOS MIRABILITER DEXTERA TVA** (fig. 255).

Charles-Emmanuel II recueillit l'héritage de son frère et, jusqu'en 1648, sa mère conserva la tutelle. Les monnaies portent leurs effigies réunies. Les droits de régence de Christine de France étaient contestés par Maurice et Thomas, frères de Victor-Amédée, soutenus dans leurs prétentions par l'Espagne. Thomas s'empara de Turin par surprise, et y émit de menues espèces au nom de Charles-Emmanuel II, seul. Lorsque la capitale du Piémont fut retombée au pouvoir de Christine de France, l'atelier de Thomas fut transféré à Biella et à Ivrée. Pendant cette même guerre, la ville de Cunéo, assiégée en 1641 par les Français qui tenaient le parti de la régente, émit des obsidionales d'or et d'argent. Le traité du 14 juin 1642 vint rétablir la paix.

La série monétaire de Charles-Emmanuel II, majeur (1648-1675), ne présente pas la variété d'empreintes de celles de ses prédécesseurs. Les monnaies d'or comprennent, il est vrai, des espèces de très grand module, telles que la pièce de 20 *écus*, mais le type ne consiste en général qu'en un portrait du prince, qui suit les modifications de l'âge, et en armoiries simples ou écartelées.

Victor-Amédée II, âgé de neuf ans à la mort de son père, lui succéda sous la régence de sa mère Marie-Jeanne-Baptiste de Savoie. Leurs bustes conjugués figurent sur les monnaies, dont le revers est le plus souvent occupé par les armes. Un *doublon* d'or frappé en 1675 représente la Vierge assise, tenant le sceptre et appuyant la main gauche sur l'épaule de l'Enfant debout à côté d'elle; la légende PVPIL-LVM ET VIDVAM SVSCIPIET est, comme le type lui-même, appropriée aux circonstances.

Victor-Amédée II atteignit sa majorité en 1684. Son règne fut marqué par une longue guerre avec la France et l'Espagne, qui prit fin en 1713 à la paix d'Utrecht; le duc de Savoie, qui s'était vu à un moment dépouillé d'une grande partie de ses états, en obtint la restitution. L'Espagne lui céda en outre le royaume de Sicile, que l'Autriche reprit en 1718 pour le restituer plus tard aux Espagnols. En 1720, en compensation de la Sicile perdue, Victor-Amédée reçut l'île de Sardaigne et la confirmation de son titre de roi.

Les types des monnaies de Victor-Amédée II ne diffèrent guère de ceux des pièces de son père; ce sont toujours l'effigie du prince et ses armes qui en font les frais. Une pièce d'or, le *carlino da doppie cinque* frappé en 1694, fait exception et présente à l'avers l'image équestre du duc de Savoie, au revers la Justice dans une nue, avec cette légende : FIDEM SERVANDO PATRIAM TVENDO. Le fait monétaire le plus intéressant du règne de Victor-Amédée II, fut la suppression, par son édit du 17 février 1717, des diverses monnaies de compte en usage dans ses états, et l'établissement comme monnaie de compte unique de la *lira* piémontaise. Jusqu'à cette époque, la Savoie continuait, malgré les tentatives d'unification antérieures, à compter en *florins* valant la moitié de la livre tournois de France ; le Montferrat comptait en *écus* et *réaux;* les provinces lombardes récemment annexées avaient conservé le compte en monnaies de Milan. Le décret de Victor-Amédée II vint simplifier considérablement les opérations commerciales entre ses diverses provinces.

b). — Royaume de Sardaigne.

Nous avons rappelé, dans le paragraphe précédent, comment ce royaume fut créé en faveur de Victor-Amédée II, duc de Savoie. Celui-ci abdiqua en 1730, laissant la couronne à son fils, qui la transmit à ses descendants :

* Charles-Emmanuel III, 1730-1773. * Charles-Emmanuel IV, 1796-1798.
* Victor-Amédée III, 1773-1796.

Victor-Amédée II, lorsqu'il fut mis en possession de la Sardaigne, prit les titres suivants : *Dei gratia rex Sardiniae, Cypri et Hierosolymorum, dux Sabaudiae et Montisferrati, princeps Pedemonti.* Le seul atelier monétaire du royaume resta établi à Turin [1].

En 1755, Charles-Emmanuel III modifia le système monétaire, qui comprit dorénavant les espèces suivantes : 1º en or, *carlin* de 5 doppie, *demi-carlin* de deux doppie et demi, *doppia* valant 24 lire, *demi-doppia, quart de doppia ;* 2º en argent, *scudo* de 6 lire, *demi scudo, quart de scudo* et *huitième de scudo.* Le type se compose du buste du roi et des armes. Ce système ne subit pas de modifications importantes jusqu'à la conquête française.

c). — Seigneurie d'Asti.

La terre d'Asti, située sur le Tanaro, en Piémont, appartenait à la fin du XVe siècle à Louis, duc d'Orléans. Celui-ci monta en 1498 sur le trône de France sous le nom de Louis XII (1498-1515).

En 1529, à la suite du traité de Cambrai, le roi François I fut contraint de céder Asti à Charles-Quint, qui donna en 1531 cette seigneurie à Béatrice de Portugal, femme de Charles III, duc de Savoie.

Fig. 256

On possède des monnaies en assez grand nombre, en or, en argent et en billon, de Louis, tant comme duc que comme roi ; notre figure 256 représente le *cavallotto* d'argent de ce prince. Le type du revers se compose de l'image de saint Second, patron d'Asti.

1. Nous parlerons dans le § IV, consacré à l'Italie insulaire, des monnaies frappées pour l'île de Sardaigne.

François I ne frappa que des monnaies d'argent et de billon. Les émissions furent continuées de 1529 à 1531 au nom de Charles-Quint, puis l'atelier entra en chômage. En 1542, Asti fut donné à Emmanuel-Philibert de Savoie, fils du duc Charles II; ce prince reprit le monnayage et émit des espèces avec le titre de prince de Piémont jusqu'en 1553, date de son avènement au trône de Savoie.

d). — *Marquisat de Saluces*[1].

Le marquisat de Saluces, en italien *Saluzzo*, en latin *Salutiae*, s'étendait sur le versant oriental des Alpes. Ses armes étaient: *d'argent au chef d'azur*. L'atelier monétaire se trouvait à Carmagnola. Voici la liste des marquis de Saluces qui monnayèrent dans les temps modernes:

* Louis II, 1475-1504.
* Michel-Antoine, 1504-28.
* François, 1529-37.
* Gabriel, 1537-48.

La maison de Saluces s'éteignit avec ce dernier; ses possessions furent annexées par la France. En 1601, Henri IV céda Saluces à la Savoie en échange de la Bresse et du Bugey.

Louis II ouvrit l'atelier de Carmagnola vers 1480. Ses monnaies comprennent de beaux *sequins* et *doubles sequins* d'or, à l'avers desquels se montre son effigie, d'une superbe gravure. La légende habituelle du revers est le nom de saint Constance, SANCTVS CONSTANTIVS. L'image de ce saint, et plus rarement celle de saint Agapet, SANCTVS AGAPITVS, figure sur les monnaies de Michel-Antoine, où l'avers est généralement occupé par une aigle ou par l'écu de Saluces.

e). — *Comté de Déciane*[2].

Le comté de Déciane ou de Dezana, en latin *Deciana*, s'étendait en Piémont, non loin de Verceil. Il appartenait depuis 1411 à la famille des Tizzoni, dont les armes étaient: *d'argent à trois tisons de sable allumés de gueules, mis en bande*. En 1485, Louis I obtint le titre de comte, auquel Maximilien I ajouta encore en 1510 celui de vicaire de l'Empire.

1. G. Cordero di San-Quintino, *Della istituzione delle zecche dei marchesi di Saluzzo*. Lucques, 1836, in-8.
2. C. Gazzera, *Memorie storiche dei Tizzoni, conti di Dezana, e notizie delle loro monete*. Turin, 1842, in-4. — E. Cartier, *Monnaies frappées en Piémont de 1515 à 1529 par deux capitaines français avec le titre de comtes de Déciane*, dans la *Revue numismatique*, 1843, p. 198 et suiv.

Louis II Tizzone (1510-15) ouvrit à Déciane un atelier, sans qu'on puisse dire dans quelles circonstances le droit monétaire lui avait été accordé, et il y émit des espèces d'or et d'argent. Les *testons* ont l'image en pied de saint Alexandre et l'aigle couronnée, entourée de la légende : LVD·TICIO·DECI·CO·VIC·IMP. Partisan de l'Empire, mêlé comme tel aux guerres contre la France, il se vit en 1515 dépossédé de ses états par François I, qui donna le comté de Déciane à un de ses capitaines, François Mareuil, seigneur de Montmoreau. En 1516, ce dernier vendit son fief à Pierre Bérard, seigneur de la Facaudière : P·B· D·F·COMES DECIANE. Celui-ci en céda à son tour, en 1527, la moitié à Philippe Tornielli, patricien de Novare, qui s'en était emparé par surprise. Tous ces divers possesseurs de Déciane ont laissé des monnaies ; le dernier prend sur ces pièces le simple titre d'*administrateur* du comté.

En 1529, la famille des Tizzoni rentra en possession de Déciane et fournit désormais à ce pays les seigneurs suivants :

* Jean-Barthélemy, 1529-33.   *Dauphin, 1583-98.
  Caius-César, 1533-52.   *Antoine-Marie, 1598-1641.
  Jean-Marie et Gabriel, 1552-59.   *Charles-Joseph, 1641-76.
* Augustin, 1559-82.   *Curtius-François, 1679-93.

En 1693, à la mort de ce dernier, sa veuve vendit Déciane à Victor Amédée II, duc de Savoie, qui supprima l'atelier monétaire et en fit transporter le matériel à Turin.

Les comtes de Déciane copièrent les monnaies d'un grand nombre d'états italiens et étrangers. Dauphin Tizzone inonda le sud-est de la France de ses innombrables contrefaçons du *gros de Nesle* et du *liard* de Henri III. Les monnaies suisses servirent aussi maintes fois de prototypes aux monnayeurs peu scrupuleux de Déciane, qui tiennent peut-être le premier rang parmi les contrefacteurs italiens.

f). — *Comté, puis principauté de Messerano.*

La terre de Messerano ou Masserano comprenait la ville de ce nom et le bourg de Crevacuore ; elle était enclavée dans le Piémont, mais la suzeraineté en appartenait au pape, qui en 1506 l'éleva au rang de comté.

Les premières monnaies de Messerano sont des pièces anonymes frappées par les seigneurs, puis comtes de la famille des Fieschi depuis la fin du xvᵉ siècle. Les espèces signées n'apparaissent qu'avec Louis II et son cousin Pierre-Lucas II, qui monnayèrent et régnèrent en commun jusqu'en 1528 ; à cette date, ils procédèrent à un partage de leurs biens et Pierre-Lucas II obtint Crévacuore, qu'il vendit en 1554 au duc de Savoie.

Louis II, se trouvant sans enfants, adopta en 1517 un de ses parents par alliance, Philibert Ferrero, de Biella, à la condition qu'il continuerait le nom de Fieschi. Celui-ci devint, en 1532, comte de Masserano, et fut promu en 1547 au rang de marquis. Son fils Besso Ferrero-Fieschi récupéra, en 1576, la terre de Creva-cuore par un échange de

Fig. 257

territoires avec la Savoie. En 1598, le pape érigea Masserano en princi-pauté et Crevacuore en marquisat. Voici la chronologie des seigneurs de ces fiefs depuis l'avènement des Ferrero :

* Philibert, 1532-59.
* Besso, 1559-84.
* François-Philibert, 1584-1629.
* Paul-Besso, 1629-67.

* François-Louis, 1667-85.
* Charles-Besso, 1685-1720.
  Victor-Amédée, 1720-43.
  Victor-Philippe, 1743-67.

Le monnayage prit fin vers 1690, sous Charles-Besso. En 1767, Victor-Philippe vendit ses états au roi de Sardaigne.

Les premiers *testons* frappés au nom de Louis II portent son écu pen-ché sous un heaume ou l'image de saint Téonest, **SANCTVS TEONES-TVS MAR**, assis dans l'attitude du saint Ambroise de Milan, ou debout de face. Sous Pierre-Lucas, nous trouvons l'image du même saint ou un cavalier étendant la

Fig. 258

main (fig. 258). Sur les *cavalotti* d'argent, saint Téonest est figuré à cheval. Le numéraire de Messerano, qui comprit des pièces d'or et des *talleri* d'argent, se com-posa pour la plus grande partie d'imitations de monnaies italiennes et étrangères. En 1672, François Louis, trouvant lucratif de copier les *douzièmes d'écu* d'Anne-Marie-Louise de Dombes, fit frapper des pièces analogues, sur lesquelles il mit le buste de sa femme, Marie-Christine de Simiane.

Les armes des Fieschi étaient: *bandé d'argent et d'azur;* celles des

Ferrero étaient : *d'argent au lion d'azur, couronné d'or, armé et lampassé de gueules.*

g). — *Comté de Frinco* [1].

La terre de Frinco appartenait à la famille des Mazzetti, auxquels l'empereur Frédéric III donna, le 14 mai 1487, le droit de battre monnaie dans les trois métaux. Les émissions ne commencèrent toutefois qu'à la fin du xvie siècle. En 1585, Charles-Emmanuel I, duc de Savoie, investit Hercule et Dominique Mazetti du tiers du fief de Frinco, en communauté avec leurs cousins Claude et Jules-César, et leur confirma toutes leurs prérogatives.

On possède des monnaies anonymes, frappées en commun par les comtes de Frinco, et des pièces sur lesquelles paraissent le nom d'Hercule et celui de Claude réunis (1581-84), le nom d'Hercule, seul (1593-1601), ou enfin celui de Jules-César (1595-1601) seul. Le numéraire mis en circulation par les Mazzetti consiste en audacieuses imitations de monnaies italiennes, françaises ou suisses. La république de Venise, émue de la contrefaçon dont ses espèces étaient l'objet, se plaignit au duc de Savoie, qui, le 20 février 1601, ordonna la fermeture de l'atelier de Frinco et en fit porter le matériel à Turin. En 1611, l'empereur Rodolphe II dépouilla Hercule et Jules Mazzetti de tous leurs biens et les donna, y compris le droit monétaire, à Ernest Molart, baron de Reineck et Drosendorf. Celui-ci ne paraît pas avoir fait usage de sa prérogative ; en 1614 il vendit Frinco au duc de Savoie.

h). — *Comté de Cocconato*.

Le comté de Cocconato était voisin de celui de Frinco. Il appartenait à la famille des Radicati, qui obtint de Charles-Quint, par diplôme du 29 janvier 1530, le droit de battre monnaie.

Les monnaies les plus anciennes sont de 1581 ; elles sont frappées au nom des Radicati, sans désignation personnelle. Quelques pièces postérieures mentionnent Hercule en 1585, Percival en 1594 et Jacques la même année. Le duc de Savoie racheta le 15 avril 1598 le droit monétaire des Radicati, moyennant une rente annuelle de trois cents écus d'or. L'atelier situé à Passerano fut définitivement fermé.

Les pièces frappées par les comtes de Cocconato consistent en imitations de mauvais aloi de monnaies italiennes, françaises, suisses, lorraines, etc.

1. D. Promis, *Monete dei Radicati e Mazzetti*. Turin, 1860, in-4. — A. Morel

i). — *Marquisat de Vergagni.*

Le marquisat de Vergagni appartenait à la maison des Spinola. Le 9 novembre 1676, l'empereur Léopold 1 en investit Jean-Baptiste Spinola, et lui donna probablement le droit monétaire. En 1680, celui-ci fit frapper des monnaies d'argent, mais on ignore dans quel atelier.

j). — *Comté de Benevello* [1].

Jean-Baptiste-Antoine Falletti, comte de Benevello en Piémont, obtint de Charles-Quint, en récompense de ses actions militaires, le droit de battre monnaie. On possède de lui des monnaies d'or gravées dans le tarif monétaire de Gand de 1546 et dans diverses ordonnances postérieures ; leur type se compose de l'aigle d'empire couronnée avec les mots **CAROLVS IMPERATOR**, et d'une croix feuillue et glandée entourée de la légende : **IO·ANTO·FA·COMES·BENE**. Vincent Promis, qui le premier a attiré l'attention sur ce monnayage, a retrouvé une pièce analogue en argent, datée de 1537, et M. O. Vitalini vient de découvrir un *grosso* d'argent copié des monnaies d'Ancone.

En 1550, le comte de Benevello, ayant abandonné le parti de l'empereur pour embrasser celui de la France, fut dépouillé de ses droits monétaires. Les armes des Falletti sont : *d'azur à la bande échiquetée d'or et de gueules de trois tires.*

k). — *Abbaye de San Benigno* [2].

L'abbaye de San Benigno fut fondée en 1003 par des moines de Saint Benigne de Dijon. Au commencement du XVIᵉ siècle, le patronat en fut concédé par le pape à la famille des Ferrero, de Biella, qui choisit dès lors dans son sein la plupart des abbés.

Boniface Ferrero, qui avait été créé cardinal en 1517, par le pape Léon X, et fut nommé abbé de San Benigno en 1525, ouvrit à Montanaro, qui dépendait de son monastère, un atelier monétaire. Le mon-

Fatio, *Imitations ou contrefaçons de la monnaie suisse fabriquées à l'étranger aux XVIᵉ et XVIIᵉ siècles.* Zurich, 1862, in-8.

1. V. Promis, *Monete di Gio. Battista Falletti, conte di Benevello,* dans les *Mem. dell' Acad. di scienze di Torino,* 1888. — O. Vitalini, *Un nuovo grosso inedito di Gio. Antonio Falletti, conte di Benevello.* Rome, 1896, in-4.

2. D. Promis, *Monete degli abati di S. Benigno di Fruttuaria.* Turin, 1870, in-4.

nayage, qu'il poursuivit jusqu'à sa mort, survenue en 1543, fut repris par trois de ses successeurs : Sébastien Ferrero (1546-47), Ferdinand Ferrero (1547-80) et Jean-Baptiste de Savoie (1581-82).

I). — *Principauté de Monaco* [1].

La principauté de Monaco appartenait à la famille des Grimaldi, dont les armes étaient : *fuselé d'argent et de gueules*. En 1731 cette famille s'éteignit avec Antoine Grimaldi, mais le nom et les armes furent continués par Honoré III, fils de Louise-Hippolyte Grimaldi et de Jacques-François-Léonor de Goyon de Matignon. La devise des Grimaldi est : *Deo juvante*. Voici la liste des princes de Monaco pour la période qui intéresse la numismatique :

* Lucien, 1505-23.
  Honoré I, 1523-81.
  Charles II, 1581-89.
  Hercule, 1589-1605.

* Honoré II, 1605-62.
* Louis, 1662-1701.
* Antoine, 1701-31.
* Honoré III, 1731-93.

L'origine des droits monétaires des princes de Monaco n'est pas bien définie. On possède un *écu* d'or de Lucien, imité des *écus* d'or de France, mais cette pièce marque une tentative de monnayage qui ne paraît pas avoir été suivie d'émissions sérieuses. Le musée de Turin possède un essai en plomb d'une monnaie d'Honoré II au millésime de 1634, et un document d'archives atteste qu'en 1640 ce prince fit battre diverses espèces, qui n'ont pas été retrouvées. En 1641, Honoré II se mit sous le protectorat de Louis XIV, et obtint les titres de duc de Valentinois et de pair de France; le 16 octobre 1643, le roi « *desirant gratifier et favora-* « *blement traîter le prince de Monaco en considération des services* « *qu'il a rendus à la couronne, et voulant faciliter le commerce des* « *sujets et habitants de la principauté* », accorda à Honoré II la permission de « faire fabriquer à son coing toutes espèces de monnaies, « mesme des testons et toutes autres sortes de pièces d'or et d'argent. »

Les monnaies frappées par Honoré II et ses successeurs rentrent pour le système et les types dans la donnée générale des monnaies de France. Un bail, passé en 1653 entre le prince de Monaco et le maître de ses monnaies, nous apprend qu'outre les pièces monégasques, l'atelier frappa toutes sortes d'imitations d'espèces étrangères, destinées à être exportées en Orient et en Afrique.

---

1. C. Jolivot, *Médailles et monnaies de Monaco*. Monaco, 1885, in-8. — G. Rossi, *Monete dei Grimaldi,.principi di Monaco*. Oneglia, 1868 et 1885, in-8.

m). — *Abbaye de Lérins* [1].

L'abbaye de Saint-Honorat, dans l'île de Lérins, qui possédait sur le continent la petite ville de Seborga (*Sepulcrum*), s'arrogea, dans la seconde moitié du XVIIe siècle, le droit de battre monnaie. Les pièces que l'on possède portent les millésimes de 1660 à 1671 et consistent en *luigini* ou douzièmes d'écus d'argent. L'avers représente le buste nimbé de saint Benoit, avec la légende : **DECVS ET ORNAM. ECCLÆ.** ; le revers porte l'écu du monastère, chargé d'un mitre, d'une crosse et de deux palmes, timbré d'une couronne de prince ; l'inscription est : **MONAST · LERI-Nense PRINceps SEPVLcri** *congregationis* **CASsinensis.**

n). — *Comté de Tassarolo* [2].

Le 30 mars 1560, la seigneurie de Tassarolo fut érigée en comté par l'empereur Ferdinand I en faveur de Marc-Antoine Spinola, qui obtint en outre le droit de battre monnaie. Il paraît ne pas avoir fait usage de cette prérogative, et c'est seulement en 1604 que furent frappées les pre-

Fig. 259

mières espèces, sous Augustin Spinola (1604-16). A la mort de celui-ci, son neveu Philippe (1616-88) lui succéda. On possède de ce comte, outre des monnaies d'or et d'argent à son nom et à son buste, de curieux *luigini* ou douzièmes d'écu de 1666, imités de ceux d'Anne-Marie-Louise, princesse de Dombes, sur lesquels il fait figurer le buste de sa femme Livia Centurioni-Oltremarini. Philippe est le dernier comte de Tassarolo qui ait monnayé.

o). — *Les possessions de Doria* [3].

Le 12 juin 1548, Charles-Quint, ayant dépouillé Jean-Louis Fieschi de ses biens pour le punir de sa conspiration contre la liberté de Gênes, les donna à André Doria avec les privilèges qui étaient attachés à leur possession. C'est ainsi que les Doria devinrent comtes de Loano et seigneurs

1. A. de Longpérier, *Monnaies des abbés de saint Honorat de Lérins,* dans la *Revue numismatique* de 1866, p. 15 et suiv.

2. A. Olivieri, *Monete e medaglie degli Spinola.* Gênes, 1860, in-8.

3. A. Olivieri, *Monete, medaglie e sigilli dei Principi Doria.* Gênes, 1859, in-8.

de Torriglia, et qu'ils obtinrent le droit de battre monnaie. Voici la chronologie des membres régnants de cette maison depuis la fin du XVIᵉ siècle :

* Jean-André I, 1590-1606.   André III, 1640-44.
  André II, 1606-22.   * Violante Doria-Lomellini, 1644-71.
* Jean-André II, 1622-40.   * Jean-André III, 1654-1700.

Le monnayage commença à Loano sous Jean-André I, et y fut continué avec quelques interruptions jusqu'à la fin du XVIIᵉ siècle.

Violante Lomellini, veuve en 1654 d'André III Doria et tutrice de leur fils Giovanni Andrea III, fit en 1665 avec François Moretti un contrat ensuite duquel ce spéculateur put ouvrir à Torriglio un second atelier monétaire et y battre toutes espèces de monnaies, notamment des *luigini* ou douzièmes d'écu, imités de ceux de Dombes et spécialement

Fig. 260   Fig. 261

destinés à l'exportation dans les pays levantins. Le contrat avec Moretti fut annulé le 23 mai 1667, et l'atelier fut donné à ferme à Cristophe Eicolser qui continua les émissions pendant deux ans et demi ; puis le monnayage fut définitivement arrêté. Les *luigini* de Violante Lomellini portent parfois son nom : DON·VI·LO·PRINC·S·VED·DOR., mais plus

Fig. 262   Fig. 263

souvent les pièces sont anonymes et portent des devises, des allusions au cours de ces monnaies en Orient, des épithètes flatteuses à l'adresse de la dame représentée (fig. 260 à 263).

Un troisième atelier des Doria fut ouvert en 1668 à Rovegno, par Jean André III ; on y frappe notamment des écus d'argent au type du lion, des *lecuwendaelden* des Provinces Unies. Les documents italiens donnent à ces monnaies le nom de *leonini*.

Les armes des Doria sont: *coupé d'or sur argent à l'aigle de sable couronnée du même, becquée, membrée et languée de gueule, brochant sur le tout.*

p). — *République de Gênes* [1].

La république de Gênes se trouvait à la fin du xvᵉ siècle en proie aux guerres civiles. En 1488, Jean-Galéas-Marie Sforza, duc de Milan, en fut proclamé seigneur, et lorsque le Milanais eut passé sous la domination du roi de France Louis XII, les Génois lui envoyèrent une ambassade pour le reconnaître. En mars 1507, excités par le pape Jules II, les Génois se révoltent et choisissent pour XXXIIᵉ doge Paul da Novi; mais Louis XII les réduit la même année. En 1512, une nouvelle révolte éclata, et Jean Fregoso fut proclamé XXXIIIᵉ doge. L'année suivante la domination française fut encore une fois rétablie, mais dès le mois de juin les Génois, de nouveau soulevés, choisirent pour XXXIVᵉ doge Octavien Fregoso. François I parvint à traiter avec lui et à se faire remettre la ville en 1515.

En mai 1522 les impériaux emportèrent Gênes d'assaut et firent élire Antoine Adorno le Jeune pour XXXVᵉ doge. En 1527 le pouvoir de François I fut rétabli, mais en septembre 1528 les français furent définitivement expulsés. Le calme étant rendu à Gênes, pour anéantir à jamais les luttes des factions, on établit une nouvelle forme de gouvernement, celle des doges biennaux, dont les pouvoirs furent beaucoup moins absolus, assistés qu'ils étaient de huit gouverneurs.

Pendant tout le moyen âge, le type des monnaies de Gênes avait été la porte, *janua*, armoiries parlantes de la cité. Les légendes avaient fidèlement reproduit le non de Conrad II, roi des Romains, qui en 1139 avait accordé aux Génois leurs droits monétaires. Le doge ne signait les espèces que par ses initiales et son numéro d'ordre. Ce système subit peu de modifications. Jean-Galéas-Marie Sforza puis Louis-Marie Sforza frappent des *testons* d'argent à l'ancien type et remplacent l'inscription du doge par celle-ci : IO·GZ· M·SF·DVX·M·VI·AC I*anuae* Domi*nus* ou LV·M·SF·DVX M·VII·AC IANVE D. Louis XII mit son nom à la place de celui du duc de Milan, mais conserva aux monnaies génoises leur type local; il surmonta toutefois la porte d'une fleur de lis (fig. 264). A côté des monnaies d'or

Fig. 264

1. Ruggero. *Tavole descrittive delle monete della zecca di Genova dal* MCXXXIX *al* MDCCCXIV. Gênes, 1891, in 4. — *Collezione del fu Cav. Avv. Gaetano Avignone di Genova.* Gênes, 1895, pet. in-4.

traditionnelles, les *genovini d'oro*, il fit battre des *écus d'or au soleil* d'empreinte française.

Le *teston* de Paul da Novi, le doge éphémère de 1507, porte la fière légende : **LIBERTAS · POPVLI · IAN**. Comme l'avait fait Louis XII, François I (1515-1522) respecta les types monétaires génois, se contentant d'écrire autour de l'antique *janua,* accostée d'un **F** et d'un lis, son nom, rarement suivi du titre de *dominus Januae*. Antoine Adorno (1522-27) signa les monnaies en toutes lettres **ANTONIOTVS ADVRNVS GENVE DVX.**

Après 1528 et jusqu'en 1797, le monnayage se fait au nom du doge et des gouverneurs de la République de Gênes : **DVX ET GVBER · REIPVB · GENVEN**. Les types perdent peu à peu de leur monotonie, et le nom du roi Conrad II finit par disparaître. La Vierge et l'Enfant, l'écu à la croix de Gênes, saint Georges à cheval, un écu sur lequel est écrit le mot LIBERTAS, l'image au pied de saint Jean-Baptiste, telles sont les principales représentations qui succèdent à la porte de ville traditionnelle. En 1668, au moment de la grande vogue en Orient des *douzièmes* d'écu d'Anne-Marie-Louise de Dombes, la république de Gênes copia les pièces de la Grande Mademoiselle en remplaçant l'effigie de celle-ci par une tête de Janus, supercherie qu'un méchant jeu de mots sur le nom de la ville voulait rendre excusable.

Dans le cours du XVIIe et du XVIIIe siècle, Gênes eut des espèces d'or et d'argent de très grand module, des pièces d'or de *vingt-cinq doppie* par exemple, ne pesant pas moins de 164 grammes, des pièces d'argent comme le *scudo quadruplo,* pesant 231 grammes.

q). — *Ville de Savone.*

Savone, ville maritime de la Ligurie, fut cédée en 1478 par Galéas-Marie, duc de Milan, à la république de Gênes. En même temps que celle-ci, Savone tomba au pouvoir de Louis XII, roi de France, qui en fut dépossédé en 1510 par la ligue que le pape Jules II, originaire de la ville, avait formée contre lui.

En 1507, Louis XII rouvrit l'atelier monétaire de Savone et y fit battre des *doubles ducats* et des *ducats* d'or, des *testons, demi-testons, pièces de deux gros* et *patacchine* d'argent. Le nom du roi ne figure pas sur ces pièces, qui portent une aigle éployée et la Vierge assise, avec les légendes : **VIRGO MARIA PROTEGE — CIVITATEM SAVONAE**. Une fleur de lis placée au commencement de la légende vient seule témoigner de l'origine française de ce monnayage.

De 1510 à 1514, Savone fut administrée par Guido Frégoso, qui prit le titre de gouverneur, mais en 1515 elle fut cédée au roi de France François I, qui l'occupa jusqu'en 1523, année où elle passa de nouveau

Fig. 265

sous la domination génoise. Sous François I, le monnayage est anonyme comme sous Louis XII, et ne comprend que des espèces d'argent. La pièce reproduite (fig. 265) est une copie des *cavalots* au Saint Second d'Asti. En 1525, l'atelier monétaire de Savone fut définitivement fermé.

r). — *Marquisat d'Arquata* [1].

Le bourg d'Arquata, sur la Scrivia, en Ligurie, fut érigé en marquisat par l'empereur Ferdinand III, en 1641, en faveur de Philippe Spinola, qui obtint en même temps le droit de battre monnaie. A Philippe succédèrent en 1667 ses fils, Jules et Gérard qui continuèrent à monnayer concurremment jusqu'en 1694, date de la fermeture définitive de l'atelier.

s). — *Comté de Ronco*.

Ronco, sur la rive gauche de la Scrivia, fut érigé en comté par l'empereur Ferdinand III, vers 1644, en faveur de Napoléon Spinola, marquis de Roccaforte. Celui-ci ouvrit à Ronco un atelier monétaire, dont les produits les plus anciens portent le millésime de 1647. A la mort de Napoléon Spinola, survenue en 1762, son fils Étienne lui succéda, mais il ne paraît pas avoir maintenu en activité l'officine. Par contre, le fils de celui-ci, Charles Spinola fit battre monnaie en 1699, date ultime du monnayage des comtes de Ronco.

t). — *Marquisat de Borgotaro*.

En 1488, Louis le More, duc de Milan, érigea Borgotaro en marquisat et le donna à une branche de la maison des Fieschi. En 1495, l'empereur Maximilien I conféra à Jean-Louis Fieschi l'investiture de Borgotaro et le droit de battre monnaie. Un seul marquis, Sinibald Fieschi (1502-1520), fit usage de sa prérogative régalienne ; il s'intitule sur ses pièces **PRIN·VAL·TARI**.

1. O. Agostino, *Monete e medaglie degli Spinola*. Gênes, 1860, in-8.

u). — *Marquisat d'Albera.*

Charles Settala, évêque de Tortone, fit frapper en 1678, dans l'atelier de Gênes, des monnaies comme marquis d'Albera. On ignore à quel titre il exerça le droit monétaire.

Le marquisat d'Albera s'étendait en Piémont, non loin d'Alexandrie, et formait un fief de la mense épiscopale de Tortone.

v). — *Duché de Milan* [1].

Le duché de Milan occupe une place prépondérante dans la numismatique de l'Italie comme dans son histoire politique. A l'époque où commence le monnayage moderne, la métropole de la Lombardie obéissait à la maison des Sforza, qui avait conservé les armes des Visconti : *écartelé, aux 1er et 4e d'or à une aigle de sable, celle du 1er contournée ; au 2e et 3e d'argent à la bisse ou guivre d'azur ondoyante en pal, engloutissant un enfant de carnation en fasce, les meubles du 3e contournés.*

C'est au commencement de l'année 1463 que François I Sforza (1450-66) [2], rompant avec les traditions du moyen âge, fit graver son effigie sur ses espèces. En 1474, Galéas-Marie Sforza (1468-76) fit frapper pour la première fois la *lira* d'argent dite plus tard *grossone* ou *teston*, et ses fractions, dont l'émission marque, en numismatique, l'aurore des temps modernes. Le système monétaire adopté par le duc de Milan fut remarquable, non seulement par l'impeccable mérite d'art des pièces qui le composent, mais aussi par les principes économiques qui le régissent ; Galéas-Marie Sforza déclare en effet dans le décret établissant la nouvelle législation du signe d'échange, qu'il entend ne retirer de la fabrication des espèces aucun droit de seigneuriage. Il proclame ainsi le véritable rôle de la monnaie, méconnu pendant tout le moyen âge, où le *jus monetae* n'avait été, en réalité, qu'un moyen laissé au souverain de percevoir les plus iniques des impôts. L'importance de cette modification des doctrines monétaires est telle, que nous croyons devoir reproduire les propres termes du décret de Galéas-Marie Sforza : « *Etsi cecha,*

1. F. et E. Gnecchi, *Le monete di Milano da Carlo Magno a Vittorio-Emmanuele II.* Milan, 1884, gr. in-4. Supplément, 1894. — E. Motta, *Documenti visconteo-sforzeschi per la storia della zecca di Milano,* dans la *Rivista italiana di numismatica* de 1893-95.

2. Le 28 mars 1463, le duc de Milan écrivant à son ambassadeur à Naples, dit qu'il lui envoie des échantillons des ducats d'or « *de la stampa facta novamente quali anno scolpita la affigr nostra* ». Ce furent les pièces milanaises qui donnèrent ainsi à Ferdinand d'Aragon, roi de Naples, l'idée de ses *ducats* à effigie émis à partir de 1465.

*seu officina monetarum hujus inclitae urbis nostrae Mediolani subas-
tare, et plus offerenti Camerae nostrae deliberari pro more solet,*

*tamen pro majori commodo
et bono subditorum nostro-
rum, quo melius et abun-
dantius monetae fabricari
possint, volumus dictam
cecham, absque ullo Ca-
merae nostrae emolumento,
viris idoneis et sufficientibus*

Fig. 266

*tradi debere, qui quam majorem et meliorem possint quantitatem mone-
tarum fabricari faciant.* »

Lorsqu'il eut atteint sous Galéas-Marie Sforza son développement complet, le système monétaire de Milan comprit les monnaies effectives suivantes :

1. *Double ducat* d'or. Type : Buste, la tête nue, du duc à droite. *Rev* : Lion assis heaumé et cimé ; dans le champ : GZ.-M.

2. *Ducat* d'or pesant 3 grammes 500. Type : Buste, la tête nue, du duc à droite. *Rev.* : Écu avec heaume et cimier, accosté des lettres : GZ-M.

3. *Teston* d'argent ou *lira* de 20 sols, pesant 9 grammes 780, au titre de 962, 950 millièmes. Type : Buste, la tête nue, du duc à droite. *Rev.* : Targe à la guivre penchée sous un heaume avec couronne et cimier ; dans le champ. les initiales GZ-M.

4. *Demi-teston* d'argent ou *grosso* de dix sols. Type : Même buste. *Rev.* : Écu écartelé à l'aigle et à la guivre ; au-dessus, une couronne, une palme et un rameau d'olivier ; dans le champ, les initiales : G-M.

5. *Grosso da soldi otto* d'argent. Type : Buste. la tête nue, du duc à droite. *Rev.* : Saint Ambroise à cheval, à droite.

6. *Grosso da soldi cinque* d'argent. Type : Même buste accosté des lettres GZ-M. *Rev.* : Saint Ambroise debout, à droite, ou assis de face.

7. *Grosso* d'argent. Premier type : Trois tisons. *Rev.* : La guivre. — Second type : Colombe volant à gauche au milieu d'une gloire, au-dessus d'un phylactère portant les mots : DABO CORDI. *Rev.* : Pallium couronné.

8. *Soldino* d'argent ou vingtième de teston. Type : Écu écartelé à l'aigle et à la guivre. *Rev.* : Écu parti à la guivre et à trois aigles superposées.

9. *Trillina* de billon. Type : Les lettres G-M, sous une couronne. *Rev.* : Heaume avec cimier.

10. *Denaro* de billon. Type : Pallium. *Rev.* : Croix feuillue terminée en pommes de pin.

Après la mort de Galéas-Marie Sforza, sa veuve Bonne de Savoie gouverna le Milanais, comme tutrice de leur fils Jean-Galéas (1476-1481). Quelques *doubles ducat*s d'or portent à l'avers le buste voilé de Bonne, BONA DVCISA MLI · ETC, au revers, le buste nu du jeune duc, le sixième de son titre : IO·GZ·M·SF·VI·CO·DX·M·SX (*dux Mediolani sextus*). L'effigie de la tutrice figure seule sur les *testons* d'argent, dont le revers représente un phénix renaissant de ses cendres, entouré de la

légende : SOLA FACTA SOLVM DEVM SEQVOR. Sur ·quelques monnaies d'or, émises sans doute quand déjà le pouvoir de la tutrice
chancelait, le buste de Jean-Galéas apparaît seul.

En 1481, Bonne de Savoie fut remplacée dans la tutelle par Louis-
Marie Sforza, dit le
More, oncle de Jean-Galéas.
Jusqu'à la mort de ce der-
nier, survenue en 1494, les
espèces portèrent le nom et
l'effigie du jeune duc et de
son puissant tuteur (fig.
267), qui exerça du reste
Fig. 267

tous les actes du gouvernement: LVDOVICVS PATRVVS GVBerNANS.

L'histoire accuse Louis le More de n'avoir point été étranger à la mort
prématurée de son neveu, dont il recueillit l'héritage. Les monnaies du
septième duc de Milan ne le cèdent en rien en beauté artistique à celles
de ses prédécesseurs. Les types ne subissent pas de modifications sen-
sibles ; ils se composent du buste de Louis, des armes et de l'image
équestre de saint Ambroise.

En 1495, le duc de Milan était entré dans la ligue conclue par le pape
Alexandre VI, le roi d'Espagne Ferdinand V et l'empereur Maximilien I,
contre Charles VIII, roi de
France. Quatre ans plus tard,
Louis XII, qui avait succédé à
Charles VIII, envahit le Mi-
lanais, dont il se rendit maître
avec une rapidité qui surprit
tous ses adversaires. En 1500,
Louis le More, fait prisonnier,
Fig. 268

fut transporté en France, et Louis XII resta en possession du duché,
dont Maximilien I lui donna en 1505 l'investiture.

Le monnayage de Louis XII, comme duc de Milan (1500-1512),
comprit les espèces suivantes :

1. *Pièce de dix ducats d'or.* Buste du roi à droite, la tête coiffée d'un bonnet fleurdelisé. *Rev.* : Écu écartelé de France et de Milan, surmonté d'une couronne. Cette pièce
est plutôt un essai, une pièce de plaisir, qu'une monnaie véritable. Il existe des monuments métalliques analogues pour les ducs de Milan de la maison de Sforza.

2. *Double ducat* d'or. Même buste. *Rev.:* Saint Ambroise à cheval, à droite; dessous,
l'écu de France (fig. 268).

3. *Pièce de quatre testons* d'argent. Cette pièce, dont il existe deux variétés portant
au revers, l'une l'écu écartelé, l'autre l'image équestre de saint Ambroise, est, comme
celle de dix ducats, un essai plutôt qu'une monnaie réelle.

4. *Teston* d'argent courant pour vingt-deux sols. Même type que le *double ducat* d'or.

5. *Ducaton* d'argent. Type : Écu de France couronné, accosté de deux lis. *Rev.* : Saint Ambroise assis, de face.

6. *Grosso reale da soldi sei* d'argent. Premier type. Écu de France couronné, accosté de deux lis. *Rev.* : Saint Ambroise assis, de face. — Second type. Écu écartelé et couronné de France-Milanais, accosté de deux lis. *Rev.* : Croix fleurdelisée.

7. *Grosso reale da soldi cinque* d'argent. Premier type : Tête mitrée et nimbée de saint Ambroise, vue de face. *Rev.* : Porc épic couronné, à gauche. — Second type : Écu de France couronné. *Rev.* : Croix feuillue terminée par des pommes de pin.

8. *Bissone ou grosso reale da soldi tre* d'argent. Premier type : Guivre couronnée, accostée de deux lis. *Rev.* : Pallium. — Second type : Écu de France couronné, accosté de deux guivres. *Rev.* : Pallium.

9. *Soldino* de billon. Premier type : Écu écartelé et couronné de France-Milanais. *Rev.* : Écu parti et couronné de France-Milanais. — Second type : Même écu écartelé. *Rev.* : Buste de face de saint Ambroise. — Troisième type : Écu de France couronné. *Rev.* : Croix feuillue.

10. *Sesino* de billon. Grand L couronné. *Rev.* : Guivre couronnée.

11. *Trillina* de billon. Premier type : Grand L couronné. *Rev.* : Tête de face de saint Ambroise. — Second type : Trois lis. *Rev.* : Croix feuillue.

12. *Denaro* de billon. Premier type : Lis. *Rev.* : Croix feuillue. — Second type : Deux lis dans un trilobe, copie du type du denier tournois français. *Rev.* : Croix fleurdelisée.

Louis XII perdit le Milanais en 1512. La ligue formée par le pape Jules II et l'empereur reconnut comme huitième duc, Maximilien Sforza, fils de Louis le More, qui entra à Milan le 15 décembre 1512. Le monnayage de Maximilien ne comprit que quelques menues espèces d'argent et de billon.

En 1515, la bataille de Marignan rendit le Milanais à François I, roi de France, et moyennant une pension de trente mille ducats d'or Maximilien Sforza céda d'une manière complète la souveraineté de son duché à son vainqueur.

Le numéraire de François I comprend les sept pièces dont voici la description sommaire :

1. *Double ducat* d'or. Type : Buste du roi à gauche, la tête nue. *Rev.* : Écu écartelé et couronné de France-Milanais.

2. *Écu d'or au soleil*, conforme aux types de France. L'émission de cette pièce constitue une évidente tentative d'introduire le système monétaire français dans les possessions ultramontaines du roi.

3. *Teston* d'argent. Type : Saint Ambroise assis de face. *Rev.* : Écu écartelé et couronné de France-Milanais.

4. *Grosso da soldi sei* d'argent. Type : Salamandre couronnée, à droite. *Rev.* : Saint Ambroise assis de face tenant devant lui l'écu écartelé de France-Milanais. Notre figure 269 représente l'avers de cette pièce.

Fig 269

5. *Grosso da soldi tre* d'argent. Type : Salamandre couronnée à gauche. *Rev. :* Grand F couronné.

6. *Trillina* de billon. Type : Grand F couronné. *Rev. :* Croix feuillue.

7. *Denier* de billon. Type : Fleur de lis. *Rev. :* Même croix.

François I ne resta en possession du Milanais que pendant six ans. En 1521 le pape Léon X conclut avec l'empereur Charles-Quint une ligue contre le roi de France. La bataille de Vauri ouvrit aux alliés les portes de Milan et François II Sforza (1522-1535), second fils de

Louis le More, fut remis sur le trône ducal. Au cours de la lutte contre les Français, les Impériaux, commandés par Antoine de Leiva, se trouvant assiégés dans Pavie, qui dépendait du duché de Milan, émirent des monnaies obsi-

Fig. 270   Fig. 271

dionales unifaces d'or et d'argent, portant soit les initiales du commandant (fig. 271), soit les mots CES*arei* Pa*Pia* OB*sessa* et le millésime de 1524 (fig. 270).

En rétablissant François II Sforza dans les états de ses pères, Charles-Quint avait retenu en fait le gouvernement. Mécontent de cette sorte de tutelle, le duc changea la direction de sa politique et conclut en 1526, contre l'empereur, une alliance avec le roi de France et les Vénitiens. La lutte, mal conduite, tourna au désavantage de François II Sforza. Au cours des opérations militaires, la ville de Crémone, défendue par les Impériaux, émit des monnaies obsidionales en argent. Le coin de ces pièces reproduit le type d'une des obsidionales de Pavie : le millésime de 1526 et les mots CES*arei* CRE*mona* OB*sessa*.

En 1529, François II Sforza obtint de Charles-Quint la restitution du Milanais, par la médiation du pape et moyennant le payement de neuf-cent-mille ducats d'or. Le monnayage du neuvième duc de Milan comprend une série assez nombreuse de monnaies d'or et d'argent; les types ne sortent guère de la tradition, mais l'aloi subit un léger affaiblissement.

En 1535, François II Sforza mourut sans enfants. Charles-Quint s'empara alors du Milanais comme d'un fief dévolu à l'empire, et en donna l'investiture à son fils Philippe. Ce prince et tous les rois espagnols, ses successeurs, possédèrent le Milanais jusqu'à l'époque de la guerre de la succession d'Espagne, où le duché fut conquis par la maison d'Autriche. Le pays appartint à cette dernière jusqu'à l'invasion française, qui amena en 1797 la création de la République Cisalpine. Voici la chronologie des souverains de Milan depuis Charles-Quint :

28

434 PREMIÈRE PARTIE

* Charles-Quint, 1535-56.
* Philippe II, roi d'Espagne, 1556-98.
* Philippe III, roi d'Espagne, 1598-1621.
* Philippe IV, roi d'Espagne, 1621-65.
* Charles II et Marie-Anne d'Autriche, tutrice, 1665-66.
* Charles II, roi d'Espagne, seul, 1666-1700.

* Philippe V, roi d'Espagne, 1700-1702.
* Charles III d'Autriche, 1702-40, empereur sous le nom de Charles VI depuis 1711.
* Marie-Thérèse, impératrice, 1740-80.
* Joseph II, empereur, 1780-90.
* Léopold II, empereur, 1790-92.
* François II, empereur, 1792-97.

Les monnaies de Charles-Quint restent d'une exécution artistique supérieure, et les types sont riches et variés. Les plus anciens *testons* conservent l'empreinte de saint Ambroise assis que nous avons constatée sous François I, puis l'effigie laurée de l'empereur prend place à l'avers, tandis que le revers est visiblement inspiré des monnaies de la Rome antique; nous y trouvons tantôt l'image de la Piété assise, PIETAS, comme le dit l'exergue, tantôt la Santé debout, SALVS AVGVSTA, et le Pô couché, PADVS MedioLanI. Le revers des *demi-testons*, également composé suivant le goût antique, porte l'inscription OB·INSV-BRIAM SERVATAM, disposée en cinq lignes dans une couronne de chêne. En 1551, Charles-Quint compléta la série des espèces milanaises par l'émission d'un *écu* d'argent ou *ducatone da soldi cento,* mis en cours au même prix que l'écu d'or.

A partir de Philippe II, la fabrication des monnaies milanaises se néglige, la gravure devient aussi inférieure qu'elle était auparavant irréprochable; nous assistons à une décadence artistique. Au point de vue du système monétaire lui-même, la domination espagnole fut néfaste; le titre des espèces fut livré à l'arbitraire du monarque, et l'anarchie économique devint complète.

Les premiers temps de la domination autrichienne virent se continuer le monnayage défectueux de Charles II et de ses prédécesseurs, mais vers la fin de son règne l'impératrice Marie-Thérèse introduisit de salutaires améliorations. Les pièces, désormais frappées par des procédés mécaniques, cessèrent d'être ces affreux morceaux de métal, mal taillés, mal empreints, du régime précédent. Le système nouveau, mis définitivement en vigueur en 1778, mais pour l'application duquel des essais avaient été faits dès 1776, comprit les espèces suivantes: *Doppia da due* d'or valant 48 lire milanaises, *doppia* d'or valant 24 lire, *zecchino* ou ducat d'or valant 14 lire 10 soldi, *scudo* d'argent de 6 lire, *mezzo scudo, lira, mezza lira* et pièce de *cinq soldi* d'argent, *soldo, mezzo soldo, quattrino* et *sestino* de cuivre. Le type se compose de l'effigie de Marie-Thérèse, d'un écu écartelé et d'inscriptions placées dans le champ.

Le système inauguré par l'impératrice fut conservé par ses successeurs. Sous Joseph II, l'atelier monétaire de Milan commença à émettre, en dehors des espèces spéciales à la Lombardie, des monnaies destinées à la circulation générale de l'empire. Ces pièces se distinguent par le différent **M**, placé sous le buste du souverain.

w). — Les possessions des Trivulzio [1].

Le 18 novembre 1487, par diplôme daté de Nuremberg, l'empereur Frédéric III confirma à Jean-Jacques Trivulzio la possession du comté de Mesocco, situé à l'est de Bellinzona, et lui donna le droit d'y frapper monnaie d'or et d'argent. Un second diplôme, daté du 2 mars 1496 et donné par Louis, duc d'Orléans, précisa la concession précédente en autorisant Jean-Jacques à émettre dans l'atelier de Mesocco des pièces analogues, comme type et comme taille, à celles d'Asti et de France. En 1499, Louis, devenu roi de France sous le nom de Louis XII, éleva son capitaine au rang de marquis de Vigevano et lui conféra la charge de maréchal de France ; le 1er mai 1512, il lui accorda en ces termes le droit d'ouvrir un atelier à Musso : *batter monete d'oro e d'argento nel castello di Musso, come faceva a Mesocco, e alla bonta e peso di quelle di Milano ; e che tali monete dovessero aver corso nel ducato di Milano ed in altri luoghi soggetti al re di Francia in Italia.* Le monnayage de Musso commença en 1516. En 1518, Jean-Jacques Trivulzio mourut à Chartres. Les monnaies du célèbre capitaine de Louis XII sont nombreuses et d'une gravure particulièrement remarquable : *écus d'or, doubles testons* et *testons* sur le modèle de ceux qui furent frappés par le roi de France à Milan, *florins d'or* copiés de ceux d'Allemagne, *cavallotti* ou *grossi de 10 soldi, grossi de 6 soldi, parpagliole soldini, sesini, trilline e denari.* La plupart de ces pièces sont postérieures à 1499, car Trivulzio y prend presque toujours le titre de maréchal de France : IO·IA·TRI·MAR·VIGLE·ET·MARES*calus*·FRAN cie. Les types les plus fréquents de l'or et de l'argent sont les armes des Trivulzio : *palé d'or et de sinople,* l'image de la Vierge ou celle de saint Georges.

Jean-François Trivulzio succéda à son grand-père et continua le monnayage, mais en 1523 le château de Musso tomba au pouvoir de Jean-Jacques de' Medici et, en 1526, celui de Mesocco fut détruit par les Suisses des Grisons. Le comte transporta alors son officine au château de Roveredo ou Rogoredo, situé à l'entrée de la vallée misolcine et y fit monnayer jusqu'en 1549, époque où il vendit ses possessions alpines à la confédération des Grisons. Il mourut en 1573, et la branche aînée de

1. F. et E. Gnecchi, *Le monete dei Trivulzio*. Milan, 1887, in-4.

sa maison s'étant éteinte avec lui, le marquisat de Vigevano fut annexé au duché de Milan. Les monnaies de Jean-François ne se composent que de pièces d'argent : *testons* à son effigie et à l'image de saint Blaise assis, S. BLAXIVS EPISCOPV, *cavallotti* et monnaies divisionnaires, où se retrouvent le plus souvent les armes des Trivulzio et l'image équestre ou pédestre de saint Georges.

Après la mort de Jean-François, les membres d'une autre branche de la famille des Trivulzio, celle des comtes de Melzo, s'adressèrent à l'empereur dans l'espoir de rentrer en possession de Mesocco. Ferdinand II accueillit favorablement leur supplique, mais les événements politiques l'empêchèrent de réaliser sa décision. Son successeur Ferdinand III, voulant donner une compensation à la famille des Trivulzio, dont un membre, le cardinal Jean-Jacques-Théodore, avait rendu de grands services à l'Empire, érigea, en 1654, en baronnie impériale la terre de Retegno, située non loin de Lodi, et y attacha le droit de battre monnaie. On possède des pièces frappées par les princes suivants :

* Hercule-Théodore Trivulzio, 1656-1664.
* Antoine-Théodore Trivulzio, 1664-78.
* Antoine-Gaétan Trivulzio-Gallio, 1678-1705.
* Antoine-Ptolémée Trivulzio-Gallio, 1705-67.

Du premier de ces princes il n'existe que des *écus* et *demi-écus* d'argent frappés à titre d'essai, mais sous ses successeurs la série monétaire comprit des *ducats* d'or et leurs multiples, au type des *ducats* de Hongrie, des *écus* ou *talleri* d'argent et leurs divisions. L'atelier de Retegno ne paraît pas avoir ouvré plus tard que 1686. Les monnaies d'Antoine-Ptolémée furent faites à Vienne.

x). — *Seigneuries d'Antignate et de Covo.*

En 1480, Bonne de Savoie, régente du duché de Milan, donna en fief à Jean II Bentivoglio (1480-1509) les terres d'Antignate et de Covo. Le 19 octobre 1494, Maximilien I lui donna le droit de battre monnaie en tous métaux. Jean ne tarda pas à faire usage de sa prérogative. Il fit graver ses coins par le célèbre Francia, et ses pièces furent frappées dans le palais qu'il avait à Bologne. Les plus belles de ses monnaies portent son buste à droite, entouré de la légende : IOANNES BENTIVOLVS II BONONIENSIS. Au revers la légende, parfois placée autour d'un écu, parfois disposée dans le champ, rappelle l'origine des droits régaliens des Bentivoglio : MAXIMILIAN · IMPERA · MVNVS.

Les armes des Bentivoglio sont : *écartelé, aux 1 et 4 d'or à l'aigle de sable couronnée du champ, aux 2 et 3 parti-émanché de gueules et d'or de quatre pièces et demie.*

y). — *Marquisat de Novare.*

En 1537, à la demande du pape Paul III, Charles-Quint donna Novare à Pierre-Louis Farnèse, avec le titre de marquis et le droit de battre monnaie. La concession impériale est datée du 27 février 1538.

Les monnaies frappées à Novare portent les armes des Farnèse: *d'or à six fleurs de lis d'azur,* et le buste de saint Gaudence. En 1545, Pierre-Louis devint duc de Parme et de Plaisance. Nous parlerons plus loin du numéraire qu'il frappa comme tel.

z). — *Principauté de Belgiojoso.*

Le village de Belgiojoso, non loin de Pavie, fut érigé, en 1769, en principauté par diplôme impérial, en faveur d'Antoine da Barbiano (1769-79), qui obtint en même temps le droit de battre monnaie d'or et d'argent. On possède de lui des *ducats* d'or et des *écus* d'argent, probablement frappés à Vienne. Ils portent son buste, ses armes et ses titres: *Antonius Barbianii Belgiojosii et S. R. S. princeps comes Cunii et Lugii, marchio Grumelli.*

aa). — *Comté de Maccagno.*

La terre de Maccagno, *Maccaneum,* non loin de Côme, sur les deux rives du Verbano, appartenait à la maison des Mandelli. En 1536, elle fut érigée en comté par Charles-Quint. Jacques III Mandelli (1622-45) reçut de l'empereur Ferdinand II, le 16 juillet 1622, le titre de vicaire de l'Empire et le droit de battre monnaie en trois métaux, à ses armes et à celles de sa femme Madeleine Cavenago.

Jacques III eut pour successeur son fils Jean-François-Marie (1645-68), qui fut confirmé dans ses droits en 1646 et 1659. Le monnayage des comtes de Maccagno, qui paraît s'être arrêté après celui-ci, consista principalement en imitations à bas titre d'espèces étrangères. M. Morel-Fatio a fait connaître de nombreuses copies de monnaies suisses que Jacques III et ses fils, profitant de la situation de leur état à la frontière, faisaient écouler dans le pays d'origine des prototypes.

ab). — *Comté de Gazzoldo.*

Ce comté, qui s'étendait non loin de Mantoue, était une possession de l'ancienne famille mantouane des Ippoliti. Aucun document ne nous apprend à quelle époque cette maison obtint le droit de battre monnaie. Les pièces les plus anciennes sont de 1591 ; les plus récentes appartiennent à Annibal degli Ippoliti (1662-63).

ac). — *Principautés de Bardi et Compiano.*

En 1551, Charles-Quint donna Bardi avec Borgotaro et Compiano à Claude Landi, avec le privilège de battre monnaie. Frédéric Landi (1589-1626), fils de Claude, ouvrit à Bardi un atelier où il émit diverses espèces d'or, d'argent, de billon et de cuivre. Elles portent son buste, les images de saint François et de saint Térentien, etc. Ses titres, placés en abrégé sur les espèces, sont : *Dominus Federicus Landi, sacri Romani imperii ac Vallis Tari et Compiani princeps IV.*

ad). — *Principauté de Campi.*

La terre de Campi, dans la vallée de la Trebbia, était un fief des Centurioni Scotti. L'empereur Ferdinand III, par diplôme du 21 avril 1654, créa Charles Centurioni prince du saint Empire Romain, et lui accorda le droit de battre monnaie.

Charles I (1654-63) s'empressa d'ouvrir un atelier à Campi. Son fils Jean-Baptiste I (1663-1715) lui succéda et monnaya tant en son nom qu'en celui de sa femme Julie Serra. Parmi les pièces de cette dernière, nous citerons spécialement les *luigini* ou douzièmes d'écu d'argent, imités des pièces d'Anne-Marie-Louise, princesse de Dombes.

ae). — *Principauté, puis duché de Massa di Lunigiana* [1].

Laurent Cibo, fils de François Cibo, comte d'Anguillara, épousa en 1520 Richarde, fille et héritière d'Albéric Malaspina, marquis de Massa et de Carrara. Leur fils, Albéric I Cibo, reçut le 2 mars 1559, de l'empereur Ferdinand I, le droit de battre monnaie ; en 1568, Maximilien II lui donna le titre de prince du saint Empire Romain. En 1664, l'empereur Léopold I érigea Massa en duché en faveur d'Albéric V Cibo. Voici la chronologie des princes et ducs de Massa :

* Albéric I, 1559-1623.
* Charles I, 1623-62.

* Albéric II, 1662-90.
  Charles II, 1690-1710.

1. G.-A. Zanetti, *Delle zecche della Lunigiana e specialmente della famiglia Malaspina,* dans la *Nuova raccolta,* t. V, p. 454 et suiv.

Albéric III, 1710-15.
*Alderano, 1715-31.
Camille, cardinal, 1731-43.

Marie-Thérèse et Hercule-Renaud d'Este, 1743-90.
*Marie-Béatrice d'Este, 1790-97.

Le monnayage fut très actif sous Albéric I, qui dans son atelier de Massa émit un grand nombre de pièces d'or et d'argent, copiées pour la plupart d'espèces étrangères. Sous ses successeurs, l'atelier eut des émissions beaucoup moins fécondes et il paraît être tombé définitivement en chômage sous Albéric II. Une tentative de monnayage, qui semble être restée infructueuse, eut lieu sous Alderano; on n'en a d'autre souvenir que le type de l'avers d'une monnaie d'argent. Les monnaies de Marie-Béatrice furent frappées en 1792 dans l'atelier de Milan; elles ne consistent qu'en pièces de billon et de cuivre.

Les armes de la famille Cibo étaient: *coupé de deux traits: au 1er d'or à l'aigle de l'Empire posée sur un listel d'argent inscrit du mot* LIBERTAS, *au 2e d'argent à la croix de gueules,* qui est Gênes, *au 3e de gueules à la bande échiquetée d'argent et d'azur de trois tires,* qui est Cibo. Les Cibo écartelaient des armes des Malaspina de la branche dite *Spino fiorito.*

af). — *Marquisat de Tresana.*

Le marquisat de Tresana faisait partie des plus anciennes possessions de la famille de Malaspina. Le 28 octobre 1571, l'empereur Maximilien II donna le droit de battre monnaie à Guillaume I Malaspina, marquis de Tresana. L'atelier fut bientôt installé et son activité s'étendit aux règnes suivants:

*Guillaume I, 1571-78.
*François-Guillaume, 1578-90.

*François, 1590-1613.
*Guillaume II, 1613-51.

Ce dernier fut massacré en 1651 par ses sujets, qui se mirent sous la protection du roi d'Espagne. Philippe IV donna le marquisat à la famille Corsini, mais l'officine monétaire ne fut plus réouverte.

Les Malaspina, marquis de Tresana, avaient pour armes: *d'or à la branche d'aubépine de sable fleurie d'argent (Spino fiorito).*

ag). — *Marquisat de Fosdinovo.*

La terre et le château de Fosdinovo, non loin de Sarzana, appartenait à la famille Malaspina. Le 10 avril 1666, l'empereur Léopold I donna à Pasquale Malaspina le droit de battre monnaie; un atelier fut aussitôt créé à Fosdinovo et des espèces y furent émises tant au nom du marquis qu'au nom de sa femme Marie-Madeleine Malaspina. L'effigie de cette dernière apparaît sur des *luigini* d'argent ou douzièmes d'écu copiés de ceux de Dombes.

Après la mort de Pasquale, le marquisat passa à Charles-Augustin Malaspina sous la tutelle de sa mère Christine Pallavicini. Les monnaies frappées en 1671 à leurs noms terminent la série de Fosdinovo.

Les Malaspina, marquis de Fosdinovo, avaient pour armes : *de sable à la branche d'aubépine déséchée d'or (spino secco)*.

ah). — *Principauté de Cisterna.*

En 1670, cette terre fut érigée en principauté par le pape Clément X, en faveur de Jacques dal Pozzo, qui obtint en outre le droit de battre monnaie par bulle du 28 mars 1673.

Jacques fit frapper en 1677 quelques monnaies d'or et d'argent, sur lesquelles il s'intitule prince de Cisterna et de Belriguardo.

ai). — *Duchés de Parme et de Plaisance* [1].

Le pape Paul III donna, en 1545, Parme et Plaisance, avec le titre de duchés, à son fils Pierre-Louis Farnèse. Le fils de celui-ci, Octave Farnèse, fut reconnu dans ses titres par Philippe II, roi d'Espagne et duc de Milan, en 1556, et transporta sa résidence à Parme.

Pierre-Louis Farnèse, 1546-47.	*Odoard Farnèse, 1622-46.
*Octave Farnèse, 1547-86.	*Ranuce II Farnèse, 1646-94.
*Alexandre Farnèse, 1586-92.	*François Farnèse, 1694-1727.
*Ranuce I Farnèse, 1592-1622.	*Antoine Farnèse, 1727-1731.

Les Farnèse émirent, tant à Parme qu'à Plaisance, une série monétaire d'or, d'argent et de bronze, particulièrement remarquable au point de vue de l'art. Les types sont empruntés tour à tour à l'iconographie classique et à l'iconographie chrétienne. Sur un *scudo* d'or d'Octave Farnèse, dont l'empreinte fut copiée aux Pays-Bas par Frédéric de Berg, seigneur de Hédel, nous trouvons la Sécurité assise : SECVRITAS PARMEnsis; d'autres pièces frappées à Parme montrent l'image du patron, saint Vital, S. VITALIS PARMAE PROT. A Plaisance, sainte Justine, saint Savin, saint Antonin, apparaissent sur les espèces au

---

1. Ireneo Affo, *Della zecca e moneta parmigiana,* dans la *Nuova raccolta,* etc. de Zanetti, t. V. — M Lopez, *Aggiunta alla zecca e moneta parmigiana,* dans le *Periodico di numismatica e sfragistica,* t. I à III.

même titre que Minerve, par cette singulière confusion du sacré et du profane dont la Renaissance italienne offre tant d'exemples.

L'unique héritière des Farnèse, Élisabeth, femme de Philippe V, roi d'Espagne, fit donner les duchés de Parme et de Plaisance à son fils l'infant Charles; mais lorsque celui-ci devint roi des Deux Siciles, en 1735, les duchés furent occupés par les troupes impériales. A Plaisance, de 1740 à 1744, l'impératrice Marie-Thérèse monnaya à son nom. Le traité de Worms, signé en 1743, adjugea Plaisance à Charles-Emmanuel III, roi de Sardaigne; il perdit cette ville dès 1745, mais marqua son passage par l'émission de quelques pièces de cuivre.

Après la guerre pour la succession d'Autriche, la paix d'Aix-la-Chapelle, de 1748, donna Parme et Plaisance au second fils d'Élisabeth, l'infant Philippe de Bourbon (1748-65), auquel succéda Ferdinand (1765-1802). En 1802, les deux duchés, annexés à la France, formèrent le département de Taro.

aj). — *Marquisat, puis duché de Mantoue* [1].

Le marquisat de Mantoue appartenait à la maison de Gonzague; en 1530 Charles-Quint, pour récompenser le marquis Frédéric II des services qu'il lui avait rendus dans la guerre contre la France, lui donna le titre de duc. Les armes des Gonzague étaient: *d'argent à une croix pattée de gueules, cantonnée de quatre aiglettes de sable, becquées et membrées de gueules; sur le tout, écartelé, aux 1er et 4e de gueules au lion d'or, aux 2e et 3e d'or à trois fasces de sable.* Voici la succession des marquis et ducs de Mantoue:

* François II, 1484-1519.
* Frédéric II, 1519-40.
* François III, 1540-50.
* Guillaume, 1550-87.
* Vincent I, 1587-1612.
* François IV, 1612.
* Ferdinand, 1612-26.
* Vincent II, 1626-27.
* Charles I, 1627-37.
* Charles II et Maria Gonzaga, sa mère, 1637-47.
* Charles II, seul, 1647-65.
* Ferdinand-Charles et Isabelle-Claire d'Autriche, sa mère, 1665-68.
* Ferdinand-Charles, 1668-1707.

Le monnayage des ducs de Mantoue présente une suite aussi nombreuse que variée de pièces d'or, d'argent et de bronze. Le buste du souverain et ses armes, les images du Christ, de saint André, de sainte Catherine, de sainte Barbe, de saint Georges, de saint François, de saint

1. At. Portioli, *La zecca di Mantova.* Mantoue, 1879, in-8. — Le même, *Appunti sulla zecca di Mantova,* dans le *Bulletino di numismatica italiana,* t. II à IV.

Louis de Gonzague, qui fut béatifié en 1605, de saint Anselme, de saint Charles ou de la Vierge, patronne de Mantoue, l'effigie de Virgile, VIRGILIVS MARO, un ciboire, XRI IESV SANGVINIS, un bûcher en flammes, DOMINE PROBASTI ME ET COGNOVISTI ME, la vue du mont Olympe, Jésus en pied présentant le ciboire à saint André age-nouillé : TRISTE RECEPTO NIHIL ISTO, une croix plus ou moins ornée, un chien avec la légende : FERIS TANTVM INFENSVS, le globe terrestre avec le soleil et une partie du zodiaque : NEC RETROGRA-DIOR NEC DEVIO, etc., etc., tels sont les types principaux qui prennent place sur les remarquables produits des émissions mantouanes.

Comme on le faisait ailleurs encore en Italie, notamment à Gênes, les noms des marquis et des ducs sont accompagnés du numéro d'ordre accompagnant leur titre ; ainsi François II s'intitule *marchio Mantue quartus*, Frédéric II, qui s'appelle d'abord *marchio Mantue quintus*, devient, après 1530, *Mantue dux primus ;* son successeur François III est le *Mantue dux secundus*, et ainsi de suite.

La branche aînée des Gonzague s'éteignit en 1627 avec Vincent II ; son cousin Charles I, duc de Nevers, fils de Louis de Gonzague, duc de Nevers, et de Henriette de Clèves, recueillit l'héritage [1]. La guerre à laquelle cette succession donna lieu a laissé comme souvenirs métalliques les obsidionales d'argent et de billon frappées en 1629 et 1630 pendant le siège de Mantoue par les Impériaux.

Ferdinand-Charles fut dépossédé de ses états en 1707 par l'empe-reur Joseph I, qui annexa le duché de Mantoue aux possessions autri-chiennes de la Lombardie. L'atelier monétaire mantouan fut réouvert en 1711 par l'empereur Charles VI et continua à travailler, sous ses successeurs, jusqu'en 1797.

ak). — *Principauté de Castiglione delle Stiviere* [2].

Cette principauté, située non loin de Brescia, appartenait à la maison de Gonzague. Vers 1580, Ferrand Gonzague créa à Castiglione un atelier monétaire, qui exista jusqu'en 1723 ; époque où les habitants secouèrent le joug de leurs princes pour se mettre sous l'autorité de l'empereur

1. On trouvera p. 194, au paragraphe consacré à la *Principauté d'Arches*, l'histoire monétaire de Charles I et Charles II de Gonzague. pour ce qui concerne leurs posses-sions françaises.

2. I. Affo, *Le monete dei Gonzaghi, principi di Castiglione delle Stiviere e signori di Solferino*, dans la *Nuova raccolta* de Zanetti, t. III, p. 209 et suiv. — N. Papadopoli, *Monete inedite delle zecche minori dei Gonzaga*, dans le *Periodico di numism. e sfragistica*, t. V, p 306 et suiv.

Charles VI. On possède ainsi des espèces émises par les princes suivants :

* Ferrand, 1580-86.
* Rodolphe, 1586-93.
* François, 1593-1616.

* Ferdinand I, 1616-78.
* Charles, 1678-80.
* Ferdinand II, 1680-1723.

Notre figure 272 représente un *florin* d'or de François, sur lequel celui-ci prend le titre de marquis de Medole, *marchio Medularum,* terre voisine de Castiglione. Ce prince est le seul dont il existe des monnaies d'or.

Fig. 272

al). — *Marquisat de Solférino.*

Le bourg de Solférino, situé dans la province actuelle de Mantoue, appartenait depuis le xvᵉ siècle à la maison de Gonzague. Charles, fils de Ferdinand I, prince de Castiglione delle Stiviere, ouvrit, du vivant de son père, un atelier monétaire à Solférino, où il frappa des espèces portant d'abord le titre de *Sulferini dominus,* puis, à partir de 1643, celui de *Sulferini marchio.*

am). — *Duché de Sabbioneta.*

La terre et le château de Sabbioneta, *Sabloneta,* dans la province actuelle de Mantoue, appartenait à une branche cadette de la maison de Gonzague. Vespasien Gonzague (1522-89), fils de Louis-Rodomont, ouvrit vers 1559 un atelier monétaire. Il fut créé prince en 1574, puis duc en 1577. Il laissa en mourant ses biens à sa fille Isabelle (1589-1637), qui avait épousé Louis-Caraffa. L'atelier resta en activité sous leur règne, puis entra en chômage. Nicolas de Guzman (1644-84), leur arrière-petit-fils, recommença les émissions, qui durèrent jusqu'à sa mort.

En 1707, les troupes franco-espagnoles, commandées par Gaspard de Zuniga, se trouvaient assiégées dans Sabbioneta par les Impériaux. Le conseil de la ville décida l'émission de monnaies obsidionales frappées aux anciens coins du duc Vespasien-Gonzague. Cette décision ne paraît pas avoir eu de suite effective ; dans tous les cas, aucune obsidionale de Sabbioneta n'a été retrouvée.

an). — *Principautés de Pomponesco et de Bozzolo.*

Les terres de Pomponesco et de Bozzolo appartenaient à une branche cadette de la maison de Gonzague. Jules-César de Gonzague, qui avait obtenu Pomponesco dans l'héritage de son père Charles, fut élevé en 1565 au rang de prince de l'Empire; il ouvrit vers cette époque un atelier monétaire à Pomponesco. En 1593, il hérita de Bozzolo, où il transféra sa résidence et le siège de son industrie monétaire.

Les pièces frappées par Jules-César de Gonzague portent parfois le nom de sa femme Flaminia Colonna. Il mourut en 1607. Ses biens passèrent à son neveu Scipion de Gonzague, qui régna d'abord sous la tutelle de sa mère Isabelle, puis seul, à partir de 1614. L'atelier fut supprimé à la mort de Scipion, en 1671. Les monnaies de Pomponesco et de Bozzolo consistent spécialement en imitations plus ou moins loyales d'espèces étrangères.

20). — *Marquisat de Montferrat* [1].

Le marquisat de Montferrat était borné, à l'ouest et au nord, par le Piémont, à l'est par le Milanais, au sud par la république de Gênes. Sa capitale était Casale. Ses armes étaient: *d'argent au chef de gueules*. Le Montferrat appartenait à la maison des Paléologues, qui portaient: *de gueules à la croix cantonnée de quatre B d'or, ceux du 1er et du 3e contournés;* comme vicaires de l'Empire, depuis 1464, les marquis de Montferrat ajoutaient à leurs armoiries: *d'or à l'aigle à deux têtes éployée d'argent, doublement couronnée.* Voici les marquis de la maison des Paléologues qui se succédèrent au XVIe siècle:

* Guillaume II, 1494-1518.   * Jean-Georges, 1530-33.
* Boniface II, 1518-30.

En 1533, Jean-Georges Paléologue mourut sans descendance; l'empereur Charles-Quint fit occuper temporairement le marquisat et monnaya à Casale en son propre nom. En 1536, la querelle à laquelle la succession donna lieu fut tranchée en faveur de Marguerite, fille de Guillaume II Paléologue et femme de Frédéric II Gonzague, duc de Mantoue. Cette dame battit monnaie à Casale, à son nom et à celui de son mari. A la mort de Frédéric II, les émissions continuèrent aux noms de sa veuve et de leurs fils François III (1540-50) et Guillaume

---

1. D. Promis, *Monete dei Paleologi, marchesi di Monferrato.* Turin, 1858, in-4. — Le même, *Monete ossidionali del Piemonte.* Turin, 1836, in-4. — A. Morel Fatio, *Monnaies inédites des marquis de Montferrat frappées à Chivasso, Casale,* etc., dans la *Revue belge de numism.,* 1866. — A. Portioli, *La zecca di Casale sotto Federico Gonzaga e Margherita Paleologa,* dans le *Periodico di numism. e sfragistica,* t. VI.

(1550-66). Marguerite mourut en 1566; le Montferrat resta aux ducs de Mantoue et fut érigé en 1574 en duché.

Sous ces princes, Casale resta le siège d'un atelier monétaire qui fournit le numéraire spécial de Montferrat. En 1628, la ville, investie par les Impériaux, émit des *écus* d'argent obsidionaux; le type se compose à l'avers d'un cartouche portant la légende : CASALIS · IN · OBSID · INIVSTA · 1628, écrite en quatre lignes, au revers, des armes de Charles I de Gonzague. Deux ans plus tard, le maréchal de Toiras, que le roi Louis XIII avait envoyé au secours de Charles I, assiégé à son tour dans Casale, frappa des pièces obsidionales de bronze, *florins, cinq florins, dix florins* et *vingt florins,* aux armes de France.

Lors de la dépossession de Charles IV duc de Mantoue, le duché de Montferrat fut donné au duc de Savoie.

ap). — *Duché de Ferrare* [1].

La terre de Ferrare formait au moyen âge un marquisat entre les mains de la maison d'Este, qui semble avoir obtenu de Frédéric Barberousse le droit de battre monnaie. Le pape Paul II érigea, le 14 avril 1471, le Ferrarais en duché, en faveur de Borso d'Este. Le premier duc de Ferrare mourut le 20 août de la même année. Il eut pour successeurs :

* Hercule I d'Este, 1471-1505.
* Alphonse I d'Este, 1505-34.
* Hercule II d'Este, 1534-59.
* Alphonse II d'Este, 1559-97.

Celui-ci mourut le 27 octobre 1597, sans laisser d'héritiers. L'année suivante, le pape Clément VIII annexa le duché de Ferrare aux États pontificaux, à la suite de la renonciation de César, duc de Modène, qu'Alphonse II d'Este avait désigné comme son héritier.

Les monnaies de Ferrare de la maison d'Este sont toutes d'une exécution supérieure et forment une superbe série de pièces d'or et d'argent. Les types sont empruntés, tantôt à la mythologie, tantôt à l'iconographie chrétienne. Une *doppia d'oro* d'Hercule I représente à l'avers son buste, au revers Hercule tuant le taureau; un *zecchino* d'or du même porte au revers la Résurrection; les *testons* ont tantôt un groupe de serpents entrelacés, tantôt un cavalier; les *demi-testons* montrent la scène traditionnelle, mais admirablement rendue, de saint Georges à cheval terrassant le dragon; sur les *demi-gros* saint Marelius, S. MARELIVS EPISCOPVS, est assis de face. Outre l'atelier de Ferrare, Alphonse II eut, de 1570 à 1595, une officine à Brexello.

1. V. Bellini, *Della moneta di Ferrara.* Ferrare, 1761, in-4.

Les armes de la maison d'Este étaient: *d'azur à l'aigle d'argent, armée et couronnée d'or.*

aq). — *Duché de Reggio* [1].

La terre de Reggio en Émilie, *Regium Lombardiae, Regium Lepidi* ou *Regium olim Aemilia*, appartenait à la maison d'Este, qui, de 1512 à 1523, en fut dépossédée par les papes. Pendant la période du monnayage moderne, elle obéit aux souverains suivants:

* Hercule I d'Este, 1471-1505.
* Alphonse I d'Este, 1505-1512.
* Jules II, pape, 1512.
* Léon X, pape, 1513-22.
* Adrien VI, pape, 1522-23.
* Alphonse I d'Este, rétabli, 1523-34.
* Hercule II d'Este, 1534-59.
* Alphonse II d'Este, 1559-97.

Le monnayage de Reggio, bien que ses produits portassent le nom du souverain, avait un caractère municipal. Au commencement du règne d'Hercule I d'Este, le conseil des Anciens de Reggio sollicita du duc et obtint l'autorisation d'ouvrir un atelier où l'on battrait de menues espèces de cuivre pur, dites *bagattini.* La première émission eut lieu en 1477. En 1492, la ville obtint la permission de créer une seconde officine destinée à la fabrication de monnaies d'or et d'argent. C'est alors que furent frappées au nom du duc des *ducats* d'or, des *testons*, des *grossi da soldi due* et des *soldi* d'argent.

Aussitôt après son avènement, Alphonse I défendit aux habitants de Reggio de frapper des espèces d'or et d'argent, mais dès 1506 les sollicitations répétées du conseil des Anciens eurent raison de cette interdiction, qui privait la ville d'un revenu important. On possède pour le premier règne de ce duc les mêmes espèces que pour son père.

Pendant l'occupation pontificale, les seules monnaies de Reggio consistèrent en *bagattini* de cuivre pur. Les émissions de monnaies d'argent reprirent après la restauration d'Alphonse I.

Le règne d'Hercule II est l'époque la plus brillante pour les ateliers monétaires de Reggio; c'est alors que furent émis en quantité considérable les *scudi* d'or aux armes de la ville, REGII LOMBARDIAE, et à l'image du Sauveur tenant la croix et versant son sang dans un calice posé à ses pieds, CVIVS CRVORE SANATI SVMVS. La date la plus récente relevée sur ces pièces est 1558. Les monnaies d'argent et de cuivre frappées sous Hercule II portent son nom.

Sous Alphonse II, les émissions s'arrêtèrent définitivement, en

1. F. Malaguzzi Valeri, *La zecca di Reggio Emilia,* dans la *Rivista italiana di numismatica* de 1894.

1573; elles furent beaucoup moins actives que sous son prédécesseur, mais comprirent deux pièces d'or plus fortes que le *scudo* : en 1567 une *quadrupla* et en 1572 un *doblone da dieci scudi*.

Les principaux types des monnaies frappées à Reggio sont : l'écu chargé d'une croix, qui forme les armes de la ville, les images de saint Prosper, **S. PROSPER EPS REGIENSIS**, de sainte Daire, **S. DARIA · MAR**, et de saint Chrisante, **S. CHRISANTVS · M · REGIENSIVM**, le buste du duc ou quelque emblème particulier à la maison d'Este.

ar). — *Duché de Modène* [1].

Comme les duchés de Ferrare et de Reggio, celui de Modène appartenait à la maison d'Este. L'atelier monétaire fut réouvert sous Hercule I d'Este (1471-1505), et maintenu sous son fils Alphonse I. En 1510, les troupes du pape Jules II s'emparèrent de Modène ; la ville fut remise l'année suivante à l'empereur Maximilien I, qui s'empressa d'y monnayer. En 1514, le pape Léon X acheta Modène, moyennant quarante mille ducats d'or. Jusqu'en 1527, le duché appartint aux souverains pontifes, dont le pouvoir à Modène est rappelé par des monnaies de Léon X (1513-21), d'Adrien VI (1521-23) et de Clément VII (1523-27). En 1527 Alphonse I d'Este rentra en possession de Modène, qui resta dorénavant dans sa maison :

* Hercule II d'Este, 1534-59.
* Alphonse II d'Este, 1559-97.
* César d'Este, 1597-1628.
  Alphonse III d'Este, 1628-29.
* François d'Este, 1629-58.
* Alphonse IV d'Este, 1658-62.
* François II d'Este, 1662-94.
* Renaud d'Este, 1694-1702.

En 1702, les troupes françaises s'emparèrent de Modène, que Renaud d'Este avait abandonnée à leur approche. Pendant l'occupation, des monnaies d'argent et de billon de 15 sols, 10 sols, 5 sols et 1 sol furent émises au nom de Louis XIV. Notre figure 273 représente la pièce de 15 sols. En 1706, le duc

Fig. 273

Renaud d'Este rentra en possession de Modène, qu'il transmit à ses héritiers, François III (1737-80) et Hercule III (1780-1796).

1. A. Crespellani, *La zecca di Modena nei periodi comunale ed estense*. Modène, 1884, in-4. — Le même, *Conii e punzoni numismatici della R. Biblioteca estense*. Modène, 1887, in-4. — G.-A. Lotti, *Raccolta delle monete d'oro, d'argento e di rame battute e spese della città e negli stati di Modena dall' anno 1470 a tutto il 1755*. Modène, 1755, in-4.

Le type particulier aux monnaies de Modène est l'image de saint Géminien. On trouve aussi la Vierge à l'Enfant, l'image de saint Contard, S. CONTARDVS MVTIN ou AESTENSIS PROTECTOR, l'aigle de la maison d'Este : NOBILITAS ESTENSIS, l'Espérance, marchant à gauche, etc.

as). — *Seigneurie, puis duché de Mirandola.*

La terre de Mirandola s'étendait autour de la petite ville de ce nom, aux environs de Modène. Elle appartenait à la famille Pico. En 1515, Jean-François Pico obtint de l'empereur Maximilien I le droit de battre monnaie, qui lui fut confirmé en 1521 par Charles-Quint. La seigneurie de Mirandola fut érigée, en 1596, en principauté par l'empereur Rodolphe II, puis, en 1617, en duché par l'empereur Mathias ; les souverains suivants s'y succédèrent pendant la période qui nous intéresse :

*Jean-François, 1515-33.	Frédéric, 1590-1602.
* Galeotto II, 1533-50.	* Alexandre I, 1602-37.
* Louis II, 1550-68.	* Alexandre II, 1637-91.
Galeotto III, 1568-1590.	François-Marie, 1691-1707.

Le monnayage de Mirandola, interrompu dans la seconde moitié du XVIᵉ siècle, s'arrête définitivement sous Alexandre II. Son fils, François-Marie, vit ses états confisqués en 1707 par l'empereur Charles VI, qui les vendit l'année suivante à la maison d'Este. Les souverains de Mirandola monnayèrent dans les trois métaux ; leurs types consistent principalement dans leurs effigies, leurs armes, ou les images de saints tels que saint François, sainte Agathe, etc. Les légendes de l'avers indiquent le nom du seigneur, suivi de son nom de famille, par exemple, pour Louis II : LVD·PICVS·II·MIR·CON·Q·DNS.

at). — *Comté, puis duché de Guastalla.*

En 1539, Ferdinand I de Gonzague, fils de Jean-François III et frère de Frédéric II, ducs de Mantoue, acquit la terre de Guastalla, *Guardastallum, Vastallum*, et la transmit à ses descendants :

Ferdinand I, 1538-57.	César II, 1630-32.
* César I, 1557-75.	* Ferdinand III, 1632-78.
* Ferdinand II, 1575-1630.	

En 1621, Guastalla fut élevé au rang de duché. Le monnayage commença sous César I. L'atelier, tombé en chômage, ne fut réouvert que vers 1595, par Ferdinand II, qui y frappa des pièces dans les trois

métaux. On ne connaît aucune monnaie de César II, mais F e r d i-
n a n d I I I nous a laissé quelques monnaies d'argent et de billon. Ce duc
mourut sans enfants ; la terre de Guastalla fut mise sous séquestre entre
les mains de Ferdinand-Charles, duc de Mantoue, puis attribuée en 1693
à Vincent, cousin du défunt. Après Vincent, le duché de Guastalla passa
successivement à ses deux fils Antoine-Ferdinand (1714-29) et J o s e p h-
M a r i e (1729-46). Ce dernier recommença le monnayage et frappa
quelques pièces d'argent et de billon. A sa mort, comme il ne laissait
pas d'héritiers directs, Guastalla fut occupée par l'Autriche, pour être, en
1748, donnée au duc de Parme.

au). — *Comté de Novellara.*

En 1501, Jean-Pierre Gonzague obtint de l'empereur Maximilien I la
confirmation de ses droits sur Novellara, terre située près de Guastalla, et
le titre de comte. Le 6 avril 1533, Charles-Quint accorda le droit de battre
monnaie aux quatre frères Jules-César, François, Camille 1 et Alphonse I
Gonzague, comtes de Novellara. A la mort de Jules-César, survenue en
1554, ses trois frères survivants reçurent la confirmation de leurs droits
monétaires, d'abord de Charles-Quint, le 5 décembre 1554, puis de
l'empereur Ferdinand I, le 3 mai 1559.

Les Gonzague, comtes de Novellara, monnayèrent en commun depuis
le milieu du XVIe siècle jusqu'au milieu du XVIIe ; leurs pièces sont anonymes. En 1650, A l p h o n s e I I, fils et unique héritier de Camille II,
commença à signer les produits de l'atelier de Novellara, qui fut définitivement fermé à sa mort, survenue en 1688.

Au XVIIIe siècle, le comté de Novellara passa à la maison d'Este, et fut
annexé au duché de Modène.

av). — *Comté, puis principauté de Correggio* [1].

Le comté de Correggio s'étendait autour de la ville et du château de
ce nom, dans la province actuelle de Reggio d'Emilia. On ignore à
quelle époque ses possesseurs obtinrent les droits monétaires, mais il est
probable que la concession concorde avec l'investiture du comté, confirmée en 1551 à G i b e r t, C a m i l l e et F a b r i c e, fils de Manfred d'Austria.

Les premières monnaies sont anonymes et frappées en commun par
les trois frères : **COMITES CORRIGII** ; leur type le plus usuel est l'image
ou le buste de saint Quirin : S. **QVIRINVS EPS · CORRIG · PRO.** Après

---

1. Q. Bigi, *Di Camillo e Siro da Correggio e della loro zecca.* Modène, 1870, in-4.

la mort de Gibert, survenue en 1583, Camille et Fabrice font figurer leurs noms réunis sur les espèces ; puis, de 1597 à 1605, Camille, seul survivant, auquel l'empereur accorda le titre de prince, poursuit les émissions.

Après la mort de Camille, son fils naturel Siro d'Austria (1605-30) lui succéda. Son monnayage fut extrêmement actif, surtout à partir de 1615, année où ses biens, qui depuis 1612 avaient été mis sous séquestre, lui furent rendus par l'empereur Mathias.

Les comtes et princes de Correggio frappèrent de nombreuses contrefaçons de monnaies étrangères, ducats de Hongrie, monnaies allemandes, néerlandaises et suisses. Sous Siro, cette industrie prit des proportions tellement scandaleuses, que l'empereur fut contraint de sévir ; un premier avertissement, en 1623, étant resté sans effet, le prince de Correggio fut cité en 1630 devant la cour impériale, qui le déclara coupable d'altération des monnaies, et le priva de tous ses biens. Le duc de Guastalla, chargé de l'exécution de la sentence, prit possession de la principauté de Correggio au nom de l'empereur, et ferma définitivement l'atelier monétaire.

aw). — *Principauté de Porcia.*

Annibal-Alphonse-Emmanuel, fils de Jérôme, comte de Porcia, bourgade située au nord de Venise, non loin d'Udine, obtint en 1698 de l'empereur Léopold I le titre de prince de l'Empire. En 1704, il fit frapper à Vienne un *ducat* d'or.

ax). — *Principauté de Soragna.*

En 1709, l'empereur Joseph I accorda le titre de prince et le droit de battre monnaie à Jean-Paul-Marie IV Meli-Lupi, seigneur de Soragna, bourg situé aux environs de Parme. En 1731, Nicolas Meli-Lupi fit frapper un *ducat* d'or, portant à l'avers ses armes, et au revers l'aigle d'empire entourée des mots : SVB PROTECTIONE CAESAREA. Le prince de Soragna prend les titres suivants : *Nicolas marchio Melolupi, sacri romani imperii princeps Soraneae, magnus Hispaniae.*

ay). — *République de Venise[1].*

A la fin du XVe siècle, lorsque commence le monnayage moderne, la

---

1. Madalena et Morchio, *Tavole sinottiche nummografiche della Republica di Venezia.* Ve-

république de Venise s'étendait en Italie sur un important territoire, compris entre l'Adriatique, les possessions de la maison d'Autriche, la Suisse, les duchés de Milan et de Mantoue, et les États de l'Église. Ses possessions extérieures comprenaient une partie de l'Istrie, la Dalmatie, quelques points en Albanie et en Morée, les îles Ioniennes, un grand nombre d'îles de l'Archipel, Chypre et enfin la Crète. Une grande partie de ces possessions tombèrent successivement au pouvoir des Turcs au xvıᵉ et au xvııᵉ siècles.

Les armes de Venise étaient: *d'azur au lion couché, ailé et diadémé d'or, la tête de front, tenant entre ses pattes de devant un livre ouvert d'argent inscrit des mots :* PAX TIBI, MARCE EVANGELISTA. La république avait saint Marc pour patron.

Les doges suivants gouvernèrent l'état vénitien depuis le commencement du monnayage moderne jusqu'en 1797, année de la proclamation de la république démocratique. Nous conservons à leurs noms la forme italienne:

*Nicoló Tron, 1471-73.
*Nicoló Marcello, 1473-74.
*Pietro Mocenigo, 1474-76.
*Andrea Vendramin, 147 -78.
*Giovanni Mocenigo, 1478-85.
*Marco Barbarigo, 1485-86.
*Agostino Barbarigo, 1486-1501.
*Leonardo Loredano, 1501-21.
*Antonio Grimani, 1521-23.
*Andrea Gritti, 1523-39.
*Pietro Lando, 1539-45.
*Francesco Donato, 1545-53.
*Marc'Antonio Trevisano, 1553-54.
*Francesco Venier, 1554-56.
*Lorenzo Priuli, 1556-59.
*Girolamo Priuli, 1559-67.
*Pietro Loredano, 1567-70.
*Alvise I Mocenigo, 1570-77.
*Sebastiano Venier, 1577-78.

*Nicoló da Ponte, 1578-85.
*Pasquale Cicogna, 1585-95.
*Marino Grimani, 1595-1606.
*Leonardo Donato, 1607-12.
*Marc' Antonio Memmo, 1612-15.
*Giovanni Bembo, 1615-18.
*Nicoló Donato, 1618.
*Antonio Priuli, 1618-23.
*Francesco Centurioni, 1623-25.
*Giovanni I Cornaro, 1625-30.
*Nicoló Centurioni, 1630-31.
*Francesco Erizzo, 1631-46.
*Francesco Molin, 1646-55.
*Carlo Contarini, 1655-5 .
*Francesco Cornaro, 1656.
*Bertuccio Valier, 1656-58.
*Giovanni Pesaro, 1658-59.
*Domenico Contarini, 1659-75.
*Nicoló Sagredo, 1675-76.

nise, 1878, in-4.—A. Menizzi, *Delle monete veneziane dal principio al fine della repubblica.* Venise, 1818, in-4. — V. Padovan, *Le monete de' Veneziani.* Venise, 1881, in-8. — C. von Wachter, *Versuch einer systematischen Beschreibung der Venezianer Münzen nach ihren Typen,* dans le *Numismatische Zeitschrift* de 1871 à 1879.— G. Werdnig, *Die Osellen oder Münzmedaillen der Republik Venedig.* Vienne, 1889, in-4.— Travaux divers de V. Padovan, N. Papadopoli, etc., dans l'*Archivio Veneto.* — M. N. Papadopoli publie en ce moment une monographie très complète de la numismatique vénitienne, mais la partie relative au monnayage postérieur au gouvernement de Cristoforo Moro n'a pas encore paru.

* Alvise Contarini, 1676-83.
* Marc' Antonio Guistiniani, 1683-88.
* Francesco Morosini, 1688-94.
* Silvestro Valier, 1694-1700.
* Alvise II Mocenigo, 1700-1709.
* Giovanni II Cornaro, 1709-22.
* Alvise III Mocenigo, 1722-32.
* Carlo Ruzzini, 1733-34.

* Alvise Pisani, 1734-41.
* Pietro Grimani, 1741-52.
* Francesco Loredano, 1752-62.
* Marco Foscarini, 1762-63.
* Alvise IV Mocenigo, 1763-79.
* Paolo Renier, 1779-89.
* Lodovico Manin, 1789-97.

La série monétaire de Venise est extrêmement riche, comme l'importance commerciale de la république le fait aisément concevoir, mais en même temps les types sont, par leur fixité, d'une grande monotonie. L'image impersonnelle d'un doge agenouillé devant saint Marc qui lui remet la bannière, le lion de saint Marc, l'écu de Venise, l'image en pied de sainte Justine (fig. 274), le Christ assis de face ou debout dans un nimbe elliptique, la Justice debout tenant l'épée et la balance, la Vierge assise, la personnification de Venise assise sur un lion, une croix ornée : telles sont les empreintes habituelles du numéraire vénitien.

Pendant toute la dernière partie du moyen âge, les deux pièces les plus fortes du système monétaire avaient été, en or, le *sequin, zecchino* ou *ducat,* en argent, le *grosso* ou *matapane* valant trois soldi de douze deniers. L'unité de compte était la *lira* de 20 soldi. En 1471, le doge

Fig. 274

Nicoló Tron fit de cette monnaie de compte une monnaie réelle et frappa des *lire* ou *testons* d'argent ; par une innovation que ses successeurs ne furent pas autorisés à imiter, Nicoló Tron mit son buste à l'avers de ces *lire.*

En 1535, sous Andrea Gritti, une nouvelle pièce d'or, le *scudo,* avec sa division le *mezzo scudo,* vint prendre place à côté de l'antique sequin. Les espèces d'argent de grand module firent leur apparition sous Nicoló da Ponte (1578-85) ; il y eut la *giustina maggiore* de 8 lire, avec l'image de sainte Justine, et le *scudo* ou *ducaton* de 7 lire, que la croix occupant l'avers fit dénommer *scudo della croce*. Notre figure 274 reproduit la *giustina maggiore* de Pasquale Cigogna (1585-95).

Dans le courant des XVII⁰ et XVIII⁰ siècles, on émit à diverses reprises des multiples du *sequin* d'or. Louis Manin, le dernier doge, se fit ainsi une série fastueuse en frappant des pièces de 4, 5, 10, 20, 25, 50 et 100 *sequins*.

A la numismatique vénitienne se rattache une suite curieuse de pièces d'or et d'argent mi-monnaies, mi-médailles, appelées *oselles*, que les doges offraient le jour de Noël à la noblesse de la république. Les premières *oselles* furent frappées en 1521, par Antonio Grimani, pour remplacer les canards sauvages, *ucellae,* qui constituaient jusqu'à cette époque le cadeau traditionnel du doge. Ces pièces existent pour tous les doges jusqu'à Louis Manin ; leur série n'est interrompue que pour Nicoló Donato (1618) et Francesco Cornaro (1656). Le type des *oselles* n'est pas uniforme ; si l'image de saint Marc, remettant la bannière au doge agenouillé, est un des plus fréquents, on trouve aussi le lion de saint Marc, des sujets allégoriques, des allusions à des faits historiques, des inscriptions dans le champ, etc. La légende se compose généralement du nom du doge au génitif, suivi du mot *munus* et de la date du règne, par exemple sur les *oselles* frappées en 1730 pour Alvise Pisani : ALOYSII PISANI PRINCIPIS MVNVS ANNO V [1].

§ II. — *Italie centrale.*

Nous groupons dans ce paragraphe les diverses souverainetés situées en Toscane, les États de l'Église et leurs fiefs des Romagnes et des Marches.

a). — *République de Lucques.*

La république de Lucques devait son existence à l'empereur Charles IV, qui affranchit en 1369 la ville de la domination pisane. Jusqu'à la

1. Vers le milieu du XVIᵉ siècle, le conseil de la république de Venise accorda à la ville de Murano, située sur l'île du même nom, dans la lagune, le droit de frapper des *oselles* qui seraient distribuées à chaque renouvellement de l'année aux personnes investies de charges publiques. Le plus ancien document où il soit question des *oselles* de Murano est de 1546. Ces pièces furent frappées à Venise ; la dernière émission eut lieu en 1796. — Voyez : Vincenzo Zanetti, *Delle medaglie di Murano denominate oselle.* Venise, 1881, in-8.

fin du xviiᵉ siècle, les Lucquois reconnaissants firent figurer sur leurs monnaies le nom de leur libérateur : **CAROLVS IMPERATOR.** Le type habituel des espèces est un buste couronné, de face, avec la légende : **SANCTVS VVLTVS DE LVCA.** Au xviiᵉ et au xviiiᵉ siècles, les *scudi* d'argent portent les armes de la cité, un écu à la bande chargée du mot **LIBERTAS,** et l'image de saint Martin partageant son manteau. La *lira* et la *lira doppia* portent le Christ en croix et les mots : **SALVATOR MVNDI.**

La république de Lucques prit fin en 1805, lors de l'érection de son territoire en principauté en faveur de Félix Baciocchi et Élisa Bonaparte.

b). — *République de Florence*[1].

La république de Florence, qui s'était formée à la fin du xiiᵉ siècle, conserva sa liberté jusqu'en 1532, année où Alexandre de Médicis fut créé duc par l'empereur Charles-Quint.

Les types monétaires de Florence se composent de la fleur de lis florencée, emblème parlant, et de l'image du patron saint Jean-Baptiste.

En 1530, pendant le siège de dix mois soutenu contre Charles-Quint, les Florentins émirent des monnaies obsidionales; ces pièces portent à l'avers l'écu fleurdelisé de la ville : **SENATVS POPVLVS Q. FLOREN-TINVS,** et, au revers, une croix dont le bras supérieur porte la couronne d'épines : **IESVS·REX·NOSTER ET DEVS NOSTER.** On possède de cette émission un *scudo* d'or et un *mezzo scudo* d'argent.

c). — *République de Pise.*

La ville de Pise appartenait aux Florentins, quand la descente de Charles VIII, roi de France, en Italie, vint lui rendre la liberté en 1494. Jusqu'en 1509, Pise eut une existence indépendante, qui lui permit de battre monnaie.

Les pièces frappées en 1494 et 1495 portent le nom du roi : **KAROLVS REX PISANORVM LIB***erator ;* après le départ de Charles VIII, les émissions eurent lieu au nom de la commune ou du peuple de Pise. Le type local est fourni par l'image de la Vierge accompagnée de l'invocation : **PROTEGE VIRGO PISAS.**

En 1509, Pise dut se soumettre de nouveau à la république florentine, dont elle suivit désormais les destinées.

1. Ignazio Orsini, *Storia delle monete della repubblica fiorentina.* Florence, 1740, in-4.

d). — Duché de Florence, puis grand duché de Toscane[1].

En 1531, après la prise de Florence par Charles-Quint, Alexandre de Médicis fut reconnu chef de l'état et, l'année suivante, il fut proclamé *duc de la république,* avec toute l'autorité que pouvait avoir un prince; cette dignité était rendue héréditaire dans sa famille. En 1569, Cosme de Médicis, fils d'Alexandre, fut déclaré *grand duc de Toscane* par le pape Pie V.

Le grand duché de Toscane forma dès lors un des états les plus puissants de l'Italie, comprenant, outre Florence, les villes de Pise, Sienne, Livourne, Arezzo et Pistoie. Les armes de la maison de Médicis étaient: *d'or à cinq tourteaux de gueules posés 2, 2 et 1, accompagnés au point du chef d'un tourteau d'azur chargé de trois fleurs de lis d'or.*

En 1737, la maison de Médicis s'éteignit. La Toscane passa à François, duc de Lorraine et de Bar, plus tard empereur, en échange de ses duchés, qui furent cédés à Stanislas, roi titulaire de Pologne. En 1801, Ferdinand III perdit la Toscane, qui fut donnée à titre de *royaume d'Étrurie* à Louis, prince de Parme; il reçut en échange le duché de Salzbourg avec la dignité électorale. Les ducs suivants régnèrent en Toscane de 1532 à 1801.

* Alexandre de Médicis, 1532-36.
* Cosme I de Médicis, 1536-74.
* François I de Médicis, 1574-1587.
* Ferdinand I de Médicis, 1587-1608.
* Cosme II de Médicis, 1608-20.
* Ferdinand II de Médicis, 1620-70.
* Cosme III de Médicis, 1670-1723.
* Jean-Gaston de Médicis, 1723-37.
* François II de Lorraine, 1737-65, empereur en 1745.
* [Pierre]-Léopold de Lorraine-Autriche, 1765-90, empereur en 1790.
* Ferdinand III de Lorraine-Autriche, 1790-1801.

Dès 1533, Alexandre de Médicis commença à Florence le monnayage à son nom. L'illustre orfèvre et sculpteur Benvenuto Cellini grava les coins de ces admirables pièces, *scudi* d'or, *testons* d'argent et monnaies divisionnaires. Le *teston* représente, à l'avers le buste du prince: **ALEXANDER M***edices* **P***rimus* **FLOREN***tiae* **DVX**, au revers, les images en pied des saints Cosme et Damien.

Sous Cosme I, la splendeur artistique de Florence atteignit son apogée. La série monétaire se complète par les fortes pièces d'argent, le *scudo* (fig. 275) et le *mezzo scudo,* dont l'émission ne débuta toutefois que dans les dernières années du règne. L'iconographie de saint Jean-Baptiste, patron de Florence, fournit les types les plus fréquents de

1. Ignazio Orsini, *Storia delle monete dei granduchi di Toscana.* Florence, 1756, in-4.
— J. Friedlaender, *Münzen und Medaillen des Benvenuto Cellini.* Berlin, 1855, in-4.

Cosme I et de ses successeurs. Parfois le saint est représenté seul, en buste ou en pied, parfois il est figuré debout, prêchant au milieu d'une foule, parfois enfin nous le voyons procéder au baptême du Christ.

Fig. 273

A la série de François I se rattachent des monnaies d'argent que le grand-duc fit frapper en 1586 à l'occasion du mariage de sa demi-sœur Virginie avec César d'Este, duc de Modène.

Ferdinand I était cardinal lorsque la mort de son frère, en 1587, vint l'appeler au trône grand-ducal; il ne déposa la pourpre romaine qu'en 1589. Les monnaies frappées jusqu'à cette époque lui donnent les titres de **FERD · MED · CAR**dinalis **MAGN · DVX · ETRVRIAE III**; son buste est revêtu des habits cardinalices. Ferdinand I créa un atelier monétaire à Pise; les pièces d'or et d'argent qui y furent frappées portent la Vierge de Pise assise sur une nue et la légende : **ASPICE PISAS SVP. OMNES SPECIO.** Après Ferdinand I cette officine fut supprimée; les pièces au type pisan émises par ses successeurs sortirent de l'atelier de Florence, désormais seul en activité en Toscane. C'est donc aussi à Florence que furent faites, sous Ferdinand II, Cosme III et Jean-Gaston, les monnaies d'or et d'argent avec le nom de Livourne; les revers de ces pièces portent un rosier, un navire, la vue du port de Livourne ou de sa forteresse [1].

En 1643, Ferdinand II prit possession de la terre de Castiglione del Lago, qui faisait partie de la succession du dernier duc d'Urbino; il fit frapper à Florence, en 1643 et 1644, de menues espèces de billon pour cette nouvelle acquisition territoriale.

e). — *République de Sienne* [2].

La ville de Sienne formait une république enclavée dans la Toscane.

---

1. En 1630, l'atelier de Florence émit quelques *quadruples pistoles* d'or et *testons* d'argent au buste voilé de Christine de Lorraine, veuve du grand-duc Ferdinand I. De 1634 à 1637, Nicolas-François, prétendant au duché de Lorraine fut autorisé à faire battre des *testons* d'argent à son effigie, à la Monnaie de Florence.

2. D. Promis, *Monete della republica di Siena*. Turin, 1868, in-4.

Ses types monétaires habituels se composent de l'initiale de son nom, de la louve allaitant Romulus et Remus, de l'image de la Vierge, la patronne. Ses légendes traditionnelles sont : **SENA VETVS CIVITAS VIRGINIS**, et : **ALFA ET ω PRINCIPIVM ET FINIS.**

En 1531, Charles-Quint, profitant des dissensions des Siennois, les soumit à un étroit protectorat, appuyé par une garnison impériale. En 1552, les habitants, fatigués de ce régime, chassèrent les soldats espagnols et se mirent sous la protection du roi de France Henri II. Charles-Quint reprit la ville en 1555, et la donna en 1557 à Cosme I de Médicis.

Lors de la prise de leur cité, un grand nombre de Siennois, sous la conduite de Mario Bandini, capitaine du peuple, se retirèrent dans la petite place forte de Montalcino, qui dépendait de la république de Sienne. Pendant plusieurs années, le monnayage siennois, transporté à

Montalcino, fut poursuivi et produisit un certain nombre de monnaies d'or, d'argent et de billon. Notre figure 276 représente l'*écu* d'or de 1557. Toutes ces pièces portent le nom de Henri II, roi de France. Après la réunion

Fig. 276

de Sienne à ses états, Cosme I de Medicis fit frapper à Florence des monnaies d'or et d'argent à l'ancien type siennois, mais après lui ces émissions ne furent pas continuées.

f). — *Principauté de Piombino.*

La terre de Piombino appartenait, avec l'île d'Elbe, à la famille Appiani. En 1509, l'empereur Maximilien I accorda le droit de battre monnaie à Jacques IV Appiani, mais les premières espèces furent émises de 1594 à 1603 par Jacques VII. Celui-ci mourut sans descendants mâles. En 1634, son gendre Nicolas Ludovisi, prince de Venosa, obtint de l'empereur le droit de lui succéder.

On possède des monnaies d'or, d'argent et de cuivre de Nicolas Ludovisi (1634-65) et de son fils Jean-Baptiste (1665-99).

g). — *Marquisat de Massa-Lombarda.*

Cette terre, située au nord-ouest d'Imola, dans la province actuelle de Ravenne, faisait partie des domaines de la maison d'Este. Elle fut donnée en 1534 à François, fils d'Alphonse I d'Este, qui obtint de l'empereur Ferdinand I, probablement vers 1562, le titre de marquis et le droit de battre monnaie. Le seigneur de Massa-Lombarda s'empressa d'ouvrir un atelier, où il battit monnaie jusqu'à sa mort, survenue en 1578.

François d'Este laissa en mourant tous ses biens à sa fille naturelle Marfisa, qui épousa Audran Cibo, prince de Massa-Lunigiana.

h). — *Comté de Castiglione de' Gatti* [1].

Cette terre, située sur le versant de l'Apennin, dans la province actuelle de Bologne, appartenait à la famille Pepoli. Le 20 avril 1700, l'empereur Léopold I accorda aux comtes de Castiglione de' Gatti le droit de battre monnaie.

On possède des monnaies d'or et de billon frappées d'abord par Hercule et Corneille Pepoli, en 1700, puis quelques années plus tard, par Alexandre et Sicinio Pepoli.

i). — *Duché d'Urbino* [2].

En 1420, le pape Martin V avait accordé le droit de battre monnaie à Gui-Antoine da Montefeltro, seigneur d'Urbino, dont un des successeurs fut élevé en 1443 au rang de duc par le pape Eugène IV. Le monnayage, arrêté après la mort du premier concessionnaire, fut repris par Guidobaldo I da Montefeltro (1500-1508); ce duc, qui s'intitule : GVIDO · VB · VRBINI DVX, n'ayant pas d'enfants, adopta son neveu François-Marie I della Rovere (1508-13). On possède de celui-ci des monnaies d'or, d'argent et de billon, sur lesquelles il prend les titres de *dux Urbini, sacrae romanae ecclesiae capitaneus generalis sub Julio II pontifice maximo.*

En 1513, le pape Léon X dépouilla François-Marie I della Rovere de ses états pour les donner à son neveu Laurent de Médicis (1516-19), puis pour les réunir, à la mort de celui-ci, aux possessions du Saint-Siège. En 1522, François-Marie I recupéra ses biens et les transmit à ses héritiers. Le monnayage, arrêté après Laurent de Médicis, ne fut repris que par François-Marie II della Rovere (1574-1631). Celui-ci termina la dynastie des ducs d'Urbino par la cession qu'il fit en 1624 de ses états à l'Église.

Le patron d'Urbino est saint Crescentin, dont l'image paraît fréquemment sur les espèces. D'autres saints, tels que saint Martin, saint Thomas

---

1. V. Promis. *Sulle monete di Castiglione de' Gatti.* Turin, 1881, in-8.
2. R. Reposati, *Della zecca di Gubbio e della gesta dei conti o duchi d'Urbino.* Bologne, 1772-73, 2 vol. in-4.

et saint François, illustrent d'ailleurs aussi les monnaies ducales dont les types, comme ceux d'un grand nombre de monnaies italiennes, sont empruntés le plus souvent à l'iconographie religieuse.

Les ducs d'Urbino possédaient un second atelier à Gubbio. Les pièces frappées en cette ville portent comme type le plus caractéristique l'image du patron : S. VBALDVS DE EVGVBIO.

Les ducs d'Urbino avaient pour armes : *d'or à l'aigle de sable, becquée, membrée et couronnée d'or*. Ils écartelaient de celles de Montefeltro : *bandé d'or et d'azur*, de celles de la Rovère : *d'azur au chêne* en italien : *rovere arraché d'or*, et d'un écartelé de Hongrie, Anjou, Jérusalem et Aragon, qui leur avait été concédé en 1472 par le roi de Naples. Comme préfets de Rome, ils portaient sur le tout un pal chargé du gonfanon du Saint-Siège.

j). — *Seigneurie de Pesaro* [1].

La seigneurie de Pesaro, *Pisaurum*, qui s'étendait non loin d'Urbino, formait un fief des états pontificaux. Après avoir appartenu aux Sforza, elle passa aux della Rovere et suivit le sort du duché d'Urbino. Voici la liste des seigneurs qui possédèrent successivement Pesaro depuis la fin du xve siècle :

* Constant I Sforza, 1473-83.
* Jean Sforza et Camille d'Aragon, tutrice, 1483-89.
* Jean Sforza, seul, 1489-1500.
* César Borgia. 1500-03.
  Jean Sforza, rétabli, 1503-10.
* Constant II Sforza, 1510-12.
* François-Marie I della Rovere, 1513-16.
* Laurent de Médicis, 1516-19.
* Léon X, pape, 1519-21.
* François - Marie I della Rovere, rétabli, 1521-38.
* Guidobaldo II della Rovere, 1538-74.
* François-Marie II Rovere, 1574-1622.

En 1622, la terre de Pesaro vint en la possession du pape Grégoire XV, et l'atelier monétaire fut définitivement fermé.

Les types monétaires particuliers à Pesaro sont les images de la Vierge, de saint Térentien, de saint Innocent, de saint Jean et de saint Jacques, de saint François, de saint Antoine, et la vue de la ville. L'atelier de Pesaro émit également quelques monnaies portant au revers l'arbre des della Rovere brochant sur une vue de Montefeltro, *Feretria*.

---

1. A. Olivieri degli Abati, *Della zecca di Pesaro e delle monete pesaresi dei secoli bassi*, dans la *Nuova raccolta* de Zanetti, t. I, p. 181 et suiv. — N. Papadopoli, *Monete italiane inedite della raccolta Papadopoli*, dans la *Rivista italiana di numismatica*, 1893, p. 422 et suiv.

k). — *Seigneurie de Castro.*

La ville de Castro, aujourd'hui détruite, était située dans les états de l'Église. En 1539, le pape Paul III Farnèse la donna à son fils naturel Pierre-Louis, en même temps que le droit de battre monnaie. Un atelier fut ouvert à Castro en 1545, année où son seigneur fut créé duc de Parme et de Plaisance par l'empereur Charles-Quint. Cet atelier produisit des espèces d'or et d'argent sur lesquelles le duc s'intitule : P. LOISIVS FAR. DVX CASTRI. Le type des *grossi* et des menues pièces d'argent se compose de l'image de saint Savin : SANTVS SAVINVS ou SAVIN*us*. VRB*is*. CASTRI CVSTO*s*. En 1547, Pierre-Louis fut assassiné et le monnayage de Castro prit fin.

l). — *Seigneurie et duché de Camerino* [1].

En 1464, Jules-César da Varano fut nommé par le pape Sixte IV, vicaire pontifical de Camerino, ville qui jusqu'alors s'était gouvernée en république. Il inscrivit aussitôt son nom sur les monnaies locales. En 1502, il périt assassiné, et César Borgia, fils du pape Alexandre VI, s'empara de Camerino, dont il se proclama seigneur.

Dès 1503, Jean-Marie da Varano rentra en possession de Camerino et fit monnayer tant en son nom qu'en celui de sa mère Jeanne Malatesta, laquelle mourut en 1511. C'est à lui qu'appartiennent les premières monnaies d'or, des *zecchini* portant à l'avers son buste entouré de IO · MARIA · CAMERINI DVX, et au revers ses armes : *vairé d'argent et d'azur*, avec la légende : LEO X PONT · MAX · DECORAVIT.

A la mort de Jean-Marie, en 1527, sa fille Julie lui succéda sous la tutelle de sa mère Catherine Cibo. En 1534, elle épousa Guidobaldo II duc d'Urbino. Quatre ans plus tard le pape Paul III s'empara de Camerino, qui fut définitivement réuni aux états de l'Église.

Le type des monnaies d'argent de Camerino se compose généralement de l'image ou du buste des patrons de la cité, saint Venant, SANCTVS VENANTIVS, ou saint Ansovin, S. ANSOVINVS.

m). — *République de Pérouse* [2].

La ville de Pérouse formait une république autonome sous l'hégémonie

---

1. M. Santoni, *Della zecca e delle monete de Camerino*. Florence, 1875, in-8.

2. J.-B. Vermiglioli, *Della zecca e delle monete perugine*. Pérouse, 1816, in-4.

des papes. Ce régime prit fin en 1506, date à laquelle le pape Jules II inaugura un régime d'autorité directe. En 1540, les habitants de Pérouse se révoltèrent contre Paul III et reprirent pendant quelques mois l'émission de monnaies particulières.

Les monnaies de Pérouse, *Augusta Perusia*, portent l'effigie et le nom de saint Herculain, S. HERCVLANVS.

n). — *Les États de l'Église*[1].

Lorsqu'ils eurent atteint les limites qu'ils devaient conserver, les États de l'Église s'étendirent depuis Mantoue, le long de l'Adriatique, jusqu'aux confins des Abruzzes, et en largeur depuis Ancône jusqu'à Civita-Vecchia, d'une mer à l'autre. Ils comprenaient en outre la ville de Bénévent, enclavée dans le royaume de Naples, et le Comtat Venaissin avec Avignon, enclavé dans le royaume de France[2].

Le véritable fondateur de la puissance temporelle fut Jules II. A son avènement, le pouvoir du Saint-Siège n'était que nominal sur la plupart des terres de l'Église. La Romagne était, pour une partie, entre les mains des Vénitiens ; César Borgia s'était emparé de l'autre partie, de plusieurs places de la marche d'Ancône et du duché d'Urbino. Les Bentivoglio dominaient en maîtres à Bologne et les Baglioni annihilaient à Pérouse l'autorité pontificale. Jules II parvint à s'assurer la possession de plusieurs de ces territoires ; il occupa Parme, Plaisance et Reggio, enlevées les unes au Milanais, l'autre au duc de Ferrare. Léon X, en 1514, acheta Modène à l'empereur Maximilien I. Parme et Plaisance, reprises par la France après la victoire de Marignan, furent rendues en 1521 au Saint-Siège.

Le pontificat de Clément VII vit un instant s'effondrer la puissance temporelle. En 1527, Rome fut prise par les troupes de Charles-Quint, et le pape dut souscrire aux plus dures conditions. Le prix de sa réconciliation avec l'empereur fut le couronnement de celui-ci à Bologne en 1530.

Sous Paul III, en 1538, les États de l'Église s'accrurent du duché de Camerino, mais en 1545, Parme et Plaisance en furent détachées en faveur de Pierre-Louis Farnèse, fils que le pape avait eu avant son entrée

---

1. A. Cinagli. *Le monete dei Papi descritte in tavole sinottiche*. Fermo, 1848, in-fol. — Ph. Bonanni. *Numismata pontificum romanorum a Martino V usque ad annum 1699*. Rome, 1699, 2 vol. in-fol. — Eug. Müntz, *L'atelier monétaire de Rome*, dans la *Revue numismatique* de 1884.

2. Nous avons consacré un paragraphe spécial au monnayage du Comtat Venaissin. Voyez page 53 et suivantes. Il n'en sera donc pas question ici.

dans les ordres. En 1598, après l'extinction de la maison d'Este, Clément VIII prit possession de Ferrare. En 1626, Urbain VIII réunit définitivement au domaine du Saint-Siège le duché d'Urbino, les comtés de Montefeltro et de Gubbio, la seigneurie de Pesaro et le vicariat de Sinigaglia, par la donation que lui en fit le dernier membre de la maison della Rovère.

Voici la chronologie des papes depuis la fin du xve siècle, avec l'indication des cardinaux camerlingues qui administrèrent les États de l'Église pendant les vacances du Saint-siège et dont les armes figurent à ce titre sur les monnaies frappées *sede vacante* :

* Sixte IV della Rovere, 1471-84.
* Innocent VIII Cibo, 1484-92.
* Alexandre VI Borgia, 1492-1503.
* Pie III Piccolomini, 1503.
* Jules II della Rovère, 1503-13.
* Léon X de Médicis, 1513-21.
* *Vacance du Saint-siège*, 1521, Fr. Armellini, cardinal camerlingue.
* Adrien VI Boyens, 1522-23.
* *Vacance du Saint-siège*, 1523, Fr. Armellini, card. camerl.
* Clément VII de Médicis, 1523-34.
* Paul III Farnèse, 1534-49.
* *Vacance du Saint-siège*, 1549-50, G.-Asc. Sforza, card. camerl.
* Jules III del Monte, 1530-55.
* *Vacance du Saint-siège*, 1555, G.-Asc. Sforza, card. camerl.
* Marcel II de Montepulciano, 1555.
* *Vacance du Saint-siège*, 1555, G.-Asc. Sforza, card. camerl.
* Paul IV Caraffa, 1555-59.
* *Vacance du Saint-siège*, 1559, G.-Asc. Sforza, card. camerl.
* Pie IV de Médicis, 1559-66.
* *Vacance du Saint-siège*, 1565, V. Vitelli, card. camerl.
* Pie V di Bosco, 1566-72.
* *Vacance du Saint-siège*, 1572, L. Cornaro, card. camerl.
* Grégoire XIII Buoncompagni, 1572-85.
* *Vacance du Saint-siège*, 1585, Phil. Guastavillano, card. camerl.
* Sixte V Peretti, 1585-90.
* *Vacance du Saint-siège*, 1590, H. Gaetani, card. camerl.

* Urbain VII Castagna, 1590.
* *Vacance du Saint-siège*, 1590, H. Gaetani, card. camerl.
* Grégoire XIV Sfrondati, 1590.
* *Vacance du Saint-siège*, 1591, H. Gaetani, card. camerl.
* Innocent IX Facchinetti, 1591.
* *Vacance du Saint-siège*, 1591-92, H. Gaetani, card. camerl.
* Clément VIII Aldobrandini, 1592-1605.
* *Vacance du Saint-siège*, 1605, P. Aldobrandini, card. camerl.
  Léon XI de Médicis, 1605.
  Vacance du Saint-siège, 1605, P. Aldobrandini, card. camerl.
* Paul V Borghèse, 1605-21.
* *Vacance du Saint-siège*, 1621, P. Aldobrandini, card. camerl.
* Grégoire XV Ludovisi, 1621-23.
* *Vacance du Saint-siège*, 1623, V. Aldobrandini, card. camerl.
* Urbain VIII Barberini, 1623-44.
* *Vacance du Saint-siège*, 1644, Ant. Baberini, card. camerl.
* Innocent X Pamphili, 1644-55.
* *Vacance du Saint-siège*, 1655, Ant. Barberini, card. camerl.
* Alexandre VII Chigi, 1655-67.
* *Vacance du Saint-siège*, 1667, Antoine Barberini, card. camerl.
* Clément IX Rospigliosi, 1667-69.
* *Vacance du Saint-siège*, 1669-70, Ant. Barberini, card. camerl.
* Clément X Altieri, 1670-76.
* *Vacance du Saint-siège*, 1676, Pal. Altieri, card. camerl.

* Innocent XI Odescalchi, 1676-89.
* *Vacance du Saint-siège*, 1689, Pal. Altieri, card. camerl.
* Alexandre VIII Ottoboni, 1689-91.
* *Vacance du Saint-siège*, 1691, Pal. Altieri, card. camerl.
* Innocent XII Pignatelli, 1691-1700.
* *Vacance du Saint-siège*, 1700, J.-B. Spinola. card. camerl.
* Clément XI Albani, 1700-21.
* *Vacance du Saint-siège*, 1721, Ann. Albani, card. camerl.
* Innocent XIII Conti. 1721-24.
* *Vacance du Saint-siège*, 1721, Ann. Albani, card. camerl.
* Benoît XIII Orsini, 1724-30.

* *Vacance du Saint-siège*, 1730, Ann. Albani, card. camerl.
* Clément XII Corsini, 1730-40.
* *Vacance du Saint-siège*, 1740, Ann. Albani, card. camerl.
* Benoît XIV Lambertini, 1740-58.
* *Vacance du Saint-siège*, 1758, Gir. Colonna, card. camerl.
* Clément XIII Rezzonico, 1758-69.
* *Vacance du Saint-siège*, 1769, Charles Rezzonico, card. camerl.
* Clément XIV Ganganelli, 1369-74.
* *Vacance du Saint-siège*, 1774-75, Ch. Rezzonico, card. camerl.
* Pie VI Braschi, 1775-99.

La numismatique des papes présente pour l'histoire générale du monde chrétien, comme pour l'histoire de l'art, un intérêt de premier ordre, et il est vraiment inconcevable que la monographie n'en ait encore tenté personne. On ne saurait, en effet, considérer comme un travail définitif l'ébauche informe de Cinagli, qui reste cependant le seul livre permettant d'étudier dans son ensemble la merveilleuse série pontificale. Cinagli se borne à cataloguer sommairement les pièces qu'il a eues sous les yeux, et ne fournit de détails ni sur les systèmes monétaires, ni sur les ateliers, ni sur les graveurs qui, attirés à Rome par la splendeur de la cour pontificale, firent des monnaies des papes de véritables œuvres d'art.

A la fin de la période médiévale, le système monétaire pontifical comprenait une monnaie d'or, le *sequin,* dont quelques papes, notamment Paul II, avaient émis des multiples, et trois monnaies d'argent, le *giulio,* le *grosso* et le *mezzo grosso.* Quelques pièces de billon formaient l'appoint.

Sixte IV (1471-84) émit le *double giulio* et y fit graver, comme sur les *giulii* de la même émission, son portrait de profil. Sous Innocent VIII (1484-92) apparaissent les premières monnaies divisionnaires de cuivre pur, les *quattrini.* Enfin sous Jules II (1503-13) surgit le *teston* d'argent. Ce premier *teston* a un caractère commémoratif qu'auront, dans la suite, un grand nombre de monnaies pontificales; l'avers porte, écrits dans une couronne de chêne, les mots : IVLIVS II·PONT·MAX·ROMA SEDITIONIB·FAMEQ·LIBERATA; au revers, nous trouvons les images associées des saints Pierre et Paul, entourées de la légende : IN·OMNEM TERRAM EXIVIT SON*us* EOR*um.* Sous Léon X (1513-21) les *testons,* de divers types, se multiplient; notre figure 277 en reproduit un d'une gravure particulièrement remarquable; il représente au revers les rois mages à cheval, en route pour Bethléem, fixant l'étoile qui les conduira au berceau du Sauveur.

Les premiers *écus* d'argent furent frappés en 1527 sous Clément VII,

aussitôt après le sac de Rome par les impériaux. Ce sont de véritables monnaies de nécessité d'une exécution négligée, sentant l'improvisation. D'un côté figurent le nom et les armes du pape, surmon-

Fig. 277

tés, suivant l'usage, des clefs en sautoir et de la tiare; de l'autre, une couronne de chêne renferme en deux lignes le mot DV·CATO; ces pièces furent, en effet, mises en circulation pour un *ducat* d'or. Il en fut frappé deux divisions, la moitié : MEDIO DVHA*to*, et le quart QVART·DVC.

Sous Grégoire XIII (1572-85), des *scudi* d'argent furent frappés dans l'atelier de Bologne; mais pour l'atelier de Rome la plus ancienne forte monnaie d'argent, émise dans des circonstances régulières, le fut en 1588, sous le pontificat de Sixte V. L'*écu* d'argent de ce millésime porte le buste de profil du pape et, au revers, saint François d'Assise agenouillé recevant les stigmates.

Au XVIIᵉ siècle, les monnaies pontificales, gravées par les Hamerani, continuent à être très remarquables. Nous reproduisons (fig. 278) un

Fig. 278

scudo d'argent frappé l'an I du pontificat d'Innocent XI (1676-89); le revers représente saint Mathieu écrivant son évangile sous la dictée d'un ange qui lui montre le ciel.

Sous Pie VI, de 1775 à 1798, fut frappé un grand nombre de monnaies de bronze portant des noms de villes de province : Ancône, Ascoli, Bologne, Civita-Vecchia, Fano, Fermo, Foligno, Gubbio, Macerata, Matelica, Montalto, Pergola, Pérouse, San Severino, Spolète, Terni, Tivoli et Viterbe[1]. Quelques-unes de ces pièces, celles d'Ancône, de Bologne, de San Severino et de Spolète, furent frappées dans les endroits dont elles portent le nom ; les autres paraissent être sorties de l'officine de Rome.

Envisagée dans son ensemble, la série monétaire des papes témoigne d'une grande décentralisation, tant pour le système que pour les types. A côté de la ẓecca de Rome, il y avait dans les provinces de nombreux ateliers qui monnayaient à des empreintes locales et, très souvent, suivant un système de compte particulier. Il nous est impossible d'entrer ici dans des détails qui nécessiteraient une étude préliminaire dont les éléments nous font défaut. Nous devons nous borner à passer en revue les divers ateliers pontificaux, en notant, pour chacun d'eux, les faits les plus caractéristiques de leur histoire ou de leur iconographie.

Rome. — L'atelier de la capitale monnaya sous tous les pontificats des temps modernes, sauf sous Urbain VII (1590), Innocent IX (159:) et Léon XI (1605). Ce dernier pape n'a laissé aucun souvenir monétaire.

Ancone. — Cet atelier fut fermé par Sixte V (1585-90), après avoir ouvré depuis la fin du xive siècle. Il fut momentanément remis en activité sous Pie VI (1775-98), et tomba en 1797 au pouvoir des Français. Ses monnaies portent fréquemment l'image de saint Quiriace.

Ascoli[2]. — Cette ville appartenait au Saint-Siège depuis 1426. L'atelier qu'y possédaient les papes fut fermé par Léon X en 1518. Les armes de la ville, un pont à deux tourelles, figurent fréquemment sur ses espèces, qui ne consistèrent qu'en menue monnaie.

Bologne. — Après Rome, Bologne fut le principal atelier monétaire des papes. Le type local est l'image de saint Pétrone ou celle de saint Pierre; la légende traditionnelle, BONONIA DOCET, fait allusion à l'Université qui permettait à la ville de s'intituler BONONIA MATER STVDIORVM. Quand Jules II eut expulsé de Bologne les Bentivoglio, qui avec le titre de *conservateurs* étaient parvenus à y dominer en maîtres et même à y monnayer, il fit frapper un *sequin* d'or commémoratif, où se lit au revers la légende BON. P. IVL. A TIRANO LIBERATa. En 1530, quand Charles-Quint se fit couronner à Bologne par Clément VII, l'atelier frappa des monnaies d'or et d'argent à l'effigie de l'empereur.

Le monnayage pontifical continua à Bologne pendant toute l'époque moderne, et l'on possède également des pièces frappées dans cet atelier pendant un grand nombre de vacances du siège apostolique. La plupart des monnaies portent les armes du cardinal-légat, parfois celles du gouverneur.

1. Friedlaender, *Die Münẓen des Kirchenstaates von 1794 bis 1814*, dans la *Zeitschrift für Münẓ-, Siegel- und Wappenkunde* de 1841.
2. G. de Minicis, *Numismatica ascolana*. Fermo, 1853, in-4.

Camerino[1]. — Cet atelier ne fut en activité que sous le pontificat de Paul III, en 1538 et en 1539. Ses produits portent les images de saint Paul et de saint Venant.

Fabriano[2]. — Sous le pontificat de Léon X, son cousin, le cardinal Jules de Médicis, ayant été nommé gouverneur de cette ville, y ouvrit un atelier monétaire et y émit des monnaies de billon à son nom et à ses armes (1520-23). Quand lui-même eut été élevé au souverain pontificat sous le nom de Clément VII, il continua le monnayage de Fabriano, qui prit fin en 1533, à sa mort.

Fano. — Sixte IV fut le premier pape qui monnaya dans cet atelier; quelques-uns de ses successeurs continuèrent à y battre. Clément VIII supprima l'officine en 1605. Le patron de Fano est saint Paternien : s. PATERNIANVS FANI *Protector*.

Fermo. — En 1513, Léon X ouvrit cet atelier pour y frapper de menues espèces, mais il le supprima le 2 février 1518. Deux siècles et demi plus tard, Pie VI remit la Monnaie de Fermo en activité, de 1775 à 1798. Le patron de Fermo est saint Savin.

Ferrare[3]. — En 1597, Alphonse d'Este, duc de Ferrare, mourut sans héritiers directs; il désigna par testament comme son successeur son cousin César, duc de Modène; mais celui-ci renonça à ses droits à la demande du pape Clément VIII, qui réunit en 1598 le Ferrarais aux États du Saint-Siège.

L'atelier de Ferrare, laissé en activité par Clément VIII et ses successeurs, fut fermé vers 1657, à la mort d'Alexandre VII. Il fut réouvert sous Clément X (1675-76), et fermé de nouveau à la fin du pontificat d'Innocent X (1676-89), puis remis en activité sous Clément XI (1700-21), Innocent XIII (1721-24) et Benoît XIV (1740-54), dont les émissions furent les dernières. Le pontificat de Paul V marque l'apogée du monnayage des papes à Ferrare.

Le Ferrarais était administré par un cardinal-légat, dont les armes et plus rarement le nom figurent sur un grand nombre de monnaies. Le premier de ces légats fut Pierre Aldobrandini.

Le type habituel des monnaies de Ferrare est l'image équestre de saint Georges, terrassant le dragon : s. GEORGIVS PROTECTOR FERRARIÆ. Sur le *quadruple écu* d'or de Paul V, la représentation de saint Georges est associée à celle de saint Maurel : ss. GEORG. ET MAVR. PROT. FERRARIE. Ce saint se montre seul sur quelques monnaies de billon du XVIIIe siècle : s. MAVRELIVS EPS FERRARIÆ.

Forte Urbano. — Cette ville, située en Émilie, près de Bologne, fut assiégé en 1708 par les Autrichiens. Le commandant des forces pontificales, Fra Antonio Domenico Bussi, qui défendait la forteresse, fit frapper des monnaies obsidionales pour payer la garnison. Ce sont des balles de mousquet en plomb, aplaties et marquées sur une face des letrres F. V (Forte Urbano), surmontées des clefs en sautoir et de la tiare. La paix ayant été signée à Rome le 15 janvier 1709, le siège de Forte Urbano fut levé.

Foligno. — L'atelier de Foligno *(Fuliginum)*, qui appartenait aux papes depuis la

1. M. Santoni, *Della zecca e delle monete di Camerino*. Florence, 1875, in-8.
2. C. Ramelli, *Della zecca fabrianese*, avec additions et corrections de A.-R. Caucich. Florence, 1867, in-8.
3. V. Bellini, *Della moneta di Ferrara*. Ferrare, 1761, in-4.

première moitié du xvᵉ siècle, monnaya jusque sous Clément VII. Le patron de la ville était saint Félicien.

Gubbio. — Cette ville passa au Saint-Siège, avec le duché d'Urbino, en 1624, après la renonciation du duc François-Marie II. Les papes y frappèrent des monnaies de cuivre depuis Innocent X jusqu'à Clément XIV. L'atelier fut définitivement fermé en 1769.

Macerata. — L'atelier de Macerata travailla jusqu'au pontificat de Grégoire XIV en 1590, mais ne frappa que des monnaies d'argent et de billon.

Le patron de la ville, dont l'image forme le type habituel des espèces, est saint Julien.

Modène. — En 1514 le pape Léon X acheta de l'empereur Maximilien I la ville de Modène, dont avait été dépouillé Alphonse I, duc de Ferrare. Celui-ci rentra en possession en 1527.

On possède des monnaies d'or et d'argent frappées à Modène par Léon X, Adrien VI et Clément VII. Le type habituel est l'image de saint Géminien. Les monnaies portent généralement comme accessoire de l'empreinte un petit écusson aux armes du cardinal-légat.

Montalto. — Sixte V, qui avait été moine à Montalto, avant son élévation au souverain pontificat, voulant favoriser cette petite ville, en fit le siège d'un évêché et d'un atelier monétaire. Son successeur Urbain VII y frappa quelques pièces de billon pendant son règne éphémère. On en possède enfin quelques autres frappées en 1590 pendant la vacance du Saint-siège.

Parme. — Quand Jules II se fut mis en possession de Parme, en 1512, il y ouvrit un atelier monétaire, qui resta en activité sous Léon X. Après un chômage d'une dizaine d'années, l'officine fut remise en activité sous Adrien VI et continua ses émissions jusque sous Paul III, qui en 1545 donna Parme et Plaisance à son fils Pierre-Louis Farnèse.

Les monnaies parmesanes des papes ont pour type local le plus usuel saint Hilaire, seul ou associé à saint Jean. Sur le *sequin* d'or de Clément VII, le revers est occupé par la Vierge tenant l'Enfant. Sur le *scudo* d'or de Paul III, la Ville de Parme est assise tenant une Victoire. La légende : SVB VMBRA MATRIS ECCLESIÆ PARMA, contraste avec cette représentation profane. Plusieurs monnaies de Parme portent un petit écusson aux armes du cardinal-légat. En 1521, Parme soutint un siège contre les Français ; l'année suivante furent frappés des *grossi* et *mezzi grossi* d'argent commémoratifs, portant à l'avers le buste à mi-corps de saint Hilaire, au revers, une Victoire tenant une couronne et une palme, avec la légende : CIVES SERVATI PARMA.

Pérouse. — Le monnayage des papes commence à Pérouse sous Jules II et prend fin avec Jules III. En 1540, une interruption dans la domination pontificale est marquée par l'émission de monnaies républicaines [1].

Le type local de Pérouse est un griffon couronné, et parfois l'image de saint Herculain. L'écusson du cardinal-légat figure sur quelques espèces.

1. Voyez p. 460, le § consacré à la république de Pérouse.

Pesaro. — Le seul pape qui ait monnayé à Pesaro est Léon X; il occupa cette ville de 1519 à 1521, et frappa quelques monnaies d'argent et de billon. Nous avons déjà parlé de cet atelier (p. 459).

Plaisance. — Cette ville suivit les destinées de Parme. Son atelier fut en activité pour les États de l'Église sous Léon X, Adrien VI, pendant la vacance du Saint-siège de 1523, sous Clément VII et Paul III.

Le patron de Plaisance, saint Antoine, figure sur plusieurs pièces frappées dans cette ville. Un *sequin* d'Adrien VI porte à l'avers son buste, et au revers, dans le champ, le mot PLACENTIA, complété par la légende circulaire : ROMANOR. COLONIA. ECCL^E REDTA. Sur des monnaies d'argent du même le commencement de cette légende entoure la Louve romaine. Plusieurs pièces portent comme détail accessoire du type l'écusson du cardinal-légat.

Ravenne. — Aussitôt que Ravenne fut retournée sous la domination pontificale, Léon X, par acte du 18 septembre 1517, y créa un atelier monétaire dont il laissa la direction à l'archevêque, le cardinal Nicolas Fieschi. Celui-ci émit des pièces de cuivre portant son nom, N. CAR. FLISCVS, et ses armes. Les *giulii* d'argent eurent le nom et les armes du pape, et au revers la représentation de la Résurrection.

En 1527, Ravenne fut de nouveau occupée par les Vénitiens, pour retourner en 1530 au Saint-Siège. L'atelier monétaire fut rétabli sous Paul III (1534-39), mais son existence fut de courte durée. Au XVIIIe siècle, Clément XII l'ouvrit de nouveau ; il resta en activité sous Benoît XIV, mais fut définitivement supprimé à la fin de son pontificat.

Reggio. — Le monnayage pontifical de Reggio d'Émilie n'intéresse que les règnes de Jules II, Léon X et Adrien VI. Il ne consiste qu'en monnaies de cuivre (voir p. 446).

San Severino. — En 1796, le pape Pie VI fit frapper dans cette ville, en la maison du comte Servuji Collio, des monnaies de bronze.

Spolète. — Cette ville, qui avait déjà monnayé pour les papes dans la seconde moitié du XVe siècle, eut un atelier sous Jules II et sous Léon X. L'image de saint Pierre forme le type habituel des monnaies, toutes en argent, frappées à cette époque.

De 1795 à 1798, Pie VI frappa à Spolète des monnaies de bronze portant le nom de cette ville.

§ III. — *Italie méridionale.*

a). — *Royaume de Naples* [1].

Alphonse I d'Aragon, dit le Magnanime, qui avait réuni en 1435 le royaume de Naples à celui de Sicile, laissa par son testament le premier

1. C.-A. Vergara, *Monete del Regno di Napoli.* Rome, 1715, in-4. — G.-V. Fusco, *Intorno alle zecche ed alle monete battute nel Reame di Napoli da re Carlo VIII di Francia.*

de ces états à son fils naturel Ferdinand I (1458-94), et le second à Jean, son frère.

Ferdinand I mourut en 1494. Son fils aîné, Alphonse II, lui succéda, mais il abdiqua presque aussitôt en faveur de son frère Ferdinand II, saisi d'épouvante à la nouvelle de l'expédition que Charles VIII, roi de France, préparait contre le royaume de Naples, auquel il prétendait comme héritier des droits de la maison d'Anjou.

Ferdinand II ne put résister à l'envahisseur. En février 1495, Charles VIII entra dans la capitale; mais l'occupation française fut de courte durée. Soutenu par la ligue de Venise, Ferdinand II rentra dès le mois de mai en possession de ses états, dont il jouit jusqu'à sa mort, survenue en 1496. Son oncle Frédéric III recueillit sa succession, mais en 1501, il fut dépouillé à son tour par Louis XII, roi de France.

En 1503, Ferdinand III le Catholique, roi d'Aragon et de Sicile, envahit le royaume de Naples, d'où il expulsa les Français,. pour le réunir de nouveau à celui de Sicile.

Le règne de Ferdinand I d'Aragon marque la transition du monnayage médiéval au monnayage moderne. Les caractères gothiques des légendes font place aux caractères latins; l'effigie royale cesse d'être conventionnelle, pour devenir un portrait sur les *ducats* d'or frappés pour la première fois en 1465. La même année, on entreprit la fabrication du *tarin* ou *double carlin* d'argent du poids de 7 gr. 20. Ferdinand I y fait graver également son buste, d'une exécution parfois charmante, précédant ainsi tous les princes italiens dans l'émission de pièces d'argent à portrait. Le type des *carlins* fut modifié; l'avers porta le buste royal; au revers, les armoiries firent place à l'image de saint Michel terrassant le dragon, qui avec la légende IVSTA TVENDA fait allusion aux victoires remportées sur les Turcs. Sous le même règne, nous voyons aussi apparaître les pièces de cuivre pur [1], les *cavalli*, ainsi nommés de leur type: un cheval en liberté entouré des mots: EQVITAS REGNI. Ces *cavalli* furent frappés à

Naples, 1486, in-4. — A. Heis, *Descripcion general de las monedas hispano-cristianas.* Paris, 1867, t. II, p. 329 et suiv. — H. Hoffmann, *Les monnaies royales de France depuis Hugues Capet jusqu'à Louis XVI.* Paris, 1878, in-fol. — J.-A. Sambon, *Monnaies de Charles VIII frappées en Italie,* dans l'*Annuaire de la Société française de numism.* de 1896, p. 49 et suiv. — Le même, *Inciscri dei conii della moneta napoletana,* dans la *Rivista italiana di numismatica* de 1893, p. 69 et suiv. — Le même, *I cavalli di Ferdinando I d'Aragone,* et *I carlini di Ferdinando I d'Aragone,* dans le même recueil, 1891. — M. J.-Arthur Sambon prépare en ce moment une monographie de la numismatique napolitaine, très impatiemment attendue. Nous lui devons certains renseignements dont nous tenons à le remercier ici tout particulièrement.

1. A l'exception d'une tentative faite à Venise en 1462, puis abandonnée, Ferdinand I fut le premier souverain italien qui fit frapper des monnaies divisionnaires de cuivre.

Aquila, à Amatrice et à Brindisi, villes des Abruzzes qui jouissaient d'une certaine autonomie monétaire. Les *cavalli* d'Amatrice ont comme légende : **FIDELIS AMATRIX**, en souvenir de la fidélité de la ville lors de la conjuration ourdie, en 1485, par le pape Innocent VIII contre la maison d'Aragon. Ferdinand I créa un nouvel atelier à Lecce.

Le court règne d'Alphonse II a laissé de rares *ducats* d'or et des monnaies d'argent, les *coronati del angelo,* dont le type rappelle la scène du couronnement royal. Sous Ferdinand II, le monnayage ne fut pas non plus très actif, interrompu qu'il fut par l'arrivée des Français.

Charles VIII a laissé de nombreux souvenirs métalliques de son occupation. A Naples, il frappa des *écus d'or* analogues à ceux de France, des *carlins* d'argent et des *cavalli* de cuivre ; à Aquila, des *écus* d'or et des *cavalli ;* à Sulmona, des *carlins* et des *cavalli ;* à Chieti (**TEATINA CIVITAS**), à Ortona et à Sora, des *cavalli.* Le type principal de ces monnaies franco-italiennes se compose des armes de France. Sur les pièces de Sulmona figure toujours comme détail de l'empreinte un petit cartouche ovale renfermant les lettres **S·M·P·E**, initiales de *Sulmo mihi patria est,* demi-hexamètre d'Ovide, qui était né à Sulmona.

Quand Ferdinand II eut été rétabli, le monnayage fut repris à son nom à Naples, à Lecce, dans la terre d'Otrante, et à Brindisi. En 1496, l'atelier de Brindisi fut définitivement fermé.

Frédéric III ne modifia pas le système monétaire en vigueur sous son neveu. Ses espèces furent frappées à Naples, à Sulmona et à Lecce. Ces deux dernières officines prirent fin avec lui.

Le monnayage du roi de France Louis XII comprend de curieux *ducats* d'or (fig. 279), au revers desquels est écrite une menace au pape : **PERDAM BABILLONIS NOMEN.** La monnaie d'argent reste le *carlin* représentant Louis XII assis de face. En cuivre nous retrouvons les *cavalli* aux armes de France, frappés à Naples et Aquila.

Fig. 279

b). — *Royaume de Sicile.*

Jean II d'Aragon, qui depuis 1425 était roi de Navarre, succéda en 1458 à son frère Alphonse I le Magnanime, dans les royaumes d'Aragon et de Sicile « au delà du Phare ». Il mourut en 1479, laissant ses états à son fils unique Ferdinand le Catholique. En 1503, celui-ci conquit le royaume de Naples.

Les monnaies frappées vers la fin du règne de Jean II substituent aux caractères gothiques en usage jusqu'alors des caractères latins. Le *real* d'or, frappé dès 1466, dont nous reproduisons l'empreinte (fig. 280), marque ainsi, en Sicile, le commencement de la numismatique moderne. Jean II s'intitule : *Dei gratia rex Sicilie et Aragonum, ac Atenarum et Neopatrie dux* ; ces deux der-

niers titres, que lui avaient légués ses prédécesseurs, et qui après lui disparurent des espèces, ne répondaient plus à une posses- sion effective. Sous Ferdinand le Catholique, l'or sicilien con-

Fig. 280

serve l'image conventionnelle du roi assis ; l'argent continue, comme dans la période précédente, à porter l'aigle et les armes d'Aragon-Sicile.

Après la constitution du royaume des Deux-Siciles, la Sicile insulaire conserva une monnaie particulière[1]. L'atelier de fabrication, qui était situé à Messine, fut transféré à Palerme en 1676.

c). — *Royaume des Deux-Siciles*[2].

Le royaume de la « Sicile en deçà et au delà du Phare », ou des Deux-Siciles, dénomination qui prévalut définitivement en 1734, fut constitué en 1503 par Ferdinand le Catholique qui, héritier de la Sicile, conquit Naples sur Louis XII, roi de France. Ferdinand le Catholique mourut en 1516. Il eut pour successeurs :

*Jeanne la Folle et Charles I, 1515-16.   * Philippe II (III en Espagne), 1598-1621.
*Charles I (Charles-Quint), 1516-56.   * Philippe III (IV en Espagne), 1621-65.
*Philippe I (II en Espagne), 1556-98.   * Charles II, 1665-!700.

A l'extinction de la maison espagnole, Naples prit parti pour Phi- lippe V d'Anjou, qui régna jusqu'en 1707. En cette année, les Impériaux s'emparèrent du royaume, dont Philippe V fut dépouillé par le traité d'Utrecht, en vertu duquel Naples resta à Charles d'Autriche et la Sicile

1. Un officier de la Monnaie de Naples, Leonardo Zocchis, fut chargé en 1555 d'établir le rapport entre les monnaies siciliennes et celles de Naples ; il calcula que pour un *écu* de 12 *tarins siciliens* on donnait au minimum 10 *carlins*, au maximum 10 *carlins* et 1 ou 2 *grains napolitains*.

2. Sources citées au paragraphe consacré au royaume de Naples. — J.-A. Sambon, *Les monnaies de Charles V dans l'Italie méridionale*, dans l'*Annuaire de la Société française de numism.* de 1892, p. 297 et suiv.

fut donnée à Victor-Amédée, duc de Savoie. En 1718, sans qu'il y eût eu déclaration de guerre, Philippe V envoya une flotte à Palerme et la Sicile retomba sous la domination de l'Espagne. En 1720, Philippe V fut contraint de l'abandonner de nouveau à l'Autriche, qui dédommagea le duc de Savoie en lui donnant l'île de Sardaigne.

Charles d'Autriche ne jouit pas longtemps des Deux-Siciles. En 1734, l'infant Charles, duc de Parme, fils de Philippe V, cessionnaire des droits de son père sur ce royaume, s'en rendit maître et expulsa les Impériaux.

En 1759, Charles monta sur le trône d'Espagne, et, comme par les derniers traités les couronnes d'Espagne et des Deux-Siciles ne pouvaient être réunies sur une même tête, il céda ce dernier royaume à son troisième fils Ferdinand.

Ferdinand IV (1759-99) fut dépouillé de ses états en 1799 par les Français, qui créèrent la République Parthénopéenne. La restauration de Ferdinand IV appartient à l'histoire contemporaine.

C'est vers 1525 que Charles-Quint introduisit à Naples l'émission des fortes monnaies d'argent : les *écus* pesant 34 grammes, les *demi-écus* et les *quarts d'écus*. Leur type se compose, à l'avers, de l'écu aux multiples quartiers, au revers, d'une croix feuillue terminée par des couronnes impériales. Ces pièces furent frappées en très petit nombre, car l'*écu* n'est connu aujourd'hui que par la mention d'anciens placards. En 1528, la ville de Naples fut assiégée par les Français ; pendant l'investissement on frappa des *écus* et *demi-écus* de nécessité, portant d'un côté un champ armorié, de l'autre les mots SCV-TO-R ou M*(ezzo)*-SCV-TO-R en plusieurs lignes. Comme l'a établi M. A. Sambon, auquel on doit la restitution de ces monnaies à leur véritable origine, la lettre R, qui suit le nom des pièces, est l'initiale de Louis Ram, comte de Sant-Agata, directeur de la Monnaie de Naples pendant le siège.

En 1552 on reprit la fabrication des *demi-ducats* d'argent, qui cette fois portent à l'avers le buste de Charles-Quint, et celle des *tarins* d'argent

Fig. 281

délaissés depuis le règne de Ferdinand I. La gravure de ces pièces est extrêmement remarquable, et M. Sambon a pu écrire sans exagération que les coins employés à Naples au milieu du xvie siècle sont les plus beaux de tous ceux qui reproduisirent les traits de l'empereur. Nous donnons ici la figure du *ducat*, dont le type est une réduction de celui des fortes espèces d'argent (fig. 281).

Sous Philippe I, la gravure reste fort belle. Les monnaies portent à l'avers l'effigie du roi, au revers une inscription en plusieurs lignes, dans une couronne, soit HILARI-TAS-VNIVER-SA, soit PVBLI-CAE COM-MODITA-TI, soit encore FI·DEI-DEFEN-SOR, titre que se donna le roi en 1571 après la victoire de Lépante. Parmi les monnaies de Philippe, nous signalerons encore celles qui furent frappées à l'occasion du mariage du roi avec Marie, reine d'Angleterre, et qui portent l'inscription POSVIMVS DEVM IN ADIVTOREM NOSTRVM, empruntée aux espèces anglaises.

Le règne de Philippe III fut marqué par la fameuse insurrection qui éclata le 7 juillet 1647, à Naples, sous la conduite de Tomas Aniello, le célèbre pêcheur d'Amalfi. En octobre, la ville se déclara indépendante de l'Espagne, et se constitua en république. Le gouvernement fut offert à Henri de Lorraine, duc de Guise, qui, en qualité de descendant de René d'Anjou, élevait des prétentions au royaume napolitain. En 1648, les Espagnols reprirent Naples et le duc de Guise fut fait prisonnier. Pendant son règne éphémère, Henri de Lorraine émit des monnaies d'argent généralement très mal frappées, portant à l'avers un écu chargé des lettres

Fig. 282

S·P·Q·N, et au revers le buste de saint Janvier au milieu de nuages (fig. 282).

La série monétaire des Deux-Siciles se poursuivit sans lacune sous tous les souverains de ce pays, jusqu'à la fin de la période moderne.

d). — Comté de Manopello.

Charles VIII, roi de France, accorda le droit monétaire à son partisan Pardo Orsini, comte de Manopello (1495-97). Après l'expulsion des Français, celui-ci perdit tous ses biens et le monnayage prit fin.

Les pièces frappées par Pardo Orsini sont des cavalli de cuivre au nom de Charles VIII; le nom du comte de Manopello n'y est indiqué qu'au revers.

e). — Marquisat de Vasto.

Le marquisat de Vasto, situé aux environs de Chieti, près de l'Adriatique, devint vers la fin du moyen âge une possession de la maison espagnole d'Avalos. Dans les premières années du xviiie siècle, César d'Avalos, fils de Diego, fut élevé au rang de prince de l'Empire. C'est à ce titre qu'il fit frapper en 1706 à Augsbourg des *ducats* d'or et des *scudi* d'argent à son buste et à ses armes; les légendes sont, d'un côté son nom et ses titres : CÆS·DAVALOS DE AQVINO DE ARAG·MAR·PIS·ET VASTI·D·G·S·R·I·PR, de l'autre sa devise : DOMINVS REGIT ME, suivie du millésime.

f). — *Marquisat de San-Giorgio.*

Cette terre était située en Calabre. Jean-Dominique Milano Franco d'Aragona, fils de Georges et de Béatrice de Ventimiglia, marquis de San Giorgio et de Polestina en Sicile, obtint de l'empereur Charles VI, le 7 mai 1731, pour lui et ses successeurs, le titre de prince de l'Empire et le droit de battre monnaie. A la suite de cette concession, il fit frapper en 1732 à Vienne quelques monnaies d'or et d'argent. A sa mort, survenue en 1740, son fils Jacques-François lui succéda ; celui-ci fit également émettre à Vienne des espèces d'argent en 1753.

g). — *Principauté de Belmonte.*

L'empereur Charles VI, étant souverain du royaume de Naples, accorda en 1731 le titre de prince et le droit de battre monnaie à Antoine Pignatelli, marquis de Belmonte en Calabre citérieure.

En 1733, ce prince fit frapper en Allemagne, probablement à Vienne, quelques ducats d'or à son buste et à ses armes : *d'or à trois pignates de sable, les deux du chef affrontées, celle qui est en pointe ayant l'anse à dextre.* Les légendes sont : ANTONIVS PIGNATELLI S·R·I·PRINC & BELMONTIS &.

h). — *Principauté de Ventimiglia.*

La terre de Ventimiglia, située en Sicile, non loin de Palerme, était une possession de l'illustre famille des ducs de Sessa, originaire d'Espagne. Un de leurs descendants, Jean VI Requesens, fut créé, en 1686, prince du Saint-Empire. Il fit battre en cette qualité, probablement à Vienne, en 1725, des monnaies d'or et d'argent, sur lesquelles il s'intitule comte de Ventimiglia, marquis de Gerace et prince du Saint-Empire Romain. Les armes des Requesens étaient : *de gueules à trois rocs d'échiquier d'or.*

§ IV. — *Italie insulaire et coloniale.*

a). — *L'ordre de Saint-Jean de Jérusalem à Malte* [1].

Après la prise de Rhodes par les Turcs en 1523, les chevaliers de l'ordre de Saint-Jean se retirèrent d'abord en Italie, à Civita-Vecchia. En 1530, Charles-Quint leur céda à titre de fief les îles de Malte, de Comino et de Gozzo, avec la forteresse de Tripoli en Barbarie ; le 26 octobre de cette même année, le grand-maître Philippe Villiers de l'Isle-Adam débarqua à Malte, dont il prit solennellement possession. Voici la liste de ses successeurs jusqu'à la prise de l'île par Napoléon I.

* Pierre del Ponte, 1534-35.
  Didier de Saint-Jaille, 1535-36.
* Jean d'Homèdes, 1536-53.
* Claude de la Sengle, 1553-57.
* Jean de la Valette-Parisot, 1557-68.
* Pierre del Monte, 1568-72.
* Jean de la Cassière, 1572-81.
* H. de Loubenx de Verdale, 1582-95.
* Martin Garzès, 1596-1601.
* Alof de Wignacourt, 1601-22.
* Louis Mendez de Vasconcellos, 1622-23.
* Antoine de Paule, 1623-36.
* Jean-Paul Lascaris-Castellar, 1636-57.
* Martin de Redin, 1657-60.

* Annet de Clermont-Gessan, 1660.
* Raphael Cotoner, 1660-63.
* Nicolas Cotoner, 1663-80.
* Grégoire Caraffa, 1680-90.
* Adrien de Wignacourt, 1690-97.
* Raymond Perellos y Roccafull, 1697-1720.
* Marc-Antoine Zondadari, 1720-22.
* Antoine-Manoel de Vilhena, 1727-36.
* Raymond Despuig, 1736-41.
* Emmanuel Pinto, 1741-73.
* François Ximenez de Texada, 1773-75.
* Emmanuel de Rohan, 1775-97.
* Ferdinand de Hompesch, 1797-99.

Lorsque l'ordre s'installa à Malte, Charles-Quint n'avait pas compris dans sa concession le droit de battre monnaie, que les grands maîtres avaient toujours exercé pendant leur séjour à Rhodes. De pressantes démarches furent faites auprès de l'empereur pour qu'il permît de nouveau l'exercice de ce droit régalien, et l'ordre finit par obtenir gain de cause. Il est difficile de dire si Philippe Villiers de l'Isle-Adam monnaya dans ses nouvelles possessions. M. Furse opine pour la négative, laisse à Rhodes les espèces forgées par ce grand maître, et ne commence la série maltaise qu'avec le *sequin* d'or frappé, sur le modèle des *sequins* de Venise, par Pierre del Monte.

Quand le système monétaire de l'ordre eut été complètement constitué sous les successeurs de Jean d'Homèdes, il comprit, sauf interruption dans l'émission de l'une ou l'autre espèce, les pièces suivantes :

1. E.-H. Furse, *Mémoires numismatiques de l'ordre souverain de Saint-Jean de Jérusalem*. Rome, 1885, in-4.

Or. *Sequin* valant 4 écus et 3 taris, ou 51 taris d'argent.
Argent. *Pièce de 6 taris* ou demi-écu.
      Pièce de 4 taris.
      Pièce de 3 taris.
      Pièce de 2 taris.
      Tari ou double carlin.
      Carlin ou double cinquin.
      Cinquin ou pièce de 5 grains.
Cuivre. *Grain* ou pièce de 6 piccioli.
      Pièce de 3 piccioli, ou demi-grain.
      Picciolo.

Jusqu'au magistère d'Adrien de Wignacourt, le type des *sequins* d'or resta une copie servile de ceux de Venise : l'avers porta la représentation de saint Jean donnant un étendard au grand maître agenouillé devant lui ; le revers porta d'abord le Christ dans un nimbe, puis les armes couronnées du grand maître. Les types des monnaies d'argent furent, par ordre d'apparition, l'agneau pascal et les armes dans le champ, saint Jean debout avec l'agneau, la croix de Malte, la tête de saint Jean posée sur un plat. Raymond Perellos, le premier depuis Philippe Villiers de l'Isle Adam, mit son effigie sur les espèces de l'ordre. La titulature habituelle des grands maîtres se compose des prénoms et nom de famille, précédés de l'initiale F *(frater)* et suivie de M·H·H *(magister hospitalis hierosolimitani),* puis M *(magnus)* M·H·H. Les principales légendes des revers des pièces d'argent sont : *ecce agnus Dei qui tollit peccata mundi,* autour de l'agneau, *propter veritatem et justitiam,* autour du chef décollé de saint Jean, *sub hoc signo militamus,* autour de la croix.

En 1565, Malte eut à repousser une terrible attaque des Turcs. A la suite de ce siège, pour rendre la défense de l'île plus aisée, Jean de la Valette résolut de construire une nouvelle capitale, qui fut nommée La Valette ; mais comme l'argent du trésor public ne suffisait pas à tant de dépenses, on frappa des monnaies de cuivre qui représentaient la valeur des pièces d'argent de 4, 2, 1 tari, d'un *carlin* et d'un *cinquin.* Elles portaient au revers deux mains jointes et la devise NON AES SED FIDES. A mesure que la générosité des princes et des chevaliers remplissait le trésor, on retirait ces monnaies fiduciaires, qui furent longtemps émises par intermittences, concurremment avec les monnaies d'argent. Un grand nombre de ces pièces de cuivre nous parviennent garnies de contremarques qui témoignent des fluctuations de leurs cours.

Le système monétaire de Malte fut totalement changé sous le gouvernement de Manoël de Vilhena. Les nouvelles pièces émises formèrent l'échelle suivante, et le rapport de l'or à l'argent fut légèrement modifié :

Sequin d'or et ses multiples jusqu'à 12 *sequins*.
Écu d'argent de 12 tari.
Double écu d'argent de 24 tari.
Pièce de 6 taris d'argent.
Pièce de 4 taris d'argent.
Pièce de 2 trais d'argent.
Tari d'argent.

A partir d'Emmanuel Pinto, on frappa, à côté des *sequins*, des pièces de vingt, dix et cinq écus d'or, et des monnaies d'argent de 15 ou de 30 taris. Ce sont ces deux dernières espèces qui terminent la série monétaire des grands maîtres en 1798, sous Ferdinand de Hompesch. Les monnaies de l'ordre eurent cours à Malte jusqu'en 1827.

b). — *L'Ile de Sardaigne* [1].

En 1297, le pape Boniface VIII investit solennellement Jacques II, roi d'Aragon, de la souveraineté de l'île de Sardaigne. Depuis cette époque, ce roi et ses successeurs s'intitulèrent *Aragonum et Sardiniae rex*. Un atelier ouvert à Cagliari, *civitas calaritana*, fabriqua pour la Sardaigne des monnaies spéciales d'or, d'argent et de bronze. Ce monnayage eut lieu, pendant les temps modernes, sous les règnes suivants :

* Charles-Quint, 1516-56.
* Philippe II, 1556-93.
* Philippe III, 1598-1621.
* Philippe IV, 1621-65.
* Charles II, 1665-1700.
* Philippe V, 1700-14.

En 1714, à la suite de la guerre de succession d'Espagne, l'île de Sardaigne fut cédée à l'empereur Charles VI par le traité de Rastadt; en 1720, l'Autriche la donna en échange de la Sicile à Victor-Amédée, duc de Savoie, qui prit le titre de roi de Sardaigne.

Les monnaies frappées à Cagliari portent le buste du roi ou les armes d'Aragon; au revers figure une croix ornée, entourée du nom de l'atelier ou de la légende : *inimicos ejus induam confusione*, plus ou moins abrégée. Au XVIIe siècle, ce numéraire est d'une gravure très rudimentaire; les coins étaient évidemment les œuvres d'artistes indigènes, dé-

Fig. 283

1. A. Heiss, *Descripcion general de las monedas hispano-cristianas desde la invasion de los Arabes*, t. II, p. 417 et suiv. — Giov. Spano, *Monetazione in Sardegna di Carlo VI imperatore*, dans le *Periodico di numismatica e sfragistica*, t. VI.

pourvus de tout sentiment artistique; on pourra en juger par la monnaie d'argent de Charles II que nous reproduisons (fig. 283).

L'empereur Charles VI poursuivit les émissions à Cagliari; mais après la constitution du royaume de Sardaigne en faveur du duc de Savoie, les monnaies destinées à la circulation particulière de l'île furent frappées à Turin; toutefois, en 1793, après l'attaque des Français, l'atelier de Cagliari fut réouvert et émit des monnaies divisionnaires.

c). — *Possessions de la république de Venise*[1].

Les possessions de la république de Venise pour lesquelles il fut frappé des monnaies à l'époque moderne forment cinq groupes géographiques : Dalmatie et Albanie, îles ioniennes, Morée, Crète, Chypre. Ces quatre derniers pays étaient compris sous la dénomination générique de Levant Vénitien, *Levante Veneto*.

Dalmatie et Albanie. — La république fit frapper à diverses reprises des monnaies d'argent et de bronze pour la Dalmatie et l'Albanie. Les plus anciennes de ces pièces, frappées à la fin du xviie siècle, portent d'un côté le lion de saint Marc, de l'autre les mots : **DALMA-ET-ALBAN** en trois lignes. On possède à ce type des *soldi* et des *gazette* de 2 sols, en cuivre, des pièces de quatre sols, de huit sols, et des *lirette* de 20 sols, en argent.

De nouvelles pièces d'argent pour les deux provinces furent émises sous le doge Alvise Mocenigo en 1706, puis sous Alvise Pisani, en 1736. Ces dernières, appelées *galeazze*, représentent au revers la rade de

Fig. 284

Corfou avec la citadelle et des galères ; la légende est : **PROVINCIIS MARITIMIS DATVM** ; à l'exergue les chiffres III, VI et XI, indiquent la valeur en *lire* (fig. 284).

1. V. Lazari, *Le monete de' possedimenti Veneziani di oltramare e di terra ferma*. Venise, 1851, in-8.

Outre les monnaies frappées pour la circulation générale de la Dalmatie et de l'Albanie, on émit des espèces locales pour les villes de Sebenico, de Zara, de Trau, de Spalato, de Lesina, de Cattaro et d'Antivari. En 1797, le traité de Campo Formio fit passer la Dalmatie et ce qui restait de l'Albanie Vénitienne sous la domination de l'Autriche.

Sebenico. — La ville de Sebenico en Dalmatie était gouvernée par Venise, par l'entremise d'un de ses patriciens, qui jusqu'en 1526 porta le titre de comte, puis celui de capitaine. Elle jouissait ainsi d'une certaine autonomie. En 1485, sous le doge Giovanni Mocenigo, la ville obtint de faire frapper dans l'atelier de Venise des *oboles* ou *bagattini* portant d'un côté le lion de saint Marc, de l'autre l'image de saint Michel, patron de Sebenico. Des autorisations analogues furent accordées en 1491 et 1499.

Zara. — Le 2 février 1491 [1] un décret du Conssil des Dix autorisa cette ville à faire battre dans la *zecca* de Venise des *bagattini* de cuivre analogues à ceux de Sebenico, mais portant l'image du patron de Zara, saint Siméon : S. SIMEON IVSTVS PROFETA.

Trau. — Cette ville, en latin *Tragurium,* au nord-ouest de Spalato, jouissait d'une certaine autonomie, comme plusieurs autres villes dalmates; Venise la faisait gouverner par un de ses patriciens, qui prenait le titre de comte.

Le 19 mars 1492, la communauté de Trau reçut la permission de faire frapper à Venise des *bagattini* de cuivre dans le genre de ceux de Sebenico. Les seules pièces connues portent les initiales N. M. du comte Nicoló Michiel, qui fut comte en 1516; le type comprend, d'un côté, l'image de saint Laurent : S. LAVRENTIVS TRAGVR, de l'autre, le lion de saint Marc.

Spalato. — Cette ville avait le même gouvernement que Trau sa voisine. Le 26 février 1491, le Conseil des Dix lui permit de faire frapper à la *zecca* de la république des *bagattini* de cuivre. Le type de ces pièces comprend l'image du patron de Spalato : S. DOMNIVS SPALETI, et le lion de saint Marc. Trois groupes d'initiales qui doivent désigner des comtes : ZF-M, puis D-G, puis enfin I-P, figurent dans le champ de ces pièces. De ces initiales, seules celles de Jacopo Paffo, comte en 1500, ont pu être identifiées.

Lesina. — Capitale de l'île du même nom, située sur les côtes de la Dalmatie. Cette île passa en 1424 sous la domination de Venise, qui la fit gouverner par un patricien portant le titre de comte. Le 25 septembre 1493, le Conseil des Dix accorda aux habitants de Lesina la permission de faire battre à Venise des *bagattini* à l'image de saint Étienne.

Les seules pièces que l'on connaisse portent à l'avers ce saint: S. STEPHANVS PONT. LESINENS, accosté des initiales V-O, qui désignent le comte Vincenzo Orio, administrateur de Lesina en 1549; le revers porte, comme d'habitude, le lion de saint Marc.

---

1. La date de 1470 (vieux style, c.-a.-d. 1471), donnée à ce décret dans des ouvrages récents, tels que la *Bibliografia numismatica italiana,* de MM. Gnecchi, est la conséquence d'une faute d'impression de Lazari (p. 33), faute que cet auteur corrige cependant dans ses errata (p. 166).

Cattaro. — Cette ville, située en Albanie, se trouvait depuis 1420 sous l'autorité de Venise; elle formait une commune libre, jouissant du droit de battre monnaie. Un privilège vénitien de 1423 dit expressément : *Quod in Catharo cudatur moneta juxta suas consuetudines.* Jusqu'en 1480, le chef du pouvoir à Cattaro prit le titre de *comte ;* à partir de cette date, sa dénomination officielle fut celle de *recteur et provediteur.*

Le monnayage de Cattaro s'arrêta vers 1638 ; il comprit des monnaies d'argent, de billon et de cuivre. Le patron était saint Tryphon : s. TRIFON CATARI ; son image figure à l'avers des espèces ; au revers nous trouvons saint Marc, le lion ailé ou l'écu de la République de Venise. Les noms des comtes, puis des recteurs, sont fréquemment désignés sur les espèces par leurs initiales ou leurs armes. Nous empruntons à V. Lazari la liste de ces personnages, avec l'indication des espèces frappées sous leur autorité ; la date indiquée est celle de l'élection :

Francesco Lippomano, 1447. *Quattrino.*
Francesco Lion, 1485. *Obole ou follare.*
Priamo Tron, 1488. *Quattrino.*
Girolamo Orio, 1492. *Quattrino.*
Sebastiano Contarini, 1501. *Quattrino.*
Domenico Gritti, 1526. *Quattrino.*
Marco Barbo, 1527. *Quattrino.*
Benedetto Valier, 1530. *Quattrino.*
Francesco Sanudo, 1533. *Quattrino.*
Matteo Bembo, 1538. *Quattrino.*
Battista Barbaro, 1546. *Quattrino.*
Francesco Pisani, 1548. *Mezzo grossetto.*
Zuan Francesco Canal, 1551. *Mezzo grossetto.*
Paolo Donà, 1552. *Mezzo grossetto.*

Francesco Priuli, 1562. *Quattrino.*
Alvise Minotto, 1567. *Mezzo grossetto.*
Zaccaria Salamon, 1569. *Obole ou follare.*
Vincenzo Canal, 1581. *Obole ou follare.*
Andrea Gabriel, 1586. *Obole ou follare.*
Zuanne Loredan, 1590, ou Zuanne Lippomano, 1592. *Mezzo grossetto.*
Zuanne Magno, 1598. *Mezzo grossetto.*
Zuan-Francesco Bragadin, 1604. *Obole ou follare.*
Tommaso Contarini, 1606. *Obole ou follare.*
Pietro Morosini, 1624. *Grossetto.*
Girolamo Molin, 1634. *Obole ou follare.*
Zorzi Morosini, 1638. *Quattrino.*

Antivari. — Cette ville d'Albanie appartint aux Vénitiens de 1405 à 1571, année où elle tomba au pouvoir des Turcs.

On possède des *bagattini* de cuivre, frappés dans les dernières années du XVe siècle ou les premières du XVIe, portant à l'avers l'image équestre de saint Georges : s. GEORG. ANTIVARI, et au revers le lion de Venise. Ces pièces, qui offrent une grande analogie avec celles des villes dalmates, furent probablement frappées dans la zecca de la République.

Levant Vénitien. — Les possessions levantines de Venise se trouvaient sous l'autorité supérieure d'un patricien élu par le Sénat et qui portait le titre de *provediter general da mar.* Ce personnage avait sous ses ordres tous les autres patriciens investis de charges dans la flotte, et jugeait en appel toutes les causes portées devant les tribunaux de sa vaste juridiction.

La république de Venise fit frapper des monnaies spéciales pour le *Levante Veneto* et pour le commerce avec l'Orient. La domination française établie en Grèce lors de la quatrième croisade y avait implanté l'usage du compte en denier tournois. Ce compte était encore en vigueur au commencement de l'époque moderne. Le monnayage des *tornesi* fut repris, en 1487, par le doge Agostino Barbarigo, et continué sous Leonardo Loredan en 1505. Le type de ces *tornesi* n'avait rien de commun avec celui des anciens tournois français ; ils portent le lion de saint Marc et, au revers, une croix pattée. Rien dans les légendes de ces monnaies n'indique leur destination coloniale.

Sous Agostino Barbarigo parut également, vers 1489, une nouvelle espèce d'argent qui obtint dans le Levant un grand succès : le *grossetto per navigare*. Cette pièce porte à l'avers le type du *sequin* vénitien, le doge agenouillé recevant la bannière des mains de saint Marc, au revers le Christ, de face, sur un trône. C'est une continuation de l'ancien *matapan* dont le commerce d'Orient persistait à se servir.

Sous le doge Antonio Priuli (1618-23) furent frappées des pièces de 30 et de 60 *tornesi*, d'abord avec inscriptions latines, puis avec inscriptions grecques. Leur type se compose du lion de saint Marc, Ο ΑΓΙΟΣ ΜΑΡΚΟΣ ; au revers le nom du doge, ΑΝΤΩΝΙΟΣ Ο ΠΡΙΟΛΟΣ ΔΟΥΞ, entoure la mention de la valeur, écrite en deux lignes : ΤΟΡΝΕΣΙΑ ΤΡΙΑΝΤΑ ou ΕΞΗΝΤΑ (fig. 285). Cette émission fut re-

Fig. 285

prise sous Giovanni Cornaro I (1625-29), et étendue à des pièces de 15 *tornesi* : ΤΟΡΝΕΣ ΔΕΚΑΠΕ(ντε).

François Contarini (1623-24) frappa le premier de grands écus d'argent, *piastres* et *réaux*, pour le Levant ; mais la rareté de ces pièces semble prouver qu'elles ne furent émises qu'à titre d'essai. En 1688, Francesco Morosini fit battre de nouvelles espèces fortes d'argent, dont deux et demi devaient équivaloir à un *sequin* d'or et une à 10 lire dalmates ou à 6 1/16 lire de Venise. Ces monnaies furent appelées *leoni morosini* ; leur revers représente un lion de saint Marc debout, tenant une palme et une croix : FIDES ET VICTORIA ; l'avers reproduit le type des *sequins*.

Vers 1700, on émit, pour les besoins de la flotte et des îles, c'est-à-dire des Iles ioniennes et de l'Archipel, des *gazzette* et des *soldi* de cuivre pur, portant à l'avers le motif habituel du lion, et au revers les mots : ISOLE ET ARMATA, en trois lignes.

Au milieu du XVIIIe siècle, le *thaler* de Marie-Thérèse obtint sur les marchés d'Orient un succès qui ne s'est pas encore démenti. En 1755, Venise résolut d'en frapper des adaptations à l'usage de ses possessions

31

levantines. La *ẕecca* de la république avait continué à fabriquer ses produits au marteau ; il est intéressant de noter que ce fut pour rendre les *thalers* vénitiens plus conformes à leur modèle que l'on se décida à installer dans la *ẕecca* un outillage mécanique. Sur les copies de Venise, un buste conventionnel de la République, drapée d'hermine, remplace celui de l'impératrice Marie-Thérèse ; le revers est laissé au lion de saint Marc, d'abord debout dans un cartouche, puis couché et tenant ouvert le

Fig. 286

livre des Évangiles (fig. 286). Ces *talleri* furent frappés sous François Loredano, Marco Foscarini, Alvise IV Mocenigo, Paolo Renier et Lodovico Manin.

Il nous reste à parler des monnaies frappées pour des régions du Levant vénitien nominativement désignées par les légendes :

Iles Ioniennes. — Dans les dernières années du gouvernement d'Alvise III Mocenigo et pendant celui de Carlo Ruzzini, c'est-à-dire de 1730 à 1735, on frappa spécialement pour ces îles des *gaẕette* et des *soldi* de cuivre pur. Leur type est le même que celui des *gaẕette* et des *soldi* pour les îles et la flotte, mais ils portent au revers les noms de Corfou, de Zante et de Céphalonie : CORFV-CEFALONIA-ZANTE.

En 1797, le traité de Campo-Formio fit passer les îles Ioniennes sous la domination de la France.

Morée. — Au commencement du XVIIIᵉ siècle furent frappés des *gaẕette* et des *soldi* de cuivre pur, analogues aux pièces dont nous venons de parler, mais portant au revers : ARMATA-ET-MOREA, *flotte et Morée.*

Crète — Les premières monnaies frappées pour la Crète sont des pièces de cuivre, faites à Venise en 1632 ; leur type se compose de l'emblème du lion ; leurs légendes indiquent leur valeur en *soldini*, compte en usage dans l'île, et en *tornesi*, compte en usage dans les autres parties du Levant. Il y eut ainsi une pièce de 2 1/2 *soldini* ou 10 *tornesi* et une pièce d'un *soldino* ou 4 *tornesi*. D'autres monnaies furent frappées pour la Crète, en 1644, sous Francesco Erizzo, et en 1647 sous Francesco Molin.

En 1645, la Canée tomba au pouvoir des Turcs, avec lesquels Venise fut dès lors en lutte continuelle pour la possession de l'île. En 1648 et en 1650, la ville de Candie, assiégée, frappa des obsidionales de cuivre ; celles du second siège, émises pour cinq et dix *lire*, portent d'un côté l'image en pied de saint Marc, de l'autre les mots FIDES PVBLICA en deux lignes.

En 1658, la république fit frapper pour la Crète des *gazzette* et des *soldi* de cuivre au type habituel, mais avec le mot CANDIA dans le champ du revers. Ces pièces sont les dernières qui rappellent la domination vénitienne. En 1669, Candie fut forcée de se rendre et l'île entière tomba entre les mains des Ottomans.

Ile de Chypre. — En 1489, Catherine Cornaro vendit Chypre aux Vénitiens. La république fit frapper dans la *zecca* de Venise, pour la circulation intérieure de l'île, de menues espèces de billon dites *carzie*, sous Francesco Venier en 1554 et sous Girolamo Priuli en 1559, puis des *soldi* de billon portant l'image en pied du doge Pietro Loredano (1567-70).

La seule monnaie frappée dans l'île de Chypre est le *besant* en cuivre de Famagouste, pièce obsidionale, dont voici le dessin (fig. 287). Après dix mois de siège par le sultan Selim et malgré une héroïque défense, la ville

Fig. 287

se rendit le 4 août 1571. Famagouste était la dernière forteresse chypriote aux mains des Vénitiens; sa chute consomma la victoire ottomane, qui pour plus de trois siècles devait ravir l'île à la civilisation.

d). — *Possessions de la république de Gênes* [1].

La seule possession génoise dont nous ayons des monnaies pour l'époque moderne est l'île de Chio, située sur la côte occidentale de l'Asie Mineure, au sud de Lesbos.

En 1346, une société d'armateurs génois dite la Mahone, *Maona*, s'empara de Chio et y installa un gouvernement sous la haute souveraineté de la république de Gênes. En 1362, une nouvelle société, sous le nom des *Giustiniani*, succéda à la première, et en 1528 l'île lui fut définitivement abandonnée, moyennant un tribut annuel de 2,500 lires à payer à la métropole.

Dès 1347, la Mahone reçut de la république de Gênes le droit de battre monnaie. Les pièces frappées à partir de la fin du XVᵉ siècle sont généralement en cuivre; leur type se compose d'un château à trois tours surmonté d'une aigle naissante, éployée et couronnée; la légende est + CIVITAS CHII. Au revers figure une croix, avec l'inscription traditionnelle des monnaies génoises : + CONRADVS REX ROMANORum. Des initiales placées dans le champ de l'avers indiquent le nom du

---

1. D. Promis, *La zecca di Scio durante il dominio dei Genovesi*. Turin, 1865, in-4. — P. Lambros, *Mesaiónika nomismata tón Dunastón tés Chiou*. Athènes, 1886, in-8. — G. Schlumberger, *Numismatique de l'Orient latin*. Paris, 1878, in-4.

podestat sous l'administration duquel les pièces ont été fabriquées. On trouve ainsi :

B. I. Battista Giustiniani Campi (1487-88).

N. I. Nicolas di Andriolo Giustiniani Campi (1512 et 1538), ou Nicolas di Vicenzo Giustiniani Garibaldi (1528), ou encore Nicolas di Silvestro Giustiniani Campi (1504).

D. I. Dominique di Gio, Antonio Giustiniani Campi (1529).

I. B. Giambattista di Brixio Giustiniani Forneto (1507 et 1521) ou Giambattista di Urbano Giustiniani Negri (1517).

F. I. Francesco di Lorenzo Giustiniani Banca (1520). Pour ce podestat on connaît une monnaie d'argent.

L. I. Sur une pièce de cuivre au millésime de 1548; ces initiales désignent un podestat dont le nom n'est pas connu.

V. I. Vincenzo di Tommaso Giustiniani, sur des monnaies d'argent au millésime de 1562. Ces pièces sont les derniers produits de l'atelier génois de Chio.

Les monnaies de Chio, surtout celles de cuivre, sont d'un travail grossier et dénotent la détresse financière où se débattaient les Giustiniani au XVIᵉ siècle. En 1566, l'île tomba aux mains des Turcs.

Le grand commerce que les Génois entretenaient avec l'Orient donna lieu fréquemment à l'émission de monnaies d'exportation, telles que les *luigini* ou imitations des douzièmes d'écu de Dombes. En 1677, la république fit frapper des *écus* d'argent, dont le type lui-même indique la destination. L'avers porte l'écu à la croix de Gênes, posé sur un cartouche couronné, entre deux palmes; la légende est : DVX ET GVBER. REIP·GENV·1677. Le revers représente un griffon debout à gauche, tenant un sceptre fleurdelisé et un cartouche chargé d'une inscription turque en quatre lignes [1]. Cette monnaie exceptionnelle mérite une mention particulière.

e). — *Royaume et république de Corse* [2].

En 1729, les Corses se révoltèrent contre la domination génoise. La lutte durait depuis huit ans quand un aventurier allemand, le baron Théodore de Neuhoff, qui s'était fait en Afrique condottiere de bandes algériennes et tunisiennes, aborda en 1736 dans l'île. Les Corses le reçurent avec enthousiasme, et le proclamèrent roi, le 15 avril de cette année, sous le nom de Théodore I.

---

1. Giuseppe Ruggero, *Annotazioni numismatiche genovesi. Di una grossa moneta per il Levante*, dans la *Rivista italiana di numismatica*, 1895, p. 89 et suiv.

2. E. Cartier, *Monnaies frappées en Corse par Théodore et Paoli*, dans la *Revue numismatique*, 1842.

Le nouveau souverain s'empressa d'ouvrir un atelier monétaire dans ses états, à Corte ou à Sartène, et y fit frapper des monnaies d'argent et de cuivre à son nom. Après huit mois de gouvernement, Théodore I dut abandonner la Corse pour chercher des secours à l'étranger; il retourna dans l'île en 1738, fut couronné une seconde fois, mais peu de temps après il dut abandonner définitivement le pouvoir.

Une nouvelle révolte éclata en Corse quelques années plus tard; les habitants appelèrent, pour le mettre à leur tête, leur compatriote Pasquale Paoli, qui vivait en exil à Naples. Il débarqua dans l'île le 29 avril 1755 et fut salué des titres de général et dictateur de la république. En 1764, Paoli ouvrit d'abord à Murato, puis à Corte, un atelier qui frappa jusqu'en 1768 des pièces de 10 et de 20 *soldi* d'argent,

Fig. 288

des pièces de 4 *soldi*, de 2 *soldi*, d'un *soldo* et de 8 *denari* de cuivre. Notre figure 288 donne le type de ces monnaies.

En 1768, la république de Gênes, désespérant de réduire les Corses à l'obéissance, vendit leur pays à la France. Louis XV en prit possession et Paoli se réfugia en Angleterre.

f). — *La république de Raguse*[1].

La ville de Raguse, *Rhagusium, Rhausium*, en Dalmatie, sur la mer Adriatique, s'érigea au moyen âge en république aristocratique sur le modèle de la république de Venise. Comme celle-ci, elle devint un centre important du commerce avec l'Orient; elle payait à la Turquie un tribut annuel. L'indépendance de Raguse subsista jusqu'à 1806, année où Napoléon I l'occupa. Depuis 1815, elle appartient à l'Autriche.

Le patron de Raguse était saint Blaise: S. B. PROTECTOR REIPV-BLICÆ RAGVSINÆ. Son image ou celle du Christ forment les types les plus fréquents des monnaies de la république.

Jusqu'au commencement du XVIIe siècle, Raguse ne frappa que des *grossetti* d'argent et de menues espèces de cuivre, mais à partir de 1627 nous voyons apparaître successivement les pièces d'argent suivantes:

1. *Artiluk*, valant trois *grossetti*, comme l'indique leur légende : GROS. ARGE. TRIP. CIVI. RAGVSI. Cette pièce fut émise à partir de 1627.

1. Norbert Dechant, *Die Münzen der Republik Ragusa*, dans la *Numismatische Zeitschrift*, de 1870, p. 87 et suiv.

2. *Perpero* valant 12 *grossetti*, frappé pour la première fois en 1692.

3. *Mezzo perpero* valant 6 *grossetti*, émis en 1801.

4. *Scudo d'argento*, valant 36 *grossetti*, frappé à partir de 1739.

5. *Mezzo scudo*, valant 18 *grossetti*, frappé à partir de 1709.

6. *Ducato d'argento*, valant 40 *grossetti*, frappé en 1723 et 1797.

7. *Vizlin* ou *tallero vecchio*, valant 60 *grossetti*, c'est-à-dire un *ducato* et demi ; la légende l'indique : DVCAT ET SEMIS REIP. RHAC. Cette pièce, frappée à partir de 1725, porta d'abord le buste de saint Blaise, puis de 1743 à 1779 le buste du recteur : RECTOR REIP. RHACUSIN.

8. *Demi vizlin*, valant 30 *grossetti*, frappé en 1747 et 1748. La légende le nomme : MEDIVS DUCAT. ET SEMIS.

9. *Libertina* ou *tallero*, pièce de 80 gros au buste de la Liberté, frappée de 1791 à 1795, à l'imitation des *thalers* de l'impératrice Marie-Thérèse, dont le succès était si considérable sur les marchés du Levant.

La république de Raguse ne paraît pas avoir frappé de monnaies d'or, bien qu'en 1456 le roi de Hongrie, Ladislas, sous le protectorat duquel elle se trouvait placée à cette époque, lui en eût accordé le droit. M. N. Dechant a signalé deux pièces d'or, l'une de 1618, l'autre de 1683 ; mais elles paraissent être plutôt des essais ou des médailles dans le genre des *oselles* vénitiennes que des monnaies véritables.

CHAPITRE NEUVIÈME

L'ESPAGNE

DEPUIS LE COMMENCEMENT DU XVIᵉ SIÈCLE JUSQU'A L'INVASION FRANÇAISE.

SOURCES : A. Heiss, *Descripcion general de las monedas hispano-cristianas desde la invasion de los Arabes*. Madrid, 1865-69, 3 vol. in-4. — A. Campaner, *Indicador manual de la numismatica española*. Palma de Majorque, 1891, petit in-8. — J. de la Rada y Delgado, *Bibliografia numismatica española*. Madrid, 1886, gr. in-8. — J.-A. Blanchet et G. Schlumberger, *Numismatique du Béarn*. Paris, 1893, in-8. — A. Engel, *Rapport sur une mission archéologique en Espagne*. Paris, 1893, in-8. — *Catalogo de la coleccion de monedas y medallas de Manuel Vidal Quadros y Ramon, de Barcelona*. Barcelone, 1892, tomes II et III, in-4.

L'Espagne eut une importance économique considérable pendant l'époque moderne, surtout à partir de la seconde moitié du xvɪᵉ siècle. « Elle recevait et distribuait la richesse métallique et les découvertes du Nouveau monde ; elle accomplissait cette tâche très naturellement et efficacement. Mais c'était aux dépens de son avenir, de sa grandeur politique et commerciale. Si l'Espagne avait été une nation commercialement indépendante, produisant pour elle-même, et se pourvoyant dans ses propres fabriques, la richesse métallique du Nouveau monde serait demeurée bien plus longtemps dans son sein, et l'Europe en aurait été affamée. Mais l'Espagne produisait peu et fabriquait encore moins..... L'or et l'argent lui arrivaient d'Amérique en un courant continu et la quittaient pour les Pays-Bas ou d'autres destinations dans un courant aussi continu [1]. » Aussi longtemps que ce flot traversa son territoire, aussi longtemps que les principales provenances des mines d'or et d'argent furent américaines et le produit un monopole possédé par l'Espagne, ce pays conserva sa richesse apparente ; mais le jour où il perdit

---

1. W.-A. Shaw, *Histoire de la monnaie* (1252-1894). Paris, 1896, in-8, p. 82 et 83.

sa situation de détenteur du monopole, son irrémédiable décadence commença.

Le monnayage de l'Espagne ne se présente pas sous une forme centralisée. Pendant toute la période moderne, les états dont le faisceau constitua la monarchie espagnole, dans la péninsule, conservèrent leur autonomie monétaire. A côté de la série espagnole proprement dite émise dans les anciens royaumes de Castille et de Léon, il y eut des séries spéciales pour le royaume d'Aragon, le comté de Barcelone, la principauté de Catalogne, le royaume de Valence, les Baléares, le Roussillon et la Navarre.

Les monnaies de la péninsule ne se recommandent pas par les qualités artistiques qui font l'attrait de la série italienne. Les ateliers espagnols eurent dans leur personnel peu de bons graveurs, et la fabrication même des espèces est souvent très négligée.

Depuis le commencement du XVIe siècle jusqu'à l'invasion française, période historique qui fait l'objet de ce chapitre, les souverains suivants se succédèrent en Espagne.

* Ferdinand d'Aragon et Isabelle de Castille, dits les rois catholiques, *reyes catolicos* (1479-1504). Après la mort d'Isabelle, en 1504, Ferdinand continua à exercer le pouvoir comme régent jusqu'en juin 1506.
* Jeanne la Folle, fille des rois catholiques, et son mari Philippe I le Beau, archiduc d'Autriche (juin 1506–septembre 1506).
* Jeanne la Folle et son fils Charles I (Charles-Quint), mineur de 1506 à 1516, majeur de 1516 à 1555.
* Charles I (Charles-Quint) seul, 1555-1556.
* Philippe II, 1556-1598.
* Philippe III, 1598-1621.
* Philippe IV, 1621-1665.
* Charles II, 1665-1700.
* Philippe V de Bourbon, 1700-1724.
[* Charles III, archiduc d'Autriche, prétendant, 1701-1713].
* Louis I de Bourbon, 1724.
* Philippe V de Bourbon, pour la 2e fois, 1724-1746.
* Ferdinand VI de Bourbon, 1746-1759.
* Charles III de Bourbon, 1759-1788.
* Charles IV de Bourbon, 1788-1808.
* Ferdinand VII, proclamé en 1808, forcé d'abdiquer presque aussitôt.

Au commencement du XVIe siècle, les armes de la monarchie espagnole étaient: *écartelé: aux 1er et 4e contre-écartelé aux 1er et 4e de gueules au château d'argent, sommé de trois tours crénelées du même, ajourées d'azur*, qui est Castille, *aux 2e et 3e d'argent au lion de gueules couronné d'or*, qui est Léon; *aux 2e et 3e parti d'or à quatre pals de gueules*, qui est Aragon, *et écartelé en sautoir d'or à quatre*

pals de gueules, et d'argent à une aigle de sable, celle de dextre con-
tournée, qui est Sicile; *l'écu enté en pointe d'argent à la grenade de*
gueules, feuillée de sinople, qui est Grenade.

Sous Philippe II, l'écu devint plus compliqué; le haut fut réservé aux
armes que nous venons de décrire; le bas fut laissé aux divers quartiers
des possessions espagnoles des Pays-Bas. Quand, en 1580, Philippe II
devint roi de Portugal, l'écu de ce royaume prit place sur le tout des
armes d'Espagne, pour disparaître définitivement sous Charles II.

A partir de l'avènement de la maison de Bourbon, l'écu de cette maison: *d'azur à trois fleurs de lis d'or,* chargea les armoiries de la
monarchie.

§ I. — *La série castillane.*

La série monétaire castillane est la plus importante des séries de la
péninsule: elle constitue la véritable monnaie *espagnole,* les autres
monnaies étant considérées comme des monnaies *provinciales.* Il est à
remarquer au surplus qu'en ce qui concerne le système monétaire, c'est-
à-dire la taille, le poids, le titre des pièces importantes servant aux

transactions internationales,
la loi fut la même dans toutes
les régions de la péninsule. Le
type seul fut particulier aux divers monnayages provinciaux.

Le 13 juin 1497, les rois
catholiques Ferdinand et
Isabelle donnèrent à Medina

Fig. 289

del Campo une ordonnance qui abrogea tous les systèmes monétaires
antérieurs et institua le système nouveau qui forme le point de départ de
la numismatique espagnole moderne. Voici les pièces frappées en vertu
de l'ordonnance de 1497:

1. *Excelente de la grenada* d'or, valant 11 reales et 1 maravedis ou 375 maravedis,
émise à la taille de 65 1/3 au marc; pesant 8 gr. 58, au titre de 23 3/4 quilates. —
Type: FERNANDVS. ET. ELISABET. D. G. R. ET. R. Bustes en regard, couronnés, du roi
et de la reine. *Rev.:* SVB. VMBRA. ALARVM. TVARVM. L'écu couronné, écartelé de Castille, Léon, Aragon, Sicile et Grenade, brochant sur une aigle les ailes étendues et la
tête nimbée. — Cette pièce figure dans les placards des Pays-Bas sous la dénomination
de *double ducat,* sous laquelle elle est généralement désignée aujourd'hui. L'exemplaire
que nous reproduisons (fig. 289) est frappé à Séville.

2. *Medio excelente de la grenada* d'or, valant 5 reales et 1 1/2 blanco ou 187 1/2 ma-

ravedis.— Type : ✠ QVOS. DEVS. CONIVNXIT. HOMO. NON. SEP*arat.* Mêmes bustes. *Rev.:* FERNANDVS, etc. Écu couronné, écartelé de Castille, Léon, Aragon, Sicile et Grenade.

Au sujet des monnaies d'or, l'ordonnance ajoute que les ateliers sont autorisés à battre, s'ils en sont requis, des multiples de l'*excelente* reproduisant son type et portant dans le champ de l'avers le chiffre de leur valeur. On possède ainsi des pièces de quatre et de vingt *excelentes.* Le plus grand multiple prévu par l'ordonnance est une pièce de cinquante *excelentes* que l'on ne connaît pas en nature aujourd'hui et qui a pu ne pas être frappée.

3. *Real* d'argent, valant 34 maravedis, taillé à 67 au marc, à 11 deniers et 4 grains de loi. — Type : FERNANDVS : ET : ELISABETH. Même écu que sur le *medio excelente* d'or. *Rev. :* ✠ REX. ET. REGINA. CAST. LEGIO : ARAGO. Un joug, emblème du roi, et un faisceau de flèches, emblème de la reine (fig. 290).

4. *Medio real* d'argent. — Type : Mêmes légendes. Le joug, emblème du roi. *Rev.:* Le faisceau de flèches, emblème de la reine.

5. *Cuarto de real* d'argent. — Mêmes types que la pièce précédente.

6. *Ochavo de real* d'argent, valant le huitième du *real.* — Type : FERNANDVS. D. GR. Grand F couronné. *Rev. :* HELISABET D : G. R. Grand Y couronné. Cette pièce est frappée sur flan carré, d'où le nom d'*ochavo quadrado,* sous lequel elle est désignée dans l'ordonnance.

Pour les monnaies d'argent, comme pour les pièces d'or, on frappa de nombreux multiples du *real,* bien qu'ils ne soient pas mentionnés dans l'ordonnance. Il y eut ainsi des pièces de deux réaux, *dos reales,* de quatre réaux, *cuatro reales,* enfin de huit réaux, *ocho reales,* ou *piezas de à ocho reales de plata.* Ces dernières pièces furent pour l'Espagne ce que les *thalers* furent pour l'Allemagne, les premières grandes et lourdes monnaies d'argent.

7. *Blanca de vellon* ou blanc de billon, de 6 grains de loi et taillée à 192 au marc, valant un demi-maravedi. — Type : FERNANDVS, etc. Grand F couronné. *Rev. :* Grand Y couronné.

L'ordonnance de Ferdinand et Isabelle renferme des dispositions très sages assurant la loyauté complète du monnayage. Chaque pièce devait être pesée minutieusement avant sa mise en cours ; la frappe des monnaies de billon est rigoureusement limitée. Les différents des ateliers sont déterminés, et un article spécial oblige les essayeurs à faire graver, sur les pièces émises durant leurs fonctions, une marque personnelle permettant de retrouver les responsabilités en cas de fraude. Les ateliers, *casas de moneda,* furent au nombre de sept:

Fig. 290

Burgos, Cuenca, La Corogne, Grenade, Ségovie, Séville et Tolède; leurs marques distinctives consistaient en leurs initiales, sauf pour Ségovie, qui eut pour différent un aqueduc, et pour La Corogne, qui signa ses produits d'une coquille (*venera*).

Dans le cours de leur règne, les rois catholiques complétèrent leur système monétaire par la création de deux pièces en cuivre pur, valant respectivement deux et quatre maravedis. Le type se compose à l'avers de la tour de Castille, au revers du lion d'Aragon. C'est sous le même règne encore que fut introduit dans les inscriptions des monnaies l'usage de l'alphabet latin.

Les émissions au nom de Ferdinand et Isabelle continuèrent en Espagne après la mort de la reine, pendant le règne plutôt nominal de Philippe le Beau. Il n'existe en effet aucune monnaie de ce prince frappée dans les ateliers de la péninsule. En 1505, au moment de quitter les Pays-Bas, pour se rendre en Espagne où il devait mourir l'année suivante, Philippe le Beau fit frapper à Bruges et à Anvers des *réaux* d'argent destinés à être mis en circulation dans les états de sa femme. Ces pièces portent d'un côté les armes écartelées de Philippe et de Jeanne la Folle, de l'autre un briquet brochant sur une croix de Saint-André que cantonnent les écus couronnés de Léon, de Castille et de Grenade, et le joyau de la Toison d'or.

C'est toujours au nom des Rois catholiques que furent frappées les monnaies castillanes de la minorité de Charles-Quint. En 1517, l'année qui suivit la proclamation de sa majorité, Charles quitta les Pays-Bas pour se rendre en Espagne. Avant d'abandonner les provinces où s'était écoulée son enfance, il fit frapper à Bruges et à Anvers des *réaux* et *demi-réaux* d'argent portant son nom et celui de sa mère. Ces pièces étaient destinées aux largesses du roi à son arrivée dans la péninsule, comme les monnaies frappées, dans des circonstances analogues, par Philippe le Beau. Le réal porte à l'avers les armes écartelées, au revers un briquet couronné avec la Toison d'or brochant sur une croix de Saint-André. Le *demi-réal* a d'un côté les lettres I K sous une couronne, de l'autre, un briquet lançant des étincelles.

La présence de Charles en Castille n'y modifia pas, au début, le monnayage. L'émission des *excelentes* d'or et des *réaux* d'argent continua aux noms et aux empreintes de Ferdinand et d'Isabelle la Catholique. C'est en 1537 seulement que Charles-Quint, cédant aux sollicitations des Cortès, se décida à modifier légèrement le système, en abaissant le titre de l'or dans l'espoir d'arrêter l'exportation continuelle de ce métal. Les pièces frappées à la suite de l'ordonnance de 1537 furent :

1. *Corona* ou *escudo* d'or, taillé à 68 au marc, de 22 quilates d'aloi, valant 350 maravedis. — Type : IOANNA ET CAROLVS. Écu aux quartiers de Léon, Castille, Aragon, Sicile, Grenade, Jérusalem et Navarre sous une couronne. *Rev. :* HISPANIARVM REGES SICILIAE. Croix de Jérusalem dans un quadrilobe.

L'argent fut laissé sans changement quant au titre et à la taille, mais le type fut modifié :

2. *Réal* d'argent. Type : CAROLVS ET IOHANA REGES. Écu écartelé de Castille, de
Léon et de Grenade, sous une couronne. *Rev. :* + HISPANIARVM . ET . INDIARVM. Les
deux colonnes d'Hercule couronnées, s'élevant de la mer ; dans le champ, l'inscription
PLVS VLTRA, faisant allusion à la découverte de l'Amérique.

On frappa au même type les multiples du *réal,* un *double réal* et une *pièce de quatre
réaux.*

3. *Meio real* d'argent. Type : Les lettres K I sous une couronne. *Rev. :* Les colonnes
d'Hercule.

On remarquera que dans les pièces qui précèdent, les légendes attribuent aux souverains les titres de roi d'Espagne et des Indes, au lieu de
celui de roi de Castille et de Léon pris par leurs prédécesseurs.

En 1548, aux Cortès de Valladolid, Charles-Quint décida que les
blancas de billon seraient taillées à 7 grains de loi et à 192 au marc. Le
25 mai 1552 leur titre fut abaissé à 5 grains et demi. Il est à remarquer
que ces monnaies de billon conservèrent les types qu'elles avaient sous
les Rois catholiques; les noms mêmes de ces rois furent reproduits.

Jeanne la Folle mourut en 1555. Les monnaies frappées entre la mort de
cette malheureuse princesse et l'abdication de Charles-Quint en 1556
portent le nom seul de celui-ci, mais ne consistent qu'en pièces de cuivre.

Philippe II (1556-98) conserva le système de son père, mais pour
résister à l'exportation constante de l'or il porta le cours de l'*escudo* d'or
à 400 maravedis, par son ordonnance du 23 novembre 1566. Cette même
ordonnance prévoit la frappe de doubles écus, *dobles escudos,* et de
quadruples écus, *escudos de à quatro.* Dans les pays étrangers, ces pièces
prirent le nom de *pistolets* ou *pistoles ;* c'est ainsi qu'elles figurent dans
la plupart des évaluations françaises et néerlandaises. Le type reste
celui des écus d'or de Jeanne et Charles, mais le nom de Philippe remplace les leurs dans les légendes. Une ordonnance du 14 décembre 1566
apporta quelques modifications dans les monnaies de billon et de cuivre.
Sur quelques pièces de cuivre de la fin de son règne, Philippe II s'intitule
PHILIPPVS D. G·OMNIVM·HISPAN·REGNORVM REX ; cette formule
se retrouve sous son successeur, mais ne reparaît pas dans la suite.

Philippe III (1598-1621) ne modifia pas les types, qui continuent à
consister en armoiries ou, pour certaines menues espèces, dans le monogramme royal couronné. Pour arrêter la continuelle exportation des
métaux précieux, il diminua d'un dixième la valeur intrinsèque des
monnaies d'or. Sous son règne apparurent des *onces* d'or ou pièces de
huit *escudos* et des pièces de cinquante *réaux* d'argent ou *cincuentines.*
Ces dernières mesurent 77 millimètres de diamètre.

La série de Philippe IV (1621-65) renferme aussi des pièces de module inaccoutumé. La pièce d'or de *cent escudos* ou de douze onces et demi ne pèse pas moins de 35 gr. 919; mais, comme le dit M. Aloïs Heiss, ces énormes monnaies, généralement frappées dans l'atelier de Ségovie, étaient plutôt destinées à des cadeaux qu'à une circulation effective.

On se tromperait étrangement, au surplus, si l'on prenait ces géants monétaires pour un signe extérieur de la prospérité de l'Espagne. Le règne de Philippe IV fut désastreux pour les finances du royaume. Le roi voulut remédier au malaise par l'émission abondante de

Fig. 291

monnaies de billon. Les fabrications répétées inondèrent la péninsule de pièces divisionnaires. Le résultat de cette politique économique fut une augmentation de la prime sur l'or, qui fut exporté de plus belle. Une ordonnance du 8 mars 1625 limita cette prime à 10 pour cent, sous les peines les plus sévères. En 1636 la prime légale fut portée à 25 pour cent, et en 1641 à 50 pour cent. L'ordonnance du 31 août 1642 réduisit les monnaies de billon au sixième de leur taux d'émission, de sorte qu'une pièce de douze maravedis courut dorénavant pour deux maravedis. Le 23 décembre 1642, Philippe IV modifia la taille des monnaies d'argent; jusqu'alors on tirait 67 *reales* d'un marc d'argent; dorénavant on en tira 83 et quart. Dix de ces nouveaux réaux ne valurent que huit des anciens. Nous ne pouvons citer ici toutes les ordonnances qui apportèrent successivement des modifications dans le cours des espèces espagnoles, expédients financiers précurseurs de la ruine.

Au point de vue du type, le monnayage espagnol reste, sous Philippe IV, ce qu'il était précédemment. Notre figure 291 reproduit la pièce de *deux reaux* d'argent qui porte l'empreinte usuelle des pièces de cette époque. La frappe des espèces

Fig. 292

est souvent défectueuse, la gravure malhabile. Quelques monnaies divisionnaires d'argent et de cuivre (fig. 292) reçoivent l'effigie du roi, image informe qui témoigne d'une absence complète de sens artistique. L'art monétaire espagnol tient de la caricature.

Sous Charles II (1665-1700), l'affaiblissement des espèces continua.

En 1680 le *doblon* d'or en était arrivé à courir pour 110 *réaux* de billon, et l'ancien *real de à ocho* était monté à 29 réaux nouveaux. Le roi essaya, en 1686, une réforme; le 14 octobre de cette année, il prescrivit la frappe d'espèces d'argent nouvelles pesant un quart de moins que les anciennes. Ces pièces, frappées à Séville et à Ségovie, reçurent le nom de *marias,* parce que leur revers porte le monogramme de la Vierge surmonté d'une croix; l'avers représente l'écu d'Espagne couronné. Il y eut quatre valeurs: *marias de à ocho* émises pour 8 réaux, *marias de à cuatro* pour quatre réaux, *marias de à dos* pour deux réaux, enfin, l'unité, *maria de à uno.*

Le 22 mai 1680, Charles II décida la suppression des espèces de billon et leur remplacement par une pièce de cuivre pur taillée à 38 au marc. La Monnaie de Cuenca en émit de grandes quantités, et une officine nouvelle fut créée à Linarès pour transformer en numéraire le cuivre tiré des mines voisines. Cet atelier de Linarès fut une *casa de Moneda de martello,* c'est-à-dire où les pièces se frappèrent encore au marteau. D'autres officines, mieux outillées, se servaient depuis le commencement du xviie siècle du *molino,* moulin ou laminoir, instrument importé d'Allemagne qui donnait à ses produits une forme légèrement ployée.

Charles II mourut en 1700, laissant ses états à Philippe duc d'Anjou, petit-fils de Louis XIV, roi de France. La succession donna lieu à une guerre à laquelle prirent part toutes les puissances de l'Europe occidentale et qui prit fin par la paix d'Utrecht (1713) et le traité de Rastadt (1714). L'Espagne échut à Philippe avec ses possessions coloniales, mais les Pays-Bas, Milan, Naples et la Sardaigne passèrent à l'Autriche; la Sicile échut en partage à la maison de Savoie.

En Espagne même, le prétendant autrichien, l'archiduc Charles, avait trouvé un appui pendant la guerre, et avait été proclamé roi sous le nom de Charles III. La ville de Barcelone lui resta fidèle jusqu'en 1714. De 1707 à 1714, l'atelier barcelonais émit au nom de Charles III des pièces d'argent de *deux réaux* aux types castillans.

Philippe V (1700-46) avait trouvé les finances espagnoles dans un état déplorable, que la guerre de succession vint aggraver encore. Il fut longtemps dans l'impossibilité matérielle d'améliorer la situation monétaire. Il s'y appliqua cependant. Dès 1709, par décret du 15 juillet, il voulut perfectionner la fabrication et introduire des types nouveaux. En cette année furent émis à Madrid des *écus au buste* ou *duros de cabeẓa* et des *demi-écus* portant, à l'avers, la tête laurée du roi, au revers ses armes entourées des mots DEXTERA·DOMINI·EXALTAVIT·ME.

Ces pièces, pour la fabrication desquelles le roi avait fait installer un balancier conforme aux progrès techniques réalisés en France, portent sur la tranche : AVXILIVM MEVM A DOMINO. Les *duros de cabeça* étaient au titre de 11 dineros et taillés à 68 reales au marc de Castille. Ce monnayage dura quelques mois à peine ; la fabrication parut trop coûteuse, et au surplus le matériel se détraqua, sans doute avec la complicité du personnel de l'atelier, jaloux du progrès qui résultait d'une importation française.

La monnaie espagnole resta donc, pour les types, ce qu'elle était auparavant. Les fortes pièces d'argent portèrent l'écu couronné du roi et les armes écartelées de Castille et de Léon. L'or conserva à l'avers l'écu et au revers une croix de Jérusalem dans un quadrilobe.

Par une ordonnance du 31 octobre 1716, Philippe V commença la fabrication de monnaies d'argent nouvelles appelées *plata provincial,* au titre de 10 dineros et à la taille de 75 réaux au marc. Il y eut de cette émission des *réaux, doubles réaux* et *demi-réaux.* Leur type se compose des armes et, au revers, d'un chiffre couronné, formé de deux P cursifs enlacés sur lesquels broche un V (fig. 293).

Le 9 juin 1728, une ordonnance importante vint modifier le type des monnaies d'or. Celles-ci portèrent désormais le buste cuirassé du roi à droite et, au revers, l'écu écartelé et couronné avec la légende INITIUM SAPIENTIÆ TIMOR DOMINI. La même ordonnance généralisa l'usage de l'outillage mécanique et prescrivit de cordonner les tranches des monnaies pour mettre fin à la fraude des rogneurs. En 1730, il fut ordonné que les espèces d'or et d'argent ne seraient frappées qu'à Madrid et à Séville ; le roi ajoute

Fig. 293

que son intention n'est pas de supprimer l'atelier de Ségovie. Malgré cette assurance, la mesure prise est une étape évidente dans la voie de la centralisation.

L'an 1724, Philippe V abdiqua et son fils aîné L o u i s I fut proclamé roi, à Madrid, le 17 janvier. Il mourut le 31 août suivant, après avoir fait un acte de rétrocession de la couronne à son père.

Le roi Louis, dont le règne éphémère s'intercale ainsi dans celui de Philippe V, n'eut aucune importance au point de vue monétaire. Sous le rapport du poids et du titre, ses espèces sont identiques à celles qui furent émises par Philippe V à la même époque ; elles n'en diffèrent que par le nom et l'effigie. On possède de Louis I des *onces* et *demi-onces* d'or, des *doubles écus* d'or, des *douros* de huit réaux, des *demi-douros* et des *doubles réaux* d'argent, frappés à Madrid, à Ségovie et à Séville.

A la mort de Philippe V, son fils Ferdinand VI (1746-59) lui succéda. Aucun changement notable ne se produisit dans la monnaie espagnole, en dehors des modifications du nom et de l'effigie.

Sous Charles III (1759-88) le système espagnol, d'abord peu différent de celui de Ferdinand VI, subit une modification profonde. Par ordonnance datée d'Aranjuez, du 29 mai 1772, et publiée à Madrid le 3 juin suivant, le roi décida une refonte générale de toutes les monnaies d'Espagne et l'émission d'espèces nouvelles. Le titre de l'or et de l'argent fut légèrement affaibli, mais la fabrication matérielle des pièces fut perfectionnée. Au point de vue du type, une innovation importante consiste dans l'apparition de l'effigie royale sur toutes les monnaies d'argent et de cuivre.

Le règne de Charles IV (1788-1808), le dernier dont nous ayons à nous occuper ici, ne donne lieu à aucune observation particulière. Le système et les types restent ce qu'ils étaient pendant la seconde partie du règne de Charles III. Toutes les pièces présentent à l'avers l'effigie laurée du roi, et au revers l'écusson d'Espagne. Au revers de l'or, on retrouve la devise IN UTROQ·FELIX AUSPICE DEO.

§ II. — *Le royaume d'Aragon.*

Le monnayage spécial de l'Aragon, qui se faisait dans l'atelier de Saragosse, se produisit, à l'époque moderne, pendant les règnes suivants :

* Ferdinand le Catholique, 1479-1516.
* Jeanne la Folle et Charles, 1516-1555.
* Philippe II (I en Aragon), 1556-1598.
* Philippe III (II en Aragon), 1598-1621.
* Philippe IV (III en Aragon), 1621-1665.
* Charles II, 1665-1700.
* [Charles, archiduc d'Autriche, prétendant, 1709].
* Philippe V (IV en Aragon), 1700-1746.

L'atelier de Saragosse fut supprimé par décret du 16 juillet 1730, et les émissions particulières au royaume d'Aragon prirent fin.

Le monnayage aragonais suivait les lois générales de l'Espagne et la donnée habituelle des types, mais au revers des pièces d'or l'écu simple aux pals d'Aragon remplace l'écu aux divers quartiers de la monarchie. Sur les monnaies d'argent, nous retrouvons à l'avers les mêmes armes ; au revers l'écu à la croix de Saint-Georges, cantonnée de quatre têtes couronnées de rois maures, que les rois d'Aragon portaient depuis la bataille d'Alcoraz, gagnée par Pierre I sur les infidèles ; cet écu est entouré des mots : **TROPEA RENVM ARAGONVM**. Les petites monnaies de billon, conformes à la monnaie de compte de l'Aragon, conservent au revers la croix patriarcale à double traverse qui marquait les deniers aragonais du moyen âge ; ce type reparaît pour la dernière fois sur l'unique monnaie que l'on possède du prétendant Charles d'Autriche.

§ III. — *Le comté de Barcelone et la principauté de Catalogne.*

Le comté de Barcelone ne conserva pas ses monnaies particulières plus longtemps que le royaume d'Aragon. Ses émissions, à l'époque moderne, intéressent les règnes suivants :

* Ferdinand le Catholique, 1479-1516.
* Jeanne la Folle et Charles, 1516-55.
* Philippe II, 1556-98.
* Philippe III, 1598-1621.
* Philippe IV, 1621-1665.
* [Soulèvement de la Catalogne, 1640-52].
* [Louis XIII, roi de France, 1642-43].
* [Louis XIV, roi de France, 1643-52].
* Charles II, 1665-1700.
* [Charles, archiduc d'Autriche, prétendant, 1701-1713].
* Philippe V, 1700-1746.

Les plus fortes monnaies barcelonaises sont conformes au système général de la monarchie ; les rois terminent l'énumération de leurs titres par celui de *Comes Barcinonae.* Sur les espèces d'argent, le revers conserve l'ancien type local de la grande croix pattée coupant la légende **BARCINO CIVITAS** et cantonnée de deux grands annelets et de deux groupes de trois globules. Le cuivre a souvent l'écu en losange de Barcelone : *écartelé aux 1er et 4e d'argent à la croix de gueules, aux 2e et 3e palé d'or et de gueules de cinq pièces.* Cet écu est fréquemment posé sur une croix en sautoir, dite croix de sainte Eulalie.

En 1614, le capitaine général de Catalogne, le marquis d'Almazan, autorisa la ville de Barcelone à frapper dorénavant des *ducats* et *doubles ducats* d'or au type de Ferdinand et Isabelle. Ces pièces se distinguent par la présence dans le champ de l'avers, entre les bustes des rois catholiques, d'un **B** ou d'un petit écu en losange de Catalogne. Quelques-unes portent un millésime ; le plus récent qui ait été relevé par M. Aloïs

32

Heiss est celui de 1670 ; ces pièces furent ainsi frappées deux siècles après les souverains dont elles portent les noms et les effigies.

Le règne de Philippe IV vit éclater une grave révolte des Catalans, mécontents des atteintes portées à leurs privilèges par le ministre Olivarez. Le nom du roi disparut des monnaies barcelonaises, qui furent émises en 1641 au nom de la Principauté de Catalogne : PRINCIPATVS CATALONIE. Par traité du 20 février 1641, les Catalans se donnèrent à Louis XIII, et Barcelone ouvrit bientôt après ses portes à une armée française. En 1642, le monnayage barcelonais se fit donc au nom de Louis XIII, qui prit le titre de comte de Barcelone. Louis XIV continua les émissions. Notre figure 294 reproduit la rarissime pièce de *cinq réaux*

Fig. 294

frappée en 1644. En juillet 1651, une armée espagnole, sous les ordres de Don Juan d'Autriche, mit le siège devant Barcelone ; la ville se défendit pendant plus d'un an, mais elle fut obligée de capituler le 13 octobre 1652. Pendant l'investissement, l'atelier émit au nom de Louis XIV des monnaies d'argent de *dix réaux*, de poids très réduit et portant au revers, dans les cantons de la croix traditionnelle, les mots BARCINO CIVIT OBSESSA. Après que Barcelone eut été remise sous l'obéissance du roi d'Espagne, toutes les espèces rappelant le soulèvement de 1640 et la domination française furent retirées de la circulation.

Sous Charles II et ses successeurs, le monnayage barcelonais ne consista plus qu'en menues espèces d'argent et de cuivre. L'atelier fut supprimé par décret du 16 janvier 1716. Lorsqu'en 1755 le roi Ferdinand VI ordonna la fabrication de sept mille pesos de monnaies de cuivre dites *ardites*, destinées à la circulation exclusive de la Catalogne, ces pièces furent forgées dans l'atelier de Ségovie.

§ IV. — *Les villes de Catalogne.*

Certaines villes de Catalogne jouissaient, en vertu d'anciens privilèges remontant à l'époque féodale, du droit d'émettre des espèces locales de billon et de cuivre ; on cite de ce nombre Gérone, Granollers, Solsona, Puigcerda, Tarragone et Vich.

Le soulèvement des Catalans contre Philippe IV en 1640 vint multiplier ces monnayages municipaux[1]. Des ateliers surgirent partout. Dans quelques villes restées fidèles à l'Espagne, on improvisa un monnayage royal, auquel succéda bientôt celui de la révolution triomphante. Ailleurs l'installation de l'atelier concorde avec les débuts du soulèvement. Quelques-unes des villes poursuivent leurs émissions ou les commencent après la reconnaissance de Louis XIII. Il y a ainsi trois groupes monétaires nettement distincts pour cette période insurrectionnelle, comprenant respectivement les espèces signées par Philippe IV, celles qui furent frappées au nom de la principauté de Catalogne, celles enfin qui portent le nom de Louis XIII.

Premier groupe ; monnaies au nom de Philippe IV. — Il en existe pour les villes suivantes : Agramont, VILLA ACRIMONTIS, Cervera, VILLA CERVARIA, Gérone, CIVITAS GERVN, Manresa, CIVITAS MINORISA, Olot, VNIVERTAS OLOT, Puigcerda, PODICERITA, Solsona, COELSONA, Vich, CIVITAS VICEN. Toutes ces monnaies ont le millésime de 1641. Elles consistent généralement en pièces d'argent de 5 *réaux* ou de 5 *sols,* plus rarement en pièce de cuivre. Le type des pièces d'argent est formé d'un écu palé, couronné et posé sur une croix de sainte Eulalie; le revers porte une croix pattée contournée de globules et d'annelets.

Second groupe ; monnaies au nom de la principauté de Catalogne. — Agramont, 1641. Argentona, 1642. Balaguer, CIVITAS BALAGA, 1641. Banolas, OPID. BANEOL OU BANOLA, 1641. Berga, VILLE BERGE, 1641. Besalu, OPIDVM BISVLDVNENSE, 1641 et 1642. La Bisbal, OPIDVM BISPALIS, 1641. Caldas, VILLA CALIDAR, 1641. Figueras, VILLA FIGE, 1641. Gérone, 1641. Granollers, VILLA GRANILLARI, 1641. Igualada, VILLA AGVALATA, 1642. Manresa, MINORIS CIVITAS, 1642. Mataro, OPPIDVM MATARO, 1641. Puigcerda, OPIDVM PODICERETANI, 1641. Solsona, COELSONA CIVIT, 1641. Tagamanent, CASTRVM TAGAMA, 1641. Tarrasa, CASTRVM TARRA, 1642. Tarrega, VILLA TARREGE, 1641 et 1642. Vich, CIVITAS VICEN, 1641. Villafranca del Panadès, VILA FRANCA PEN', 1642. Notre

Fig. 295

figure 295, qui représente la pièce de 5 *réaux* d'argent frappée à Agramont, donnera une idée de ce monnayage insurrectionnel généralement peu soigné. Les types des pièces d'argent restent, à la légende PRINCIPATVS CATALONIE près, ce qu'ils étaient sous Philippe IV. Sur les monnaies de Puigcerda, la mention de la principauté de Catalogne est remplacée par : PROVINCIA CATHALONI, qui témoigne peut-être d'une certaine neutralité politique.

1. A. Colson, *Notice sur des monnaies frappées dans la principauté de Catalogne, le Roussillon et la Cerdagne pendant la révolution de 1640 et l'occupation française jusqu'en 1659,* dans la *Revue numismatique* de 1855, p. 117 et suiv.

Troisième groupe ; monnaies au nom de Louis XIII. — Agramont, 1642. Bellpuig, VILL. PVLCRIP, 1642. Cervera, 1641. Gérone, 1642 et 1643. Oliana, 1642. Puigcerda, 1642. Sanahiya. Solsona, 1641. Tarrega, 1641. Valls, VNIVERSITAS VALS, 1642. Vich, 1642 et 1643. Villafranca del Panadès, VILAFRANCA PENITEVS, 1642.

Sous Louis XIV, il y eut des monnayages locaux à Camprodon et à Vich, mais ils ne consistèrent plus qu'en fabrication de *menuts* de cuivre.

Les droits monétaires des villes catalanes ne paraissent avoir complètement pris fin lorsque la province fut retombée entre les mains du roi d'Espagne. Certaines villes, telles que Reus, Salás, Montblanch, Pobla de Ségur, Urgel, Valls, obtinrent encore au XVIIᵉ et au XVIIIᵉ siècles l'autorisation d'émettre de petites espèces dont l'usage fut restreint à la ville d'émission et à ses environs immédiats.

La France abandonna définitivement ses prétentions sur la Catalogne par la paix des Pyrénées, conclue en 1659.

§ V. — *Le royaume de Valence.*

L'ancien royaume de Valence conserva l'autonomie de ses types monétaires et de sa monnaie de compte jusqu'au commencement du XVIIIᵉ siècle. On possède des monnaies des rois dont les noms suivent :

* Ferdinand le Catholique et Isabelle, 1479-1515.
* Ferdinand le Catholique, seul, 1515-16.
* Charles I (Charles-Quint), 1516-56.
* Philippe II (I de Valence), 1556-98.
* Philippe III (II de Valence), 1598-1621.
* Philippe IV (III de Valence), 1621-65.
* Charles II, 1665-1700.
* Charles, archiduc d'Autriche, prétendant, 1701-1707.

La fabrication monétaire avait lieu dans l'atelier de Valence. Les types conservent un aspect très particulier. A l'avers, c'est le buste du roi couronné de face, rarement de profil, au revers l'écu palé en forme de losange, surmonté d'une couronne. Ce dispositif donne aux monnaies de

Fig. 296

Valence une apparence archaïque très marquée. La tête couronnée de face, dans laquelle on chercherait en vain les caractères personnels d'un portrait, est une immobilisation très curieuse du type que les monnayeurs de Majorque et de Valence du XIVᵉ siècle avaient emprunté aux *gros* des rois d'Angleterre. La pièce d'argent de *cinco sueldos* frappée sous Charles-Quint (fig. 296), donnera au lecteur la preuve de ce que nous venons d'avancer. Les légendes des monnaies de Valence se composent du nom du roi, suivi de ses titres d'Aragon, de Valence et de Majorque.

La série autonome finit en 1707, avec les menues espèces d'argent de l'archiduc Charles d'Autriche. Après la bataille d'Almansa, qui mit Valence entre les mains de Philippe V de Bourbon, le pays perdit ce qui restait de sa personnalité monétaire. L'atelier continua à ouvrir, pendant quelque temps, pour le nouveau maître, mais ce fut aux coins de Castille.

§ VI. — *Les Baléares.*

Le groupe des Baléares comprend entre autres deux îles dont il doit être question dans un traité de numismatique moderne : l'île de Majorque et l'île d'Iviza. Le monnayage particulier de Minorque ne dépasse pas, en effet, la seconde partie du XVe siècle.

a). — *L'île de Majorque.*

L'ancien royaume de Majorque conserva, comme celui de Valence, une certaine autonomie après sa réunion aux autres parties de la monarchie espagnole. L'atelier monétaire de Palma, ville principale de l'île, émit des espèces sous les règnes suivants :

- Ferdinand le Catholique, 1479-1516.
- Charles I (Charles-Quint), 1516-1556.
- Philippe II (I de Majorque), 1556-1598.
- Philippe III (II de Majorque), 1598-1621.
- Philippe IV (III de Majorque), 1621-1665.
- Charles II, 1665-1700.
- Charles, archiduc d'Autriche, prétendant, 1701-1713.
- Philippe V, 1700-1746.
- Louis I, 1724.

L'atelier de Palma fut fermé par ordre royal du 14 mai 1740. Les monnaies de Majorque présentent une grande analogie avec celles de Valence. L'avers représente le buste couronné du roi, habituellement de profil ; le revers des plus fortes espèces d'argent a un écu en losange : *écartelé, aux 1er et 4e d'or à quatre pals de gueules,* qui est Aragon, *aux 2e et*

3ᶜ au château à trois tours crénelées baignées par la mer. Les rois prennent les titres de *rex Aragonum Majoricarum catholicus.*

b). — *L'île d'Iviza.*

Les seules monnaies connues pour cette île sont des *deniers* et autres petites espèces de cuivre frappées sous Charles-Quint et ses successeurs jusqu'à Charles II. La dernière émission datée est de 1686. Le type se compose du buste couronné de profil, de l'écu couronné d'Aragon ou du château à trois tours baigné par la mer. La légende du revers est VNIVER · EBVSI · DNS ou MAGNI · VNIVERITIS · EBVSIE.

§ VII. — *Le Roussillon*[1].

En 1493, Charles VIII, roi de France, avait restitué le Roussillon à Ferdinand le Catholique. Ce pays resta sous la domination de l'Espagne jusqu'au soulèvement de la Catalogne, qui fournit à Louis XIII l'occasion de s'en emparer. En 1659, le traité des Pyrénées en assura la possession définitive à la France.

Ferdinand le Catholique (1493-1516) reprit, dans l'atelier de Perpignan, l'émission de *croats* ou *réaux* d'argent à l'ancien type roussillonnais du buste couronné de profil. Les pièces divisionnaires portent au droit l'image en pied de saint Jean-Baptiste, au revers, deux P gothiques liés.

L'écu d'Aragon et l'image de saint Jean forment les empreintes des *sols,* des *sixains* et des *menuts* de billon frappés sous le règne de Charles-Quint (1516-56). Ces pièces ne portent pas le nom du comte de Roussillon, mais bien les mots PERPINIANI VILLE — INTER NATOS MVLIERVM et le millésime de 1529 ou de 1531.

En 1598, Philippe II autorisa la ville de Perpignan à faire une nouvelle émission de billons d'intérêt local. Cette autorisation fut renouvelée à diverses reprises sous Philippe III, puis, après l'annexion à la France, sous Louis XIV. Sur les pièces contemporaines de celui-ci, datées de 1644 et 1645, l'écu d'Aragon est chargé en cœur d'un lis de France.

---

1. A. Colson, *Recherches sur les monnaies qui ont eu cours en Roussillon,* Perpignan, 1853, in-8.

§ VIII. — *La Navarre.*

a). — *La Navarre française et le Béarn.*

Le royaume de Navarre, auquel la vicomté de Béarn était jointe depuis 1479, c'est-à-dire depuis l'avènement d'Éléonore d'Aragon, veuve du vicomte Gaston de Foix, s'étendait sur les deux versants des Pyrénées. En 1512, sous le règne de Catherine de Foix et de Jean d'Albret, le roi d'Aragon, Ferdinand le Catholique, se rendit maître de la Navarre située au delà des monts. La maison d'Albret vit ainsi ses possessions réduites à ce qui se trouvait au nord des Pyrénées. En 1589, le roi Henri III de Navarre devint roi de France, sous le nom de Henri IV. Voici la chronologie des souverains de Navarre et de Béarn depuis le commencement du XVIe siècle jusqu'à cette époque :

* Catherine de Foix et Jean d'Albret, 1484-1512.
  Jean d'Albret, veuf, 1512-1516.
* Henri II d'Albret (I en Béarn), 1516-1555.
* Jeanne d'Albret et Antoine de Bourbon, 1555-1562.
* Jeanne d'Albret, veuve, 1562-1572.
* Henri III de Bourbon (II en Béarn), 1572-1589.

Les armes de la Navarre étaient: *de gueules à la chaîne d'or en triple orle, en croix et en sautoir.* La vicomté de Béarn portait: *d'or à deux vaches passantes de gueules, colletées, accornées et clarinées d'azur, l'une sur l'autre;* parfois, sous Henri II, une seule vache figure dans l'écusson représenté sur les monnaies.

Fig. 297   Fig. 298

Le monnayage de J e a n et C a t h e r i n e est visiblement inspiré de celui des rois catholiques. Les souverains navarrais frappent des *ducats* d'or à leurs bustes couronnés en regard et des *écus* d'or à leurs armes. Pour les *gros* de billon et les pièces divisionnaires, le type se compose des initiales I K sous une couronne. Les monnaies conservent encore un aspect médiéval, par suite de l'emploi de lettres semi-gothiques pour la composition des légendes.

Avec Henri II, le monnayage devint tout à fait moderne. La série des pièces mises en circulation comprend des *écus d'or au soleil* dont quelques-uns (fig. 297) reproduisent le type dit *à la croisette* de François I, puis, en billon, des *douzains* et *douzains à la croisette*, des *deniers*, des *baquettes* et des *liards*. On combine ainsi le système monétaire français avec l'ancienne monnaie divisionnaire du Béarn. Les types employés sous Henri II consistent principalement en ses armes et son initiale couronnée. La devise inscrite au revers : GRA-TIA DEI SVM ID QVOD SVM, reparaîtra dans la suite sur toutes les monnaies de ses successeurs.

Antoine et Jeanne inaugurent la fabrication du *teston* d'argent (fig. 298). Les *liards* de billon (fig. 299) portent leurs initiales conjuguées. Ces *liards* béarnais, comme ceux d'Henri II, furent copiés par un grand nombre de petits seigneurs du nord de l'Italie.

Fig. 299   Fig. 300

Henri III, continuant les emprunts de ses prédécesseurs au système monétaire de France, émit non seulement des *testons*, mais des *francs* et *demi-francs* (fig. 300) d'argent. En 1576 et 1577, ses *testons* portent, en même temps que son buste, celui de sa femme Marguerite de Valois; les mêmes bustes reparaissent sur des *doubles ducats* et *ducats* d'or destinés aux transactions avec l'Espagne, où ils pouvaient se confondre avec les pièces toujours en vogue des Rois Catholiques.

Depuis la perte de la Navarre espagnole, les rois de Navarre et seigneurs de Béarn eurent des ateliers à Morlaas, à Pau et à Saint-Palais. Lorsque Henri III fut devenu roi de France, ces ateliers restèrent en activité, et le pays continua à jouir d'une certaine autonomie monétaire, qui disparut graduellement devant la centralisation française [1].

---

1. Pour les monnaies frappées en Navarre et en Béarn par les rois de France, voyez le chapitre premier.

b). — *La Navarre espagnole.*

Ferdinand le Catholique (1512-1516), après la conquête de la Navarre, s'empressa d'y monnayer. Ses pièces d'or, *ducats* et multiples du ducat, portent son buste couronné de profil et les armes de Navarre. Les mêmes armes reparaissent à l'avers des *gros* d'argent; quant aux pièces de billon, elles sont empreintes d'un **F** couronné.

Les émissions furent beaucoup moins actives sous les successeurs de Ferdinand, qui se bornèrent souvent à mettre en circulation de menues espèces de billon ou de cuivre. Une exception est cependant à faire pour Philippe IV, qui frappa des *onces* et *demi-onces* d'or et diverses pièces d'argent, parmi lesquelles une énorme *cincuentine* ou pièce de 50 réaux au millésime de 1652. Voici l'indication des rois d'Espagne qui, pendant les temps modernes, ont laissé des monnaies navarraises :

* Charles-Quint, 1516-56.
* Philippe II (IV en Navarre), 1556-98.
* Philippe III (V en Navarre), 1598-1621.
* Philippe IV (VI en Navarre), 1621-65.
* Charles II (V en Navarre), 1665-1700.
* Philippe V (VII en Navarre), 1700-1746.
* Ferdinand VI (II en Navarre), 1746-59.
* Charles III (VI en Navarre), 1759-88.
* Charles IV (VII en Navarre), 1788-1808.

L'atelier de la Navarre espagnole était situé à Pampelune. A partir de Philippe IV, les lettres **PA** ou **PP**, placées dans le champ des monnaies, aux côtés de l'écu de Navarre, constituent la marque distinctive de l'officine.

CHAPITRE DIXIÈME

LE PORTUGAL

DEPUIS LE COMMENCEMENT DU XVIᵉ SIÈCLE JUSQU'A LA FIN DU XVIIIᵉ.

Sources : A. C. Teixeira de Aragão, *Descripção geral e historica das moedas cunhadas em nome dos reis, regentes e governadores de Portugal.* Lisbonne, 1874-77, t. I et II, in-8. — M. B. Fernandez, *Memoria das monedas correntes en Portugal.* Lisbonne, 1861, in-4. — J. Sabatier, *Rapport sur la collection royale des monnaies portugaises figurant à l'exposition de 1867,* dans l'*Annuaire de la Soc. franç. de numism.,* 1868, p. 184 et suiv. — *Numismatische Sammlung von Julius Meili. Portugiesische Münzen,* [Zurich], 1890, in-8.

Les souverains portugais prenaient habituellement les titres de *rex Portugalie et Algarbiorum,* auxquels s'ajoutèrent, après le développement de leur puissance coloniale, ceux de *citra et ultra in Africa dominus Guinee, conquisitionis, navigationis, commercii, Ethiopiae, Arabiae, Persiae et Indiae,* qui ne se montrent toutefois en numismatique que sous Emmanuel I et Jean III. Les armes du Portugal sont : *d'argent à cinq écussons* (en portugais *quinas*) *d'azur posés en croix, chargés chacun de cinq besans d'argent, à la bordure de gueules chargée de sept châteaux d'or.*

La chronologie des rois de Portugal du commencement du xvıᵉ siècle à la fin du xvıııᵉ comprend les noms suivants :

* Emmanuel I, 1495-1521.
* Jean III, 1521-1557.
* Sébastien, 1557-1578.
* Henri I, 1578-1580.
[* Gouvernement des cinq régents, 1580.]
[* Antoine, grand-prieur de Crato, préten-
dant, 1580-1595.]

* Philippe II d'Espagne (I en Portugal),
1580-1598.
* Philippe III d'Espagne (II en Portugal),
1598-1621.
* Philippe IV d'Espagne (III en Portugal),
1621-1640.
* Jean IV de Bragance, 1640-1656.

* Alphonse VI, 1656-1683.
* Pierre II, 1683-1706.
* Jean V, 1706-1750.

* Joseph I, 1750-1777.
* Marie Ire et Pierre III, 1777-1786.
* Marie, seule, 1786-1799.

Le règne d'Emmanuel I (1495-1521) marque l'apogée de la puissance du Portugal en même temps que les débuts du monnayage moderne, par l'apparition des fortes espèces d'or et d'argent. En 1499 le roi créa le *portuguez* d'or, valant dix *cruzades*, et peu de temps après, le *teston* d'argent et ses multiples. L'ensemble du système monétaire d'Emmanuel I comprit ainsi les pièces suivantes :

1. *Portuguez* d'or. Type : Écu couronné, entouré d'une double légende mentionnant le nom et les titres du roi. *Rev.* : IN HOC SIGNO VINCES. Croix pattée à branches évidées, dite croix de l'Ordre du Christ.

2. *Cruzade* d'or, pesant 71 1/4 grains (3 gr. 84) et taillée à 64 64/95 au marc, au titre de 23 3/4 quilates ou carats. — Type : Écu couronné dans une épicycloïde. *Rev.* : Croix simple, dite croix de Saint-Georges, dans un encadrement de quatre arcs et de quatre angles. Les légendes du droit et du revers répètent le nom du roi.

3. *Portuguez* d'argent, valant 400 reis de cuivre, émis par suite d'une ordonnance de 1504. M. Teixeira d'Aragão déclare n'avoir rencontré aucun exemplaire indiscutablement authentique de cette pièce. Suivant un auteur ancien, le type était identique au *portuguez* d'or.

4. *Meio portuguez* d'argent, valant 200 reis de cuivre. Même type que le *portuguez* d'or.

5. *Teston* d'argent ou *quart de portuguez* d'argent, pesant 195 grains (10 gr. 3) et valant 5 *vintems* ou 100 reis de cuivre. — Type : Écu couronné. *Rev.* : IN HOC SIGNO VINCES. Croix de l'Ordre du Christ parfois cantonnée de quatrefeuilles.

6. *Meio tostão* ou *demi-teston* d'argent. Type : Les cinq petits écussons ou *quinas,* posés en croix. *Rev.* : Croix de saint Georges, cantonnée d'annelets. Les légendes de cette pièce et de celles qui suivent reproduisent des deux côtés le nom du roi.

7. *Indio* d'argent, valant 33 reis de cuivre, créé en 1499. — Type : Écu couronné. *Rev.* : Croix de saint Georges.

8. *Real* ou *vintem* d'argent, valant 5 reis de cuivre, taillé à 117 au marc. — Type : Écu couronné. *Rev.* : Grand M couronné, initiale du roi, dont le nom est Manoël en portugais.

9. *Demi-réal* ou *meio vintem* d'argent, valant 20 reis de cuivre. — Type : Les *quinas* posées en croix. *Rev.* : Croix fleurdelisée dite croix de l'Ordre d'Aviz.

10. *Cinquinho* d'argent, valant 10 reis de cuivre. Type : Les *quinas* posées en croix. *Rev.* : Grand M couronné.

11. *Reis* ou *real* de cuivre, valant 6 ceïtils. Type : Les *quinas* posées en croix. *Rev.* : Grand R, initiale du mot *real,* ou grand M couronné.

12. *Ceïtil* de cuivre. Écu de Portugal. *Rev.* : Château à trois tours baigné par la mer. Sur une curieuse variété de cette pièce, frappée évidemment pour faciliter les petites transactions avec les Maures du Maroc, le revers porte, au lieu du château, le nom et le titre du roi Emmanuel, écrits en arabe, en trois lignes.

Le règne de Jean III (1521-1557) commence la décadence du Portugal, auquel l'heureuse administration d'Emmanuel avait fait prendre une place si brillante parmi les nations européennes. Peu de temps après son avènement, d'horribles tremblements de terre désolèrent Lisbonne et les villes environnantes, causant la mort de plus de trente mille personnes. L'établissement de l'Inquisition, en 1526, ne fut pas de nature à accroître la richesse du pays.

Jean III conserva tout d'abord le système monétaire de son père. Il frappa des *portuguez* d'or (fig. 301) et des *cruzades* d'or à 23 3./4 carats. Les types de son prédécesseur furent fidèlement conservés.

Fig. 301

Aux cortès de Torrès Novas, en 1525, et aux cortès d'Evora, en 1535, les députés se plaignirent de l'exportation continue de l'or, que les importations d'Afrique et du Brésil ne parvenaient plus à contrebalancer. Pour arrêter cet exode du métal précieux, Jean III édicta, le 26 novembre 1538, une loi apportant des modifications très importantes dans le monnayage du royaume. L'émission des *portuguez* d'or fut arrêtée et l'aloi des *cruzades* d'or abaissé à 22 5/8 carats. Ces *cruzades* nouvelles se distinguent des précédentes en ce qu'elles ont au revers les mots IN HOC SIGNO VINCES au lieu de la répétition du nom du roi. L'émission des *tostãos* et des *meios totãos* fut également suspendue par la loi de 1538. On frappe comme plus fortes pièces d'argent des *doubles vintems* ou *réaux portugais,* dont le type se compose à l'avers du nom du roi, IO·III, placé sous une couronne, au-dessus de l'indication de la valeur, XXXX. On émit aussi, un peu plus tard, un *real portuguez dobrado* valant le double de la pièce précédente; le type est le même, mais l'indication de la valeur en réaux est LXXX.

Une loi du 18 octobre 1543 vint prescrire une nouvelle émission de *portuguez* d'or. Le 16 octobre 1550, Jean III ordonna la fabrication de nouvelles monnaies de cuivre :

1. *Pièce de 10 reis,* pesant 19 grammes 99 et mesurant en moyenne 38 millimètres. Cette pièce de grand module porte à l'avers l'écu de Portugal, le nom et le titre de roi, au revers le chiffre X, parfois dans une épicycloïde, et la légende : REX QVINTVS DECIMVS. Jean III était, en effet, le quinzième roi de Portugal.

2. *Pièce de 3 reis.* Type : IO-III, sous une couronne. *Rev.* : Écu de Portugal entouré d'une guirlande.

3. *Real de cobre.* Cartouche avec guirlande, dans lequel se trouve, en deux lignes, la légende : IO III-R. P. A. *Rev.* : Grand R couronné.

La pièce de cuivre la plus petite resta le *ceïtil* ou sixième de réal, qui conserva son ancien type. Un édit du 10 décembre 1551 recommanda strictement aux maîtres des monnaies de peser les monnaies de cuivre une à une, de bien façonner les flans de manière à les rendre uniformes.

L'ordonnance du 10 juin 1555 laisse à entendre qu'on frappait, peu d'années auparavant, de nouvelles *cruzades* d'or, légèrement affaiblies à 22 1/8 carats, appelées *cruzados calvarios*, parce qu'au revers la croix du Christ est remplacée par une croix processionnelle placée sur un calvaire. Cette même ordonnance de 1555, qui éleva le prix de l'or et de l'argent, fut le point de départ d'une nouvelle émission de *tostãos, meios tostãos* et *vintems*; les premiers portent au revers la croix d'Aviz au lieu de la croix du Christ.

En 1556 apparaissent des monnaies d'or nouvelles, le *San Vicente* et sa moitié, le *meio San Vicente* (fig. 302). Ces pièces portent d'un côté les armes du Portugal et le nom du roi, de l'autre l'image en pied ou en buste de saint Vincent, tenant un navire et une palme. La légende **ZELATOR FIDEI VS-QUE AD MORT**em , diverse-ment abrégée, fait allusion au titre de *zelator fidei*, que le pape Paul III décerna au roi Jean III pour le zèle qu'il avait mis à établir l'Inquisition dans son royaume.

Fig. 302

Jean III mourut en 1557, laissant le trône de Portugal à son petit-fils Sébastien, dont le père, l'infant Jean, était mort en 1554. Sébastien, né dix-huit jours après la mort de son père, régna d'abord sous la tutelle de Catherine d'Autriche, sa grand'mère, puis sous celle du cardinal Henri, son grand-oncle.

Le règne de Sébastien ne comporte pas de grandes innovations moné-taires. En or, nous retrouvons le *saint Vincent* et le *demi-saint Vin-cent*, puis une pièce reproduisant le type de l'ancienne *cruzade* (fig. 303), connue dans les textes sous le nom de *moeda de 500 reaes*. Une variété de cette pièces appelée vulgairement *engenhoso*, parce qu'elle a été fabriquée au moyen des engins construits par Jean Gonzalve, dit l'Ingénieux, pré-sente parfois dans les contours de la croix les millésimes de 1562, 1563 ou 1565. Ces millésimes sont les premiers qui paraissent à l'époque moderne sur une monnaie portugaise.

En argent, aucun type nouveau ne se montre; les *tostãos* et *meios tostãos* ont au revers, tantôt la croix de l'ordre du Christ, tantôt la croix d'Aviz. Pour le cuivre, nous avons à constater, par contre, l'appari-

Fig. 303

tion d'une *pièce de 5 reis;* elle reproduit le type de celle de 10 reis, en remplaçant au revers le chiffre X par le chiffre V; la légende donne, comme sous Jean III, le numéro d'ordre du roi : **REX SEXTVS DECIMVS.**

En 1578, Sébastien I tenta une expédition contre les Maures d'Afrique. Son armée fut mise en pièces et lui-même périt le 4 août au milieu de la déroute des siens.

Henri I (1578-80), fils du roi Emmanuel, cardinal et grand inquisiteur de la foi, ancien tuteur et grand-oncle de Sébastien I, fut proclamé roi de Portugal aussitôt qu'on eut reçu la nouvelle de la défaite et de la mort de celui-ci. Après un règne d'environ dix-huit mois, Henri mourut le 31 décembre 1580, au moment où la couronne était disputée par sept prétendants.

On possède pour Henri I les monnaies suivantes, qui reproduisent toutes des types connus : *moeda de 500 reis* d'or, *tostão, meio tostão. real portuguez dobrado* et *vintem* d'argent, *dix reis* et *cinq reis* de cuivre.

A la mort d'Henri I, cinq gouverneurs, qui avaient été élus en 1579 aux cortès de Lisbonne et confirmés par le testament du défunt roi, prirent la charge du gouvernement en attendant que les divers prétendants au trône eussent fait valoir leurs droits respectifs. Ces gouverneurs étaient Georges d'Almeida, archevêque de Lisbonne, François de Sá et Menezès, camérier d'Henri I, Jean Mascarenhas, le défenseur de Diu, Jean Tello de Menezès, seigneur d'Aveiras, et Diego Lopès de Sousa, seigneur de Miranda. Ils prirent collectivement le titre de *gubernatores et defensores regni Portugalie,* et monnayèrent comme tels. Il existe des *moedas de 500 reis* d'or, des *tostãos* et *meio tostãos* d'argent, émis sous leur autorité, qui prit fin le 17 juillet 1580.

Déjà à la mort de Sébastien, Antoine, grand prieur de Crato, dans l'ordre de Malte, fils naturel de Louis, deuxième fils d'Emmanuel, avait élevé des prétentions au trône de Portugal. Le 19 juin 1580, il fut proclamé roi par le peuple, à Santarem, et deux jours plus tard à Lisbonne; mais le 25 août une armée de son compétiteur Philippe II, roi d'Espagne, le battit à Alcantara et Antoine dut chercher un refuge en France. Les habitants des Açores refusèrent toutefois de reconnaître Philippe II et restèrent fidèles au grand prieur de Crato jusqu'au 3 août 1583, date à laquelle l'île de Tercère fut obligée de se rendre aux Espagnols, malgré l'expédition qu'Antoine avait pu organiser contre eux avec l'aide de la France. En 1589, Antoine fit avec une flotte anglaise une nouvelle tentative pour déloger les Espagnols, mais sans plus de succès. Il mourut à Paris en 1595 [1].

Le 14 juillet 1580, Antoine publia à Lisbonne une ordonnance relative aux monnaies. Pour subvenir aux frais de la guerre contre Philippe II, il éleva de 30,000 à 40,000 reis le prix du marc d'or, et de 2,400 à 4,000 reis le prix du marc d'argent; il ordonna la refonte générale de toutes les espèces et l'émission de *moedas de 500 reis* d'or, taillées à 80 au marc, de *testãos, meios tostãos* et *vintems* d'argent. Ces pièces sont au même type que celles du règne précédent. Les émissions de ces monnaies ne purent avoir lieu que pendant cinq semaines.

En février 1582, le comte de Torres Vedras, qui était arrivé dans l'île de Tercère muni de pleins pouvoirs du roi Antoine, établit à Angra, siège de son gouvernement, un hôtel des monnaies. Cet atelier, installé dans une dépendance de l'hôpital, frappa des monnaies d'or, d'argent et de cuivre, aux types habituels, mais portant comme marques spéciales un **A** et un faucon. Au mois d'août 1582, lorsqu'Antoine vint à Angra, toutes les espèces en cours furent haussées au double de leur taux d'émission;

Fig. 304

elles reçurent, comme témoignage de ce surhaussement, l'empreinte d'un faucon (fig. 304). Après la prise de Tercère par les Espagnols en 1583, ces monnaies furent décriées et fondues publiquement.

En 1583, Antoine, se trouvant à Paris, obtint du roi Henri III l'autorisation de faire frapper des *francs* imités de ceux de France. Cette imitation donna lieu aux réclamations du Conseil, qui conclut à limiter l'autorisation à la fabrication de monnaies de cuivre au moulin, par Aubry Olivier, et imposa cette condition expresse que les espèces ainsi fabriquées n'auraient pas cours en France. Ainsi limitée, la fabrication équivalait à une interdiction pure et simple. Antoine s'enquit alors d'un atelier plus complaisant et le trouva en Hollande, à Gorcum, où fonction-

---

1. R. Chalon, *Don Antonio, roi de Portugal ; son histoire et ses monnaies,* dans la *Revue belge de numism.* 1868, p. 27 et suiv.

nait une véritable fabrique de fausse monnaie officielle. Il donna commission au maître de la monnaie de Gorcum de forger en son nom des pièces de Portugal d'or et d'argent. On conserve encore aujourd'hui aux Archives de Gorcum quelques-uns des coins portugais au nom d'Antoine; les émissions eurent lieu vraisemblablement de 1584 à 1589, date de la dernière expédition tentée par le prétendant pour la conquête de ses états.

L'occupation espagnole en Portugal dura de 1580 à 1640; elle s'étend aux trois règnes de Philippe II (1580-1598), de Philippe III (1598-1621) et de Philippe IV (1621-1640).

Les types ne subirent aucune modification sensible pendant cette période. Philippe II créa des monnaies d'or plus fortes que les espèces précédemment en cours; l'ordonnance du 18 février 1584 prescrivit la fabrication, non seulement de *cruzades de 400 reis*, mais de pièces de *deux cruzades* et de *quatre cruzades*. Ces deux dernières pièces portèrent l'indication de leur valeur; dans le champ de l'avers, aux côtés de l'écu de Portugal, sont écrits les signes L, initiale de l'atelier de Lisbonne, et II ou IIII, chiffres constatant le nombre de *cruzades* pour lequel les monnaies étaient mises en circulation. La *cruzade* était taillée à 75 pièces au marc; l'aloi restait à 22 1/8 carats.

Sous les deux premiers successeurs de Philippe II, le système général des monnaies portugaises ne subit pas de modifications. Le nom du roi n'étant pas suivi d'un numéro d'ordre, et aucun millésime ne figurant sur les espèces, il est impossible de répartir celles-ci entre les rois auxquels elles appartiennent. Les rois d'Espagne prennent simplement le titre de PHILIPPVS D. G. REX PORTVGALIE, auquel s'ajoutent, sur les *vintems* de Philippe II, ceux de ALGARBIORVM · AFFRIC. ; jamais aucune mention n'est faite de leurs autres possessions territoriales.

Le 1ᵉʳ décembre 1640, les Portugais, exaspérés par le régime espagnol et encouragés par la révolution catalane, se soulevèrent contre Philippe III (Philippe IV d'Espagne). Ils proclamèrent roi, sous le nom de Jean IV (1640-1656), le duc de Bragance, descendant direct du roi Emmanuel.

Les grandes dépenses militaires auxquelles Jean IV fut obligé de se livrer lui firent chercher dans des expédients monétaires les fonds nécessaires à l'équilibre de ses finances : il augmenta le taux des espèces, tout en conservant le système en vigueur. Comme il était impossible de refondre assez rapidement les pièces en circulation, le surhaussement fut indiqué sur les monnaies par l'apposition de contremarques. Les ordonnances des 1 et 3 février 1642 créèrent plusieurs ateliers spéciaux, où se firent ces surfrappes, à Porto pour la province d'Entre-Douro-et-Minho, à

Miranda pour celle de Traz-os-Montes, à Trancoso et à Castello Branco pour celle de Beira, à Coïmbre et à Thomar pour celle d'Estramadure, à Évora et Beja pour celle d'Alemtejo, et enfin à Tavira pour les Algarves. Les contremarques devaient toujours être mises du côté de la croix.

Le type des monnaies frappées au nom de Jean IV resta ce qu'il était sous les prédécesseurs de ce roi. En 1651 toutefois, nous voyons apparaître une fabrication nouvelle: l'ordonnance du 9 octobre de cette année prescrivit la frappe de pièces d'or et d'argent du même coin, dites *conceptions*; la pièce d'or, du poids d'une once et demi, valant 12,000 réis, et la pièce d'argent, du poids d'une once et valant 600 réis. Ces pièces exceptionnelles furent fabriquées au moyen d'une machine que le français Routier était venu installer à la Monnaie de Lisbonne. Le type des *conceptions* est, à l'avers, l'écu de Portugal brochant sur une grande croix de l'ordre du Christ, au revers, l'image de N.-D. de Conception, debout sur un croissant. La légende **TVTELARIS REGNI** rappelle qu'en 1646 les Cortès avaient adopté Notre-Dame de Conception comme patronne du royaume.

Le surhaussement des monnaies continua sous Alphonse VI (1656-67) et donna lieu à l'apposition de contremarques nouvelles. Le type des espèces ne fut par modifié. En 1667, les excès du roi ayant révolté contre lui les Portugais, il fut obligé d'abdiquer et se retira dans l'île de Terceire. Les Cortès s'assemblèrent, déclarèrent l'infant Don Pedro régent du royaume, et lui prétèrent serment de fidélité.

La régence de Pierre (1667-83) se signala par un événement politique de la plus haute importance. En 1668, la paix fut signée avec l'Espagne et l'indépendance du Portugal définitivement assurée. Cette paix n'améliorait pas, quant au présent, la situation financière du pays; la même année les monnaies d'or furent surhaussées d'un dixième et l'on eut recours à des augmentations nouvelles en 1677. En 1678 la fabrication mécanique des espèces fut complètement substituée à l'antique frappe au marteau. Le régent prend sur son numéraire le titre de *prince*: **PETRVS· D·G· Princeps PORTVGALIAE ET AL.**

Alphonse VI mourut le 12 septembre 1683; le régent fut aussitôt proclamé roi sous le nom de Pierre II (1683-1706). Les mêmes expédients financiers furent poursuivis: en 1688, toutes les monnaies d'or et d'argent subirent une nouvelle augmentation de 20 pour cent. Un atelier fut créé la même année à Porto; ses produits, consistant exclusivement en monnaies d'argent, se distinguèrent par la présence de quatre **P** dans les cantons de la croix.

Le règne de Jean V (1706-50) eut de fâcheux débuts. En 1707, les Portugais perdirent la bataille d'Almanza contre le maréchal de Berwick, et en 1711, Duguay-Trouin prit Rio-Janeiro. La paix d'Utrecht vint en 1713 permettre au Portugal de se relever de ses ruines. Jean V favorisa l'exploitation des mines du Brésil et l'or afflua dans les ateliers de Lisbonne et de Porto, où ce métal fut monnayé en 1712 pour la première fois. Au commencement de son règne, Jean V conserva le système monétaire de ses prédécesseurs, mais la loi du 4 avril 1722 modifia complètement le monnayage de l'or. Empruntant le système de l'Espagne, Jean V créa l'*escudo* d'or, ses divisions et ses multiples. Il y eut ainsi les monnaies d'or suivantes :

1. *Dobra de quatro escudos* ou *peça*.
2. *Dobra de dois escudos* ou *meia peça*.
3. *Escudo*, émis pour 16 *tostãos* d'argent ou 1,600 reis. Il était taillé à 64 au marc et pesait 72 grains ou 3 gr. 88. On tirait ainsi 102,400 réis d'un marc d'or.
4. *Meio escudo*.

Une importante modification de type fut introduite à l'occasion de ces nouvelles pièces d'or. Elles portent à l'avers l'effigie du souverain, au revers les armes de Portugal dans un cartouche orné. Sur les plus anciens exemplaires, le revers porte l'inscription IN HOC SIGNO VINCES, mais on s'aperçut que cette devise n'avait aucun rapport avec le type, et on la supprima.

A partir de février 1734, les monnaies d'argent furent soumises à des diminutions successives; le marc de métal, qui fournissait à cette date 7,000 réis, en fournit 7,500 en 1747. Ce dernier pied monétaire a été maintenu pour l'argent jusqu'à nos jours.

Joseph I (1750-77) continua le monnayage de Jean V en substituant son effigie et son nom à ceux de son père.

A la mort de Joseph I, sa fille Marie, qui avait épousé son oncle Pierre III, monta sur le trône de Portugal. Les monnaies portèrent les effigies réunies de Marie I et Pierre III (1777-86), et leurs noms : MARIA I ET PETRVS III D. G. PORT. ET ALG. REGES.

En 1786, Pierre mourut. Sa veuve continua à régner seule et, par conséquent, à figurer seule sur les espèces. Marie I (1786-99) s'intitule : MARIA · I · D · G · PORT · ET · ALG · REGINA. En 1792 la reine donnant des signes non équivoques d'aliénation mentale, son fils Jean prit la direction des affaires publiques. Jusqu'en 1799, les monnaies furent toutefois émises au nom de Marie, mais le 15 juillet de cette année, Jean prit officiellement le titre de régent du royaume.

CHAPITRE ONZIÈME

LES PAYS SCANDINAVES

DEPUIS LE COMMENCEMENT DU XVIe SIÈCLE JUSQU'AU XIXe.

Sources : C.-R. Berch, *Beskrifning öfver svenska Mynt og Kongl. Stade-Penningar.* Upsala, 1773, in-4. — E. Brenner, *Thesaurus nummorum sueo-gothicorum.* Stockholm, 1731, in-4. — C.-T. Jörgensen, *Beskrivelse over danske Mönter 1448-1888.* Copenhague, 1888, in-8. — C.-J. Schive, *Norges Mynter i Middelalderen.* Christiania, 1865, in-fol., 2 vol. — Ch. von Schulthess-Rechberg, *Beschreibung aller bekannt gewordenen thaler.* Vienne, 1840-67, gr. in-8, 6 vol. — *Beskrivelse over danske Mynter og Medailler i den kongelige Samling.* Copenhague, 1791, 2 vol. in-fol. ; supplément, 1794, in-fol. — O. Devegge's *Mynt-og Medaille-Samling,* t. II. Copenhague, 1867, in-8.

§ I. — *Le Danemark et la Norwège.*

Au commencement du xvie siècle, le Danemark comprenait, outre la presqu'île du Jutland avec le Schleswig et les îles des détroits, une partie des côtes méridionales de la Suède, c'est-à-dire le Halland, la Scanie et la Blékingie, et quelques îles de la Baltique, telles que Gotland. Cette dernière fut cédée en 1645 à la Suède, qui, au début du xviiie siècle, s'assura également la possession de son domaine continental naturel.

En 1513, à la mort du roi Jean, qui avait réuni sous son sceptre le Danemark, le Norwège et la Suède, son fils Christian II lui succéda dans les deux premiers de ces royaumes. Dix rois succédèrent à Christian II jusqu'au commencement du xixe siècle :

* Frédéric I, 1523-33.
[* Interrègne, 1533.]
* Christian III de Holstein, 1534-59.
* Frédéric II, 1559-88.
* Christian IV, 1588-1648.
* Frédéric III, 1648-70.

* Christian V, 1670-99.
* Frédéric IV, 1699-1730.
* Christian VI, 1730-46.
* Frédéric V, 1746-66.
* Christian VII, 1766-1808.

Les armes du Danemark sont : *d'or semé de cœurs de gueules, à trois lions léopardés d'azur, couronnés du même, brochant sur le tout.* La Norwège porte : *de gueules au lion d'or, armé et lampassé de gueules, couronné du même, tenant de ses pattes une hache d'armes d'argent, le manche arrondi.* Dans la composition de l'écusson royal, ces armes sont combinées avec des quartiers qui varient, mais au nombre desquels figurent, au commencement du xvie siècle, ceux de Suède, de Vandalie, de Schleswig, de Holstein, de Stornmarn et d'Oldenbourg. Nous ne pouvons entrer ici dans ces détails héraldiques; notons cependant que c'est la croix de l'ordre du Danebrog, *une croix pattée d'argent, bordée de gueules,* qui divise les écartelures de l'écusson principal.

La numismatique du Danemark et de la Norwège n'est pas d'un abord facile. Le principal ouvrage sur la matière, la grande *Description des monnaies danoises conservées au cabinet royal de Copenhague,* paru en 1791, est purement descriptif, comme l'indique son titre, et ne fournit aucune indication sur la législation et l'histoire monétaires. C'est avec des éléments fort incomplets que nous avons écrit ce chapitre, pour lequel nous faisons appel à toute l'indulgence du lecteur.

a). — *Royaume de Danemark.*

Le règne de Christian II (1513-23) marque l'apparition de la forte monnaie d'argent; l'année même de son avènement ce roi rendit une ordonnance en vertu de laquelle les pièces suivantes durent être émises :

1. *Nobles* d'or, courant pour 6 *florins* d'or du Rhin, à 23 carats et demi de fin, taillés à 16 pièces au marc brut. — Ces grandes monnaies d'or avaient été frappées pour la première fois en 1496, par le roi Jean, sur le modèle des *souverains* de Henri VII, roi d'Angleterre. Leur type se compose, à l'avers, de l'image du roi, assis de face sur un trône à clochetons, tenant un sceptre et un globe crucigère; une épicycloïde encadre cette représentation. La légende est : CRISTIERNVS DEI GRACIA REX DACIE SVECIE AC NORVEG. Au revers figure l'écu couronné avec la légende : XPS. IHS. ELEGIT. ME REGEM POPOLO SVO (NORHVIEI A. T. R. N., *anno tertio regni nostri*) [1]. On connaît deux variétés de ces *nobles,* l'une au millésime de 1516, l'autre à celui de 1523.

2. *Florins* d'or du Rhin, *rinske gylden,* à 17 carats et 5 huitièmes, taillés à 72 au marc.

3. *Florins* d'argent, *sõlvgylden,* à 14 loths de loi et taillés à 8 et demi au marc, de la même valeur légale que le *florin* d'or, c'est-à-dire 24 skillings. — Les types de ces fortes pièces d'argent, qui caractérisent en Danemark le commencement des temps modernes, sont les mêmes que ceux des *nobles* d'or. La plus ancienne émission paraît avoir eu lieu en 1516. De nouvelles émissions eurent lieu en 1518 et 1523.

1. Les mots placés entre parenthèse ne figurent que sur le *noble* de 1516.

4. *Demi-florins* d'argent ou pièces de 12 skillings à 14 loths de loi et taillés à 17 au marc.

5. *Doubles skillings* d'argent ou douzièmes de florin, à 8 loths de loi et taillés à 58 au marc.

6. *Skillings* d'argent ou vingt-quatrièmes de florin, à 6 loths de loi, et taillés à 88 au marc. — Les *skillings* portent à l'avers le roi debout, tenant le sceptre et le globe crucigère ; aux pieds du souverain, un petit écu d'Oldenbourg. Au revers, un écu couronné aux trois lions est posé sur une grande croix fleuronnée qui coupe la légende : MO. ARGENT. MALMO, indication de l'atelier de Malmö.

7. *Hvide* ou *blancs* de billon à 5 loths de loi et à 220 pièces au marc. Ils valaient le tiers du skilling. Le type des *hvide* est formé de l'initiale couronnée de Christian II et d'une croix pattée, brochant sur un écu vide et coupant la légende : MON. MALMOI (Malmö).

8. *Blafferts* de billon ou doubles deniers, à 5 loths de loi et à 496 au marc.

9. *Smaa penninge* ou deniers à 4 loths de loi et 864 au marc.

Cette ordonnance ne paraît pas avoir été intégralement exécutée, car plusieurs des monnaies qui y sont mentionnées nous manquent. Elle subit aussi quelques modifications. En 1517, par exemple, on émit à Malmö de nouveaux *skillings* valant quatre blancs ou *hvide*, au lieu de trois. Leur type comprend, à l'avers, un grand écu vide, posé sous une grande croix qui coupe la légende et porte au centre un petit écu d'Oldenbourg, au revers, l'écu aux trois lions danois.

Le règne de Christian II fut troublé par les expéditions que ce roi fit, dès 1518, pour se mettre en possession du trône de Suède. En 1520, il parvint à se faire reconnaître par les états assemblés à Upsal. Les massacres qu'il organisa à Stockholm et les extorsions auxquelles il soumit les Suédois provoquèrent bientôt un soulèvement général, dont Gustave Wasa fut l'âme. La Suède échappa bientôt à la domination danoise, et en 1523 le roi dut fuir le Danemark même, où avait éclaté une formidable révolte des Jutlandais. En 1531, il tenta une descente en Norwège, mais il fut fait prisonnier et sa captivité se prolongea jusqu'à sa mort, survenue en 1559.

Pendant ses luttes contre les Suédois, Christian II frappa des monnaies de poids réduit connues sous le nom de *klippings*. Ces pièces sont frappées avec les coins des *skillings* et des *florins d'or*, mais les flans, en général de forme quadrangulaire, sont beaucoup trop petits pour recevoir l'empreinte intégrale, de sorte que les légendes sont toujours absentes et que l'on ne distingue qu'une partie du type. Les numismates danois distinguent trois catégories dans ces *klippinger skillings*, d'après la barbarie plus ou moins grande de leur fabrication.

Frédéric I, duc de Schleswig-Holsten, oncle de Christian II, fut proclamé roi de Danemark et de Norwège en janvier 1523. Il fut couronné à Copenhague le 7 août 1524. Au point de vue de la titulature, les monnaies de Frédéric I forment deux groupes. Celles qui furent frappées du jour de son élection au jour de son couronnement lui donnent le titre de *Fridericus electus rex Dacie;* celles qui furent émises après le couronnement le nomment *Fridericus Dei gratia rex Dacie.* Une distinction analogue se constate dans les monnaies des rois suivants; nous la signalons une fois pour toutes. Les monnaies ne subirent pas de grandes modifications sous Frédéric I, quant au titre et

Fig. 305

à la taille. Notre figure 305 représente le *florin* d'argent ou *sölvgylden* frappé en 1531 par ce roi.

Les ateliers mentionnés sur les monnaies divisionnaires de Frédéric I sont au nombre de six: Aalborg, MO·NOVA·ALBORGEN; Copenhague, — KOPEHAG*ensis* ou — HAFNENS; Lanskrone, — LANSKRO*nensis*; Malmö, — MALM ou MALMO*gensis*; Ribe, — RIPENSIS; Rodneby, — ROTENBY ou RADENBV.

Fig. 306   Fig. 307

Frédéric I mourut en 1533, laissant son peuple divisé entre les parti-sans de la Réforme, de jour en jour plus nombreux, et les catholiques. Les uns tenaient pour Christian, fils aîné de Frédéric, les autres pour Jean, son second fils. Pendant l'interrègne, le Rigsraad danois fit frapper à Malmö des monnaies à la légende SENATVS REGNI DANIE, notam-ment des *doubles skillings* d'argent (fig. 306). L'interrègne se prolongeant, un parti soutenu par les magistrats de Lubeck, se forma pour remettre sur le trône le captif Christian II. Une armée, sous les ordres de Christophe, comte d'Oldenbourg, envahit le Holstein, pénétra en Danemark et s'empara bientôt de Röskilde, de Copenhague et de Malmö, avec l'aide de la flotte de Lubeck. Partout les habitants durent prêter serment au souverain détrôné. Dans ces circonstances on émit, en 1535, à Copenhague et à Malmö, des monnaies au nom de Christian II. Sur quelques-unes, notamment sur le *florin* d'or que nous reproduisons (fig. 307), le nom du roi est accompagné de celui du comte d'Oldenbourg. Sur d'autres, on lit ces mots : MO · CHRISTIERNI · DAN · SVE·NOR · REGIS — IMMERITI CARCERIS APVD HOLSATAS.

Devant le danger de cette restauration, les états assemblés à Rye, en Jutland, s'étaient enfin décidés à élire l'aîné des fils de Frédéric I, qui avait été proclamé le 4 juillet 1534 sous le nom de Christian III. A la tête d'une armée, il parvint à maîtriser ses adversaires et fut enfin couronné à Copenhague le 12 août 1537.

Avant son couronnement, Christian III frappa diverses espèces, dont les plus fortes en argent, les *marks*, portent son buste cuirassé et l'écu danois. Le même type est reproduit sur le *fireskillinge* ou pièce de quatre *skillings,* dont nous donnons le dessin (fig. 308).

Fig· 308

En 1537,· Christian III signa une ordonnance modifiant le système monétaire. La valeur d'un grand nombre de pièces en cours fut réduite, et l'émission d'espèces nouvelles décidée. Parmi celles-ci figurent pour la première fois le *joachimsdaler* et le *demi-joachimsdaler,* analogues à ceux qu'on a frappés en Allemagne. Leur type se compose à l'avers de l'image du roi, à mi-corps à droite, couvert de son armure, tenant un sceptre et portant la couronne; au revers figure l'écu royal couronné, entouré des mots : MONETA NOVA REGNI DANIE. Les *marks* frappés en 1541 portent au revers leur nom dans le champ, I MARK DANSKE, dispositif qui, à partir de Frédéric II, sera de règle sur les monnaies danoises.

Dans les premières années du règne les noms des ateliers, Aarhus, Copenhague, Malmö, Ribe, Röskilde, sont mentionnés sur les espèces divisionnaires, mais à partir du couronnement du roi l'origine des espèces n'est plus aussi explicitement indiquée.

Frédéric II fut reconnu en 1559 sans contradiction pour successeur de son père, qui l'avait fait couronner dès 1542, suivant le rite réformé.

En 1563, il entreprit contre la Suède une guerre qui se termina en 1570 par une paix avantageuse ; pendant les années 1563 et 1564 des monnaies de nécessité d'or et d'argent furent frappées en Danemark. En 1572, certains changements furent apportés au système monétaire pour le faire concorder davantage avec celui de Lubeck. Les *thalers* de Frédéric II portent au revers la devise DEVS REFVGIVM ET FIDVCIA MEA. Le fait que la valeur des pièces est explicitement indiquée sur la plupart d'entre elles rend leur classement très facile. Les ateliers en activité sous Frédéric II étaient situés à Copenhague, à Frédériksborg et peut-être à Odense.

Frédéric II mourut en 1588. Son fils Christian IV, âgé de onze ans, lui succéda sous la tutelle de quatre régents. Devenu majeur, il fut couronné le 19 août 1596. Une nouvelle guerre avec la Suède commença en 1611. Christian IV se rendit maître de Calmar, mais ses conquêtes furent restituées à la paix conclue en 1613. Les hostilités, reprises en 1643, tournèrent au détriment du Danemark, qui perdit Gotland et d'autres îles de la Baltique.

Christian IV eut un monnayage considérable, proportionné à la longue durée de son règne. De multiples changements furent opérés. Par suite des affaiblissements successifs du *skilling*, le *thaler*, qui au début avait valu 3 *marks*, puis 4 *marks*, fut porté en 1616 à 5 *marks*, et finalement à 6 *marks*, taux qu'il garda depuis lors. En 1618, la monnaie de compte fut modifiée ; on compta dorénavant à la *couronne* ou *krone* de 8 *marks*, divisés chacun en 16 *skillings*. Les monnaies d'argent du système de la *couronne* portent à l'avers le roi debout, au revers, une couronne dans le champ, accompagnée des mots : CORONA DANICA. En or, la *guldkrone*, qui équivalait à un ducat et trois quarts, porta d'un côté l'écu danois aux trois lions léopardés, de l'autre la couronne.

De 1644 à 1648, pendant la guerre avec la Suède, Christian IV émit une série nombreuse de monnaies, dites *hébraïques*, que Mailliet a reproduites dans son *Atlas des monnaies obsidionales*, bien qu'elles ne soient pas des monnaies de nécessité. Ces pièces, *doubles ducats, ducats, demi-ducats* et *quarts de ducat* d'or, pièces de 2 *marks*, de 20, 16 et 4 *skillings* d'argent, portent d'un côté l'image du roi ou son chiffre couronné, de l'autre les mots IUSTUS — יהְוָה — IUDEX en trois lignes. La devise habituelle du roi est : REGNA FIRMAT PIETAS.

Nous signalerons encore, parmi les nombreuses monnaies de Christian IV. les petites pièces d'argent de 4 et de 2 *skillings lubeckois*, servilement copiées des *copeks* russes au type de saint Georges. Ces pièces, appelées *rytterpenge,* ou deniers au cavalier, étaient destinées à avantager les transactions des sujets danois sur les côtes de Finlande et de Laponie. Sur quelques spécimens, les légendes placées dans le champ du revers sont écrites en minuscules gothiques, de manière à accentuer davantage la ressemblance avec les inscriptions en lettres russes des prototypes. Christian IV eut des ateliers monétaires à Copenhague, à Frédériksborg et à Helsingör; cette dernière officine ne travailla que de 1607 à 1614; quant à l'atelier de Frédériksborg il fut définitivement fermé en 1623.

Frédéric III, qui était archevêque de Brême depuis 1634, fut élu au trône de Danemark en 1648, à la mort de son père. La guerre avec la Suède reprit en 1657. Copenhague fut assiégée, en 1658, par les Suédois, qui en février 1659 furent contraints à lever le siège. La paix qui intervint l'année suivante n'en fut pas moins désastreuse pour le Danemark, qui céda à ses adversaires la Scanie, le Halland, la Blékingie et l'île de Rugen. Pour célébrer la délivrance de sa capitale, Frédéric III fit frapper des monnaies d'or et d'argent portant à l'avers son chiffre, composé des caractères F et 3, posé sur un rocher et surmonté d'une couronne; la légende est DOMINVS PROVIDEBIT, ou le nom de la monnaie. Le revers présente le dextrochère divin, issant de nuages et abattant une main qui s'avance pour saisir la couronne de Danemark; l'inscription est SOLI DEO GLORIA.

Sur les monnaies ordinaires de Frédéric III, nous trouvons tour à tour son buste, son chiffre, les armes du royaume, une croix formée de quatre monogrammes royaux couronnés, un triangle formé de trois monogrammes royaux couronnés, des inscriptions dans le champ, etc. L'usage s'introduisit vers le milieu du même règne de mettre une inscription sur la tranche des plus grosses pièces d'argent.

Le 23 octobre 1660, les états assemblés à Copenhague avaient déclaré que le trône de Danemark, jusqu'alors électif, serait désormais héréditaire dans la famille de Frédéric III. Christian V (1670-99) succéda donc de plein droit à son père. Les types des monnaies comprennent quelques dispositifs nouveaux parmi lesquels nons citerons ceux des *ducats* d'or frappés avec le métal importé de Guinée. Ces pièces portent les noms des colonies danoises d'Afrique: FRIDERICHSBERG I GVINEA (1682), CHRISTIANSBORG I GVINEA (à dater de 1682), mais elles ne sont nullement des monnaies coloniales. Des pièces analogues furent émises sous les successeurs de Christian V. Les légendes habituelles des monnaies de ce roi consistent en sa devise PIETATE ET IVSTITIA. En 1675, une nouvelle guerre, d'une durée de quatre ans, éclata entre le Danemark et la Suède; elle donna lieu à l'émission de monnaies de nécessité carrées, en cuivre et en plomb, pièces unifaces portant le chiffre du roi, un grand C couronné renfermant un 5. Depuis le règne de Frédéric III le seul atelier monétaire du Danemark fut celui de Copenhague : vers 1670, cependant une officine succursale fut ouverte à Lyngby, mais elle borna sa fabrication à de menues espèces.

Frédéric IV (1699-1730) reprit les hostilités contre les Suédois et parvint en 1709 à recouvrer la Scanie, mais la paix de 1720 assura de nouveau à la Suède ses frontières maritimes. Les monnaies frappées sous ce règne ne présentent pas de grandes particularités sous le rapport du type ; l'une des légendes est généralement réservée à la devise du roi : DOMINVS MIHI ADIVTOR. En 1704, le voyage de Frédéric IV en Norwège donna lieu à l'émission d'un *écu* d'argent commémoratif, dit *reisedaler.*

Christian VI succéda à son père en 1730. Son règne fut paisible et florissant. Ses monnaies portent sa devise: DEO ET POPVLO. Elles comprennent des *ducats* d'or, des *écus* ou *reisedalers* d'argent rappelant le voyage entrepris par le roi en Norwège, des *pièces de 4 marks,* et diverses espèces divisionnaires : 24, 8, 2, 1 *shilling* de billon et *demi-shillings* de cuivre.

Frédéric V (1746-66) développa dans une très large mesure le commerce de ses états. Sa devise, reproduite sur les espèces, est : PRVDEN-TIA ET CONSTANTIA. En 1746, il fut émis des *ducats* à l'inscription : EX AVRO SINICO, avec les métaux précieux apportés d'Extrême Orient par la Compagnie royale asiatique. A partir de 1757, on frappa en or des *ducats courants,* circulant pour 12 *marks danois,* taillés à 75 au marc et à 21 carats de loi.

Christian VII (1766-1808) tomba en démence en 1772, après l'exécution de son ministre Struensée, et le pays fut administré par la reine douairière Julie de Brunswick. En 1784, le prince royal Frédéric, fils de Christian, prit le titre de régent. Sous ce règne, certaines réformes furent introduites dans le système monétaire. A partir de 1775 on frappa diverses espèces nouvelles, telles que la *pistole* ou *christian* d'or, le *rigsdaler species* d'argent et ses divisions. Le *christian* d'or porte à l'avers le buste royal, au revers trois monogrammes royaux couronnés, posés en triangle. Les fortes espèces d'argent ont d'un côté le monogramme royal, de l'autre l'écu ovale de Danemark-Norwège-Suède.

couronné et placé entre deux branches de laurier. La devise habituelle est : **GLORIA EX AMORE PATRIÆ**. La fin du règne de Christian VII appartient à l'époque contemporaine.

b). — *Royaume de Norwège*.

La Norwège avait le même système monétaire que le Danemark, mais les pièces frappées sur son territoire avaient généralement comme type particulier l'écu au lion tenant la hache d'armes au manche recourbé. C'est ce type que l'on trouve sous Chistian II, notamment sur les *skillings* d'argent frappés à Opslo : **MONETA·NO·ARGEN·ASLOENS***is*. Le nom du roi n'est suivi sur ces pièces que du seul titre de *rex Norwegie*.

Pendant les quelques mois qui s'écoulèrent entre la chute de Christian II et la reconnaissance de Frédéric I par le Rigsraad, on frappa à Opslo des pièces de deux blancs ou *tohvide*, sur lesquels les mots **ARMA REGIS NORVEGI***e* entourent l'écusson norwégien.

Frédéric I frappa en Norwège, non seulement à Opslo, mais à Bergen. Pendant l'interrègne qui suivit la mort de ce roi, les Norwégiens se déclarèrent de très bonne heure pour Christian III ; dès 1533, il y eut au nom de ce prince des émissions d'espèces lui donnant tantôt le titre de roi, tantôt celui d'héritier : *heres Norvegiae*.

En 1537, la Norwège perdit la plus grande partie de son autonomie. Son Rigsraad fut supprimé et l'administration se fit désormais par des gouverneurs danois. On continua toutefois à laisser au pays des monnaies où l'écusson norwégien remplaçait celui du Danemark ; le monnayage de l'argent devint même assez actif lorsque l'exploitation de mines argentifères eut multiplié la matière première. De même qu'en Allemagne, nous trouvons, en Norwège, un certain nombre d'*ausbeute-münzen* dont les légendes, parfois conçues en vers norwégiens, chantent la prospérité du pays ou remercient le ciel de ses bienfaits. L'atelier monétaire en activité de Christian IV à Christian V était placé à Christiania. Sous Christian V, la proximité des mines fit ouvrir l'officine de Kongsberg où furent forgées toutes les monnaies norwégiennes de ses successeurs. Le différent de cet atelier consiste en deux marteaux de mineur en sautoir (1686-1813).

c). — *Archevéché de Drontheim*.

En 1458, le roi Christian I rétablit le clergé norwégien dans un certain nombre de privilèges dont il avait été dépouillé à la fin du XIIIᵉ siècle par

Érik Prastehader. C'est ainsi que les archevêques de Drontheim ou Throndhjem, l'ancienne Nidaros, purent recommencer leur monnayage. On connaît des pièces des trois archevêques suivants :

* Gaute Ivarssön, 1474-1510.
* Érik Walkendorf, 1510-22.
* Olaf Engelbrektsön, 1523-37.

Les monnaies du premier consistent en petites pièces de billon anonymes, que Schive appelle doubles deniers, *topenning*, portant à l'avers l'initiale de Nidaros et au revers l'écu norwégien brochant sur une croix pattée. Les légendes, encore écrites en lettres gothiques, comprennent le nom de saint Olaf et les mots **MO·AREPIS·NIDROSIEN**.

Sous É r i k W a l k e n d o r f le numéraire archiépiscopal consiste en *skillings, hvide* et bractéates. Les types comprennent l'image en pied de saint Olaf, l'écu du chapitre de la cathédrale, ou celui de la famille de Walkendorf à trois ailes disposées autour d'une rose (fig. 309).

Fig. 309   Fig. 310

Les émissions d'O l a f E n g e l b r e k t s s ö n se composent de pièces d'argent de *huit skillings* et de pièces de *quatre blancs* ou *firehvide*. Nous reproduisons (fig. 310) un spécimen des premières, portant l'image assise de saint Olaf et l'écu écartelé aux armes du chapitre et de l'archevêque. Ces pièces sont les plus fortes qui aient été frappées à Drontheim, où le monnayage prit fin avec Olaf Engelbrektssön.

d). — *Île de Gotland* [1].

L'île de Gotland, en danois *Gulland*, est située dans la Baltique, au sud-est de la Suède, à laquelle elle fut réunie en 1645. Sa capitale, Wisby, jouissait d'une organisation municipale qui lui assurait une certaine autonomie et lui permettait de frapper monnaie.

---

1. Hauberg, *Gullands Myntvaesen*, dans les *Aarbœger for nordisk Oldkyndighed* de 1891.

En 1523, Frédéric I, roi de Danemark, nomma l'amiral Sören Norby, gouverneur de l'île de Gotland. Celui-ci monnaya à son nom : **SEVERIN NORBI**. Plusieurs rois frappèrent pour Gotland des monnaies spéciales : **MO·NOVA·INSVLAE GOTLAND**, notamment Christian III et Frédéric II. Le type particulier des monnaies de cette île se compose de l'agneau pascal.

e). — *Duché de Schleswig.*

Le duché de Schleswig, qui s'étendait au sud du Jutland, avait pour armes : *d'or aux deux lions léopardés d'azur, l'un sur l'autre.* Sa capitale était la ville de Schleswig, qui fut le siège de l'atelier monétaire.

L'histoire et la numismatique du duché de Schleswig se confondent avec celles du duché de Holstein, terre germanique à laquelle ses destinées furent constamment unies depuis 1460. Le lecteur est prié de se reporter au paragraphe que nous avons consacré au Holstein (p. 272 et suiv.).

§ II. — *La Suède.*

a) — *Royaume de Suède.*

Au commencement des temps modernes, la Suède n'avait pas atteint ses frontières naturelles du côté des détroits : la Scanie, le Halland et la Blékingie faisaient partie intégrante du royaume de Danemark. A l'est, par contre, la Finlande entière était terre suédoise. En 1561, le roi Éric XIV conquit l'Esthonie, jetant ainsi les bases de la domination de la Suède sur la côte orientale de la Baltique. Ce fut toutefois Gustave II Adolphe qui porta la puissance de son pays à son apogée. En 1617, par la paix de Stolbova, il arracha à la Russie la Carélie et l'Ingermanie ; en 1629, la Pologne lui abandonna la Livonie et quatre villes maritimes de la Prusse. La paix de Westphalie, en 1648, apporta à la Suède les duchés de Brême et de Verden, la Poméranie antérieure avec Stettin, Wismar et l'île de Rügen [1]. Le règne de Charles XII fut le signal de la décadence ; après la défaite de Pultava en 1709, la Suède perdit ses provinces les

1. Nous avons parlé, p. 259, des monnaies frappées dans les duchés de Brême et de Verden pendant la domination suédoise, puis, à la p. 301, des espèces émises en Poméranie. Nous signalerons, plus loin, les monnayages suédois en Livonie. Il ne sera donc question ici que des monnaies suédoises proprement dites.

unes après les autres. Les traités auxquels la reine Ulrique-Eléonore fut obligée de souscrire, furent désastreux : Brême et Verden passèrent au Hanovre, Stettin et la Poméranie antérieure furent annexés à la Prusse, enfin, en 1721, la Russie obtint l'Ingermanie, la Livonie, l'Esthonie et une partie de la Carélie. La Finlande fut prise par les Russes en 1741, mais ils en restituèrent une partie en 1743, à la paix d'Abö. Depuis 1815, la Suède a ses limites actuelles.

Les armes de la Suède étaient : *écartelé : aux 1er et 4e d'azur à trois couronnes d'or*, qui est Suède ; *aux 2e et 3e d'azur à trois barres ondées d'argent sur lesquelles broche un lion d'or couronné du même, armé et lampassé de gueules*, qui est Gothie ; *à la croix pattée d'or brochant sur l'écartelé ; sur le tout, un écu tiercé en bande d'azur, d'argent et de gueules, à une gerbe d'or brochant sur le tiercé*, qui est Wasa[1].

Pendant les premières années du xvie siècle, l'histoire de la Suède se résume en une lutte continuelle pour l'indépendance du pays, sans cesse menacée par les rois de Danemark. Le parti national, d'abord guidé par les Sture, triompha définitivement avec Gustave Wasa, qui fut élu roi le 6 juin 1523.

Jean II, roi de Danemark, 1483-1502.
* Sténon Sture I, administrateur, 1502-03.
* Swante Nilson Sture, administrateur, 1503-12.
* Sténon Sture II, administrateur, 1512-20.
  Christian II, roi de Danemark, 1520-23.
* Gustave I Wasa, 1523-60.
* Éric XIV, 1560-68.
* Jean III, 1568-92.
* Sigismond de Pologne, 1592-1604.
* Charles IX de Sudermanie, 1604-11.
* Gustave II Adolphe, 1611-32.

* Christine, 1633-54.
* Charles X Gustave de Deux-Ponts, 1654-1660.
* Charles XI, 1660-97.
* Charles XII, 1697-1718.
* Ulrique-Eléonore et Frédéric I de Hesse-Cassel, 1719-41.
* Frédéric I de Hesse-Cassel, veuf, 1741-1751.
* Adolphe-Frédéric II, 1751-71.
* Gustave III, 1771-92.
* Gustave IV Adolphe, 1792-1809.

En 1512, Sténon Sture le Jeune, administrateur de Suède, frappa à Stockholm les premières monnaies d'argent supérieures en valeur, en poids et en module aux anciens *ortugs*. Ces pièces, de flan épais et de 31 millimètres de diamètre, sont anonymes ; elles portent l'effigie de saint Éric, S' ERICVS REX SVVECIE, et au revers un écu couronné sur une large croix. La légende est : MONET' STOCHOLM 1512.

Les fortes espèces de Sténon Sture forment la transition entre les émissions médiévales et le monnayage moderne de Gustave I Wasa dont les *thalers* et *demi-thalers* font leur apparition en 1534. Le type

1. Jusqu'en 1540, les armes de Wasa furent : *d'or à la gerbe d'argent*.

se compose du buste du roi ou de son image en pied, et des armes. L'inscription du revers est : **OMNIS POTESTAS A DEO EST · AD 15 LOT** ; ces trois derniers mots indiquent l'aloi. En 1540, les *thalers* reçoivent au revers l'image du Christ debout, qui dorénavant tiendra une grande place dans les types monétaires usuels de la Suède.

Les ateliers monétaires de Gustave I furent établis à Stockholm, à Upsal, à Abö et à Arosen. Pendant la lutte contre Christian II de Danemark qui marqua les débuts de son règne, le roi de Suède frappa des monnaies de nécessité d'argent à flans polygonaux, connues sous le nom de *klippings* et portant d'un côté l'effigie royale à mi-corps, de l'autre l'écu à deux flèches en sautoir, armes de la Dalécarlie, cantonnées des trois couronnes suédoises et de l'initiale de Gustave. D'autres monnaies d'argent, frappées sur flans carrés, mais d'exécution plus soignée, furent émises en 1543, 1556 et 1557 ; leurs empreintes sont formées de la lettre **G** couronnée, des armes de Suède ou de la gerbe de Wasa.

Gustave Wasa mourut en 1560, laissant à son fils Éric XIV des états en pleine prospérité financière. Le système monétaire d'Éric comprit des *thalers, demi-thalers, doubles marcs* ou *pièces de 16 öre, marcs, pièces de 4 öre, ora* et *demi-ora* d'argent. Les thalers portent le buste royal et au revers les armes entourées du collier de l'ordre du Sauveur. La devise **DEVS DAT CVI VVLT** forme généralement la légende du revers.

De 1562 à 1565, pendant la guerre d'Éric XIV contre Frédéric II, roi de Danemark, des monnaies de nécessité carrées, en argent et en cuivre, furent mises en circulation ; elles portent les lettres **E R** dans un écusson, et les armes de Suède.

A cette guerre avec le Danemark succéda une lutte intestine entre Éric XIV et ses frères, Jean, duc de Finlande et Charles, duc de Sudermanie, que le roi avait voulu faire périr pour s'emparer de leurs apanages. Éric XIV, assiégé dans Stockholm, fut fait prisonnier et obligé de renoncer à la couronne. Pendant cette guerre civile, Jean et Charles frappèrent en commun, à Wadstena, des monnaies de nécessité en argent, de forme carrée, portant la gerbe de Wasa et leurs initales **I C**, liées par un lacs d'amour. Il y eut de ce monnayage quatre pièces diverses émises respectivement pour huit, quatre, deux *marcs* et un *marc* ; ces pièces sont connues des numismates suédois sous le nom d'*unions klippingar,* pièces carrées de l'union.

Le duc de Finlande succéda à Éric XIV sous le nom de Jean III. On possède de lui des *ducats* d'or au buste et aux armes, frappés en 1569, puis des pièces d'or de 48, 24, 12, 6 et 3 *marcs,* frappées en 1590 avec du métal de provenance rhénane. En argent le *thaler* ou *daler* est toujours au faîte du système. L'image du Christ, les armes, le buste du roi, la gerbe de Wasa, des légendes telles que **DEVS PROTECTOR NOSTER**, des initiales couronnées, constituent les types les plus fréquents.

Sigismond, fils de Jean III, avait été élu, en 1587, roi de Pologne. La mort de son père l'appela au trône de Suède en 1592. En attendant son arrivée, son oncle, Charles, duc de Sudermanie, prit en mains le gouvernement et frappa monnaie sous les titres de *Carolus Dei gratia haereditarius princeps Sueciae, dux Sudermaniae.*

Sigismond fut couronné à Upsal en 1594. Le monnayage eut alors lieu à son propre nom jusqu'en 1598. A cette époque, le système suédois comprenait les monnaies effectives suivantes en argent et en billon :

Thaler d'empire ou *rixdaler*, valant *4 marcs* de Suède.
Demi-thaler d'empire, valant *2 marcs* de Suède.
Mark ou *pièce de 8 öre.*
Demi-marc ou *pièce de 4 öre.*
Pièce de 3 öre.
Pièce de 2 öre.
Öra.
Demie-öra.
Quart d'öra dite *en fyrk.*
Sixième d'öra, ou pièce de 4 pennings, *fyra penningar.*
Douzième d'ora, ou pièce de 2 pennings.

L'attachement de Sigismond au culte catholique provoqua une opposition dont Charles de Sudermanie, zélé protestant, fut l'âme. En 1600, le roi fut déposé par les États de Suède qui dès 1598, considérant le trône comme vacant, avaient fait disparaître le nom de Sigismond des légendes monétaires. Jusqu'en 1603, une partie du numéraire porta comme inscription : **MONETA REGNI SVECIAE**, tandis que Charles de Sudermanie émettait, à Stockholm même, en 1603, des monnaies à son nom. Le 22 mars 1604, les États donnèrent à Charles le titre de roi. On trouve dès lors son nom sur toutes les espèces, suivi de la titulature suivante : *Dei gratia designatus rex Suecie et princeps haereditarius.*

En 1606, Charles fut couronné solennellement à Upsal, sous le nom de Charles IX. Dès l'année suivante, les monnaies le désignèrent de cette manière. Il mourut en 1611. La devise qu'il affectionnait est **DEVS SOLATIVM MEVM.**

Gustave II Adolphe succéda au roi Charles IX, son père. Jusqu'à son couronnement, qui eut lieu en 1617, il prit les titres de *Dei gratia designatus rex Sueciae et princeps haereditarius.* Sous le règne de Gustave-Adolphe la Suède devint la puissance prépondérante de l'Europe septentrionale. A cet égard, la numismatique est le miroir fidèle des événements militaires et politiques. Aux monnaies émises par Gustave-Adolphe dans ses états héréditaires vient se joindre une série brillante d'espèces, obsidionales ou régulières, frappées en Allemagne à Osnabruck, à Elbing, à Augsbourg, à Erfurt. Nous avons parlé ailleurs de ce monnayage de l'illustre conquérant, mais nous ne pouvions nous dispenser de le rappeler ici.

En Suède même, Gustave Adolphe frappa ses fortes espèces à Stockholm. Des ateliers réservés plus particulièrement au billon divisionnaire furent ouverts à Calmar, Norcöping et Göthebourg. Un édit du 9 juin 1625 introduisit l'usage de monnaies divisionnaires de cuivre pur ; ces pièces, de forme ronde ou carrée, avaient la valeur intrinsèque exacte pour laquelle elles étaient émises. Elles furent forgées à Nycöping, Arboga, Dalarne et Säter. Dans ces deux dernières officines, le type consiste en deux flèches en sautoir.

La mort de Gustave-Adolphe à la bataille de Lützen, en 1632, ne fut pas pour la Suède le signal d'une décadence immédiate. Le règne de sa fille Christine (1633-54) est également représenté dans les médailliers par des monnaies émises hors de la Suède et de ses annexes de Verden, de Poméranie et de Livonie. Pendant l'occupation du Palatinat, l'atelier de Mayence frappa des espèces au nom de la reine. En Suède, les ateliers réguliers sont Stockholm, Göthebourg et Dalarne ; ces deux derniers ne frappèrent toutefois que des monnaies divisionnaires de cuivre.

C'est sous Christine que commença en Suède l'émission, à côté du numéraire normal, de ces énormes plaques de cuivre connues sous le nom de *plåtmynt.* Le but du gouvernement suédois, en mettant en circulation ces monstrueuses espèces dont la valeur intrinsèque égalait la valeur de cours, fut de faciliter l'écoulement des produits de ses nombreuses mines de cuivre, sans amener une trop grande dépréciation du métal. Sous Christine, les *plåtmynt* furent frappées à Avesta ; elles sont marquées d'une flèche entre deux étoiles et des initiales M-K de Marcus Kock, le directeur de la fabrication.

En 1650, la reine, renonçant à tout projet matrimonial, assembla les États et y fit reconnaître pour son successeur Charles-Gustave, comte palatin de Deux-Ponts, son cousin, qui monta sur le trône quatre ans plus tard, sous le nom de Charles X Gustave.

Sous Charles X Gustave l'usage s'introduisit en Suède de marquer d'une inscription la tranche des fortes espèces d'argent. *Les thalers*

34

frappés à partir de 1670 portent de cette manière les mots **CIRCVM-EVNDO SERVAT ET ORNAT**, allusion à ce perfectionnement technique qui empêchait le rognage des monnaies.

Charles X Gustave avait en 1655 déclaré la guerre à la Pologne, qu'il soumit presque tout entière dans le cours de cette année. Nous parlerons plus loin des pièces qu'il émit dans ce pays, pendant l'occupation à laquelle une intervention du Danemark, de la Russie et de l'Autriche mit fin dans les années suivantes.

Le règne de Charles XI (1660-97) ne donne pas lieu à d'importantes remarques numismatiques. Les états ayant reconnu en 1680 au roi les droits d'un souverain absolu, Charles XI, réduit pour rétablir ses finances délabrées, aux pires expédients, haussa arbitrairement la valeur du numéraire pour acquitter les dettes du trésor.

A côté de la fabrication des monnaies normales, on continua l'émission à Avesta des plaques de cuivre ou *plåtmynt*. Le métal était fourni par les mines de Stora Kopparberg, de Ljusnarsberg et de Garpenberg. Les plaques provenant des deux premières mines portent comme marque une flèche accostée de deux étoiles ou de deux lis, une rose entre deux étoiles, ou enfin trois étoiles; celles qui proviennent de la mine de Garpenberg ont une étoile entre deux lis.

Charles XII ne fit pas renaître la prospérité financière, malgré les succès militaires des débuts de son règne. Le désastre de Pultava, essuyé en 1709, acheva la ruine de la Suède. Le premier ministre Georges-Henri de Schlitz, baron de Goertz, crut alors trouver un remède à la situation par un expédient plus désastreux encore que ceux de Charles XI. Il fit frapper en quantité énorme des bons métalliques de cuivre, dits *myntteken*, émis pour un *daler* ou *thaler* d'argent, alors que leur valeur

Fig. 311

réelle atteignait à peine un tiers d'öra. Les bons du baron de Goertz furent frappés de 1715 à 1719; leurs types se composent d'une couronne, d'une figure mythologique telle que Jupiter, Mars, Mercure, Saturne, Phœbus, l'Espérance, parfois enfin de l'effigie du ministre (fig. 311). Le nom du roi n'est jamais mentionné. Après la mort de Charles XII, les Suédois s'en prirent à son ministre des désastres accumulés par celui qu'on appelait le Don Quichotte du Nord, et le malheureux baron de Goertz paya de sa tête ses audaces monétaires, le 2 mars 1719.

La fabrication des *plåtmynt* qui, à tout prendre, inspiraient encore une confiance plus grande que les *myntteken,* augmenta sensiblement sous Charles XII. Ces énormes plaques dont le poids varie de 160 grammes à 20 kilogrammes, continuèrent à être fabriquées à Avesta avec les produits des mines de Stora Kopparberg et de Ljusnarsberg (type : deux flèches en sautoir), des mines de Basinge (type : **B** couronné entre deux roses), des mines de Garpenberg (type : une étoile), puis encore avec le cuivre provenant des usines privilégiées ou livré par des particuliers (type : trois étoiles). Certaines plaques n'indiquent pas la provenance du métal ; d'autres enfin, fabriquées à la fonderie de canons de Stockholm, n'ont pas de marque d'atelier.

Le règne réparateur d'Ulrique-Éléonore et de son époux Frédéric I de Hesse-Cassel ne suffit pas pour remettre en état les finances ruinées. Indépendamment des monnaies normales frappées en quantité plutôt restreinte, on émit à Avesta des *plåtmynt* du modèle habituel, à empreinte centrale ronde ou triangulaire.

La reine mourut en 1741. Frédéric I exerça désormais seul le pouvoir. Ses monnaies portent fréquemment sa devise : **IN DEO SPES MEA.** Les *plåtmynt* furent forgées à Avesta (deux flèches en sautoir), à Ljusnedal (monogramme formé de deux **L**) et à Gustafsberg (un **G** couronné).

Sous Adolphe-Frédéric (1751-71) la devise royale, qui forme généralement l'inscription des monnaies, est **SALVS PVBLICA SALVS MEA.** L'écu de Suède est entouré du collier de l'ordre des Séraphins, l'un des trois ordres de chevalerie créés ou restaurés par Frédéric I. Si l'atelier de Stockholm continue à monopoliser la fabrication des monnaies normales d'or et d'argent, les forges d'Avesta, de Ljusnedal et de Gustafsberg poursuivent la production des lourdes et encombrantes plaques de cuivre. Les pièces faites dans ce dernier atelier avec le métal des mines de Carlberg portent une couronne comme différent.

C'est sous Gustave III (1771-92) que fut accomplie la réforme monétaire que la situation économique de la Suède avait longtemps retardée, bien que le désordre des monnaies la rendît depuis longtemps indispensable. La loi du 27 novembre 1776 conserva l'étalon d'argent et établit un pied monétaire suivant lequel le *rixdaler species* pèserait 608 8/9 as, aurait un aloi de 14 loths 1 grain, et renfermerait 534 8/9 as d'argent fin. Les monnaies divisionnaires devaient être au même aloi et taillées en proportion ; il y eut des deux tiers, des tiers, des sixièmes, des douzièmes de species. Les nouvelles monnaies furent mises en circulation en 1777, et toutes celles qui avaient été précédemment émises furent démonétisées, à l'exception des *ducats* d'or et des anciens *speciesdalers*. Avec Gustave III la fabrication des *platmynt* prit fin ; comme les poinçons utilisés sous son règne sont les mêmes que ceux d'Adolphe-Frédéric, il n'est pas possible de reconnaître celles de ces pièces qui appartiennent à Gustave III.

Gustave IV Adolphe (1792-1809) n'apporta aucune modification au système créé par la loi de 1776. Ses monnaies portent la devise suédoise : **GUD OCH FOLKET**, *Dieu et le peuple*. En 1809, ce peuple, qu'il avait entraîné dans une guerre inconsidérée contre la France, l'obligea à abdiquer.

b) — *Duché de Sudermanie.*

Charles, fils cadet de Gustave Wasa, avait obtenu de son père le droit de frapper monnaie dans son duché de Sudermanie. On possède de ce prince des pièces de *2 marcs, d'un marc* et de *4 öre* d'argent, de 1586 et 1587. La pièce de *2 marcs* porte à l'avers un cartouche carré chargé du nom et des titres de Charles : *Carolus Dei gracia regni Sueciae, Gothiae, Vandaliae princeps haereditarius, dux Sudermaniae, Nericiae et Wermaniae* ; au revers figurent les écus de Suède, de Gothie et de Wasa, rangés en trèfle et accompagnés, au-dessous, des trois écussons de Sudermanie, à un griffon, de Néricie, à deux flèches en sautoir cantonné de roses, et de Wermanie, à un aigle ; la légende est **MONETA NOVA DVCIS SVDERMANIAE.**

En 1590, le roi Jean III confirma le privilège monétaire de son frère, mais avec ces restrictions que les espèces de Charles devaient être du même aloi que celles du roi et porter le nom de celui-ci sur une de leurs faces. Nous avons parlé précédemment des monnaies frappées par Charles de Sudermanie pendant le règne de Sigismond.

c) — *Duché d'Ostrogothie.*

Jean, duc d'Ostrogothie, fils puîné de Jean III, obtint en 1613 de Gustave-Adolphe, suivant la constitution publiée à Stockholm, le droit de battre monnaie. Ses espèces devaient être au même titre que celles de Gustave-Adolphe et porter au revers le nom de celui-ci.

Sur les pièces d'argent que l'on connaît de lui et qui furent frappées de 1613 à 1617, le duc d'Ostrogothie s'est fidèlement conformé à cette prescription. Sa devise est **DEVS PROTECTOR NOSTER.**

CHAPITRE DOUZIÈME

LE ROYAUME DE POLOGNE

ET SES DÉPENDANCES, DEPUIS LE COMMENCEMENT DU XVIᵉ SIÈCLE JUSQU'AU PARTAGE DE 1795.

Sources : K. Bandtkie, *Numiʒmatyka krajowa*. Varsovie, 1839, 2 vol. in-4, avec 65 planches. — I. Zagórski, *Monety dawnéj Polski ʒ trʒech ostatnich wieków*. Varsovie, 1845, in-4. — *Catalogue de la collection des médailles et monnaies polonaises du comte Émeric Hutten-Cʒapski*. Saint-Pétersbourg, 1871-80, 3 vol. in-4 avec 27 pl. — Max Kirmis, *Handbuch der polnischen Münʒkunde*. Posen, 1892, in-8. — B. de Koehne, *Zur Münʒkunde Lievlands*, dans la *Zeitschrift für Münʒ- Siegel- und Wappenkunde*, 1842. — R. de Toll et Sachssendahl, *Siegel und Münʒen der weltlichen und geistlichen Gebietiger über Liv-, Est- und Curland*. Reval, 1887, in-4. — F.-J. Wesener, *Die Adolph Preiss'che Sammlung von Münʒen und Medaillen der baltischen Provinʒen*. Vienne, 1874, in-8.

§ I. — *Royaume de Pologne.*

Au XVIᵉ siècle, la Pologne était le pays le plus puissant de l'Europe orientale. Son territoire ou tout au moins ce qu'on appellerait aujourd'hui sa zone d'influence politique s'étendait depuis la mer d'Azow jusqu'à la Baltique. A partir du milieu du XVIIᵉ siècle, cette puissance s'effrita. En 1660, à la paix d'Oliva, la Livonie fut cédée à la Suède et le lien féodal qui liait la Prusse au royaume de Pologne fut rompu. En 1667, la Russie obtint la région de Smolensk, Kiew et l'Ukraine. En 1772 un premier partage de la Pologne eut lieu entre la Russie, la Prusse et l'Autriche. En 1793 un second partage entre la Prusse et la Russie réduisit encore les frontières du malheureux pays que le troisième partage, en 1795 fit disparaître de la liste des nations.

Les armes de la Pologne étaient: *écartelé aux 1ᵉʳ et 4ᵉ de gueules à l'aigle d'argent couronnée du même,* qui est Pologne, *aux 2ᵉ et 3ᵉ de gueules au cavalier au galop d'argent, l'épée levée et tenant un écu chargé d'une croix de gueules,* qui est Lithuanie.

Les rois suivants occupèrent le trône de Pologne depuis le commencement du xvɪᵉ siècle :

* Sigismond I, 1506-1548.
   Sigismond-Auguste, 1548-1572.
   Interrègne, 1572-1573.
   Henri de Valois, 1573-1575.
* Étienne Bathory, 1575-1586.
* Sigismond III Wasa, 1587-1632.
* Wladislas IV, 1632-1648.
* Jean Casimir, 1648-1668.

   Michel Korybut, 1669-1673.
* Jean III Sobieski, 1674-1696.
* Auguste II, 1697-1704.
   Stanislas I Leczinski, 1704-1709.
   Auguste II, rétabli, 1709-1733.
* Auguste III, 1733-1763.
* Stanislas-Auguste Poniatowski, 1764-1795.

En février 1528, Sigismond I fit successivement deux ordonnances qui marquent pour la Pologne le commencement du monnayage moderne. La première créa des espèces d'argent plus fortes que celles qui avaient été émises jusqu'alors ; la seconde introduisit dans le royaume le monnayage de l'or. Trois pièces nouvelles vinrent dès lors enrichir la série polonaise. En voici la description succincte :

1. *Ducats d'or.* SIGISMVNDVS I REX POLONIE. Buste du roi ; au-dessous le millésime. *Rev. :* IVSTVS VT PALMA FLOREBIT. Écu écartelé de Pologne, Lithuanie, Russie Rouge et Prusse, avec Autriche sur le tout ; dans le champ, aux côtés de l'écu : C, initiale de l'atelier de Cracovie, et N, nom du trésorier Nicolas Szydlowiecki. — Ces *ducats,* établis sur le modèle des ducats de Hongrie, étaient à 23 1/2 carats de fin et taillés à 56 au marc de Cracovie qui correspondait à 197, 68 grammes. — Le type du *ducat* subit quelques modifications dans la suite. Après 1532 le millésime est inscrit dans la

légende de l'avers ; en 1548, furent frappés des *ducats* portant l'effigie en pied de Sigismond, imitant ainsi de très près les pièces hongroises. On connaît un *double ducat* de 1533.

Fig. 312

2. *Pièce de six gros* d'argent, appelée communément *demi-thaler.* L'avers représente le buste du roi, le revers, l'écu de Pologne entouré de ceux de Lithuanie, de Russie Rouge (un lion contourné), de Prusse et d'Autriche. Nous reproduisons ci-dessus (fig. 312) cette pièce, qui fut émise en 1528 et 1529.

3. *Pièce de trois gros* d'argent. L'avers porte le buste du roi ; le revers a l'aigle de Pologne entouré des mots MONETA REGNI POLONIE 1528, seule date d'émission.

Indépendamment des pièces que nous venons de décrire, le système monétaire de la couronne polonaise comprenait quatre monnaies d'argent plus petites : le *denier*, le *ternarius* ou triple denier, le *gros* et le *demi-gros*.

A son avènement, en 1548, Sigismond-Auguste ferma l'atelier de Cracovie, et sous son règne aucune monnaie ne fut émise dans les terres dites de la Couronne. Comme nous le verrons plus loin, les ateliers de la Lithuanie absorbèrent l'activité monétaire du règne. Le chômage continua pendant l'interrègne de 1572-73 et sous le règne d'Henri de Valois.

En 1575, la diète polonaise élut Étienne Bathori, prince de Transylvanie. Ce choix fut un bonheur pour le pays, car il donnait le gouvernement à un prince qui réunissait les brillantes qualités de l'homme de guerre à celles de l'administrateur. Étienne Bathori s'appliqua à établir un régime monétaire honnête et durable. Une ordonnance du 24 avril 1578 prescrivit l'émission des monnaies suivantes :

1. *Thaler* d'argent à 14 loth de fin, taillé à 7 pièces au marc brut de Cracovie.
2. *Demi-thaler* d'argent de même aloi, taillé à 14 pièces au marc.
3. *Dreigroscher* d'argent de même aloi, taillé à 81,66 pièces au marc.
4. *Groschen* d'argent de même aloi, taillé à 111 2/3 pièces au marc.
5. *Schilling* de billon à 6 loth de fin, taillé à 335 pièces au marc.

Une seconde ordonnance, du 5 janvier 1580, modifia légèrement l'aloi des espèces et créa quelques pièces nouvelles :

1. *Thaler* d'argent à 13 1/2 loth de fin, taillé à 7 pièces au marc brut de Cracovie.
2. *Demi-thaler* d'argent de même aloi, taillé à 14 pièces au marc.
3. *Sechsgroscher* d'argent ou pièce de six gros, de même aloi, taillé à 41 22/32 au marc.
4. *Dreigröscher* d'argent ou pièce de trois gros, de même aloi, taillé à 82 11/32 au marc.
5. *Groschen* de billon à 5 3/5 loth de fin, taillé à 106 1/94 au marc.
6. *Halbgroschen* de billon de même aloi, taillé à 212 1/47 au marc.
7. *Schilling* de billon à 2 3/5 loth de fin, taillé à 177 57/64 au marc.
8. *Denier* de billon à 1 1/2 loth de fin, taillé à 540 au marc.

Les types des monnaies d'Étienne Bathori comprennent le buste couronné, l'aigle couronnée, l'initiale S couronnée, les armes. Le titre royal est *Stephanus Dei gratia rex Poloniae, magnus dux Lithuaniae, Russiae, Prussiae, Masoviae, Samogitiae, Livoniae, Kijoviae, Volhyniae, Podlachiae ac princeps Transylvaniae, etc.*

Déjà sous Sigismond I, les trésoriers du royaume, qui avaient dans leurs attributions les affaires monétaires, avaient parfois placé sur les espèces leurs armes ou leurs initiales, comme accessoires du type. A partir de 1580, cet usage devint une règle constante ; nous devons donc mentionner ici les noms de ces trésoriers et leurs armes :

Jérôme Buzenski, ...-1578, *de gueules à la rose d'argent*.
Raphaël Leczynski, 1578-80, *d'or au rencontre de taureau de sable*.
Jacques Rokosowski, 1580, *d'azur au poisson d'or*.
Pierre Zborowski, 1580, *d'argent au fer à cheval d'or surmonté d'une croix pattée du même*.
Jean Dulski, 1581-88, *de gueules à l'épée d'argent emmanchée d'or, accostée de deux croissants d'or*.

Les monnaies de la couronne de Pologne furent frappées à Olkus et à Posen. En 1585 et 1586, l'atelier transylvanien de Nagybania frappa pour la Pologne des *thalers* dont nous reproduisons ici un spécimen (fig. 313).

Fig. 313

Étienne Bathori mourut en 1586, laissant la Pologne en pleine prospérité financière. Après une lutte acharnée entre les divers partis qui se disputaient la prépondérance, Sigismond, prince royal de Suède, neveu de Sigismond-Auguste, fut élu par la diète et couronné, le 27 décembre 1587, à Cracovie.

Sigismond III Wasa conserva le système monétaire établi par son prédécesseur jusqu'en 1601 ; on émit des triples deniers ou *ternare*, des *schillings*, des *gros*, des *triples gros*, des *sextuples gros*, des *thalers* d'argent, des *ducats*, des pièces de cinq et de dix ducats dites *portugalöser*. A partir de 1601 commencent une série d'affaiblissements et apparaissent quelques monnaies nouvelles, telles que l'*ort* ou quart de thaler, le *poltoraki* ou triple kreuzer, frappé pour la première fois en 1614 pour faciliter les transactions avec la Silésie, le *thaler léger* ou *talar złotowy* valant 60 demi-gros émis sur le modèle des *gulden* allemands. Les affaiblissements se répétèrent si bien que par exemple les *pièces de six gros* qui, en 1604, étaient taillées à 13 1/2 loths de fin, se trouvèrent réduites par l'ordonnance du 13 mars 1623 à 7 1/4 loths de fin. La valeur du *ducat* d'or s'accrut naturellement dans une proportion inverse ; de 58 gros, cours normal en 1598, le taux de cette monnaie avait passé en 1631 à 165 gros.

Sous Sigismond III, les monnaies continuèrent à porter, comme emblèmes accessoires du type, les initiales et les armoiries des trésoriers du royaume dont voici les noms :

1588-90, Jean Dulski, déjà cité.

1590-1609, Jean Firléj, *de gueules au léopard lionné d'or couronné du même.*

1609-15, Balthazar Stanislawski, *d'azur à la croix d'argent.*

1615-16, Stanislas Warszycki, *de gueules à la fasce vivrée, alésée d'argent.*

1616-24, Nicolas Danilowicz, *d'azur au croissant d'or, accompagné de deux étoiles du même et, en chef, d'une flèche d'argent posée en pal, la pointe en haut.*

1624-32, Hermolaus Ligeça, *de gueules à la tête d'âne au naturel.*

Pendant la première période du règne de Sigismond III, les ateliers émettant des espèces de la couronne furent établis à Posen, Fraustadt, Bromberg, Olkusz, Marienbourg, Lublin et Cracovie. En 1601, tous ces ateliers furent fermés à l'exception de celui de Cracovie. En 1608, celui de Bromberg fut rouvert, enfin, en 1620, une officine nouvelle fut créée à Varsovie.

Les types de Sigismond III sont le buste nu ou couronné, parfois coiffé d'un chapeau, parfois dessiné à mi-corps, avec l'épée et le globe crucigère, le monogramme royal formé des lettres S T R, *Sigismundus tercius rex*, sous une couronne, les armes écartelées, l'aigle polonaise en cœur de l'écu à la gerbe des Wasa, l'initiale S couron-

Fig. 314

née, etc. En 1601, le roi de Pologne fut admis dans l'ordre de la Toison d'or, dont le collier entoure désormais ses armes. Notre figure 314 représente le *demi-thaler* d'argent de 1628.

Wladislas IV, fils de Sigismond III, fut élu roi le 13 novembre 1632 et couronné le 6 février 1633. Il mourut le 20 mai 1648. Sous son règne, la fabrication des espèces divisionnaires fut suspendue, et il ne fut émis, pour la couronne, que des *ducats* d'or et des *thalers* d'argent. Jean Danilowitz exerça les fonctions de trésorier du royaume. Suivant M. Kirmis, l'atelier de Bromberg est le seul dont l'existence soit certaine.

En 1645, Wladislas IV reçut de l'empereur Ferdinand III les duchés silésiens d'Oppeln et de Ratibor, en garantie d'un prêt de 1,100,000 florins d'or. Nous avons parlé précédemment[1] des monnaies que le roi de Pologne fit frapper pour ses principautés.

Jean-Casimir fut le dernier descendant, par les femmes, de l'ancienne dynastie des Jagellons, et le dernier Wasa qui régna en Pologne. Second fils de Sigismond III, il fut élu le 17 novembre 1648 et couronné le 17 janvier suivant.

Son règne fut signalé par des guerres successives avec les Cosaques, avec la Russie, avec la Suède et le Brandebourg. En 1655, les succès remportés par le roi Charles-Gustave mirent la plus grande partie de la Pologne à la merci des Suédois. La paix signée en 1660 à Oliva laissa un pays ruiné, dont les désastres s'augmentaient encore par les divisions intestines. Jean-Casimir abdiqua en 1668 et se retira en France, où Louis XV lui donna l'abbaye de Saint-Germain-des-Prés.

Le 16 mai 1650 une ordonnance d'une grande sagesse vint régler le monnayage de la couronne. Considérant que depuis longtemps il n'avait pas été frappé de monnaies divisionnaires, que les bonnes espèces d'or et d'argent avaient été exportées et remplacées dans la circulation par une quantité énorme de pièces étrangères, l'ordonnance de 1650 décida l'émission de pièces nouvelles et l'interdiction de l'emploi des monnaies étrangères, à l'exception des *ducats* et des *thalers* de bon poids. A l'ancien marc de Cracovie fut substitué un marc nouveau qui devait peser exactement 7 thalers, soit environ 201 gr. 8. Les pièces d'argent suivantes devaient être frappées :

1. *Thalers* à 14 loth d'aloi à 7 au marc brut ou à 8 au marc fin.
2. *Demi-thalers* à l'avenant.
3. *Orts* ou *quarts de thaler* à 14 loth d'aloi et à 36 au marc brut.
4. *Pièces de six gros* à 14 loth d'aloi et à 108 au marc brut.
5. *Pièces de trois gros* à 14 loth d'aloi et à 216 au marc brut.
6. *Pièces de deux gros* à 7 loth d'aloi et à 162 au marc brut.
7. *Gros* à 7 loth d'aloi et à 324 au marc brut.

La frappe de ces deux dernières espèces était limitée. On créa des *schillings* de cuivre pur dont quatre valaient un gros. En or, la monnaie resta le *ducat* et ses multiples.

Cette ordonnance ne fut malheureusement pas longtemps observée. Ses principales dispositions furent renversées à la diète de 1654, qui invita le grand trésorier du royaume à réduire l'aloi des monnaies « dont la fabrication ne donnait pas de bénéfice à l'état ». La guerre avec la Suède obligeait en quelque sorte la Pologne à recourir à des expédients

1. Voyez p. 379.

pour se créer des ressources ; les affaiblissements recommencèrent donc et, en 1656, l'argenterie enlevée aux églises servit à battre des *orts* ou *quarts de thalers* à 11 loth de fin et à 32 au marc brut. L'émission abondante de *schillings* de cuivre, dont le cours fut rendu obligatoire, vint aussi en aide au trésor : de 1659 à 1663, ces pièces furent forgées pour une valeur nominale de plus de sept millions de *gulden*. De 1663 à 1666, un fermier de la monnaie, nommé André Tympf, frappa une énorme quantité de *gulden* de titre altéré qui, émis pour 30 gros, en valaient à peine douze ; ces pièces, connues sous le nom de leur fabricant étaient primitivement destinées à payer les troupes ; elles portent la légende caractéristique : **DAT PRETIVM SERVATA SALVS POTIOR Q· METALLO EST** ; leur émission procura près de trois millions de *gulden* de bénéfice à l'état, mais causa tant de ruines privées que les initiales royales I·C·R, qui en constituaient le type, furent traduites, par manière de dérision, en *Incipit Calamitas Regni !*

Pendant le règne de Jean-Casimir, les personnages suivants exercèrent les hautes fonctions de trésoriers de la couronne et, comme tels, mirent fréquemment leurs initiales et leurs armes sur les espèces :

1648-1650, Jean Danilowicz, armes déjà décrites, p. 999.
1650-59, Boguslas Leszczynski, *d'or à la tête de buffle de sable, bouclée d'or.*
1659-68, Jean-Casimir Krasinski, *d'azur au fer à cheval d'argent surmonté d'une étoile du même et accompagné en chef d'un corbeau tenant un anneau dans le bec.*
1668, Jean-André Morsztyn, *d'azur au croissant d'or surmonté d'une étoile du même.*

Les monnaies de Jean-Casimir, pour la couronne de Pologne, furent forgées à Cracovie, Bromberg, Posen, Fraustadt ou Wschow, Lemberg et Ujazdow.

Michel Korybut Wisniowięçki, un descendant des anciens princes de Lithuanie, fut élu roi le 19 juin 1669 et couronné le 29 septembre suivant. Il mourut le 10 novembre 1673.

Aucune monnaie de la couronne ne fut émise sous son règne. Quelques essais de *gulden* d'argent viennent seuls témoigner d'un projet de monnayage resté inexécuté.

Jean III Sobieski fut élu le 28 mai 1674 et couronné le 2 février 1676. On connaît de lui des *doubles ducats* et des *ducats* d'or, des *gulden* dits *tympfe*, des *pièces de six gros* et des *pièces de trois gros* d'argent. Ces pièces furent frappées soit à Bromberg, soit à Cracovie. Sous son règne les personnages suivants remplirent les fonctions de trésorier de la couronne :

1668-1683, Jean-André Morsztyn.

1683-89, Martin Zamojski, *de gueules aux trois lances d'or armées d'argent, posées deux en sautoir, la troisième en pal, la pointe en bas, brochant sur les deux autres.*

1689-92, Marek Matczynski.

1692-96, Jérôme-Augustin Lubomirski, *de gueules à la barre ondée d'argent.*

Après la mort du roi Jean-Sobieski, survenue le 17 juin 1696, plusieurs candidats au trône se présentèrent. Le 27 juin 1697, Frédéric-Auguste, électeur de Saxe, fut élu après qu'il eut abjuré le protestantisme et, le 15 septembre, il fut couronné à Cracovie sous le nom d'Auguste II.

Les émissions furent insignifiantes sous ce règne, et si l'on excepte des *pièces de six gros* frappées à Grodno en 1706, toutes les monnaies destinées à la Pologne furent fabriquées à Leipzig, sans l'autorisation des états, ni du sénat.

Frédéric-Auguste II, électeur de Saxe, fut élu roi de Pologne le 5 octobre 1733 et couronné sous le nom d'Auguste III le 17 janvier suivant. Il mourut le 5 octobre 1763.

La plupart des monnaies destinées à assurer les transactions furent frappées en Saxe; toutefois, en 1750, un atelier fut créé à Varsovie.

Le 7 septembre 1764, les états de Pologne donnèrent le trône à Stanislas-Auguste Poniatowski. Sous son règne, le monnayage national fut restauré et un nouveau système établi. Sous l'influence de l'ancien conseiller saxon, Pierre de Gartenberg, on adopta en Pologne le pied allemand de 20 *gulden*, dit *pied de convention*. On frappa les espèces suivantes :

1. *Ducat* d'or à 67 pièces au marc brut de Cologne, et à 23 carats 7 gr. de fin.
2. *Thaler* d'argent à 8 1/3 au marc brut de Cologne, et à 13 loth 6 gr. de fin.
3. *Demi-thaler* d'argent à l'avenant.
4. *Double gulden* ou *pièce de 8 gute groschen* à 25 au marc brut de Cologne et à 10 loths de fin.
5. *Gulden* d'argent ou *pièce de 4 gute groschen* à 43 1/3 au marc brut de Cologne et à 8 loths 12 gr. de fin.
6. *Demi-gulden* d'argent ou *pièce de 2 gute groschen* à 70 au marc et 7 loths de fin.
7. *Guter groschen* d'argent ou *bon gros* à 117 7/9 au marc et à 5 loths 16 gr. de fin.
8. *Triple gros* de cuivre à 40 à la livre.
9. *Gros* de cuivre à 120 à la livre.
10. *Demi-gros* de cuivre à 240 à la livre.
11. *Tiers de gros* de cuivre, à 360 à la livre.

Les ateliers de Varsovie et de Cracovie furent chargés de pourvoir à la fabrication de ces diverses pièces. On s'aperçut de bonne heure que dans le système ainsi fixé, le rapport entre les deux métaux précieux avait été inexactement établi. L'argent, qui avait été évalué trop bas, fut drainé par les agioteurs et exporté avec une prime dépassant 6 pour cent. On résolut de modifier légèrement le titre des espèces et, le 31 janvier 1787, une ordonnance établit les nouvelles proportions. Nous reproduisons (fig. 315) le *ducat* de cette émis-sion. Les types monétaires ne sor-tent guère du portrait ou du mono-gramme royal, des emblèmes héral-diques ou de l'inscription disposée en plusieurs lignes au milieu du champ.

Fig. 315

En 1794, de nouveaux changements furent faits dans le système des monnaies ; on créa deux pièces d'or de valeur supérieure au *ducat*, le *stanislas* d'or et le *demi-stanislas* d'or ; la valeur intrinsèque des pièces d'argent fut un peu diminuée. Cette réglementation termina l'histoire monétaire de la Pologne indépendante.

§ II. — *Grand duché de Lithuanie.*

Le grand duché de Lithuanie (en allemand Lithauen) s'étendait au nord-est de la Pologne. Sa capitale était Wilna. Le duché de Lithuanie avait deux blasons différents qui tous deux se rencontrent sur les monnaies. Nous avons décrit avec les armes de Pologne l'écu lithua-nien au cavalier dit *pogon*. Le se-cond écusson était : *d'argent à la fi-gure dite kolumny de gueules* ; cette figure offre une grande analogie avec la *porte,* la *janua* de Gênes.

Fig. 316

Depuis le mariage d'Hedwige d'Anjou, reine de Pologne, avec le grand duc Jagellon (1386), la Pologne et la Lithuanie furent très fréquemment réunies sous le même sceptre. En 1569, la diète de Lublin vota la réu-nion définitive des deux pays, mais l'administration, les lois, et notam-ment les monnaies restèrent particulières à chaque pays.

Sigismond I, grand duc en 1506, roi de Pologne en 1507, frappa, à Wilna, des *demi-gros* d'argent de 1508 à 1529 et des *gros* en 1535 et 1536. Le *gros* lithuanien se divisait en 10 deniers lithuaniens. Suivant un rapport établi en 1508, quatre deniers lithuaniens valaient un demi-gros polonais, ce qui établissait entre le gros polonais et le gros lithuanien le rapport 4 : 5.

Les pièces de Sigismond I portent à l'avers le cavalier dit *pogon*, au revers l'aigle des armes de Pologne. Les *gros* étaient taillés à 154 au marc brut de Cracovie et à 6 loth de fin, les *demi-gros*, à l'avenant.

En 1544, Sigismond I abdiqua en Lithuanie en faveur de son fils, Sigismond-Auguste (1544-72). Celui-ci eut en Lithuanie deux ateliers monétaires, l'un à Wilna, l'autre à Tykocin, où furent frappés notamment les *gros* dont nous donnons la figure (fig. 317). Lorsqu'il fut monté

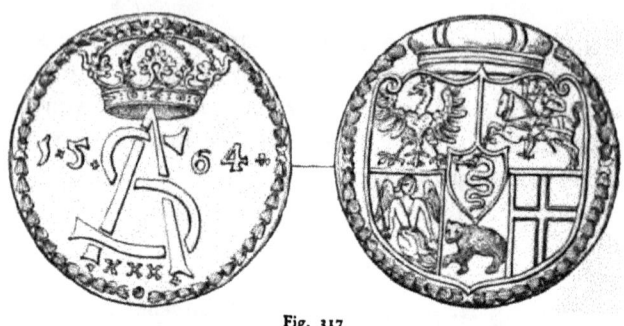

Fig. 317

sur le trône de Pologne en 1548, il supprima les Monnaies de la Couronne polonaise et concentra tout le monnayage de ses états en Lithuanie, où il échappait au contrôle souvent tracassier des diètes. A partir de 1547 il frappa des *ducats* d'or. En 1564 et 1565 parurent ses premiers *thalers* et *demi-thalers* d'argent circulant pour 30 et 15 gros de Lithuanie ou 37 1/2 et 18 3/4 gros de Pologne. Leur type se compose du monogramme royal et d'un écusson où se voient l'aigle de Pologne, le cavalier de Lithuanie, l'ange de Kiew, l'ours de Samogitie, la croix de Volhynie et, sur le tout, la guivre des Visconti.

Sigismond-Auguste hérita en 1568 de sa mère Bonne Visconti, duchesse de Milan; une partie de la fortune liquide de cette princesse fut comptée au roi de Pologne en *écus* et *demi-écus* d'argent de Charles-Quint et de Philippe II d'Espagne frappés à Naples. En 1564, un grand nombre de ces pièces furent mises en circulation en Lithuanie après avoir reçu comme contremarque un poinçon au monogramme royal accosté du millésime. Ces pièces improvisées, connues des collectionneurs sous le nom de *feldthaler*, étaient spécialement destinées à payer la solde des troupes.

A partir du règne d'Étienne Bathory, les monnaies lithuaniennes furent frappées sur le pied de celles de la couronne. Par analogie avec

ce qui se passait en Pologne, les grands trésoriers de Lithuanie introduisirent l'usage de mettre leurs armes au nombre des emblêmes accessoires
des monnaies. Voici la liste de ces fonctionnaires sous Étienne Bathory
et Sigismond III :

Étienne Bathory (1575-1586).	Wawrzene Woyna, mort en 1580.
	Jean Chlebowicz, 1581-83.
	Sapieha, 1585.
	Théodore-Skumin Tyszkiewicz, 1586.
Sigismond III (1587-1632).	Le même, 1587-90.
	Demetrius Chalecki, 1590-98.
	Georges Zawisza, 1598-1603.
	Jérôme Wolowicz, 1603-18.
	Christophe Naruszewicz, 1618-31.

On ne monnaya pas en Lithuanie sous Wladislas IV, mais sous Jean-
Casimir, en 1652, un atelier dont la guerre interrompit presque aussitôt
les travaux fut de nouveau ouvert à Wilna. En 1666, une autre officine
fut momentanément en activité à Brzesc; mais à partir de cette époque,
il ne fut plus émis d'espèces en Lithuanie.

Les divers démembrements de la Pologne ont fait passer la Lithuanie
sous la domination russe, excepté le district de Gumbinnen, qui appartient à la Prusse.

§ III. — Villes de Pologne.

Deux villes de Pologne, Wschow, en allemand Fraustadt, et Posen,
avaient obtenu au xive siècle des concessions royales leur accordant le
droit d'émettre des espèces municipales.

Le monnayage de Wschow prit quelque extension sous Sigismond-
Auguste, surtout de 1550 à 1562, où de nombreuses émissions de deniers
eurent lieu. Ces pièces portent une aigle à l'avers, et au revers une croix
double et les initiales W ou C · W · F. De 1562 à 1588 la fabrication cessa;
elle reprit en cette année jusqu'en 1608, et consista en hellers parfois
unifaces. L'atelier fut définitivement fermé en 1616.

La ville de Posen reprit l'usage de son droit monétaire en 1602, et l'on
connaît des deniers et ternare municipaux au nom de Sigismond III.
Les dernières pièces portant un millésime sont de 1627. Les armes de
Posen, deux clefs en sautoir, figurent généralement sur les espèces.

§ IV. — *Duché et villes de Prusse* [1].

Le 4 février 1454, dans une assemblée tenue à Thorn, les délégués des villes de Prusse, révoltées contre l'Ordre teutonique, déclarèrent se mettre sous la protection du trône de Pologne. Une guerre de douze ans entre les chevaliers et le roi Casimir se termina en 1466 par la cession à la Pologne de la Poméranie et de la partie orientale de la Prusse. L'Ordre teutonique conserva la partie occidentale du pays, mais dut se reconnaître le vassal de la couronne polonaise.

Les monnaies frappées dans la Prusse polonaise, pendant les temps modernes, émanent soit du roi-duc, soit des villes de Danzig, d'Elbing et de Thorn.

Duché de Prusse. — Sigismond I fit frapper de 1528 à 1535, dans un atelier qu'il ouvrit à Thorn, sans préjudice des droits monétaires de la ville, des *deniers*, des *shillings*, des *gros*, des *pièces de trois gros* et des *pièces de six gros*, de billon et d'argent, sur lesquels il prend les titres de *Sigismundus primus rex Polonie dominus* (parfois *tocius*) *Prussie*. Le type de ces pièces se compose du buste ou de l'initiale couronnée du roi ; au revers figurent l'aigle de Prusse ou une légende en plusieurs lignes. L'inscription du revers indique toujours la valeur de la pièce, par exemple: GROSSUS COMMUNIS TERRARUM PRUSSIE, GROSSUS ARGENTEUS SEX DUPLEX PRUSSIE. Une assemblée tenue à Marienbourg le 8 mai 1528 et à laquelle assistaient les représentants du roi, des villes de Prusse et du duc Albert de Brandebourg, avait décidé que dorénavant les monnaies prussiennes et polonaises seraient frappées suivant un aloi et une taille uniformes.

Sous Étienne Bathory, un atelier prussien fut ouvert à Marienbourg. En 1584 et 1585, on y battit des *schillings*, des *gros*, des *pièces de trois gros* d'argent et des *ducats* d'or; ceux-ci portent comme légende : MONETA NOVA AUREA TERRARUM PRUSSIE. Après 1585 aucune monnaie ne fut frappée pour la Prusse polonaise.

Ville de Danzig. — Le monnayage municipal de Danzig fut considérable et comprit à la fois l'or et l'argent. Sous Sigismond I la ville frappa d'abord, de 1524 à 1526, des *demi-gros* d'argent sur le modèle des *demi-gros* de la couronne frappés à Cracovie, puis, après 1528, elle se conforma aux règles adoptées à l'assemblée de Marienbourg et frappa des *deniers*, des *schillings*, des *gros*, des *pièces*

Fig. 318

de trois gros, des *pièces de six gros* d'argent et des *ducats* d'or. La *pièce de six gros* que

---

1. Il n'est question ici que de la Prusse polonaise. Pour le duché, puis royaume de Prusse, le lecteur est prié de se reporter à la page 380.

nous reproduisons (fig. 318) donnera une idée des types, qui consistent généralement, pour l'un des côtés de la monnaie, dans l'écusson de la ville soutenu par deux lions.

Sous Sigismond-Auguste les émissions continuèrent suivant le même système. En 1567, Danzig frappa ses premiers *thalers*. Lors de l'élection au trône d'Étienne Bathori, la ville refusa de le reconnaître. Le 13 juillet 1577 elle fut investie par une armée polonaise. Pendant le siège qui dura jusqu'au 16 décembre de cette année, l'atelier frappa des monnaies obsidionales sur lesquelles l'effigie du roi est remplacée par celle du Christ. Il y eut des *thalers* (fig. 319), des *gros*, des *schillings* d'argent et des *ducats* d'or. Le cours des autres monnaies en circulation fut surélevé par l'apposition d'une contremarque.

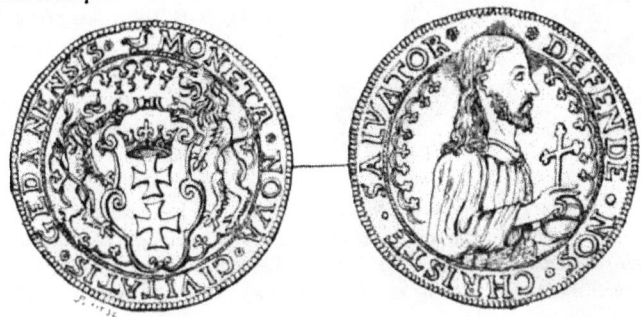

Fig. 319

Après la soumission de la ville, les émissions régulières recommencèrent et se poursuivirent, avec des interruptions parfois longues et des ralentissements d'activité, pendant tout les XVIIᵉ et XVIIIᵉ siècles. Sous le règne de Sigismond III, la mode s'introduisit à Danzig de frapper des pièces dites *donatives,* médailles d'or à valeur monétaire qui étaient destinées à être offertes en cadeau, par les magistrats, soit au roi, soit à des personnages de distinction, à l'occasion d'événements politiques. Ces pièces sont toujours des multiples du *ducat,* le plus souvent de la valeur de cinq ou de six ducats. Les *donatives* frappées en 1614 sont d'une gravure particulièrement remarquable.

En 1793, le roi de Prusse prit possession de Danzig, mais les privilèges municipaux, en ce qui concerne le monnayage, furent nominalement respectés, et en 1801 la ville put encore frapper des *schillings*.

Ville de Thorn. — Le monnayage municipal de Thorn reprit en 1630 par l'émission d'espèces commémoratives du siège vaillamment soutenu, l'année précédente, par les habitants contre le feldmaréchal Wrangel. Ces *gedenkthaler* frappés en grande quantité circulèrent comme monnaie. Leur fabrication fut suivie par celle de *thalers, demi-thalers* et *ducats* ordinaires.

Les dernières monnaies de la ville de Thorn furent frappées en 1765. Le type habituel des espèces comprend, sur l'une des faces, l'écu de la cité entouré des mots : MONETA CIVITATIS THORUNENSIS. Notre figure 320 représente les armoiries de la ville, telles qu'elles figurent sur les *thalers* contemporains du roi Sigismond III.

Fig. 320

Ville d'Elbing. — La série monétaire d'Elbing est moins riche que celle de ses

35

voisines. Sous Sigismond I, la ville frappa des *deniers*, des *schillings*, des *gros*, des *pièces de trois gros* et enfin des *pièces de six gros* dont notre figure 321 reproduit le type. Sous Sigismond-Auguste, les émissions ne consistèrent qu'en *deniers*, et en 1557 l'atelier entra en chômage.

En 1626, Elbing ouvrit ses portes à Gustave-Adolphe, roi de Suède, qui étendit ses privilèges monétaires par un diplôme daté de juillet 1627, dont voici les dispositions essentielles : « *Vigore itaque harum concedimus non solum ut imposterum hoc jure*

cudendae monetae fruatur, sed ex clementi erga eandem voluntate hac etiam accessione ornandum decrevimus, ut omnis generis tam grandioris quam minutioris, tam aureae quam argenteae monetae cudendae facultate, cum omni ejus emolumento, gaudere debeat, ita tamen, ut ex una numismatis parte effigies nostra vel insignia regni nostri cum nostro titulo, ex altera civitatis

Fig. 321

insignia exprimantur, ac denique ut pondus, bonitas ac valor hujus monetae Elbingensis ponderi, valori et bonitati monetae nostrae regnique nostri similia sint et constitutionibus monetariis nostris per omnia conforment. » Le nouvel atelier fut ouvert en 1628 et les émissions commencèrent aussitôt ; elles ne consistèrent qu'en espèces d'argent et de billon.

En 1635, Elbing retourna à la domination polonaise. Sous Wladislas IV les seules pièces frappées sont des *gedenkthaler* frappés en 1636 pour célébrer la fin du régime suédois ; la légende qui, au revers, entoure l'écu de la ville est : ELBINGA INTER ARMA SERVATA.

En 1650, la ville recommença à monnayer, et l'on connaît pour cette période des *ducats* d'or, des *thalers*, *demi-thalers* et pièces divisionnaires à l'effigie de Jean-Casimir. De 1656 à 1660, Elbing fut de nouveau sous la domination de la Suède, et les monnaies portèrent le buste du roi Charles-Gustave.

En 1772, Elbing tomba entre les mains du roi de Prusse. Les privilèges de la ville ayant été nominalement respectés, une émission d'espèces municipales eut encore lieu en 1787.

§ V. — *Ordre de Livonie.*

La Livonie, en allemand *Lievfland,* s'étendait entre la Baltique, l'Esthonie et la Courlande. En 1521, les chevaliers de l'Ordre de Livonie, qui depuis 1237 s'étaient fondus dans l'Ordre teutonique, s'en séparèrent, et leur grand maître, Walter de Plettenberg, fut créé prince de l'Empire.

Les grands maîtres de l'Ordre de Livonie jouissaient du droit de battre monnaie. Le magistère fut successivement occupé par les personnages suivants :

* Walter de Plettenberg, 1494-1535.
* Hermann de Bruggenau, 1535-49.
  Jean von der Recke, 1549-51.

* Henri de Galen, 1551-57.
* Guillaume de Furstenberg, 1558-59.
* Gothard Kettler, 1559-62.

Les ateliers monétaires de l'Ordre de Livonie étaient situés à Riga, à Reval et à Wenden.

Une pièce de *dix ducats* d'or de Walter de Plettenberg le représente à l'avers, debout, tenant l'épée et l'écu; le revers porte l'image de la Vierge: S. **MARIA SERVA POPVLV · TVV**. Sous Henri de Galen les légendes monétaires sont parfois écrites en allemand : **HEINRIC · V · GA-LEN MEISTER DES - RITTERLICHEN** Deutschen Ordens **ZV LI-FLANDT**.

Le type des monnaies de Livonie se compose fréquemment à l'avers de l'écu écartelé de l'Ordre: *d'argent à la croix de sable,* et des armes de la famille du grand-maître. Les pièces frappées à Riga et à Reval ont généralement au revers les armes de la ville.

§ VI. — *Duché de Livonie.*

En 1559, la Livonie fut envahie par les Russes, et le grand maître Guillaume de Furstenberg fut emmené en captivité. Le nouveau grand maître, Gothard Kettler, céda en 1561 le pays à la Pologne, se réservant seulement la Courlande et la Sémigalle, qui furent érigées en duché mouvant de la couronne de Pologne.

La possession de la Livonie fut, entre la Pologne, la Suède et la Russie, un sujet permanent de conflits dont les monnaies nous conservent le souvenir. La guerre soutenue contre le tzar Ivan IV le Terrible s'était terminée à l'avantage de la Pologne, grâce à la présence de nombreux soldats allemands, enrôlés pour la circonstance. A l'issue de la lutte, ces mercenaires se trouvaient créanciers de sommes considérables en garantie desquelles ils occupaient diverses forteresses. En 1570, la dette s'élevait à 400,000 florins. Pour se libérer, le roi de Pologne autorisa deux de ses sujets, Valentin Iberfeld et Jacques Ging, à frapper en Livonie une monnaie de nécessité de bas aloi; les bénéfices de la fabrication devaient servir au paiement des soldats. L'émission fut considérable; le 28 septembre 1570, les deux entrepreneurs obtinrent licence de convertir en espèces 20,800 marcs-poids d'argent, et le 16 juin de l'année suivante ils se firent donner une autorisation nouvelle pour 6,000 marcs de métal. L'atelier d'Iberfeld et de Ging était placé dans le château de Kirchholm ou, selon Czapski, dans le château de Dahlholm. Les monnaies ainsi frappées consistent en *schillings, ferdings* ou *quarts de marks, demi-marks* et *marks d'argent*. Les légendes de ces pièces se composent des mots

MONE · NOVA · ARGENTEA · DVCATVS · LIVONIE et du nom de la pièce, I SCHILLING, etc., écrit en allemand dans le champ du revers. L'avers porte un griffon tenant une épée; ces armoiries, données à la Livonie par le roi de Pologne, étaient celles de Jean Chodkiewicz, le général qui avait repoussé l'invasion russe et avait été nommé gouverneur du duché.

La ville de Riga avait profité des événements pour se créer une situation indépendante. Tout en promettant de ne pas se séparer du reste de la Livonie, elle avait refusé le serment d'obéissance au roi de Pologne et avait déclaré ne reconnaître d'autre protecteur que l'Empire germanique. Ce n'est qu'en 1581, à la suite de l'expédition d'Étienne Bathori contre les Russes, que les citoyens de Riga se soumirent volontairement et jurèrent fidélité au roi de Pologne. Pendant les vingt ans de liberté qui s'écoulèrent de 1561 à 1581, Riga monnaya en souveraine; ses *thalers* de 18 ferdings, ses *demi-marks* et ses *ferdings* portent ses armes: *d'azur à la porte de ville de gueules, flanquée de deux tours de même, la porte hersée et les tours couvertes d'argent: sous la porte, une tête de lion d'or; entre les tours, deux clefs d'argent en sautoir surmontées d'une croix d'or.* Les légendes des *thalers* sont: DENARIVS ARGENTEVS XVIII FERD. R. CIVITATIS RIGENSIS ; celles des autres monnaies sont : MONETA NOVA ARGEN. CIVITATIS RIGENSIS. On trouve des monnaies d'or étrangères contremarquées aux armes de Riga.

Après la prise de possession par Étienne Bathori, la ville frappa suivant le pied polonais-lithuanien des pièces d'or, des *schillings, demi-*

Fig. 322

gros, gros et *triples gros* d'argent portant d'un côté le monogramme ou le buste du roi, de l'autre l'écu de la cité. Ce monnayage continua sous Sigismond III, de son avènement en 1588 à la prise de la ville par Gustave-Adolphe en 1621. Les monnaies frappées sous ce roi consistent en pièces d'or de *dix ducats* dites *portugalöser,* en *ducats,* en *schillings* (fig. 322), en *gros,* en *dreipolker,* en *triples gros* d'argent.

§ VII. — *Souverainetés ecclésiastiques en Livonie.*

Indépendamment de l'Ordre teutonique, trois souverainetés ecclésiastiques ont laissé en Livonie des souvenirs numismatiques. Les archevêques de Riga et les évêques de Dorpat, qui frappaient monnaie au moyen âge, continuèrent à exercer leur prérogative régalienne pendant le xvie siècle, jusqu'à la sécularisation de leur temporel. Un évêque d'Oesel dut à des circonstances particulières de pouvoir user du droit monétaire.

Archevêché de Riga. — Les archevêques de Riga résidaient à Wenden. La patronne du diocèse était la Vierge. Les armes épiscopales étaient : *de gueules à la croix processionnelle et à la crosse d'or posées en sautoir.* Le chapitre de la cathédrale portait un lis dans son écusson.

Les monnaies forment deux groupes distincts, suivant qu'elles portent le nom de l'archevêque seul, ou qu'elles ont été émises en participation avec le maître de l'Ordre de Livonie. Voici la chronologie des archevêques :

* Michel Hildebrand, 1484-1509.
* Gaspar von der Linden, 1509-24.
  Jean VI de Blankenfeld (Dorpat), 1524-27.

* Thomas Schöning, 1527-40.
* Guillaume de Brandebourg, 1540-63.
  Christophe de Mecklembourg, 1563-69.

Sous ce dernier, en 1566, l'archevêché de Riga fut sécularisé. Les monnaies portent généralement à l'avers l'écu de famille des archevêques, au revers celui du temporel. En 1539, Thomas Schöning frappa le premier des *marks* d'argent. Sous Guillaume de Brandebourg, il y eut en 1559 une émission de *florins* d'or et de *thalers* d'argent.

Les monnaies qui portent à la fois le nom de l'archevêque et celui du maître de l'Ordre de Livonie appartiennent aux personnages suivants :

Michel Hildebrand et Guillaume de Plettenberg.
Gaspard von der Linden et le même.
Guillaume de Brandebourg et Hermann de Bruggenau.

Le même et Jean von der Recke.
Le même et Henri de Galen.
Le même et Guillaume de Furstenberg.
Le même et Gothard Kettler.

La première forte monnaie d'argent appartenant à cette série est le *demi-thaler* de Gaspard von der Linden et Guillaume de Plettenberg frappé en 1516.

Évêché de Dorpat. — Cet évêché, dont le territoire s'étendait au nord-est de Riga, avait saint Pierre pour patron. Ses armes étaient : *de gueules à la clef de saint Pierre et à l'épée de saint Paul d'argent posées en sautoir.* Voici la liste des évêques de Dorpat depuis le commencement du xvie siècle :

* Jean IV de Buxhövden, 1499-1505.
  Gérard Schroue, 1505-11.
* Jean V de Duisburg, 1511-14.
* *Vacance du siège,* 1515.
* Christian Bomhouer, 1515-18.
* Jean VI de Blankenfeld, 1518-27.

* Jean VII Bey, 1527.
* *Vacance du siège,* 1528.
* Jean VIII de Gellingshausen, 1528-42.
* Josse von der Recke, 1543-51.
* Hermann Weiland von Wesel, 1552-58.

Les évêques de Dorpat n'ont frappé que de menues espèces d'argent, sauf Hermann dont il existe un *demi-mark* de 1557. Les types habituels sont formés du buste de saint Pierre, des armes de l'évêché et de l'écusson de famille de l'évêque. La légende du revers est *moneta nova tarpatensis* ou *terbatensis,* diversement abrégée.

Évêché d'Oesel. — En 1559, Magnus, duc de Schleswig-Holstein, frère de Frédéric II, roi de Danemark, acheta le temporel des évêchés d'Oesel, de Courlande ou de Reval, mais il ne put se mettre en possession que d'une partie de son acquisition, qu'il tint en fief de la Russie. Le tzar lui donna même le titre ronflant de roi de Livonie.

Magnus frappa monnaie, mais sur ses pièces émises de 1561 à 1567, à Arensburg, dans l'île d'Oesel, et à Hapsal, sur la côte d'Esthonie, il s'intitula simplement : *Dei gratia episcopus Osiliae, Curolandiae et Revaliae*. Ses espèces ne consistent qu'en *schillings* et *ferdings*. L'avers porte le buste ou les armes de l'évêque, le revers l'aigle, emblème héraldique de l'évêché d'Oesel, qui avait l'apôtre saint Jean pour patron. Magnus de Schleswig-Holstein mourut en 1583. Ses domaines tombèrent sous la domination de la Pologne.

§ VIII. — *L'Esthonie et la Livonie suédoises.*

L'Esthonie fut conquise en 1561 par la Suède, lors de la dislocation du pouvoir de l'Ordre de Livonie, et Éric XIV conserva à Reval l'atelier monétaire que les Maîtres y avaient eu en activité. Ses successeurs jusqu'à Charles XI continuèrent les émissions. Les dernières pièces de ce roi qui portent un millésime sont, d'après le catalogue Preiss, de 1674. Ces monnaies de Reval ont un caractère municipal très marqué ; le revers porte toujours les armes de la ville, trois léopards couronnés, entourées d'une légende telle que NVMMVS ARGENTEVS CIVITATIS REVALIENSIS.

En 1621, Gustave-Adolphe s'empara de Riga. Le monnayage de cette ville continua sous la domination suédoise jusque sous Charles XII, dont les émissions furent peu importantes.

Outre ces monnaies de Riga, émanations d'une ville libre, il y eut en Livonie, sous Christine, Charles-Gustave et Charles XI, diverses émissions de menues espèces, de 1641 à 1664, portant les légendes SOLIDVS LIVONIÆ ou MON·NOV·LIVONIÆ.

En 1670, le roi de Suède Charles XI ouvrit, à Narva, un atelier où furent battues jusqu'en 1672 diverses monnaies d'or et d'argent. Ces pièces portent l'initiale ou le monogramme couronné du roi, entouré de la devise : DOMINVS PROTECTOR MEVS, et au revers l'écu de la ville de Narva entouré de MON·ARG· ou AVR·CIV·NARVAE.

La Suède perdit toutes ses possessions esthoniennes et livoniennes en 1721, à la paix de Nystad, qui les réunit à l'empire de Russie [1].

---

1. Pour la Livonie et l'Esthonie russes, voyez le chapitre suivant.

§ IX. — *Duchés de Courlande et de Sémigalle.*

Comme nous l'avons dit plus haut, la Courlande et la Sémigalle restèrent à Gothard Kettler, comme duchés vassaux de la Pologne, et
héréditaires dans sa famille, qui s'éteignit en 1737. Malgré un acte de la
diète de Courlande qui avait désigné en 1726 Maurice de Saxe comme
héritier de ce duché, Anne, impératrice de Russie, veuve de Frédéric-
Guillaume Kettler, le fit donner à son favori Ernest-Jean Biron. En
1795, la Courlande fut annexée à la Russie. Voici la chronologie des
ducs de Courlande :

* Gothard Kettler, auparavant maître de l'Ordre de Livonie, 1562-87.
* Frédéric Kettler, 1587-1639.
* Jacques Kettler, 1639-82.
* Frédéric-Casimir Kettler, 1682-98.
  Frédéric-Guillaume Kettler, 1698-1711.
  Anne de Russie, sa veuve, 1711-30.

  Ferdinand Kettler, frère de Frédéric-Guillaume, 1730-37.
  Ernest-Jean Biron, 1737-41.
  Louis-Ernest de Brunswick-Bevern, 1741-1759.
* Charles-Chrétien de Pologne, 1759-63.
* Ernest-Jean Biron, rétabli, 1763-69.
* Pierre Biron, duc de Sagan, 1769-95.

Gothard Kettler commença le monnayage du duché par l'émission de
schillings et de *thalers* d'argent. Ces derniers portent à l'avers un écu
parti de Courlande, qui est : *d'or au lion couronné de gueules*, et de Sémigalle, qui est : *d'azur à l'élan au naturel, couronné d'or*, chargé sur le

Fig. 323

tout de l'écusson de Kettler et des initiales de Sigismond-Auguste, roi de
Pologne ; le revers représente les armes de Pologne-Lithuanie, que l'on
retrouve souvent dans la suite, notamment sur le *thaler* de Jacques
Kettler reproduit ci-dessus (fig. 323).

Parmi les monnaies d'Ernest-Jean Biron, il convient de citer le *double ducat* d'or frappé en 1764 à l'occasion du voyage en Courlande de l'impératrice Catherine II de Russie. Le revers porte une inscription de circonstance : **IN MEMORIAM LÆTITIÆ QVAM EX ADVENTV SER: ET POT: OMN: RVSS: IMP: OVANS CVRONIA PERCEPIT.**

La dernière émission de monnaies courlandaises eut lieu sous Pierre Biron en 1780; elle consiste en *ducats d'or* « *ad legem imperii* » et en *thalers* d'argent « *ad normam talerorum Alberti* ».

CHAPITRE TREIZIÈME

LA RUSSIE, SES DÉPENDANCES, ET LES PAYS CHRÉTIENS DES BALKANS, JUSQU'A LA FIN DU XVIIIᵉ SIÈCLE.

SOURCES : Baron de Chaudoir, *Aperçu sur les monnaies russes et sur les monnaies étrangères qui ont eu cours en Russie, depuis les temps les plus reculés jusqu'à nos jours.* Saint-Pétersbourg, 1836, in-8, 2 vol. — T. J. de Schubert, *Monnaies et médailles russes.* Saint-Pétersbourg, 1843, et Leipzig, 1858, in-4. — *Die Reichelsche Münzsammlung,* Saint-Pétersbourg, 1842-43, 9 vol. in-16. — B. de Kœhne, *Münzen der Moldau und der Walachei,* dans la *Zeitschrift für Münz-, Siegel- und Wappenkunde,* t. I, 1841. — D. A. Sturdza, *Uebersicht der Münzen und Medaillen des Fürstenthums Romanien,* dans la *Numismatische Zeitschrift* de Vienne, 1872. — D. A. Sturdza, *Bibliografia numismaticei romane.* Bukarest, 1879, in-8. — V. Langlois, *Essai de classification des suites monétaires de la Géorgie, depuis l'antiquité jusqu'à nos jours.* Paris, 1860, in-4.

§ I. — *La Russie.*

En 1547, Ivan IV Vasilievitch, grand prince de Russie, se fit couronner solennellement par le métropolite et prit le titre de *tsar.* Cet événement politique est considéré généralement, par les numismates russes, comme le point de départ de l'histoire monétaire moderne de leur pays.

Les légendes des monnaies russes sont presque toujours rédigées dans la langue nationale et écrites avec les caractères nationaux. Pour la commodité du lecteur, nous devons reproduire ici l'alphabet et les chiffres russes, de manière à lui rendre plus facile le déchiffrement des inscriptions :

А	Б	В	Г	Д	Е	Ж	З	И	І	К	Л	М	Н	О
a	b	v	gh	d	é	j	ʒ	i	ï	k	l	m	n	o

П	Р	С	Т	У	Ф	Х	Ц	Ч	Ш	Щ	Ъ	Ы	Ь
p	r	s	t	ou	f	kh	ts	tch	ch	tch	e	î	e

Ѣ	Э	Ю	Я	Ѳ
è	é	iou	ia	ph

А	В	Г	Д	Е	Ѕ	З	И	Ѳ	Ї	Аі	Ќ	Л	М	Н
1	2	3	4	5	6	7	8	9	10	11	20	30	40	50

Ξ	Ō	П	Ч	Р̄	С̄	Ш	У	Ф	Х	ф	Ѡ
60	70	80	90	100	200	300	400	500	600	700	800

Ц	҂А	҂В	҂Г
900	1000	2000	3000

L'ère russe, adoptée sur les monnaies jusqu'au milieu du xviie siècle, est celle de la création du monde, telle qu'elle avait été fixée en 680 par le concile de Constantinople. Cette ère commence en 5508 avant l'ère chrétienne, de sorte que le couronnement comme *tsar* d'Ivan IV Vasilievtch eut lieu l'an 7055, suivant le comput russe. Depuis l'adoption de l'ère chrétienne, les Russes ont conservé le calendrier Julien, dont les dates retardent actuellement de 12 jours. Cette différence n'était que de 10 jours au xviie siècle, mais elle s'est accrue d'un jour bissextile en 1700 et d'un autre en 1800; elle sera de 13 jours après 1900. Nous avons conservé aux oukases la date du calendrier russe.

Les armes de la Russie sont: *de gueules à un chevalier armé d'argent, couronné d'or, revêtu d'un manteau flottant d'azur, montant un cheval galopant d'argent, bridé et houssé d'azur, bordé d'or, tenant de la main dextre une lance d'or, l'extrémité croisée, le cheval foulant aux pieds un dragon de sinople percé de ladite lance,* qui est Moscou; *l'écu posé sur la poitrine d'une aigle éployée de sable, becquée et membrée de gueules, chaque tête sommée d'une couronne impériale, le tout surmonté d'une couronne impériale; l'aigle tenant de la griffe dextre un sceptre d'or et de la senestre un monde du même.*

Les souverains suivants se sont succédé sur le trône de Russie, depuis le milieu du xvie siècle jusqu'au commencement du xixe:

* Ivan IV Vasilievtch, tsar de 1547 à 1584.
* Féodor I Ivanovitch, 1584-98.
* Boris Féodorovitch Godounof, 1598-1609.
* Dmitri Ivanovitch ou Otrépief, dit le faux Dmitri, 1605-06.
* Vasili Ivanovitch Chouiski, 1606-10.
* Wladislas Zigismuntovitch Wasa, 1610-1613.
* Mikhaïl Féodorovitch Romanof, 1613-45.
* Alexis Mikhaïlovitch, 1645-76.
* Féodor II Alexéiovitch, 1676-82.

* Ivan V Alexéiovitch et Pierre I Alexéiovitch, 1682-89.
* Pierre I, dit le Grand, seul, 1689-1725.
* Catherine I, 1725-27.
* Pierre II Alexéiovitch, 1727-30.
* Anne Ivanovna, 1730-40.
* Ivan VI Antonovitch, 1740-41.
* Élisabeth Pétrovna, 1741-62.
* Pierre III Féodorovitch, 1762.
* Catherine II Alexéievna, 1762-96.
* Paul I Pétrovitch, 1796-1801.

Le couronnement d'Ivan IV Vasilievtch ne concorde pas avec une réforme monétaire. Le numéraire émis en Russie ne subit aucune modification : il continua à consister en *dengui* (au singulier : *denga*) et en *copeks* d'argent, piécettes de flan oblong et irrégulier portant à l'avers le cavalier moscovite brandissant un sabre ou tenant une lance, et au revers une légende en caractères russes, écrite en plusieurs lignes. Le *copek* valait deux *dengui* et cent *copeks* formaient un *rouble,* monnaie de compte. Aux espèces nationales venaient se joindre, pour les transactions d'une certaine importance, de nombreuses monnaies d'importation étrangère, telles que les *nobles* anglais et les *ducats* d'or, et les *thalers* d'argent ; enfin, dans les régions éloignées des frontières occidentales, le troc des marchandises avec les fourrures, comme mesure commune, continuait à être le moyen d'échange habituel.

Le poids qui servait en Russie, pour peser les métaux précieux aussi bien que les autres marchandises, était la livre, qui se divisait en 96 *solotniks* à 96 *doli,* soit en *9216* doli. La livre russe équivaut à 409 gr. 5116. Quarante livres formaient un *poud,* mais cette expression de mesure n'était employée que pour le cuivre. On indiquait l'aloi des espèces en mentionnant le nombre de *solotniks* de métal pur compris dans une livre de métal brut ou allié.

La première innovation monétaire que l'on constate en Russie remonte au milieu du xviie siècle, au règne du tsar Alexis Mikhaïlovitch (1645-76). Les guerres contre la Suède et la Pologne ayant épuisé le trésor moscovite, le tsar résolut de se procurer des ressources par la fabrication de *roubles* d'argent émis au double de leur valeur intrinsèque. Pour faire ces pièces, on se servit des *thalers* étrangers qui

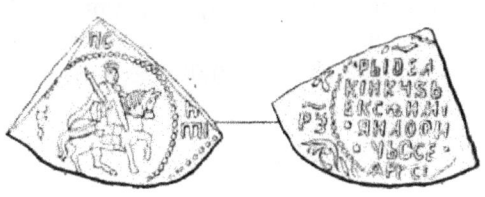

Fig. 324

circulaient en Russie sous le nom d'*iefimkis* à raison de deux pour un rouble ; ces *thalers,* employés comme flans monétaires, reçurent une nouvelle empreinte. L'avers porta l'image équestre d'Alexis Mikhaïlovitch, entourée du nom et des titres ; le revers eut l'aigle à deux têtes dans un cartouche carré, et en légende la valeur de la pièce, et le millésime 1762, soit 1654 de l'ère chrétienne.

En 1655, on trouva plus pratique et plus expéditif de contremarquer simplement les écus étrangers. On y mit deux poinçons, l'un rond, avec l'image du tsar à cheval, l'autre oblong, avec la date de 1655, premier exemple de l'emploi officiel de l'ère chrétienne en Russie. Pour compléter le système monétaire et se procurer des espèces divisionnaires, on coupe les *iefimkis* en deux pour faire des demi-roubles ou *poltiny* ou en quatre pour faire des *polpoltinniki*; ces fractions portent des surfrappes analogues aux contremarques du *rouble* (fig. 324).

L'opération financière du surhaussement des monnaies d'argent ne fut pas suffisante pour procurer à Alexis Mikhaïlovitch les sommes que les dépenses militaires rendaient indispensables. Sur les conseils de Rtichtchef, directeur de ses monnaies, le tsar eut recours à un expédient radical; dans le cours de l'année 1655, il ordonna de frapper des monnaies de cuivre à cours forcé, émises au taux des espèces d'argent. Le module et le type de ces espèces fiduciaires étaient analogues à ceux des monnaies d'argent dont elles prenaient la place. Il y eut ainsi des *demi-roubles,* des *altyns* ou pièces de trois copeks, des *grocheviki* ou pièces de deux copeks, des *copeks* et des *dengui*. Les ateliers de Moscou, de Novgorod et de Pskof furent chargés de la fabrication de ce numéraire de nécessité.

La contrefaçon à laquelle ces pièces donnèrent lieu en fit rapidement baisser le cours. Dès 1662 on donnait quatre roubles de cuivre pour un rouble d'argent. En juin 1663, le taux était monté à quinze roubles. Une émeute éclata et le tsar fit procéder au retrait de ces monnaies de nécessité avec une perte énorme pour les détenteurs.

La réforme monétaire qui vint mettre la Russie au rang des nations occidentales modernes date, comme tous les autres progrès accomplis dans cet empire, du règne de Pierre-le-Grand (1689-1725). Elle consista à vrai dire en un affaiblissement. Les dénominations des monnaies

Fig. 325

de compte furent, dit Chaudoir, appliquées à des monnaies effectives, mais la valeur en fut en même temps diminuée. Le rouble de compte, qui jusqu'alors avait valu un *ducat* ou deux *thalers* étrangers dits *iefimkis,* fut frappé au taux des *iefimkis* et ne valut plus qu'un *demi-ducat*. Les divisions du rouble subirent la même diminution et on frappa des monnaies d'or et de cuivre en rapport de valeur avec le nouveau rouble.

La réforme du système d'échange concorda avec l'adoption des procédés mécaniques de fabrication et l'augmentation des ateliers. Des hôtels monétaires nouveaux furent établis en 1711 à Moscou. Il y eut dans cette ville trois officines distinctes pour la production des espèces d'or et d'argent, la *monetnii dvor*, la *krasnii dvor* et la *kadachefskii dvor*, puis un atelier spécial pour le cuivre, dit *denejnii dvor*. Une chambre de commerce fut instituée en cette même année 1711, avec mission de soigner l'achat des métaux nécessaires au monnayage. Un oukase du 15 mars 1719 ordonna d'établir un hôtel des monnaies dans la caserne de la garnison de Saint-Pétersbourg et d'y transporter le matériel des hôtels des monnaies de Moscou : l'empereur voulait ne rien négliger pour accroître l'importance de sa nouvelle capitale. Voici les diverses monnaies frappées en Russie sous Pierre-le-Grand :

a) *Ducat* d'or, frappé pour la première fois en 1701, à 93 zolotniks de loi et à 118 pièces à la livre. Le type se compose à l'avers du buste du tsar avec son nom et son titre, au revers de l'aigle à deux têtes accompagné de la suite du titre et du millésime. Les légendes sont en russe, excepté sur un ducat de 1716 où elles sont en latin et où se trouve le titre d'*imperator*, que Pierre-le-Grand n'adopta cependant qu'en 1722, sur les pièces à légendes russes. Le 15 mai 1712, l'aloi des *ducats* fut légèrement modifié ; il fut décidé qu'ils seraient dorénavant frappés au pied des *ducats* de l'empire germanique.

b) *Double ducat* d'or, frappé en 1714. Même type que les *ducats*.

c) *Double rouble* d'or, frappé à partir de 1718, au titre de 75 zolotniks et a 100 à la livre. Le type de cette pièce se compose à l'avers du buste de Pierre-le-Grand, au revers de l'image de saint André tenant sa croix.

d) *Rouble* d'argent frappé à partir de 1704. Les premiers *roubles* ont à l'avers le buste du tsar avec le nom et le titre, au revers, l'aigle avec la légende *moneta dobraïa tzena rouble* (bonne monnaie du prix d'un rouble) et la date en chiffres slaves.

Le *rouble* subit plusieurs modifications de taille, de titre et de type. A partir de 1722, l'avers porte le buste du tsar, soit avec une armure à la romaine, soit avec une draperie, soit en grande armure, avec manteau impérial et cordon de l'ordre de Saint-André ; le revers a une croix formée de quatre Π couronnés, la légende *moneta novaïa tsena rouble* (nouvelle monnaie du prix d'un rouble) et la date en chiffres arabes. Un oukase du 24 janvier 1718 avait ordonné de ne plus frapper de monnaies au marteau, mais de faire usage du balancier, et de mettre une inscription sur la tranche des *roubles* et des *demi-roubles*.

En 1724, dit Chaudoir, parurent les premiers *roubles* frappés à Saint-Pétersbourg : ils ont sous le buste les lettres C Π b (= *s. p. b.* abréviation de *Saint-Pétersbourg*), et portent comme type de revers une croix formée de quatre Π couronnés placés autour de l'étoile de l'ordre de Saint-André. La taille moyenne du *rouble* fut de quinze à la livre et le titre normal de 82 $\frac{2}{3}$ zolotniks.

e) *Poltina* ou *demi-rouble* d'argent, frappé à partir de 1701. Mêmes types que le *rouble*, mais le mot *poltina* remplace naturellement le mot *rouble* dans la légende. Le type du revers est toujours l'aigle.

f) *Poloupoltinnik* ou *quart de rouble* d'argent, frappé à partir de 1701. Ils portent au revers l'aigle et, en légende, le mot *poloupoltinnik* et le millésime.

g) *Grivna* ou pièce de dix copeks d'argent. Les premières *grivny* sont de forme oblongue et irrégulière comme les anciens *copeks,* dont elles reproduisent le type. En 1701 parurent les *grivny* rondes ; elles portent à l'avers l'aigle à deux têtes et au revers le mot *grivna* ou *grivennik* avec la date.

h) *Pièce de cinq copeks (piat kopieck)* ou de *dix dengui (déciat déneg)*. Type analogue à celui des *grivny* rondes. Celles de 1701 et des années suivantes ont le millésime en chiffres slaves ; en 1714 la date est en chiffres arabes. Par les oukases du 28 juin et du 28 juillet 1723, il fut ordonné de faire des pièces de cinq copeks en cuivre.

i) *Altyn* ou *altynnik,* valant 3 copeks, frappé à partir de 1704 ; ces pièces ont à l'avers l'aigle russe et au revers le mot *altynnik* et la date en caractères slaves. Un oukase du 14 février 1718 vint modifier légèrement le titre des *altynniks* et provoqua le changement du type. Les pièces portèrent d'un côté saint Georges à cheval perçant un dragon et au revers trois globules, le nom de la pièce et la date en chiffres slaves. L'émission des *altynniks* fut arrêtée en 1721.

j) *Pièce de 12 copeks* en argent de bas titre, frappée à l'imitation des *tymf* polonais et prussien. Ces pièces en argent de bas titre portent le buste et l'aigle russe. On les connaît pour 1707 et 1708.

k) *Copeks*. Les premiers *copeks* de Pierre-le-Grand sont en argent et de forme irré-

Fig. 326

gulière. Le 20 mai 1714 il fut ordonné de faire des *copeks* ronds, portant à l'avers l'image équestre de saint Georges, au revers, un globule, le mot *kopeika* et la date en chiffres slaves. Concurremment avec les *copeks* d'argent, on frappa des *copeks* de cuivre. Notre figure 326 reproduit celui de 1721.

l) *Denga* de cuivre. C'est un oukase du 11 mars 1700 qui prescrivit la fabrication de monnaies divisionnaires en cuivre. Les *dengui* ont à l'avers l'aigle russe.

m) *Poloucbka* de cuivre valant le quart du *copek*. On frappa aussi des *polpoloucbki,* mais seulement à titre d'épreuve. Même type que les *dengui.*

Fig. 327

La taille des monnaies de cuivre fut très variable sous Pierre-le-Grand. Depuis 1704, les *copeks* étaient à 20 roubles au poud, mais à partir de 1718, la taille de toutes les espèces de cuivre fut de 40 roubles au poud, ce qui réduisit leur poids de moitié.

Le règne de Catherine I (1725-27) n'introduisit pas de modification sensible dans le monnayage. Certaines espèces cessèrent d'être émises et l'effigie de l'impératrice remplaça celle de son époux défunt. Sur les premiers *roubles* le buste est tourné à gauche (fig. 327), mais dès 1725 il fut tourné à droite, comme sous Pierre-le-Grand.

En 1725, il fut ordonné de faire à Ékaterinebourg en Sibérie des plaques de cuivre, analogues aux *plătmynt* de Suède et destinées à circuler pour *un rouble, cinquante, vingt-cinq, dix, cinq, deux copeks* et

Fig. 328

un copek ; elles étaient taillées à dix roubles au poud, de sorte que les plaques d'un rouble ne pesaient pas moins de quatre livres. Ces plaques sont carrées et portent un ou plusieurs poinçons aux armes de Russie, le nom de la pièce, la date et le nom de l'atelier. On connaît de ces pièces pour les années 1725, 1726 et 1727. Notre figure 328 représente une plaque d'une *grivna* frappée en 1726.

Pierre II (1727-1730) frappa en or des *ducats* et des pièces de *deux roubles,* en argent des *roubles, demi-roubles* et *quarts de rouble,* en cuivre, des *pièces de cinq copeks,* des *copeks* et des *polouchki.*

Aucun changement ne fut introduit, dans le monnayage de l'or et de l'argent, sous Anne I (1730-40). On possède à son effigie des *ducats* d'or, des *roubles, demi-roubles, quarts de rouble* et *grivennik* d'argent. Certaines espèces du règne de Pierre-le-Grand ayant été démonétisées, une société, à la tête de laquelle était Karikhalof, fit en 1731 l'entreprise de leur retrait et de leur transformation en *roubles* et *demi-roubles.* Pendant un an et demi cette société réalisa des bénéfices tellement exagérés que le ministre Golovkin prit contre elle la mesure radicale de la confiscation. Un nouveau contrat, moins onéreux pour l'état, fut passé le 28 mai 1733 avec une nouvelle société.

L'impératrice Anne I modifia entièrement le système des monnaies de cuivre. Par son oukase du 2 décembre 1730, elle ordonna de tailler les pièces divisionnaires à raison de dix roubles au poud. C'est de cette époque que datent, en Russie, ces lourdes monnaies de cuivre si caractéristiques. Les pièces mises en circulation par les prédécesseurs d'Anne furent refrappées : les vieux *copeks* de Pierre-le-Grand à 20 roubles au poud furent transformés en *deniejki*, et ceux qui avaient été taillés à raison de 40 roubles au poud devinrent des *polouchki*. Cette réforme monétaire avait pour but de mettre la valeur intrinsèque des pièces de bronze en rapport avec leur valeur nominale, de manière à entraver le faux monnayage auquel se livraient fructueusement les juifs polonais. En 1740, Anne I voulut frapper des *pièces de deux copeks*, mais elles ne furent émises qu'à titre d'essai.

A la mort d'Anne I, survenue en octobre 1740, Ivan VI, fils d'Antoine-Ulric, duc de Brunswick-Bevern, à peine âgé de deux mois, fut proclamé empereur de Russie en vertu du testament de la défunte impératrice, mais en décembre 1741 une conspiration mit le jeune Ivan VI et ses parents à la merci d'Élisabeth, seconde fille de Pierre-le-Grand, qui fut proclamée impératrice de Russie. Pendant les quatorze mois du règne nominal d'Ivan VI, les seules monnaies émises, tant à Saint-Pétersbourg qu'à Moscou, furent des *roubles, demi-roubles* et *grivennik* d'argent.

Dès le 18 décembre 1741, Élisabeth I ordonna de retirer ces pièces de la circulation et d'en opérer la refonte. Sous son règne, la série des monnaies d'or s'enrichit de quelques pièces nouvelles. Outre les *ducats* et *doubles ducats*, portant à l'avers le buste, au revers soit l'aigle, soit l'image de saint André, il y eut à partir de 1755 des pièces de 10 et de 5 *roubles* appelées *impériales* et *demi-impériales*. Le titre de ces pièces nouvelles fut fixé à 88 zolotniks; le poids de l'*impériale* fut de $3\frac{85}{95}$ zolotniks, et celui de la *demi-impériale* de $1\frac{90}{96}$ zolotniks. Leur type comprend à l'avers, le buste, le nom et le titre de l'impératrice, au revers, l'aigle russe entourée des écus couronnés de Moscou, de Cazan, d'Astrakan et de Sibérie, avec la dénomination de la valeur et les chiffres du millésime placés entre les écussons. L'oukase créant ces espèces est daté du 12 novembre 1755. Le 21 juin de l'année suivante, il fut ordonné de faire des pièces d'or de *deux roubles* et d'*un rouble*. Ces pièces portent l'effigie d'Élisabeth et l'aigle chargé en cœur d'un écu rond au saint Georges. On frappa aussi en 1756 des *demi-roubles* d'or, mais Chaudoir affirme que ces pièces, non mentionnées dans l'oukase, ne furent faites que pour l'usage particulier de la cour; elles ont au revers le chiffre couronné d'Élisabeth I.

En argent, les *roubles* et *demi-roubles* d'argent restèrent, à l'effigie près, ce qu'ils étaient sous les règnes précédents, mais en 1755, Élisabeth I ordonna la fabrication de monnaies d'argent de *cinq copeks*[1]. La taille des pièces de cuivre fut portée à huit roubles au poud, mais comme ce monnayage était onéreux pour le trésor, il fut ordonné par oukase du 8 avril 1757 de refrapper tout le cuivre de manière à faire seize roubles au poud.

Pierre III fut proclamé empereur de Russie en janvier 1762 immédiatement après la mort d'Élisabeth I, sa tante. Il fut renversé, en juillet de la même année, par une conjuration qui donna la couronne à Catherine II.

Pendant son règne éphémère, Pierre III fit frapper des *ducats, impériales* et *demi-impériales* d'or, des *roubles, demi-roubles, pièces de 20 copeks* et *pièces de quinze copeks* d'argent. L'oukase du 17 janvier 1762 donna l'ordre de rapporter toutes les pièces d'argent frappées depuis 1700 aux Monnaies de Saint-Pétersbourg et de Moscou, où elles devaient être refrappées. Les lettres II. C. c'est-à-dire *Pérédiel Sanktpetersbourskii*, remonnayage de Saint-Pétersbourg, ou П. M. *Pérédiel Moskofskii*, remonnayage de Moscou, indiquaient sur les pièces ainsi pourvues d'une nouvelle empreinte, l'atelier où celle-ci leur avait été donnée. Le même oukase du 17 janvier 1762 ordonna de frapper à nouveau toutes les monnaies de cuivre antérieures à 1757 et de tailler désormais 32 roubles au poud; pour accélérer l'opération, on créa, à côté des hôtels monétaires de Moscou, de Saint-Pétersbourg et d'Ékaterinebourg, des officines nouvelles à Jaroslavl, à Nijni Novgorod et à Sesterbek.

Catherine II (1762-1796), par un oukase du 18 décembre 1763, fixa le rapport de l'or à l'argent comme 1 est à 15 et décida que ses espèces seraient désormais frappées conformément à cette proportion. Les monnaies d'or émises sous son règne sont des *impériales, demi-impériales* et *ducats*; on frappa en outre en 1766 et 1785 des *pièces d'or de deux roubles*, en 1779 des *roubles*, et en 1777 des *demi-roubles* d'or.

1. Nous parlerons plus loin des monnaies qu'Élisabeth I fit frapper pour la Prusse, l'Esthonie et la Livonie.

En argent, la monnaie la plus forte reste le *rouble,* qui présente quant au type trois variétés. De 1762 à 1766, le buste de l'impératrice est orné d'une fraise, de 1767 à 1776 le même buste a le cou sans fraise, enfin, à partir de 1777, la tête est ceinte d'une couronne de laurier.

Les vicissitudes de la monnaie de cuivre recommencèrent sous le règne de Catherine II. Un des premiers soins de cette souveraine fut de faire cesser le monnayage des pièces à 32 roubles au poud pour rétablir, par son oukase du 20 décembre 1762, la taille de 16 roubles au poud. Un oukase du 16 février 1770 créa une nouvelle monnaie de cuivre de la valeur d'un *rouble,* à raison de 16 au poud, ce qui donnait comme poids de chaque pièce deux livres et demie ou environ 1024 de nos grammes. Ces géants monétaires ne furent fabriqués que pendant un an, en 1771, dans l'atelier de Sesterbek. En 1788, deux nouveaux ateliers pour la frappe du cuivre furent créés aux environs d'Ékaterinbourg, l'un sur le bord de l'Icéta, l'autre sur le bord de la Babka. De 1789 à 1799, on monnaya également à Annensk.

Le 29 décembre 1768, Catherine II établit une Banque Impériale qui reçut dans ses attributions d'émettre des assignats et de soigner le monnayage des espèces d'or, d'argent et de cuivre [1].

La période historique dont nous avons à nous occuper ici se clôt avec le règne de Paul I (1796-1801). Cet empereur tenta une réforme monétaire qui avait pour but d'introduire en Russie le système hollandais. Par un oukase du 2 décembre, il ordonna à la Banque impériale de faire frapper des *ducats* avec l'or qui se trouvait dans ses caisses. Le type de ces *ducats,* que l'on retrouve sur les *roubles* de 1796, consista, à l'avers,

Fig. 329

en l'aigle russe, au revers en un cartouche carré portant en quatre lignes un verset de psaume. Un nouvel oukase du 20 janvier 1797 ordonna de frapper des *roubles* d'argent à 83 $\frac{1}{3}$ zolotniks de loi et à 14 $\frac{167}{400}$ de taille à la livre, qui vaudraient exactement 50 stuivers de Hollande. A ce taux, le *rouble* valait 137 copeks des monnaies du règne précédent. Les divisions de la monnaie d'argent devaient être faites en proportion, et toutes les pièces antérieurement émises devaient être refondues. Les types de ces monnaies de 1797 se composent à l'avers d'une croix formée de

---

1. Nous parlerons dans les paragraphes suivants des monnaies frappées par Catherine II pour la Crimée, la Sibérie et la Moldo-Valachie.

quatre II couronnés, réunis autour d'un I, au revers du cartouche carré décrit ci-dessus (fig. 329). Les *roubles* portèrent autour de la croix les mots *moneta tséna rouble* (monnaie du prix d'un rouble). Les monnaies de cuivre restèrent taillées à raison de seize roubles au poud, mais le type fut changé ; elles portèrent d'un côté le monogramme couronné de l'empereur, de l'autre la dénomination de la valeur et la date.

Le système monétaire russo-hollandais de Paul I fut mal accueilli. Dès le 3 octobre 1797, l'empereur y renonça et ordonna de faire les *roubles* à raison de 19 $\frac{3}{4}$ à la livre ; le titre de 83 $\frac{1}{3}$ zolotniks fut conservé. Ces nouveaux *roubles* avaient la même valeur que ceux de Catherine II, soit 36 $\frac{1}{2}$ stuivers de Hollande. Leur type fut celui des grands *roubles* de 1797. Les *poltini* ou demi-roubles, les *poloupoltini* ou quarts de rouble, les *grivni* et les *pièces de 5 copeks* d'argent furent frappées en proportion. Le même oukase du 3 octobre 1797 ordonna la fabrication de *demi-impériales* d'or au titre de 94 $\frac{2}{3}$ zolotniks, dont le type diffère peu de celui de la monnaie d'argent.

§ II. — *Les dépendances de la Russie.*

Nous groupons dans ce paragraphe les diverses régions qui furent soumises à l'autorité où à l'influence de la Russie, dans le cours du XVIIIe siècle, c'est-à-dire la Prusse orientale, la Livonie et l'Esthonie, la Moldo-Valachie russe, la Crimée, la Sibérie et la Géorgie.

a). — *La Prusse orientale.*

En 1759, les victoires de Palzig et de Kunersdorf livrèrent la Prusse orientale à l'impératrice Élisabeth Pétrovna. L'année suivante les Russes, poussant plus avant leurs succès, s'avancèrent jusqu'à Berlin.

Fig. 330

L'occupation de la Prusse orientale depuis 1759 jusqu'à 1762 donna lieu à l'émission de monnaies d'argent et de billon selon le système prussien, pour le paiement de la solde des troupes (fig. 330). Ces pièces furent fabriquées à Königsberg et à Moscou ; elles consistent en *pièces de dix-huit gros* ou *tympfs*, en *pièces de six gros* ou *chestaki*, en triples, doubles et simples *gros*, en *shillings* ou tiers de gros. Un oukase du 2 mai 1761 ordonna également la frappe de *gulden* et *demi-gulden*. Le type de ces diverses monnaies comprend l'effigie d'Élisabeth, l'aigle de Prusse, l'aigle russe, le monogramme de l'impératrice ou l'indication de la valeur placée au milieu du champ. Les légendes sont latines : MONETA REGNI PRVSS., GROSSVS REGNI PRVSS, etc.

b). — *La Livonie et l'Esthonie.*

L'impératrice Élisabeth Pétrovna, voulant supprimer l'usage des monnaies étrangères dans les provinces baltiques, où elles continuaient à former la base de la circulation, ordonna par un oukase du 25 octobre 1756, confirmé le 19 mars 1757, de frapper à Moscou des monnaies d'argent particulières, pour la Livonie et l'Esthonie. Ces monnaies qui portaient le nom de *livonaises*, portaient à l'avers le buste de l'impératrice avec son nom et son titre en latin, et au revers l'aigle russe tenant dans le bec, par des cordons, devant sa poitrine, deux écussons aux armes de Riga et de Reval, avec la légende : MONETA LIVO-ESTHO-NICA.

On a frappé des *livonaises* entières valant 96 copeks, des *demi-livonaises*, des *quarts de livonaise*, des *pièces de 4 copeks* et des *pièces de 2 copeks*.

c). — *La Sibérie.*

Sous le règne de Catherine II, furent frappées des monnaies de cuivre spéciales à la Sibérie. Voici, d'après Chaudoir, en quelles circonstances : « Les mines de cuivre de Kolyvan Voskresensk contiennent de l'or et de l'argent, dans le poud de cuivre on trouve environ 1 $\frac{35}{96}$ zolotnik d'or fin et 31 $\frac{1}{96}$ zolotniks d'argent fin. Comme les frais de l'extraction de cet or et de cet argent furent trouvés trop considérables, il fut ordonné, par oukase du 5 décembre 1763, de faire de ce cuivre des *grivenniki*, des *pièces de 5 copeks*, des *grocheviki*, des *copeks*, des *déniejki* et des *polouchki*, à 25 roubles au poud, compensant par là la perte que faisait le trésor sur les métaux précieux que contenait ce cuivre. » Cette monnaie devait n'avoir cours qu'en Sibérie. Son type se composait à l'avers du chiffre de l'impératrice couronné et entouré de lauriers, au revers d'un écu couronné dans lequel étaient inscrites en plusieurs lignes la date et la valeur de la pièce, et que soutenaient deux martres zibelines ; une légende circulaire indiquait la destination de ces espèces : *moneta sibirskaia*, monnaie de Sibérie.

Des essais de ces pièces furent frappés à Saint-Pétersbourg en 1764, mais le monnayage effectif n'eut lieu qu'à partir de 1766 à Souzoun, près des mines de Kolyvan. On continua à émettre ces pièces jusqu'à l'oukase du 7 juin 1781, qui arrêta la fabrication.

Les monnaies dont nous venons de parler sont les seules qui aient été spéciales à la Sibérie. Les autres pièces fabriquées par les ateliers sibériens rentrent dans la numismatique russe proprement dite.

d). — *La Moldo-Valachie.*

Sous le règne de Catherine II, lors de l'occupation de la Moldavie pendant la guerre russo-turque de 1771 à 1774, on émit des pièces de cuivre d'*un para* ou *trois dengui* (fig. 331), de *deux paras* ou *trois copeks,* et de *cinq copeks,* qui n'eurent cours qu'en Moldavie et en Valachie où se trouvait l'armée impériale. Leur type se compose, d'un côté, de l'aigle russe chargé ou accompagné des écussons ovales de la Moldavie et de la Valachie, de l'autre, soit d'un trophée, soit du chiffre de Catherine II, soit d'une croix formée d'€ entrelacés.

Fig. 331

Ces monnaies furent frappées à Sadogoura, petite ville située près de Jassy, par le baron de Gartenberg, qui avait pris à ferme le monnayage; le métal fut fourni par la fonte des canons pris sur les Turcs. Après la guerre, l'atelier de Sadogoura fut fermé.

e) — *La Crimée.*

La Crimée, ancienne Chersonèse taurique, formait un état tartare dépendant de la Turquie. En 1774, Catherine II avait fait reconnaître l'indépendance du pays, mais en 1783 elle déposa le Khan, Sahi m Gheraï, et fit occuper la Crimée par ses troupes. La paix de Jassy, en 1792, lui en assura la possession définitive.

Peu de temps a près la conquète, un atelier fut ouvert à Théodosie. En

1787, lors du voyage de Catherine II en Crimée, il y fut frappé des monnaies en argent portant à l'avers le chiffre couronné de l'impératrice, avec la légende, parfois abrégée, *tsaritza Khersonisa Tavritcheskazo*, reine de la Chersonèse taurique, et la date. Le revers porte un grand chiffre arabe désignant la valeur de la pièce et le nombre de globules y correspondant, avec les lettres T M, initiales des mots *tavritcheskaïa moneta*, monnaie taurique. C'est sur ce type que furent frappées des pièces de 20, de 10, de 5 et de 2 copeks.

f). — *La Géorgie.*

Éréclé II (1762-1798), roi de Géorgie, voulant soustraire ses états à l'influence persane, se mit sous la protection de la Russie et prêta serment de soumission à Catherine II.

Fig 332

Ce fait historique est rappelé par des monnaies de cuivre (fig. 332) qui portent à l'avers l'aigle russe. Le revers présente le nom d'Éréclé en caractères assomthawrouli et les mots : *frappé à Tiflis*, en arabe, suivis d'une date de l'hégire.

La Géorgie fut annexée à la Russie en 1801.

§ III. — *Les pays chrétiens des Balkans.*

a). — *Le voïvodat de Moldavie.*

En 1513, la Moldavie dut reconnaître la suzeraineté du Sultan. Depuis 1538, celui-ci nomma les Voïvodes de Moldavie, qu'il choisit toujours parmi les Grecs fanariotes. La numismatique de ce pays est encore peu connue, et la chronologie des voïvodes est très incertaine. Voici ceux auxquels M. Sturdza attribue des monnaies :

* Stephanitza Voda, 1517-27.
. . . .
* Étienne Locusta, 1538-40.
. . . .
* Alexandre Lapuschneanu, 1552-61.
* Jean Héraclides, 1561-63.

* Alexandre Lapuschneanu, rétabli, 1564-1566.
. . . .
* Ivonia ou Jon Voda le Terrible, 1572-74.
. . . .
* Eustrate Dabija, 1662-66.

Le numéraire de Stephanitza (1517-27) consiste en petites monnaies de billon portant à l'avers les armes de Moldavie, une tête de bœuf vue de face, surmontée d'une étoile. Les légendes sont en latin et en caractères gothiques : **MONETA MOLDAVIE — + STEHANVS VOIEVODA.** Sous Étienne Locusta (1538-40), les inscriptions latines font place à des légendes slaves : **IѠ СТЕФАNА ВОЄВОДА ГОСПО- ДАР ЗЄМΛΗ МОΛДАВСКОН,** *Jo Stefana voevoda gospodar ẕemli moldavskoi;* on remarquera la manière dont est coupé le mot *gospodar,* qui commence à l'avers et se continue au revers.

Les pièces d'Alexandre Lapuschneanu portent l'image de la Vierge, *patrona Moldaviae,* et les légendes sont en latin. Avec Jean Héraclides se montrent les *ducats* d'or et les fortes espèces d'argent, telles que le *thaler;* ces monnaies portent son buste et ses armes avec inscriptions pompeuses : **HERACLIDIS DESPONTE PATRIS PATRIae — VINDEX ET DEFENSOR LIBERTATIS PATRIae** 1563.

Les petites espèces d'Ivonia reprennent des inscriptions slaves. Les seules monnaies d'Eustrate Dabija consistent en pièces de cuivre. L'atelier monétaire de la Moldavie, du moins dans les derniers temps des émissions autonomes, était placé à Sutschava.

b). — *Le voïvodat de Valachie.*

La Valachie fut rendue tributaire de la Turquie par Mahomet II en 1462, et depuis cette époque les voïvodes furent nommés par le sultan.

On connaît un certain nombre de pièces d'or et d'argent de Michel le Vaillant (1593-1601), mais elles paraissent être plutôt des médailles que des monnaies. Michel Radul (1658-59) émit quelques espèces de billon sur lesquelles il s'intitule : **IO MICHAEL RAD. D. G. VALachiae TRansalpinae PRinceps.** Sa devise est *Si Deus nobiscum quis contra nos.*

Une tentative plus sérieuse de monnayage fut faite par Constantin Brancovan (1688-1714), dont il existe des pièces de *dix* et de *cinq ducats* d'or, des *doubles thalers,* des *thalers* et des *gulden* d'argent à son buste et à ses armes. Ces émissions ne furent pas renouvelées sous ses successeurs.

CHAPITRE QUATORZIÈME

LES COLONIES EUROPÉENNES D'OUTRE-MER

JUSQU'A LA FIN DU XVIIIᵉ SIÈCLE.

SOURCES : A. Heiss, *Descripcion general de las monedas hispano-cristianas desde la invasion de los Arabes*. Madrid, 1865-69, 3 vol. in-4. — *Catalogo de la coleccion de monedas y medallas de Manuel Vidal Quadras y Ramon, de Barcelona*. Barcelone, 1892, tomes II et III, in-4. — A. Campaner y Fuertes, *Indicador manual de la numismatica española*. Palma, 1891, in-12, p. 523 et suiv. — A. C. Teixeira de Aragão, *Descripção geral e historica das moedas cunhadas em nome dos reis, regentes e governadores de Portugal*. Lisbonne, 1874-77, t. III, in-8. — J. Meili, *Das brasilianische Geldwesen .I. Die Münzen der Colonie Brasilien*. Zurich, 1897, gr. in-8. — J. Atkins, *The coins and tokens of the possessions and colonies of the british empire*. Londres, 1889, in-8. — R. Chalmers, *A history of currency in the bristish colonies*, Londres, 1893, in-8. — E. Zay, *Histoire monétaire des colonies françaises, d'après les documents officiels*. Paris, 1892, in-8. — Verkade, *Muntboek bevattende de munten geslagen in de Vereenigde nederlandsche Provincien sedert den vrede van Gent tot op onzen tijd*. Schiedam, 1848, in-4. — E. Netscher et J. A. van der Chys, *De munten van nederlandsch Indie beschreven en afgebeeld*. Batavia, 1863, in-4. — V. Bergsöe, *Trankebar-Mönter (1644-1845) samt Mönter og Medailler vedrorende den danske Handel paa Ostindien, China og Guinea (1657-1777)*. Copenhague, 1895, pet. in-4. — A. Weyl, *Die Jules Fonrobert'sche Sammlung überseeischer Münzen und Medaillen*. Berlin, 1877, in-8, 3 vol.

Les nations européennes qui, à la suite des grandes découvertes géographiques du xvᵉ et du xviᵉ siècle, créèrent au delà des mers des colonies ou des comptoirs commerciaux pendant la période que nous étudions ici, sont au nombre de sept: l'Espagne, le Portugal, l'Angleterre, la France, la Hollande, le Danemark, et enfin, mais pour une part insignifiante, la Suède. Il convient d'ajouter encore à cette liste la Prusse qui tenta, d'ailleurs sans succès, la création de comptoirs en Guinée et d'une compagnie commerciale asiatique investie du droit de battre monnaie [1].

Les travaux publiés dans ces dernières années sont assez nombreux

---

1. On trouvera dans la *Grande Encyclopédie*, t. XI, au mot *colonisation*, un excellent résumé de l'histoire générale de l'expansion européenne.

pour que nous puissions donner de la numismatique coloniale un résumé satisfaisant; on nous permettra, à ce propos, de remarquer que notre *Traité* est le premier ouvrage d'une portée générale où les monnaies des colonies ne soient pas passées sous silence.

§ I. — *Colonies espagnoles.*

Les colonies espagnoles dont on possède des monnaies forment trois groupes: en Afrique, Oran et les îles Canaries; en Amérique, les immenses territoires du Mexique, du Guatemala, du Pérou, de la Nouvelle-Grenade et du Chili; en Océanie, les îles Philippines.

a). — *Oran et les îles Canaries.*

Oran fut conquise par les Espagnols au commencement du xvie siècle. Sous le règne de Philippe III (1598-1621), furent frappées à Tolède, en 1618, pour la possession d'Oran, des pièces de cuivre de huit, quatre et deux *maravédis*. Ces pièces d'une frappe très mauvaise portent à l'avers l'écu couronné de Castille, Léon et Grenade, au revers le mot ORAN disposé en croix autour d'une croisette[1].

Sous Charles II de nouvelles pièces de cuivre de 8 et de 4 *maravédis* furent émises en 1691 dans l'atelier de Madrid. Elles portent d'un côté l'écu couronné, de l'autre les lettres IHS sous une couronne accostée du millésime et dessous ORAN. Par suite d'une erreur de lecture portant sur la date, 1631 au lieu de 1691, quelques auteurs classent ces pièces au règne de Philippe IV.

M. Campaner a fait connaître[2] des monnaies d'argent du xviie ou du xviiie siècle qui portent d'un côté un monogramme paraissant composé des lettres PALMAS; ces pièces semblent appartenir aux îles Canaries dont la ville de Las Palmas est la capitale.

b). — *Amérique espagnole.*

C'est dans la première partie du xvie siècle que fut constitué en Amérique l'immense empire colonial de l'Espagne. De 1519 à 1537, Fernand

---

1. C'est à tort que Mailliet a fait figurer ces pièces dans son *Atlas des monnaies obsidionales et de nécessité,* pl. xc, en les attribuant au siège soutenu en 1733 par la ville d'Oran contre les Maures.

2. *Memorial numismatico español,* t. IV, p. 74.

Cortez soumit le Mexique; de 1524 à 1541, le Pérou et le royaume de Quito furent conquis par Pizarre et ses frères; en 1532 la région vénézuélienne le fut à son tour; puis de 1536 à 1540, le Chili; enfin à partir de 1535 les premiers établissements furent créés à l'embouchure du Rio de la Plata. En 1541, toute l'Amérique centrale et méridionale, sauf le Brésil, appartenait effectivement ou nominalement à la couronne d'Espagne. L'année suivante, les colonies furent divisées en deux vice-royautés dont l'une eut pour capitale Mexico, l'autre, Lima. En 1739, aux deux vice-royautés primitives fut ajoutée celle de la Nouvelle-Grenade; enfin une quatrième vice-royauté fut créée en 1776 avec Buenos-Aires comme chef-lieu.

Par ordonnance de Charles-Quint et de sa mère Jeanne, en date du 11 mai 1535, un atelier monétaire fut établi à Mexico. On y frappa des *pièces de huit réaux* ou *pesos* d'argent et leurs divisions : *pièces de quatre*, de *trois*, de *deux réaux*, *réaux simples*, ou *reales sencillos*, *demi-réaux* et *quarts de réaux*. Les pièces de trois réaux furent retirées de la circulation parce qu'on les

Fig. 333

confondait trop facilement avec celles de quatre réaux ou *tostones* dont nous reproduisons la figure (fig. 333). Toutes ces monnaies portent au revers un chiffre qui indique leur valeur.

Le type des *réaux* et multiples comprend d'un côté l'écu couronné de Castille-Léon-Grenade, de l'autre les colonnes d'Hercule issant de la mer et les mots **PLVS VLTRA**. Sur les *demi-réaux*, l'écu de l'avers est remplacé par les initiales **K · I** sous une couronne. Une ordonnance du 31 mai 1535 avait fixé la valeur du réal à 34 maravédis.

Le 28 juin 1542, le vice-roi Antonio de Mendoza décida

Fig. 334

qu'on frapperait à Mexico douze mille marcs de cuivre en pièces de *quatre* et de *deux maravédis*, mais ces pièces reçurent de la population un accueil si défavorable que la fabrication en fut arrêtée.

Sous le règne de Philippe II (1556-98), une ordonnance royale du 10 mai 1570 décida que les monnaies mexicaines seraient dorénavant frappées au même type, au même titre, au même poids que les monnaies d'Espagne. On ne put donc plus distinguer les espèces américaines de celles des ateliers européens que par les différents de l'officine, certaines particularités du dessin et la présence uniforme dans les légendes des mots **ET INDIARVM** à la suite du titre du monarque.

Sous Philippe III (1598-1621), un second atelier fut ouvert à Lima, capitale de la seconde vice-royauté de l'Amérique espagnole. Sous Philippe IV (1621-65), une troisième officine fut créée à Potosi, en 1650. Dans cet atelier, comme dans celui de Lima, on reprit, à la suite d'un décret du 22 décembre 1650, l'ancien type aux colonnes d'Hercule, qui reçut la dénomination populaire de *perulero* (fig. 334), tandis que le type à la croix, en usage en Espagne, et dont Philippe II avait, comme nous l'avons dit plus haut, étendu l'emploi à l'Amérique, était dit *macuquino*.

Le règne de Charles II (1665-1700) vit s'augmenter encore le nombre des centres de fabrication monétaire : aux Monnaies de Mexico, de Lima et de Potosi vint s'ajouter celle de Santa Fé de Bogota. Notre figure 335 représente le *real de a ocho* ou *peso* d'argent frappé dans cette officine. Comme la plupart des monnaies américaines de l'époque, l'exemplaire a perdu une grande partie de ses dimensions primitives par un rognage frauduleux ; il rentre ainsi dans la catégorie des pièces dites *cortadas*, littéralement, pièces écourtées.

Fig. 335

Le 25 février 1675, l'atelier de Mexico fut autorisé à frapper des monnaies d'or, de même que l'atelier de Lima, dont les émissions furent dès le début de beaucoup les plus importantes. Pour Charles II elles consistent en *doblones à 8 escudos*, pièces de quatre, de deux *escudos* et d'un *escudo*, toutes au type dit *perulero*.

Sous Philippe V (1701-24-46), un atelier nouveau fut organisé à Guatemala. En 1732, la Monnaie de Mexico, pourvue d'un outillage mécanique, commença à frapper des espèces conformément à des ordonnances de 1728 et 1730 ; le type se composa, d'un côté de l'écu couronné, de l'autre de deux hémisphères couronnés, placés au-dessus de la mer et accostés des colonnes d'Hercule couronnées. Ce type, qui obtint une faveur énorme, est connu des numismates espagnols sous les noms de *columnario* ou de *mundos y mares*. Les autres officines adoptèrent successivement ce même dispositif et, sous Ferdinand VI (1746-59), celle de Lima fut dotée d'un outillage mécanique. Des ateliers nouveaux furent créés sous ce règne à Santiago de Chile et à Popayan.

Le 19 septembre 1759, on ordonna de mettre sur les espèces coloniales le buste du roi; les essais furent approuvés le 13 mai 1761, mais pendant dix ans les coins nouveaux restèrent sans emploi. C'est en 1772 seulement que parurent les premières pièces d'or et d'argent à l'effigie de Charles III (1759-88). Le nombre des ateliers s'accrut de celui de Guanajuato.

Il nous reste à donner la liste des marques spéciales aux divers ateliers de l'Amérique espagnole. Le tableau très exact nous en est fourni par l'excellent manuel de M. Campaner :

Guanajuato	GO (l'o au milieu du G).
Guatemala, puis *Nouvelle Guatemala*	G, puis NG.
Lima	L OU LIMAE en monogramme.
Mexico	M surmonté d'un petit O (fig. 333).
Popayan	P OU PN.
Potosi	le mot POTOSI (fig. 334).
Santa Fé de Bogota	N R OU NR liés, initiales de *Nuevo Reino*, c'est-à-dire Nouveau royaume de Grenade (fig. 335). Dans le catalogue Fonrobert, ce différent est attribué par erreur à Léon de Nicaragua.
Santiago de Chile.	S.

c). — *Iles Philippines.*

Les monnaies les plus anciennes frappées pour les îles Philippines sont des pièces de cuivre de Charles III (1759-88). Elles portent à l'avers un château crénelé surmonté d'une couronne, avec la légende **CIUDAD DE MAN**(*ila*) 1766; le revers a les armes couronnées des Philippines : une sirène couronnée tenant une épée et nageant à dextre.

§ II. — *Colonies portugaises.*

Les colonies portugaises dont il y a lieu de s'occuper ici forment trois groupes géographiques : les établissements des Indes, le Brésil et les établissements d'Afrique.

a). — *Inde portugaise.*

Le monnayage de l'Inde portugaise commença à Goa sous le règne d'Emmanuel (1500-21); il consiste en *demi-crusades* d'or et en pièces divisionnaires de cuivre. Le type de la monnaie d'or se compose à l'avers du mot **MEIA** sous une couronne, au revers d'une sphère terrestre, d'où le nom de *meia esphera,* ou *demi-sphère* d'or donné à la pièce.

Fig. 336

Sous Jean III (1521-57) l'image de saint Thomas forma le type des pièces d'or; sur la pièce la plus forte, dite *san thome* d'or, cette image est entourée des mots **INDIA TIBI CESSIT.** Le règne de Sébastien I (1557-78) vit apparaître la monnaie d'argent, portant soit l'image de saint Sébastien, soit deux des flèches de son supplice en sautoir sous une couronne.

Pendant la domination espagnole en Portugal, les émissions de l'atelier de Goa se bornent à des espèces d'argent et de cuivre. La gravure des coins due à des artistes indigènes devient, ainsi que la frappe, de plus en plus mauvaise.

La technique ne s'améliora pas quand le Portugal eut recouvré son

Fig. 337

indépendance. Lorsque sous Jean V (1706-1750), on décida de mettre sur les espèces d'argent, l'effigie du roi, celle-ci devint une véritable caricature (fig. 336).

La barbarie augmente encore dans le cours du xviiie siècle, tant dans l'atelier de Goa que dans celui de Diu qui était venu se joindre à l'officine primitive. D'affreuses pièces d'étain, dont notre figure 337 donne un échantillon au millésime de 1799, servaient aux transactions de détail.

b). — *Brésil.*

Les Portugais découvrirent le Brésil en 1500 et en prirent possession en 1503. Les Hollandais s'emparèrent de tout le nord du pays en 1624 et ne furent expulsés qu'en 1654.

Les premiers témoins monétaires de la domination portugaise au Brésil sont des monnaies espagnoles contremarquées en 1679, à Rio-de-Janeiro, d'un poinçon gravé au chiffre 640, indiquant le nombre de *reis* pour lesquels le gouvernement les admettait dans la circulation. Cette opération, ne donnant pas de bénéfice au trésor, fut suspendue par une ordonnance royale du 17 novembre 1681.

Le 8 mars 1694, le roi Pierre II ordonna la création d'un atelier monétaire à Bahia. Il devait y être frappé des monnaies dites *moedas provinciaes,* destinées uniquement à circuler au Brésil. Le système monétaire était analogue à celui de la mère patrie, mais le titre des espèces était réglé de manière à établir entre l'or et l'argent un rapport de 1 : 14,82, tandis qu'en Portugal le rapport était : 1 : 16. Les pièces suivantes devaient être frappées :

Moeda de 4000 reis, d'or.	*Pièce de 2 patacas* d'argent, valant 640 reis.
Moeda de 2000 reis, d'or.	*Pataca* d'argent, valant 320 reis.
Moeda de milreis, d'or.	*Meia pataca* d'argent, valant 160 reis.
	Pièce de 4 vintens d'argent, valant 80 reis.
	Pièce de 2 vintens d'argent, valant 40 reis.
	Vintem d'argent, valant 20 reis.

Pierre II s'intitule sur ses monnaies brésiliennes : *Petrus II Dei gratia Portugaliae rex et Brasiliae dominus.* Le type des pièces d'or se compose de l'écu couronné de Portugal, et d'une croix, dite de saint Georges, dans un quadrilobe. Les pièces d'argent ont au revers un globe posé sur une croix de l'ordre du Christ et accompagné, dans les cantons, des mots SVBQ*ue* · SIGN*o* · NATA · STAB*it.* Ce type restera, par excellence, celui des monnaies brésiliennes. La valeur en *reis* est toujours indiquée par des chiffres placés à côté de l'écu de l'avers.

En 1699, l'atelier de Bahia fut transféré à Rio-de-Janeiro, et une seconde officine fut ouverte, de 1700 à 1702, à Pernambuco. Ses produits reçurent comme différent un **P.**

En 1703, une ordonnance met les monnaies d'or frappées à Rio-de-Janeiro sur le même pied que celles du Portugal, dont elles eurent dorénavant non seulement le titre mais le type. L'atelier brésilien différencia ses produits en cantonnant de quatre **R** la croix du revers, comme sur la *moeda* de Jean V (1706-50) reproduite ici (fig. 338), ou en mettant l'initiale **R** sous le buste du roi, quand après 1722 les empreintes eurent été modifiées[1].

En 1714, l'atelier de Bahia fut réouvert ; il reçut la lettre **B** comme marque spéciale. Un décret du 19 mars 1720 décida la création d'une officine à Villa Rica de Ouro Preto, chef-lieu de la province de Minas Geraes, si riche en mines d'or ; les travaux commencèrent en 1724 ; les pièces de cet atelier (fig. 339) ont comme différent la lettre **M**.

Fig. 338

Comme le Brésil ne possédait pas de cuivre, on frappa à partir de 1715 à Lisbonne des pièces de ce métal destinées à y être transportées ; en 1729, toutefois, une fabrication de cuivre commença à Bahia. Toutes ces monnaies portent au revers la légende **PECUNIA TOTUM CIRCUMIT ORBEM** autour du globe brésilien. En 1722, une émission de cuivre spécialement destinée à la province de Minas Geraes eut lieu à Lisbonne ; ces pièces portent la légende **AES VSIBVS APTIVS AVRO**. L'atelier de Villa Rica de Ouro Preto fut fermé en 1734.

En 1749, furent frappées à Lisbonne des monnaies d'or, d'argent et de cuivre pour la province de Maranhão. De 1752 à 1774, sous le règne de

Fig. 339

Joseph I (1750-77), on émit à Bahia et à Rio-de-Janeiro des monnaies d'argent spéciales pour les régions minières ; il y eut ainsi des pièces de 600, de 300, de 150 et de 75 reis dites *moedas minieras*. Leur type se compose de l'initiale du roi, un **J** couronné, avec le millésime et l'indication de la valeur, et, au revers, du globe posé sur la croix du Christ ; dans les cantons, la devise **SVBQ · SIGN · NATA · STAB**.

1. Voir p. 513 au chapitre consacré à la numismatique du Portugal.

c) — *Afrique portugaise.*

Moçambique. — Les premières monnaies de la colonie de Mozambique remontent au règne de Jean V (1706-50) et consistent en pièces de cuivre de 30 et de 15 reis frappées à Goa, en vertu d'une autorisation du 17 janvier 1725. Leur type se compose de l'écu de Portugal accosté des lettres **M · E**, initiale et finale du mot *Moçambique ;* au revers l'initiale du roi et le chiffre indicatif de la valeur occupent le champ.

En 1735, l'atelier de Goa frappa pour le Mozambique des monnaies d'argent, puis une nouvelle émission eut lieu en 1743. L'avers porte la croix du Christ cantonnée des chiffres du millésime; le revers, les armes de Portugal accostées de **G · A**, indice de Goa.

Sous Joseph I (1750-77), l'atelier de Lisbonne frappa en 1755 et 1756 diverses espèces d'or et d'argent pour la même colonie. Le roi y prend les titres de : *Dei gratia Portugaliae rex et dominus Africae orientalis.* Le type des monnaies d'or se compose des armes et de la croix dite de saint Georges; celui des monnaies d'argent des armes et du globe posé sur la croix du Christ avec la devise **SUBQ · SIGN · NATA · STAB.**

Afrique occidentale. — M. Weil, dans le catalogue de la collection Fonrobert, rapporte à la Guinée les monnaies portugaises de Jean II (1481-95), d'Emmanuel I (1495-1521) et de Jean III (1521-57), sur lesquelles ces souverains ajoutent à leurs titres celui de *dominus Guineae.* Nous ignorons jusqu'à quel point il y a lieu de le suivre dans cette voie.

Sous Pierre II (1683-1706), l'atelier de Porto émit de 1693 à 1699, pour l'usage de l'Afrique occidentale, et plus spécialement pour Angola des pièces de cuivre de 20 et de 10 reis sur lesquelles le roi ajoute à son titre portugais celui de *dominus Aethiopiae.* Le type de ces pièces comporte l'écu portugais et au revers l'indice de la valeur, **XX** ou **X**, entouré de quatre **P** (différent de Porto), avec cette légende : **MODERATO SPLENDEAT VSV.** Une partie de ces pièces furent détournées de leur destination primitive et envoyées au Brésil.

Sous Joseph I (1750-77), de nouvelles émissions pour l'Afrique eurent lieu à Lisbonne. Elles consistèrent d'abord, de 1752 à 1757 en pièces de cuivre de 20 et de 10 reis, puis, à partir de 1762, en monnaies d'argent et de cuivre comprenant des pièces de 12, 10, 8, 6, 4 et 2 *macutas* d'argent, et des *macutas, meias macutas, equipagas* et *panos* de cuivre. Ces pièces portent à l'avers les armes de Portugal, au revers les mote **AFRICA PORTUGUEZA** et l'indication de la valeur. La *macuta* équivalait à 50 reis. Ce système resta en vigueur sous le successeur de Joseph I.

Iles Açores et Madère. — Nous avons parlé, au chapitre traitant des monnaies portugaises, des pièces frappées dans l'île de Terceire par le prétendant Antoine I. Ces pièces n'ont, en effet, aucun caractère colonial.

Les premières pièces destinées à la circulation locale des îles sont des monnaies de cuivre de 10, 5 et 3 *reis*, frappées à Lisbonne en 1750 et 1751, sous Joseph I. Leur inscription **PECVNIA INSVLANA** indique leur destination spéciale.

Sous Marie I (1786-99), on fit pour les îles, de 1794 à 1798, des monnaies divisionnaires d'argent et de cuivre.

§ III. — *Colonies anglaises*.

Les colonies anglaises dont nous avons à parler sont : en Asie, les établissements de l'Inde, l'île de Poulo-Pinang et celle de Sumatra; en Amérique, la Nouvelle-Angleterre, les Bermudes et les Antilles; enfin en Afrique, la Côte-d'or et Sierra-Leone.

a). — *Inde anglaise*.

Le premier voyage anglais aux Indes fut entrepris dans un but commercial en 1591. Les rapports faits au retour provoquèrent d'autres expéditions, et finalement une compagnie fut créée, à laquelle la reine Élisabeth accorda en 1600 une charte constitutive. D'autres compagnies reçurent des privilèges en 1698 et en 1702, jusqu'à ce qu'enfin, en 1708, fut établie la *New East India Company*.

A l'arrivée des Anglais aux Indes, deux systèmes monétaires s'y trouvaient en présence, l'ancien système hindou et le système musulman, dont l'extension allait croissant, en même temps que l'expansion de l'Islam.

Le système monétaire hindou avait pour unité une pièce d'or appelée *hun* ou *houn*, mot qui dans l'ancienne langue carnatique signifie *or*. Les Portugais avaient donné à cette pièce le nom de *pagoda*, du temple pyramidal, *varaha* en hindou, qui occupe une des faces. La *hun* ou

37

pagode se divisait en *fanams* ou *panams* et ceux-ci en *falous* et en *caches*, de manière à former l'échelle suivante :

> 20 *caches* = 1 *falou*.
> 80 *caches* = 4 *falous* = 1 *fanam*.
> 3360 *caches* = 168 *falous* = 42 *fanams* = 1 *pagode*.

Le système musulman avait l'argent pour étalon. Son unité était la *roupie*, et seize roupies équivalaient nominalement à un *mohur* d'or; mais comme le poids et le titre des mohurs variaient de temps en temps, le taux du change du *mohur* variait en pratique de 14 à 16 roupies. La *roupie* se divisait en *annas*, en *pysas* et en *pie*, de manière à former la concordance suivante :

> 3 *pie* = 1 *pysa*.
> 12 *pie* = 4 *pysa* = 1 *anna*.
> 192 *pie* = 64 *pysa* = 16 *annas* = 1 *roupie*.

Le système hindou était spécialement en usage dans les pays qui formèrent la présidence de Madras, c'est-à-dire dans la pointe méridionale et la péninsule, tandis que le système musulman réglait les échanges dans les régions du centre et du nord, comprises dans les présidences de Bombay et du Bengale.

Les premières monnaies anglaises émises pour les Indes furent frappées en Angleterre sous Élisabeth, en 1600 et 1601. Ce sont des *crowns*, des *half-crowns*, des *shillings* et des *six pence* d'argent, correspondant à 8, 4, 2 *réaux* et 1 *réal* espagnols, dont le type se compose à l'avers de l'écu couronné de Grande-Bretagne, au revers d'une herse couronnée. Pendant le règne de Charles II, la compagnie des Indes commença à forger des espèces à Bombay, en 1671, et quelques années plus tard, le 5 octobre 1677, le roi sanctionna formellement le droit que la Compagnie

s'était adjugé. Ces monnaies de Bombay consistent en *roupies* et *demi-roupies* d'argent et *pices* de cuivre; leurs types consistent en un écu chargé de trois navires avec chef d'Angleterre, et en une inscription au milieu du champ.

Fig. 340

Les légendes circulaires ou centrales sont : **PAX DEO. MONETA BOMBAIENSIS** sur la *roupie* la plus ancienne (fig. 340), **HON·SOC·ANG· IND·ORI·MON·BOMBAY ANGLIC·REGIMS A DEO PAX ET INCREMENTVM** sur des *roupies* et des pièces de cuivre, **THE RVPEE OF**

BOMBAIM. BY AVTHORITY OF CHARLES THE SEGOND KING OF GREAT BRITAIN FRANCE & IRELAND, sur la *roupie* de 1678. Ces monnaies d'aspect européen furent bientôt remplacées par des pièces servilement copiées des espèces indigènes et qui, dès lors, sortent du cadre de ce livre. En 1765 parurent des monnaies d'or à légendes anglaises : **ENGLISH EAST INDIA COMPANY**, mais dès 1770 une inscription persane reprit place au revers.

Dans la présidence du Bengale, les monnaies coloniales apparaissent plus tard qu'à Bombay. Jusqu'en 1757, le seul privilège accordé à la Compagnie fut la permission de faire convertir en monnaies du pays le métal qu'elle apportait aux ateliers du Nabab de Bengale, à Dacca, à Moorshedabad et à Patna. Après la prise de Calcutta en 1757, un atelier fut établi dans cette ville, mais on se borna à y frapper des imitations du monnayage indigène. Les ateliers de Dacca et de Moorshedabad furent

supprimés en 1793 et des officines nouvelles, subordonnées à celle de Calcutta, furent ouvertes à Benarès et à Furrukabad.

Dans la présidence de Madras, des *pagodes,*

Fig. 341

fanams, etc., sur le modèle des espèces indigènes, furent frappées vers 1671 au fort Saint-Georges. Le 12 avril 1686, le roi Jacques II accorda à la Compagnie le droit de frapper, comme bon lui semblerait, toutes pièces analogues à celles qui étaient forgées dans le pays.

En 1743, un atelier fut créé à Arcot, capitale du nabab de Carnatique. Les quelques monnaies de bronze, à types européens, frappées à la fin du XVIIIe siècle, portent les armes de la Compagnie des Indes et sa marque commerciale, une sorte de cœur surmonté d'un 4 et portant les lettres **V · E · I · C** (fig. 341).

b). — *Île de Sumatra.*

En 1685, les Anglais fondèrent dans l'île de Sumatra la colonie de Fort Marlborough ou Bencoulen. A partir de 1783 la Compagnie des Indes fit frapper pour cette possession diverses espèces d'argent et de cuivre portant d'un côté sa marque, ses armes ou une courte inscription anglaise, de l'autre une inscription en langue malaise (fig. 342).

Fig. 342

c). — *Ile de Poulo-Pinang.*

Cette île, dans le détroit de Malacca, vint en la possession de la Compagnie des Indes orientales en 1786. Dès l'année suivante on frappa des *roupies* et leurs divisions en argent et en cuivre, destinées à y pourvoir aux besoins de la circulation. Le type de ces pièces consiste à l'avers en la marque commerciale de la Compagnie et, au revers, en une légende persane signifiant : *île du prince de Galles,* nom donné à Poulo-Pinang par les Anglais.

d). — *Amérique du Nord ou Nouvelle Angleterre.*

Nous groupons dans ce paragraphe les divers monnayages qui eurent lieu dans l'Amérique du Nord antérieurement à l'année 1776, c'est-à-dire à la déclaration de l'indépendance des États-Unis.

Massachusetts. — Cette colonie fut la première qui organisa un monnayage particulier. Avant 1651, elle mit en circulation des disques d'argent valant *un shilling, sixpence* et *threepence* portant d'un côté un

poinçon aux lettres **NE** liées, initiales de *New England,* de l'autre un poinçon à l'un des nombres XII, VI ou III, indiquant la valeur. En 1652 une fabrication régulière fut commencée. Les pièces por-

Fig. 342

tèrent à l'avers un arbre, tantôt un pin, tantôt un chêne, et au revers le millésime et l'indication de la valeur ; les légendes circulaires sont : **IN MASATHVSETS — NEW ENGLAND AN**no **DOM**ini. Ces pièces furent frappées pendant une trentaine d'années, sans que la date de 1652 subît aucune modification (fig. 343).

Maryland. — En 1660, lord Baltimore fit frapper en Angleterre pour sa colonie de Maryland des *shillings, sixpence* et *groats* d'argent, et des *pennies* de cuivre. L'avers porte son buste entouré des mots : **CÆCILIVS DNS TERRÆ MARIÆ & CT**. Le revers des pièces d'argent présente un écu couronné accosté de l'indication de la valeur et entouré de la devise : **CRESCITE ET MVLTIPLICAMINI**. Sur le *penny,* le revers porte une couronne ducale surmontée de deux drapeaux : **DENARIVM TERRÆ MARIÆ**.

Certaines pièces de cuivre frappées pour la Caroline et le Connecticut rentrent plutôt dans la catégorie des méreaux et des *tokens* que dans celle des monnaies véritables. Nous nous dispenserons donc d'en parler. Nous devons toutefois mentionner encore les pièces de cuivre, *twopence, pennies* et *halfpennies*, frappées de 1717 à 1733 par Georges I et Georges II. L'avers porte le buste du roi, le revers une rose et les mots **ROSA AMERICANA UTILE DULCI**. Ces pièces faites en Angleterre, furent très mal accueillies en Amérique où elles n'eurent pour ainsi dire pas de circulation effective.

e). — Les îles Bermudes ou Sommer islands.

Vers la fin du XVIIe siècle, on frappa pour les Bermudes des pièces de cuivre, d'une valeur conventionnelle d'un *shilling*, de *six pence*, de *threepence* et de *twopence*, portant à l'avers un porc surmonté du

Fig. 344

chiffre indiquant la valeur et au revers un navire. L'unique légende est : **SOMMER ISLANDS** (fig. 344).

En 1793, Georges III fit frapper pour les Bermudes des *pennies* de cuivre portant à l'avers son buste lauré, au revers un trois-mâts surmonté du mot **BERMVDA**.

f). — Antilles anglaises.

La circulation métallique des possessions britanniques aux Antilles était exclusivement alimentée par l'importation des monnaies étrangères, que les gouvernements locaux faisaient fréquemment contremarquer pour en légitimer le cours. Fréquemment aussi ces contremarques se trouvent sur des fragments de *pesos* espagnols, qui ont été intentionnellement coupés pour parer à l'absence d'espèces divisionnaires.

Voici, d'après M. Atkins, la plupart des poinçons usités dans les Antilles anglaises à la fin du XVIIIe siècle ou dans les premières années du XIXe :

St. Kitts ou Saint-Christophe   s. k.
Ste-Lucie   s. lucie.
Nevis   nevis.
Saint-Vincent   sv en monogramme.
Tabago   t ou tb ou tb ou tabago.
Tortola   tortola.
Saint-Eustache   se.
La Martinique (occupation an-
   glaise)   un cœur couronné.
La Guadeloupe (occupation an-
   glaise)   g couronné.

En 1788 et 1792, on frappa pour l'île de Barbade des *pennies* de cuivre portant à l'avers une tête de nègre coiffée de plumes d'autruche et accompagnée des mots I SERVE. Le revers des pièces de la première émission

Fig. 345

représente un ananas; celui des *pennies* de 1792, le roi d'Angleterre assis dans le char de Neptune.

g). — *Côte d'or.*

En 1588, une compagnie se forma à Londres pour entreprendre le commerce sur les côtes occidentales d'Afrique. Elle fut successivement remplacée par des associations commerciales analogues, dont la dernière, constituée par acte du Parlement en 1750, a laissé des souvenirs monétaires.

En 1796, elle fit frapper en Angleterre diverses pièces d'argent dont la plus forte valait une *couronne* ou *ackey*. Le type se compose à l'avers du monogramme royal couronné et surmonté du millésime 1796, au revers des armes de la Compagnie, entourées des mots : FREE TRADE TO AFRICA BY ACT OF PARLIMENT 1750.

h). — *Sierra Leone.*

En 1776, le gouvernement anglais envoya à Sierra Leone, pour y former une colonie, un certain nombre de nègres et quelques femmes de mauvaise vie. En 1791, une compagnie se forma pour la mise en valeur du pays.

La Compagnie de Sierra Leone fit frapper en Angleterre, en 1791 et en 1796, des pièces d'argent et de cuivre, valant respectivement un *dollar*, un *demi-dollar*, *20 cents*, *10 cents* et *un cent*. Le type consiste en un

Fig. 346

lion en arrêt et en deux mains jointes. La légende de l'avers est SIERRA LEONE COMPANY AFRICA ; celle du revers donne en toutes lettres la valeur de la pièce (fig. 346).

§ IV. — *Colonies françaises.*

La numismatique des colonies françaises a été l'objet d'une étude particulière de la part de M. E. Zay, dont nous n'avons qu'à résumer l'excellent livre. Cet auteur divise les monnaies coloniales en deux groupes dont l'un comprend les pièces frappées dans les ateliers de la métropole pour être exportées, l'autre les pièces émises sur place dans les colonies. Il est difficile de ne pas suivre cette division, car plusieurs pièces du premier groupe ont été destinées à tous les établissements français, quelle que fût la partie du globe où ils étaient situés. Nous ne pouvions nous en tenir à l'ordre géographique, sans tomber dans des répétitions inutiles.

a). — *Monnaies frappées en France.*

En mai 1664, Louis XIV rendit un arrêt portant établissement d'une Compagnie des Indes Orientales, ayant le droit exclusif de commerce en Amérique et en Afrique. Cette Compagnie obtint le 19 février 1670 le droit de faire battre certaines espèces « *pour la facilité du commerce dans les Isles et Terre ferme de l'Amérique et autres lieux de la concession* ». Ce monnayage consista en *pièces de quinze sols* et *pièces de cinq sols d'argent* frappées à Paris, et en *doubles* de cuivre dont un arrêt du Conseil d'État du 24 mars 1670 confia l'exécution à la Monnaie de Nantes. Le type des monnaies d'argent ne diffère des monnaies destinées à circuler en France que par la présence, autour de l'écusson du revers,

des mots **GLORIAM REGNI TVI DICENT** (fig. 347). La pièce de cuivre paraît n'avoir pas été frappée, on n'en connaît que des essais exécutés à Paris, portant à l'avers un **L** couronné, le millésime et le nom du roi, au revers les mots

Fig. 347

DOVBLE DE LAMERIQVE FRANCOISE disposés en quatre lignes au-dessus de trois lis. La Compagnie des Indes Orientales n'exista que pendant une douzaine d'années ; elle fut révoquée par édit du mois de décembre 1677.

En décembre 1716, un édit de Louis XV ordonna la fabrication, dans l'atelier de Perpignan, de pièces de cuivre de *douze* et de *six deniers* pour les Colonies de l'Amérique. Ces pièces portent d'un côté le buste du roi, de l'autre les mots **XII** (ou **VI**) **DENIERS COLONIES** 1711, en quatre lignes. La mauvaise qualité du cuivre que les monnayeurs de Perpignan employèrent pour ces monnaies en fit arrêter la fabrication.

En juin 1721, Louis XV ordonna l'émission de nouvelles espèces pour les Colonies de l'Amérique. On frappa dans les ateliers de La Rochelle et de Rouen des pièces de cuivre de *neuf deniers,* avec des flans que la nouvelle Compagnie des Indes avait fait venir de Suède. Ces pièces portent deux **L** en sautoir sous une couronne et les mots **COLONIES FRANCOISES** 1721 (ou 1722), en trois lignes.

En décembre 1730 parut un édit portant fabrication dans l'atelier de La Rochelle de monnaies d'argent spécialement destinées aux Antilles ou, comme il est dit, aux Colonies des Isles du Vent. Ces pièces émises pour *douze sols* et pour *dix sols,* ont à l'avers la tête laurée du roi Le revers porte les mots **ISLES DU VENT** disposés en trois lignes, accompagnés de trois lis unis par un ornement formant cartouche, et du millésime de 1731 ou 1732 (fig. 348).

En janvier 1763, Louis XV fit retirer de la circulation en France pour six-cent-mille livres des *doubles sols* de billon frappés en octobre 1738 [1] et les fit expédier aux Colonies après les avoir fait poinçonner d'un **C** couronné (fig. 349). Ces pièces ayant été bien accueillies, une seconde ordon-

---

1. Voyez p. 37 la description de ces pièces.

nance royale, en date du 10 décembre 1779, prescrivit d'en envoyer une nouvelle quantité, pour 30,000 livres, à Cayenne; comme la plupart des anciens *doubles sols* disponibles avaient été utilisés, on frappa les nouvelles pièces sur des flans de billon neufs. Ces monnaies, appelées

Fig. 348   Fig. 349

en créole *marqués* ou *tampés,* circulèrent pour deux sous à Cayenne et pour 3 sous 9 deniers aux Antilles. On en rencontre un très grand nombre d'exemplaires qui ont été contremarqués dans des îles voisines des colonies françaises.

Le dernier édit de Louis XV concernant la fabrication en France de monnaies destinées aux colonies, date du mois d'octobre 1766. Il ordonne la fabrication de pièces de cuivre d'un *sou* pour les possessions d'Amérique. Nous donnons ici la figure de cette monnaie. Sous la République, ce *sou* reçut à la Guadeloupe une contremarque RF, placée de manière à effacer les fleurs de lis.

Le règne de Louis XVI donna lieu en France à de nouvelles émissions de monnaies coloniales. Un édit du mois d'août 1779 prescrivit la

Fig. 350   Fig. 351

fabrication, dans l'atelier de Paris, de pièces de billon de *trois sols* destinées, comme l'indique la légende du revers aux ISLES DE FRance ET DE BOVRBON. L'avers porte le nom du roi et trois lis sous une couronne.

L'édit du mois de mars 1781 ordonna la fabrication de pièces de *trois sols* du même type, réservées, les unes aux COLONIES FRANCAISES de l'Amérique, c'est-à-dire aux Antilles, les autres à la COLONIE DE CAYENNE, les dernières enfin pour les ISLES DE FRance ET DE BOVRBON. Les pièces destinées à Cayenne ne circulèrent pas, et un

nouvel édit de janvier 1782 les remplaça par des monnaies de type identique, mais valant 2 SOVS au lieu de trois sous. Une seconde émission
de ces pièces de *deux sous* de Cayenne eut lieu à Paris en 1789. On y
fabriqua la même année des pièces de 2 SOUS 6 DEN*iers* pour les
ISLES DU VENT ET SOUS LE VENT, mais elles ne furent pas mises
en circulation, à la demande des députés de Saint-Domingue à l'Assemblée nationale.

b). — *Monnaies frappées dans les Colonies.*

Saint-Domingue. — Le 13 juillet 1781 les administrateurs de Saint-
Domingue décidèrent que, pour parer au manque de petite monnaie, un
navire serait envoyé à la Havane pour y chercher des pièces d'argent
d'un réal et d'un demi-réal, dites huitièmes et seizièmes de gourde. Ces
pièces devaient être mises en circulation dans la colonie au taux de deux
escalins et d'un escalin, après avoir reçu une contremarque, sans doute
les initiales S D, qui se retrouvent sur des pièces de cuivre.

Ile Bourbon ou de la Réunion. — En 1723, la Compagnie des Indes
fit frapper à Pondichéry, pour être mises en circulation à l'Ile Bourbon,

Fig. 352

des pièces de cuivre d'*un sol* et de *deux sols* (fig. 352) portant à l'avers
une grande couronne, au revers neuf lis dans le champ, sans légende.

Inde française. — Dans le cours du XVIIIe siècle, la Compagnie des
Indes fit frapper à Pondichéry des *doubles fanams, fanams* et *demi-fa-*

Fig. 353   Fig. 354

nams d'argent, des *doudous, demi-doudous* et *caches* de cuivre. Les premiers *fanams* ont à l'avers un lis entouré de la légende PONDICHERY

1700, et au revers une croix formée de huit L avec un lis au centre. La seconde émission de monnaies d'argent se distingue, par la présence au droit d'un grand lis couronné (fig. 353).

A partir de 1720, la deuxième Compagnie des Indes mit à l'avers de ses pièces d'argent une grande couronne et au revers cinq lis (fig. 354). Le cuivre porte d'un côté un lis, de l'autre le nom de Pondichéry en langue et en caractères tamouls. Aucune inscription française ne figure sur ces diverses monnaies.

L'atelier de Pondichéry frappa pour la colonie de Mahé et les établissements français de la côte de Malabar des monnaies d'argent et de cuivre. Les premières ont des deux côtés des légendes hindoues. Les pièces de cuivre portent au droit cinq lis, au revers, le millésime.

Indépendamment des monnaies qui par leur type rappellent la domination française, la Compagnie des Indes fit frapper à Pondichéry, à Surate, à Mazulipatam, un grand nombre de pièces, *pagodes* d'or, *roupies* et divisions, à empreintes purement indigènes. Ces monnaies sortent du cadre que nous nous sommes tracé.

§ V. — *Colonies hollandaises.*

Les colonies hollandaises comprennent les îles de la Malaisie ou Indes orientales, le Brésil perdu en 1654, la Guyane, et enfin quelques-unes des Antilles ou Indes occidentales.

a). — *Indes orientales.*

En 1600 la *Compagnie van Verre* (1594-1602) d'Amsterdam demanda aux États de Hollande l'autorisation de frapper, dans l'atelier de Dordrecht, des monnaies pour les Indes orientales où le numéraire faisait défaut. L'autorisation fut donnée le 1 mars 1601, mais à la condition que les pièces n'auraient pas cours aux Pays-Bas. On frappa la même année six pièces diverses en argent: *piastre de huit réaux, demi-piastre, quart, huitième, seizième* et *trente-deuxième de piastre.* Le type de ces pièces se compose à l'avers de l'écu couronné au lion néerlandais, au revers de l'écu couronné de la ville d'Amsterdam soutenu par deux lions ; les légendes, absentes en partie sur les *seizièmes* et en totalité sur les *trente-deuxièmes de piastre,* sont : INSIGNIA HOLLANDIÆ — ET CIVITATIS AMSTELREDAMENSIS ; la valeur est indiquée dans le champ du droit par des barres ou des annelets.

A l'exemple de la Compagnie d'Amsterdam, la *Compagnie van Verre* de Middelbourg sollicita une permission analogue, que les États de Zélande lui accordèrent le 16 novembre 1601. La seule pièce frappée en vertu de cet octroi est une *piastre de huit réaux* au millésime de 1602, portant d'un côté l'écu de Zélande et la devise : **LVCTOR ET EMERGO**, de l'autre l'écu aux neuf quartiers de la Noblesse et des villes zélandaises, avec les mots : **MONE·ARG·ORDI·ZEELANDIÆ**.

Le 20 mars 1602, les diverses compagnies commerciales fusionnèrent et firent place à la Compagnie unie des Indes orientales : *Vereenigde Oostindische Compagnie*. En 1619, la ville de Batavia fut fondée.

En 1645, la Compagnie fit fabriquer aux Indes des monnaies d'argent dites *couronnes, demi-couronnes* et *quarts de couronne de Batavia* qui circulèrent respectivement pour 48, 24 et 12 stuivers, mais dès 1647 ces pièces furent retirées de la circulation. Leur type se compose d'une épée brochant sur deux branches de laurier en sautoir, et du monogramme de la Compagnie dans une couronne. Les légendes se composent des mots **ANNO 1645 BATAVIÆ** et de l'indication de la valeur.

Les premières monnaies d'or consistèrent en pièces contremarquées. Par résolution du 20 août 1686 il fut, par exemple, ordonné d'émettre les *ducats* d'or que la Compagnie avait dans ses caisses, après les avoir contremarquées d'un **B**. Une autre décision du 8 juin 1690 porta que les *kobangs* et les *itzebous,* monnaies d'or chinoises et japonaises qui circulaient en grand nombre, seraient contremarquées d'un *petit lion* et vaudraient dès lors 10 ryksdaalders et 20 schellingen.

En 1726 parurent, en argent, les *ducatons* au type du cavalier, et les *dutes* de cuivre frappés par les divers ateliers provinciaux hollandais pour être ensuite transportés aux Indes orientales. La dernière émission de *ducatons* est de 1753. A partir de 1786 les ateliers de la métropole frappèrent des *pièces de trois florins* d'argent au type de la Vierge Hollandaise. Les petites transactions étaient facilitées par de nombreuses pièces

Fig. 355

de cuivre, *stuivers,* divisions de *stuivers* et *dutes,* frappées soit dans les ateliers provinciaux des Pays-Bas et portant, dans ce cas, l'écu de la province, soit dans les officines coloniales. Ces dernières, mal outillées, livraient parfois à la circulation de simples lingots de métal, portant, comme d'ailleurs toutes les monnaies des Indes néerlandaises, les lettres VOC liées, initiales des mots *Vereenigde Oostindische Compagnie*. La *dute* de 1794 que nous reproduisons (fig. 355) est frappée dans l'atelier zélandais de Middelbourg.

Les *dutes* des Indes néerlandaises furent copiées par quelques états indigènes des îles de la Sonde, notamment à Djambi et à Bandjermasin. Dans ce dernier atelier les meubles de l'écusson placé à l'avers sont habilement remplacés par le mot *Bandjermasin* écrit en deux lignes en caractères arabes.

b). — *Brésil septentrional.*

En 1621, se forma une Compagnie néerlandaise des Indes occidentales, *Geoctroyeerde Westindische Compagnie*, qui avait dans sa zone d'exploitation les colonies portugaises conquises par la Hollande sur les côtes du Brésil, notamment le Rio Grande del Norte, Parahybo, Hamaraca, Pernambuco et Sergipe. En 1641, les Brésiliens soutenus par le Portugal se révoltèrent contre la domination hollandaise. La guerre dura plus de dix ans et se termina par la chute de la domination néerlandaise et le retour du pays au Portugal.

En 1645 et 1646, la Compagnie des Indes occidentales frappa des monnaies d'or de nécessité de 12, 6 et 3 *florins,* carrées, marquées à l'avers d'un poinçon au monogramme GWC de la Compagnie, au revers des mots ANNO 1645 (1646) BRASIL. Une seconde émission de monnaies en argent eut lieu en 1654 pour payer la solde des troupes; ces pièces émises pour 40, 12 ou 10 *stui-*

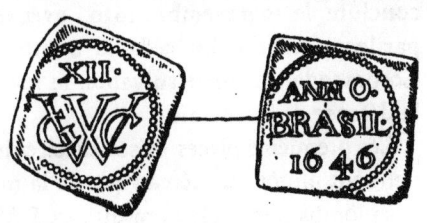

Fig 356

vers, sont carrées, unifaces, et marquées d'un poinçon qui donne le millésime, le chiffre de la valeur et le monogramme de la Compagnie (fig. 356).

c). — *Guyane hollandaise.*

La colonie hollandaise de Guyane ou colonie de Surinam fut fondée en 1653. En 1676, furent frappées pour son usage des pièces de *4 duiten,* de *2 duiten,* et des *dutes* de cuivre. Leur type principal se compose d'un perroquet perché sur une branche à quatre feuilles.

De nouvelles *dutes* émises en 1764 portent à l'avers un arbuste et au revers les mots SOCIETEIT VAN SURINAME, en trois lignes.

d). — *Antilles hollandaises.*

Les possessions néerlandaises aux Antilles comprennent Curaçao, Saint-Eustache, et la partie méridionale de Saint-Martin. En 1794, on émit à Utrecht pour ces divers établissements communément désignés sous le nom d'Indes occidentales, des *pièces de 3 florins* d'argent au type de la Vierge Hollandaise et des espèces divisionnaires.

§ VI. — *Colonies danoises.*

Les colonies danoises forment trois groupes géographiques : les établissements de l'Hindoustan, les établissements des Antilles et les établissements de Guinée.

a). — *Inde danoise.*

En 1616 fut constituée à Copenhague, sous la protection du roi de Danemark, une *Compagnie des Indes Orientales.* Deux ans plus tard, l'amiral Ove Gjedde fut chargé d'organiser une colonie dans l'Océan Indien. Après une tentative infructueuse à Ceylan, l'amiral parvint à conclure, le 19 novembre 1620, avec le radjah de Tandjaour, un traité par lequel celui-ci lui céda la bourgade de Tranquebar, sur la côte de Coromandel. L'année suivante, le fort de Danisborg fut construit pour la défense de la colonie.

Les premières pièces mises en circulation dans la possession danoise tiennent plutôt du méreau que de la monnaie proprement dite ; ce sont des plombs portant le nom du fort **DANISBORG** (fig. 357), ou le monogramme du roi Christian IV, et, au revers, le nom d'un personnage que

Fig. 357

Fig. 358

M. Bergsoë suppose celui du directeur de la Monnaie. A partir de 1644, les pièces sont datées. Les émissions de plombs continuèrent sous Frédéric III (1648-70) ; mais en 1667 apparaissent des *doubles cash* de cuivre. Nous entrons dans une période de monnayage moins rudimentaire.

Sous Christian V (1670-99), le plomb et le cuivre continuèrent à circuler de concert dans la colonie. Les *cash* de cuivre, d'une gravure assez fine, portent le monogramme du roi couronné, les initiales du gouverneur et celles de la *Dansk Ostindiske Compagni.* Ce type reste, avec les modifications nécessaires, celui des monnaies frappées sous

Frédéric IV (1699-1730); mais outre le *cash* (fig. 359), la série des pièces de cuivre comprend des pièces de 10 *cash* (fig. 358), de 4 et de 2 *cash*. En 1730, se montrent pour la première fois des *fanons* et *doubles fanons* d'argent portant au revers le lion danois.

Le 12 avril 1732, sous Christian VI (1730-46), fut créée la *Dansk Asiatiske Compagni,* pour remplacer la *Dansk Ostindiske Compagni* dis-

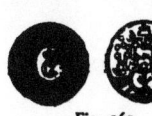

Fig. 359   Fig. 360   Fig. 361

soute en 1729. Cette nouvelle société poursuivit la fabrication des *cash* de cuivre avec son chiffre DAC et le chiffre du roi.

Sous Frédéric V (1746-66), l'atelier de Tranquebar frappa des pièces de un et deux *royalins* d'argent, des *cash* et leurs multiples en cuivre. Sous Christian VII (1766-1808), le système s'enrichit d'une *pagode* d'or (fig. 360); en argent, le *double royalin* (fig. 361) reste la plus forte valeur.

Les pièces que nous venons d'énumérer, étaient destinées aux transactions locales de la côte de Coromandel. En 1671 et 1672, le roi Christian V autorisa la *Dansk Ostindiske Compagni* à frapper à Copenhague des *species* et *doubles species* d'argent destinés au commerce avec l'Orient. Ces pièces portent le buste du roi, son monogramme couronné et le monogramme DOC de la Compagnie.

Sous Christian VII furent faites en 1771 et 1777 à Copenhague des émissions de *piastres* d'argent pour le compte de la *Dansk Asiatiske Compagni.* Ces pièces, spécialement destinées à l'extrême Orient, sont copiées des *piastres* espagnoles; elles portent à l'avers l'écu couronné de Danemark, Norvège et Suède, au revers deux petits écus ronds sous une couronne, entre les colonnes d'Hercule sortant de la mer; au premier plan sont dessinées trois îles portant les mots ISLAND GRÖNLAN FERÖ.

b). — *Antilles danoises.*

Les possessions danoises aux Antilles furent l'île de Saint-Jean depuis 1684, l'île de Saint-Thomas depuis 1716, et l'île de Sainte-Croix depuis 1733.

Le roi Christian VI (1730-46) fit frapper en 1740 à Copenhague, pour les possessions des Antilles, diverses monnaies de cuivre et d'argent, *skillings* et multiples. Le type de l'avers se compose uniformément du monogramme royal; les pièces d'argent ont au revers un trois-mâts; les pièces de cuivre portent dans le champ l'indication de la valeur et le millésime. Les légendes sont en latin à l'avers, en danois au revers ; ces dernières indiquent la destination des pièces, par exemple : **DE DANSK · AMERIC · EYLAND · KAAB · MYNT**, monnaie des îles danoises de l'Amérique.

Sous Frédéric V (1746-66) et sous Christian VII (1766-1808), il y eut des émissions analogues. Le type spécial consiste toujours en un trois-mâts.

c). — Guinée.

Il n'y eut pas de monnaies spéciales pour les colonies danoises de Guinée, mais les pièces d'or frappées à Copenhague avec le métal provenant d'Afrique portèrent le nom du comptoir de Friderichsberg, puis de celui de Christiansborg. Bien que se rapportant aux colonies, ces pièces, dont nous avons parlé (page 521) ne sont pas des monnaies coloniales, aussi ne les mentionnons-nous que pour mémoire.

§ VII. — Colonies suédoises.

En 1783, à la paix de Versailles, l'île de Saint-Barthélemy, dans les Antilles, qui appartenait à la France depuis 1648, fut cédée à la Suède.

Fig. 362

Le 4 août 1797, le gouverneur de l'île présenta au gouvernement suédois une proposition pour la frappe d'une menue monnaie spéciale, en remplacement des pièces de billon que l'on importait des îles voisines. Après examen au Conseil d'État, la proposition fut rejetée, mais le gouvernement local poinçonna d'une couronne suédoise (fig. 362) les monnaies étrangères dont il autorisait le cours.

§ VIII. — Colonies prussiennes.

Le grand-électeur Frédéric-Guillaume, désireux de faire contribuer ses sujets aux avantages que les autres nations européennes retiraient de leurs colonies, agrandit le port d'Emden et fit de cette ville le siège de plusieurs compagnies de navigation qui se partagèrent le monopole du trafic avec les pays d'outremer. Des comptoirs furent créés en 1681 sur les côtes de Guinée, sous les noms de Fort-Brandenburg et Gross-Friedrichsburg, mais cette tentative d'expansion coloniale ne fut pas couronnée de succès, et en 1720, le roi de Prusse Frédéric-Guillaume I céda ses possessions africaines à la République des Provinces-Unies. De 1682 à 1687, il fut frappé en Prusse des *ducats* avec l'or importé de Guinée. Ces *ducats* portent à l'avers le buste du grand électeur et au revers un trois-mâts avec les mots **DEO DUCE.**

Frédéric II reprit les tentatives de son prédécesseur. Il existe des *piastres* d'argent frappées en 1751 pour la Compagnie royale prussienne asiatique d'Emden. Ces pièces portent à l'avers le: buste du roi et la légende **FRIDERICUS BORUSSORUM REX.** Le revers montre l'écu de la

Fig. 363

Compagnie, un trois-mâts toutes voiles dehors, surmonté de l'aigle de Prusse et supporté par un sauvage et un Chinois; au-dessous, un cartouche porte les initiales **KPACVE** des mots *Königliche preussische Asiatische Compagnie von Emden;* une banderolle porte la devise **CONFIDENTIA IN DEO ET VIGILANTIA;** la légende circulaire est **REGIA BORUSS. SOCIETAS ASIATICA EMBDAE.** Notre figure 363 reproduit le type de ces curieuses *piastres,* les seuls souvenirs durables laissés par la tentative d'expansion coloniale allemande au XVIIIe siècle.

ERRATA ET ADDENDA

Les pages 1 à 240 de ce livre ont été imprimées dans le cours des années 1891 et 1892. L'impression, suspendue pour des causes indépendantes de notre volonté, a été reprise à la page 241 en 1896. Cette circonstance explique comment certains travaux publiés de 1891 à 1896 n'ont pu être utilisés par nous pour la rédaction de nos premiers chapitres.

Pour l'histoire monétaire de France, nous n'avons pu profiter, par exemple, des intéressantes recherches de M. Paul Bordeaux sur les émissions contemporaines des troubles de la Ligue et publiées soit dans la *Revue numismatique,* soit dans l'*Annuaire de la Société française de numismatique.* La brochure de M. E. Faivre intitulée: *État actuel des ateliers monétaires français et de leurs différents* (2ᵉ édit., 1896, in-8) nous aurait également permis d'apporter certaines modifications à nos listes d'ateliers monétaires. Nous devons nous borner à y renvoyer le lecteur.

P. 2, à la liste des monnaies de billon blanc de François I, ajoutez: *dizain.* [Cette pièce est du reste mentionnée p. 4].

P. 5, ligne 1, l'ordonnance relative aux monnaies « à la salamandre » ne s'appliquait qu'aux pièces de billon. C'est par suite d'une erreur d'interprétation de l'exécutoire que les maîtres de deux ateliers firent frapper des pièces d'or « à la salamandre ».

P. 9, les pièces d'or de Henri II qu'à l'exemple de nos devanciers nous appelons *henri* et *demi-henri* du premier type (nᵒˢ 4 et 5 de notre énumération), sont en réalité des *écus* taillés à 71 et un sixième au marc, et des *demi-écus.* Le *henri* d'or frappé plus tard était taillé à 67 au marc.

P. 16, ligne 26, au lieu de: *sur quelques pièces,* lisez: *sur les pièces frappées en Béarn.*

P. 21, ligne 2 de la note, au lieu de: *jusqu'en 1859,* lisez: *jusqu'en 1659.*

P. 32, ligne 21, au lieu de : *Guébriant*, lisez : *Goesbriant*.

P. 50, ligne 9, à l'énumération des monnaies de Guillaume de Nassau, prince d'Orange, ajoutez : *quart de pistole d'or*.

P. 53, à la bibliographie d'Avignon, ajoutez : R. Vallentin, *Les monnaies frappées à Avignon durant la vice-légation de Maʒarin*, dans la *Revue belge de numism.*, 1896, p. 45.

P. 134, aux figures 130 à 135, au lieu de : *Charles-Louis*, lisez : *Charles*.

P. 140, ligne 14, au lieu de : *Breidbach de Burenstein*, lisez : *Breidbach de Buresheim*.

P. 155, ligne 25, au lieu de : *jusqu'en 1777*, lisez : *jusqu'en 1794*.

P. 181, ligne 26, au lieu de : *d'or au bretʒel d'or*, lisez : *de gueules au bretʒel d'or*.

P. 200, à la bibliographie numismatique de Francfort-sur-le-Mein, ajoutez : P. Joseph et Ed. Fellner, *Die Münʒen von Frankfurt am Main*. Francfort, 1896, grand in-8.

P. 209, au lieu de : § III, lisez : § IV.

P. 285, note 4, ajoutez l'indication bibliographique suivante : Pflümer, *Die Münʒen der Stadt Hameln*. Hameln, 1897, in-8.

P. 305, ligne 22, au lieu de : *keckenmünʒen*, lisez : *heckenmünʒen*.

P. 330, à la bibliographie de la Bavière, ajoutez : J.-P. Beierlein, *Die Medaillen und Münʒen des Gesammthauses Wittelsbach*, t. I, *Bayerische Linie*. Munich, 1897, in-4.

P. 406, ligne 17, au lieu de : *Henri I*, lisez : *Henri II*.

P. 417, au § de la seigneurie d'Asti, ajoutez comme source : D. Promis, *Monete della ʒecca d'Asti*. Turin, 1853, in-4.

P. 419, au § du comté de Messerano, ajoutez comme source : D. Promis, *Monete delle ʒecche di Messerano e Crevacuore*. Turin, 1869, in-4.

P. 455, ligne 6, au lieu de : *fils d'Alexandre*, lisez : *fils de Jean*.

P. 468, comme source bibliographique de la numismatique napolitaine et sicilienne, il importe de citer, en attendant la monographie annoncée par M. Arthur Sambon, le catalogue de la collection Sambon : *Colleʒione Sambon. Monete dell' Italia meridionale*. Milan, 1897, in-8 avec 10 pl.

P. 470, ligne 28, au lieu de : *menace au pape*, lisez : *non une menace au pape, comme la plupart des auteurs l'affirment, mais une menace aux infidèles*.

P. 473, lignes 20 et 21, au lieu de : *monnaies d'argent généralement très mal frappées portant......*, lisez : *monnaies d'argent et de cuivre, généralement très mal frappées. Les premières portent.....*

P. 492, ligne 7, au lieu de : *meio réal*, lisez : *medio réal*.

P. 521, ligne 35, au lieu de : *(à dater de 1582)*, lisez : *(à dater de 1682)*.

TABLE DES MATIÈRES

CONTENUES DANS CE VOLUME

_____

	Pages.
Dédicace à M. Gustave Schlumberger. . . . . , . .	V
Avant-propos. . . . . , ...	VII

PREMIÈRE PARTIE

CHAPITRE PREMIER

La France depuis l'apparition des pièces d'argent à flan épais sous Louis XII, jusqu'à l'adoption du système décimal.   1

§ I.   — *Louis XII.*   1
§ II. — *François I (1515-1547)..*   2
§ III. — *Henri II (1547-1559).*   7
§ IV. — *François II (1559-1560).*   11
§ V.   — *Charles IX (1560-1574)..*   11
§ VI. — *Henri III (1574-1589).*   13
§ VII. — *Charles X, cardinal de Bourbon.*   14
§ VIII.— *Henri IV (1589-1610).*   16
§ IX. — *Louis XIII (1610-1643).*   19
§ X.   — *Louis XIV (1643-1715)..*   22
§ XI. — *Louis XV (1715-1774).*   33
§ XII. — *Louis XVI..*   38

      Première période (1774-1791).   38
      Deuxième période (1791-1793).   40

§ XIII.— *République.*   43

CHAPITRE DEUXIÈME

Pages.

Terres souveraines enclavées dans le royaume de France. 45

§ I. — *Principautés de Boisbelle et Henrichemont.* 45
§ II. — *Principauté de Dombes.* 46
§ III. — *Principauté d'Orange.* 49
§ IV. — *Avignon et Comtat venaissin.* 53

CHAPITRE TROISIÈME

Les Pays-Bas depuis Charles Quint jusqu'à Napoléon I. 57

§ I. — *Charles Quint.* 57
§ II. — *Philippe II jusqu'à la pacification de Gand* (1555-1576). . . 61
§ III. — *La Révolution contre l'Espagne.* 63

     a). *Les États jusqu'à la déchéance de Philippe II* (1573-1581). 63
     b). *Le duc d'Alençon* (1582-1583). 68
     c). *La ville de Gand.* 69
     d). *Les États de Brabant et de Flandre.* 71
     e). *Monnaies obsidionales et de nécessité..* 72

§ IV. — *Pays-Bas méridionaux depuis la restauration du pouvoir de Philippe II jusqu'à l'invasion française.* 75

     a). *Philippe II, restauré* (....-1598).. 75
     b). *Albert et Isabelle* (1598-1621) 77
     c). *Philippe IV* (1621-1665). 79
     d). *Charles II* (1665-1700). 81
     e). *Philippe V, Maximilien-Emmanuel de Bavière, Charles III puis VI* (1700-1740). 81
     f). *Marie-Thérèse, Joseph II* (1740-1790). 82
     g). *République des États-Belgiques-Unis* (1789-1790). . . . 83
     h). *Restauration autrichienne.* 85

§ V. — *Pays-Bas septentrionaux, depuis la création de la République des Provinces-Unies jusqu'à l'avènement de Louis-Napoléon* (1581-1806). 85

     a). *République des Provinces-Unies* (1581-1795). 85
     b). *Monnaies obsidionales.* 94
     c). *République batave* (1795-1806). 96

CHAPITRE QUATRIÈME

Les Iles Britanniques depuis le milieu du XVIe siècle jusqu'à la fin du XVIIIe. 98

§ I. — *L'Angleterre depuis Edouard VI jusqu'à l'avènement de Jacques I.* 98

     a). *Edouard VI* (1547-1553). 98
     b). *Marie Tudor* (1553-1558). 100
     c). *Elisabeth* (1558-1603). 101

Pages.

§ II. — *L'Ecosse jusqu'à la réunion du royaume avec l'Angleterre.* .   103

    a). *Marie Stuart (1543-1567)..*   103

    b). *Jacques VI (1567-1603).*   106

§ III. — *La Grande-Bretagne, depuis l'avènement de Jacques I jusqu'en*

    1800.   107

    a). *Jacques I (1603-1625)..*   107

    b). *Charles I (1625-1649).*   110

    c). *République (1649-1660)*   112

    d). *Charles II (1660-1685)..*   114

    e). *Jacques II et ses successeurs (1685-1800).*   115

§ IV. — *L'Écosse, depuis Jacques I jusqu'en 1707.*   116

§ V. — *L'Irlande, depuis Édouard VI jusqu'en 1800.*   116

§ VI. — *L'île de Man..*   117

CHAPITRE CINQUIÈME

L'Empire d'Allemagne depuis le commencement du xvie siècle jusqu'à l'abdication de François II (1806).   118

    § I.   — *Notions générales..*   118

        a). *Chronologie, divisions administratives, plan du chapitre.* .   118

        b). *Réglementation générale du monnayage.*   120

        c). *Forme des monnaies. Les types, les monogrammes, les légendes,*

        les différents d'ateliers.   133

    § II.   — *Cercle du Bas-Rhin.*   138

        a). *Archevêché de Mayence..*   139

        b). *Archevêché de Trèves.*   142

        c). *Archevêché de Cologne..*   144

        d). *Palatinat.*   147

        e). *Principauté d'Aremberg..*   149

        f). *Seigneurie de Beilstein..*   149

        g). *Burgraviat de Rheineck.*   150

        h). *Abbaye de Saint-Alban à Mayence.*   150

    § III.   — *Cercle du Haut-Rhin..*   150

        a). *Évêché de Worms.*   151

        b). *Évêché de Spire..*   152

        c). *Évêché de Strasbourg.*   153

        d). *Évêché de Bâle.*   155

        e). *Évêché de Metz..*   156

        f). *Évêché de Verdun.*   156

        g). *Abbaye et évêché de Fulda..*   157

        h). *Abbayes de Murbach et Lure.*   158

        i). *Abbaye de Gorze.*   160

        k). *Principauté de Simmeren.*   160

        l). *Principauté de Lautern..*   160

	Pages.
m). *Principauté de Deux-Ponts.*	161
n). *Principauté de Veldenz.*	162
o). *Landgraviat de Hesse.*	163
p). *Comté de Salm.*	169
q). *Comté de Nassau-Usingen.*	171
r). *Comté de Nassau-Weilbourg.*	171
s). *Comté de Solms.*	172
t). *Principauté de Waldeck.*	176
u). *Comté de Kœnigstein.*	177
v). *Comté de Haut-Neubourg.*	178
w). *Comté de Linange-Westerbourg.*	178
x). *Comté de Linange-Dachsbourg.*	179
y). *Comté de Wittgenstein.*	180
z). *Seigneurie de Bretzenheim.*	181
aa). *Comté de Hanau-Munzenberg.*	181
ab). *Comté de Hanau-Lichtenberg.*	183
ac). *Landgraviat de Haute-Alsace.*	185
ad). *Baronnie de Montjoie.*	187
ae). *Seigneurie de Ribeaupierre.*	187
af). *Duchés de Lorraine et de Bar.*	188
ag). *Seigneurie de Fenestrange.*	192
ah). *Principautés de Phalsbourg et Lixheim.*	192
ai). *Principauté de Château-Renault.*	193
aj). *Principauté d'Arches.*	194
ak). *Seigneurie de Jametz.*	195
al). *Principautés de Sedan et de Raucourt.*	196
am). *Duché de Bouillon.*	197
an). *Comté de Rochefort.*	198
ao). *Seigneuries de Cugnon et Chassepierre.*	199
ap). *Seigneurie des Hayons.*	200
aq). *Ville impériale de Francfort-sur-le-Mein.*	200
ar). *Ville impériale de Worms.*	201
as). *Burg impérial de Friedberg.*	201
at). *Ville de Corbach.*	202
au). *Ville impériale de Strasbourg.*	203
av). *Ville impériale de Mulhouse.*	204
aw). *Ville impériale de Colmar.*	204
ax). *Ville de Thann.*	205
ay). *Ville impériale d'Haguenau.*	205
az). *Ville impériale de Wissembourg.*	206
ba). *Ville de Metz.*	206
§ IV. — *Cercle de Westphalie.*	209
a). *Évêché de Munster.*	209
b). *Chapitre de Munster.*	210
c). *Villes de l'évêché de Munster.*	211
d). *Évêché de Paderborn.*	213
e). *Chapitre de Paderborn.*	214

Pages.

f). *Villes de l'évêché de Paderborn.*   214
g). *Évêché d'Osnabruck..*   214
h). *Chapitre d'Osnabruck.*   216
i). *Villes de l'évêché d'Osnabruck..*   216
j). *Évêché de Minden.*   216
k). *Évêché de Verden.*   217
l). *Chapitre de Verden.*   217
m). *Évêché de Liège..*   218
n). *Archevêché de Cambrai..*   219
o). *Abbaye de Corvei.*   221
p). *Abbaye de Werden..*   222
q). *Abbaye d'Essen.*   223
r) *Abbaye de Thorn.*   224
s). *Abbaye et ville de Herford*   224
t). *Abbayes de Stavelot et de Malmédy.*   225
v). *Duché de Gueldre.*   226
w). *Villes de la Gueldre.*   226
x). *Duchés de Clèves, Juliers et Berg et leurs dépendances.* . .   227
y). *Principauté de Nassau..*   230
z). *Comté de Sayn.*   232
aa). *Gouvernement de Frise.*   233
ab). *Comté d'Ostfrise..*   233
ac). *Seigneurie d'Iever.*   234
ad). *Comté d'Oldenbourg.*   235
ae). *Comté de Wied..*   236
af). *Comté de Schauenbourg.*   237
ag). *Comté de Lippe..*   238
ah). *Comté de Bentheim..*   239
ai). *Comtés de Tecklenbourg et de Rhéda.*   239
aj). *Comté de Pyrmont.*   240
ak). *Comté de Diepholz.*   240
al). *Comté de Ritberg.*   241
am). *Comté de Holzapfel..*   241
an). *Comté de Mœurs.*   242
ao). *Baronnie de Batenbourg.*   242
ap). *Seigneurie de Baar..*   243
aq). *Comté d'Anholt..*   244
ar). *Comté de s'Heerenberg.*   244
as). *Seigneurie de Hédel..*   245
at). *Seigneurie de Stevensweerd.*   246
au). *Comté de Culembourg.*   246
av). *Seigneurie de Vianen.*   246
aw). *Comté de Mégen.*   247
ax). *Seigneurie d'Arkel.*   248
ay). *Comté de Hornes.*   248
az). *Seigneuries de Heid et Blyt.*   249
ba). *Comté de Gronsveld.*   249
bb). *Comté de Reckheim..*   250

                                                                 Pages.

  bc) *Seigneurie de Schonau*.   251
  bd). *Comté de Fagnolles*.   251
  be). *Seigneurie de Gimborn*.   251
  bf). *Ville impériale d'Aix-la-Chapelle*.   252
  bg). *Ville impériale de Cologne*.   252
  bh). *Ville impériale de Dortmund*.   253
  bi). *Ville impériale de Nimègue*.   253
  bj). *Villes impériales de Deventer, Campen et Zwolle*.   254
  bk). *Ville impériale de Groningue*.   255
  bl). *Ville d'Emden*.   255
  bm) *Ville de Neuss*.   256

§ V.   — *Cercle de Basse-Saxe*.   256

  a). *Archevêché de Magdebourg*.   256
  b). *Archevêché de Brême*.   257
  c). *Duché de Brême*.   259
  d). *Duchés de Brunswick-Lunebourg*.   260
  e). *Duché de Mecklenbourg*.   268
  f). *Duché de Holstein*.   272
  g). *Évêché de Hildesheim*.   275
  h). *Duché de Saxe–Lauenbourg*.   276
  i). *Évêché de Lubeck*.   277
  j). *Évêché et principauté de Ratzebourg*.   278
  k). *Comté de Regenstein*.   279
  l). *Comté de Rantzau*.   279
  m). *Seigneurie de Crottorf*.   280
  n). *Ville impériale de Lubeck*.   280
  o). *Ville impériale de Hambourg*.   281
  p). *Ville impériale de Brême*.   282
  q). *Ville de Stade*.   282
  r). *Ville de Lunebourg*.   283
  s). *Ville impériale de Goslar*.   283
  t). *Ville impériale de Mühlhausen*.   283
  u). *Ville impériale de Nordhausen*.   284
  v). *Ville de Hanovre*.   284
  w). *Ville de Goettingue*.   284
  x). *Ville d'Eimbeck*.   285
  y). *Ville de Nordheim*.   285
  z). *Ville de Brunswick*.   285
  aa). *Ville de Hameln*.   285
  ab). *Ville d'Osterode*.   286
  ac). *Ville de Hildesheim*.   286
  ad). *Ville de Magdebourg*.   286
  ae). *Chapitre et ville de Halberstadt*.   287
  af). *Ville de Rostock*.   287
  ag). *Ville de Wismar*.   288

§ VI.   — *Cercle de Haut-Saxe*.   288

  a). *Duché de Saxe et possessions de la maison de Saxe*. .   289

Pages.

b). *Margraviat électoral de Brandebourg*.. 297
c). *Margraviat de Brandebourg-Custrin*. 299
d). *Villes du Brandebourg*. 299
e). *Comté de Gleichen*. 299
f). *Duché de Poméranie*. 300
g). *Principauté d'Anhalt*. 301
h). *Comté, puis principauté de Schwarzbourg*. 303
i). *Comté de Mansfeld*. 305
j). *Comtés de Stolberg et de Wernigerode*. 308
k). *Possessions des seigneurs, comtes, puis princes Reuss*. . 309
l). *Comté de Barby*.. 310
m). *Comté de Hohenstein*. 311
n). *Abbaye de Quedlinbourg*. 311
o). *Ville de Stralsund*. 312
p). *Ville d'Erfurt*. 313

VII. — *Cercle de Franconie*. 313

a). *Évêché de Bamberg*.. 314
b). *Évêché de Wurzbourg*.. 315
c). *Évêché d'Eichstedt*. 316
d). *Possessions franconiennes de la maison de Brandebourg* . . 317
e). *Possessions de l'Ordre Teutonique*. 319
f). *Comté de Henneberg*. 319
g). *Comté de Schwarzemberg*. 320
h). *Principauté de Hohenlohe*. 321
i). *Comté de Wertheim*.. 323
j). *Comté de Rieneck*. 315
k). *Comté d'Erbach*.. 325
l). *Seigneurie de Burgmilchling*. 326
m). *Ville impériale de Nuremberg*. 326

§ VIII. — *Cercle de Bavière*. 326

a). *Archevêché de Salzbourg*. 327
b). *Principauté électorale de Salzbourg*. 328
c). *Évêché de Frisingue*. 328
d). *Évêché de Ratisbonne*. 329
e). *Évêché de Passau*. 329
f). *Duché de Bavière*. 330
g). *Principautés de Neubourg et de Sulzbach*.. 332
h). *Landgraviat de Leuchtenberg*. 333
i). *Comté de Haag*.. 333
j). *Comté de Sternstein*. 334
k). *Ville impériale de Ratisbonne*. 334

§ IX. — *Cercle de Souabe*. 334

a). *Évêché de Constance*. 334
b). *Évêché d'Augsbourg*. 335
c). *Prévôté princière d'Ellwangen*.. 336
d). *Abbaye princière de Kempten*. 336

		Pages.
e).	*Duché de Wurtemberg.*	337
f).	*Margraviat de Bade.*	339
g).	*Comté, puis principauté de Hohenzollern.*	340
h).	*Comté, puis principauté de Furstenberg.*	341
i).	*Comté de Helfenstein.*	342
j).	*Comté, puis principauté d'Oettingen.*	343
k).	*Landgraviat de Clettgau.*	344
l).	*Seigneuries de Tettnang et Argen.*	345
m).	*Principauté de Liechtenstein.*	247
n).	*Comté de Waldbourg.*	347
o).	*Comté de Konigsegg.*	348
p).	*Comté d'Eberstein.*	348
q).	*Possessions de la famille Fugger.*	348
r).	*Possessions de la famille de Tour et Taxis.*	349
s).	*Ville impériale d'Augsbourg.*	350
t).	*Villes d'Ulm, Ueberlingen et Ravensbourg.*	350
u).	*Ville impériale d'Ulm.*	350
v).	*Ville impériale d'Ueberlingen.*	351
w).	*Ville impériale de Ravensbourg.*	351
x).	*Ville impériale de Hall-sur-le-Kocher.*	351
y).	*Ville impériale de Rottweil.*	352
z).	*Ville impériale de Lindau.*	352
aa).	*Ville impériale de Wimpfen.*	352
ab).	*Ville impériale de Buchorn.*	352
ac).	*Ville impériale de Kaufbeuren.*	353
ad).	*Ville impériale de Kempten.*	353
ae).	*Ville impériale de Biberach.*	353
af).	*Ville impériale d'Aalen.*	353
§ X.	— *Cercle de Bourgogne.*	354
a).	*Franche-comté de Bourgogne.*	354
b).	*Ville impériale de Besançon.*	355
c).	*Baronnie de Franquemont.*	355
d).	*Comté de Montbéliard.*	356
e).	*Seigneurie de Vauvillers.*	356
§ XI.	— *Cercle d'Autriche.*	357
a).	*Possessions de la maison d'Autriche.*	357
α).	*Archiduché d'Autriche.*	358
β).	*Comté princier de Tyrol.*	359
γ).	*Duché de Styrie.*	360
δ).	*Duché de Carinthie.*	361
ε).	*Duché de Carniole.*	361
ζ).	*Comté de Gorice.*	361
ι).	*Possessions autrichiennes en Souabe.*	361
b).	*Évêché de Brixen.*	362
c).	*Évêché de Gurk.*	362
d).	*Principauté d'Auersperg.*	362

Pages.

e). *Comté de Buchheim.* 363
f). *Comté de Dietrichstein.* 363
g). *Comté d'Osterwitz.* 364
h). *Principauté de Paar.* 364
i). *Comté de Sprinzenstein.* 364
j). *Seigneurie de Tarasp.* 365
k). *Possessions des comtes Trautson.* 365

§ XII. — *La Bohême, la Moravie et la Silésie.* 366

  A. — Bohême. 366

    a). *Royaume de Bohême.* 366
    b). *Les comtes de Schlick.* 368
    c). *Duché de Crummau.* 369
    d). *Duché de Friedland.* 370
    e). *Comté de Windisch-Graetz.* 370
    f). *Ville d'Eger.* 371

  B. — Moravie. 371

    a). *Margraviat de Moravie.* 371
    b). *Évêché et archevêché d'Olmutz.* 372

  C. — Silésie. 372

    a). *Silésie bohémienne.* 372
    b). *Évêché de Breslau.* 373
    c). *Duchés de Liegnitz-Brieg et Wohlau.* 374
    d). *Duchés de Munsterberg et Oels.* 375
    e). *Comté de Glatz.* 375
    f). *Seigneurie de Reichenstein.* 377
    g). *Duché de Teschen.* 377
    h). *Seigneurie de Freistadt.* 378
    i). *Duché de Jaegerndorf.* 378
    j). *Duché de Troppau.* 378
    k). *Duché de Sagan.* 379
    l). *Principautés d'Oppeln et de Ratibor.* 379
    m). *Villes de la Silésie.* 379
    n). *Silésie prussienne.* 380

§ XIII. — *La Prusse.* 380

    a). *Duché, puis royaume de Prusse.* 380

CHAPITRE SIXIÈME

La Hongrie depuis le commencement du xvie siècle jusqu'à la fin du xviiie. 383

  § I.   — *Le royaume de Hongrie.* 383
  § II. — *La principauté de Transylvanie.* 385
  § III. — *Principautés diverses.* 387
    a. *Princes de Batthyani.* 387

		Pages.
b). *Princes Eszterhazy de Galantha.*		387
c). *Archevêché de Gran.*		388

CHAPITRE SEPTIÈME

La Suisse depuis le commencement du xvie siècle jusqu'à la fin du xviiie. . 389

§ I. — *Les treize cantons..* . 390
- a). *Uri, Schwytz et Unterwalden.* . 390
- b). *Uri.* . 391
- c). *Schwyz.* . 391
- d). *Unterwalden..* . 392
- e). *Lucerne.* . 392
- f). *Zurich.* . 393
- g). *Glarus.* . 394
- h). *Zug.* . 394
- i). *Berne.* . 395
- j). *Soleure.* . 397
- k). *Fribourg..* . 397
- l). *Schaffouse.* . 398
- m). *Bâle..* . 398
- n). *Appenzell.* . 399

§ II. — *Les pays associés et confédérés.* . 399
- a) *Abbaye de Saint-Gall.* . 399
- b) *Ville de Saint-Gall.* . 400
- c) *Ligue de la Maison de Dieu.* . 400
- d) *Évêché de Coire..* . 401
- e) *Ville de Coire.* . 401
- f) *Abbaye de Dissentis..* . 402
- g) *Seigneurie de Haldenstein.* . 402
- h) *Seigneurie, puis comté de Schauenstein..* . 403
- i) *Évêché de Sion et République du Valais.* . 403
- j) *Comté, puis principauté de Neuchatel.* . 405
- k) *République de Genève.* . 406
- l) *Évêché de Lausanne..* . 407
- m) *Comté de Gruyères.* . 408
- n) *Ville de Zofingen..* . 408

CHAPITRE HUITIÈME

L'Italie et ses dépendances, depuis l'apparition des pièces d'argent à flan épais au xve siècle jusqu'à la fin du xviiie. . 409

§ I. — *Italie septentrionale..* . 410
- a) *Duché de Savoie..* . 410
- b) *Royaume de Sardaigne.* . 417
- c) *Seigneurie d'Asti..* . 417

Pages.

d) *Marquisat de Saluces.* 418

e) *Comté de Déciane.* 418

f) *Comté, puis principauté de Messerano.* 419

g) *Comté de Frinco.* 421

h) *Comté de Cocconato.* 421

i) *Marquisat de Vergagni.* 422

j) *Comté de Benevello.* 422

k) *Abbaye de San Benigno.* 422

l) *Principauté de Monaco.* 423

m) *Abbaye de Lérins.* 424

n) *Comté de Tassarolo.* 424

o) *Les possessions des Doria.* 424

p) *République de Gênes.* 426

q) *Ville de Savone.* 427

r) *Marquisat d'Arquata.* 428

s) *Comté de Ronco.* 428

t) *Marquisat de Borgotaro.* 428

u) *Marquisat d'Albera.* 429

v) *Duché de Milan.* 429

w) *Les possessions des Trivulzio.* 435

x) *Seigneuries d'Antignate et de Covo.* 436

y) *Marquisat de Novare.* 437

z) *Principauté de Belgiojoso.* 437

aa) *Comté de Maccagno.* 437

ab) *Comté de Gazzoldo.* 437

ac) *Principautés de Bardi et Compiano.* 438

ad) *Principauté de Campi.* 438

ae) *Principauté, puis duché de Massa di Lunigiana.* 438

af) *Marquisat de Tresana.* 439

ag) *Marquisat de Fosdinovo.* 439

ah) *Principauté de Cisterna.* 440

ai) *Duchés de Parme et de Plaisance.* 440

aj) *Marquisat, puis duché de Mantoue.* 441

ak) *Principauté de Castiglione delle Stiviere.* 442

al) *Marquisat de Solferino.* 443

am) *Duché de Sabbioneta.* 443

an) *Principautés de Pomponesco et de Bozzolo.* 443

ao) *Marquisat de Montferrat.* 444

ap) *Duché de Ferrare.* 445

aq) *Duché de Reggio.* 446

ar) *Duché de Modène.* 447

as) *Seigneurie, puis duché de Mirandola.* 448

at) *Comté, puis duché de Guastalla.* 448

au) *Comté de Novellara.* 449

av) *Comté, puis principauté de Correggio.* 449

aw) *Principauté de Porcia.* 450

ax) *Principauté de Soragna.* 450

ay) *République de Venise.* 450

Pages.

§ II. — *Italie centrale.*   453

     a) *République de Lucques.*   453
     b) *République de Florence.*   454
     c) *République de Pise.*   454
     d) *Duché de Florence, puis grand duché de Toscane..* . . .   455
     e) *République de Sienne.*   456
     f) *Principauté de Piombino.*   457
     g) *Marquisat de Massa-Lombarda..*   457
     h) *Comté de Castiglione de' Gatti..*   458
     i) *Duché d'Urbino.*   458
     j) *Seigneurie de Pesaro.*   459
     k) *Seigneurie de Castro.*   460
     l) *Seigneurie et duché de Camerino.*   460
     m) *République de Pérouse.*   460
     n) *Les États de l'Église.*   461

§ III. — *Italie méridionale.*   468

     a) *Royaume de Naples..*   468
     b) *Royaume de Sicile.*   470
     c) *Royaume des Deux-Siciles.*   471
     d) *Comté de Manopello..*   473
     e) *Marquisat de Vasto..*   473
     f) *Marquisat de San Giorgio.*   474
     g) *Principauté de Belmonte.*   474
     h) *Principauté de Ventimiglia..*   474

§ IV. — *Italie insulaire et coloniale.*   475

     a) *L'Ordre de Saint-Jean de Jérusalem à Malte.*   475
     b) *L'Ile de Sardaigne.*   477
     c) *Possessions de la République de Venise.*   478
         Dalmatie et Albanie.   478
         Levant Vénitien..   480
     d) *Possessions de la République de Gênes..*   483
     e) *Royaume et République de Corse.*   484
     f) *République de Raguse.*   485

CHAPITRE NEUVIÈME

L'Espagne depuis le commencement du xvie siècle jusqu'à l'invasion française.   487

§ I.   — *La série Castillane.*   489
§ II.   — *Le royaume d'Aragon.*   496
§ III.   — *Le comté de Barcelone et la principauté de Catalogne.* . .   497
§ IV.   — *Les villes de Catalogne.*   498
§ V.   — *Le royaume de Valence.*   500
§ VI.   — *Les Baléares.*   501

     a) *L'Ile de Majorque.*   501
     b) *L'Ile d'Iviza..*   501

Pages.

§ VII. — *Le Roussillon.* 502

§ VIII. — *La Navarre.* 502

    a) *La Navarre française et le Béarn.* 502

    b) *La Navarre espagnole.* 504

CHAPITRE DIXIÈME

Le Portugal depuis le commencement du xvɪᵉ siècle jusqu'à la fin du xvɪɪɪᵉ..   506

CHAPITRE ONZIÈME

Les pays Scandinaves depuis le commencement du xvɪᵉ siècle jusqu'à la fin
du xvɪɪɪᵉ. 515

    § I. — *Le Danemark et la Norwège.* 515

        a) *Royaume de Danemark.* 516

        b) *Royaume de Norwège.* 523

        c) *Archevêché de Drontheim.* 523

        d) *Ile de Gotland.* 524

        e) *Duché de Schleswig..* 525

    § II. — *La Suède.* 525

        a) *Royaume de Suède.* 525

        b) *Duché de Sudermanie.* 532

        c) *Duché d'Ostrogothie..* 532

CHAPITRE DOUZIÈME

Le royaume de Pologne et ses dépendances, depuis le commencement du
xvɪᵉ siècle jusqu'au partage de 1795.. 533

    § I. — *Royaume de Pologne.* 533

    § II. — *Grand duché de Lithuanie.* 541

    § III. — *Villes de Pologne.* 543

    § IV. — *Duché et villes de Prusse.* 544

    § V. — *Ordre de Livonie.* 547

    § VI. — *Duché de Livonie.* 548

    § VII. — *Souverainetés ecclésiastiques en Livonie..* 548

        a) *Archevêché de Riga..* 549

        b) *Évêché de Dorpat.* 549

        c) *Évêché d'Oesel.* 550

    § VIII. — *L'Esthonie et la Livonie suédoises.* 550

    § IX. — *Duchés de Courlande et de Sémigalle.* 551

CHAPITRE TREIZIÈME

Pages.

La Russie, ses dépendances et les pays chrétiens des Balkans jusqu'à la fin du XVIIIᵉ siècle. 553

§ I. — *La Russie*.. 553

§ II. — *Les dépendances de la Russie*. 563

    a) *La Prusse orientale*.. 563
    b) *La Livonie et l'Esthonie*. 564
    c) *La Sibérie*. 564
    d) *La Moldo-Valachie*.. 565
    e) *La Crimée*. 565
    f) *La Georgie*. 566

§ III. — *Les pays chrétiens des Balkans*. 566

    a) *Le voïvodat de Moldavie*. 566
    b) *Le voïvodat de Valachie*.. 567

CHAPITRE QUATORZIÈME

Les colonies européennes d'Outre-Mer jusqu'à la fin du XVIIIᵉ siècle. . . . 568

§ I. — *Colonies espagnoles*. 569

    a) *Oran et les Iles Canaries*. 569
    b) *Amérique espagnole*. · 569
    c) *Iles Philippines*. 572

§ II. — *Colonies portugaises*. 572

    a) *Inde portugaise*. 573
    b) *Brésil*.. 574
    c) *Afrique portugaise*. 576

§ III. — *Colonies anglaises*.. 577

    a) *Inde anglaise*.. 577
    b) *Ile de Sumatra*. 579
    c) *Ile de Poulo-Pinang*. 580
    d) *Amérique du Nord ou Nouvelle-Angleterre*.. 580
    e) *Iles Bermudes ou Sommer islands*. 581
    f) *Antilles anglaises*. 581
    g) *Côte d'or*.. 582
    h) *Sierra Leone*.. 582

§ IV. — *Colonies françaises*. 583

    a) *Monnaies frappées en France*. 583
    b) *Monnaies frappées dans les colonies*. 586
        Saint-Domingue. 586
        Ile Bourbon ou de la Réunion.. 586
        Inde française. 586

Pages.

§ V. — *Colonies hollandaises*. 587

  a) *Indes orientales*. 587
  b) *Brésil septentrional*. 589
  c) *Guyane hollandaise*. 589
  d) *Antilles hollandaises*. 589

§ VI. — *Colonies danoises*. . . . . - 590

  a) *Inde danoise*. 590
  b) *Antilles danoises*. 591
  c) *Guinée*. 592

§ VII. — *Colonies suédoises*. 592

§ VIII. — *Colonies prussiennes*. 592

ERRATA ET ADDENDA. 595

ACHEVÉ D'IMPRIMER LE 30 NOVEMBRE 1897.

CHARTRES. — IMPRIMERIE DURAND, RUE FULBERT.

CPSIA information can be obtained
at www.ICGtesting.com
Printed in the USA
BVHW04*1214140818
524470BV00008B/64/P